道路工程哲学

DAOLU GONGCHENG ZHEXUE

吴华金 著

人民交通出版社
China Communications Press

内 容 提 要

本书在回顾中西方哲学及工程哲学发展历程的基础上，以过程分析为主线，系统分析了道路工程中所蕴涵的哲学思想。全书分为12章，第1章阐述国内外道路建设活动历史及工程哲学研究进展；第2章分析中西方哲学主要思想；第3章分析道路网规划中的哲学思辨；第4章至第6章探讨道路建设与经济、社会及自然环境的辩证思想；第7章至第10章分别讨论道路线形设计、道路构造物决策、道路施工和道路养护的工程理念、工程系统观及辩证思维；第11章辩证分析都江堰工程、滇越铁路、人字桥、成昆铁路和云南思小雨林高速公路、水麻螺旋隧道等历史工程建构哲学思想和主观能动的智慧；第12章分析未来道路工程的发展方向和对新型道路工程人才的要求。

图书在版编目(CIP)数据

道路工程哲学 / 吴华金著．—北京：人民交通出版社，2013.9

ISBN 978-7-114-10808-2

Ⅰ．①道…　Ⅱ．①吴…　Ⅲ．①道路工程－技术哲学
Ⅳ．①U41－02

中国版本图书馆CIP数据核字(2013)第167747号

书　　名：道路工程哲学
著 作 者：吴华金
责任编辑：刘永芬
出版发行：人民交通出版社
地　　址：(100011)北京市朝阳区安定门外外馆斜街3号
网　　址：http://www.ccpress.com.cn
销售电话：(010)59757973
总 经 销：人民交通出版社发行部
经　　销：各地新华书店
印　　刷：中国电影出版社印刷厂
开　　本：787×1092　1/16
印　　张：21.25
字　　数：490千
版　　次：2013年10月　第1版
印　　次：2013年10月　第1次印刷
书　　号：ISBN 978-7-114-10808-2
定　　价：68.00元

前言

FOREWORD

道路工程是一个庞大、多元复杂的系统工程，是国家经济建设体系的大动脉。随着全球化经济的发展和繁荣，经济社会快速发展的同时也将面临自然资源短缺、生态环境脆弱、自然和社会环境承载能力有限的严峻问题。但经济社会发展不仅要求道路建设向更复杂的边远地区延伸，而且要求进一步提高道路等级，扩大道路建设规模，提升道路工程品质，提高道路网络服务水平。道路工程系统的复杂性日益显著、矛盾日益突出，如何使道路建设与社会环境、自然环境协调可持续发展是需要深入研究的问题，迫切需要应用工程系统观、工程理念和辩证思想等哲学思维指导道路工程建设活动，处理好活动过程中的对立统一关系和知识、技术和资源的集成，处理好道路工程介入自然的方式。哲学是科学之科学，是人类认识自然和社会的结晶和智慧，是在人类社会面临困惑之时诞生和发展的。目前已有一些学者用哲学思想探讨道路工程活动，但还没有形成系统，对道路工程建设活动的指导意义和作用较小，为了推进哲学对道路工程活动的指导性，迫切需要系统地开展道路工程哲学研究并推广普及。

基于对哲学辩证思维的钟情，长期以来，致力于道路工程学研究，致力于哲学、自然地理学、人机功效学和人因工程学、系统科学等交叉学科的学习，并结合道路工程勘察设计、咨询审查和工程技术管理工作，不断应用哲学辩证思维，主持和参与重大道路工程建设的决策，同时充分利用学术交流活动，不断佐证对道路工程哲学思维的思考，及时进行反复的纠偏和总结，再思考、再探索，逐步完成了《道路工程哲学》一书。期待本书的出版发行能够对道路工程建构起到抛砖引玉的作用，期望能够与更多的工作者一起研究探讨，以推动道路工程哲学研究。

本书的撰写是在回顾中西方哲学及工程哲学发展历程的基础上，以过程分析方法为分析主线，系统分析道路工程哲学思想。本书共分为12章，第1章阐述国内外道路建设活动历史及工程哲学研究进展；第2章分析中西方哲学主要思想；第3章分析道路网规划中的哲学思辨；第4章至第6章探讨道路建设与经济、社会及自然环境的辩证思想；第7章至第10章分别讨论道路线形设计、道路构造物决策、道路施工和道路养护的工程理念、工程系统观及辩证思维；第11章辩证分析都江堰工程、滇越铁路、人字桥、成昆铁路和云南思小雨林高速公路、水麻螺旋隧道等历史工程建构哲学思想和主观能动的智慧；第12章分析未来道路工程的发展方向和对新型道路工程人才的要求。

限于作者水平，书中不妥之处难免，恳请读者批评指正，一起交流探讨。

2013.8

目录 CONTENTS

第1章 绪论

道路建设活动历史体现不同时代人类工程思维和工程观。工程活动中蕴涵着丰富的哲学思想，工程活动需要哲学给予指导，处理好工程活动与哲学之间相互促进关系，能保证工程活动的可持续、科学和谐发展。21世纪以前，国内外工程哲学研究都不成系统，进入21世纪，国内外不约而同地高度关注工程哲学研究，但研究内容和方法是有区别的。通过对国内外工程哲学研究进展梳理，发现仍有许多问题尚待研究，这就对工程哲学研究提出新的要求。目前已有部分学者用哲学思想分析道路工程活动，但这些分析和研究是零散的，没有形成系统，对道路工程建设活动的指导意义较小。为了推进哲学对道路工程活动的指导性，迫切需要系统地开展道路工程哲学研究并推广普及。

道路(road)是指供各种无轨车辆和行人通行的基础设施。公路(highway)是指连接城市、乡村和工矿基地之间，主要供汽车行驶并具备一定技术标准和设施的道路。道路按其使用特点分为城市道路、公路、厂矿道路、林区道路及乡村道路等，道路包含了公路。道路的义广，公路的义狭。

1.1 道路工程建设活动

鲁迅先生在他的《故乡》一文中写道：“其实地上本没有路，走的人多了，也便成了路”。这句话虽然是表达鲁迅先生以“路”的形成方式描述对人生的思考和探索，但也同时准确、科学地描述了道路的起源和发展特点。原始人徘徊于自然界的山川河流之间，打猎、捕鱼、采集食物，其惯行的足迹便形成了道路。因此，可以说道路的演化历史就是人类发展的历史。人类的社会、经济生活创造了道路，道路的产生和发展又促进社会发展和人类进步。人类转为定居生活以后，以住地为中心的道路交通历史便开始了。随着经济发展、生产力进步，人们从自给自足的生活状态发展到物质交换的商品经济时代，推进了道路建设活动发展。

1.1.1 国外道路建设活动

公元前1900年，亚述帝国曾修筑了从巴比伦辐射出的道路。传说非洲古国迦太基人(公元前600—前14年)曾首先修筑有路面的道路，后来为罗马所沿用。首都罗马通过修建道路与意大利、英国、法国、西班牙、德国、西亚部分地区、阿拉伯及非洲北部连成整体，对维护帝国兴盛起到很大的作用。罗马大道路网由29条主干道组成，其中最著名的是阿庇乌大道，全长约660 km，耗时68年修建。随着罗马帝国的衰亡，道路建设也随着衰落。可见，道路建设活动与国家兴衰有着密切的联系。

在国外，首先采用科学方法改善道路施工的是拿破仑时代法国工程师特雷萨盖，通过他的努力，筑路技术向科学化和现代化迈出了第一步。他的努力使得法国在拿破仑执政期间(1804—1814年)建成了著名的法国道路网，因而当时法国尊称特雷萨盖为现代道路建设之父。英国的苏格兰工程师特尔福德于1815年修建道路时，采用一层式大石块基础的路面结构(图1-1)。1816年英国另一位苏格兰工程师马卡丹对碎石路面破坏机理做了认真研究，主张取消特尔福德所发明的笨重的大石块基础而代之以小尺寸的碎石材料，这种碎石路面后来被称为马卡丹路面(图1-2)。

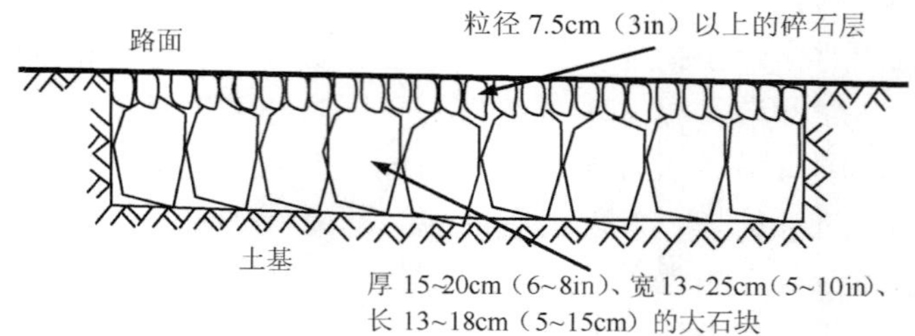

图1-1 特尔福德式路面结构形式示意图[1]

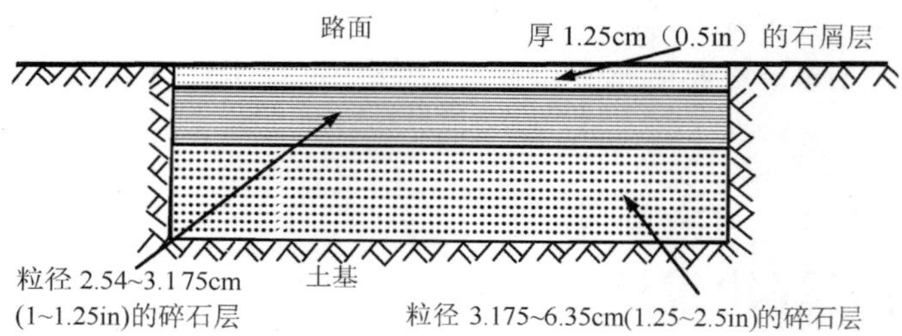

图1-2 马卡丹式路面结构形式示意图[1]

1858年发明了轧石机后，促进了碎石路面的发展，后来用马拉的滚筒进行压实路面。1860年法国出现了蒸汽压路机，进一步推进路面施工技术发展。1919年德国出现了世界上第一条高速公路，名为AVUS高速公路。在开展道路工程教育方面，法国是最早的国家，1747年，法国巴黎创立了第一所专门的道路桥梁学校，这所学校是第一所培养道路桥梁技术人才的专门学校，为社会输送了大批道路技术人员和工程师。1888年，英国特尔福德以道路工程师的身份首先创办了土木工程师学会，并终生担任主席，该学会发展成为国际上群众性学术团体。

自1945年以来，国外公路发展进入现代化道路阶段。从那时至今，公路发展十分迅速，欧洲各国、美国、日本先后建成了比较完善的全国公路网，许多国家打破了以铁路为中心的交通运输局面，公路运输已在综合交通运输体系中起到主导作用。现代化的道路发展时期可分为两个发展阶段，第一阶段是道路迅速发展期(1945—1975年)，第二阶段是大力提高道路质量和强化环保期。道路建设向着科技、环保、可持续发展方向转变。

1.1.2　我国道路建设活动

距今 4000 年前的新石器晚期，我国有关于役使牛马为人类运输而形成驮运道，并出现了原始的临时性简单的桥梁的记载。相传中华民族的始祖轩辕黄帝以“横木为轩，直木为辕”制造出车辆，为交通运输做了伟大的贡献，故尊称轩辕黄帝为“轩辕帝”。据《古史考》记载：“黄帝作车，任重致远。少昊时略加车，禹时奚仲驾马”。周武王姬发灭商后，为了充分发挥镐京(今西安附近)和洛邑(今洛阳)两地的政治、经济、文化中心作用，在他们之间修建一条宽阔平坦的大道，号称“周道”，并以洛邑为中心向东、北、南和东南修建不同等级的道路。东周时期，社会生产力空前发展，工、农、商业兴盛起来，修建的道路也很多，秦国修建的褒斜栈道是其中最重要的一项。在随后的几百年时间还陆续修建了金牛道、子午道和傥骆道等栈道。

秦始皇统一中国以后，实现了“车同轨”。修筑了以驰道为主的全国交通干线(图 1-3)，以京师咸阳为中心，向四周辐射，将全国各郡和重要城市全部连通。丝绸之路是自汉朝开始开辟的一条横穿亚洲的陆路交通干线，是中国通往印度、古希腊、罗马及埃及等国进行经济和文化交流的重要通道。该路始于中国西安，经现在的陕西、甘肃、新疆等省，越过帕米尔高原，再经中亚、西亚，到达地中海东岸的罗马，里程达数万公里(图 1-4)。唐朝首都长安道路建设不但为中国以后的城市道路建设树立了榜样，而且影响远及日本。宋朝、元朝和明朝均在过去道路建设的基础上有所提高。清朝(1644—1911 年)把驿路分为三等：一是“官马大道”，二是“大路”，三是“小路”。

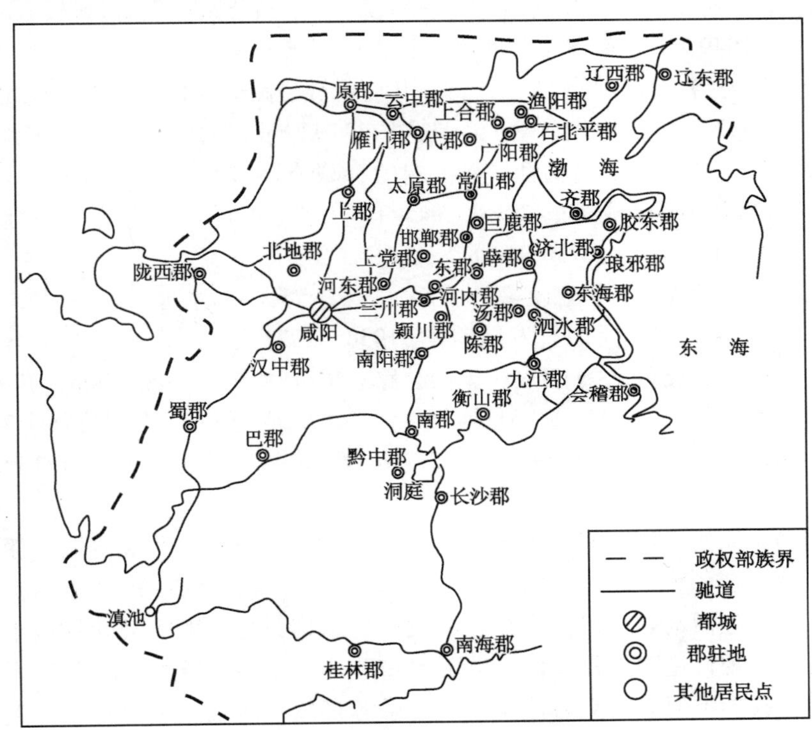

图 1-3　秦驰道示意图[2]

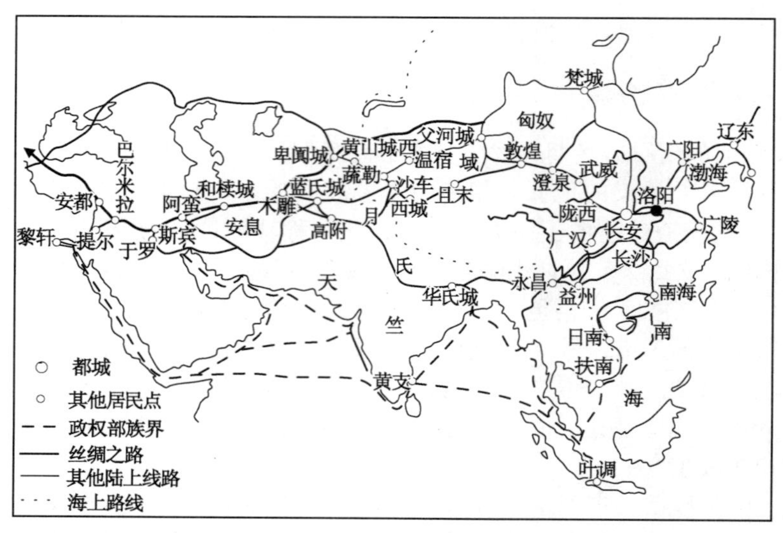

图 1-4 古丝绸之路示意图[2]

直至 19 世纪末期，我国才出现了现代铁路和公路。我国最早的公路是 1908 年苏元春驻守广西南部边防时兴建的龙州到那勘的公路，可惜没有完工。1913 年开始修建的长潭公路是我国第一条标准汽车公路，由水路交通和陆地交通组成。广东省内的惠山至平山路长 36 km，于 1921 年通车；张(张家口)库(库伦，即现在蒙古人民共和国首都乌兰巴托)公路全长 965 km，于 1918 年通车。其他商营公路、兵工筑路和以工代赈所修建的公路出现在沿海、华北、华东一带。截至北洋政府末年(1926 年)，全国公路里程为 26 110km。南京国民政府时期(1927—1949 年)，修建各省联络公路，逐渐走向统一化和正规化，初步形成公路网。1934 年公布《公路工程准则》24 条，对于几何设计、路面、桥涵等都有规定，统一了公路的技术标准。1937 年抗日战争爆发，于是我国集中力量打通西北的羊毛车路线和西南通往缅甸的滇缅公路。1944 年，青海西宁到玉树的青藏公路(797 km)和西康康定到青海歇武的康青公路(792 km)相继建成通车。截止 1945 年抗战胜利，全国公路总里程为 123 720 km，但到 1949 年能通车的公路不过 750 00 km。

新中国成立后，我国公路建设事业大致可以分为 3 个时期：第一时期是创建时期(1949—1957 年)；第二时期是曲折发展时期(1958—1978 年)；第三时期是全面发展时期(1978 年 12 月—今)。截至 2009 年底，全国公路总里程达到 386. 08 万 km，其中国道 15. 85 万 km，省道 26. 60 万 km，县道 51. 95 万 km，乡道 101. 96 万 km，专用公路 6. 72 万 km，村道 183. 00 万 km；全国桥梁达 61. 29 万座、2 726. 06 万米；全国公路隧道 6 139 处、394. 20 万米。

人类文明经历原始时代文明、古代文明、近代文明和现代文明等阶段，随着人类文明的发展，相应地出现各种不同特征的道路工程建设活动。以上对国内外道路工程建设活动叙述表明，道路工程活动是现代社会存在和发展的基础，是人类能动性的最重要、最基本的表现方式之一。现代道路工程建设活动不但塑造了而且还将继续不断改变现代社会的物质面貌。因此，我们不但必须努力认识自然、思考自然，而且必须努力认识道路工程、思考道路工程，认识和掌握道路工程活动的性质、特征和运动、发展规律。

1.2 工程与哲学

1.2.1 工程与哲学的关系

工程是现代社会的直接生产力，工程活动是人类社会存在和发展的实践活动。工程活动不但体现着人与自然的关系，而且体现着人与社会的关系。因此，我们必须在“自然—人—社会”的三元关系中认识和研究工程活动，而不能仅仅把工程活动简单地看作是“单纯技术活动”或“单纯经济活动”。近代以来，随着世界各国经济发展，工程数量逐渐增加、工程规模逐步扩大、工程复杂性不断增强，工程与工程、自然、社会、经济之间以及工程自身内部都有许多复杂的关系。工程在作为经济发展和社会变革的强大发动机的同时也给人类带来巨大的人性、社会和环境风险，这些问题不能不引起我们的哲学反思和追究。以上分析表明，对现代工程活动的哲学反思和追究是时代的必然要求，工程与哲学有着密切的联系。以下从三个方面阐述工程与哲学的关系。

首先，工程活动蕴含着丰富的哲学思想。随着社会的进步和生产力发展，工程活动不仅要完成其服务于社会的直接目的，在构建和谐社会、可持续发展、环境保护等方面也对其提出了更高的要求。工程活动是一个涉及经济效益、社会效益、环境影响等诸多因素的系统，各要素之间存在相互影响、相互制约的对立统一的辩证关系，如何遵循客观规律及社会需求处理好各要素之间的关系是工程能否发挥其最大系统功能的关键。因此，工程活动不但深刻涉及人与自然的关系，而且深刻涉及人与人的关系、人与社会的关系，工程建设活动中内在地存在着许多重要的、深刻的哲学问题[3]。中国工程院院士徐匡迪说：“工程问题显然不单纯是技术问题，重大的工程问题中必定有深刻、复杂的哲学问题。工程需要哲学支撑，工程师需要有哲学思维”，“工程的设计与实践中充满辩证法”[4]。汪应洛院士写道：“正像在上述当代科学体系的图表(图1-5)中所反映的一样，每一类科学活动都有它相应的哲学问题，工程科学也是如此”[5]。此外，工程建设者在从事工程建设活动过程中，也在自觉或不自觉的运用工程理念进行工程决策，探寻工程项目各要素的平衡点，以取得工程建设项目的效益最大化，即工程人也在无形中运用哲学思想去指导工程建设。因此，哲学在工程活动中是客观存在的，并且是主客体发生联系的主要思想纽带。

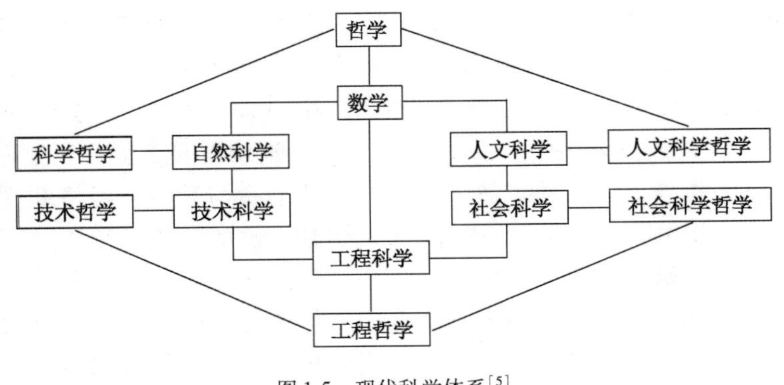

图1-5 现代科学体系[5]

其次，工程活动需要哲学思想的指导。尽管工程的设计与实践活动中充满着哲学辩证思想，但是工程师很少认为自己需要哲学，他们并没有把从事的工程设计和实践活动上升到哲学的高度。马克思说："哲学家们只是用不同的方式解释世界，而问题在于改变世界。"[6]陈凡从工程与哲学的关系方面对这句话作了如下理解和延伸：其一，哲学家在用不同的方式解释世界的同时，更应该以哲学的理论思维去影响人们如何改变世界。哲学家对于作为改造世界的工程活动应给予应有的关注；其二，在这句话的基础上，可加上一句"工程师们应当在理解解释世界的方式基础上来改变世界"。改变世界的工程活动需要理解解释世界的方式，工程师需要哲学思维；其三，工程哲学从本质上看是反思自然—人—社会三元关系的世界的哲学[7]。这表明工程活动需要哲学给予指导。

卡尔·米切姆认为哲学对于工程的重要性至少有三个方面：一是哲学对于工程师理解哲学批判以及对哲学批判进行自我辩护是十分必要的；二是哲学特别是伦理学对于帮助工程师们处理职业道德问题也是必要的；三是由于工程内在的哲学特性，哲学可以作为工程师的一种提高对工程的理解力的手段而发挥实际作用[8]。麻省理工学院工程哲学家布希亚瑞利教授(Louis L. Bucciarelli)的专著《工程哲学》(Engineering Philosophy)指出，哲学能够帮助工程师进行设计，尽管工程师很少认为自己需要哲学，但缺少了哲学，工程将非常不完备[9]。殷瑞钰院士在《工程与工程哲学》一文中写道：工程决策(特别是重大工程决策)的正确与否不仅影响地方和地区的发展，而且会对全局发展影响，影响社会发展的进程，甚至影响人类的未来和命运。现实的需要和形势的需要都向我们提出了把工程问题提升到哲学高度来认识的要求，要求对已有的工程进行理性反思，要求对工程的规律和特点进行探讨，这是时代的要求，也是学者和工程师应该担负的责任，意义重大而深远[10]。美国哲学家米切姆指出：工程就是哲学，通过哲学，工程将更加成为"工程自身"。而鉴于工程的这种内在哲学品性，哲学实际上可以成为一种手段，使工程更好地解释自身、服务社会。因此，米切姆怀着强烈的感情并模仿马克思的语调说："全世界的工程师，用哲学武装起来！除了你们的沉默不语，你们什么也不会失去！"[11]。徐立认为工程问题的哲学研究已经展示了理论和实践的双重价值，要求哲学研究者贡献他们的才智和精力[12]。以上分析说明，工程活动中有许多问题需要哲学分析和指导，用哲学思想研究工程问题是很必要的，这种需求已经刻不容缓。

工程规划的研究关系到国家的经济发展格局，工程建设的研究关系到国家的整体实力的增长，工程安全的研究关系到社会的和谐安定，工程与环境和谐友好的研究关系到循环经济和可持续发展，工程与社会和谐关系到世界的和平和全体公民的福祉[13]。这些复杂的问题都应从哲学方面给予研究。杜祥琬院士指出，中央提出的"科学发展观"、"走新型工业化道路"要求我们在工程活动中树立正确的哲学观，迫切需要工程师和工程管理者自觉地运用唯物论和辩证法指导工程活动。像工程这样的活动是与政治、经济和文化紧密联系在一起的，因而仅用逻辑分析的方法从"内部"来理解是不够的，还必须透过"外部"视点实现工程的社会研究、文化研究、人类学研究，甚至是政治学的研究。工程哲学应该包含哲学"外部"视点，并综合各个视点所形成的视图，为工程活动"拼凑一种更好的描述"[14]。很显然，随着经济发展和人类社会进步，工程建设规模日益扩大，工程对自然、社会的影响也更加促使人们对传统工程建设理念进行反思和追问。因此，在当前对工程建设有更高要求的形势下，哲学对工程建设的指导作用以及工程对哲学的需求也愈发急迫。工程人要努力提高自己的工程思维水平，提出科学、合理的工程理念和工程观用于指导工程活动。

最后，只有处理好工程活动与哲学之间相互促进的关系，才能保证工程活动的可持续、和谐发展。工程活动中蕴涵着丰富的哲学思想，工程活动需要哲学给予指导。但美国技术哲学家卡尔·米切姆(Carl. Mitcham)在《哲学对工程的重要性》(The Importance of Philosophy to Engineering)中指出，哲学对工程并没有给予足够的重视(1998年，现在工程已经受到哲学的重视——引者著)，然而工程界却不应该以此为由忽视哲学。卡尔·米切姆的论断说明现代工程活动需要处理好工程与哲学的关系。前文已经分析了哲学对工程的指导意义，工程人有着丰富的工程经验和题材，应该努力大胆探讨工程中的哲学思想，为拓展工程哲学研究领域做贡献，更应该从哲学的角度反思和追问工程思维、工程理念和工程观的合理性，扬弃传统的工程思维、工程理念和工程观，这本身就是工程人的责任。工程人是工程活动的直接实践者，对工程活动有决定性影响。因此，对于工程活动可持续、和谐发展来说，工程人从根本上自觉地理解和掌握哲学对工程的作用远比哲学家强迫工程人去理解、掌握哲学对工程的作用、哲学对工程人的警告，其效果更显著。工程人应该认识到工程是一个系统，工程系统不仅与经济、时间有关，还与社会、环境等有关；工程系统对其他系统影响的时间性不仅体现在当时性，而且体现滞后性。因此，工程人应该努力提高自身哲学素养，从长远利益、整体利益、全局利益、环境利益考虑工程与经济、社会、环境等的关系，促进工程活动可持续、和谐发展。

总之，研究工程与哲学的关系乃是时代的必然要求，工程建设的根本需求。只有从哲学的高度理解人类从事的工程活动所得的经验教训，并根据这些理解审视和指导工程建设活动，人类才可能使建构工程改变社会、塑造未来和谐统一，才能使工程系统与外界系统可持续、和谐发展。

1.2.2 工程哲学研究进展

早在19世纪末和20世纪初，就有学者认识到了工程哲学的存在，但是没有得到足够的关注。从21世纪初，中、英、美三个国家不约而同地关注到工程哲学这个新领域，工程哲学得到了较大的发展。李伯聪认为：如果说在20世纪，工程哲学还仅仅是个步履蹒跚的“丑小鸭”，那么在21世纪之初，工程哲学在世界的东方和西方同时开始“起飞”。中、西方不约而同地关注工程哲学研究，但研究内容略有不同，值得彼此借鉴。

1.2.2.1 国外工程哲学研究进展

什么是工程？这是工程哲学本体论研究的内容，是工程哲学研究的基础。最早且使用最广泛的工程定义是出现在1928年Thomas Tredgold写给英国民用工程学会的信中，他将工程定义为“驾驭自然界的力量之源，以供给人类使用与便利之术”[15]。埃德温·莱顿(Edwin Layton)在《工程的历史概念》一文中指出，工程是社会变革和社会革命的工具，强调工程的工具主要本质。Joyce Tang在《Doing Engineering》一书中指出：工程是复杂的知识体系和熟练技艺，它是数学和科学知识在技术难题中的系统应用[16]，强调工程的知识属性。权威工程教育家Ralph J. Smitch在1983出版的《Engineering as a Career》一书中把工程定义为：建筑、装置或系统的满足特定条件的最优化设计方法[17]。沃尔特·文森蒂在《工程师知道什么以及他们如何知道》一书中表明，工程是一个动态的多级的设计过程。米切姆把工程定义为与人工物相关的一种特殊人类行为过程——制造[18]。最近还出现少数学者从社会建构的视角强调工程与社会相互“嵌入”的特征。

工程传统的技术哲学是西方工程哲学研究的直接理论来源，工程哲学是技术哲学经验转向的研究领域。第二次世界大战以后，德国工程师学会(VDI，成立于1856年)于1947年重新成立，并召开了四次重要会议，以不同的主题探讨了工程师的地位和责任问题。德国工程师学会在1956年的百年纪念会上，成立了“人类与技术委员会”，1973年更名为“工程师与社会”委员会，下设诸多分会，其中哲学与科技分会主要讨论工程技术哲学和工程技术伦理问题。英国东英吉利大学电子工程教授 D. Levin 在1983年发表了《Engineering Philosophy：The Third Culture?》一文，其主要目的是揭示工程哲学与其他学科截然不同。

20世纪末期，工程哲学有了长足的发展。沃尔特·文森蒂(W. G. Vincenti)在《What Engineers Know and How They Know It》(1990)一文中指出：设计过程可以在上下和水平层次上交互作用，工程是一个设计的过程[19]。德拉华大学杜尔宾教授主编的《Critical Perspectives on Nonacdemic Science and Engineering》(1991)一书明确对工程哲学研究给予了关注[20]。Louis L. Bucciarelli 于1994年发表了《Designing Engineers》一书[21]。北美著名技术学家卡尔·米切姆(Carl Mitcham)把工程哲学作为自己的研究核心，是研究工程哲学的主要代表人物。1994年，米切姆出版了专著《Thinking Through technology：the Path Between Philosophy and Engineering》[22]；在1995年发表了《Notes Toward A philosophy of Meta - technology》[23]一文，他开始明确提出“工程哲学”的概念；在他1998年发表的《The Importance of Philosophy to Engineering》[8]一文中明确呼吁建立一门“工程哲学”新学科；除此外，他还有多篇关于工程哲学的文章，如《Engineering as Productive Activity：Philosophical Remarks》(1991)、《Engineering Design Research and Social Responsibility》(1997)、《The thies of Engineers：from Occupational Role Responsibility to Public Co - responsibility》(2000)等，从本体论、认识论、价值论和方法论几个角度系统阐述了自己的工程哲学思想[24]。其他西方学者也对工程哲学给予关注，主要代表人物和成果有[7]：皮特(Joseph C. Pitt)的《思考技术——技术哲学的基础》、《工程师知道什么》；沃尔夫(Wm. A. Wuff)的《工程伦理与社会》、哈里斯等合著的《工程伦理——概念与案例》，等等。

进入21世纪，工程哲学研究迅速发展，研究势头明显增强。2003年，美国麻省理工学院(MIT)布希阿勒里教授在欧洲出版了《Engineering Philosophy》一书，研究重点是分析和考察有关设计的哲学问题，此书引起了广泛关注[25]。2003年，美国工程院工程教育委员会立项研究工程哲学问题，目的是要为工程哲学奠定思想基础和建立一个新学术追求的学者的共同体，为此还成立了一个“工程哲学指导委员会”，由布卢姆教授任主席。美国学者戈德曼(Steven L. Goldman)提出了工程哲学使我们的技术行动更有效的观点(2004)[26]。2006年，斯隆基金会资助了工程哲学领域的研究工作。英国皇家工程院自2006年3月开始组织“工程哲学系列研讨会”，截至2008年3月，这种研讨会共举行了7次，使工程师和哲学专家会聚一堂，研讨工程与哲学相交叉的问题。英国皇家工程院院士 Natasha Mccarthy 发表了《What Use is Philosophy of Engineering?》(2007)一文，认为：工程哲学是一项对工程师也对哲学家有价值的合理的事业，哲学对工程师有实际价值，而工程方法和工程产物能为哲学家争论了几个世纪的问题给以启迪，工程能为哲学家研究未来提供新的问题来源[27]。2007 年 5 月在丹麦的奥尔胡斯召开一次以“职业教育和工程中的哲学”为主题的国家研讨会，美国、爱尔兰、荷兰、比利时、丹麦等国学者做了学术报告。2007 年 10 月 29—31 日在荷兰的德尔福特理工大学召开一次工程哲学方面的国际会议(2007 Workshop on Philosophy & Engineering，简称 WPE - 2007)，大会主题为“Engineering Meets Philosophy, and Philosophy Meets Engineering”，大会主席是荷兰的伊波·凡·德·博厄尔和美国的戴维·格德博格。

纵观国外工程哲学研究历史，国外工程哲学研究的领域广，包括了工程本体论、认识论和方法论、伦理学及基于 STS 的工程教育等内容。有很多研究方法和研究内容是值得我国工程研究借鉴和参考的。

1.2.2.2　国内工程哲学研究进展

在中国，“工程”范畴出现很早。据《北史》记载：“营构三台材瓦工程，皆崇祖所算也。”宋代欧阳修的《新唐书·魏知左论》中有“会造金仙，玉真观，虽盛夏，工程严促。”元代《元史·韩性传》中提过“读书工程”。雍正十二年(1734 年)御弟允礼等编著了《工程做法》。在当前有关工程的论述中，不同领域的各类学者对工程的定义有不同的理解。《辞海》中对“工程”的解释是：“将自然科学的原理应用到工农业生产部门中去形成的各学科的总称。”《自然辩证法百科全书》中将“工程”定义为：“把数学和科学技术知识应用于规划、研制、加工、试验和创制人工系统的活动和结果，有时又指关于这种活动的专门学科。”《现代汉语词典》对“工程”的释义是“土木建筑或其他生产、制造部门用比较大而复杂的设备来进行的工作，如土木工程、机械工程、化学工程、采矿工程、水利工程、航天工程”。李伯聪将工程所指称的对象分为四大类：一是一般性地指称大型的物质生产活动；二是在(广义的)生产的范围内仅把那些新开工建设的或新组织投产的建设项目称为工程；三是用于指称某些大型的科研、军事、医学或环保等方面的活动或项目；四是用于指称某些具体而目标明确的大型社会活动。在《工程哲学引论——我造物故我在》一书中，李伯聪将工程定义为对人类改造物质自然界的完整、全部的实践活动和过程的总称，工程的定义不包括第四种工程指称。殷瑞钰、汪应洛和李伯聪合著的《工程哲学》一书将“工程”界定为：人类创造和构建人工实在的一种有组织的社会实践活动的过程及其结果。

与国外相同，我国早期的工程哲学研究同样源于工程的技术哲学，研究时间主要集中在当代。早期，钱学森发表了一系列论述工程特别是系统工程问题的重要论文，其中包括许多富于哲理的内容和具有启发性的哲学观点[28]。李伯聪教授于 1988 年出版了《人工论提纲——创造的哲学》[29]，系统阐述了人工论与认识论的相互关系，论证了哲学体系从以认识论为中心走向以人工论为中心的可能性和必要性；1992 年，他向北京国际科学哲学会议提交论文《简论工程实在论》；1993 年正式发表了《我造物故我在——简论工程实在论》一文，正式提出了开拓工程哲学研究新领域的观点[30]；1995 年，他又发表论文《努力向工程哲学和经济哲学领域开拓——兼论 21 世纪的哲学转向》。1999 年，陈昌曙在《技术哲学引论》一书中以单独的一节讨论技术和工程的一些问题。1999 年，肖平出版了《工程伦理学》一书[31]。我国工程哲学研究在 20 世纪还没有形成系统，还处于酝酿期。

进入 21 世纪，我国工程哲学研究迅速发展，各种报道积极涌现。2001 年，李伯聪在《哲学研究》发表了《我思故我在与我造物故我在——认识论与工程哲学刍议》，从对象、过程、研究的范畴等方面对比了认识论和工程哲学的不同，指出大力开展工程哲学研究是当前迫切的时代要求。2002 年初，陈昌曙发表了《重视工程、工程技术和工程家》一文，论述了工程与技术的差异，简要地阐明了工程活动的 10 个特点。2002 年，凝结了李伯聪教授大约 20 年心血的著作《工程哲学引论——我造物故我在》[32]正式出版，该书以过程分析和范畴分析相结合的方法对工程哲学的一系列重要问题进行了系统分析和阐述，讨论了 50 多个应该研究的范畴。这是一部“充满原创性并自成体系的奠基之作，为哲学研究开创了新的边疆”，标志着我国基于技术哲学研究向工程哲学研究的演化基本实现。2002 年徐长福发表了《实体与虚体——工程论视野中的一个发现》一文，同年，他又出版了《理论思维与工程思维》[33]。2003 年，中国自然辩证法研究会召开以工程哲学为主题的全国性学术会议，同年，中国科学院研究生院成立工程与社会研究中心。李世新于 2003 年发表了《谈谈工程伦理学》[34]一文，讨论了工程伦理学研究的问题。2003 年，徐长福在《自然辩证法研究》上发表了《工程问题的哲学意义》一文。2004 年，中国工程院召开工程哲学高层研讨会；在工程院科技论坛系列中召开“工程哲学”报告会；立项研究“工程哲学”；中国自然辩证法研究会召开第一次全国工程哲学研讨会，正式成立中国工程哲学专业委员会。2004 年，杜澄、李伯聪出版了《工程研究》(第一卷)[35]。2005 年，中国工程院科技论坛系列中举办第二次工程哲学报告会；召开第二次工程哲学研讨会；2006 年，出版了《工程研究》(第二卷)[36]。2006 年，西安交通大学王宏波教授出版《工程哲学与社会工程》[37]一书。2007 年，中国工程院科技论坛举办第三次工程哲学报告会；召开第三次全国工程哲学研讨会。2007 年，殷瑞钰、汪应洛、李伯聪等合著的《工程哲学》问世[11]，该书把工程视为一个整体，在更抽象的层次上分析了工程的本质和特征、工程思维与工程方法论、工程理念和工程观(工程系统观、工程社会观、工程生态观、工程伦理观、工程文化观)。2007 年，殷瑞钰、王礼恒、汪应洛和李伯聪合著的《工程与哲学》(第一卷)出版[3]。2008 年，严春风出版了《土木工程哲学》一书[38]，书中从土木工程的哲学认识及内涵入手，以实践哲学的角度认识土木工程和土木工程建设活动的本质和哲学特征，以及本质和基本内涵。工程哲学网(www. gczx. org)于 2009 年 2 月 28 日正式开通。第四次全国工程哲学学术年会于 2009 年 11 月在成都举行。2010 年 4 月 1—2 日，工程演化论研究课题组在中国工程院召开第四次研讨会。2010 年 6 月，石家庄铁道大学教授徐长山出版了《工程十论——关于工程的哲学探讨》[39]，主要讨论了工程的阶段性、整体性、动态性、开放性、矛盾性、创新性、人文性、风险性、伦理学和价值性等。

纵观中国工程哲学研究历史，大体而言，中国工程哲学发展主要表现为工程界与哲学界的互动，着重研究工程与科学技术的区别与联系、分析和研究工程的本质和特征，注重工程案例和工程哲学范畴研究，注重学术制度化。

1.2.3 工程哲学研究的缺失

虽然目前国内外都对工程哲学研究给予重视，并取得了丰硕的成果，但通过对研究现状的梳理，还是可以发现工程哲学研究在以下几个问题的缺失。

其一是对工程演化史问题研究不够重视。工程活动的历史和人类的历史一样久远，考察工程的历史应该是工程哲学研究的基础[7]。正如李伯聪所说：“没有工程史的工程哲学是空洞的，没有工程哲学的工程史是盲目的”[40]。仅仅考虑工程的起源和发展历史是不够的，还需要考察工程演化史，既要从大跨度的历史长河中考察工程的演化问题，也要考察某一历史阶段内具体工程的演化问题。目前我国正在研究工程演化问题(2010 年 4 月 1—2 日，工程演化论研究课题组在中国工程院召开第四次研讨会)，但还没有报道出研究成果。

其二是由于不同学者的研究视角不同，呈现出不同观点争鸣的局面，对科学、技术与工程之间的界面研究尚未展开。

其三是目前工程哲学研究仅限于对工程师所掌握的和应该掌握的知识的分析，偏重实用主义，忽视了工程主体的多层次性，对工程客体的认识和分析不足，缺少有效的工程事前评估、事中影响和事后反馈机制的理论研究。

其四是关于工程价值的研究偏重于工程伦理价值，且只注重于工程师主体责任的研究，较少涉及工程本身的价值讨论，对工程事后评估规范、标准的理论研究尚不成熟[24]。

虽然我国工程哲学研究已经讨论了一些工程实例，相比而言，目前工程哲学研究还主要集中在理论研究。作为实践的工程哲学还没有得到足够发展，作为现代工程活动主体的工程哲学研究还很欠缺，我们应该将工程哲学的基本理论与具体工程科学相结合，使工程哲学研究向更低的分支延伸，成为企业家、工程师的哲学，使工程哲学研究更具有指导意义。

总之，工程哲学研究的基础还比较薄弱，还有很多问题没有研究透彻，工程哲学理论研究与其他学科相结合的研究很少，对工程的指导意义明显减弱。因此，在工程哲学理论研究的同时，工程哲学应向更低分支延伸。只有低(基)层推广普及，经实践再向上反馈才能不断促进哲学理论发展。

1.3 道路工程哲学

道路的演化历史就是人类发展的历史，体现着不同时代人类的思维和观念。人类的社会、经济生活创造了道路，道路的产生和发展又促进社会发展和人类进步。前文分析了工程与哲学的关系，说明工程中有哲学，道路工程是人类工程活动的主战场。因此，道路工程活动中有着丰富的哲学思想。

张筱峰等从哲学视野提出一种新的路网规划思想，提出展开近期规划应以主客均衡论为基础，远期规划则应以本体论为基础[41]。王栋指出，在今后的道路设计过程中，应坚持“以人为本，树立全面、协调、可持续的科学发展观”和贯彻实施“六个坚持、六个树立”的公路勘察设计的新理念，真正做到关注长远利益、强调坚持以人为本，把人民群众的整体利益放在首位，充分体现广大人民群众的根本利益[42]。金旭阳认为道路景观人性化的设计是以人为轴心，注意提升人的价值，尊重人的自然需要和社会需要的动态的设计哲学[43]。文献[44]阐述了“以人为本”的理念在道路施工中的应用。周前程从自然辩证法和科学技术辩证法的角度对生态公路建设进行哲学思考，分析认为建设生态公路的实质是建立人与自然和谐共处，是可持续发展的必然要求，体现了对立统一的哲学思想[45]。道路工程活动与自然、社会、经济有着密切的联系，因此，道路工程与其他系统可持续、协调发展是道路工程哲学研究的重要内容。董伟智[46]从哲学的角度思考了道路工程活动与资源、环境、人口之间的矛盾，阐述了生态观与可持续发展之间的内在关系。文献[47]重点从区域社会经济发展及空间形态演化方面研究公路建设与区域的相互影响关系。吴鸣从生态公路的哲学思想、公路建设与环境协调可持续发展思想出发，分析生态公路的内涵，从而阐述生态公路建设是公路可持续发展的新理念[48]。韩毅运用哲学的相关理论，从道路、车辆、驾驶员和管理四个方面对西安至汉中高速公路近期通车的交通事故频发原因进行分析[49]。陆礼分析了《道路交通安全法》，认为该法充分体现了以人为本、安全至上的立法意图，彰显"贵生"道德哲学取向，采用"无过错规责原则"和"过失相抵原则"处理人车关系，则具有鲜明的人学辩证法色彩[50]。有什么样的工程文化就有什么的工程产物，工程文化是工程哲学研究的重要内容。焦泰平界定了中国道路文化的含义，分析了中国道路文化的特征、研究范围及研究意义[51]。马克思说"人也要按美的规律来建造"，说明工程审美性是工程文化不可忽略的，工程美是体现工程理念和工程共同体整个素质的标志之一。城市道路发展历史告诉我们，自从人们建造道路以来，就对道路产生了审美观念，科学家、哲学家、思想家和美学家等对道路环境、道路美感已经有了不同的认识和不同的感觉[52]。综上所述，目前已有部分学者用哲学思想分析道路工程活动，但这些分析和研究是零散的，没有形成系统，对道路工程建设活动的指导意义较小，范围窄。随着道路工程活动规模不断增大，对社会的正负效应变得显著，迫切需要工程哲学思想给予指导。因此，我们开展道路工程哲学研究，希望研究结果能够真正指导道路建设活动，同时也希望本书的研究能带动其他分支学科关注工程哲学，促进实践的工程哲学发展。

工程哲学研究向更低分支延伸是当前工程哲学研究的走向。道路工程哲学是工程哲学与道路工程学相结合的产物，是对工程建设活动科学指导的哲学思想。本书在简单回顾哲学发展历程基础上，以过程分析方法为分析主线，系统分析了道路工程哲学思想。

本书分 12 章：第 1 章阐述国内外道路建设活动历史和工程哲学研究进展，分析工程与哲学的关系和工程哲学研究的缺失，分析当前有关道路工程活动哲学思考的内容；第 2 章简单阐述国内外哲学的发展历程；第 3 章介绍我国道路发展现状和存在不足之处，用工程哲学思想辨析道路网规划的定义及意义、道路网布局规划的方法和决策、道路网规划方案评价；第 4 章用工程经济学和工程哲学分析道路建设投资和经济评价，分析建设成本及道路建设与区域经济关系，分析道路建设决策原则；第 5 章介绍道路建设与社会需求、环境保护、工程地质灾害和环境条件的辩证关系；第 6 章从整体与部分的辩证关系、价值范畴方面辨析道路建设的广义社会效益和分析道路建设过程对生态环境的影响及道路的工程特性；第 7 章分析道路线形设计的基本性质、特点和对设计过程的认识，阐述道路线形设计工程理念、系统观、文化观、生态观和道路线形设计中的创新活动；第 8 章从整体与局部、局部与局部关系分析道路构造物，道路构造物景观决策的工程哲学思辨，道路构造物与建设成本、交通安全的矛盾关系；第 9 章分析道路建设系统概念及道路施工的系统观和伦理观；第 10 章阐述我国道路养护的发展历程和道路养护的必然性、重要性及道路建设与养护的辩证关系；第 11 章辩证分析了都江堰工程、滇越铁路、人字桥、成昆铁路和云南思小高速公路等历史工程；第 12 章分析未来道路工程的发展方向和对新型道路工程人才的要求。

参考文献

[1] 张金喜. 道路工程专论[M]. 北京：科学出版社，2010.
[2] 孙家驷. 道路概论. 2版[M]. 北京：人民交通出版社，2008.
[3] 殷瑞珏. 工程与哲学(第一卷)[M]. 北京：北京理工大学出版社，2007.
[4] 徐匡迪. 树立工程新理念，推动生产力的新发展. //杜澄，李伯聪. 工程研究——跨学科视野中的工程(第一卷)[M]. 北京：北京理工大学出版社，2004.
[5] 汪应洛，王宏波. 工程科学与工程哲学[J]. 自然辩证法研究，2005，21(9)：59-63.
[6] 马克思. 马克思恩格斯选集(第一卷)[M]. 北京：人民出版社，1972.
[7] 陈凡，蔡乾和. 中外工程哲学研究之比较[J]. 自然辩证法通讯，2009，31(4)：82-87.
[8] Carl Mitcham. The Importance of Philosophy to Engineering [J]. Tecnos, Vol. XⅦ/3, 1998.
[9] Louis L. Bucciarelli. Engineering Philosophy [M]. Delft University Press, 2003.
[10] 殷瑞钰. 工程与工程哲学[J]. 科学技术哲学，2004，(12)：16-17.
[11] 殷瑞钰，汪应洛，李伯聪. 工程哲学[M]. 北京：高等教育出版社，2007.
[12] 徐立，倪钢. 工程本体的解释[J]. 自然辩证法通讯，2008，30(6)：48-52.
[13] 丘亮辉. 新世纪自然辩证法研究的两个方向——工程哲学和周易哲学[J]. 自然辩证法研究，2006，22(8)：94-98.
[14] 盛晓明，王华平. 我们需要什么样的工程哲学[J]. 浙江大学学报(人文社会科学版)，2005，35(5)：27-33.
[15] 伊. 拉卡托斯. 科学研究纲领方法论[M]. 兰征译. 上海：上海译文出版社，1986.
[16] Joyce Tang. Doing Engineering [M]. Rowman & Littlefield Press, 1999.
[17] Ralph J Smith. Engineering as a Career[M]. New York: Mc Graw - Hill, 1983.
[18] 张玲. 西方工程哲学思想的历史考察与分析[M]. 沈阳：东北大学出版社，2008.
[19] Walter. G. Vincenti. What Engineers Know and How They Know It [M]. The Johns Hopkins Press, 1990.
[20] Paul T. Durbin. Critical Perspectives on Nonacdemic science and Engineering [M]. The Johns Hopkins Press, 1990.
[21] Louis L. Bucciarelli. Designing Engineers [M]. The MITs Press, 1994.
[22] Carl Mitcham. Thinking Through Technology: the Path Between Philosophy and Engineering[M]. 1994.
[23] Carl Mitcham. Notes toward a Philosophy of Meta - technology [J]. Techne: Volume 1, Numbers 1-2, Fall 1995.
[24] 刘洪波，丰景春. 工程哲学研究发展现状、问题与前景[J]. 学术论坛，2007，(6)：24-27.
[25] 李伯聪. 21世纪之初工程哲学在东西方的同时兴起[J]. 中国工程科学，2008，10(3)：13-16.
[26] Steven L. Goldman. Why We Need a Philosophy of Engineering: a Work in Pregress [J]. Interdisciplinary Science Reviews, 2004, VOL. 29(2): 163-176.
[27] Natasha Mccarthy. What Use is Philosophy of Engineering [J]. Interdisciplinary Science Reviews, 2007, VOL. 34(4): 320-325.
[28] 钱学森. 科学学、科学技术体系学、马克思主义哲学[J]. 哲学研究，1979，(1)：20-27.
[29] 李伯聪. 人工论提纲——创造的哲学[M]. 西安：陕西科学技术出版社，1988.
[30] 李伯聪. 我造物，故我在——简论工程实在论[J]. 自然辩证法研究，1993，(12)：9-19.
[31] 肖平. 工程伦理学[M]. 北京：中国铁道出版社，1999.
[32] 李伯聪. 工程哲学引论——我造物故我在[M]. 郑州：大象出版社，2002.
[33] 徐长福. 理论思维与工程思维[M]. 上海：上海人民出版社，2002.

[34] 李世新．谈谈工程伦理学[J]．哲学研究，2003，(2)：81-85.
[35] 杜澄，李伯聪．工程研究(第一卷)[M]．北京：北京理工大学出版社，2004.
[36] 杜澄，李伯聪．工程研究(第二卷)[M]．北京：北京理工大学出版社，2006.
[37] 王宏波．工程哲学与社会工程[M]．北京：中国社会科学出版社，2006.
[38] 严春风．土木工程哲学[M]．成都：四川科学技术出版社，2008.
[39] 徐长山．工程十论——关于工程的哲学探讨[M]．成都：西南交通大学出版社，2010.
[40] 张柏春，李成智．技术史研究十二讲[M]．北京：北京理工大学出版社，2006.
[41] 张筱峰，管楚度．路网规划哲学——路网规划的新思路[J]．长沙交通学院学报，1998，14(4)：63-67.
[42] 王栋．以人为本理念在道路设计中的应用[J]．甘肃科技，2009，25(12)：97-99.
[43] 金旭阳，王磊．道路景观设计人性化浅谈[J]．北方交通，2010，(2)：43-45.
[44] 高晓刚，车慧静，栾晓光，等．以人为本的理念在滨海公路养护管理工作中的应用[J]．北方交通，2010，(4)：28-30.
[45] 周前程，杨瑞华．生态公路建设研究[J]．山西建筑，2007，33(18)：266-267.
[46] 董伟智，薛忠军，王佳妮．从哲学角度思考公路建设怎样才能走上可持续发展的道路[J]．中外公路，2007，27(3)：232-235.
[47] 崔莹．公路建设与社会经济协调发展评价研究[D]．北京工业大学，2004.
[48] 吴鸣，赵明华．可持续发展的生态公路建设研究[J]．环境科学与管理，2009，34(10)：144-147.
[49] 韩毅，王畅，施雯．西汉高速公路交通事故频发的哲学思考[J]．公路与汽运，2008，(2)：62-64.
[50] 陆礼．路权与人权之际——《道路交通安全法》的人本哲学解读[J]．内蒙古社会科学(汉文版)，2007，28(4)：43-47.
[51] 焦泰平．中国道路文化的特征及其研究意义[J]．长安大学学报(社会科学版)，2010，12(1)：20-23.
[52] 赵晶夫．城市道路规划与美学[M]．南京：江苏科学技术出版社，1994.

哲学的发展历程

第2章

西方哲学自产生至今，其发展历程可以大致分为四个阶段：古希腊罗马哲学、中世纪经院哲学、近代哲学和现代哲学。中国哲学史作为一门独立的哲学学科而存在，也是诸多哲学家研究的重点。作为对中国哲学发展及思想的简单介绍，这里对中国史的争论不做评判，为便于分析，将中国哲学的发展分为两个阶段："西学东渐"前的中国传统哲学和其后的中国近现代哲学。

2.1 西方哲学的发展历程

2.1.1 古希腊罗马哲学

古希腊哲学是西方哲学的开端，然后扩展到整个西方世界。古希腊哲学产生于古希腊奴隶社会的阶级斗争和对古代宗教神话的叛离，着重于对客观自然世界的认识和对人的研究，形成了朴素的唯物主义观和辩证法思想。恩格斯指出："在希腊哲学的多种多样的形式中，差不多可以找到以后各种观点的胚胎、萌芽"[1]。古希腊哲学对西方文明、西方哲学以及西方科学的发展都产生了深刻的影响。

2.1.1.1 早期古希腊哲学

古希腊哲学源自宗教神话而又背离宗教神话，早期的古希腊哲学家主要思想是探索宇宙的本原。泰勒斯(Thales)是古希腊有记载的第一个哲学家和科学家，他认为水是宇宙万物的本原，万物均是由水产生并构成，经过不同的形态变换形成千姿万态的事物，最终又转化为水。泰勒斯这种朴素的唯物主义观是西方哲学史上第一个有关宇宙万物本原的哲学命题，是西方哲学思考的发端。所以黑格尔认为哲学首先是从这个命题开始的[2]。泰勒斯的观点说明古希腊哲学思想与宗教神话是根本对立的，不是用神话去解释宇宙的产生，而是以理性思维用自然事物去解释世界的本原。阿纳克西曼德(Anaximandros)是泰勒斯的学生，他认为作为世界万物的本原不能拘泥于某种具体的形态，因此他构造了一个永恒存在的、没有特定相态的"无限者"，"无限者"是世界万物的本原。永恒存在的"无限者"在不断运动转化中形成了各种对立存在的事物。阿纳克西曼德关于事物生成的新观点，体现了古代朴素的辩证法思想[3]。此外，阿纳克西曼德还根据"无限者"的运动解释了宇宙天体的形成，这是古希腊最早的宇宙论。阿纳克西曼德的学生阿纳克西美尼(Anaximenes)在“无限者”的基础上，提出世界万物是由气构成的，因为气是无形的、可变的。赫拉克利特(Herakleitos)认为火是万物的本原，任何事物都包含对立的两个方面，通过对立面的斗争和转化，宇宙中的一切事物处于不断运动和变化之中，达到事物对立面的统一。赫拉克利特的观点充满着朴素的辩证法思想，所以列宁认为他是“辩证法思想的奠基人之一”[4]。

毕达哥拉斯(Pythagoras)是古希腊著名的哲学家、数学家和天文学家，也是“哲学”一词的首次使用者。他认为万物皆由“数”构成，数是万物的本原，数先于世界万物而存在，从“一”分别形成点、线、面、体，体构成水、火、气、土四种元素，元素不断的变化形成了世界万物。在数是万物本原的基础上，毕达哥拉斯提出万物存在对立和和谐的关系。另外，他认为灵魂的理性部分是不死的，可以转世轮回，这种带有宗教神秘主义思想对后来柏拉图哲学和基督教哲学都产生了深远的影响[3]。克赛诺芬尼(Xenophanes)认为“神”是万物的本原，这里“神”不是古希腊神话传说中的诸神，而是克赛诺芬尼在批判希腊诸神时人们虚构的角色基础上构建的一个永恒存在的事物，它代表着永恒的、不变的世界。恩培多克勒(Empedokles)认为万物的本原不是某一种特定的物质，而是水、火、土、气四种元素，每一种元素都有不同的作用，每一种都有特殊的本性，他们依次在时间的循环中占据统治地位，没有任何东西在元素以外产生，元素也不消灭[5]。阿纳克萨戈拉(Anaxagoras)则认为万物的本原不是四种元素的一种或者全部，而是无限多个、无限小、性质各异的微小微粒“种子”构成。阿纳克萨戈拉的“种子说”和德谟克利特的“原子论”具有一定的相似性。

德谟克利特(Demokritos)是古希腊伟大的唯物主义哲学家，他对哲学和自然科学的主要贡献就是继承并发展了留基波(Leucippus)的原子论。德谟克利特的“原子论”虽然不是一种科学理论，仅作为一种哲学观点而存在，但是对现代原子科学的发展具有一定的影响。英国科学史家丹皮尔(W. C. Dampier)认为德谟克利特的原子论“要比他以前或以后的任何学说都更接近于现代观点”[6]。德谟克利特认为数量上无限的，形式上多样的，不可分割的最微小粒子“原子”是构成万物的本原，原子之间存在着“虚空”，并且自古以来就存在，不能被创生，也不能被消灭，原子在无限虚空中的不断运动，构成了世界万物。德谟克利特利用原子论构造了天体演化学说并解释了认识论的相关问题。在认识论方面，德谟克利特认为感觉是原子运动造成的，从事物中流射出的原子形成的“影像”在人的感官和心灵中形成人的感觉和思想；人的认识有暧昧的认识和真实的认识，暧昧的认识是感性认识，而真实的认识是理性认知。在伦理观方面，德谟克利特认为人的幸福分为身体的幸福和灵魂的幸福，灵魂的幸福才是真正的幸福，幸福是人生的最终目标。

综上所述，早期古希腊哲学强调采用理性思维对客观自然的认识，集中于研究宇宙万物的本原问题，形成了朴素的唯物主义观和辩证法思想。因此，早期古希腊哲学家可以成为自然哲学家。

2.1.1.2 中期古希腊哲学

中期古希腊哲学是希腊哲学的繁荣时期，这一时期古希腊哲学的研究对象也发生了转变，从理性认识客观自然世界和探索宇宙的本原的单一问题转变为研究社会、人生和国家等诸多方面。此时期古希腊哲学观点林立，众说纷纭，形成了百家争鸣的局面。苏格拉底、柏拉图和亚里士多德是此时古希腊哲学的代表人物。

1. 智者派

普罗泰戈拉(Protagoras)和高尔吉亚(Gorgias)是智者派的代表人物，均以善辩而著称，都是希腊此时期的智者。普罗泰戈拉接受了赫拉克利特的哲学思想，认为万物处于不断的变化运动之中，感觉是最真实的，是衡量真理的标准。“人是衡量事物的尺度”之一命题，表明古希腊哲学的研究对象从客观自然世界这个客体转向人自己这个主体。高尔吉亚希腊著名哲学家、修辞学家和演说家，继承了恩培多克勒的学说，其主要的哲学观点主要集中“无物存在”、“即使某物存在也无法认知”、“即使可以认识某物也无法告诉别人”三个论证“事物不存在”的命题。他在论证中涉及到的思维与存在，思维与语言，语言与存在等范畴及其关系的问题，对推动哲学、逻辑学的发展，具有一定的积极作用[7]。高尔吉亚这种论辩方法，成为晚期古希腊哲学怀疑主义流派的重要思想源泉。

2. 苏格拉底的哲学思想

苏格拉底(Socrates)是古希腊最伟大的哲学家之一，被认为是西方哲学的奠基人。苏格拉底哲学则是古希腊哲学的一个分水岭，是第一个把哲学研究从天上拉回人间的哲学家，标志着古希腊哲学从单一的宇宙本原问题转向社会、国家及人的心灵等人类的伦理问题上来，开创了哲学研究的一个全新的领域。

苏格拉底作为古希腊哲学承前启后的一个哲学家，在早期也进行了自然哲学的研究，当发现自然哲学无法解释自然现象产生背后的原因时，苏格拉底开始放弃自然哲学转而批判自然哲学，并提出了自己的观点来解释这个原因，即目的论。苏格拉底认为世界万物之所以呈现出如此的样子，是有一种力量来支配的，这种力量就是“好”。万物的存在和发展都追求一种完满性的原则，正是万物追求“好”这个目的，才使万物显得如此和谐、匀称和完美。苏格拉底还认为是“神”推动世界万物去追求“好”这个目的，“神”独立存在于世界万物之外，并按照自己的意志构造了这个客观世界。由于神的存在，才使世界万物如此有秩序、如此美好。苏格拉底的目的论标志古希腊哲学由朴素的唯物主义观转向唯心主义观。

“美德就是知识”这一命题构成苏格拉底关于伦理道德的主要思想。基于万物追求“好”这个观点，苏格拉底认为一个人如果没有知识，就不明白“好”的真正含义，也不能为善，有了知识才能懂得道德的本性，只有掌握了“好”的概念，才能作出符合“好”的事情。现实中的道德行为是具有相对性的，只有道德作为知识才是永恒的、绝对的，最高的知识就是对作为万物追求的“好”这个永恒的、绝对的概念的认知。可见，苏格拉底把道德与知识、知识与行为联系起来，把道德知识化、又把知识判断与人生价值判断相联系的伦理观点建立在认识论上的。

“自知自己无知”是苏格拉底关于方法论的重要命题。苏格拉底认为人们所谓的普通知识并不是真正的知识，真正的知识是永恒的、不变的、确定的、绝对的真理。那些认为自己有知识的人，其实并不具备智慧，而是独断论者，只有承认自己的无知，才能接受智慧。苏格拉底认为自己并没有掌握那种作为永恒真理的知识，所以他认为自己是无知的。苏格拉底认为自己是没有知识，但同时他又教授别人知识，为解决这个相互矛盾的问题，苏格拉底认为知识不是别人灌输的，也不是来自对自然界的学习，而是先天固有的，只不过存在于人的心灵之中，人们不知道而已，要获得这种先天性的知识，必须通过引导，即教育。苏格拉底认为自己教授知识就像“助产婆”助产一样，不像智者派那样教授现有的知识，而是引导学生对自己固有知识的认知，在这个过程中，知识来自学生先天固有的知识，苏格拉底自己并不产生知识，知识也不能被创造出来。

苏格拉底作为古希腊最伟大的哲学家之一，其承前启后哲学思想标志着古希腊哲学研究对象从单一向多元化发展，古希腊哲学家从朴素的唯物主义观向唯心主义观转变，开创了古希腊哲学研究的新纪元。苏格拉底的目的论、有神论同样为中世纪经院哲学出现和发展提供了思想源泉。

3. 柏拉图的哲学思想

柏拉图(Platon)是苏格拉底的学生，是西方哲学史和文明史上最伟大的哲学家和思想家之一，柏拉图继承了苏格拉底的唯心主义观，是西方客观唯心主义哲学的创始人。

理念论是柏拉图哲学体系的核心。从思想渊源上看，理念论一方面来自苏格拉底关于概念的学说，另一方面是受毕达哥拉斯学派“数是万物之本原”和爱斯亚学派关于知识不能来自感觉的唯理主义观点的影响[3]。柏拉图认为，自然界中有形的东西是流动的，但是构成这些有形物质的“理念”是永恒不变的，所有理念构成的独立存在的世界，才是唯一真实的世界。柏拉图利用“分有”和“模仿”解释了事物的产生和存在，具体事物之所以存在，是因为它们“分有”了理念，“如果在美自身之外还有美的事物，那么它之所以美就是它分有美的自身，每类事物都是如此[8]。具体事物的存在，是对理念的“模仿”，而这个“模仿”是不完善的，因此柏拉图理念是分等级的，桌子、床等具体事物是最低级的理念，数学和几何学中的相关概念则是高一级的理念，最高级最完美的理念是“好”或者“善”，这和苏格拉底把“好”作为万物追求的目的和最高的道德规范是一致的。

在知识论方面，柏拉图认为流动变化的事物是不可知的，只有永恒不变的理念才能够了解，因此，柏拉图将世界分为“感性的世界”和“理性的世界”。感性的世界是可感的，可见的，但是不可知；而理性的世界则是看不见的，不能感觉到的，但是可以利用理念对理性的世界进行认识，是可知的。可以说柏拉图对世界的解释是巴门尼德“非存在”哲学观点的延伸，与巴门尼德的观点不同，柏拉图的世界是既存在又不存在的，存在的世界是可感世界，由具体事物构成，但是不可知，具体事物之所以能够可见，眼睛之所以能视，均是由于太阳的光芒，太阳是可感世界的主宰，而理性世界则由最高最完美的“善”这个理念主宰。和苏格拉底一样，柏拉图认为知识不是产生于客观存在的自然，也不是后天形成的，而是人天生固有的，是在人的灵魂中固有存在的，教育不是从别人之处获得知识，而是诱发人对其固有知识的认知，学习的作用在于唤醒知识，就像人对原有的东西逐渐“回忆”起来一样。

柏拉图利用理念论解释了宇宙的形成，他认为具体物质都是来自于对理念的“模仿”。柏拉图构想的“物质”在理念没有被“模仿”之前是无性质、无形状的“混沌物”，通过对理念的“模仿”和“分有”，才形成宇宙万物，由于“分有”理念的不完美，才形成我们可感、可见的具体事物。那么，理念和物质结合的动力在哪里呢？柏拉图认为是“巨匠”和“造物主”以理念世界为范本构造了可见的具体世界，这种观点被后来的经院哲学家所利用，成为了证明上帝存在的证据。

理想国是柏拉图利用理念论和知识论勾勒出的一个真与善完美统一的理想国家的方案，可以说理想国是柏拉图理念论的发展和完善。但是理念论并不是柏拉图终生支持的观点，在柏拉图后期，他对理念论进行了反思和修正。首先是对理念存在的反思，柏拉图认为头发、污泥等低下事物不存在理念，这样势必与宇宙万物是“模仿”和“分有”理念形成的相矛盾；其次是对“分有”和“模仿”的反思，依据柏拉图“分有”和“模仿”的概念，可以推导出不完整的理念和无穷多个新理念，这与理念是永恒的相悖；第三是有关“巨匠”和“造物主”问题。对于上述问题，柏拉图显得束手无策，无法给予完美的解释。

总之，柏拉图作为古希腊哲学史上一位巨匠，以理念论构建的哲学体系，对晚期希腊哲学和罗马帝国哲学以及后来的基督教神学和中世纪经院哲学都产生了深刻的影响，他开创了客观唯心主义哲学的新时代[7]。

4. 亚里士多德哲学

亚里士多德(Aristotles)是柏拉图的学生，是世界古代史上最伟大的哲学家、科学家和教育家之一。亚里士多德、苏格拉底和柏拉图被后人并称为“希腊三贤”。如果说柏拉图哲学是对苏格拉底哲学思想的延续，那么亚里士多德哲学则是对苏格拉底哲学和柏拉图哲学的背离。

对于世界万物解释，柏拉图认为理念是万物的原型，“混沌物”对理念的“分有”和“模仿”形成了世界万物，而亚里士多德则认为质料因、形式因、动力因和目的因是万物形成、运动、变化和灭亡的原因。“四因说”被称为亚里士多德形而上学哲学思想的核心[9]。质料不是某种具体的事物，没有任何的特性，是构成事物的基质；事物之所以形成，是因为万物都具有一定的目的，而这个目的就是表现为一定的形式；动力因则是推动质料形成万物的推动者。事物之所以变化，是因为事物都趋向于某种目的，所以动力因就是目的因；事物变化的目的是具有某种具体的形式，目的因也就是形式因。所以四因说可以归为二因说，即质料因和形式因。

亚里士多德认为人们不仅有认识世界的欲望，而且也有认识世界的能力。实体是认识的对象，没有实体就没有认识的来源[10]。亚里士多德认为记忆只能获得经验，经验是最广泛的知识，人们通过经验得到知识和技术。亚里士多德根据知识的目的，将知识分为三类：理论知识、实践知识和创制知识。理论知识根据对象的不同又可以分为三种：研究运动而又可分离存在的东西是物理学，即自然科学；研究不运动但也不分离存在东西的是数学；研究不运动又不可分离存在东西的是第一哲学，即形而上学[11]。亚里士多德认为哲学的研究对象既不是“自然世界”也不是柏拉图的“理念”，而是是者，是者是柏拉图从实体中直观、归纳、抽象形成的哲学认识对象[9]。亚里士多德认为实体分为第一实体、第二实体和最高实体，第一实体是事物最根本的东西，是其他事物的基质，由质料和形式构成，第二实体可以说是事物的“种”和“属”，最高实体是最完美的。

亚里士多德依据对实体的推论，解释了潜能与现实、运动与时间，并形成了他的宇宙论和有神论。潜能和现实是指事物的两种存在状态。亚里士多德认为“潜在的事物作为潜在存在是现实就是运动”[8]。运动分为四类：事物的产生和毁灭是本质的运动，是事物从不在到在的转化；事物形式的变化是性质的运动；事物数量的增加或减少是数量上的运动；事物所处位置的变化是位置的运动。对于时间，亚里士多德认为时间衡量运动先后的尺度，任何事物的运动总是在时间和地点中进行，时间是运动的必要条件。

亚里士多德依据运动的形式构建了他的宇宙论，运动的形式有两种：直线运动和圆周运动。宇宙分为天上世界和地上世界，两个世界由不同的元素构成。地上世界是由火、气、水、土四种元素按照不同比例形成，水和土比较重的元素在下构成了地球，气和火元素由于比较轻而上升而位于上面构成大气；天上世界是由第五种元素“以太”组成。天上的东西是最完美的，天体的运动形式采用最完美的圆周运动；地上的东西都是直线运动，具有起点和终点，不是无限的。亚里士多德还认为地球是宇宙的中心，处于最外围的恒星是固定不动的，随着天宇的旋转而绕地球运动，而“神”是天宇运动的推动者，亚里士多德的“地球中心说”和“有神论”对后来中世纪基督教神学所利用并对中世纪经院哲学产生了深刻的影响。

在伦理道德方面，亚里士多德认为灵魂不是德谟克利特所说的“原子”，不是毕达哥拉斯的“数”的和谐，也不是柏拉图认为永恒存在的东西，而是具有生命形体的形式。灵魂和躯体是不可分割的，一切生物之所以具有生命是因为躯体内存在灵魂，但灵魂不是永恒的，它必须依附躯体而存在，随着躯体的死亡灵魂也将会消失。灵魂存在等级，低级灵魂是植物的灵魂，具有摄取营养和感觉的功能，最高级的灵魂是人类的灵魂，相比低级灵魂具有推理和思维的能力。

可见，亚里士多德不但是一位伟大的哲学家，更是一位集众多学科百科全书式的思想家。作为一个古希腊的哲学家，从其哲学思想中虽然可以找到与其老师柏拉图千丝万缕的联系，但亚里士多德哲学绝不是对柏拉图哲学的继承和发展，而可以说对柏拉图哲学的否定和背离。他可以成为古希腊哲学的集大成者，对以后整个西方哲学的发展产生了深刻的影响，尤其对早期经院哲学的唯名论和实在论的产生、中期经院哲学拉丁阿维洛伊主义和托马斯主义以及晚期经院哲学的培根哲学和奥康哲学产生了决定性的影响[12]。

2.1.1.3 晚期古希腊哲学

所谓“晚期希腊哲学”包括希腊化时期和罗马时期的哲学思想，由于东西方文化的交汇和新老概念的碰撞，晚期希腊哲学派系林立，传承复杂，但是由于不断的政权交替，民不聊生，人们渴望和平安宁的生活，晚期希腊哲学表现出鲜明的伦理化倾向的特征[13]。频繁的战乱造成人们对现实生活的恐惧和不安，哲学家研究对象转向为如何获得平静安宁的生活，以逻辑学和物理学为工具探索幸福的根源和特征，从而形成具有明显伦理学特征的晚期古希腊哲学。

1. 晚期希腊哲学

晚期希腊哲学主要的代表是伊壁鸠鲁学派、斯多亚派和皮浪创立的怀疑派，几种哲学思想存在很大的不同。

(1) 伊壁鸠鲁学派

伊壁鸠鲁(Epikouros)是晚期古希腊伊壁鸠鲁学派的创始人，其哲学思想继承了德谟克利特的原子论。伊壁鸠鲁认为原子除了具有大和形状外，还具有重量，在重量的作用，原子在虚空中三种运动：直线下落运动、偏斜运动和碰撞运动。某些原子在下落过程中会脱离原有的直线轨道而出现偏离，正是这种偏斜运动才造成原子的相互碰撞，原子相互碰撞的结果是形成原子团，不同特征的原子团形成了多种多样的世界万物。如同德谟克利特的“影像说”，物体流射出的原子流进入人的感官孔道形成感觉，但是伊壁鸠鲁认为事物的性质是客观存在，人的感觉是可靠的，感觉是获得知识的重要途径，感觉不存在对和错，错误来源于人对感觉的不正确判断。人的灵魂也是由细小的原子构成，灵魂需要依附肉体而存在，灵魂离开肉体会四处飞散而消失。伊壁鸠鲁结合德谟克利特的原子论和影像说，在感觉主义的基础上建立了一个完备的快乐主义伦理学体系[14]。伊壁鸠鲁的动态快乐和静态快乐分别指人的物质满足的快乐和精神愉悦的快乐，即肉体上的快乐和精神上的快乐。他认为肉体上的快乐是有限的，达到一定的程度后就不再增加，而精神上的快乐则是最高、最完美的。伊壁鸠鲁的快乐主义是个人快乐主义，以致后人对他的快乐主义伦理观褒贬不一。

（2）斯多亚学派

斯多亚哲学是主导了希腊化罗马七百年之久的主要哲学，其价值在当代也受到不少人的重新肯定。斯多亚学派走出了一条与柏拉图、亚里士多德哲学不同的道路，是晚期希腊哲学流行时间最长、影响最广的一个学派[15]。斯多亚学派可以分为早期、中期和晚期三个阶段。

早期斯多亚学派的代表人物是芝诺(Zeno of Citimu)，他也是斯多亚学派的创始人。早期斯多亚学派提出与亚里士多德主谓逻辑系统不同的命题逻辑，并对简单命题和复合命题进行了区分；在范畴理论方面对亚里士多德十个范畴归结为实体、性质、方式和关系四个范畴。其自然哲学就是物理学，总体特征是对自然的神化和精神化；其伦理学是一种比较典型的宿命论观点，其核心问题是德性，德性是合乎或顺从自然而生活，如果一个人遵从宇宙本性行事，那么他就具有了德性。

中期斯多亚学派的代表人物是巴内修斯(Panaetius)、波赛多纽(Posiidonius)。巴内修斯对早期斯多亚学派的观点进行了改进。在自然哲学方面，他放弃了世界轮回的大焚烧说，转而支持亚里士多德的世界永恒说；在伦理学方面，他提倡中庸之道而否认哲人之德；在神学方面，他把神分为三种：诗人的神、哲学家的神和政治家的神。波赛多纽是巴内修斯的学生，他继承了巴内修斯的中庸之道，但是在宇宙论方面又支持早期斯多亚学派的观点，认为世界分为永恒的天上世界和非永恒的地上世界，宇宙受理性和天命的支配，宇宙经历一定周期内变焚毁重生；在伦理学方面，他认为任何形式的道德伦理都是宗教上的责任，人能够自由获得有关精神天赋的知识，从而在死后享有最高形式的存在。

晚期斯多亚学派的代表人物是赛涅卡(Senecas)、爱比克泰德(Epiktetos)和马克·奥勒留(Marcus Auselius)。斯多亚学派本质的立场虽然有别于基督教神学世界观的古典理性世界观，但是在方法、理论与实践上已经明显地表现出了宗教特征，对后期基督教思想的发展产生了深远的影响[16]。赛涅卡的伦理学思想对后期基督教思想的形成起到的极大的推动作用。爱比克泰德接纳亚里士多德的学说，倡导依照自然规律生活，追求理想的幸福，后来奥古斯丁将他的许多思想引用到基督教教义中。马克·奥勒留认为宇宙万物是一个由神决定其内在次序的整体，其有神论的思想带有明显的宗教主义色彩。

虽然斯多亚学派的哲学思想在不同时期具有一定的差异，但是都存在一个共同的特点，就是对“神”与以往不同的认识。斯多亚学派中的“神”是其物理学五大原理之一，既不同于柏拉图的“巨匠”和“造物主”，又不同于亚里士多德纯粹的形式，神是宇宙的主动原理，渗透于一切造物之中，这与亚里士多德的作为旁观者的神是不同的[17]。可以说斯多亚学派尤其晚期斯多亚学派的思想为后来的基督教神学的发展铺平了道路。

（3）怀疑派

怀疑派的发展历程大致可以分为三个时期：早期希腊化时期的皮浪主义，中期柏拉图学院派的怀疑主义和罗马时期的怀疑主义[3]。早期怀疑主义是以皮浪(Pyrrhon)为代表的怀疑主义，它的产生具有深刻的历史社会背景。处于战乱频繁时期的皮浪认为对相互矛盾的事物作出判断会引起各种争论，而争论会使心灵得不到安宁，为获得心灵的安宁，就“不做任何决定，悬搁判断[18]”。皮浪认为，对于任何事物都只能认识它所表现出来的现象而不能知道它的本质和指向[19]。因此，他承认现象的存在，但是否认现象的真实性。中期学院派的代表是阿尔凯西劳斯(Arcesilaus)引入怀疑主义而形成了中期学院派怀疑主义。它一方面继承了早期怀疑主义的“悬搁”传统，另一方面又追求“合理性”生活。这使它不仅区别于皮浪怀疑主义而有自身的理论特色，更由于对同时代其他学派的批判式态度推进了希腊化哲学的发展[20]。后期怀疑主义的主要代表人物是爱纳西德谟(Ainesidemos)和爱披里柯(Empiricus)。爱纳西德谟提出了主张怀疑的十个理由并抨击了斯多亚学派和伊壁鸠鲁学派的自然观、因果观、真理观和道德观。爱披里柯则提出了有关怀疑的五个论据。晚期希腊的怀疑主义奠定了怀疑主义的理论形态，揭示了可感现象的相对性和不确定性，削弱了某些学派的极端独断主义，引起人们对其学派的观点进行修正。它由认识上的相对主义走向了认识上的虚无主义和逃避主义，它的消极态度最终阻碍了人们对自然和人类社会的认识，是一种极端形态的怀疑主义[18]。

2. 罗马帝国时期的哲学

罗马帝国时期的社会背景和希腊晚期具有一定的相似性，社会动荡不安，民不聊生，此时期的哲学也可以说是晚期希腊哲学的延续和发展。罗马帝国时期哲学的主要代表人物是马库斯·图留斯·西塞罗(Marcus Tullius Cicero)、卢克莱修(Lucretius)和普罗提诺(Plotinos)。

西塞罗的哲学思想继承了斯多亚学派，认同柏拉图、亚里士多德的哲学思想，又揉合了怀疑主义的观点，几乎综合各派的学说，因此被称为古代折中主义哲学家。在自然哲学上，反对伊壁鸠鲁的原子学说，主张伊利亚学派的自然思想；在伦理学上，他认为伊壁鸠鲁的快乐主义是个人的享乐主义；在认识论上，他接受了柏拉图的回忆说，并用怀疑主义进行了解释。

与西塞罗对伊壁鸠鲁哲学思想全盘批判相反的是，卢克莱修不但继承了伊壁鸠鲁的古代原子论思想，并发展了伊壁鸠鲁的哲学观点。卢克莱修认为物质的存在是永恒的，污物能有无中生，无物能归于无；他认同伊壁鸠鲁的原子学说，承认虚空的存在并发展了原子运动的“偏斜说”；赞同伊壁鸠鲁的“影像论”，认为世界是可知的，感觉是事物流射出来的原子进入感官通道形成的，感觉是认识的基础和来源；他反对神创论，但不反对神的存在，认为神与自然现象没有任何关系，宇宙是无限的，宗教的产生是人对自然的物质和对死亡的恐惧，人们只要真正认识到自然现象产生的原因，就可以消灭宗教。

普罗提诺是新柏拉图主义的创始人，新柏拉图主义不是对柏拉图哲学思想的简单复制，而是对柏拉图哲学、亚里士多德哲学和巴门尼德哲学的复合和发展。普罗提诺认为世界的本原是“太一”，它是绝对完美的并超越一切而存在，世界万物皆由“太一”生成。普罗提诺这里的“太一”和柏拉图的理念及亚里士多德的“是者”十分相似，可以说是两者的延续。

"太一"是最高的精神本体，位于最高层次，"太一"溢出的第二层本体是神圣的理念，有神圣理念溢出第三层本体是宇宙的灵魂，最后溢出个人的灵魂和具体事物。普罗提诺哲学具有浓厚的神秘主义色彩，其主张的有神论被后来的基督教神学所利用。

3. 基督教哲学

基督教哲学产生于罗马帝国哲学的后期，主要指以神为核心、以信仰为前提、以圣经为知识来源的哲学思想体系，此时期比较有代表性的哲学思想是奥古斯丁主义。奥古斯丁(Aurelius Augustinus)是古罗马帝国时期基督教思想家，基督教神学和教父哲学的重要代表人物。奥古斯丁认为美均来自上帝，上帝是最高、最完美的，形体美是最低级的，其主要的哲学思想主要体现在上帝创世说、"原罪与救赎"、"三位一体"说、上帝之城等。

纵观整个古希腊罗马哲学的发展历程可以发现，哲学最初产生于对客观世界的理性认识，致力于探索宇宙的本原问题，是早期希腊哲学体系中朴素的唯物主义观和朴素的辩证法思想。随着希腊哲学的发展，哲学的研究对象从单一的自然哲学问题转向人、社会和国家等多元化问题，哲学也从天上回到了人间；哲学思想从朴素的唯物主义观向自觉的、客观的唯心主义观转变。进入希腊晚期和罗马帝国时期，由于社会的动荡，哲学呈现出伦理学的特征，并出现神秘主义色彩和宗教化的趋势。社会的动荡使人们丧失了希望，只能从宗教中寻求精神的寄托，从而促进了基督教的发展，宗教统治的开始宣布西方哲学从教父哲学开始进入经院哲学时期。

2.1.2 中世纪经院哲学

中世纪经院哲学产生于公元9~10世纪，兴起于11世纪，在12、13世纪达到鼎盛，15世纪逐渐走向没落。它是哲学与宗教神学相结合的唯心主义哲学，知识理论体系来自《圣经》，在教会经院中教授并传播用于训练神职人员，因此被称为经院哲学。这种哲学以上帝为核心、以信仰为基础，以教会的教义为绝对的前提，在本质上可以称为神学；哲学在此阶段的任务不再是认识客观世界和人类本质，而是利用哲学思辨为神学服务，用于证明教会的教义和上帝的存在。根据中世纪经院哲学的发展历程，可以将其分为初期经院哲学、早期经院哲学、繁荣时期的经院哲学和晚期经院哲学。

2.1.2.1 初期经院哲学

初期经院哲学是经院哲学产生时期的哲学思想。公元9~10世纪，欧洲政权斗争激烈，社会动荡不堪，教廷势力还没有取得统治的权利而屈服于封建政权的保护之下缓慢发展。在这种社会背景下，经院哲学得到了缓慢的发展，为以后的兴起做准备，此阶段经院哲学主要的代表人物是波爱修(Anicius Manlius Torquatus Severinus Boethius)和爱留根纳(Johannes Scotus Eriugena)。

波爱修是古罗马后期著名的哲学家和政治家，他最先把亚里士多德的著作翻译成拉丁文并传到欧洲，亚里士多德的哲学思想也是波爱修部分哲学思想的源泉。首先，波爱修利用"完全"和"不完全"的概念论证了上帝的存在，他认为完全的不完全是对立存在的，既然存在不完全的东西，必然有一个完全的东西与之对应存在，因此作为最完美的上帝是存在；由于完全先于不完全而存在，所以上帝是一切事物的本原，它先于一切事物而存在。其次，波爱修分析"种"和"属"的共相问题，认为种和属不是独立存在的实体，是存在于个体当中，是头脑在感觉的基础上加工的结果，波爱修对种与属的分析为后来唯名论和实在论的争辩提供了理论依据。另外，他将哲学分为思辨哲学和实践哲学两类，思辨哲学包括自然哲学、数学和神学；实践哲学包括伦理学、政治学和经济学；他利用亚里士多德的相关学说论证了“三位一体”的基督教教义。波爱修利用古希腊罗马哲学思想解释基督教神学，完成从古希腊罗马哲学到中世纪经院哲学的过渡，在西方哲学史起到承先启后的作用，占有重要的地位。

爱留根纳是西方世界在奥古斯丁和托马斯·阿奎那之间最重要的哲学家，甚至被认为是人类最伟大的形而上学家之一。他不仅在希腊哲学和《圣经》之间进行了卓越的思考和汇通，而且在晚期希腊新柏拉图主义和希腊基督教思想向罗马和西方的传播中发挥了重要作用[21]。首先在理性和信仰方面，与基督教哲学的信仰高于理性不同，爱留根纳认为理性高于信仰，信仰与理性出现冲突的时候，信仰应该服从理性，这说明他的神学思想建立在理性的视角上，而不是以信仰为前提。其次在认识自然方面，他认为自然是包罗一切最广泛的概念，它的全体由“完全”和“不完全”构成。他认为存在四种类型的自然：创造而非被创造的自然、被创造又能创造的自然、被创造而不能创造的自然、不创造又不被创造的自然。另外对于存在和不存在的辩证认识方面，他认为存在和不存在是理性的依据；对存在和不存在的观察来自对被创造者不同层次的观察，在时间和空间里被形成的物质原因本身成为存在，而尚未形成的物质则是不存在的；真正的存在是凭思维认识的，在时间和空间运动的东西实际是不存在的；人是按照上帝自己的形象创造出来的，如果背弃了上帝，就成为不存在。可见，爱留根纳哲学是新柏拉图主义的延续，虽保留着古希腊罗马哲学的理性，但实质仍然是为基督教神学和证明上帝的存在服务的。

2.1.2.2 早期经院哲学

早期经院哲学是经院哲学的兴起阶段，这一阶段经院哲学思想的一个主要特点是实在论和唯名论的争辩。实在论的代表人物是安瑟尔谟，唯名论的代表是洛色林和阿伯拉尔。

安瑟尔谟(Aoselmus)是中世纪欧洲著名的经院哲学家和神学家，被称为最后一位教父和第一位经院哲学家，极端实在论构成了其经院哲学的主要思想。在理性和信仰方面，他认为信仰高于理性，信仰是理性的前提，没有信仰就不会理解。在关于上帝存在的本体论证明方面，他认为上帝不仅仅存在于人的心中，而真正存在于现实之中，因为如果上帝不在现实中存在，我们就可以想象有一个比上帝更伟大、更完美的东西存在心中，而这与上帝是最完美、无与伦比是矛盾的，所以上帝存在于现实之中。安瑟尔谟从本体论证明出发，认为共相本身具有客观实在性，共相是先于事物而独立存在的精神实体，是个别事物的本质，从而形成了他的极端实在论。

洛色林(Roscelinus)是中世纪法国的哲学家和神学家，极端唯名论是其主要的经院哲学思想。与安瑟尔谟相反的是，他认为只有个别或者殊相才是客观存在的，一般和共相指存在名称而不存在实体，甚至是“声音或者空气的振动”；对于事物而言，事物的部分是客观存在的，事物的整体只是部分的总成，仅仅作为一个名称；依据整体和部分存在的关系，洛色林认为“三位一体”实际是不存在的，只是一个名称，而圣父、圣子、生灵才是三个存在的实体，同样，“原罪”和“教廷”也不存在，而个人的罪恶和各个地方的教会才是真实存在的。

阿伯拉尔(Peterus Abaelardus)是和洛色林同时期的经院哲学家和神学家，其经院哲学思想体系仍然属于唯名论的范畴，但是和洛色林极端唯名论有很大的不同，被称为温和唯名论。一方面他反对安瑟尔谟的极端实在论，认为思维和物质、概念与事物分属于不同的领域，实在论把两者混淆是错误的；另一方面，他和洛色林认为共相是毫无意义的名称有很大的不同，他认为共相是一种概念，而这种概念是对事物的命名。在理性和信仰方面，阿伯拉尔则认为先理性而后信仰，提出信仰应建立在理性基础之上。

初期和早期的经院哲学是经院哲学的形成和兴起阶段，其哲学思想的来源主要是柏拉图主义和新柏拉图主义，可以在初、早期经院哲学思想中找到古希腊罗马哲学理性的思维；但是哲学思想都具有了经院哲学的本质特点，即用哲学思想去证明上帝的存在性，去维护基督教神学的权威，这也说明经院哲学已经使哲学彻底成为了“神学的婢女”。

2.1.2.3　繁荣时期的经院哲学

进入公元 13 世纪，经院哲学进入了繁荣时期，经院哲学的繁荣很大程度上得益于教权和王权的斗争、异端学说的兴起和阿拉伯文化的传入。教廷在与王权的斗争中取得胜利，进一步强化的教廷的统治权利，为打击异端学说，巩固神学的统治地位，加强了利用经院哲学来维护教权的统治；阿拉伯文化的传入，不同文化思想和哲学思想的融合，尤其是亚里士多德哲学思想在西欧的传播，促使经院哲学在此时期达到了空前的繁荣。与初期和早期经院哲学不同的是，亚里士多德的哲学思想对繁荣时期的经院哲学产生了主要的影响。此时期经院哲学主要的代表人物是大阿尔伯特(AlbertusMangus)和托马斯・阿奎那(Thomas Aquinas)。

大阿尔伯特是中世纪德国伟大的经院哲学家和神学家。他对经院哲学的主要贡献在于对翻译成拉丁语的亚里士多德哲学著作进行了系统化和科学的分类，并首先提出用亚里士多德的哲学思想来解释基督教神学。大阿尔伯特的学生托马斯・阿奎那是中世纪欧洲最伟大的神学家和以亚里士多德为基础的经院哲学的集大成者[22]，他在对亚里士多德思想整合的基础上，对形而上学、认识论、道德哲学、政治哲学、宗教哲学和哲学逻辑学等诸多方面的问题进行了深入细致的讨论，形成了具有独特特征的哲学理论[23]。

在哲学和神学的关系方面[24]，托马斯・阿奎那认为任何一门科学的原理要么是自明的，要么来自比它更高，神学就属于后者，所以神学是一门科学。神学来自神圣的启示之光，主要探讨超越理性至上的崇高的东西，而其他科学来自人的自然理性之光，注重理性范围内的事物。神学的目的是追求永恒的幸福，而永恒的目的是其他一切实践科学的最终目的。所以神学在思辨和实践两个方面均高于其他科学，这说明托马斯・阿奎那认为神学是高于其他科学的最高科学，哲学和神学是分开的，哲学是论证神学的工具，只是神学的婢女。

在证明上帝的存在方面，托马斯・阿奎那采用以下五种证明方式证明了上帝的存在：从事物的运动和变化、从动力因、从可能和必然性，从事物真实性的等级，从目的因。托马斯・阿奎那对上帝的五种证明与亚里士多德的“四因说”息息相关。

在对“共相”的认识方面，托马斯・阿奎那认为共相是存在的，共相有三种存在方式。另外，托马斯・阿奎那还分析了“共有的存在者”和“自有的存在者”的关系[25]。托马斯・阿奎那对共相和存在的认识表明他是一名唯识论者，但是不同于安瑟尔谟的极端唯识论，他的唯识论观点是一种温和唯识论。

在伦理道德方面，托马斯·阿奎那认为通过信、望、爱三种德性，人类的灵魂被净化，性灵的肖像得以改造，由此凭借感官的恢复，人才能感受到美和快乐。人的善就是灵魂合乎德性的现实活动，人生最高的目的就是在于追求最高的真善美。上帝是至善至美的，无限而永恒，完满而现实，是一切幸福的本原，这是信仰上帝的本质；谁拥有了上帝，谁就是幸福的[22]。

托马斯·阿奎那构建了以亚里士多德哲学思想为基础的经院哲学体系，确立了亚里士多德哲学在宗教神学中的重要地位，标志着经院哲学达到空前的繁荣。但是其对哲学和神学关系的论述，标志着哲学的神学的分裂，为以后的思想启蒙运动和哲学脱离神学的束缚埋下了“种子”。所以说，托马斯·阿奎那的哲学思想也暗示中世纪经院哲学势必从繁荣走向衰落。

2.1.2.4 晚期经院哲学

15 世纪初，随着教廷势力的逐渐衰落，尤其科学技术的快速发展，经院哲学也随着“黑暗时期”的结束而步入它的“晚年”。此时期经院哲学虽然仍旧竭力维护宗教神学，但其哲学思想却最终导致哲学和神学的完全分离，从而哲学脱离了中世纪宗教神学对其长达几个世纪的“奴役”。晚期经院哲学的代表人物是罗吉尔·培根(Roger Bacon)、邓斯·司各脱(Johannes Duns Scotus)、艾克哈特(Johannes Eekhart)和奥康的威廉(William of Occam)。

罗吉尔·培根是中世纪晚期英国唯物主义哲学家和科学家，也是近代试验科学的先驱。罗吉尔·培根的哲学处处充斥着试验科学的思想，他将经院哲学的唯名论思想进一步发展，强调个别事物的客观存在，认为科学活动是以具体的个别事物为研究对象，而人的感性经验是认识具体事物的必经途径[26]。在认识论方面，培根认为试验和数学是科学的生命之源；获得认识有两种方法，即通过推理和通过经验，由推理得出的知识未必就确实可靠，试验科学具有实证性、工具性和实用性等特征[27]，而离开试验所得到的科学知识未必可靠。演绎推理是科学知识确定可靠的必要条件，而试验检验则是其充分条件，思辨与学艺并不能使科学窥测自然的奥秘，唯有高于此的试验方法能够透析自然的真实过程，科学的认识除借助逻辑上的归纳和演绎外，还必须通过经验而认识理由和原因[28]。在伦理道德方面，他认为科学是追求真实本质和真理的学问，是一种理性活动，它揭示世界的规律，道德是一种行为价值判断，属于情感范围。科学对社会的物质方面和精神方面都有着深刻的影响，道德行为必须基于知识而产生。道德判断是以科学事实为依据的，而研究科学获得知识的目的，是让人过善的幸福的生活，道德是一切科学的目的，一个人能否认识科学真理，他的才智和成就的大小，是与他的道德面貌和精神状态密切联系的[29]。罗吉尔·培根以试验科学为基础的哲学思想虽然常和神秘主义、上帝等交织起来，但是他超越时代的科学思想也对近代科学和哲学的发展产生至关重要的影响，标志着黑暗时代的即将结束、光明时代的即将来临。

邓斯·司各脱是中世纪经院哲学家、神学家和唯名论者。在神学和哲学的关系方面，他认为哲学并不能证明上帝的存在，通过理性只能知道上帝是一切原因的原因，一切本质的本质，如果用理性思考上帝，就会陷入不可解决的矛盾[8]。神学和哲学不是对立的，神学不是一门思辨的科学，而是一门有关实践的科学。在对物质的看法上，他认为物质是最低的本质，形式是事物个体性的原则，是某一事物成为该事物的原则，除上帝之外一切被创造的实体都是形式和质料的结合。在认识论和“共相”方面，司各脱是唯名论的复兴者，他认为个体是由质料和形式构成的统一体，直接独立的存在，是万物普遍的基础，完善的知识不是一般的知识，而是个别的知识；他虽然承认共相的客观存在，但是认为共相是抽象得来的个别事物共同的本质，这种本质必定存在于个体之中，否则就能通过抽象得到它。司各脱虽然是基督教忠实的拥护者，并竭尽全力维护神学的正确性，但是他认为哲学和理性并不能证明上帝，客观上为哲学脱离神学提供了理论依据。

艾克哈特认为上帝超越一切理解至上，只能说上帝不是什么而不能说上帝是什么，一切来自上帝，又归于上帝。在上帝的造物中，最好的、最完美的是人的灵魂，因为人的灵魂是上帝按照自己的形象创造的，所有的创造物只能通过人回归上帝，如同“三位一体”一样，灵魂由记忆、理性和意志三种力量构成。

奥康的威廉是 14 世纪唯名论的代表，他认为个别事物是客观存在的，一般与个别是对立的，因此一般不可能是同一个被创造的事物，共相并不是一种实在的东西，只是存在于人心中的一种想像。在唯名论的基础上，奥康的威廉形成了其认识论的思想体系，他认为个别事物是先被认识的东西，是感觉的第一对象，知识都是来源于对个别事物的感觉，而一般则是后于个别事物存在于人心中抽象的概念。在神学与哲学的关系方面，他认为对上帝的存在没有直接的证据，神学不是严格论证的科学，神学教条在神学看来是正确的，在哲学看来可能是错误的。他把理性排斥于神学之外，认为神学的基础不是理性而是信仰，奥康的威廉对哲学和神学的看法，导致哲学与神学彻底分离。对于教权与王权的关系，他认为就原则而论，在教会事务方面教皇对皇帝拥有最高权力，而在世俗事务方面皇帝对教皇拥有最高权力，教皇可以对皇帝是否犯有异端罪进行审判，皇帝可以对教皇是否犯有谋杀罪进行审判。

如果说培根的试验科学是哲学与神学分离的暗示，那么司各脱经院哲学对理性的回避就标志哲学与神学之间产生了裂痕，而奥康的威廉对理性和神学的分离说明哲学与神学已经彻底的分道扬镳。

中世纪经院哲学的产生、兴起、繁荣与衰落与整个中世纪欧洲社会王权与教权的斗争、思想文化和科学技术的发展历程密切相关。它是以信仰为前提、以上帝为核心、以神学教义为范畴，并结合柏拉图主义、新柏拉图主义、奥古斯丁主义、亚里士多德哲学而形成的以哲学与神学的关系、理性与信仰、唯名论与实在论的争论为主要内容的一个哲学门类。经院哲学的本质是证明上帝的存在、以哲学思维去系统地阐述教义，哲学作为神学的工具而沦为了神学的婢女。早期经院哲学为完善神学体系并维护神学的权威，而采用哲学的形式和内容去解释神学，利用理性来维护信仰，促进了哲学和神学的融合，使哲学成为了神学的附庸；但是理性的引入破坏了信仰的传统，威胁信仰的生存，晚期经院哲学又企图抛开哲学和理性去维护神学和信仰的完美，而理性和信仰的分离、唯名论和实在论的纷争又导致哲学与神学的分道扬镳，削弱了对宗教神学的信仰和经院哲学的根基，最终造成经院哲学和对神学信仰的分崩离析。可以说，是哲学理性的引入促进了经院哲学的产生、发展和繁荣，也正是哲学的理性造成了经院哲学的衰败和灭亡。虽然经院哲学因基督教神学产生并为神学而服务，但是它并不是一无是处，经院哲学促进了中世纪欧洲民族的融合、文明的延续和发展，为近代西方的繁荣做好了准备；唯名论和实在论的争论为近代唯理论和经验论的发展提供了思想源泉；晚期经院哲学的重视自然、重视科学的唯物主义观为西方近代哲学和近代科学的发展提供了直接动力。如同中世纪是西方历史的一个阶段一样，经院哲学同样作为西方哲学发展历史上的一个阶段而不能被忽视。

2.1.3 近代西方哲学的发展

随着教廷在教权与王权斗争中的失败和科学技术的发展，西方欧洲终于走出了中世纪野蛮的黑暗时代，进入文艺复兴时期。文艺复兴时期对宗教迷信的批判、对人性自由的解放和自然科学的回归，促进欧洲快速进入到在各个领域都日新月异的新时代。同样，哲学也完全脱离了中世纪宗教神学的束缚而步入发展的快车道，此时期哲学学说林立、内容丰富。可以说西方近代哲学是近代西方欧洲社会主流意识的反映和概括，反过来西方近代哲学又促进了近代欧洲社会文化和思想的发展和进步。

2.1.3.1 文艺复兴时期的哲学

文艺复兴时期开始于十四世纪的意大利，是欧洲从中世纪走向近代的过渡时期。此时期是欧洲基督教教廷势力逐渐没落、封建王权逐步瓦解、新兴的市民资产阶级逐步形成的阶段。教权与王权的斗争、教廷内部势力的分化不仅使教皇丧失了昔日凌驾于各国君主之上的权势，反而变成只有依靠君主的支撑才能维护其统治的局面；相对于旧势力的没落，随着欧洲工商业长足的进步和生产力快速的发展，新的生产关系——资本主义生产关系逐步形成。虽然经院哲学在这个时期仍然占有重要的地位，但代表着新生势力的市民资产阶层为突破封建统治和教会的思想禁锢，他们反对神学的禁欲主义和来世观念，提倡人性的解放；反对封建等级制度，主张人的自然平等，追求纯粹人性的、自由的、自我意识的、博爱的、无所不包的、无处不在的、普遍的、有独立思考能力的科学精神[8]，从而形成了以人文主义和自然哲学为核心的文艺复兴时期的哲学。从哲学的延续上看，文艺复兴时期的哲学是古希腊罗马哲学的复兴，并利用古典哲学思想去对新兴自然哲学进行哲学的概括。

1. 人文主义哲学

人文主义哲学的主要代表人物是库萨的尼古拉(Nicolaus Cusanus)、费奇诺(Figline Valdarno)、庞波纳齐(Pietro Pomponazzi)和蒙台涅(Michel Eyquem de Montaigne)。库萨的尼古拉哲学是新柏拉图主义的延续，在上帝与宇宙的关系方面，他认为上帝不能用任何特殊的概念和名词予以规定，上帝是绝对的大和绝对的统一，宇宙是相对的大和相对的统一，他反对“三位一体”说，但又肯定上帝完美而至高至上的地位，说明他是一位不彻底的泛神论者。他从上帝和宇宙的关系解释了对立和统一的概念，认为上帝和宇宙对立面是一致、统一的。在认识论方面，他认为认识能力分为感性、理智、心智三种。在知识论方面，他肯定为事物的认识，但这种认识只能不断的接近真理但是不能达到绝对的真理，即“有学问的无知”。费奇诺同样继承了新柏拉图主义，他提出世界统一性的思想和宇宙等级说，认为宇宙是一个自上而下的体系，是一个由上帝、天使、灵魂、性质、物质构成的等级结构，而世界统一的基础是灵魂。他用“柏拉图之爱”把对上帝的爱和人与人之间的友谊联系起来，并认为它是世界统一的原则，在哲学与神学的关系方面，他认为哲学不是神学的工具和婢女，而是近亲关系，就像叔伯姐妹一样。费奇诺后面文艺复兴时期新柏拉图主义的另一个代表人物是皮科(Giovanni Picot della Mirandola)，他发展了费奇诺的宇宙等级说，认为人类在宇宙等级结构中不占有任何地位，人类自身就是他自己的宇宙，人类有选择自己生活的自由，是自己命运的自由创造者。新柏拉图主义是文艺复兴时期流行的哲学思想，它对这一时期的建筑、艺术、文学都产生了深刻的影响[30]。

庞波纳齐作为人文主义哲学家，首先肯定了人在世界体系中的中心地位。他认为人是自然界最高、最完美的动物，连接物质世界和非物质世界，世界万物的本性都和人一致，一个人就是一个小宇宙或者小世界。他认为灵魂不是永恒的，不死的灵魂只是为了促进道德生活而提出的假设，因为灵魂可死，所以就不存在来世的赏罚，赏罚虽然存在但是只存在于今世，赏罚分为偶然的赏罚和本质的赏罚两种。庞波纳齐将智力划分为理论智力、实践智力和生产智力三种。庞波纳齐的哲学思想大多以亚里士多德哲学为依据，可以说庞波纳齐的哲学是亚里士多德哲学在文艺复兴时期的复活和延续。

蒙台涅是文艺复兴时期法国人文思想家、文学家和伦理学家。前期蒙台涅主要探讨死亡的问题，他认为死亡给人生以乐趣，正是死亡才使人生的快乐更加强烈，学会死亡人才能抛弃一切限制达到真正的自由。后期蒙台涅的哲学思想主要变现为怀疑主义，与其他人文主义哲学不同，蒙台涅的怀疑主义不仅试图推翻亚里士多德的哲学权威，而且对经院哲学中的有关学说进行了猛烈的抨击。其怀疑论主要体现在认识论和知识论上，他认为感觉是认识的源泉，是认识的发端和终点，但是感觉是不确定的，理性依赖于感觉，感觉的不确定也使理性充满错误。人的无知源于认识的相对性，但是人认识到自己的物质并不妨碍实践生活，因为知识的可靠性只涉及到事物的真伪，而与应该做什么无关，关键的东西不在于知识，而在于道德。蒙台涅对经院哲学的批判促使人们脱离宗教神学和教条具有重要作用，并引导近代哲学对人的认识能力的研究。

2. 自然哲学

文艺复兴时期对自然科学的追求，出现了达·芬奇、哥白尼、布鲁诺等一批伟大的自然科学家。就自然哲学而言，此时期主要的代表人物是特勒肖(Bernadino Telesio)和布鲁诺(Giordano Bruno)。

特勒肖是达·芬奇之后意大利最卓越的哲学家和自然科学家。他认为自然万物的本原可以分为热和冷、物质两类。他认为一切心理作用的基础是感觉，感觉分为被动的物质过程和主动的心理过程，人有两种灵魂，物质的灵魂和非物质的灵魂，而非物质的灵魂是由上帝给予的。可见，特勒肖的自然哲学思想虽然回归了对自然本原的认识，但仍然和宗教神学保持着一定的联系。

布鲁诺是文艺复兴时期意大利伟大的天文学家、自然科学家和自然哲学的卓越代表。在本原方面，布鲁诺认为万物的本原是“一”。“一”这个本原是布鲁诺哲学思想体系的核心，并围绕着这个本原形成了布鲁诺关于本原、知识论、认识论和世界统一的哲学思想体系所有的内容。他把原始的“一”作为存在的核心和始基，进而从“一”中区分出两种本原或两种实体即形式本原和物质本原[31]。所以黑格尔说：“布鲁诺的一生，是为着内心所追求的世界统一性及其本原而活着的一生，是为着他自己心目中的上帝并且至死捍卫它的一生”[32]。在知识论和认识论方面[33]，布鲁诺认为知识起源于感觉，感性认识是前提，是自然认识的起点和开端。按照布鲁诺的观点，认识有两种模式，一种是对自然的静观或思辨，另一种是最高的静观或神性认识。布鲁诺的哲学思想是文艺复兴时期哲学思想达到的最高点，对后期西方近代哲学中的许多哲学观点都产生了深刻的影响。

文艺复兴时期人文主义哲学和自然哲学观的形成正是文艺复兴时期人文主义思潮的兴盛和对科学狂热的真实反映。虽然残存不少经院哲学和封建神学的思想，但是正是这种与经院哲学和神学不断的斗争才促使了后期新的哲学思想的产生。文艺复兴时期哲学人文性和批判性的特点，表明人文主义哲学家们成功地复活了古希腊、罗马文化，还原了古希腊罗马哲学的本来面目，并利用它们作为反对天主教会和封建贵族散步的蒙昧主义、禁欲主义、经院哲学、来世观念、神学思想及封建秩序的武器，彻底摧毁了宗教神学和经院哲学的统治地位[34]，对古希腊罗马哲学的延续、为近代欧洲新的哲学思想的产生创造了条件。

2.1.3.2 西方近代哲学

西方近代哲学发端于文艺复兴时期，终结于18世纪末至19世纪初的德国古典哲学。自从文艺复兴时期哲学彻底脱离了封建王权、宗教神学和经院哲学的束缚，西方近代哲学步入了百家争艳、学说纷争并快速蓬勃发展的新时代。西方近代哲学完成了从古代"本体论"哲学向"认识论"哲学的转向，影响比较大的是16世纪到18世纪上半期的经验论和唯理论哲学，18世纪法国启蒙以及18世纪末到19世纪初的德国古典哲学。此时期主要的哲学家有英国的弗朗西斯·培根、洛克、休谟等；法国的笛卡儿、孟德斯鸠、伏尔泰、卢梭等；德国的莱布尼茨、康德、黑格尔、费尔巴哈等，以及荷兰的斯宾诺莎。

1. 唯理论和经验论的争论

16世纪到18世纪上半期，欧洲近代哲学的发展史就是唯物主义经验论和唯理论的斗争史。弗朗西斯·培根在对经院哲学和宗教神学研究过程中创立了经验论哲学，而笛卡儿以普遍怀疑论为基础的哲学思想体系是大陆唯理论哲学的开端；霍布斯对培根哲学的系统化，形成了其机械唯物主义的哲学体系，斯宾诺莎以实体论为基础的哲学体系推动了大陆唯理论哲学的进步；洛克对笛卡儿天赋观念论的批判和对培根唯物主义经验论的详尽论证，标志唯物主义经验论哲学发展的顶峰；莱布尼茨以单子为核心，在对霍布斯机械唯物主义原子论和洛克哲学否定的基础上构建的哲学体系同样表明了大陆唯理论哲学体系走向完全成熟；休谟和贝克莱哲学标志的经验论哲学从唯物主义向唯心主义转变；沃尔夫哲学对莱布尼茨哲学理论的系统化表明大陆唯理论哲学的转向。

（1）经验论和唯理论的创立

经验论和唯理论的创立者分别是英国的弗兰西斯·培根和法国的勒内·笛卡儿。弗朗西斯·培根[35]一生致力于对经院哲学和旧的宗教神学的批判，同时为自然科学提供新的哲学世界观和方法论，是英国经验论哲学的创立者。

首先，他利用"四假相说"（"种族假相"、"洞穴假相"、"市场假相"和"剧场假相"）对经院哲学进行了深刻的批判。这种批判主要表现为对经院哲学盲目崇拜权威提出挑战，批判经院哲学的唯心主义先验论和空洞烦琐的三段论逻辑[36]。在培根看来，经院哲学阻碍人对科学知识和真理的认识和科学自身的复兴。

其次，培根在利用"四假相说"对经院哲学和封建神学的批判中，形成了其唯物主义的自然观、认识论和知识论。在自然观方面，他认为物质是世界的本原，是客观永恒存在的，不以人的意识或者抽象的本质而改变；对于物质的组成，他同样认可世界万物都是由一些基本的粒子构成，但这个粒子不是原子，而是分子；对于物质的运动，他认为任何物体或它的最小部分都处在恒常的运动中，这种运动是物质所固有最重要的特征[37]；对于物质与形式，他认为形式是支配和构成简单性质的那些绝对现实性的规律和规定性[38]，物质和形式是不可分的，物质的形式决定了物质的性质。在认识论和知识论方面，他认为感性认识是人类认识的基础，感觉是一切知识的来源。人对其所接触事物的感觉形成经验，而感觉经验形成知识；经验分为偶遇的经验和试验的经验两种。真正的经验应该"首先从适当地整理过和类编过的经验，而不是随心硬谈的经验或者忙无定向的经验，抽获原理，然后再由已经确立的原理进行试验"[37]；理性认识是感性认识的升华。

另外，培根是近代科学归纳法的创始人。概括起来，他的归纳法 4 个环节[39]。培根的归纳法虽然具有一定的局限性和片面性，不过作为第一个指定和倡导科学所运用的归纳法，它的产生意味着西方哲学思维方式的转变。

培根哲学标志着欧洲哲学研究由本体论向认识论的转变，虽然他的哲学思想仍然保留着一些古代哲学的朴素性并具有文艺复兴时期的哲学的过渡性，但他重视感觉经验和归纳逻辑在认识过程中的作用，开创了以经验为手段，研究感性自然的唯物主义经验论哲学的新领域；他首先提出"知识就是力量"，对自然科学的重视以及通过观察、试验等途径认识自然的方法，对近代试验科学的出现和发展产生了深刻的影响。

勒内·笛卡儿(René Descartes)的哲学思想以普遍怀疑论作为开端，经过怀疑而得出不可怀疑的第一原理，即"我思故我在"，由此确立了自我意识的绝对优先性，然后再对自我(即精神实体)中的各种思想观念进行梳理和分析，从而创立了他的唯理论哲学[40]。

首先，笛卡儿哲学思想因其普遍怀疑论方法而独具魅力，它不仅为理性独断论的生成提供了方法论基础，而且为怀疑论的发展提供了强大的思想武器[41]。笛卡儿的怀疑论不能等同于本体论的怀疑主义，他不是以怀疑作为目的，而是把怀疑作为一种辨别知识的真伪、寻求知识"确然性"的手段。在笛卡儿看来，感觉是不可靠的，相反，他认为理性才是最可靠的，只有理性认识才能给人以"清楚和明白"的概念，才是评价科学结果、获得"确然性"知识的标准。这里理性具有直观和演绎两种功能，他认为除了自明的直观和必然的演绎这两个途径外，人类没有任何其他可获得确实知识的道路。

其次，笛卡儿在对"自我"和一切万物的怀疑中，形成了其形而上学的哲学思想体系。他在对"自我"的怀疑中，将自我的观念分为三类：与生俱来的观念、来自外部的观念、自己产生的观念。他对一切事物的怀疑得出的结论是，我可以怀疑一切，但"我怀疑"本身却是无可怀疑的，因为怀疑"我怀疑"恰恰表明了我怀疑的存在，即"我思故我在"。"我思故我在"是笛卡儿形而上学哲学的基础，彻底否定了经院哲学的研究方法，为科学研究确立理性与试验这两条基本法则趟出了一条血路[42]。他断言世界上存在物质实体和精神实体，认为这两个实体各自独立，互不联系，互不干涉，这样，他走向了"身心平行"的二元论[43]。依据精神实体和物质实体的独立，笛卡儿进一步得出了身心二元论的结论，即心灵和物质是两个独立存在的实体，它们之间没有相互作用[44]。这与人是心灵和肉体的统一体这个事实存在根本的矛盾，笛卡儿对这个问题的解释，往往使他陷入自相矛盾之中，最后只能求助于上帝，从而形成了他对上帝存在的观念。

总之，笛卡儿以普遍怀疑为起点，通过对万物的怀疑和对自我的思考，形成了唯理论的方法论和形而上学的哲学思想体系。为了维护其二元论观点，探寻心灵和肉体的统一而走投无路，不得不求助于万能的上帝，又使他陷入唯心主义。上帝是笛卡儿哲学体系不可须臾离弃的支点，没有这个支点，笛卡儿的思想就会变成无根的幽魂[45]。笛卡儿哲学虽然存在一点“瑕疵”，但是他创立的唯理论和形而上学的哲学体系，对后来荷的兰斯宾诺莎和德国的莱布尼茨以及后来德国古典哲学的形成都产生了深刻的影响，他被称为欧洲近代哲学的创始人。

(2) 经验论和唯理论的发展与完备

继培根创立经验论哲学之后，霍布斯(Thomas Hobbes)对培根的哲学思想进行了系统化。在自然观方面，他克服了培根哲学物质观的朴素性，他认为哲学的研究对象是物体，物体不依赖人的思想而客观永恒的存在，它既不能被消灭也不能增加和减少，物体构成了整个世界；物体的特性是“偶性”，根据偶性与物体的关系，霍布斯把偶性分为广延和运动两类，广延是物体固有的根本特性，运动只是某些物体独有的特性。在认识论方面，他继承了培根的唯物论原则，反对天赋观念论，他认为一切认识的来源是感觉，离开了外物对感官的作用，就不可能有任何的认识。霍布斯的自然观可以说是机械唯物主义的自然观。

洛克(John Locke)是17世纪英国著名的哲学家，是欧洲近代唯物主义经验论的集大成者。他在批判笛卡儿“天赋观念论”的基础上，形成其独特的观念论(即双重经验)和形而上学的认识论。

洛克经验论的起点和归宿在于“经验”，他对“经验”的阐述是间接的，是通过对唯理论天赋观念的批判来实现的。洛克从“思辨”和“实践”两个角度批判了天赋观念[46]，形成了洛克的观念论和经验主义的认识论。他认为人心中没有天赋的原则，心灵如同一张“白板”，知识是建立在经验上的，我们对于外界可感物的观察，或者对于我们自己知觉到、反省到的我们的心灵的内部活动的观察，就是供给我们的理智以全部思维材料的东西，这两者是知识的源泉[47]。洛克在对唯理论批判的基础上，完成了对经验在认识中作用的肯定后，转入对观念的论述。洛克认为认识的对象是观念，观念来源于感觉和反省。感觉是观念的外在来源，它是通过外面的刺激而产生观念的过程，感觉的结果是通过感觉既产生了简单观念，又产生了复杂观念；反省是观念的内在来源，反省的对象是自己的心理作用，是心灵通过感觉对其取得的观念进行反思，从而获得的新的观念[48]。对于感觉与物体属性的关系，洛克提出了第一性质的观念和第二性质的观念。完成了对观念的论述后，洛克进行了对知识的论述。他认为知识是人心对两个观念的契合或矛盾产生的一种幻觉，两个观念间契合或矛盾的具体情况有同一性和差异性、关系、共存和实在等四种形式，对于两个观念间契合或矛盾的不同知觉程度会分别形成直觉知识、解证知识和感觉知识三个不同等级的知识[46]。

如果说洛克的唯物主义经验论是培根哲学和霍布斯哲学的延续，那么在国家政治学说方面，洛克与霍布斯又存在很大的不同。两者从两种不同的自然状态出发演绎出两种不同的政治理论体系：霍布斯的自然状态建立在人性恶基础上的混乱无序的战争状态，其中人的终极价值目标是生存；洛克的自然状态是建立在人性善基础上的和谐有序状态，其中人的终极价值目标是享受人生。为摆脱自然状态，霍布斯设计了个人—主权者的契约模式，而洛克则建立了个人—社会—政府的契约模式，他们在政府目的、政府权利大小、个人权利大小以及政权形式上都有区别[49]。洛克哲学完备了欧洲唯物主义经验论哲学思想体系，把经验论推向了发展的最高端，也是欧洲认识论哲学发展的一个顶峰。

斯宾诺莎(Benedictus Spinoza)是 17 世纪荷兰哲学家，其哲学思想以实体论为基础，在讨论实体与属性、实体与样式的关系上，形成了其独特的认识论和伦理观。

实体是斯宾诺莎哲学体系中最高的范畴。按照斯宾诺莎的观点，宇宙内只有一个实体，它是“神”，或叫“自然”，是宇宙中唯一无限的存在，而自然是万物的本质及万物存在的唯一观点[50]。在实体(神、自然)与属性的关系问题上，斯宾诺莎克服了笛卡儿哲学中绝对实体与相对实体(即二元论)的矛盾，成为唯物主义一元论者。在斯宾诺莎看来，实体就是绝对无限的自在存在，而属性只是实体的本质，属性和实体有着明显的区别，思想和广延只是实体的属性，而不能是实体，因此没有所谓广延实体或思想实体[51]。在实体与样式的关系上，斯宾诺莎认为样式是宇宙中一切个别事物，它们在实体之中并通过实体而被认识；实体是无限的，样式就其产生于实体，就实体的本性而言，也是无限的，但就其自身、就其决定于其他样式而言，又是有恒有限的；实体和样式都受制于神的必然性，只是实体为自身的本性的必然性所决定，万物(样式)则为实体的必然性所决定[52]。斯宾诺莎把宇宙唯一无限存在的实体等同于“神”和“自然”，这表明其自然哲学观点具有泛神论的特点。

以实体为基础，斯宾诺莎论述了其认识论的观点。首先，依照实体与样式、属性的关系，人作为自然界万种中的一个事物，也是自然的样式之一，那么人的身体和心灵应该统一的。其次，他把知识分为四种，即由传闻或者某种任意提出的名称或符号得来的知识；由泛泛的经验得来的知识；由一件事物的本质从另一件事物的本质推论出来的知识；从事物的本质通过考察认识得来的直观知识。依据斯宾诺莎对知识的分类，可以看出他把人的认识能力分为感性认识、理性认识、直观认识三种[52]。斯宾诺莎认为感性认识获得的知识不是正确知识的来源，而是认识中错误产生的原因，第三种和第四种知识是正确的真知识，尤其第四种知识才是直接认识一件事物正确本质的知识，即真理。最后，对于真理，斯宾诺莎提供了“内在标志”和“外在标志”的双重标准[51]。

对实体、自然和神的统一性认识，斯宾诺莎的伦理观具有明显的理性主义特征：斯宾诺莎视自然为和谐的必然性整体，认为自然对人类来说是最完美的东西，一切事物都是遵循自然及其永恒的律令发生的；把财富、荣誉和感官享乐排除在最高幸福之外，使人的心灵和整个自然融合一致为最高幸福，强调理性的完善[50]。总之，斯宾诺莎一元论的唯物主义哲学可以说是对笛卡儿唯理论哲学的延续，其哲学思想对后来的莱布尼茨哲学、黑格尔的德国古典哲学和费尔巴哈哲学都产生了深刻的影响。

莱布尼茨(Gottfried Wilhelm Leibniz)是 17 世纪末至 18 世纪初德国著名的数学家和哲学家。莱布尼茨反对霍布斯的机械唯物主义原子论和洛克的“白板”说，以“单子”为核心，构建了其唯理论的自然观和方法论。

首先，莱布尼茨“单子”的观点是在对机械唯物主义原子论不断否定过程中形成的。在莱布尼茨看来，机械论的原子缺乏能动性、连续性，与实体的概念是不相符的，并且与其“不可再分”存在矛盾。莱布尼茨认为，世界是由极小的元素即精神性的单子构成，单子是组成复合物的“没有部分”的单纯实体。由于单子没有部分，所以单子不能自己产生或者消解，它们是独立存在、各自孤立的，单子的变化和差异不依赖于外部的原因，而是内在的规则。

其次，依据单子论，莱布尼茨构建了其独具特色的“天赋观念论”并否定了洛克的“白板说”。单子不能自己产生和消解，那么莱布尼茨认为单子是上帝创造的，并由上帝摧毁和消灭，世界万物运动并没有自我运动的能力，所以万物的运动来自单子的精神本性，这种精神本原就是上帝。因此在莱布尼茨看来，灵魂是不死的，并且是能动的，同时他认为既然灵魂能动，就不应该是白板，人的心灵就该像一块有纹路的大理石，“因为如果说心灵像这种空白板那样，那么真理之在我们心中，情形也就像赫尔库勒像之在一块大理石里一样了”[49]。所以莱布尼茨的天赋观念论和笛卡儿有很大的不同，莱布尼茨认为这些天赋观念论并不是现成的天赋于人心中的，而是由一个潜在到现实、从模糊到清晰的发展过程[53]。

最后，莱布尼茨以单子论为基础，在对经验论的批判过程中，形成了其唯理论的哲学思想体系。莱布尼茨通过对人类与禽兽认识的区别来批判经验论者[53]。在莱布尼茨看来，经验是不可靠的，普遍必然的知识来自天赋，来自天赋的知识是“清楚明白的”，而清楚明白是衡量真理的标准。莱布尼茨把真理分为推理的真理和事实的真理两种[54]。

可以说，莱布尼茨哲学是对笛卡儿、斯宾诺莎的唯理论哲学的改造并系统化，他把唯理论哲学推向了完备和发展的顶峰，对后来沃尔夫的神学唯心主义和德国古典哲学思想家都产生了重大的影响。

（3）经验论和唯理论的归宿

贝克莱(George Berkeley)哲学思想继承了洛克的知识起源于感觉经验的观点，但又对洛克哲学中的诸多问题进行了批判。他认为物质就是“虚无”，不表示任何实在的东西，在人的心中也没有形成相应的观念。在认识论上，他认为认识的对象是观念，观念不反映观念之外的任何事物并且观念之外没有任何事物的存在，观念不能独立存在，需要一个感知他的主体，这个主体是心灵、精神、灵魂或自我。贝克莱在认识的主观性表明他是一个主观唯心主义者，也标志着英国经验论哲学由唯物主义转向唯心主义转变。

休谟(David Hume)是 18 世纪英国的哲学家、历史学家和经济学家。他的哲学思想深受洛克和贝克莱的影响，他认为哲学可以分为自然哲学和精神哲学两个部分，试验和观察是研究哲学的方法，精神哲学以“人性”为基础，人性有理智和情感两个部分组成。在知识论方面，休谟认为知觉是知识的源泉，知觉分为印象和观念两类；从怀疑论出发，他认为实体是不可知的，他把知识分为实际的知识、抽象科学和证明的知识两类；休谟主张大多数人都相信只要一件事物随着另一件事物而来，两件事物之间必然存在着一定的联系，即因果关系论。总之，休谟的哲学是介于洛克的唯物主义和贝克莱的唯心主义哲学之间的以怀疑论为基础的哲学体系，或者称为彻底的怀疑主义，是对英国经验论哲学的总结，标志着欧洲经验论哲学的走向终点，它对欧洲现代哲学的发展具有深远的影响，是后来实证主义、马赫主义和逻辑实证主义等哲学体系的重要思想源泉。

沃尔夫(Christian Wolff)哲学[55]体系包括理论哲学和实践哲学两大部分，理论哲学又包括形而上学、理性心理学、宇宙论和理性神学四个部分；实践哲学则包括自然法、伦理学、政治学和经济学。沃尔夫哲学说到底是对莱布尼茨哲学的一种系统化，由于沃尔夫坚持用理性来认识一切事物，并且是通过几何学的演绎方式，因此他把莱布尼茨哲学中的思辨或者辩证的成分完全淹没在一种僵化待变的形式逻辑中。从唯理论哲学的发展过程上看，沃尔夫哲学不仅把莱布尼茨哲学系统化，并且弱化了，标志着唯物主义唯理论哲学的终结。

综上所述，16 世纪至 18 世纪上半期欧洲近代哲学的发展就是一部经验论和唯理论的哲学的斗争史。自从培根和笛卡儿分别创立了经验论和唯理论，后面的哲学家就在对另外一方不断批判中完善自己的哲学体系，到达洛克和莱布尼茨哲学，经验论和唯理论分别达到了顶峰并且逐步完备，而到达休谟和沃尔夫哲学，两种哲学都又分别走向终结。

2. *法国启蒙哲学*

法国启蒙运动是 18 世纪法国资产阶级领导并发动的一次思想解放运动，是代表新兴资产阶级利益的思想家对封建专制、宗教迷信的全面批判，它为后期的欧洲资产阶级革命提供了思想基础，促进了欧洲社会由封建主义向资本主义的转变，也促进了社会主义的产生，更为西方社会经济的高速发展奠定了坚实的基础。启蒙运动时期的哲学作为这个时期社会意识形态的总体反映，承担了对天主教神学全面批判的任务，同时为启蒙运动时期思想的解放和发展提供了充足的动力。从哲学发展的延续上看，启蒙运动哲学是对前期唯理论和经验论哲学的批判和发展，法国资产阶级思想家在批判笛卡儿唯理论和洛克经验论的同时，又汲取他们哲学中的优点作为反对封建宗教的思想武器，形成了启蒙运动早期的自然神论和发展阶段的机械唯物主义以及无神论。伏尔泰、孟德斯鸠和卢梭的哲学思想拉开了启蒙运动的序幕，狄德罗、拉美特利、爱尔维修和霍尔巴赫等哲学家则完成了对启蒙运动的发展。

(1) 启蒙运动的兴起

比埃尔・培尔(Pierre Bayle)是笛卡儿哲学的继承者，但他又利用怀疑论完成了对笛卡儿形而上学和宗教神学的批判。他认为理性和信仰是完全不同的两回事，两者不存在任何的联系，把信仰建立在理性基础上是十分荒谬的；他不否认上帝的存在，但认为上帝是无法通过理性来证明的，同时他还认为宗教和科学应该分离；另外，他利用怀疑论完成了对笛卡儿的形而上学、斯宾诺莎的实体和莱布尼茨的灵魂论的批判，使形而上学的理论丧失威信。可以说，培尔哲学具有承前启后的作用，他批判了形而上学，同时又为法国启蒙哲学提供了思想来源。

孟德斯鸠(Charles de Secondat, Baron de Montesquieu)是法国启蒙运动的开拓者，其哲学思想体现在对封建专制与天主教的揭露和批判、自然法理论、三权分立学说和环境决定论几个方面。孟德斯鸠提倡人的自由，以“天赋自由论”反击封建专制与天主教，但他的反对又是不彻底的，因为他反对封建专制的同时，又提倡英国式的君主立宪制，他不是一个彻底的无神论者，而是自然神论者。他赞同上帝创世说并承认上帝的存在，不过这里的上帝和神学中的上帝不同，它只是作为第一推动者存在，创造了世界之后就不管不问了。作为自然神论者，“法”是孟德斯鸠哲学思想的核心，是指事物的固有规则和规律。孟德斯鸠的三权分立学说来自洛克的三权分立理论，他认为国家权利应该为立法权、司法权和行政权三权分立。孟德斯鸠是近代社会学中“地理学派”的创始人，其“地理环境决定论”认为国家的制度、政体、人口素质与分布、人的生理及心理、民族的道德面貌、宗教信仰、法律的性质和风俗等，都是由气候、土壤及人们居住领土的大小等因素决定的。这种观点在现在看来虽然有些片面，但在当时他的地理环境决定论是第一次摒弃所有与神有关的概念去探讨人与社会的发展。孟德斯鸠哲学一定程度上可以说是对经验论哲学尤其洛克哲学的延续，它对封建专制和天主教的批判促进了法国启蒙运动的发展。

伏尔泰(Voltaire)是法国启蒙运动发展的主要推动者，他利用宗教怀疑论对封建专制和宗教神学进行深刻的批判，他又继承洛克的经验主义哲学并结合牛顿的自然科学继培尔之后对笛卡儿、斯宾诺莎、莱布尼茨的形而上学哲学进行了深刻的揭露和批判。他同意洛克的经验论，认为一切认识来源于感觉，通过感官获得观念，通过对记忆力保存的观念进行组合和整理产生知识；他继承洛克经验论的同时结合牛顿自然科学反对笛卡儿的二元论和天赋观念说、斯宾诺莎的灵魂论和莱布尼茨的单子论，他认为形而上学是听不懂别人说什么也不知道自己说什么的假说。但是和孟德斯鸠一样，他对封建专制和宗教神学批判的同时又显出妥协，他虽然否定上帝存在证明的可靠性，但又认同上帝是第一推动力；他信奉自然权利，提倡人人平等，但又认为上帝是“自然规律”的制定者；他一方面对封建专制进行不懈的斗争，同时又对专制君主抱有幻想并进行游说，希望他们能够对社会进行改良。

卢梭(Jeans – Jacques Rousseau)是与孟德斯鸠、伏尔泰同时期的法国启蒙运动最卓越的代表人物之一，其哲学思想也与两人具有一定的一致性。他同样反对封建君主专制和宗教神学，是洛克经验论哲学的继承者和自然神论者。但相对于孟德斯鸠和伏尔泰，他对封建专制和宗教神学的批判更为彻底。另外，卢梭哲学一个重要组成部分是社会契约论。社会契约思想的前提假设是“自然状态”，自然状态是人类文明之前的状态，它是卢梭理想化、抽象化的一种状态，卢梭认为自然状态的秩序是和谐的，处于自然状态的人没有任何社会能力而相互独立处于一种自然平等的状态，人的“自我完善化”能力使人进入“社会状态”成为可能，处于社会状态的个体是相互联系的，文明的发展和进步，造成私有观念的产生并造成了社会状态的不平等，人要摆脱这种不平等获得真正的自由，就必须在相互之间指定一种真正的契约。卢梭的社会契约思想是人类思想史发展的重要里程碑，它为资产阶级革命提供了强有力的号召力和理论基础。卢梭的哲学思想为以后德国古典哲学和空想社会主义的发展产生了重要的影响，也标志这法国启蒙运动自然神论的结束。

（2）启蒙运动的发展

启蒙运动发展阶段的哲学是对以往所有经验论和唯理论哲学的全面批判，是对启蒙运动哲学自然神论的否定，在同样反对封建专制和宗教神学的基础上形成了机械唯物主义和无神论哲学。

让·梅叶是18世纪法国著名的无神论者和空想共产主义者。相对于早期启蒙运动着，他对宗教进行了没有任何余地的彻底的否定。他批判了笛卡儿的形而上学并继承了笛卡儿“物理学”的唯物主义，他认为物质是世界万物的本原且永恒存在，物质的运动来源于物质本身，物质并不是上帝创造的也是上帝作为第一推动着推动的；他坚持唯物主义一元论，反对笛卡儿的二元论，他认为精神依赖物质存在。在政治观上，他批判并否定私有制，认为人人平等，使他成为第一位空想共产主义者。梅叶哲学具有承前启后的作用，他完成了对封建专制、宗教神学和形而上学的彻底否定，又为后来启蒙运动发展阶段哲学家的机械唯物主义和无神论思想提供了理论基础，但他的空想共产主义反对包括资本主义在内的所有私有制社会，而不为当时的资产阶级哲学家接受。

拉美特里(Julien Offray de La Mettrie)是法国唯物主义哲学的早期代表，他彻底否定宗教神学，认为把上帝说成是万物的目的是十分荒谬的。他反对笛卡儿的二元论，坚持唯物主义一元论，认为物质是唯一存在的实体，物质的运动是物质本身的一个属性；对于身心关系，他认为人是机器，精神实体是不存在的，人的思想和灵魂也不是孤立的，而是肉体的一个属性；在认识论方面，他认同洛克的经验主义，反对天赋观念论，认为感觉经验才是认识的源泉，才是我们唯一的向导。拉美特利的哲学思想具有明显机械唯物主义和无神论的特征。

爱尔维修(Claude Adrien Helvetius)是 18 世纪法国著名的唯物主义哲学家。他继承和发展了洛克的经验主义，形成了感觉主义的认识论和功利主义的伦理学及教育万能的哲学思想。在认识论上，爱尔维修反对天赋观念论，认为认识开始于感觉，是对客观对象及其相互关系的反映。在伦理道德观方面，他提出了功利主义学说。爱尔维修的功利主义作为资产阶级的个人主义在法国大革命前期被广泛接受。在社会政治观方面，爱尔维修认为人是社会环境的产物，人的情感分为自然情感和社会情感，不同的政治制度和法律制度决定了一个民族的性格和精神，法律的改进依赖于理性的进步，而理性的改善则依赖教育，因此以爱尔维修看来，教育是万能的。爱尔维修的哲学标着法国唯物主义进入发展阶段。

狄德罗(Denise Diderot)是法国伟大的唯物主义哲学家，他把 18 世纪法国唯物主义哲学推到了发展的顶峰。作为无神论者，他认为宗教是理性的敌人，是愚昧无知的产物，上帝是不存在的，上帝创造世界简直是一种妄想；他认为物质是唯一存在的实体，具有感受性和运动的能力，感受性是物质普遍的和基本的性质，人的思维来自作为物质的人脑的感受性，运动是物质的固有的属性，运动的动力来自物质分子内部的力；狄德罗不赞同机械唯物主义原子论广延性，认为物质具有异性，由于物质的不同才构成了事物的多样性。可以看出狄德罗的物质观是对唯理论和经验论物质观的揭露和改进。在认识论和方法论方面，狄德罗认为认识的方法主要有观察、思考和试验。如同法国其他的唯物主义者一样，狄德罗哲学克服了经验论和唯理论哲学的局限性，但与他们相比，狄德罗唯物主义哲学体系更为全面和高明。

霍尔巴赫(Paul Henri Thiry Holbach)把法国唯物主义系统化，形成了完整的机械唯物主义体系和战斗无神论。在自然观方面，霍尔巴赫是彻底的一元论者，他认为广义的自然又是不同的物质、不同的配合以不同的运动集合而产生的一个整体，狭义的自然是物质区别于其他存在物的特性、配合、运动或者活动方式而产生的整体。自然是物质运动的整体，它包容一切，是一切存在的存在。在物质观上，霍尔巴赫认为物质在本质上是不同的，它们以不同的方式配合形成不同的事物；运动是物质的固有属性，物质的运动分为质量的运动和内在隐藏的运动；物质的运动和变化不是随意的，要遵循一定的规律，这个规律就是因果法则。另外，霍尔巴赫利用人创造了神和上帝这个观点，反对宗教神学表明他是一个彻底的无神论者。可见，霍尔巴赫哲学是对法国唯物主义哲学的总结和系统化，它改进了机械唯物主义原理，形成了完整的机械唯物主义体系，他的无神论思想把宗教神学打入深渊而使其永不复返，标志着法国唯物主义哲学走到了终端。

法国启蒙运动作为文艺复兴后又一次影响深刻、波及广泛的思想解放运动，完成了对封建专制和宗教神学的彻底颠覆，为资产阶级革命做好了思想准备。法国启蒙哲学作为资产阶级思想家批判封建专制和宗教神学的犀利武器，完成了对经验论和唯理论哲学的批判和改进，形成了完整的机械唯物主义体系和彻底的、战斗的无神论思想。虽然仍然具有一定的片面性也并没有完全脱离形而上学的自然哲学体系，但是本质上作为资产阶级的意识形态，为资产阶级思想的发展提供了充足的动力，并为资产资产阶级推翻封建制度提供了丰富的思想源泉，而且其中的某些哲学思想对欧洲现代哲学的发展产生深远的影响。

3. 德国古典哲学

如果说法国启蒙哲学完成了对经验论和唯理论哲学的批判和继承，那么德国古典哲学则是对自古希腊罗马哲学以来所有哲学的总汇。从历史上看，德国古典哲学产生时期是德国资本主义生产关系形成和德国资产阶级革命前夕，如同法国启蒙运动哲学一样，德国古典哲学同样完成了对封建专制和宗教神学的彻底批判，并促进了德国社会制度由封建主义向资本主义的转变。

康德(Immanuel Kant)是德国古典唯心主义的创始人，他的哲学思想可以以1770年为界分为两个时期，前期主要是对自然科学的研究，后期则为哲学研究。康德对自然科学的主要贡献在于地球自转和太阳系起源的两个假说。后期康德哲学思想是建立在对唯理论和经验论批判基础上的批判哲学，《纯理性的批判》、《实践理论批判》和《判断力批判》三本著作反映了他在批判以往哲学基础上形成的认识论、伦理学和美学思想。康德的认识论可以说是对经验论和唯理论的综合而形成的先验主义认识论，在认识的起源上，康德赞同经验论的观点，认为认识源于物体对感官刺激形成的感觉经验，但他这里的感觉经验又不同于经验论的观点，他认为物体对感官的刺激不是客观的，主体的感官不是被动的接受物体的刺激，而是主体基于先天的认识能力对物体刺激的主动接受。康德的认识论与经验论和唯理论的认识论都有很大的不同，从本质上看，它是基于两种认识论的先验主义二元论的认识论，是对两种认识论的调和。基于先验主义的认识论，康德形成了以人的主观意志自由为核心的伦理道德观。他认为意志的自律是一切道德法则所依据的唯一原理，自律原则所体现的主体性思想，是以通过对现象和本体、自然与自由、感情与理性的划界办法来解决主体意志自由的确立为前提条件的，道德主体自身由法则规定，这种法则是通过理性而给予主体自身的[56]。康德从人这个主体出发的，建立具有唯心主义特征的道德伦理观，最终把他引向了上帝，在认识论中被他"驱逐"的上帝，在这里又被他请了回来，上帝是存在的并且成为了人道德行为的最后主宰。康德的《判断力批判》是对他前两个批判的系统化，主要体现了他的美学观点和目的论思想，并且试图对知性和理性、理论与实践、自然世界与主观世界进行统一。总之，康德的哲学是对以往哲学批判的继承，他试图对以往对立的哲学体系进行调和并形成自己包容一切的哲学体系。但从本质上看，康德哲学虽然仍然是一种唯心主义哲学体系，但是他的哲学思想在德国引发了一场哲学革命，作为德国古典哲学的创立人，它为德国古典哲学唯心主义的发展打下了良好的基础。

费希特(Johann Gottlieb Fichte)哲学是康德哲学的延续，是德国古典哲学从康德哲学过渡到黑格尔哲学的重要环节。费希特比康德更为强调"自我"在认识中的作用，并以"自我"为核心构建了他称为"知识学"的哲学体系。他的知识学的核心内容是关于"自我"的三个基本原理、即自我设定自我、自我设定非我、自我设定非我和自我。费希特关于"自我"的三个基本原理具有明显的辩证法思想，但是他更为强调"自我"的作用，使他变成一个彻底的主观唯心主义者。

谢林(Friedrich Wilhelm Joseph Schelling)的哲学思想可以分为两个阶段：前期是对康德

哲学和费希特哲学的继承和批判，形成了“绝对同一”的客观唯心主义哲学，并把主观辩证法拓展到客观领域；后期他从资产阶级的拥护者转变为封建专制的卫士，其哲学也从客观唯心主义走向天主教神学。仅从他的前期哲学思想上看，他开始追随费希特批判康德哲学，然后又离开费希特转而对“自我”进行批判。谢林的“绝对同一性”即是世界万物的本原又是万物的归宿，是主体和客体、精神和自然、思维和存在的统一体。谢林眼中的主体和客体是平等，两个不存在谁创造谁的问题，是同时存在的绝对同一体。谢林认为从主体出发，可以推演出整个客观世界，从客体出发，可以用自然在说明精神现象，依据这两个方向，谢林形成了他的自然哲学和先验哲学，并把辩证法思想从主观领域拓展到客观自然世界。后期随着法国大革命的失败，谢林从支持资产阶级思想，转变为维护封建专制，其哲学也从客观唯心主义转变为维护天主教的“天启哲学”。但仅从他的早期哲学思想上看，他对德国古典的哲学的发展还至关重要，他把费希特的主观唯心主义转变为客观唯心主义，对后来黑格尔哲学的形成产生了十分重要的影响。

黑格尔(Georg Wilhelm Friedrich Hegel)是德国古典唯心主义哲学的集大成者，也是欧洲哲学史上最伟大的辩证法家。他的哲学不仅是对康德、费希特、谢林哲学等德国古典哲学的批判和继承，并且还是对在他以前所有哲学的汇总，形成了其以辩证法为核心的，几乎涵盖所有哲学领域的哲学体系。首先，“绝对理念”是黑格尔哲学的基本出发点。与康德相比，黑格尔的“绝对理念”范围更广，它不仅是人的主观思维，还是某种存在于人脑之外的“客观思想”。对于思维与存在的关系，黑格尔认为思维和存在具有同一性，思维是存在的本质，思维在不断的存在之中实现自己并使存在与思维相符，事物也只有符合它的思维才具有真实的存在性，同样人的认识也是自身的理念不断认识自己的过程，所以认识论和本体论两者实质上是一致的。黑格尔的绝对理念把康德独立的“主观意识”拓展到客观事物，认为思维是第一性的，存在是第二性的，与康德相比，具有明显的客观唯心主义和可知论的观点。其次，黑格尔在“绝对理念”的基础上，构建了他以存在论、本质论和概念论为主体的逻辑学体系。在存在论里，他讨论了“质”、“量”和“度”的关系；在本质论里，他说明了本质、现象和现实的联系；在概念论里，他解释了主观性、客观性和理念的相关内容。可以看出，黑格尔的逻辑学是康德“先验逻辑”的发展和延续，他用辩证法思想，解释了质与量、本质与现象、主观与客观的对立统一性，最终演化到作为最终统一的“绝对理念”。最后，在他的自然哲学和精神哲学中也体现着“绝对理念”的思想，自然哲学和精神哲学是黑格尔逻辑学的应用。黑格尔把自然的发展过程按照逻辑学存在、本质和概念的发展方式分为力学、物理学和有机学三个阶段；把精神哲学按照逻辑学的主观性、客观性和理念分为主观精神、客观精神和绝对精神三个阶段。总之，黑格尔在对德国古典哲学批判和继承的基础上，实现了对自古希腊罗马哲学以来所有哲学的汇总，从而形成了其以辩证法思想为核心，以“绝对理念”为基本出发点，以逻辑学、自然哲学和精神哲学为主要内容的哲学体系。

虽然黑格尔的“绝对理念”最后走向了上帝，但是他的哲学对后来的诸多哲学体系都产生了深刻的影响，尤其在德国还形成了黑格尔学派。后来，随着德国资本主义的发展和资产阶级哲学的进步，黑格尔学派分裂为青年黑格尔派和老年黑格尔派两个相对立的学派。青年黑格尔派反对黑格尔哲学的保守思想，批判封建专制和宗教神学；老年黑格尔派则属于保守势力，他们坚守黑格尔的“绝对理念”和唯心主义哲学体系，并宣扬有神论，鼓吹宗教信仰。青年黑格尔派的激进的哲学思想促进了德国哲学由唯心主义向唯物主义和无神论转变，到费尔巴哈哲学彻底转变为唯物主义。

费尔巴哈(Ludwig Andreas Feuerbach)读书期间受黑格尔的影响，认同黑格尔的理念，后期逐步脱离黑格尔哲学并全面批判黑格尔哲学，形成了以“自然”和“人”为核心的唯物主义和无神论的哲学思想。在对封建宗教批判方面，他肯定具有神秘主义色彩的德国古典唯心主义对封建宗教的批判，但他指出唯心主义的理性为宗教神学的上帝保存了“避难所”，进而全面批判宗教。他认为并非是神创造了人，而是人按照神的形象创造了神，进而以神的形象来束缚人。上帝的性格其实就是人性格的异化，人知道或相信他的生活依赖于什么东西，他就把这个东西尊奉为神。费尔巴哈的无神论标志着德国古典哲学与宗教神学彻底决裂。“人”和“自然”是费尔巴哈哲学思想的核心，也表明他的哲学是唯物主义的。这里的“人”是依据自然界客观存在的实体。在费尔巴哈看来，人是肉体和灵魂统一的感性实体，灵魂是人的精神而依赖于肉体这个人的形体而存在；人是有感觉能思维的感性实体，存在是主体，思维是从存在而来，而不是存在来自思维，思维只是人脑的属性；人是以感性为基础的感性和理性的统一体，人的本质是感性，感性是认识的起点，是理性的基础，是理性通向认识客体的通道，是检验理性真理性的标准。在自然观方面，费尔巴哈认为自然不是“绝对理性”的产物，它是第一实体，不被创造而只能自身派生；自然如同人一样是感性实体，是一切感性的力量、事物和本质的总和，是人的生存基础和感知对象的总和；自然存在于时间和空间中，自然事物都要占据一定的空间，而时间则是事物变化的标记，因此只有存在于时间和空间中的东西才是真实存在的；自然不是神创造的，也不是上帝推动的，它的发展和变化依靠自然法则。费尔巴哈的哲学思想完成了德国古典哲学对封建神学的彻底批判，标志着德国古典哲学的终结。他对黑格尔哲学片面的完全否定并极端崇尚客观自然，导致他的唯物主义和无神论是不彻底的。但是费尔巴哈哲学还是具有十分重要的意义，它不仅是对以往所有人本哲学的总结，并且对后来马克思主义哲学产生和发展具有重要的作用。

德国古典哲学自康德哲学产生，经过不断的批判和发展到费尔巴哈哲学终结，从“自我意识”到“绝对自我”再到“绝对理念”最后到“人”和“自然”，德国古典哲学也完成了从主观唯心主义到客观唯心主义最后到唯物主义和无神论的转变。从本质上看，德国古典哲学仍然属于形而上学的旧哲学体系，它不仅完成了德国资产阶级对封建宗教的彻底批判，促进了德国资产阶级革命的产生，并且对后来西方哲学的发展产生了重要的影响。它标志着西方近代哲学的终结，为马克思主义的产生提供了理论来源，马克思批判地继承了黑格尔和费尔巴哈哲学，创立了辩证唯物主义和历史唯物主义，翻开了哲学史新的一页。

2.1.4 现代西方哲学

自黑格尔和费尔巴哈哲学之后的现代西方哲学流派纷立、内容丰富、此起彼伏又变化多端，作为西方两千多年古典哲学的延续，每个流派的哲学思想都可以在以往的哲学中找到根源。现代西方哲学之所以如此多元化的全面发展，主要得益于当时欧洲资本主义社会制度的确立和发展。资本主义生产关系取代旧的封建主义生产关系，自然科学的快速进步，工业革命的产生，使得生产力得到了前所未有的发展，促使各种哲学思潮的出现。此后随着垄断资本主义向帝国主义转化，资本主义生产关系的矛盾进一步激化，资产阶级与无产阶级斗争也进一步加剧，同样促使一些哲学流派的没落和新的哲学流派的产生。现代西方哲学的主要流派有马克思主义、实证主义、意志主义、实用主义等。

2.1.4.1　马克思主义

马克思主义是关于无产阶级和人类解放的哲学，也是在社会主义国家产生深刻影响至今仍广泛流行并付之于应用的哲学思想。从产生的社会背景上看，马克思主义产生的 19 世纪 40 年代，西欧资本主义制度已经形成并得到发展，由于科学技术的快速进步，生产力得到了前所未有的提高，在这种情况下，资本主义矛盾逐步显现，工人运动也逐步兴起，资产阶级和无产阶级斗争的加剧促使英国宪章运动、法国和德国工人起义的发生，这标志着无产阶级正式走上了历史舞台，马克思主义在适时的历史条件下，以《共产党宣言》的发表为标志。

从理论来源上看，马克思主义首先是对德国古典哲学批判的继承，它吸收了黑格尔的辩证法思想并摒弃了其唯心主义成分，汲取了费尔巴哈唯物主义并舍弃了其形而上学及社会历史观中的唯心主义。其次，马克思主义是对英国古典哲学批判的继承，吸收了其劳动创造财富的学说并抛弃了其维护资产阶级的观点。最后，马克思主义部分来源于空想社会主义，它继承了空想社会主义对资本主义制度的结构，但又明确认识到了空想社会主义对资本主义揭露的不彻底性。可以说，马克思主义是马克思和恩格斯基于上述三种思想体系并结合自身无产阶级革命经验而提出的关于无产阶级和人类解放的思想学说。就其内容上看，根据不同的理论来源，马克思主义包括辩证唯物主义和历史唯物主义的马克思主义哲学、政治经济学和科学社会主义理论。

总之，马克思主义是 20 世纪最伟大的哲学思想，它作为无产阶级的思想武器，为无产阶级运动注入了强劲的动力，也促进社会主义制度国家的产生。可以预见，马克思主义将会得到更为广阔的发展。

2.1.4.2　实证主义

实证主义产生于 19 世纪 20～40 年代的法国，是现代西方哲学产生较早的一个哲学流派。它的产生与法国当时自然科学的发展有密切联系，自然科学在社会和经济发展中的重要作用，使得科学在人们心目中的地位越来越高，相反，当时抽象思辨的哲学体系脱离实际而空洞无力，因而需要一个重经验、重实用的哲学产生。从理论来源上看，英国经验论哲学尤其休谟哲学是实证主义的主要思想源泉，这也是与当时社会历史条件下要求哲学重经验、重实用有关。

实证主义由于适合资本主义发展的需要，在很长一段时间内得到不断的发展。从延续历程上看，实证主义的发展可以分为三个阶段：19 世纪 30 年代产生于法国并流行于英国的初始实证主义，19 世纪 70 年代和 20 世纪初产生于德国和奥地利的马赫主义，20 世纪初期产生于英国、德国和奥地利的逻辑实证主义。

早期实证主义的代表人物是孔德、穆勒和斯宾塞。孔德(Auguste Comte)是早期实证主义的开创者。实证主义的基本原则是其哲学的核心，也是早期实证主义的核心内容。孔德的实证原则主要有[57]：一切科学知识必须建立在来自观察和试验的经验事实基础上，反对讨论经验之外的抽象本质、第一因等问题和知识的相对主义原则。在实证原则的基础上，孔德认为规律存在于经验现象之间，而科学就是对规律的发现和认识。孔德认为实证是理智发展经过神学和形而上学后的最高阶段，是以科学为方法，以经验为事实获得知识的正确途径。另外，孔德还将他的实证用于分析人类社会及其历史现象，正式提出“社会学”并构建了社会学的框架和构想，所以他也是社会学的创始人。穆勒(John Stuart Mill)是英国实证主义的早期代表人物，他把实证主义从法国引入英国。他赞同孔德的实证主义思想并受英国经验论哲学的影响，通过心理学和逻辑学来充实实证主义。穆勒认为一切知识均来源于感觉经验，科学除了探索感觉经验中的规律，还应该对规律进行归纳总结，从而形成了其归纳主义的逻辑学思想。斯宾塞(Herbert Spencer)是英国实证主义的集大成者，他继承了休谟和康德的哲学思想，形成了其不可知的实在论。他极力推崇进化论，形成了其机械的均衡论。在社会学方面，他利用生物学和进化论来解释社会的构成和演化，形成了其“社会有机论”。

马赫主义是实证主义发展的第二个阶段，也称为第二代实证主义，它由奥地利物理学家和哲学家马赫(Ernst Mach)创立。马赫主义又称“经验批判主义”，本质上是一个主张主观唯心主义的哲学流派，“世界要素论”是其思想的核心内容[58]。马赫赞同孔德的实证原则，认为知识来源于观察和试验获得的感觉经验，但不同的是，马赫认为物体这个科学的研究对象是由“要素”构成的，而时间和空间也不是客观存在的，也是要素的复合体。马赫否认自然界必然性的因果联系，他用函数关系来代替自然界的因果关系，形成了其函数关系论的自然观。可以看出，马赫的哲学是属于主观唯心主义的，具有一定的片面性，马赫主义后来被法国数学家彭加勒发展成为约定主义。此时期实证主义的另一位代表人物是德国哲学家安芬那留斯(Richard Avenarius)，他提出了与马赫主义相同的经验批判主义，致力于用“纯粹经验”把唯物主义和唯心主义进行“真正的统一”，在他由纯粹经验构成的世界里，主体和客体的对立性消失，取而代之的是两者相互联系的存在与“原则同格”中。另外，安芬那留斯还认为思维活动应遵循“费力最小原则”。总的看来，安芬那留斯的批判经验主义也是一种主观唯心主义。

逻辑实证主义是第三代实证主义，形成于20世纪初期，主要有三种分法[58]：一是泛指现代分析哲学的所有分支，逻辑实证主义是分析哲学的一个学派；二是指分析哲学中的人工语言学派的逻辑原子主义和维也纳学派；三是仅指维也纳学派。逻辑实证主义的形成与当时的社会背景有密切的联系，同时自然科学的进步也对其哲学思想的形成产生了深刻的影响。从理论来源上看，它是早期实证主义和马赫主义的延续，并结合了当时的数理逻辑。逻辑实证主义的主要代表人物是罗素(Bertrand Russell)和维特根斯坦(Ludwig Wittgenstein)。他们都主张逻辑原子论，和早期实证主义和马赫主义相比，逻辑实证主义同样反对形而上学，但与马赫的“要素一元论”不同，它采用语言分析的形式和数理逻辑分析方法，以命题有无意义来批判形而上学。他们同样否认自然界的因果必然性联系，认为逻辑是哲学的本质，把经验事实的复合命题分成若干个独立的原子命题，并利用逻辑方法对原子命题的形式进行分析。在他们看来，逻辑分析根植于外延性原则和原子性原则。逻辑实证主义极端采用逻辑方法分析形式，最终导致罗素对外延性原则、原子性原则的怀疑和维特根斯坦承认神秘主义和唯我论。

2.1.4.3　意志主义

意志主义是现代西方哲学的一个重要流派，产生于 19 世纪 20 年代的德国，后期流行于欧洲其他各国。从其产生的社会背景上看，早期德国资产阶级革命的失败和后期无产阶级运动的兴起以及马克思主义的广泛传播，对德国资产阶级造成很大的冲击。在早期，资产阶级需要意志来冲破封建束缚并推动资产阶级革命，从而促进了意志主义的产生；在后期，资产阶级需要意志来稳固资产阶级统治，因此促进了意志主义的发展。从理论来源上看，意志主义继承和改造了德国古典哲学中的意志主义倾向。意志主义者认为意志高于一切，是世界万物的本原，是人行动的准则，所以它是一种主观唯心主义、非理性主义的哲学，其主要代表思想有叔本华的“生存意志论”和尼采的“权利意志论”。

叔本华(Arthur Schopenhauer)是德国意志主义的创始人。他继承了康德对于自然界关于现象和物自体的区分，并把物自体演化为意志。在世界观方面，他认为世界是人主体认识的表象，是感性认识提供的一切观念的综合，在他的表象世界，主体和客体不是对立的而是相互依存的；主体相对客体更为重要，它是客体存在的前提条件，作为表象的客体，是主体采用充足理由以这种先验的形式规定出来的；叔本华还认为除了表象的世界，还存在一个本质的世界，即意志的世界。意志是无意识的、非理性的欲望，是人和世界的本质。在叔本华看来意志是作为世界和万物的本原存在的。在认识论方面，他认为先验的意志是第一性的，理性是意志客观化的高级阶段，人通过理性认识表象世界形成科学知识，所以在他看来，认识只是意志的工具。在人生观方面，他认为由于生存意志的驱动作用，人的欲望永远得不到满足，所以人生就是痛苦，要摆脱痛苦的人生，只有通过哲学沉思、艺术创作、审美活动、禁欲和绝欲等手段实现意志转向。所以叔本华的人生观是一种悲观主义和禁欲主义的人生观，这与当时德国资产阶级大革命失败，资产阶级意志消沉有关。

尼采(Freidrich Wilhelm Nietzsche)的意志主义源自叔本华，但又与叔本华的“生存意志论”有很大的不同。他反对生存意志的悲观主义和虚无主义，认为意志是强力意志，是人生命的本质，人并不受意志的支配，而是人的强力意志的自由独立的选择，促使人去改造自己和超越自己。尼采把叔本华的人作为意志的客体转变为人是意志的主体，所以他的意志主义又称为“权利意志论”或者“强力意志论”。从强力意志出发，尼采认为理性和认识都是强力意志的工具，人认识世界只是为扩充强力意志的能力，实现对世界的主宰。他提出要否定过去的所有价值，从而创造一切新的价值，未来社会是超人的社会，超人是社会的精英，具有最高的强力意志，由于每个人强力意志的的不同，整个社会是不平等，也是由于这种不平等才促进了社会的进步。尼采的强力意志具有积极的特征，但他的极端的“强力意志论”造成他在提倡人本主义的同时，又反对人人平等，为后来的德国法西斯主义提供了理论来源。

意志主义自叔本华和尼采后并没有终结，它被狄尔泰(Wilhelm Dilthcy)、齐美尔(George Simmel)和柏格森(Henri Bergson)等演化为生命哲学，被弗洛伊德(Sigmund Freud)继承并演化为弗洛伊德主义，被海德格尔(Martin Heidegger)、马塞尔(Gabriel Marcel)和巴雷特(William Barrett)等继承并发展成为存在主义。生命哲学认为生命或者生命之流是世界的本原，自然界里的万事万物都只是生命的外化和客观化，是生命体现自身的工具和对象。弗洛伊德主义是 19 世纪末到 20 世纪初由奥地利精神病医生和心理学家、哲学家弗洛伊德在心理学基础上把精神分析法应用到社会现象领域而创立的一种独特的理论和方法。弗洛伊德主义作为一种哲学理论和方法论，后来被阿德勒（Alfred Adler）、荣格（Carl Gustav Jung）、霍妮（Karen Horney）等学者修正形成新弗洛伊德主义。存在主义产生于20世纪20年代的德国，是受意志主义、生命哲学和实用主义的影响形成的一个哲学流派，由海德格尔创立，并在欧洲其他国家和美国流传。存在主义哲学思想复杂，内部又由诸多学派构成，但他们都把个人的存在作为哲学研究的对象，把个人的主观感受和处世态度作为哲学的中心问题，具有非理性主义的倾向和强烈的悲观主义、虚无主义的色彩，20世纪60年代逐渐衰落，并被结构主义取代。

2.1.4.4 实用主义

实用主义是19世纪70年代产生于美国并主要在美国流行的一个哲学流派，它对美国的法律、政治、社会、宗教等诸多方面都产生了深刻的影响，成为20世纪美国的主要思想潮流。从产生的社会历史背景上看，当时美国正处于南北解放战争的胜利，资本主义快速发展的时期，马克思主义的产生和流行对资本主义产生很大的威胁，因此需要一个强调行动、效用的理论为资本主义扩张辩护并抵御马克思主义的渗入。另外，美国自然科学的发展也对实用主义的思想体系产生了很大的影响。从理论来源上，由于和欧洲资本主义发展具有相似性，实用主义理论主要来自早期实证主义和马赫主义以及德国意志主义和生命哲学。实用主义的代表人物主要有皮尔士、詹姆士和杜威。所以可以说实用主义是实证主义在美国的延续。

皮尔士（Charles Sanders Peirce）是美国实用主义的创立者，他的思想主要体现在“信念的确定”和“观念的澄清”两个方面。他认为为了获得有效的行动，必须要有明确的信念，他将信念分为固执的信念、权威的信念、先验的信念和科学的信念四种。在他看来，哲学的基本任务就是确定信念，前三种信念由于个人的怀疑、对权威的崇拜和形而上学都是不好的信念，而只有科学的信念是建立在客观事实上的最确定的真理信念。在皮尔士看来，信念是观念的表现形式，要确定信念，必须要澄清观念的意义，而观念的意义在于这个概念能够产生什么可能实用的实际结果，这里的实际效果是建立在经验和实验中的可感觉的效果，因此澄清一个观念的意义需要通过假设、动作和实验三个步骤。皮尔士的实用主义原则为实用主义的产生提供了理论基础。

詹姆士（William James）和皮尔士同为实用主义的创始人，他把皮尔士的实用主义原则应用具体的哲学问题中，使实用主义形成了一套系统的理论。詹姆士认为实用主义是彻底的经验主义，他否认客观世界的存在，认为客观世界是经验元素的结构组合，任何东西只有被经验者经验时，才是事实存在的。因此他否认客观真理的存在，认为经验之间的内部联系并不都是真理，只有这种联系能给人带来利益才能称作真理，所以在詹姆士看来，有用就等于真理。在此基础上，他认为经验主义和理性主义都不是有效的方法论，只有实用主义的方法论才是最有效的，实用主义是一种能把经验主义和理性主义结合的哲学。詹姆士的实用主义对后来杜威的实用主义产生了很大的影响。

杜威（John Dewey）实用主义是对詹姆士实用主义的修正和发展。和詹姆士一样，杜威同样认为实用主义是经验主义哲学，他也认为唯理论和经验论对经验的观点是片面的，但与詹姆士的“纯粹经验”不同，他认为经验不是自然以外的东西，而是关于自然并产生于自然内部，是主体和客体、有机体和环境之间的相互作用，正是人与自然的相互作用，才使主体和客体、有机体和环境、经验和自然成为一个不可分割的统一体。在真理观方面，杜威同样认为真理是认识的工具，他认为各种概念、理论、体系都是工具性的东西，帮助我们改造环境，如果它们能真实地指导我们，就是真的，经过证实确实具有这种指导能力的，就是真理。但相对于詹姆士，杜威的真理主义更具有公众性，他认为真理的功效不是满足个人，而是为公众效用。杜威的实用主义更具有试验的科学性，他认为只有经过试验证明，观念才是真正具有价值的，在此基础上，形成了其实验主义的方法论。

本质上讲，实用主义是为资产阶级服务的一种学说，它稳固了资产阶级的意识形态，并成为资产阶级反对无产阶级和马克思主义的重要工具。

2.2　中国哲学发展历程

依据哲学作为对自然界、人类自身和人类社会的认识论和方法论，中国哲学的发展可以以“西学东渐”为界分为两个阶段。西学东渐之前，中国哲学以不同教派的思想为主要构成，它是和同时期西方哲学互不影响、独立发展的，可以称为中国传统哲学。西学东渐之后，是西方哲学思想对中国传统观念产生冲击的阶段，它可以分为近代和现代两个阶段，近代主要表现为西方资本主义哲学对中国哲学的影响，现代则主要是指马克思主义在中国的发展，两个阶段可以并成为中国近现代哲学。

2.2.1　中国传统哲学

尽管存在中国哲学合法性的争论，但是依据哲学作为认识论和方法论的含义，中国古代传统思想应该属于哲学的范畴。根据中国历史时期的划分，一般的分法是将中国传统哲学分为先秦哲学、秦汉哲学、魏晋南北朝哲学、隋唐哲学和宋元明清哲学几个阶段。

先秦哲学是中国传统哲学的萌芽和形成时期。殷商时期主要思想为相信灵魂不死、崇拜自然和神话，周朝演变为天命主宰一切的观念，春秋时期则由天命主宰变化为责天，并形成了阴阳五行的自然观。这段时期是中国哲学的萌芽时期，可以看出中国哲学和西方哲学一样都来源于宗教神话，并逐步背离宗教而发展，它反映了当时奴隶主阶级的意识形态，具有朴素唯物主义的特点。春秋战国时期是中国传统思想大放异彩的一个重要阶段，也是中国传统哲学的形成时期，此时期百家争鸣、学派林立，主要的学派的有儒家、道家、墨家、法家、名家和阴阳等，这些学派的思想反映了当时的世界观、人生观、社会观、历史观、方法论和认识论。所以先秦哲学尤其诸子百家的思想内容丰富、学说众多，它几乎涵盖了哲学研究的所有领域，以后各个历史时期的哲学思想都可以在这里找到根源，它为中国传统哲学的发展打下了良好的基础。

秦汉时期是诸子百家思想对立融合的阶段。秦朝建立集权国家后，为了维护其统治，崇尚法家思想，汉初为安抚平民，提倡黄老的无为之学，随着的社会和经济的发展，到汉武帝时又“废黜百家，独尊儒术”，东汉后期，佛教传入中国，道教又逐步兴起。虽然在不同的历史时期，统治阶级为了维护其统治力而单独推崇某种教派思想，使这种思想得到发展，但是这也促进了不同思想的融合，因为统治阶级在利用这种主要思想的同时也吸取了其他思想的优点。秦汉哲学的主要内容体现在天人关系、宇宙形成、形神关系、古今之变、人性学说等方面。秦汉哲学具有重要的地位，它促进了不同学术思想的融合，并于后期使儒家思想成为主要的统治思想，对后期哲学的发展方向产生了决定性的作用。

自汉朝灭亡至魏晋南北朝时期，中国没有形成统一的局面，此时期王侯割据、战乱不断，儒学的统治地位也被打破，取而代之的是符合门阀士族夺取统治权利和维护其身份等级需要的玄学；另外，佛教在此时期逐渐传播开来，道教体系也逐步建立。玄学的实质是儒道融合的产物，它以道教的无为学说来弥补儒学的不足。玄学的基本特征是以《老子》、《庄子》和《周易》这“三玄”为研究对象，用《老子》和《庄子》解释周易；以“有”、“无”为核心问题反映了中国古代辩证法思想；把“有”、“无”作为存在的根据，探索世界本体的问题；以讨论名教与自然关系为目的来分析当时的社会问题；以“得意妄言”为方法，以“辩名析理”为主要的思维形式来弥补儒学的不足。魏晋南北朝的玄学具有形而上学的唯心主义特征，后期被演化为山、医、命、卜、相等不同的学说体系。另外，佛教学说进入思想后很快与玄学结合，由于它更能适合门阀士族的需要，在一定时期内处于比玄学更为重要的地位，从而也出现了一些唯物主义无神论的思想家反对佛学，即神灭论和神不灭论的斗争。

经历了魏晋南北朝长期割据分裂，到隋朝才重新形成了统一的政权，并在唐朝达到了中国封建制度的顶峰。唐朝为巩固其统治，在政治和经济上采用安抚百姓、发展生产的政策；在思想上，推行佛教、道教和儒教“三教”并行的策略。因此，隋唐哲学的特点是佛、道、儒三家思想的发展和斗争。从哲学的性质上看，上述思想都是为封建统治服务的，并且具有明显的唯心主义特征。在唯物主义哲学方面，柳宗元、刘禹锡等则延续了中国古代对天人关系的讨论，柳宗元提出天地源于元气，刘禹锡则认为“天人不相预”并反对天人感应论。隋唐哲学的中国传统的哲学的重要时期，它促进了佛、道、儒三教思想的融合，并为后来宋元明清哲学的发展提供了理论基础。

宋元明清哲学是指自宋朝开始到清朝中期的哲学，此时期封建集权进一步强化，科学技术得到了长足的进步，中国传统哲学的发展也达到了顶峰时期。宋朝初期，佛教和道教逐步衰落，取而代之的是以儒家思想为基础的理学。理学产生于北宋时期，并在宋、元、明和清中期以前广泛流行，清朝后期才逐步衰落。理学形成于北宋对佛学和道教思想的批判，主要代表人物是张载、程颢和程颐等。到南宋时期，理学思想得到系统化，主要代表人物是朱熹。他认为理是世界的本原，是形而上者，气是万物的本质，是形而下者，万物是理与气统一的产物。他主张“心即性”，情是心之作用并赞同“格物致知”的认识论。明朝是理学的发展的顶峰时期，主要代表人物是王阳明(即王守仁)，他将理学发展为心学。可以说，理学开创了中国传统哲学发展的新时期，它将儒家思想推到了至高的地位，同时又对佛教、道家思想进行了融会，它对中国古代社会的发展产生了深刻的影响并且这种影响至今仍然存在。

2.2.2 中国近现代哲学

中国近现代是指鸦片战争到新中国成立的历史阶段，帝国主义的入侵使中国逐步沦为半殖民地半封建社会，后期随着马克思主义的传播、无产阶级的形成和革命的成功，中国才重新步入稳定发展的社会主义新时代。此时期的哲学主要表现为资产阶级哲学的形成和发展以及马克思主义在中国的传播与实践。

鸦片战争以后，帝国主义对中国毫无休止的侵略和搜刮，使传统的手工业体系遭到严重的冲击，催生了中国民族资产阶级和无产阶级。此时先进的思想家反对并揭露封建旧体制，致力于探索民族解放、国家独立的道路，在哲学上表现为新学和旧学的斗争以及对西学的批判吸收。鸦片战争时期，龚自珍、魏源等思想家主张改革并学习西方技术以抵御资本主义的侵略，标志着中国民族资本主义哲学思想的产生，但他们只认识到了封建体制的落后，并没有认识到推翻封建体制的必要性，只是想通过改革去改进封建制度。后期的太平天国运动虽然试图通过革命推翻清朝的封建统治，但也仅仅是为摆脱压迫和剥削而进行的阶级斗争，他们并没有找到国家和民族解放的出路，只希望建立人人平等的理想“天国”。可以看出，中国民族资产阶思想源于封建王朝官宦阶层的思想先进者，他们的思想虽然具有明显的封建主义特征，但是他们主张变革，为中国近现代资产阶级思想的形成创造了很好的条件。

甲午战争之后，随着西方哲学思想和科学技术的传入，中国涌现出了一批具有先进思想的资产阶级哲学家。康有为、谭嗣同、梁启超等主张和平变法，改进封建体制，并形成了系统的哲学思想。他们以西方近代科学为基础，认为宇宙的本原是“光电”和“以太”，提出“三世说”，主张从君主专制到君主立宪并最终实现民主的社会发展历程，但随着戊戌变法的失败，他们的观点也淹没在历史的年轮之中。章太炎赞同西方机械唯物主义和生物进化论，批判康有为的和平渐变论，支持革命并参加了孙中山的同盟会。孙中山是我国民主革命的伟大先行者，与其他资产阶级思想家不同，孙中山先生首次提出彻底反对封建制度，提倡民族崛起和建立民主统一的国家。甲午战争到五四运动是中国近现代民族资产阶级哲学的形成和完备时期，具有探索救国之道、追求民主的总体特征，它促进了中国资产阶级革命的进行并颠覆了清王朝封建腐朽制度的统治。但需要指出的是，中国资产阶级革命虽然推翻了封建王朝的统治，但并没有使中国进入稳定发展的历史时期，此后军阀格局，仍然民不聊生，这也说明中国近现代资产阶级思想并不是中华民族解放的真正道路。

俄国十月革命的成功昭示了马克思主义的先进性和伟大力量，五四运动的产生更是极大的促进了马克思主义在中国的传播。此时西方近现代哲学也蓬勃发展，西方哲学的引入以及某些思想家对中国传统哲学的维护，造就了马克思主义、西方近现代资产阶级哲学、中国传统哲学共存并相互斗争的局面。胡适等宣扬美国的实用主义，并依此来反对封建主义和马克思主义；梁漱溟提倡“东方精神文明论”和新儒家思想，宣扬宋明理学，反对西方资产阶级文明并反对社会主义；而中国共产党的创始人陈独秀、瞿秋白等则坚持马克思主义，并以马克思主义辩证唯物主义和历史唯物主义批判旧中国的经学哲学和西方近现代资产阶级哲学。此后，在毛泽东的领导下，中国共产党人以马克思主义为思想武器，推翻了封建主义、帝国主义和官僚资本主义并建立了新中国，马克思主义与中国革命实际情况具体结合，形成了中国化的马克思主义，即毛泽东思想。

新中国成立后，马克思主义在中国的脚步并没有停止，而是与中国改革开放进一步结合，促进了中国社会、经济和科技的全面进步，中国化的马克思主义理论也得到了进一步丰富，形成了以邓小平理论、“三个代表”重要思想和科学发展观为核心的中国特色社会主义理论体系。

综上所述，具有几千年历史的中国哲学思想体系博大精深，它是不同历史时期社会意识形态的反应，同时又促进了社会的进步和发展。中国传统哲学独立于西方哲学而自由发展，虽然具有一定的封建腐朽思想，但是它不但具有自己独特的优点并且对中国及东亚其他国家都产生了十分深刻的影响，这种影响延续至今并且还会持续下去。中国近现代哲学是中国传统哲学、西方近现代资本主义哲学和马克思主义共存并相互争论而形成的哲学，哲学争论目的都是探索中华民族的崛起和中国的解放统一。事实证明，马克思主义才是中国走向稳定繁荣的真正理论，它与中国无产阶级革命和社会主义建设相结合，并形成了中国化的具有鲜明特点的马克思主义新的理论体系。

2.3 中西方哲学的异同

中西方哲学作为两种不同的哲学体系，在很多方面都存在较大的差异，但是不可否认的是他们也存在一些共性。

从哲学的发展历程上看，两者具有一定的相似性，也存在一定的差异。首先，两者都源自古代宗教神话和奴隶社会的阶级斗争。古希腊哲学源于宗教神话并背离宗教神话而产生，是工商业阶层反对奴隶主阶级统治工具的产物；中国传统哲学同样来源于宗教神话而又不同于神话，是对自然和世界的懵懂认识。其次，两者都经历了古典哲学、封建哲学、资产阶级哲学几个阶段，不同的是西方哲学中的古希腊罗马哲学、中世纪经院哲学和近现代资产阶级哲学都经历了很长的发展时间，而中国哲学主要以封建体制下的哲学思想为主，近现代资产阶级哲学在中国经历了很短的时间并且没有取得成功。最后，两者在当今存在明显不同的哲学发展方向，西方哲学延续了资本主义哲学的发展道路，而中国哲学在经历了短暂的资产阶级哲学后，步入了以中国化的马克思主义为绝对主体的哲学道路。

从哲学的作用上看，虽然中西方哲学发端不同的地理区域并具有不同的发展历史背景，但是它们对社会的发展和进步的作用是相同的。首先，两者都是不同历史时期社会主流意识形态的反映，都服务于当时某种阶级的需求。欧洲中世纪经院哲学依附于宗教神学，为宗教神学和基督教廷服务，后期现代资本主义哲学体现了资产阶级统治的利益，用以维护资产阶级的统治并反对马克思主义；持续时间悠久的中国传统哲学同样是为封建阶级统治服务的。其次，两种都刺激了阶级革命的产生并促进了社会制度的变革和发展。西方哲学作为封建阶级和资产阶级的思想武器，促进了欧洲从奴隶制社会到封建社会以及资本主义社会的转变；而马克思主义在中国的成功传播，对中国无产阶级革命的成功、新中国成立和社会主义建设都产生了深刻的影响。因此，中西方哲学在哲学思想来源于社会又作用于社会上是一致的。对于哲学与科学的关系，中西方哲学有存在很大的差异，西方哲学促进了自然科学的产生和发展，同时自然科学的发展，新科学技术和理论的出现，又对西方哲学思想产生了很大的影响，而中国哲学与科学的关系则不是很明显。

从哲学各自的特点上看，两个存在根本的差异，可以说是完全不同的两种哲学体系。首先，两者具有不同的研究对象，西方哲学尤其古希腊罗马哲学主要研究世界的本原问题，并且在后期的经院哲学和近现代哲学中，自然哲学的研究仍然是西方哲学的主要构成；中国传统哲学在产生之初虽然也出现了对自然世界的认识，但这种思想并没有产生很大的影响，它主要关注于人类自身和历史，崇尚“人道”、“处世”和“天人和谐”。可以说，西方哲学专于天，并促进了近代自然科学的产生和发展；而中国传统哲学则专于人，具有明显的伦理道德哲学的特征。其次，两者具有不同的体系形式。西方哲学具有完备的体系，可以探寻一条发展的主线，从古希腊哲学到经院哲学再到近现代哲学，都可以在后期哲学中找到与前期哲学的联系；而中国哲学的体系似乎不是很明显，以致很多学者认为中国传统哲学是松散的。其实，中国传统哲学的体系是存在的，只是哲学一词很早就产生于西方，而使西方哲学成为一门学科并得以系统化。直到近代，哲学一词才传入中国，中国传统思想也在不断的发展，只是没有冠以“哲学”的名称。哲学作为一个外来词也使诸多学者产生西方哲学才是正统哲学的观点，从而产生了关于中国哲学合法性的问题。所以，根本不存在中国传统哲学合不合法的问题，中国传统哲学自古就存在，并形成了以儒、道、佛为核心的思想体系，之所以给人“松散”的形象，其根本原因在于缺乏对中国传统哲学系统的研究。再次，中西方哲学具有不同的发展模式，西方哲学自古希腊哲学到文艺复兴哲学之前，都沿着一个主线发展，后期才进入发散式的多元化发展；而中国传统哲学在春秋战国的百家争鸣时期就已经具有了各种各样的哲学思想，后期为了阶级统治的需求，儒家、道家才得以主要的发展，后期又融入佛教的思想。因此，中西方哲学发展模式就像从不同方向进水的“漏斗”，具有相反的发展模式。另外，两者具有不同的哲学内容。相比于西方哲学，中国传统哲学没有依附于神学，而主要与不同教派的经学结合，侧重于研究人与社会历史，具有明显的伦理道德哲学的特征，强调整体观、和谐观和社会观而反对个人主义，并具有自身独特的哲学范畴。

参 考 文 献

[1] 中共中央马克思恩格斯列宁斯大林著作编译局．马克思恩格斯选集(第三卷)[M]．北京：人民出版社，1995.

[2] 黑格尔．哲学史讲演录(第一卷)[M]．北京：三联书店，1956.

[3] 张传开，辛景亮，邹林，等．西方哲学通论(上卷)[M]．合肥：安徽大学出版社，2003.

[4] 列宁．哲学笔记[M]．北京：人民出版社，1974.

[5] 北大哲学系外国哲学史教研室编译．古希腊罗马哲学[M]．北京：商务印书馆，1961.

[6] W. C. 丹皮尔．科学史[M]．北京：商务印书馆，1979.

[7] 路文芳．试论柏拉图客观唯心主义的理念论哲学[J]．大连理工大学学报(社会科学版)，2006，27(1)：93-96.

[8] 苗力田．古希腊哲学[M]．北京：中国人民大学出版社，1995.

[9] 郭小娟．浅析亚里士多德的四因说[J]．财经界，2007，(3)：251-252.

[10] 贺炳团．试论亚里士多德“三实体”及与是者的关系[J]．咸阳师范学院学报，2004，19(3)：22-24.

[11] 龚时中．哲学是科学吗？——兼论哲学是什么和什么是哲学[J]．武汉理工大学学报(社会科学版)，2004，17(2)：133-138.

[12] 于洋．亚里士多德哲学及其对中世纪经院哲学的影响[J]．新学术，2005，(5)：42-44.

[13] 王飞．晚期希腊哲学走向伦理学的必然及其影响[J]．温州大学学报，2006，19(5)：27-31.

[14] 高庆．伊壁鸠鲁快乐主义与亚里士多德幸福观之比较[J]．绵阳师范学院学报，2007，26(7)：50-53.

[15] 包利民．斯多亚哲学与苏格拉底道统之争[J]．浙江学刊，2008，(3)：45-52.

[16] 陈红梅．简论晚期斯多亚伦理哲学的宗教特征[J]．浙江大学学报(人文社会科学版)，2000，30(4)：

124-129.
[17] 章雪富. 斯多亚学派的宇宙论[J]. 自然辩证法研究, 2006, 22(5): 6-9, 17.
[18] 刘彩红. 浅析古代怀疑主义与近代怀疑主义主要代表任务的科学思想[J]. 内江科技, 2008, (2): 17, 31.
[19] 胡庆利. 皮浪的怀疑主义及其意义[J]. 齐齐哈尔师范高等专科学校学报, 2007, (3): 7-8.
[20] 余友辉. 学园怀疑主义与希腊折中主义[J]. 浙江社会科学, 2004, (7): 136-140.
[21] 赵广明. 爱留根纳的自然与上帝[J]. 世界宗教研究, 2004, (1): 100-108.
[22] 徐国超. 托马斯·阿奎那的美善观辨证[J]. 哈尔滨学院学报, 2005, 26(8): 16-19.
[23] 翟志宏. 走进神学中的理性—论阿奎那哲学的基本特征及其历史价值[J]. 人文杂志, 2004, (6): 24-28.
[24] 溥林. 托马斯·阿奎那和波那文图拉论哲学和神学的关系[J]. 河南社会科学, 2002, 10(2): 5-7.
[25] 鄢松波. 简析托马斯·阿奎那"存在"学说[J]. 湖北经济学院学报(人文社会科学版), 2005, 2(9): 14-15.
[26] 刑兆良. 中世纪基督教文化对近代科学思想形成的作用[J]. 上海交通大学学报(哲学社会科学版), 2003, 32(11): 47-51.
[27] 刘丽锋. 中世纪晚期西欧的试验科学思想[J]. 前沿, 2008, (4): 43-45.
[28] 炎冰. 中世纪科学划界思想论纲[J]. 科学技术与辩证法, 2001, 18(3): 72-75.
[29] 王国聘. 罗吉尔·培根的科学伦理思想初探[J]. 科学技术与辩证法, 1995, 12(5): 29-32.
[30] 刘海英, 孙前梅. 文艺复兴时期新柏拉图主义在意大利的影响[J]. 重庆职业技术学院学报, 2008, 17(4): 73-75.
[31] 孟根龙. 论布鲁诺对宇宙本原的探究[J]. 北京第二外国语学院学报, 2000, (2): 102-111.
[32] 贺麟, 王太庆译. 黑格尔哲学史讲演录(第三卷)[M]. 北京: 商务印书馆, 1983.
[33] 孟根龙. 布鲁诺的认识论思想研究[J]. 中共杭州市委党校学报, 2006, (3): 88-92.
[34] 冯英. 论文艺复兴时期的人文主义哲学[J]. 求索, 2006, (9): 148-150.
[35] 刘光顺, 吕冬云. 培根哲学的唯物主义倾向[J]. 信仰农业高等专科学校学报, 2006, 16(1): 7-10.
[36] 张瑛. 培根对经院哲学的批判[J]. 理论探索, 2000, (3): 62-63.
[37] 许宝骙译. 培根著. 工具论[M]. 北京: 商务出版社, 1984.
[38] 北京大学哲学系外国哲学史教研室译. 培根著. 十六—十八世纪西欧各国哲学[M]. 北京: 商务出版社, 1975.
[39] 徐瑞康. 欧洲近代经验论和唯理论哲学发展史[M]. 武汉: 武汉大学出版社, 1992.
[40] 刘小英. "天赋观念"和"外来观念"在笛卡尔唯理论哲学中的意义[J]. 求是, 2006, 33(4): 38-43.
[41] 祝莉萍. 论笛卡儿的普遍怀疑方法及其对怀疑论的影响[J]. 西南师范大学学报(人文社会科学版), 2005, 31(3): 20-24.
[42] 炎冰. 怀疑、我思与数学原则—笛卡儿科学哲学思维探微[J]. 科学技术与辩证法, 2008, 25(5): 12-18.
[43] 肖娜. 对科学理性的追求: 笛卡儿思想浅析[J]. 邵阳师范高等专科学校学报, 2002, 24(1): 29-30.
[44] 杨晓. 笛卡儿的方法论反思及其在哲学中的应用[J]. 郑州航空工业管理学院学报(社会科学版), 2006, 25(5): 74-76.
[45] 刘莘. 笛卡儿哲学中的上帝[J]. 重庆师范大学学报(哲学社会科学版), 2007, 6: 5-11.
[46] 单良. 洛克的哲学理论释析[J]. 湖南农机, 2008, (1): 39-41.
[47] 北京大学哲学系. 西方哲学原著选读(上卷)[M]. 北京: 商务印书馆, 2003.
[48] 姜思宏. 论洛克的经验论及其生成的教育观[J]. 天津市教科院学报, 2007, 6: 59-61.

[49] 禄德安．霍布斯与洛克：两种自然状态与两种政治哲学[J]．石河子大学学报(哲学社会科学版)，2004，4(4)：18-21.
[50] 仰和芝，张德乾．试论斯宾诺莎的幸福观[J]．江淮论坛，2004，(4)：89-92.
[51] 马云泽．斯宾诺莎哲学性质新论[J]．河南师范大学学报(哲学社会科学版)，2000，27(1)：73-75.
[52] 韩秋红，步蓬勃．谈斯宾诺莎的伦理思想—从本体观、伦理观和宗教观的一致性上[J]．内蒙古民族大学学报(社会科学版)，2006，32(5)：85-88.
[53] 麻相漫．论莱布尼茨认识论的调和性[J]．新西部，2007，(24)：55-56.
[54] 何宝珍．浅谈莱布尼茨的真理观[J]．和田师范专科学校学报(汉文综合版)，2006，26(3)：226-227.
[55] 赵林．莱布尼茨—沃尔夫体系与德国启蒙运动[J]．同济大学学报(社会科学版)，2005，16(1)：12～20.
[56] 程惠莲．康德伦理学的主体性思想及其影响[J]．湖北大学学报(哲学社会科学版)，1993，(2)：86～93.
[57] 张传开，辛景亮，邹林，等．西方哲学通论(下卷)[M]．合肥：安徽大学出版社，2003.
[58] 邓康宁，米小蓉．现代西方哲学思潮评述 [M]．北京：中国农业大学出版社，2004.

第3章 道路网规划中的哲学思辨

道路网规划是道路工程活动的重要环节，它在宏观上控制着道路工程建设活动。对我国道路工程发展现状和存在不足的认识属于认识论范畴，而道路网规划所表现出来的思维活动是建立在这个认识论范畴之上的。道路网规划是一个动态发展的系统工程，因此，道路网规划工作自始至终要坚定不移地以系统分析方法为分析主线。道路网规划决策是道路网规划工作的核心环节，是道路工程建设活动的发动环节，道路网规划决策必须从正确的规划目的出发，决策者首先要树立正确的道路网规划理念。辩证认识并分析道路网规划的边界条件是合理选择道路网结构的前提。道路网规划是一个系统工程，在节点选择、路网布局、路线布设、项目建设次序安排、建设方式筹划和道路网规划方案评价中都充满着辩证法。

3.1 我国道路工程发展现状

3.1.1 我国道路发展现状

自1913年我国修建第一条现代公路——长潭公路以来，我国公路建设逐渐成为国家基础设施建设的重要组成部分，并取得快速发展。1949年以前，国内复杂形势决定我国公路和城市道路建设速度非常缓慢。截至1949年，全国通车的公路里程为8.1万km，且大多数是碎石路、土路等标准较低的道路，道路行驶质量差、车辆行驶速度低且损毁严重。

1949年中华人民共和国成立后，国际形势复杂，出于国防建设事业的需要，我国公路和城市道路均取得快速发展。截至1978年，我国通车公路里程达到88万km，是1949年的十倍有余。特别是20世纪50年代初，中国人民解放军历经艰险、排除万难，在世界屋脊上修建了全长4360 km的川藏和青藏公路，现代化的交通运输取代了千百年来人背马驮的落后运输方式，开创了西藏交通事业发展的新篇章。青藏公路是西藏和祖国内地联系的重要通道，承担着85%以上进藏物资和90%以上出藏物资的运输任务，对西藏经济发展和社会稳定意义深远重大，被誉为西藏的“生命线”。川藏和青藏公路建设为我国乃至世界多年冻土地貌区道路工程建设积累了宝贵经验。

改革开放后，我国道路工程建设得到更加快速发展，公路通车里程持续快速增加，道路铺装率逐年提高，道路建设和养护治理越来越好，建管养体制日趋完善。特别是高速公路从无到有，高速公路里程已经稳居世界第二。

1984年6月开工建设，于1990年9月建成通车的沈大高速公路全长375 km，是国家“七五”重点建设项目。沈大高速公路连接沈阳、辽阳、鞍山、营口、大连五个城市，是当时我国公路建设项目中规模最大、标准最高的艰巨工程。全部工程由我国自行设计、自行施工，开创了我国建设长距离高速公路的先河，为我国20世纪90年代高速公路建设积累了经验。

1988年第一条高速公路——沪嘉高速公路建成通车。1988年开工建设、1993年9月建成通车的京津塘高速公路，是我国第一次应用世界银行贷款而修建的高速公路。为适应世界银行贷款的要求，首次成立了作为独立法人的京津塘高速公路联合公司。这种新体制的形成，为我国公路建设带来了一系列根本性变革。京津塘高速公路也是我国第一次按照国际惯例菲迪克条款而建成的高速公路，把高速公路技术标准和质量要求提升到了最权威的地位，保证了合同的严肃性。同时，通过建设总结出一套勘察、设计、施工、监理和建设技术，使我国公路建设管理体制逐步实现了与国际惯例接轨。

国家规划的“五纵七横”国道主干线中的重要一纵——京珠国道，是全国第一条全部以高速公路标准贯通的国道主干线。京珠国道主干线全长2291 km，于1986年开工建设，始于北京，途经河北、河南、湖北、湖南，止于广东的珠海市。京珠国道主干线纵贯南北，是连接华北、华中、华南的交通大动脉，在国家公路网中具有十分重要的地位和作用。它的全线贯通，对发挥高速公路的规模效益，缓解交通运输紧张状况，完善国家综合运输体系具有重要意义；对改善沿线投资环境，加强地区间经济交流与合作，促进社会经济的全面发展，发挥着重要作用。

1999年12月开工建设、2003年8月22日建成通车的榆靖高速公路，起自榆林市榆阳区河乡孙家湾村，止于靖边县新农村乡石家湾村，正线长115.918 km，榆林、横山、靖边三条连线长18.256 km，项目建设里程全长134.174 km，项目总投资18.17亿元，是我国第一条沙漠高速公路。路线主要沿长城布设，大部分路段穿越毛乌素沙漠。设计标准为全封闭、全立交、双向四车道高速公路，设计时速为100 km/h，大大缩短了沿线地区运输时间。榆靖高速公路的建设，填补了我国沙漠高速公路建设的空白，为沙漠地区公路建设积累了宝贵经验。

由于长江三角洲地区经济快速发展，原来四车道的沪宁高速公路已远远不能满足江苏和上海两地车流量的需求。2003年5月，江苏省政府对沪宁高速公路进行八车道扩建，工程于2006年1月竣工通车。在没有中断交通的情况下，用两年时间就实现全线通车，这在我国高速公路建设史上尚属首创。

思小(思茅—小勐养)高速公路是昆明至磨憨高速公路的一段，公路总里程97.7 km，于2006年4月建成通车，工程总投资39.95亿元。思小高速公路是我国目前唯一一条穿越热带雨林的高速公路。在总体设计中引入了“宁桥勿填、宁隧勿挖”的环保理念，桥梁和隧道服从和配合线路，尽量减少开挖，保护了周边环境。思小高速公路为我国如何在公路建设中保护环境提供了一份模板。

神宜公路位于湖北省神农架，沿国道209线和国道209复线改扩建，全长52.96 km，总投资4.2亿元，2007年10月建成通车，是国际精品旅游线路的重要通道。在建设过程中，提出了“适合是最好的、自然是最美的”生态环保建设理念，这一理念也被用于诸多工程建设中。

2009年9月27日，历时3年建设的我国沿海地区最长的滨海公路——辽宁滨海大道正式通车。工程全长1443 km，建设总投资133亿元。施工中秉承着“亲海、近海、与海为邻”的理念，是一条设计理念创新、施工质量一流、管理方法先进、路与自然和谐统一的康庄大道。

图3-1和图3-2分别为我国近30年来公路和高速公路建设里程的统计结果。我国已基本建成了布局合理、干支衔接、四通八达的交通网络，对国民经济和社会发展起到了重要的保障和促进作用。

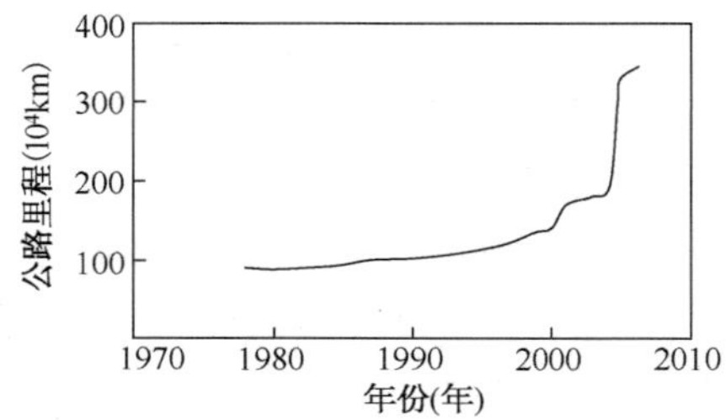

图3-1 我国公路建设里程变化[1]

（自2005年开始，统计数据中包括了乡村道路）

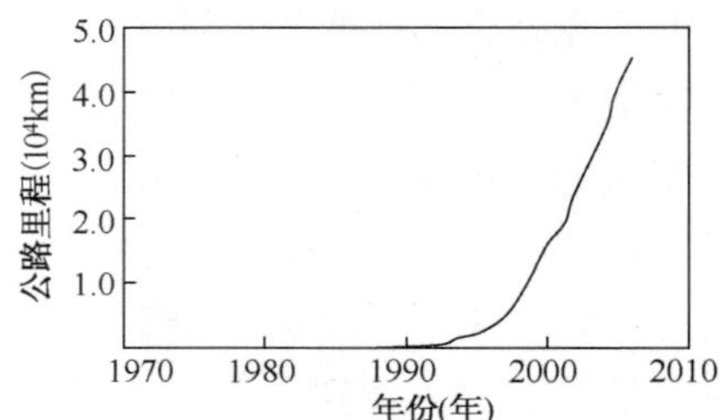

图3-2 我国高速公路建设里程变化[1]

在公路建设取得巨大成就的同时，伴随着城市化进程的发展，作为城市基础设施之一的城市道路建设也取得了令人瞩目的成就。图3-3～图3-5分别为1990—2006年的17年间，城市道路里程长度、面积和平均宽度的统计结果。可以看出，1990—2006年的17年间，城市道路增长1.5倍，城市道路面积增长3.6倍，城市道路平均宽度由9.4 m增加到17.0 m，说明城市道路标准得到显著提高。图3-6为我国城市人口人均道路面积变化情况，城市居民人均拥有的城市道路面积增长了2.6倍。

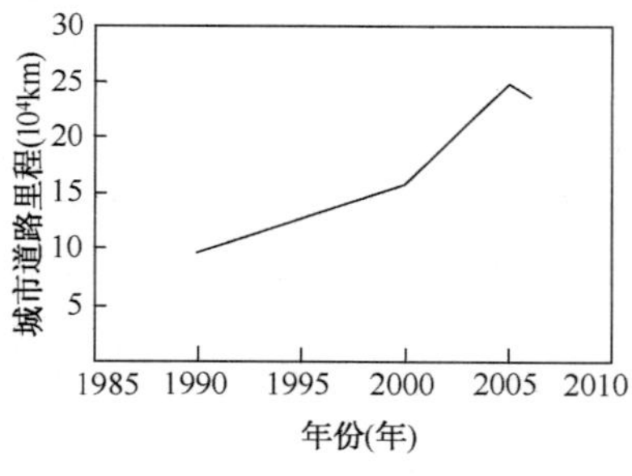

图3-3 我国城市道路建设里程变化[1]

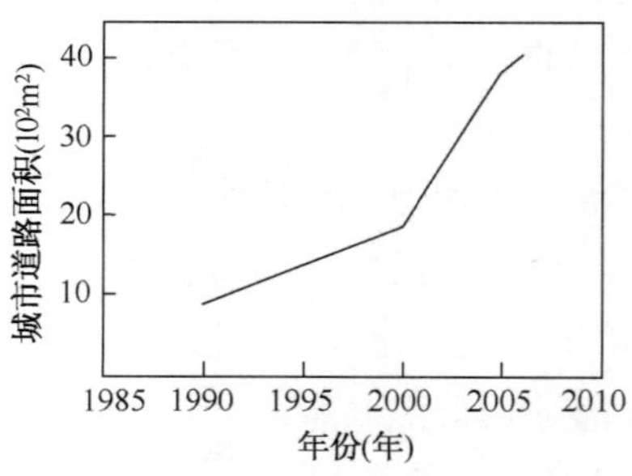

图3-4 我国城市道路面积变化[1]

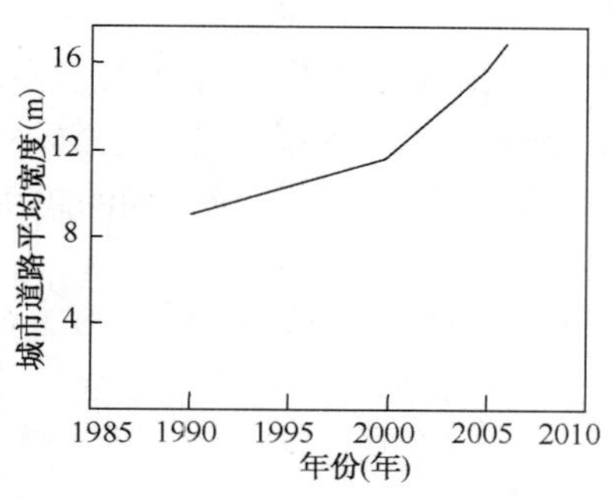

图3-5　我国城市道路平均宽度变化[1]

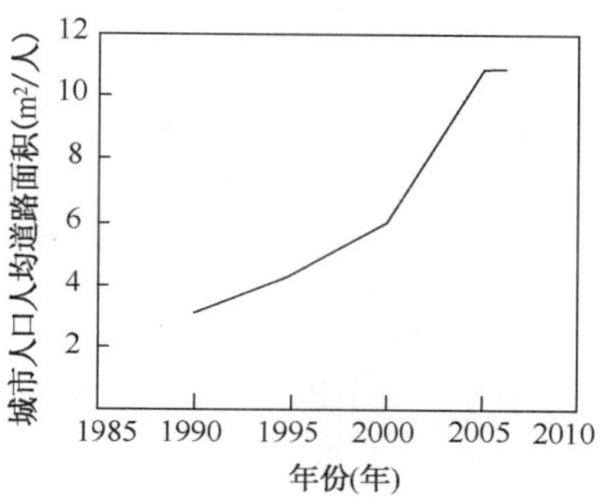

图3-6　我国城市人口人均道路面积变化[1]

3.1.2　我国道路建设存在的问题

尽管我国道路建设发展速度较快，高速公路总里程稳居世界第二，但与发达国家相比，目前我国道路交通的发展水平仍处于相对落后阶段。主要体现在以下几个方面：

1. 数量少、密度低

我国道路网密度与发达国家的相比相对较低，特别是人均道路面积较低。2000年中国的人均道路占有率远低于美国，而且低于同为发展中国家的印度(表3-1)。2007年，包括公路(含农村公路及各种等级的公路)和城市道路的我国人均道路占有率和道路网密度约为24 km/万人和0.38 km/km^2，仍然低于美国的水平，也未达到印度的道路网发展水平。

各国道路网密度比较表[1][2]　　表3-1

国　家	路网密度(km/km^2)	人均道路占有率(km/万人)
中国	0.15	11
美国	0.68	280
印度	0.54	24

我国人口占世界人口的近1/4，但道路里程不到世界的10%。道路基础设施薄弱，公路数量少、密度低，在一定程度上仍制约着经济的发展，不能完全满足社会经济高速发展的需要。特别是自然环境复杂、经济相对落后的西部地区，公路建设任务更重。因此，相当长一段时间内，道路基础设施建设仍是我国主要工作之一。

2. 标准低、铺装少

我国的道路设施总体上标准偏低，行驶质量相对较差。2006年底，全国等级公路里程为253.54万km，占公路总里程的70.7%，其中二级以上高等级公路里程为38.04万km，占公路总里程的10.6%。全国有铺装路面和简易铺装路面公路里程为177.65万km，占总里程的49.6%。相比较而言，美国、日本、印度的公路路面铺装率已经达到58.8%、74.9%、57.4%[2]，均高于我国2006年末的水平。

3. 建设施工管理水平参差不齐

虽然近几年来建设施工管理水平有重大变化，得到了大幅度的提高，但在某些地区仍然存在施工机械化程度不高、建设理念滞后和项目建设施工管理水平参差不齐等问题。

4. 交通运输经营管理技术落后

交通运输管理手段、交通运输参与人的自觉意识及我国运输行业存在的诸多问题都会对道路建设和养护维修造成较大的影响。追求运输经济效益，使超载现象屡禁不绝，没有得到有效控制。运输业规模小、风险承担能力弱、管理手段落后，造成车辆的超负荷使用。

5. 公路建设速度与经济发展速度不协调

我国经济建设处于高速发展时期，交通运输量增长率与道路面积增长率没有相互适合，部分道路处于超负荷运营状态，维修养护不及时。

6. 区域发展水平不均衡

我国公路发展不均衡主要表现为：东部地区经济发展快，公路建设比较发达，而西部地区由于各方面因素的制约，建设相对缓慢。从 2008 年我国东、中、西部地区公路总里程(表 3-2)来看，西部地区高等级公路里程明显较东部地区少；东部地区公路利用率高，而西部地区公路利用率低，特别是高速公路的利用率和经济效益低下。

2008 年我国东、中、西部地区公路里程表[3]　　表 3-2

区　域	公路总里程(万 km)	高速公路(km)	二级以上公路(万 km)
东部地区	105.01	25562	17.88
中部地区	125.89	18285	12.15
西部地区	142.11	16456	9.95

7. 高速公路建设和管理分散，联网率低，规模效益差

当前我国的高速公路系统仍处于各自管理状态，不仅各省各自管理，甚至一个省内的高速公路有多个部门管理。在管理上存在效益低下、资源利用率低等问题，在使用中存在高速公路或高速公路收费系统未全部联网，降低了高速公路的使用效率，不能发挥高速公路系统应有的规模化效益。

8. 路网服务水平低，抗灾能力弱

近几年我国的公路建设里程快速增长，但路网服务设施和能力建设没有受到足够重视，特别是信息化、智能化建设水平远落后于发达国家，使公路的效益不能充分发挥。同时，由于各种原因，道路防灾抗灾、减灾能力弱，在自然灾害面前显得脆弱和被动。

总体来看，近 30 年来我国道路建设得到了快速发展，建设管理水平得到了提高，建设理念发生了根本性变化，基本缓解了交通制约社会经济发展的瓶颈，逐步适应了经济发展的需求；但仍然存在着我国道路建设发展水平总体不高、参差不齐，防灾抗灾、减灾能力弱，并已成为综合运输体系中的薄弱环节的问题。继往开来，我国道路建设正站在一个必须进一步有力推进产业升级的转折点上，面对经济快速发展的良好势头，道路建设前景广阔；同时为满足社会经济发展需要，其任务艰巨而充满挑战。

3.2 道路网规划

3.2.1 道路网规划的定义及意义

在本章第一节介绍了我国当前道路工程发展的现状和存在的不足，是一个客观实在的

问题，是一个有待于我们去解决的问题，而道路网规划活动是解决此现实性问题的第一环节实践活动。因此，在阐明道路网规划定义及意义前，先阐述我国道路发展现状与道路网规划工作的辩证关系，有助于加强对道路网规划工作重要性的认识。

在道路网规划工作中所表现出来的思维活动（这是道路工程哲学所要研究的对象之一）与认识我国道路工程发展现状和不足所表现出来的思维活动（这是认识论要研究的对象）就其本性和特点而言，是有根本性的不同的。认识过程的思维活动是真理导向的思维活动，而道路网规划工作中的思维活动是目的导向的思维活动；在认识论中对我国道路发展现状和存在不足的认识往往是没有特别意义的，而道路网规划工作中的“灵魂”却正是对我国道路发展现状和存在不足的认识和把握；认识论研究的焦点是“实在性”的问题，道路网规划工作思考的是“价值性”问题；在“实在”问题上，认识论关心的是“实在是什么”或“什么是实在的”问题，即我国道路工程现状客观实在的问题，而道路网规划工作要解决的问题却是怎样创造一个“实在”的问题，即给出我国未来时期内道路网发展的一个实施方案。

3.2.1.1　道路网规划的定义

公路网一般特指某一区域内的公路网系统，它有别于城镇市区内的道路网。区域内的城市或集镇及某些运输集散点（大型工矿、农牧业基地、车站、港口、军事基地等）被视为一个节点或运输点。这些运输点之间的连线称为公路路线。公路网是指由规划区域内的运输点，以及联结诸多运输点的所有公路，按一定的规律组合而成，并具有特定功能的集合。城市道路网是指在城市范围内由不同功能、等级、区位的道路，以一定的密度和适当的形式组成的网格结构。

规划，即筹谋、计划，尤指比较全面的、过程较长的谋划或计划。中文中的“计划”一词既可用作动词，用于指制定计划的过程，即表示“计划工作”的含义；又可用作名词，用于表示计划过程和计划工作的结果，表示一个已制定出的、待实施的方案[4]。因此，道路网规划要解决建设什么道路、什么标准的道路、什么时候建、什么地方建以及建设多少合适等问题。公路网规划是按社会需求制订建设方案，分析方案优劣，并对规划实施进行指导，从而使公路网的建设满足社会需要的过程。公路网规划属于中长期规划（10 年以上）。城市道路交通规划，是通过对城市交通需求量发展的预测，为规划时期内城市的各种交通用地、交通设施、交通项目的建设与发展提供综合布局，统筹规划和系统评价，这是解决城市交通问题的有效措施之一。

根据“计划”的双层涵义，“公路网规划”包含的两层涵义为：一层是指对一个国家或地区公路建设发展所做出的全面、长远的安排，也即该国家或该地区公路网规划方案或文件；二是指拟订公路网规划方案或文件的过程，包括其步骤、内容、方法和模型等。从公路网规划的第一层涵义来看，公路网规划应给出规划期内公路发展的总体目标，公路网建设规模、网路布局、等级配置、建设时序、建设方式，以及配套的政策法规、策略和措施等；从第二层涵义来看，公路网规划过程是将区域公路网看作一个整体考虑，通过对公路网现状分析、评价（诊断），以及对未来区域社会经济发展、人口增加情况、客货交通需求和公路建设投资预测，拟订合理可行的公路网规划建设方案，确定区域公路网规模、布局、建设时序及相关政策等，以指导区域公路建设。

道路网规划的主要任务是：通过对社会、经济、交通等深入调查和系统科学的定性定量分析，评价现有道路网状况、揭示其内在矛盾，找准客货流分布特点、发展趋势及运输量、交通量的变化特征，确定规划期道路发展的总目标和整体布局；根据不同线路的性质和功能，提出技术等级方案，并在科学评价的基础上排出备选方案的优劣次序，选出实施方案；拟定主要线路的走向和主要控制点，列出分期实施的建设序列，并提出确保规划实施的政策和资金筹措办法等。

3.2.1.2 道路网规划的意义

工程过程与自然过程的一个根本区别就是工程过程是有目的的过程，而自然过程是无目的的过程。在一个工程活动过程中，设定一个工程的目的就是这个工程活动过程的“第一推动”[4]。从这个意义上讲，道路网规划的一个意义就是目的导向性，是一个功能上的意义。道路网规划设定之后，它就在整个道路工程活动中发挥一种导向性的作用，在规划时期内，一个国家或地区的道路工程活动都要在这个宏观框架范围内进行。所以，在整个道路工程过程中，目的不仅发挥着“第一推动”的作用，而且发挥着“最终导引”的作用。

工程规划的目的是合理、有效地整合各种技术与非技术要素，通过对工程系统的自然环境和社会环境进行分析，根据分析结果制订目标工程战略设想和计划安排，并对每一步骤的时间、顺序和方向作出合理安排[5]。也就是说，道路网规划的目的就是要从科学、实事求是的原则出发，分析模拟区域客货运输的交通状况，剖析道路网建设发展存在的问题及其根源，预测整个国家或地区社会经济发展趋势和交通需求，制订合理可行的道路网规划方案和建设时序，为区域道路近期和长期发展建设提供决策依据。道路网规划的目标就是：节省车辆行驶时间、降低运输成本，实现道路运输效益最大化；保障国民经济、产业结构和各行业健康持续发展；促进区域经济平衡协调发展，实现经济效益最大化；促进道路运输与其他运输方式协调发展，实现交通运输综合效益最大化；合理投入和使用道路建设资金，最优使用有限资金；合理、有效地利用土地资源，保护生态自然环境。

综合以上分析可以得出，道路网规划具有双层意义：一是功能上的意义，即目的导向性；二是现实意义。比如一个学生，他给自己做了一个长期规划，即若干年后成为一个物理科学家，这个信念自树立起一直激励、鞭策他实现这个梦想；同时，这个长期规划还约束他在这些年所要从事的学习、科研活动等要与实现这个人生目标有关，使他参与的活动大多是“目的负载”的。

3.2.2 道路网布局规划

道路网规划是规划期内区域道路建设目标的谋划活动，是道路工程建设活动的第一环节，是具有多维目的性的，即政治、经济、文化、军事等目的，相应地具有多维价值特性。因此，道路网规划是一项工序十分复杂、涉及面极为广泛的系统工程，规划工作必须涉及政治、经济、文化、社会、自然、地理、环境、技术、军事等相关内容。所以，在道路网规划中要坚持以系统分析方法为分析方法主线。

“系统分析”一词最早是在第二次世界大战后由美国兰德公司开发研究大型工程项目等复杂系统问题方法论而提出的，之后在欧美国家得到广泛应用。我国学者钱学森先生在该领域进行了广泛、深入的研究[6]。工程系统分析是应用建模、预测、优化、仿真和评价等技术对工程系统的各个方面进行定性与定量相结合的分析，为选择最优或满意的工程系统方案提供决策依据的分析研究过程。

道路网规划工作中要始终坚定不移地贯彻以系统分析方法为分析主线的必然性，因为：

1. 由道路网基本要求决定的

道路网的基本要求是：四通八达、干支结合、布局合理、效益最佳。四通八达就是要求在规划区域内有一定数量的道路以满足公路运输适应“面”的要求，充分体现道路运输深入门户的优越性；干支结合就是要求各条道路具有相应的技术等级和服务等级，并在整体上达到技术标准配套，骨架、干线与一般地方道路协调组合；布局合理就是要求道路网络性能要好，道路走向与技术标准的选定必须满足局部服从整体；效益最佳是指网络方案的综合效益，需要对路网方案进行科学评价和定量分析，并加以优化决策，从而使道路网在使用中获得较好的经济效益和社会效益。以上四点要求相互联系、彼此制约，并与区域内实际情况紧密联系。

2. 由道路网基本特征决定的

道路网基本特征有集合性、关联性、目的性和适应性。

集合性——区域道路网是由诸多节点和路线按一定方式组合而成的。区域范围内节点的规模和重要性不同，决定道路网组合结构和等级也不同，不同等级道路要有机协同组合。在特别子区域要做出必要的调整，如经济区、特定开发区等。说明道路网规划具有系统性。

关联性——组成道路网的所有节点和线路是相互联系、相互制约且具有一定规律性的整体。辩证法奠基人之一的赫拉克利特认为“世界是包括一切的整体”，后人将亚里士多德的名言归结为“整体大于部分的总和”，说明道路网并不等于若干条道路的简单相加，它是在布局和结构组成方面，具有与区域自然地理条件、社会经济条件及功能等相适应的，符合一定规律性的和具有高效益的有机整体。道路网中新建和改扩建任一条路线均要受到全局因素的制约，又由于区域经济和运输需求随时间的推移而不断变化和发展，因此使得道路网建设成为一个动态过程。道路网的关联性表现在时间和空间两个方面，说明道路网规划具有动态性。

目的性——在前文，我们分析了道路网规划的意义，即功能意义的目的导向性和现实意义，说明道路网规划是有目的性，这些道路正是按此目的性组合而成道路网的。各条道路也只能在特定的路网系统中才能充分发挥道路运输的优势，给区域整体交通运输创造良好条件。说明道路网规划是有多维目的性。

适应性——任何系统都是存在和活动于特定的环境中，且必须与之相适应。道路网是区域道路运输的基本组成部分，而道路运输是区域综合运输的子系统，综合运输为区域经济、社会、政治、文化等服务。换句话说，道路网规划必须适应于区域国土开发利用和经济发展规划、适应于区域综合运输系统发展规划、适应于道路运输发展规划。这些说明道路网规划具有环境（自然环境和社会环境）依赖性，特别是狭义的公路网规划更具有环境依赖性。

以上分析表明，道路网规划具有整体性、动态性、多维目标性、环境依赖性和复杂性等，是一个动态发展的系统工程。

3. 由道路网规划的学科性质决定的

从道路网规划本质上讲，其属于一门软科学，具有社会性、综合性和交叉性的特征。

社会性——殷瑞钰院士等在《工程哲学》一书中系统阐述了工程社会观，分析认为：作为人类有目的、有计划、有组织的活动，工程具有社会性。在认识工程活动时：一方面，必须从科学技术的观点去认识和分析工程；另一方面，由于工程活动绝不是一个“纯自然”的现象和过程，因而又必须从社会的观点去认识和分析工程。换句话说，在认识和分析工程活动时，不但必须认识和分析工程的自然维度和科学技术维度，而且必须认识和分析工程的社会维度[5]。该书从三个方面论述工程的社会性，即工程目标的社会性、工程活动的社会性和工程评价的社会性。道路网规划作为道路工程一部分，是道路工程的一个子工程，同样具有社会性。道路网系统作为一个整体必须与所在区域的社会经济系统联系起来分析，主要从国民经济和社会经济发展的需要来研究道路建设的必要性和具体实施方案，它不仅要考虑道路建设本身的经济效益，更要从区域社会发展、环境保护、国土资源开发和国防建设、产业结构等角度来研究道路建设的可行性，这是道路网规划工程目的社会性。道路网规划工作不仅需要交通部门的专家技术人员参与，同时需要经济、计划、环保等部门的参与配合，还需要公众参与(公众有对工程的知情权和对工程的参与权)，他们组成了“工程共同体”。这些人员在道路网规划活动不同阶段各司其职、相互配合，每类人员都有自身特定的、不可取代的重要作用，这是道路网规划的工程活动社会性。道路网规划的目的能否实现、其对社会的影响如何，这些问题都导致需要对道路网规划进行社会评价，这是道路网规划工程评价的社会性。从社会的角度“观”道路网规划、认识道路网规划的社会性、理解与道路网规划有关的社会问题，对于促进道路网规划工程甚至整个道路建设工程与社会之间的和谐是非常重要的。

综合性——道路网规划的综合性体现在以下三个方面：从涉及人员来看，不仅要有专业的道路网规划研究编制技术人员，还要有相关的领导和顾问参加，同时还需要统计、计划、经济、环保、公安交警等部门的人员协调配合；从知识技能构成看，要求规划人员不仅要掌握道路、交通工程有关的知识，同时还要有一定的经济、自然、地理、区域地质、人文、环保和政策分析知识，并具有较好的数理统计、系统分析等理论基础和较强的计算机应用能力，以及很强的哲学逻辑思维能力；从研究方法和思路上，总体上要以系统分析方法为分析主线，一些相关问题的研究方法(如交通需求生成预测方法有增产率法、乘车系数法、产值系数法、弹性系数法、时间序列法、回归分析法、灰色预测法经、济计量模型和类比法)要博采众长、综合比较，避免简单草率。特别是狭义的公路网规划更需要各方人员的参与和协调配合，还需要人员具有一定的较宽的知识，依赖环境的公路区域，其环境的差异性和复杂性更为突出。

交叉性——在道路网规划活动中，规划技术人员要分析、认识和掌握自然科学规律，这是因为道路工程建设活动是在纯自然界中产生和发展起来的，忽视道路工程建设活动的自然科学属性，可能导致这个工程对社会造成很大的负面影响，甚至无法实现。规划技术人员还要了解有关道路工程技术问题，以保障道路工程建设活动顺利进行。因此可以说道路网规划是一门自然科学和社会科学交叉于一体的科学，表现为系统工程学、区域规划学、经济地理学、交通工程学、自然环境学、工程经济学、道路工程学、数量统计学、运筹学、政策原理与政策分析学、计算机应用技术和工程哲学等学科相互交织和渗透。下面以狭义的公路网规划系统分析的 6 个要素阐述道路网规划协调的交叉性。

(1) 问题。问题即现实公路网(现实系统)与当时规划公路网(目标系统)存在的偏差。不仅要从总体上辨析这些偏差。还要从子问题(人口预测偏差、交通量预测偏差等)来辨析这些偏差对公路网规划偏差的影响；客观辨析现实区域公路网存在的问题，为下一时期公路网规划探寻提供线索。

(2) 目的及目标。目的是公路网规划的总要求，目标是公路网规划目的的具体化。目的具有总体性和唯一性，目标具有从属性和多样性(技术、经济、环境、社会等)。目标分析是确定公路网规划的目的和目标以及到达这些目标所需要具备的若干条件，在分析中要注意对相互冲突的目标之间的协调、权衡和处理。

(3) 方案。方案即达到目标的途径。为了达到公路网规划的目标群，要制定若干备选方案，对备选方案对比分析和评价才能选出在一定环境(时间和空间环境、自然环境和社会环境)下的最优、最满意规划方案。

(4) 模型。工程系统的模型是由组成工程系统的工程单元集合以及单元之间相互关系的集合构造的。模型是研究问题与解决问题的基本框架，可以帮助认识工程系统、模拟系统，以及优化与改造工程系统的作用，是对实际工程系统问题的描述、模仿或抽象。公路网规划系统工程的模型如图 3-7 所示。

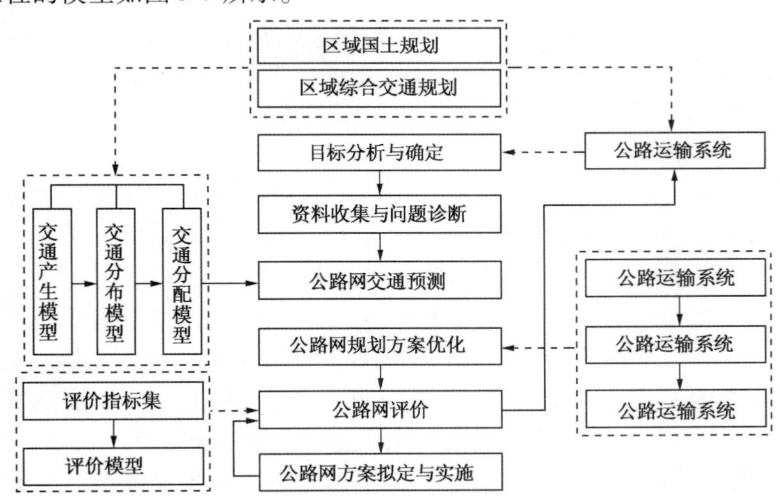

图 3-7　公路网规划程序框图[7]

(5) 评价。评价即评定不同公路网规划方案对公路网规划目的和目标群的达到和实现程度。对公路网规划的评价应从技术性能特征、社会经济效益和环境影响等多方面综合考虑。

(6) 决策者。公路网规划决策者是规划区的交通部门(交通部、交通厅、交通局)。决策者与系统分析人员的有机配合是保证公路网规划系统分析工作成功的关键。

综合以上有关系统分析的论述，可得道路网规划系统分析的基本过程步骤，抽象归结为图 3-8。认识问题、探寻目标及综合方案构成了初步的工程系统分析，随后还有规划分析和综合分析两个阶段。在初步分析阶段，为了尽快明确掌握问题的总体框架，至少需要围绕 6 个问题展开：道路网规划研究什么问题，总问题与哪些子问题有关？为什么要研究道路网规划问题，即道路网规划的目的和目标是什么？是什么等级或区域的道路网规划？什么时期的道路网规划及道路网规划时期有多长？道路网规划的主体有哪些？怎样实现道路网规划的目标？在道路网规划系统分析工作中，要始终秉承问题导向、动态平衡、反馈控制、替代转化和协同有序的原则。

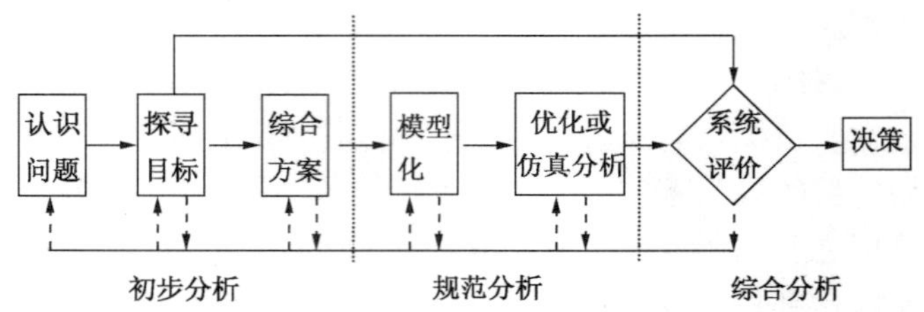

图 3-8 工程系统分析的基本过程[5]

道路网规划决策是道路网规划工作的中心环节，是道路工程建设活动的发动环节。道路网规划的目的和规划理念都集中体现在道路网规划决策上，决策的好坏、优劣往往决定于规划的目的和理念是否正确。所以，道路网规划决策必须从正确的规划目的出发，决策者必须要树立正确的道路网规划理念。

从哲学内容上讲，决策是人的主观能动性的集中体现；从实践活动讲，决策往往是决定各种行为成败的关键环节，是决定工程活动造福千秋万代还是贻害无穷的关键。《孙子兵法》首篇"计篇"记载"夫未战而庙算胜者，得算多也；未战而庙算不胜者，得算少也。多算胜，少算不胜，而况且无算乎！"孙子所说的"算夫"就是今天所说的"决策"，说明决策过程在工程工作中的重要性。

"决策"涵义有狭义和广义之分，在李伯聪的《工程哲学引论——我造物故我在》[4]和徐长山的《工程十论——关于工程的哲学探讨》[8]中，"决策"的定义都是狭义的，即对备选方案作出最后抉择的过程。同时，李伯聪认为，对决策作狭义的理解，绝不是割断"决策"环节与决策之前的设计备择方案的运筹工作的联系。运筹和决策是"谋"和"断"的关系，"谋"就是运筹，"断"就是决策，运筹时应该能够足智多谋、决策时应该能够刚毅善断。"足智多谋"是善断决策的前提和基础，"善断"是"多谋"的目的和归宿[4]。殷瑞钰等在《工程哲学》一书中对"决策"持广义的定义，即工程决策过程包括三个步骤：针对问题确定工程目的及目标群、收集和处理有关信息并拟定多种备选方案、方案选择[5]。由于"运筹"和"决策"在工程工作中相互交叉，所以本文对"决策"涵义的理解持广义的定义。

对道路网规划决策在道路网规划工作中的重要性做了阐述和对"决策"的涵义做了说明之后，本书还阐述应该坚持什么样的原则才能使决策者对道路网规划作出好的决策。在道路网规划决策过程中，决策者应该秉承以下原则以保障做出合理决策：

（1）始终坚持综合价值问题的核心位置。

拉尔夫·L. 基尼认为"任何决策情况下，价值都是极为重要的。有几种选择方案之所以事关重大，只是因为它们是实现价值的手段。因此，思维首先是把重点放在价值上，然后才放在可以实现价值的选择方案上。自然在明确价值和制定选择方案之间应当常常有一种翻来覆去的过程，但原则却是'价值第一'。这种思维我称之为以价值为中心的思维方式。"[9]。基尼的阐述表明，道路网规划决策要在综合价值（技术、经济、环境、社会等）观指导下进行。

（2）始终坚持理性、以人为本和意志相结合

James Parking 在《Management Decisions for Engineers》一书中指出，先前的决策和行为、特定信念、个人价值、社会和职业道德标准、认知偏好、个性与环境压力等诸多因素都会影响决策的做出[10]。但道路网规划是社会公共工程活动，不应该坚持决策者个人情感为转移、应该坚持以理性、以人为本和意志共同决定。道路网规划决策应该坚持理性为基石、以人为本基本指导思想，从广大人民群众根本利益出发作出选择。道路网规划决策同时也是一个意志活动过程，决策者面对规划期内浩大的道路工程建设活动应该表现出刚毅、坚定、敢于当机立断的意志品质。决策果断绝不等于轻率鲁莽、刚愎自用，果断决策是以全面慎重考虑和系统分析为前提，否则便会走向盲目决策，酿成恶果。

（3）始终坚持权衡、协调和优化方法相结合

美国著名学者歇普 1980 年出版了一本名为《工程师应知：经济决策分析》的书，书中指出："决策是一种选择——一种在不同方案之间进行的选择。其所以要进行选择，直接的原因就是我们的资源有限。如果我们有大量的金钱、大量的时间、大量的材料及大量的智力，那么，做决策是容易的。但是，所有的社会集团——无论家庭、公司还是政府的一个共同特点是，都面临着资源有限的问题。于是我们必须进行选择——选择如何用最有效的方法来最好地分配我们有限的资源。"[11] 任何时代、任何社会、任何团体面临的资源是有限的，工程经济性就是价值工程的研究。在道路网规划决策时，决策者不但要在有限资源的条件下面临若干个备选方案，而且社会(广义的"社会"涵义)对道路网规划有不同的要求，最复杂的是每个备选方案都具有多维价值特性，每个备选方案各有道理、各有利弊。在这种错综复杂的需求问题上，决策者应该坚持权衡、协调和优化方法相结合考虑。

（4）始终坚持科学化、民主化和决策艺术化

道路网规划决策者要掌握与道路网规划有关的道路、政治、军事、经济、文化、工程技术、计算机和哲学等方面的知识，树立正确的决策指导思想；道路网规划决策要认真听取科学家、工程技术人员和有关专家的正确意见，同时也要听取利益相关者和最广大人民群众的意见，并对意见信息进行分析、筛选、过滤和提炼；道路网规划决策要遵循严密的决策程序，让人民知情，让人民讲话，让人民参与决策，畅通下情上达、上情下达的渠道，避免信息不对称，反对和制止损害广大人民群众根本利益的工程决策程序；道路网规划决策应采用先进的科学技术手段和方法；道路网规划决策者在解决道路网规划共性问题时，更需要研究和解决个性问题，比如个别落后地区，在道路网规划上应该给以帮助和扶持，以促进这些落后地区尽快脱贫致富。

3.2.2.1 道路网结构规划

道路网结构是指区域道路网作为一个整体在平面上所显示出来的图形，可简化以运输点或交叉口为节点以及节点之间连线所组成的图式。城市道路网节点是泛指城市道路交叉点，公路网节点是指城市、场矿、港口等经济区。公路网布局的典型形式主要有三角形（星形）、棋盘形（网格型）、放射形（射线形）、并列形、树杈形、条形和扇形，如图 3-9 所示。

对于某特定区域的公路网布局来说，影响公路网展布格局的因素众多，所以公路网规划布局应该结合自身实际情况做出选择，不能照搬其他方案。一般来说，在平原和微丘地区，公路网布局样式通常采用三角形（星形）、棋盘形（网格形）和放射形（射线形），山东省

的高速公路网分布形式就是三角形(图3-10)；而重丘区和山区，由于受到山脉和河川的限制，公路网分布样式往往形成并列形、树杈形或条形；当区域内的主要节点(省、市或县的首府)偏于边缘，可能会产生扇形或树杈形；区域形状成狭窄条带的公路网可能成条形。在条件允许条件下，尽可能使区域公路网布局成环状。公路网布局样式可以是两种或两种以上典型样式的组合，我国国道网采用放射和网格相结合的样式。

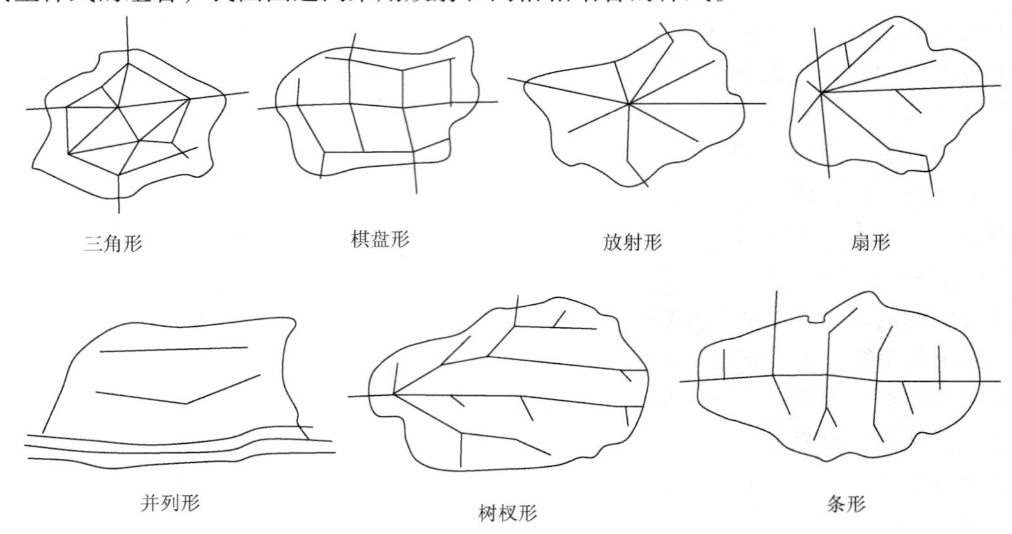

图3-9 公路网布局典型形式

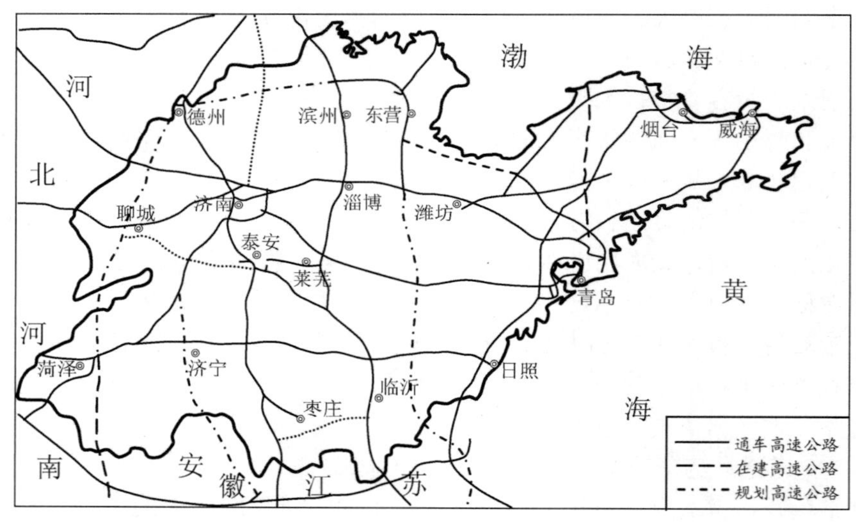

图3-10 山东省高速公路网布局图式

城市道路路网形式主要有方格形路网(棋盘形路网)，如西安、太原、郑州等城市；放射环形路网，如北京、成都等城市；多角形路网(道路以接近60°的角度相交所形成的三角或多角的道路网)，目前这种图式很少被采用；混合形路网，这是大型城市道路网结构发展的方向，如北京、上海、南京、武汉、合肥等城市；自由形路网，如青岛；除以上五种之外，还有迂回式、枝节形路网[12]。

前文已经详细地阐述了道路网规划是一个动态发展的系统工程，在分析方法上必须坚持以系统分析方法为主线，在道路网规划决策中要综合掌握各种原则。不容置疑，在公路网结构规划或选择时也要辩证理解、综合掌握和遵循以下几条指导思想。

1. 秉承交通运输系统整体性

现代化交通运输方式主要有公路、铁路、水路、航空和管道五种运输方式，各种运输方式具有各自的优点和缺点。公路网运输系统是交通运输系统的子系统，在区域公路网布局规划时，要充分认识交通运输总系统、各个子系统的发展现状和发展规模，了解交通运输总系统和其他四个子系统未来发展情况，特别是与铁路网运输系统的时空关系，并以此作为公路网规划的基本依据之一。各种运输系统之间应相互协调、相互配合、取长补短，共同完成区域运输任务，实现无缝对接和零距离接运。公路网运输只有在与其他运输方式协调组合时才能体现和发挥其的优越性。

2. 坚持一切从实际出发

我国幅员辽阔，人口众多，区域差异较大，经济还相对落后，属于发展中国家，高速公路建设必须从自身实际情况出发。无论从宏观还是微观层面上讲，区域公路网布局规划均涉及许多复杂的因素和条件，且区域公路网规划处于动态发展的过程中。因此，公路网规划必须遵循从实际条件出发的原则，“一次规划、分期实施”，既是保证公路建设适应区域交通运输的需要，同时也切实可行。公路网布局规划要结合地形地貌、地质、河流、气候等自然环境情况，政治和经济带布局和格局，产业规划和结构，因地制宜地进行；尽量选择地质地貌、气候环境较好的走向，减少与大江、大河的交叉。杜绝将公路建设工程做成“形象工程”、“政绩工程”，杜绝不同区域之间不切实际的道路工程建设活动攀比，而要从实际情况出发，搞好自身道路建设活动，适合才是最好的。

3. 坚持可持续发展观

可持续发展基本定义可以表述为“既满足当代人的需求，又不危及后代人满足其需求的发展”。公路运输的目标是满足区域社会经济发展的需要，完成客货运输任务，促使区域社会经济可持续发展。高速公路网建设对生态环境的影响，特别是对自然保护区、森林公园、风景名胜区、饮用水源地、基本农田、地质保护地等的影响是不可忽略的。[13]道路网对生态系统的作用是巨大的，截止到 2002 年，就影响环境面积而言，全国国土面积的 18.37%都不同程度地受到道路网的影响。所有道路切割生态系统及其生态环境之后，斑块数目增加了 119.3 倍，足见引起的破碎化之严重[14]。因此，公路网规划应该考虑能否保护环境和资源，发扬区域文化生态特性，保证规划路网达到最佳综合效益，实现社会的可持续发展。存在于自然、生存于社会的公路规划及道路建设活动，面对自然遵循“急来缓受”的“顺其自然”原则，实现公路网“随遇而安”于自然环境。

4. 坚持系统分析方法

在公路网布局规划中，必须坚持使用系统分析方法处理多维复杂问题。比如在农村公路建设中，若能有充足的资金来源作保障，增加路网规划总体规模，提供公路技术等级势必收到相应的社会经济效益。然而并非规模越大其效果就越佳。规模在达到一定限度后，超限规模增加越多，效果不但不会提高，反而还会下降，所以要处理好投入资金和社会经济效益的平衡关系[15]。因此，近年来在系统分析方法宏观指导下，出现许多公路网布局的多目标优化模型，如多目标双层优化模型[16]、0－1整数规划理论的优化模型[17]和模糊综合评价模型[18]等。

5. 处理好近期与远期关系

一个合理的公路交通系统建设规划应包括近期项目建设计划、中期项目建设规划、远期发展战略规划三个层次，并满足“近期宜细，中期有准备，远期可粗、有设想”的要求。公路网建设的长期性决定了公路网规划必须具有“规划滚动”的可操作性，规划的滚动以规划的近远期相结合为前提。

6. 坚持理论与实践相结合

道路网布局规划活动必须建立在科学理论基础之上，如公路网规划理论有四阶段法、总量控制法、交通区位法、分形几何理论[19]和马尔科夫残差修正灰色模型[20]等，但目前公路网规划在整体规划依据与各方法体系的细节上存在着一定的缺陷[21]。因此，公路网布局规划也离不开规划技术人员的实践经验与知识。

7. 正确处理好局部与整体的关系

公路网布局规划应分层次，并由上到下进行，局部服从整体。省道网应以国道网为基础，县道网应以省道网、国道网为基础，地方道路网要以县道网、省道网和国道网为基础。目前公路在跨区的断头线多，不利于发展横向经济联系，规划新网时要切实加强区域之间的公路建设。继续实现以地方为主、国家为辅的方针，充分发挥中央和地方两个积极性，同时要加强中央宏观调控能力，正确处理局部和整体利益关系[22]。

公路网布局规划是指在对公路网现状进行调查分析，对公路网所在区域的社会经济及交通需求进行预测之后，以一定的目标和条件为依据，采用适当的方法选择规划线路将选定的控制节点连接起来，形成未来公路网平面布局方案的过程。公路网布局规划是在社会经济发展预测和交通需求预测基础上，对规划区未来10～20年公路交通发展做出的战略部署。虽然交通运输主管部门可以根据经济社会和交通发展的新形势及规划实施情况，适当组织规划调整[23]，但主体布局是不能随意更改的，这就要求对公路网布局现状和相关预测作出合理分析。

在李伯聪的《工程哲学引论——我造物故我在》中，将影响工程计划阶段的因素即边界条件分为四大类，即初始条件、环境条件、约束条件和预期条件。在书中，李伯聪这样强调在计划阶段收集和获取与工程活动边界条件有关的信息、数据和资料的重要性：虽然可以承认认识初始条件和环境条件的工作与认识论所“定义”的感性认识有许多相同和相通之处，但它们仍然是有一些明显的不同之处的。在这里，最重要的区别有两点。第一，任何所谓关于初始条件和环境条件的信息和知识都是针对和关于某个特定主体和特定工程的带有个别性的信息和知识，而感性认识和知识虽然也要“依托”于一定的主体和表现为关于特定事物的信息和知识，但认识论在谈到感性时，并不强调反而是要“淡化”感性认识对某个特定主体和特定事物的“依赖性”的。第二，从某种意义上说，认识论中的感性认识是没有“目的”指导的，而任何为工程活动搜集初始条件、环境条件的认识活动都是目的导向的认识活动。至于说到对约束条件和预期条件的认识，则它们同认识论中所谓的感性认识有更多的差别了[4]。

对道路工程师或技术人员来说，李伯聪对目标条件的四类划分已经能够很好理解，本书不奢求再对边界条件划分方案做研究。本文按四类划分方案研究公路网规划目标条件，辩证认识、分析和掌握这些边界条件，使公路网规划在这些边界条件下实现最优。

（1）公路网规划的初始条件

初始条件是对一事物在过程开始时的状态的描述。在公路网规划中，初始条件是指我国或某地区公路网发展现状和存在的不足。在牛顿力学理论中，尤其是牛顿力学的规律是不受初始条件的状态变化的影响的，也就是说不存在对初始条件的敏感性问题。而混沌理论认为，在事物发展过程中，甚至初始条件的微小变化和微小差别也可能对未来产生极严重的影响。我们认为公路网规划对初始条件有强烈的依赖性，脱离公路网初始条件的规划注定是要失败的，但不否定规划时的想像（这里的想像不是艺术家的想像，不是脱离实际的想像）。公路网规划活动是非线性的、复杂的现象，但对初始条件的敏感性不走两个极端——牛顿力学理论和混沌理论，因为人类对公路工程活动是可以调控的。只有在对公路网初始条件正确认识之后，才能作出合理的规划。

（2）公路网规划的环境条件

环境条件是对一事物空间环境状态的描述。公路网规划的环境条件有社会经济情况，包括国家有关政策方针、资源环境、人口、经济及土地利用状况；公路交通基本设施情况，包括道路、道路运输站场和公路网结构；综合运输情况，包括综合网络和综合交通情况；公路 OD①情况。

公路网初始条件和环境条件都会对公路网规划、实施和结果产生重大影响，因此在公路网规划工作中，对初始条件状态和环境条件状态的调查和辨识也就有了无论如何也不可忽视的重要性。

公路网初始条件和环境条件都具有既定性，因此对初始条件状态和环境条件状态都是需要通过系统具体地调查和获取有关的资料、数据、信息，并通过认真的状态辨识才能把握的。粗略地说，调查和辨识初始状态和环境状态的工程可分为两个步骤：第一步是充分、准确、及时地调查和搜集原始资料与信息，第二步是状态辨识[4]。

大量的历史经验告诉我们，充分、准确、及时地调查、搜集原始资料与信息和状态辨识是公路网规划正确决策的前提，但这个过程必须投入大量的财力、物力等，还要受各方面因素限制，如公路网规划参与人员搜寻信息和辨识能力有限，个人的信息输入和加工能力有限等。在有诸多限制条件下，通过投入大量的资金成本和时间成本换来的“高水平、高标准”的信息搜集和辨识失去了意义。因此，在公路网规划中要处理好信息质量与成本、限制条件之间的关系，在组织公路网规划人员时，尽可能选择实践经验丰富人员参与。

（3）公路网规划的约束条件

约束条件是指公路网规划可能采取的行为和“决策变量”有限制作用的要求。约束条件可能来自外部（自然环境和社会环境——包括经济环境、法律环境、文化环境、宗教环境、意识形态环境等）的要求，也可能是决策者自己给自己加的要求，前者称为外部约束，后者称为内部约束。严春风在《土木工程哲学》一书中分析认为，对土木工程活动的约束条件分

---

① “OD”是指道路交通流向，“O”为起点，“D”为终点，在文中指公路交通（货物）的流向，同时包括流量的意思。

为三类：资源约束、需求约束和预算约束[24]。在公路网规划活动中，约束条件主要有资金约束、政府政策、交通需求约束、地理环境约束和相关规范等。不同约束条件的约束强度不同，公路网规划就是要在这些约束条件下制订出一个最优实施方案，在适当条件下，可以放松或加紧某些约束条件，使目标更优。

在公路网规划工作中，初始条件、环境条件和约束条件相互影响、相互作用，要正确把握好它们之间的关系。有时规定的约束条件过于“严格”，使公路网规划综合效益大打折扣，可以适当考虑是否放宽约束条件，使公路网规划综合效益更佳。

(4) 公路网规划的预期条件

公路网规划的预期条件是指在未来规划期内影响公路网规划选择和决策的条件。公路网规划的预期条件主要有规划期社会经济情况，包括人口发展情况和经济发展情况；规划期交通需求情况，包括交通需求生成情况(交通需求生成预测是根据国民经济发展情况，对规划区域及各交通分区的五大运输方式交通需求总量的发生进行预测)、交通分布情况(交通分布预测是指根据预测得到的各交通分区的交通发生、吸引量，确定各交通区之间的交通量、流向，即确定 OD 矩阵)和交通方式选择情况。

在公路网规划工作中对公路网规划的预期条件诊断比对初始条件诊断更为重要，主要有两个原因：其一，公路网规划方案的合理性不仅建立在公路网规划的初始条件，也建立在公路网规划的预期条件，规划期区域公路网要发展到何种规模更取决于预期条件；其二，根据当前情况对未来状态的预测是一项必须进行的、然而又不可能在“当时”加以核实和验证的工作，而如果没有对未来状态的某种预测，公路网规划方案是无法制定的，而初始条件是否符合实际在公路网规划阶段是可以核实的。

公路网规划的预期条件有多种，且每种预期条件有多种预测方法。因此，公路网规划技术人员在根据预测模型得出预测结果时，不能直接将预测结果用于公路网规划，因为人类活动的世界不是拉普拉斯决定论的世界，是充满多种可能性的世界；而人要积极发挥主观能动性和遵守客观规律性，根据工作经验判断预测结果是否合理，并对预测结果做出必要修正。虽然不能在公路网规划工作期间检验预测条件的合理性，但是人类活动是有目的的，国家和政府对国家或某地区的发展具有积极宏观调控作用，因此有能力将预测结果控制在合理范围内。

3.2.2.2 道路网节点选择

公路网节点选择主要包括节点位置选择和节点层次划定，是公路网布局规划的基础性工作和重要内容。节点选择时要充分考虑公路网特征、地位或层次、功能及发展的战略目标，结合区域社会经济、政治、国防等发展的需要，合理规划节点作为路网布局的控制点。比如区域国防公路网与民用公路网功能需求不同，区域国防公路网节点选择时不仅要考虑区域人口、GDP 和社会消费品零售总额，还要考虑驻军情况、节点的军事重要性和战役网络中的地位和作用等[25,26]。

公路网节点位置选择要遵守一切从实际出发的原则和系统动态性原则，实际情况不仅是公路网规划的工作强度，还有公路网系统本身的性质和公路网系统以外的政治、经济、文化、军事等。本文将影响公路网节点选择的因素分为内因和外因，内因主要有公路网规划工作强度、公路网特征、等级和发展战略，外因主要有交通运输总系统、其他四种运输系统和政治、经济、文化、军事等。内因要求选择节点要考虑协同性原则，而节点选择范围过小，会导致公路网布局规划工作脱离实际，影响布局精度，使布局方案缺乏合理性，而节点选择范围过大，则会使工作过于繁忙；不同等级公路网节点有不同要求，比如全国干线公路网，内因要求节点一般是大、中城市，而省域干线公路网要求节点一般是县城。外因要求公路网节点应该有沿海和内河港口、航空港、铁路、重要军事战略要地、军事敏感区、重要旅游城市、路边贸口岸、大型工矿和农牧业基地等。系统动态性原则要求在选择节点位置时要用发展的眼光看问题，有些节点虽然近期不属于重要节点，但未来将作为重要节点，则应该将这类节点作为公路网规划节点；相反，有的节点近期属于重要节点，但由于地震等地质情况复杂原因，在未来不会是重要节点甚至会搬迁，所以不能作为公路网规划节点。

公路网节点层次一般化分为一般节点、重要节点和较重要节点。公路网节点层次划分充分体现和区分不同层次节点的功能强弱，使得层次清楚、重点突出，有利于公路网的分期、分重点建设和分级管理。节点层次划分要充分考虑节点所代表区域的社会经济、政治等宏观因素发展水平，依据"功能相似"的原则划分节点层次。对发展前景比较好的节点，节点层次划分按"就高不就低"的原则；对发展前景一般的节点，按"就低不就高"的原则划分层次。

3.2.2.3　道路网路线规划

道路网路线规划的主要工作是确定道路路线走向和道路等级。在道路网路线规划工作中，先确定道路走向再确定道路等级。我国目前的公路网可分为三个级别，即国道网、省道网和地方道路网(县乡公路网)，每一个等级的公路网路线都可以分为干线公路和支线公路，它们是相对的概念。

在公路网路线走向规划工作中，遵守以下指导思想以确保公路路线规划更合理：

(1) 支线服从干线原则。公路路线规划顺序应从干线规划到支线规划，支线规划服从干线规划调控。

(2) 一切从实际出发。公路路线走向应符合客货流的流量和流向分布规律。公路是延绵于广阔区域上的视觉显著的带形建筑物，其路线走向尽量避开地质地貌复杂的区域或名胜古迹区，特别是低等级公路。

(3) 坚持系统整体性。工程活动不但有经济要求而且有"美"的要求，正如马克思所说的，"人也按照美的规律来建筑[27]"，所以公路网两个节点之间路线走向要符合公路网系统的整体性，体现公路网系统的美。

(4) 坚持"以人为本"。公路建设可以改变和提升区域产业结构，推动区域产业结构的升级换代。因此，公路路线走向规划要坚持"以人为本"的原则，要协同不同人群间的利益关系，要优先满足大多数人的根本利益，并适当照顾少数人的利益，处理好少数人与多数人的利益并兼顾代际人群利益。

(5) 正确处理"效率"与"公平"的关系。我国不同地区存在贫富差别，有的还在持续加大。"要致富、先修路"已成为人们的共识，因此也要适当调整公路路线走向以促进落后地区经济发展，使区域经济平衡协调发展，实现社会和谐。

我国公路等级划分为高速公路、一级公路、二级公路、三级公路和四级公路，城市道路等级划分为快速路、主干路、次干路和支路。公路网路线等级规划要以系统整体性、整体与部分辩证关系为指导思想。公路路线规划等级要与公路网等级相符合，两个节点之间的路线等级要与节点层次相吻合，避免出现交通“瓶颈”现象。坚持一切从实际出发和“以人为本”的指导思想。两个节点之间公路路线等级要根据交通量、设计速度等确定，同一路线可以采用不同等级标准公路组合，但变化次数不宜过多，等级变化不宜跨过相邻等级；路线等级要坚持“以人为本”，避免出现领导“拍脑袋”决策，杜绝领导个人独断决策。

3.2.2.4 道路网建设项目排序

道路网建设项目排序是列出规划期内要实施的道路网建设项目和实施这些项目的时间。国家和地区的资源(资金资源、技术资源、人力资源、自然资源等)是有限的，且道路工程系统是区域社会总系统的子系统，除道路工程外，还有水利工程、航天工程、能源工程、港口工程等，各种各样的工程可谓异彩纷呈，相互交织，构成一幅动态联系的画面。在有限资源的客观现实下，要合理分配资源，处理好各子系统之间的关系，促使社会总系统健康、稳定、持续发展。因此，道路网建设项目不可能同时实施，要分清主次，分清轻重缓急，按先后顺序实施。工程活动是有目的导向的，是有价值属性的，道路工程建设要尽可能实现综合效益最大化，但如果道路网建设项目同步实施，不仅会造成资源浪费或资源紧张(在当前国际形势下，资源紧张诱发的问题是特别明显的，甚至会引起战争爆发。我们承认整个物质自然界实际上的无限，然而自然资源却是有限的——这就是现代资源观的核心观点[4])，而且有的路段不能及时充分发挥经济效益、政治效益等，因此有必要计划道路网建设项目次序。

道路网建设项目排序不属于道路网规划的程序，但其是在道路网规划成果基础上展开的，合理的道路网布局方案必须通过合理的建设实施方案来实现，否则再合理的布局方案也是“空中楼阁”、“海市蜃楼”。道路网建设项目排序是对区域道路网道路建设在时间和空间上的宏观控制，使得道路建设有条不紊地进行，避免盲目实施、随意调整的现象出现。

在道路网建设项目排序工作中，要遵守以下基本观点：

(1) 系统联系性。道路网建设项目排序是在道路网规划成果基础上展开的，两个工作过程的步骤要紧密联系在一起，规划中的政策要与实施计划中的政策相一致。

(2) 科学性与经验性的矛盾。项目排序的计算量很大，可利用计算机进行自动排序，排序方法有全部可能排序比较法、项目一次性比较法、项目滚动排序法和阶段滚动排序法。由于实际情况比较复杂，计算机计算结果必须经过专家分析、政府磋商后才能确定最终方案。

(3) 共性与个性的矛盾。为了对所有项目进行比较，要对备选项目进行评价。为了保证评价具有可比性，在评价指标和评价方法上应保持统一性。由于不同项目都有自己特殊的情况，因此有必要对某些特殊项目进行单独分析，以确保建设项目评价结果比较具有合理性，或将项目分为不同类型(维护性项目、提高性项目、发展性项目和特殊性项目[28])，分别进行排序。

(4) 系统动态性。由于系统是发展变化的，因此可能出现交通量与目前已经制定的政策和计划矛盾的情况，这时要对这些政策和计划做适当调整；近期计划通常比远期计划详细，因此远期计划要根据近期计划的实施情况相应地做适当调整。

3.2.2.5　道路规划建设方式

从工程哲学的角度看，道路网规划建设的方式有新建、重建、改建和扩建。“新建”有两层涵义：其一，两个节点之间原来没有道路连接，现在要在两个节点之间规划建设一条道路；其二，两个节点之间原来有道路连接，由于目前交通量过大不能满足社会的需要，或由于功能衰退要规划建设一条新的道路，无论原来道路废弃与否，只要新建设的道路路线不与原来道路路线相同，都称为新建。“重建”是指两个节点之间原来有道路连接，由于各种原因需要拆除重新建设一条新道路，且新建设道路路线必须与原来道路路线走向相同。“改建”是指两个节点之间原来有道路连接，由于各种原因需要对原有道路进行局部性改造和调整。“扩建”是指两个节点之间原来有道路连接，由于目前交通量过大不能满足社会需要，在不改造原有道路的基础上，扩展、延伸道路宽度，提高技术标准等，如由两车道扩建为四车道。

无论是哪种形式，其实质都是再造的过程，因为工程的任务在于造物、创造人工自然。新建是建筑一个新的存在物，以前不存在的自然物。而重建、改建和扩建是工程的更新，相对于原来工程，其新一次的活动过程是新的再造的过程，而原来的工程则变为新一次工程活动的“质料”[5]。

从更新方式来看，改建和扩建是在原有道路基础上的更新，重建是以新换旧的形式。从时间进程来看，道路更新反映出渐近性和跃迁性的特点。某一具体道路的产生即标志着一个新的存在物的诞生。这个新事物同样要经历发展、消亡的历史过程即更新与再造的过程，这个过程是道路本身的否定之否定，其结果是一条更高技术标准的道路的诞生；这也是一个量变到质变的过程，量变表现为道路的局部改造，这个局部改造达到一定程度，其结果仍不能满足需要时，或者是原有道路面目全非时，就会出现质变，表现为有新的道路取代原来的道路。质变是在量变的基础上凸显出来的新的质，这个凸显过程称为“跃迁”。

3.3　道路网规划方案评价

道路工程活动是有价值定向的活动，因此我们才能找到合适的指标去认识道路工程的价值。道路工程活动的目的是要形成一个更有价值的世界，道路工程属于世界的一个子系统，因此我们才有必要去评价道路工程活动。对道路网规划方案评价可以使工程建设理性化和社会有限资源得到最优利用，也是方案取舍和变更的依据。

工程价值渗透到道路工程活动的每一个环节，因此每个环节都存在工程评价的问题。图 3-11 为公路网规划阶段评价过程流程图。由于道路工程活动的跨越特性以及利益主体多元化的现实，其总是包含着多种价值，因此存在多种评价指标系统。在公路网规划中，评价是指对公路网状况、公路网规划方案及其各阶段效果的描述和价值的阐明。本文主要从工程哲学

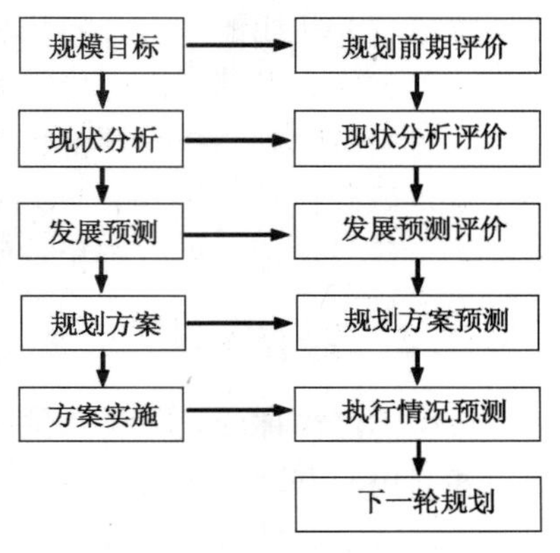

图 3-11　公路规划阶段评价流程图

的角度分析道路网规划方案评价。即备择方案评价和实施方案评价。评价指标体系主要有技术性能特征、经济效益、环境影响和社会影响。

道路网规划方案评价属于一种事前评价，对备择方案评价为决策者提供决策依据。道路网规划方案评价是一种“预评估”。所谓“预评估”，其重点是强调要在决策阶段中对已完成的某设计方案的预测的实施效果——尤其是其“派生效果”和“长期效果”——进行全面的、综合性的、带预见性的评价，并把这种带预见性的对预测的“事后”（这里指假定该工程已实施之“事后”）效果”的评价作为“事前”决策的根据[4]。

3.3.1 技术评价

公路网的技术评价是从公路网的技术性能方面，分析其内部结构和功能，目的是揭示路网的使用质量，为编制公路网规划方案、验证方案的合理性并进行方案的优化和决策提供技术方面的依据。公路网系统处于社会大系统中，它与周围环境有着千丝万缕的联系。公路网系统发展滞后或超期时，都不能充分发挥公路建设投资效益。因此，公路网的规划建设要与社会经济发展相适应、相协调，保持社会经济健康、持续、稳定、协调发展，这就是公路网规划方案技术评价的目的。鉴于以上要求，公路网规划方案技术评价要遵循以下原则：

（1）全面性原则。公路网系统与其他环境有着千丝万缕的联系，因此，在公路网系统技术性能评价中，应全面考虑公路网系统技术性能与其他环境关系。在公路网系统规划时，一味追求大规模、高质量的规划系统是不合适的，而应注重从公路网系统技术性能适应社会经济发展和交通需求的程度进行分析评价。

（2）科学性原则。评价指标要有理论依据，概念要科学、确切、有精确的内容和外延；指标体系应尽可能全面、合理地在数量和质量方面及空间和时间上充分反映公路网的技术特征和使用质量。技术评价指标体系是一个完整的系统，系统内部各组成要素存在着相互依存的逻辑关系。因此，对指标的选择也要符合这种逻辑关系。公路网技术评价指标有两大类：网路结构性能评价，包括公路网密度、公路网连通度、公路网理想规模接近度、公路网等级水平、公路网铺装水平和迂回率；交通质量评价指标，包括公路网平均车速、公路网负荷数和公路网里程拥挤率。

（3）实用性原则。评价指标体系必须涵义明确、数据可靠；评价指标可根据一定的方法和手段求得；所用的基础资料比较可靠和能取得；技术评价过程既要兼顾全面原则，又要简化评价过程，迅速得出评价结果。

（4）可衡量原则。技术评价作为对技术及其作用效果的综合性价值认识过程，定性认识和定量认识都存在。相同指标可用于不同方案的比较，为此要努力使指标实现定量化，对于不能定量的指标，也应有相对优劣程度的评价标准。

3.3.2 经济评价

公路网的经济评价是对公路网进行的整体经济效益分析，即比较备选方案的建设、运营费用和效用，并结合规划期的未来资金预测对方案的经济合理性进行分析论证，并做出评价。工程的经济评价可以分为三个方面：一是工程的社会经济价值评价；二是工程的财务经济评价；三是工程的国民经济价值评价。公路网规划方案的经济评价只需进行国民经济评价。工程项目的国民经济评价是站在国民经济的角度上，运用费用效益分析框架，依据国民经济分析基本报表中的效益费用流量表，对工程项目进行全面的宏观分析和评价。在公路网规划方案的经济评价中，必须遵循以下原则[7]：

（1）费用与效益范围对应一致原则。因为公路网规划方案经济评价仅针对国民经济，所以公路网规划方案的经济评价实质上是总支出费用与所获得效益相比较。“效益”即该方案为国民经济所做出的贡献，一般仅计算直接经济效益；“费用”即在规划期内投入的物质的经济价值。

（2）采用“有无”比较法原则。虽然道路工程活动是有价值取向的活动和过程，也是人类对自然界的改造过程，必然对自然界造成不同程度的影响，为应对这种影响，人们必须安排“支付”，因此有必要对某道路工程活动是否值得开展做评价。“有无”比较法就是通过对规划方案实施情况下发生的各种费用和效益，与规划方案不实施情况下所发生的各种费用和效益两者进行比较，来确定规划方案是否值得实施。

（3）计算期采用同一价格的原则。国家计委1987颁布的《建设项目经济评价方法》规定：国内项目的经济评价，在计算期内各年使用同一价格。国民经济分析要考虑资源的稀缺性和有效使用，以及国民经济的最佳投资方向和投资结构，即价值尺度为反映市场供求关系的影子价格，所以道路网规划方案的经济评价需使用影子价格。

（4）计算年限统一原则。计算年限为公路建设年限加上道路投入使用后的预测年限，投入使用后的预测年限原则上以20年计算。对不同等级公路采用同一经济评价计算年限。

3.3.3　环境评价

公路网的环境评价就是对公路网建设和营运给环境造成的正负影响及影响程度作出评价，用以指导公路网规划方案的决策和建设。公路网系统与区域政策环境、经济环境、文化环境、生态环境和生活环境等有着千丝万缕的联系，要正确地从系统观角度分析公路网系统与诸多环境的关系，并从多角度科学综合评价公路网系统是很难实现的。公路网规划环境评价在中国尚处于起步阶段，还没有完善的理论体系和成熟的技术方法[29]（2006年——引者注）。由于政策环境、经济环境和文化环境的影响多半只能定性考虑，因此，目前主要研究生活环境和生态环境的影响[7]。近年来，也有学者增加了社会环境、政策环境影响研究[30]，但这些关系都是半定量或定性的。鉴于公路网规划环境评价的复杂性，在公路网规划工作中遵循以下原则有助于公路网规划工作顺利开展。

（1）协调性原则。公路网规划的环境评价应侧重于规划与环境的协调性。公路与环境敏感区的相互地理位置关系应该是近而不进或适度进入，比如具有观赏性的敏感区，近而不进或适度进入是既满足旅游要求又不破坏敏感区环境的权衡途径。对于那些土地资源匮乏的地区，公路网应谨慎进入或尽可能靠近而不占或少占耕地，靠近是为了促使该区域经济发展。在确定的区域地理环境中，一味强调对环境影响的最小化，也可能会限制规划本身的意义，使得规划活动本身的经济作用被大大削弱，对环境影响最小的规划并不一定是最优的规划[30]。

（2）定性评价与定量评价相结合原则。在公路网规划评价中，有定量评价、半定量评价和定性评价，要做到定性评价和定量评价互补和统一。在定性评价时，要讲究评价数据的真实性和可靠性，评价指标要能够反映公路网系统的真实性质。在定性评价中，需要通盘考虑利益相关者的主观价值评价顺序。

(3) 具体问题具体分析原则。公路是一条带状的构造物，同一条公路途经不同自然地理环境，因此，不同路段的影响指标不同。在公路网规划环境评价时，要具体问题具体分析，不同自然地理环境路段应该选择不同的评价指标。

(4) 分清主次原则。在做公路网规划环境影响评价时应充分尊重规划人员的规划成果，不纠缠于碎碎的、轻微的、完全可以在实施阶段容易解决的环境问题，而要重点考虑那些会对公路网规划方案的实施形成刚性约束、只有通过调整规划方案才能解决的，以及对区域景观生态格局、生态环境安全、人类住区安全等存在着颠覆性影响的重大问题[30]。

3.3.4 社会评价

1987 年，李德顺在他的专著《价值论》中专章研究社会评价的内涵、表现形式、评价标准和科学化等问题[31]。这是当代中国哲学界社会评价论研究的拓荒之始，影响甚大[32]。社会评价的机制问题是价值论的难点之一[33]，这些属于社会评价论的内容。公路网社会评价是分析公路网规划方案对规划区的社会方面的作用和影响。与社会评价论不同的是评价的客体不同，社会评价论评价的客体是社会或社会现象，而公路网规划方案社会评价的客体是公路网实施以后对社会的影响。毋庸置疑，公路网建设对社会的影响是举足轻重的，它可以促使新型城市的出现，改变人们的生活方式、调整产业结构和经济结构，扩大就业等。

公路网社会评价主要包括三个方面，即政治、经济和文化。政治方面即指公路网规划和建设对一个国家或地区的政治稳定、地区安全是不可缺少的，以及对国防的影响、促进对外交流和增强国家威望是不可忽视的。经济方面即指公路网建设带来的直接经济效益、促进投资、扩大就业、增强地区潜在经济活力、增加国家税收等。文化方面即公路网规划和建设促使地区文化交流、缩小地区差距和增强旅游业等。从以上三个方面来看，公路网规划方案评价具有宏观性、长期性和多目标性的特点。由于社会系统是动态发展的系统，相比之下，社会评价比技术评价、经济评价和环境评价更复杂、模糊的多，但为了能科学评价公路网规划和建设对社会的影响，应宏观地掌握以下原则；

(1) 客观规律性原则。从政治、经济和文化目标出发，客观地分析评价公路网规划方案建设的影响空间、时间和对象，考察有利和不利的影响。在评价过程中要客观分析评价问题，不要受规划目标所驱使和限制。

(2) 可操作性原则。社会评价的复杂性决定必须采用定性评价和定量评价相结合，但无论何种性质的评价方法其评价指标都应具有客观性和合理性，并能定量计算和模糊评价，使评价过程具有可操作性。

(3) 动态性原则。社会是变化发展的，公路网规划方案建设对社会影响程度也是动态的，所以对它们直接关系的评价也应该是动态的。

本节分别阐述了与公路网规划建设方案评价的有关系统，但在公路网规划方案建设评价工作中，是要综合同时考虑这些系统的，即采用综合评价指标体系，这是由工程活动评价主体多元性决定的。在综合指标评价过程中，不同规划路线评价指标应具体问题具体分析选择，秉承系统性原则、科学性原则、可比性原则和可操作性原则。

参考文献

[1] 张金喜. 道路工程专论[M]. 北京：科学出版社，2010.

[2] 张仲仁．世界道路交通统计(2000)[J]．公安交通科技窗，2002，1：33－36.
[3] 中华人民共和国交通运输部．2008年公路水路交通运输行业发展统计公报[R]．http://www.moc.gov.cn/zhuzhan/tongjixinxi/fenxigongbao/tongjigongbao/200904/t20090429_577812.html.
[4] 李伯聪．工程哲学引论——我造物故我在[M]．北京：大象出版社，2002.
[5] 殷瑞钰，汪应洛，李伯聪．工程哲学[M]．北京：高等教育出版社，2007.
[6] 苗东升．钱学森与系统工程[J]．中国工程科学，2002，4(3)：16-20.
[7] 裴玉龙．公路网规划[M]．北京：高等教育出版社，2007.
[8] 徐长山．工程十论——关于工程的哲学探讨[M]．成都：西南交通大学出版社，2010.
[9] 拉尔夫．L. 基尼著．叶胜年，叶隽译．创新性思维—实现核心价值的决策模式[M]．北京：新华出版社，2003.
[10] James Parking. Management decisions for engineers[M]. London：Thomas Telford，1996.
[11] 歇普(美)．工程师应知——经济决策分析[M]．北京：机械工业出版社，1987.
[12] 赵晶夫．城市道路规划与美学[M]．南京：江苏科学技术出版社，1994.
[13] 李月辉，胡远满，李秀珍，等．道路生态研究进展[J]．应用生态学报，2003，14(2)：447-452.
[14] 张晓峰，周伟．公路网规划对景观格局影响的分析方法研究[J]．武汉理工大学学报(交通科学与工程版)，2006，30(6)：976-979.
[15] 匡烨，何晓鸣．地方公路网规划的最佳经济规模探讨[J]．武汉工业学院学报，2007，26(2)：59-63.
[16] 王继峰，陆化普．公路网布局的多目标优化模型[J]．武汉理工大学学报(交通科学与工程版)，2009，33(5)：888-891.
[17] 余国才，周伟．公路网布局规划的理论和方法[J]．西安公路交通大学学报，1998，18(3)：45-49.
[18] 付莉萍．公路网规划模糊系统方法的探讨[J]．五邑大学学报(自然科学版)，1997，11(1)：61-65.
[19] 上官云龙，李瑞．分析几何学在公路网规划中的应用[J]．吉林交通科技，2010，2：35-37.
[20] 张克中，毛树华，袁卫红．马尔科夫残差修正灰色模型及其在公路规划中的应用[J]．武汉理工大学学报(交通科学与工程版)，2005，29(4)：503-505.
[21] 吴琪群，袁长伟．公路网规划研究进展与发展趋势[J]．中国公路学报，2007，20(3)：91-96.
[22] 李清波，符锌砂．道路规划与设计[M]．北京：人民交通出版社，2002.
[23] 中华人民共和国交通运输部．公路网规划编制办法[M]．北京：人民交通出版社，2010.
[24] 严春风．土木工程哲学[M]．成都：四川科学技术出版社，2008.
[25] 王海威，陆化普．区域国防公路网与民用公路网布局规划功能需求的比较分析[J]．公路工程，2009，34(4)：94-97.
[26] 王海威，陆化普，蔚欣欣．基于灰色聚类的区域国防公路网节点层次划分[J]．交通运输系统工程与信息，2009，9(3)：23-36.
[27] 恩格斯(德)，马克思(德)，中共中央马克思恩格斯列宁斯大林著作编译局．马克思恩格斯全集(42卷)[M]．北京：人民出版社，2003.
[28] 陈其学．公路网规划方法及其应用研究[D]．成都：西南交通大学，2001.
[29] 杨云峰．公路网规划环境评价技术方法[J]．交通运输工程学报，2006，6(1)：113-117.
[30] 朱俊，刘令峰，史晓雪，等．论中国公路网规划环境影响评价主要目标与内容[J]．上海船舶运输科学研究所学报，2009，32(1)：1-7.
[31] 李德顺．价值论[M]．北京：中国人民大学出版社，1987.
[32] 何海兵，秦宏毅．社会评价论研究的进程、问题与进路——近年来国内哲学界社会评价研究述评[J]．社会科学家，2008，132(4)：132-134.
[33] 王玉梁．中日价值论学术讨论会综述[J]．哲学动态，1993，(11)：9-12.

第4章 道路建设经济的哲学思辨

改革开放以来，尤其是实行社会主义市场经济体制后，我国交通运输事业有了飞速的发展，道路建设对国民经济发展的促进作用成为了一种社会共识；而道路建设又是一项耗资比较大的生产活动，因此如何充分发挥道路建设资金的效益，确保道路建设项目既在技术上先进可行，又在经济上合理，是目前道路建设者关心的重要问题。党的十六届三中全会提出的科学发展观，即要求道路建设要与沿线地区的经济、环境等各方面实现可持续发展。因此，道路建设决策及实施是一个系统而繁杂的过程，在建设过程中要处理好每个对象所处环境的对立统一关系，运用辩证法的哲学思想及相关的经济学知识，把工程活动和经济活动中的工具合理性和价值合理性统一起来，分清事物的本与末，树立固本简末的思路，达到高效使用资金的结果，提高道路建设的经济效益。

4.1 道路建设投资决策与经济评价

4.1.1 道路建设项目的投资与融资

在我国经济发展过程中，投资直接影响着国民经济的发展速度、产业布局和产业结构，并且一直是净增长的第一推动力。同样对于交通运输，投资也很重要，缺少对交通运输设施富有成效的投资，就不能从数量上和质量上满足经济社会对客、货运输发展的需要。我国道路建设是一项建设周期较长，资金需求量巨大，经济回报不直接、明了的特殊项目。中国道路建设目前面临着资金投入需求大而实际投入不足的矛盾，单靠交通部门自身的积累和国家投资，已经远远不能满足国民经济发展战略的需要，必须通过多方面的投资渠道，广集社会资金以较好地适应当前道路交通事业飞速发展需要[1,2]。因此，要提高对道路基础设施建设的投入水平，必须不断地对道路建设的投资方式和政策进行调整和探索。

在世界经济一体化的外部环境和保障中国经济持续增长的内部形势下，道路基本建设融资政策的转变必须与内部和外部的现实条件与要求相适应，应建立起政府投资为主体和其他投资方式并存的综合投资体制，建立健全相应的投资决策机制和风险约束机制[2]。这符合作为人类有目的、有计划、有组织的活动，工程具有社会性的[3]。因为道路工程的社会性，目前出现了多种投资方式并存的现象，即广大人民群众和社会组织积极参与到道路工程建设，参与到道路工程建设投资活动中。在各种投资中，国家投资仍是交通公路建设投资的主渠道，其他多种投融资方式则起着不小的作用。

随着我国经济体制改革的不断深入，我国道路基础建设的投资也发生了变化。在计划经济体制下，投资采取政府大包大揽的管理模式，其资金主要来自地方政府财政拨款和养路费；改革开放以后，投资主体开始多元化，同时资金来源的渠道也不断拓宽，促进了道路工程建设的高速发展。

目前，我国公路交通建设的投资来源已从单渠道变为多渠道，主要包括国家投资、地方投资及业主投资（或融资）等几种形式，这些多种有效的融资方式极大地推动了公路交通事业的飞速发展。国家投资、地方投资是传统的政府投资建设政策，对于较为重要的交通基础设施建设仍有一定的必要性；其中国家投资主要有国家财政拨款和交通部拨款两种，其拨款来源主要是各种机动车辆缴纳的车辆使用税及车辆购置附加费（车辆购置税），而地方投资的主要来源有养路费、客运附加费、道路（桥梁）收费、抵港政府的财政拨款以及为加快高等级公路建设而向所有车辆收取的高等级公路还贷基金（费改税工作完成后，上述费用中的养路费会以燃油税的形式出现）。业主投资的投资方式仅限于不存在直接收费困难，而且具有竞争性的公路建设项目，其投资来源于业主通过各种方式筹措的资金，包括法人投资、业主收取的车辆通行费收入、发行股票、债券及项目贷款等。

此外，由于道路建设投资的投资额大、投资回收期长、投资风险高，其资金筹措的难度也很大，因此道路建设资金筹措方案是否切实可行、如何筹措、能否筹措到足够的建设资金，是道路建设项目决策阶段需要考虑的一个重要因素。目前，道路建设资金的筹措方式主要有向国家或交通部申请拨款，向地方政府申请拨款，向世界银行等国际金融组织申请贷款，集资和发行债券，股份制方式融资、BOT 方式筹资，以及和外商合作或合资进行公路工程项目的建设等[4]。

在我国目前投资融资方式实现多元化中，需要解决两个关键性问题：

（1）解决好投资方和融资方关系问题。融资政策的制定要从根本上解决政府与其他投资者的关系，要以既能使投资和融资双方可以建立起良好的合作伙伴关系，又能相互监督，互不干涉，较大程度上提高政府的公共管理能力和服务水平为原则。如果不能解决政府与其他投资者的关系，虽然通过开放道路基础建设市场来吸引多方面资金以缓解道路建设资金不足还是会产生许多本可避免的问题，影响道路建设项目的投资与融资。即融资政策的制定一定要明确政府的职责及其同投资方的合作关系，以确保双方权益得到有效保障。其中对于政府，要提供高效而透明的法律环境，使投资方得以建立一个高效率、低成本的营运系统。因此，融资政策中所要解决的关键性问题就是在民营、私营化趋势日益风行全球的形势下，处理好融资和投资双方之间的伙伴关系，以求既能使政府在权力下放的同时继续依法发挥其应有的作用，又能在融投资和经营管理方面充分发挥投资方的积极性。

（2）融资方式问题。获得诺贝尔经济学奖的德尔诺斯说：“制度是一个社会的游戏规则，更规范的说，他们是为决定人们的相互关系而人为设定的一些制约”[3]。因此，在融资方式上，需要制定一个健全而明确的法律框架，规定怎样组织和建立政府和个体或企业投资方合营的伙伴关系，使各方（政府、投资方和融资方）各司其职，协同工作，保障道路建设顺利进行。这样可以增加合作关系的可靠性、公开性和透明度，成为吸引国际参与和引进长期投资的前提条件。如国外常用BOT开发模式，它是由政府特许投资者在一定的时期内拥有和经营一些基础设施项目，偿还债务并收取一定的资金回报收益，特许期满后，项目无偿地转移给政府，政府保持对公共物品的终极所有权，并最终能够获得正常运行的基础设施的经营权；又如ABS(即以资产为支持的证券化)方式，它是以项目所属的资产为基础，以该项目资产所能带来的预期收益为保证，通过在资本市场发行证券来募集资金。其中，BOT方式可以在有效地吸收各种投资(大部分是外资)情况下，减少政府主权债务，并借鉴和利用私营机构高效的经营管理方法；中国目前虽已经比较多地采用这种方式，但在实行“建设—经营—移交”的规划之前，应在租让法规中明确规定这个过程的各项原则与各有关方的责任，并且还要有更为详尽的、操作性很强的、责任明确的规章制度，以保证其成功。ABS方式是近十几年来世界金融领域最重大的创新之一，从国际经验和中国的实践看，交通基础设施建设很适合该融资方式；但中国目前这方面的法律法规还不十分健全，很大程度上制约了其发展[2]。

4.1.2 投资决策理论

决策一般是指为了实现某一目标，搜集处理各种相关信息，并通过决策者的理性分析判断，对行动方案做出选择。决策是行动的前提与指南，缺乏决策的行动是盲目的[5]。

计划的过程是一个设定目的、获得有关信息、进行运筹、设计行动方案、作出决策的过程。此外，计划过程不但从总体上是一个可错的过程，而且这个过程的每一个环节都是可错的，都是没有必定“正确”的保证的。因此，任何决策都是有一定风险的，有些决策遇到的风险很小；但也有一些决策是要冒很大的风险。由于决策在性质上不是“价值”中性的，而是价值“导向”的；决策的结果对主体不是利益无关的，而是利害攸关、成败所系的，有时甚至决定生死的。综上所述，决策行动不但是一个理性的和渗透着感情因素的行动，而且是一个以意志力量为“支柱”的行动[3]。

所谓投资决策是指投资者为了实现其预期的投资目标，运用一定的科学理论、方法和手段，通过一定的程序对投资的必要性、投资目标、投资规模、投资方向、投资结构、投资成本与收益等经济活动中重大问题所进行的分析、判断和方案选择。简单而言，就是企业对某一项目(包括有形、无形资产和技术、经营权等)投资前进行的分析、研究和方案选择。投资决策是企业所有决策中最为关键、最为重要的决策，因此投资决策失误会是企业最大的失误。一个重要的投资决策失误往往会使一个企业陷入困境，甚至破产。因此，财务管理的一项极为重要的职能就是为企业当好参谋、把好投资决策关。

工程项目建设是一个大的系统工程，其特点是规模庞大、结构复杂，投入的时间、人力、精力、物力及财力多，项目评价延续期长，而投资决策是项目建设前期工作所必须解决的重要问题，同时也是项目前期的重要成果。投资决策的意义不仅在于一个项目本身的得失，它对整个国家(地区、部门)的经济建设也将产生较大的影响，并且投资决策正确与否对建设项目的成败和经济效益起决定性的作用。因此，投资决策不仅是简单地对建设项目的技术方案做出某种判断和选择，而且必须拥有完整的理论基础和方法体系，建立一套严格的决策制度和决策程序，才可能对项目建设问题做出科学的分析和判断[6]。

此外，工程建设项目投资决策要遵循民主化和科学化的原则，以避免投资决策的重大失误。

工程建设项目的投资决策基本程序大体包含了可行性研究、项目评估及项目决策三个阶段。可行性研究是对建设项目建设的必要性和重要性、技术可行性、经济合理性、实施条件的可能性、道路项目区域环境承载能力等进行综合性研究论证的过程；项目评估是在可行性研究工作的基础上，针对可行性研究报告中的内容和结论，对建设项目的建设必要性和重要性、技术可行性、经济合理性以及实施条件的可能性、环境承载能力等方面进行综合审查和估价的过程。公路建设项目的投资决策程序可用图 4-1 表示。

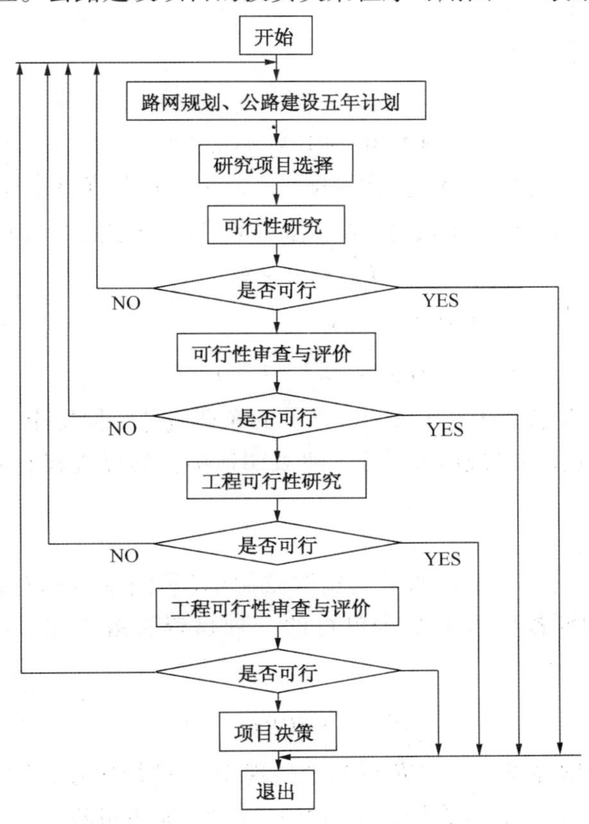

图 4-1　公路建设项目投资决策工作流程[4]

道路建设投资决策是根据国民经济发展和路网规划、自然资源条件及道路交通量预测，综合运用工程技术和经济学原理，以系统分析和定量分析为手段，在拟投资的道路建设项目中，选择对国民经济发展贡献大、环境破坏小、技术上可行、经济上合理的项目，以使国家有限的资源得到最优的配置和利用。因此，道路项目投资决策是一个多目标决策的问题[7]。然而在当前我国项目建设领域，主要项目决策方法的不适合，或者项目决策过程不到位、决策分析不系统、资源配置不优等，造成了个别工程投资的巨大浪费，比如工程质量出现重大隐患、项目重复建设、工程项目建成后效率低下等。据有关资料显示，建设项目的前期决策工作影响工程建设投资的可能性为 35% ~75%，而在工程实施阶段影响工程建设投资的可能性只有 5% ~25%[8]。

以下为几种国内外常用的投资决策方法：

(1) 净现值法。

净现值法是运用等值原理将不同时间发生的现金流量折算成现值，汇总得出净现值，进而进行投资决策的一种方法。

设建设项目的现金流量模型如图 4-2 所示。

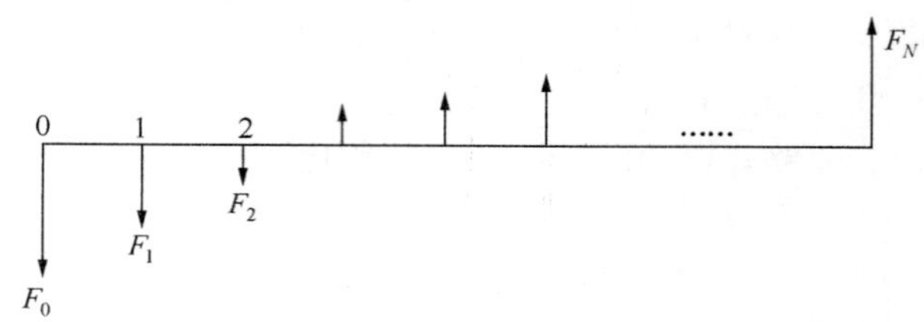

图 4-2 建设项目现金流量模型[4]

图 4-2 中，$F_t(t=0,1,2,\cdots,N)$ 为建设项目在不同年度的净现金流量，N 为建设项目的寿命(或评价年限)，B_t 为 t 年度的收益(或效益)，C_t 为 t 年度的支出或费用。

$$F_t = B_t - C_t$$

则由上式可知该项目的净现值 NPV 为：

$$NPV = \sum_{t=0}^{n} F_t(1+i_0)^{-t}$$

式中，i_0 为基准贴现率。从上式可知，项目的净现值是一种扣除了投资的机会成本后的投资利润，所以只要项目的净现值大于零，则表明该项目的投资利润大于投资的机会成本，其投资方案是可行的。

(2) 内部收益率法

内部收益率法是通过计算项目的平均投资收益率(利润率)并直接与基准贴现率(机会成本)进行比较从而判断投资方案是否可行的一种投资决策方法。内部收益率的计算公式是：

$$\sum_{t=0}^{n} F_t (1+IRR)^{-t} = 0$$

式中，IRR 为内部收益率，将 IRR 与基准贴现率 i_0 进行比较，即可作出投资方案是否可行的结论。如果 $IRR > i_0$，则投资方案可行；反之，则不可行。

(3) 投资回收期法

投资回收期是反映项目的投资清偿能力的重要指标。投资回收期法是通过计算项目的净收益抵偿项目的净投资所需要的时间并与基准投资回收期进行比较，从而判断该项目是否可行的一种投资决策方法。投资回收期的计算公式是：

$$\sum_{t=0}^{n} F_t (1+i_0)^{-n} = 0$$

式中，n 为考虑贴现率后的动态投资回收期。设基准回收期为 N_0，则当 $n < N_0$ 时，其投资方案是可行的，反之不可行。

(4) 效益费用比法

效益费用比法是运用等值原理将项目的收益与支出分别换算成现值并计算二者的比值从而判断该项目是否可行的一种投资决策方法。效益费用比法(B/C)计算公式是：

$$\frac{B}{C}=\frac{\sum_{t=0}^{n}(1+i_0)^{-1}}{\sum_{t=0}^{n}C_t(1+i_0)^{-1}}$$

如果项目的效益费用比 $B/C>1$，则投资方案可行，反之不可行。

以上四种方法是国内常用的方法，净现值、内部收益率、投资回收期、效益费用比四大指标各有其特点。净现值反映的是建设项目在扣除投资机会成本后的总利润；内部收益率则反映了建设项目单位时间内单位投资的回收率；效益费用比是项目的收益和支出在考虑资金的时间价值后的一种投入产出比[4]。

(5) 全生命周期成本分析法

用此方法来进行工程项目的投资决策在国外较为通行广泛。它的原理是以工程项目从拟建开始到项目报废终结全部生命周期内总的周期成本最小为评判标准，从各个备选方案中进行项目决策。这种思想和方法可以指导人们自觉地、全面地从工程项目全生命周期出发，综合考虑项目的建造成本和运营维护成本(使用成本)费用，从而实现更为科学合理的投资决策[8]。全生命周期成本分析法与价值工程分析异曲同工，如出一辙。

从南开大学齐寅峰教授于 2004 年所做的一个调查报告中可以看出，我国企业最常用的投资决策的指标和方法是投资回收期法，其次是内部收益率法和净现值法，主观判断仍然占有很大的比重[9]。

目前国内投资决策分析方法存在很大的问题，由于传统的净现值决策方法缺乏柔性，所以未考虑灵活性价值对建设项目决策造成的影响。近年来，随着实物期权理论的发展和完善，实物期权法已经成为项目投资决策的重要方法之一，但在我国现在的项目投资决策中却很少被应用，或者应用面窄，不够广泛和深入。

实物期权的概念是由麻省理工学院的 Stewart Myers 教授于 1977 年提出。他指出一个投资方案所创造的价值，来自于目前所拥有资产的使用，再加上一个对未来投资机会的选择。实物期权理论是在金融期权理论基础上发展起来的一种处理不确定性条件下投资的实用理论。与传统的投资决策分析方法相比，实物期权的思想不是集中于对单一的现金流量预测，而是把分析集中在项目所具有的不确定性问题上，用概率的语言来描述项目未来现金流量的概率分布状况[10]。

实物期权理论用于项目投资，要求投资者不仅要懂得如何在实际的经济活动中发现实物期权，并且要主动地去构造、应用实物期权，既不仅意味着用期权定价模型去评价各种投资，还需要投资者建立实物期权投资思想，以新的观念来看待实物投资中的战略性决策。

实物期权的思想是从一个全新的角度看待不确定性，它允许投资者发现有利的不确定性，使投资者知道，有时投资的不确定性不是亏损的风险而是未来发展的潜力，并帮助投资者认识到不确定性越大，创造价值的机会越多。一个全新的角度看待不确定性既是风险分析和控制的前提，同时也是通过风险分析、控制创造价值的过程，这就是对立统一规律，就是辩证思想的辩证思维。

实物期权定价的理论模型是建立在非套利均衡的基础上。其核心思想“在确定投资机会的价值和最优投资策略时，投资者不应简单地使用主观的概率方法或效用函数，理性的投资者应寻求一种建立在市场基础上的使项目价值最大化的方法”，期权定价方法在投资估价中更能体现柔性经营的价值[11]。目前应用最广泛的是 Black-Scholes 定价模型。

4.1.3 道路建设项目经济评价

对道路建设项目进行的评价涉及技术、经济、社会、文化、环境等方面的评价，其中道路建设项目经济评价是根据国民经济发展规划和有关技术经济政策的要求，结合交通量预测和工程技术研究情况，比较项目的建设费用和效益，多方案论证，对项目的经济合理性和财务合理性进行分析和评价[12]。并且，项目经济评价的结果是项目(或方案)选择的主要依据，是项目可行性研究报告的重要组成部分。

道路建设经济评价分为财务评价和国民经济评价，一般道路建设项目通常进行国民经济评价，而有贷款的道路建设项目还要进行财务评价。此外，经济评价应加强风险分析，主要对项目的市场风险、技术风险、财务风险、组织风险、法律风险、经济及社会风险、安全风险等风险因素进行评价，制定规避风险的对策，为项目全过程的风险管理提供依据，提供未雨绸缪的指导。

近几年来，我国的道路建设管理体制正在进行稳妥有序且有步骤的改革，建设项目拨款改贷款制度的推行，建设项目法人制的建立，公路交通收费制度的产生，以及股份制融资方式、BOT 筹资方式，收费经营方式的探索，为如何在进行道路建设项目国民经济评价的同时，进一步加强和完善公路建设项目的财务分析，特别是对贷款偿还能力分析提出了客观的要求[4]。作为一个道路建设项目，其项目的经济效果必须兼顾道路建设的宏观经济效果与微观经济效果，做到宏观经济效果与微观经济效果相统一，即做到国民经济评价与财务评价的相统一。当一个项目的国民经济评价结果可行而财务分析结果却很差、工程建设资金难以回收、贷款偿还能力很低时，则应该调整该项目所拟定的方案，重新进行国民经济评价和财务评价，使国民经济评价结果和财务分析结果都能符合要求。

在评价工作中，我国采用费用与效益对应一致、评价方法与价格相一致、计算年限统一及“有无对比法”的原则。其中“有无对比法”是按照资源合理配置的原则从国家整体角度，根据项目对社会提供的服务及项目所消耗全社会有用资源，考察项目的效益和费用，以增加、减少国民收入为主要鉴别原则。对于项目的决策，一般国民经济评价和财务评价均可行的方案，从经济角度考虑都予以通过；反之则应予以否定。财务评价不可行但国民经济评价可行的项目，可重新考虑方案或采取一些经济优惠措施，使其具有财务可行性，必要时，还可说明建设的必要性，不再考虑财务评价的结果[13]。道路基础设施建设项目具有社会公益事业和商品的双重属性，特别是在发展中国家尤显突出，进行项目国民经济评价就是评价项目的社会效益，而财务评价就是对项目产品的商品属性进行评价；两者既是站在不同利益角度进行项目多目标评价的需要，同时也是利益对立统一的辩证思维工作过程，整体利益大于局部利益，国家利益高于地方利益。

国民经济评价又叫效益费用分析或宏观经济分析，是项目可行性研究的核心。它是将建设项目置于国民经济大系统中，从国家和社会的角度出发来分析建设项目的国民经济评价特征，通过比较拟建项目建设中所消耗的资源价值以及该项目建成后所能创造的国民经济效益来计算该项目的经济效果，评价该项目的经济可行性。

建设项目的国民经济评价可以使我们全面了解项目的各项经济指标，从而从国家利益的高度和立场做出正确选择；确保投资决策的科学性和可靠性，调整局部利益和国家利益的关系，确保国民经济的协调和均衡发展，处理好近期利益与长远利益的关系，使国民经济的发展实现动态的综合平衡[14]。通过宏观分析，可以使人们摆脱行业局限性和地方主义及本位主义的影响，弄清项目真实的经济特性。道路建设项目作为一种全社会服务的公共设施项目，其公用物品特性和外部经济性决定了国民经济评价的重要性。道路建设项目的国民经济评价是道路可行性研究的重要组成部分，是投资决策的重要依据；一个道路建设项目是否应该动工兴建，首先取决于其国民经济评价结果。因此，加强和完善、细化道路建设项目的国民经济评价工作，对搞好公路建设项目的可行性研究，进而提高建设项目的投资效益有十分重要的意义[4]。

道路建设项目的国民经济评价是指应用国民经济评价的基础理论，结合道路建设项目的经济特征来对其进行效益费用分析的过程。它是从国家整体利益角度分析建设项目的效益与费用，用影子价格、影子工资、影子汇率和社会折现率等参数分析、计算项目对国民经济的净贡献，据以评价项目经济上的合理性[15]。

公路项目的国民经济评价指标反映了公路建设项目的合理性，我国公路建设项目国民经济评价指标体系以考虑资金时间价值的现金流量分析为主体，形成了一整套系统的、既是国际上能接受的、又符合我国特点的经济评价方法体系。目前，道路建设项目国民经济评价采用四种指标：经济内部收益率(EIRR)、经济净现值(ENPV)、经济效益成本比(EBCR)及经济回收期(EN)。投资者通过这四个指标的结合来考察投资行为的合理性，选择最佳方案，进行项目的决策。一般经济内部收益率越高，经济净现值越大，经济效益成本比越大，方案越优；经济回收期越短，早期效益越好，资金回收能力越强，抗风险能力越大[13]。

财务分析又叫财务评价或微观经济分析。它是从投资者在本项目上可能发生的财务收支的分析出发，通过比较该项目需要发生的支出和可能获得的收入来研究投资项目的微观经济效果，评价项目的可行性[4]。即根据国家现行财税制度和价格体系，分析计算项目的财务效益和费用，编制财务报表，计算财务指标，考察项目的盈利能力、清偿能力等财务状况，以判别项目财务可行性。

道路建设项目的财务分析既是一种投资者的盈利分析，也是一种建设项目的行业经济分析。加强道路建设项目的财务分析具有如下作用[4]：

(1) 有利于改善道路投资结构，多渠道筹集资金，刺激社会资金在道路建设上的投入，加强道路建设资金的综合利用，加快道路建设事业的发展，加快道路建设资金市场的形成。

(2) 有利于合理利用道路建设资金，将有限的道路建设资金投入到财务效果最好的道路建设项目，加速道路建设资金的周转，提高道路建设资金的使用效益。

(3) 有利于加强收费管理和监督，防止各地乱收费用的现象。

财务评价指标和国民经济指标类似，包括财务内部收益率(FIRR)、财务净现值(FNPV)、财务效益成本比(FBCR)及财务回收期(FN)等四个指标。类似国民经济评价的指标，一般认为财务内部收益率越高，财务净现值越大，财务效益成本比越大，方案越优；财务回收期越短，早期效益越好，资金回收能力越强，抗风险能力越大[13]。

在进行道路建设项目经济评价时，应注意：国民经济评价时，原则上应选取建设投资、交通量等可能发生变化的因素，重点测算这些因素变化对内部收益率的影响；财务评价时，可选取建设投资、交通量、收费标准、物价总水平上涨率等因素，重点测算这些因素变化对财务内部收益率的影响，必要时应同时测算这些因素变化对借款偿还期的影响[15]。这主要是由于在进行经济评价时，所采用的数据大部分来自预测和估算，同时又不能保证工程开工后不发生变化，造成的项目的经济评估具有一定的不确定性；而这些不确定因素会对投资决策者带来一定的投资风险，需要在项目决策前做好敏感性分析，采取有效的对策和措施，以降低风险可能造成的损失，保证工程项目顺利进行。

此外，道路建设项目的社会评价必不可少。社会评价是从全社会的宏观角度出发，以实现国民福利最大限度提高为目标。以往的经验证明，社会评价应是衡量投资项目是否可行的重要一环，尤其对于以创造社会效益为主的公路建设项目，即使是国民经济评价，也难以完全表述它的全部社会影响和效果[12]。至此从科学发展观出发，进一步加强研究评价社会环境的需求及自然环境的承载力，将自然环境和地理环境空间视为社会可持续发展的资源和社会财富进行评价是发展的趋势和必要。我国近几年进行环境保护、水土保持、矿产压覆等专业评价，并作为项目审批的备件，可以理解为自然环境和地理环境空间作为实现国民福利最大限度可持续提高的基础，是社会发展的趋势。

4.2 建设费用与项目成本

4.2.1 建设费用的组成及影响因素

工程建设费用，又称工程造价，一般是指进行某项工程建设花费的全部费用，即该建设项目有计划地进行固定资产再生产和形成最低量流动资金的一次性费用的总和[16]。根据JTC B06—2007《公路工程基本建设项目概算预算编制办法》，概算总金额由建筑安装工程费、设备、工具、器具及家具购置费、工程建设其他费用和预备费组成(图4-3)。其中工程建设其他费用中，占比重最大的是土地征用及拆迁补偿费。该项费用包括：土地补偿费、征用耕地安置补助费、拆迁补偿费、复耕费、耕地开垦费、森林植被恢复费。上述编制办法特别强调，当与原有的电力电信设施、水利工程、铁路及铁路设施互相干扰时，应与有关部门联系，商定合理的解决方案和补偿金额，也可由这些部门按规定编制费用以确定补偿金额。

道路工程建设阶段性强，工期紧，周期短，而且点多面广，质量要求高，受自然环境和施工条件影响大。其建设过程必然受到各种因素的干扰，从而影响项目工程建设费用，并可能实际费用突破概算。归纳起来，影响项目建设费用的因素主要有：设计因素、施工因素、合同因素、业主因素、监理因素、社会因素和自然因素[18]。综合分析，设计因素对整个项目建设费用的影响最大，设计阶段的成果对建设工程节约投资的影响将达到约70%。图4-4是国外描述的不同建设阶段影响投资程度的坐标图，该图与我国的情况大致是吻合的。从图可见，在初步设计阶段，影响项目投资的可能性为75%～95%；在技术设计阶段，影响项目投资的可能性为35%～75%；在施工图设计阶段，影响项目投资的可能性则为5%～35%；而影响项目投资最大的阶段，是约占工程项目建设周期1/4的技术设计结束前的工作阶段，即初步设计。很显然，项目投资控制的重点在于施工前的投资决策和设计阶段，而在项目做出投资决策后，控制项目投资的关键就在于设计。据西方一些国家分析，设计费一般只相当于建设工程全寿命费用的 1% 以下，但正是这少于 1% 的费用却基本决定了几乎全部随后的费用。这里所说的建设工程全寿命费用包括建设投资和工程交付使用后的经常性开支费用(含经营费用、日常维护修理费用、使用期内大修理和局部更新费用)以及该项目使用期满后的报废拆除费用等[19]。

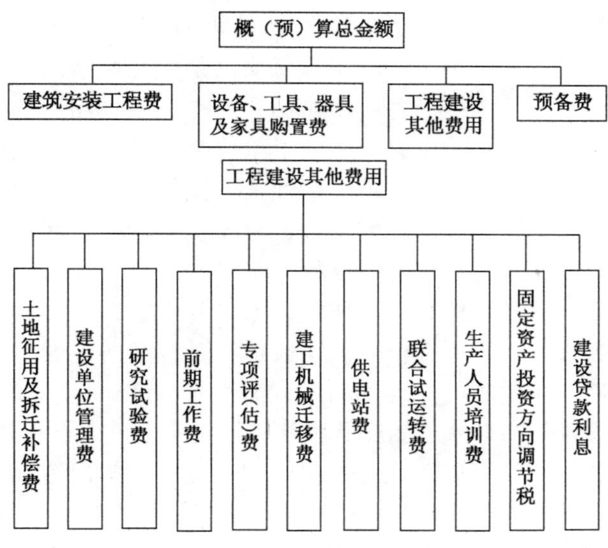

图 4-3　概预算费用组成[17]

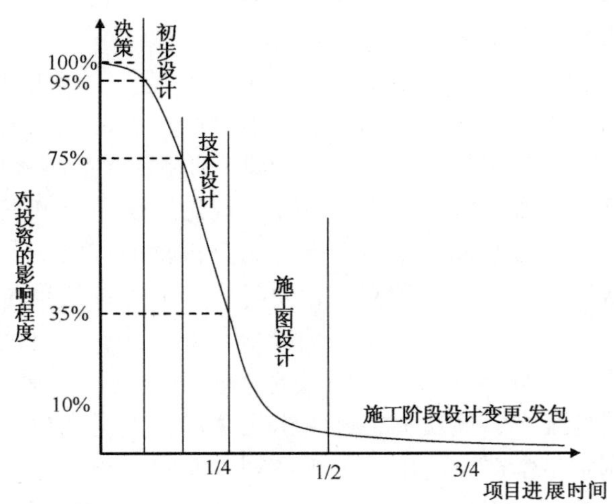

图 4-4　不同建设阶段影响投资程度的坐标图[19]

由以上的分析可知，作为项目建设的前期工作，即决策阶段与设计阶段，对建设费用的多少是至关重要的；同时，应注意到项目实施中的生产活动对建设实际费用的影响同样存在，甚至是比较大的，故也不能忽视项目建设实施过程对建设费用的影响；施工因素、合同因素、业主因素、监理因素、社会因素和自然因素是项目实施后影响建设费用主要考虑的因素。总之，项目建设成本控制的关键是可行性研究和初步设计，作为与大自然接触点多面广的线性构筑物的道路工程，选择的走廊带地形及地质等地理环境与气候等自然环境边界约束条件决定了工程建设规模和道路建设的条件，以及道路使用的效率和服务水平；而初步设计局部方案的研究选择细化和分配了项目建设成本的组成和组成的比例，同样细化和分配了成本控制的风险和风险控制的细节和关键。这些控制或者说影响首先是勘察设计理念的适地、适宜、适时，工程建设理念就是项目的思想，就是项目的文化，就是项目哲学和智慧，就是项目灵魂和生命。因为勘察设计理念影响，甚至决定方案的选择和选择的权重，由此项目建设费用和成本控制的关键就是勘察设计质量的管理和控制，勘察设计理念又是其纲。

施工因素方面，主要跟施工单位有关。施工单位是项目工程建造的直接承担者，施工单位的能力直接影响工程建造费用的高低，为此依法招标选择一个信誉好、实力强的承包人是降低工程建造费用的关键。合同因素方面，合同贯穿于整个建设过程中，合同条款的制定应依法、科学、公正，并与项目建设目标紧密结合，且应当目标明确，责任和风险划分清晰，违约处罚严肃，并具可控和可操作性；项目业主应高度重视建设过程各项招标文件的制定、执行与监督管理，避免因合同制定或执行过程中的失误而造成的索赔或其他经济损失。业主因素方面，业主的机构设置和人员配备应满足项目管理的需要和高效与优质服务的原则，要制定完善的内部管理制度并落到实处；业主对建设项目的管理要依法诚信，并增强合同意识和服务意识，避免因业主工作不到位或乱指挥而造成工程损失。业主要充分发挥其协调多方关系的能力，改善外部建设环境和施工环境，及时搞好项目征迁安置工作，为加快建设速度和降低各项消耗发挥积极作用。监理因素方面，通过依法招标选择实力强、信誉好的监理单位和一批精干的监理人员队伍，将有利于保障工程费用的合理性和准确性，并为降低工程造价创造条件[18]。

社会因素与自然因素的影响不同于以上几个因素，它们的影响具有不确定性。首先，社会因素方面，对于市场因素、法规因素、汇率因素而产生的工程费用的变动，或者偶然事件如沿线群众对工程施工的阻挠等影响。它们具有不确定性，必须通过采取一定的措施来应对。对于第一种情况，既可以在合同条款详细规定调价原则和调价方法，也可以通过事先预测，由业主给予一定费率或由承包人自行测算报价的方式进行风险包干；对于第二种情况，应取得当地政府对工程建设的支持，同时要加强各参建单位的廉政制度建设，并强化参建单位和谐社会的理念，采取措施保护群众利益。其次，自然因素方面，除了设计时考虑当地的地质地形、气候等条件外，还要考虑的就是项目实施过程中的不确定因素。比如南方山区高速公路施工中，地质灾害和洪涝灾害问题尤为突出，因此必须根据自然气候条件与灾害特点，制定科学严密的施工组织计划和避险措施，并将规避自然灾害风险贯穿于工程施工全过程。对各施工项目要强制实行保险，为工程足额投保工程一切险和第三者责任险，最大限度减轻和化解自然灾害风险。

4.2.2 项目成本概述

道路建设项目的成本按其性质，可分为内在成本和外部成本。内在成本是指基建、维修和经营本身的成本，一般而言是可以用货币计量，能以市场价格为基础调整得到的；主要包括两大部分：项目建设期总成本和公路运营成本。外部成本是指项目范围外所产生的成本，通常无需项目承建者负担。其一般是间接的、无形的，可能没有市场价格做比照，也可能无法用货币单位来衡量，需要通过各种估算的方法进行计量；主要涉及项目建设期间和建成后对沿线地区可能造成的各种负效应，如环境污染[20]。此处主要讨论道路建设的内在成本之一——施工项目成本。

施工项目成本是某项工程在施工过程中所发生的施工材料费，构配件、周转料具的摊销费和租赁费，施工机械使用费，支付的人工费，以及施工组织管理发生的费用，即以上全部费用总和。没有低成本，就没有高效益，因此，项目经理部乃至施工企业都把追求提高经济效益作为一切生产经营活动的出发点和落脚点。项目成本必将越来越引起施工企业和项目经理的高度重视[21]。

在市场经济条件下，施工企业作为建筑市场的主体之一，参与竞争，这就要求施工企业提高市场竞争力和社会信誉，讲究投标技巧，提高中标率。近些年，施工企业的竞争重心逐渐由产品质量的竞争向价格竞争过渡，很多企业都通过低价中标以争取市场。因此，施工企业必须加强项目成本管理，才能提高市场的适应能力和竞争能力，通过企业自身的严格管理和技术创新，向管理要效益，向技术要效益，争取获得预期经济效益。

施工项目成本管理是指施工企业结合本行业的特点，以施工过程中直接耗费为对象，以货币为主要计量单位，对项目从开工到竣工所发生的各项收支进行全面系统的管理，以实现项目施工成本最优化目的的过程[22]。施工项目成本管理是企业管理中很重要的基础管理。在我国经常把它划分为相互联系的6个环节，即成本预测、成本计划、成本控制、成本核算、成本分析和成本考核[23]；其中，最重要的是要进行成本控制；而做好成本预测、成本计划、成本核算才能有效地控制项目成本。

近年来，尽管施工企业开始重视成本管理，不断改进项目管理中的一些薄弱环节，但是目前施工企业项目成本管理体系远远没有完善，还存在很多带有根本性的缺陷。例如，目前施工企业在投标阶段仍是按照政府规定的预算定额跳过成本预测直接计算投标价格；投标报价和施工成本核算过程中，经济与技术严重脱节等[20-24]。

4.2.3 项目成本预测、计划与核算

施工项目成本预测是通过取得历史资料，采用经验总结、统计分析及数学模型方法对施工项目成本进行判断和推测[25]。项目成本计划是项目部根据中标合同，进行详细的施工组织设计，优化施工方案，制定降本对策和管理措施，以最经济、最合理可行的施工方案为依据编制的成本计划[26]。项目成本核算是对施工现场成本的核算。其中，项目成本预测是在投标之前，根据现有条件及相关数据等对施工项目成本的预测，为施工企业或项目经理部选择是否对工程项目进行投标提供依据，对编制施工项目成本计划提供数据资料；项目成本计划是在中标后，项目部在项目实施之前所做的成本管理准备工作，它是成本管理的最重要的一步，也是成本管理系统运行的基础和先决条件，直接关系到项目成本管理的成效。项目成本核算是成本管理的关键，也是一项内容繁杂、伴随施工全过程的重要工作。三者在施工项目成本管理中是统一的整体，只有同时做好三者，才可能有效地控制项目成本。

4.2.3.1 项目成本预测

任何计划都是关于未来行动的计划，所以计划中所安排的行动都是以对未来情景和条件的某种预测为前提和基础的，在工程项目进行前作成本预测是很有必要的。合理的报价是企业能否中标的关键。虽然国际通行的 FIDIC 条款讲求的是低价中标，但低价的前提是合理。如果企业一味讲求中标率，而忽视在编制预算和报价过程中的成本概念，那么即使就是中标，也给企业的项目管理运行和追求效益埋下了祸根，所以要进行成本预测。

施工项目成本预测是成本费用事后发生和成本费用事前控制的结合。由于我国施工企业或项目经理部在建筑市场的不规范、建设单位的压价环境中，过去许多施工企业明知工程中标后必定要亏损也要去投标。为了避免这种情况的发生，目前众多施工企业或项目经理部，都极为重视施工项目成本预测。即施工企业通过开展成本预测，科学地确定低成本目标，有针对性地采取控制措施和发现施工项目成本管理中的薄弱环节及问题；并清醒地认识到，“无赢利工程”不能投标，决不干“赔本工程”的决策，摒弃“低价中标”，从而实现低成本目标。

由于企业管理由粗放经营向集约化、现代化管理转变，相应的项目管理方式也要发生改变，而成本预测是现代化成本管理的重要内容。目前，成本预测改变了项目管理由过去的事后算账、报账为项目现代化管理的事前成本预测计划、事中控制核算、事后分析评价。事物发展的普遍规律性告诉我们：任何事物的发展都是运动变化的，静止是相对的，运动变化是绝对的，这是客观规律。因此，项目成本预测要运用变化的观点去分析成本的影响因素，将其置于社会发展之中。尤其是当前受金融危机的冲击和影响，市场萎缩，各种建筑材料的价格浮动比较大，即在进行项目成本预测时要以市场为向导，树立超前的科学创新思维，既要看到项目各种成本费用可降趋势，又要了解和掌握项目成本可能超支的因素，并作出正确的估测。

项目成本预测方法很多，常用的主要以数学模型为工具，定量分析与定性分析相结合的方法，对未来成本情况及其发展趋势进行科学估计。具体如下：

（1）定性预测方法

定性预测方法，是利用已收集到的数据资料，依靠具有丰富经验和分析能力的内行专家，运用主观经验，对建筑施工项目的材料消耗、市场行情及各项成本等，做出性质和程度上的分析和估计，然后把各方面意见综合，从而对项目成本做出预测[22]。

（2）定量预测方法

定量预测也称统计预测，是用于预测和推测未来发展变化情况的预测方法，主要是运用一定数学方法对已掌握的比较完备的历史统计数据进行科学的加工整理，揭示变量之间的规律性联系。常用的定量预测方法有时间序列法、量本利分析法、因素分解法等。因式分解法也可称为定额预算法，由于该方法准确、可靠、可操作性强，是目前大多数施工项目投标报价和成本预测最常用的方法。应用因式分解法时，由于进行项目施工管理活动的前提是工程项目已经确定，在这个阶段，施工图纸已经设计完毕，采用工作量做基数，利用企业施工定额或国家定额进行成本预测的条件已经成熟，因此采用因式分解法（即消耗量X 单价）确定项目施工责任成本就比较合适。但是由于该方法可能会受市场价格变动、工程量计算误差及企业定额差异等的影响，在使用时应注意。

4.2.3.2　项目成本计划

在项目成本计划阶段所涉及的主要是价值合理性的问题。施工项目在市场经济的今天，都是通过竞标而得，而竞争的宗旨是合理低价。合理低价的施工项目必须有切实可行的成本计划，才能保证施工项目微小的利润空间。成本计划的编制源于施工组织设计、技术保证措施及成本降低措施和历年计划管理水平与经验系数，诸如多方因素，加之物价指数上涨，使得计划编制必须要切合实际，便于操作；总之，是“科学＋经验”的编制，考虑综合因素，达到计划科学、合理的目的[27]。换言之，项目成本指标的确定既不能太高又不能太低，要具有科学性。若项目成本指标定得太低，项目成本计划目标就失去了激励和目标吸引的意义。若项目成本指标定得太高，即使项目经理部及其施工人员竭尽全力，也达不到成本目标要求，这样就失去了目标激励的作用；同时也要防止出现偷工减料，忽视工程质量和减少安全管理投入，以及硬拼设备的现象。

此外，项目成本计划应控制在中标合同价内，并将中标合同价的收入分为现场施工费用（制造成本）和企业管理费用及按规定上缴费用三部分。其中，现场施工费用作为确定项目责任成本目标的依据。

施工项目成本计划的内容主要包括施工项目降低成本直接计划和施工项目降低成本间接计划。施工项目降低成本直接计划主要反映工程成本的预算价值、计划降低额和计划降低率。施工项目降低成本间接计划主要反映施工现场管理费用的计划数、预算收入数及降低额。

项目成本计划的降低成本措施旨在实施全面、全员、全过程的控制施工项目成本实现施工项目成本计划中锁定的成本降低目标，主要有以下四个措施[21]。

（1）要加强施工材料采购、运输、验收、保管、发放等环节的管理。据相关统计，施工材料费用占工程总造价的70%，故在施工项目成本计划中要做好施工材料的费用控制。主要通过三个方面来实现：①采购时减少中间环节，选择供料厂家并与其建立长期合作关系，压低采购价格；材料运输时合理选择运输车辆，在采购时尽量选择避免二次搬运的厂家，进而降低运输费用。②材料验收时，确定材料在质量、数量、价格要求。③加强施工材料保管，严防丢失，并节约代用、修旧利废和余料回收，综合有效利用资源，减少消耗。

（2）加强施工机械和机具管理。“工欲善其事，必先利其器”，要正确选择和合理使用机械设备，提高施工机械设备的完好率和使用率，既要加快施工速度，又要加强施工机械设备的维护保养，降低设备使用费用。

（3）要科学、合理地进行劳动力组织，加强技术管理人员及建筑工人的管理知识、施工技术和操作技术的培训，提高技术管理水平和劳动生产率。

（4）要加强工程管理，提高新技术的应用水平。要把现代化管理方法不断应用到施工项目建设中来，特别是把“网络计划技术”应用到工期控制，把价值工程应用到施工材料代替，把系统工程应用到施工安全管理，把全面质量管理应用到工程质量管理，新的施工技术、新的施工材料应用到施工项目，实现施工技术创新。

4.2.3.3　项目成本核算

工程项目成本核算就是要更合理地使用人力、物力、财力，控制固定资产投资效益，以尽量少的物化消耗和劳动力消耗来降低企业成本。其管理重点是项目成本的过程控制，它包括项目部本身为实现成本目标而进行的自我控制和企业为监督项目实施情况而进行的跟踪控制。对于低价中标的工程项目，施工企业必须做好项目成本核算，才能有效地控制项目成本。

因为项目成本核算贯穿于整个施工过程，同时也是调动企业内部各方面积极性的动力和施工企业经济效益的直接源泉，对控制项目成本起很大的作用。所以在实际工作中，项目部负责成本核算的人员应做到以下几点[26]：

（1）全员动员，按照自己的职责和分管工作，相互配合协作，共同完成项目成本核算工作。

（2）建立完整的成本核算台账，对项目成本费用每一笔收、支、结、转账进行登记、计算，收集实际成本数据，作为三算跟踪分析的依据。

（3）三算跟踪分析，将分部分项工程的实际成本与施工预算成本及中标合同价成本进行逐项对比分析，找出差异，针对差异及时发现影响项目成本的原因，对不利因素及时进行调节和限制，确保目标成本的实现。

近20年来，我国建筑先后实施了项目法人责任制、招标投标制和建设监理制，同时建筑技术环境中计算机及网络技术在施工管理中的应用，使建筑市场环境竞争日益激烈，因此，加强项目成本核算也是建筑企业外部经营环境的要求。其中，项目法人责任制明确了项目法人在工程建设中的责任，提高了建筑企业的“寻租成本”；招标投标制有效建立了工程建设的竞争机制，规范了建筑企业工程承接行为；建设监理制促使业主的技术力量与建筑企业平衡，减少了其在施工中以损害业主利益的行为来降低成本的可能性[23]。

4.2.4 项目成本控制

施工项目成本的控制直接关系到项目的经济效益。首先分析一下项目经济效益的来源，主要有以下几个方面：①招投标阶段，做好投标前的各项工作，采取必要的投标技巧，获得一个比较满意的合同价，为项目增收铺好路。②合同谈判，明确合同中的工期要求、技术要求、质量要求、违约责任，特别要注意成本风险的转移和分担，同时应选择信誉好的合作伙伴签约。③施工索赔，承包方竞争的结局一般均为低价取标，索赔是一种保护自己、维护自己正常权益、弥补损失、增加利润的手段，也是创造更大效益的有效途径。④节支，在整个施工过程中，充分发挥自然的特长并加强施工企业的管理，尽量地减少成本消耗。

通过以上对项目经济效益来源的分析，“低成本、高效益”，因此可通过提高效益的途径来控制项目成本。除了上面所介绍的通过项目成本预测、成本计划和成本预算来控制项目成本外，还要加强合同管理，把握和利用施工索赔机会，以及事后纠偏控制。

项目成本预测与成本计划是充分分析投标报价过程，对中标的施工组织设计、施工方案不断优化，多方案对比，反复挖潜降本，合理配置生产要素，企业内部隐性效益的挖掘等，使施工方案达到最佳可行状态，在招投标阶段对成本进行预控，使经济效益有更大的空间。项目成本核算是在整个施工过程中，通过加强对每一个施工环节的管理，使人力、物力、财力等的消耗降到最低。

合同管理是建筑市场管理的核心工作，从经济角度考虑，则主要是从施工索赔方面来控制成本提高效益。在实施 FIDIC 条款合同成员国中，一项重要的经营策略即是加强合同管理，把握和利用索赔机会。首先，投标前，承包商要考虑工程设计与施工图纸的完整性，不同专业工程设计的是否协调和合理，可索赔的条款、技术与规范、标准有何漏洞[23]，并对实施清单计价后的投标文件一一了解。其次，中标后，成立专业的索赔小组，从自身角度和全方位考虑，分析和掌握全部合同文件，有预见地避开可以防范的风险，并在平时注意搜集资料，及时抓住对承包商索赔有利的机会。

事后纠偏控制则是对已经造成成本偏差后所采取的措施，要寻找偏差产生的原因，并且针对发生偏差的原因，采取切实可行的纠偏措施加以纠正，避免在日后的施工中再出现类似偏差，另外在工程结束后尽快组织人员进行结算和催收工程款。

总之，施工项目成本的控制除通过招标和市场竞争降低建安工程造价外，还有以下几个途径：①及时完善和优化设计不合理的分部分项工程，以及论证和审批变更工程的方案。②加强对工程计量支付的审查与把关，防止虚报冒领。③加强对隐蔽工程检查求证与对现场工程量确认的管理。④重点加强工程变更的管理和费用控制，尤其是桥涵基础工程、软基工程、隧道支护与衬砌工程、高边坡防护加固工程均应作为控制的重点。⑤加强合同与履约管理，预防违约与承包商索赔事件发生。

4.3 道路建设与区域经济

4.3.1 区域经济发展内涵

道路交通作为沟通生产、分配、交换和消费的流动载体，是区域经济发展诸多影响因素中非常重要的一个；在区域经济发展过程中，道路交通扮演了非常重要的角色。道路建设拉动了区域经济增长，同时区域经济增长又反过来对道路建设提出了新的要求，因此在研究二者关系之前，要先搞清区域经济发展的内涵。

从一般角度来看，所谓区域是根据一定的目的和原则而划定的地球表面的一定范围空间，是因自然、经济和社会等方面的以内聚力而形成的历史生产综合体，并具有相对完整的结构，能独立发挥功能的有机整体。

区域经济是相对于国家经济而言的，它是一个国家经济的空间子系统。具体来说，区域经济是一个系统的概念；区域经济是以不同等级的地域单位为基础，按照社会劳动地域分工的原则，在充分发挥本区域优势的基础上建立起来的具有地域特色的地域性经济，是某一特定区域内经济、社会活动及相关关系的总和；反映了不同地区内经济发展的客观规律以及内涵和外延的相互关系。相对于国民经济和部门经济而言，区域经济具有地域性、中观性、相对开放性和非均衡性四个明显的特点。

区域经济增长与区域经济发展是两个不同的概念，它们之间既有联系也有区别。区域经济增长是指特定区域总产出量的增加以及产出能力和水平的实际提高，其实质是规模不断扩大的社会再生产过程和社会财富的增值过程。可以用不同的方法来衡量经济增长，最常用的方法是采用反映经济活动的某种综合性指标来计量经济增长的水平和速度，如社会总产值、工农业总产值、国民生产总值或国内生产总值、国民收入等。

区域经济发展是指一个国家或地区不断进步着的经济演化过程；不仅是特定区域经济的增长，同时还是伴随着经济结构、社会结构、政治结构及观念意识的变化或变革的持续的经济成长过程；其基本要素包括经济增长、结构变迁和福利改善等。可见，区域经济发展实质上是区域内社会经济技术由旧的组成和结构向新的组成和结构发生本质变化的过程。

由以上概念可知，区域经济增长与经济发展有着密切的联系。从最一般的意义上看，区域经济增长是区域经济发展的基础，是社会进步首要的必要的物质条件，区域经济发展是经济增长的结果；区域经济增长是战术，而区域经济发展才是人们从事经济活动的战略；没有一定幅度的经济增长，也就无所谓经济发展。对于同一时期的不同国家或地区，从横向上看，有的以经济增长为主，有的以经济发展为主；从时间纵向上观察，每个国家或地区都会先后不一地交替经历着经济发展为主的时期和经济增长为主的时期。因此，经济增长和经济发展是互相联系，共同作用于区域经济运动过程之中。

同时，区域经济增长与区域经济发展也有着巨大的区别，主要归结为四个方面：从性质上看，经济增长表现的只是量的增长，而经济发展还包含着质的飞跃；从范围上看，经济增长只指经济增量的持续增加，而经济发展的内涵更为深刻，不仅包括经济结构的改进或优化、经济质量的改善和提高，还包括了特定区域内人民的传统文化、价值观念和社会习俗的变革；从原因上看，经济增长是由于生产效率提高的结果，而经济发展的原因更多，不但包括了这些因素，而且还包括了产品构成的变化和生产过程中各种投入量所作贡献的相对变化等；从时间上看，经济增长是一个静态的结果，而经济发展是具有连续和渐进特征的动态过程[28]。

衡量区域经济发展的指标很多，目前常用五个方面的内容作为区域经济发展的基本标志，分别为：经济总量、城市化水平、产业结构状况、环境优化程度和创新能力。

1. 经济总量

经济总量是指经济发展的总体规模及程度，反映了区域经济发展的水平。目前常用GDP(国内生产总值)来衡量区域经济总量，其中GDP所涉及的经济活动是实实在在的，是一个国家(或地区)所有常住单位在一定时期内生产活动的最终成果。一般来说，国内生产总值有3种形态，即价值形态、收入形态和产品形态。

2. 城市化水平

城市化水平是区域经济发展的重要特征之一。所谓城市化是指在经济发展过程中人口、社会生产力不断由农村向城市集中的社会进步过程。而区域经济发展在空间结构上是由中心城市为骨干形成的经济中心、经济腹地和区域经济联系网等这些有形的物质基础构成的，其自然基础是地理环境构造；特别地，中心城市及其城镇体系是区域社会发展重心的一个关键因素。此外，城市化水平是区域经济发展的重要特征，主要体现在以下两个方面：

第一，任何区域城市化的产生都是经济发展到一定程度时的必然产物。

第二，城市化水平随区域经济发展而逐步提高。即同区域的经济发展水平及城市化水平存在对应关系，经济发展越快的时期城市化速度也越快，经济发展水平越高的时期城市化水平越高。

3. 产业结构状况

产业结构并不是人类社会一开始就存在的，而是以经济发展为根本前提，并且随着经济发展水平的提高而不断变化的。人类社会历史上，共经历了三次社会大分工，形成了三大产业，即第一产业(农业)、第二产业(手工业分离出来)、第三产业(商人阶层出现)。从经济发展客观规律看，人类社会的经济首先是农业经济，第二、第三产业的发展要以农业经济的发展来支撑，第三产业的产生与发展又要以第一及第二产业的发展为基础。一个区域由落后经济走向发达经济的过程，一般要先后经历如下四种产业结构模型：Ⅰ>Ⅱ>Ⅲ、Ⅱ>Ⅰ>Ⅲ、Ⅱ>Ⅲ>Ⅰ、Ⅲ>Ⅱ>Ⅰ(Ⅰ表示第一产业、Ⅱ表示第二产业、Ⅲ表示第三产业)。

4. 环境优化程度

环境是相对于某一个中心事物或过程而言的，区域经济所赖以发展的环境主要是指直接或间接影响区域经济发展的外部空间、条件和状况，具体可以归纳为自然环境、社会政治环境和教育科技环境等方面。其中，自然环境的优化程度在很大程度上决定于经济发展水平，同时也标志着区域经济发展状况；不断优化的经济环境是经济发展的客观要求和必然结果；教育科技环境的发展与优化水平也体现着经济发展的状况；以政治稳定、区域经济效果、政府管理经济职能、立法执法及社会保障体系等为主要内容的社会政治环境的优化程度与区域经济发展的状况有很大的相关关系。

环境的变化和改良程度与区域经济发展状况有着密切的关系，区域经济的发展会直接或间接地提高环境改良的程度，而环境的改良与优化又反过来推动区域经济的进一步发展。因此，许多环境因素的优化程度对区域经济的发展具有明显的标志性作用。

5. 创新能力

区域创新是区域经济发展的强大动力，是提高区域产业竞争力的关键。发展区域经济必须开展区域创新，区域创新是应区域经济发展的需求而产生并发展起来的。此外，区域创新可以凭借其创造性、整合性和开放性，通过优化配置和集约利用各种资源，并将知识经济要素转换为区域发展主导因素，激发经济发展的活力，提高区域产业的竞争力，促成可持续发展目标的实现。

4.3.2 公路建设促进区域经济发展

道路交通运输作为生产过程中的一种要素投入，是经济发展的必要条件，通过道路交通干线将两边的城市和地区联系起来，使流动资本从某一个地区释放出来，而在另一地区作为固定资本产生更大的效益。此外，交通运输是区域社会基础产业中最重要的组成部分之一，是区域各项产业发展的基础条件，是区域投资环境的主要构成主体，也是区域经济规划不可缺的重要内容。在目前市场需求潜力巨大、居民出行和运输条件要求日趋改善的情况下，建设公路主骨架，发展公路运输大通道成为一项非常重要的任务，特别是我国以公路交通运输为主的西部地区，公路交通建设尤显重要而迫切。因此，在众多基础建设中，公路建设成为拉动国民经济、扩大内需、促进综合运输体系协调发展等的重要动力，且公路建设对区域经济发展的影响迅速、深刻又长远。区域经济圈形成的逻辑过程如图 4-5 所示。

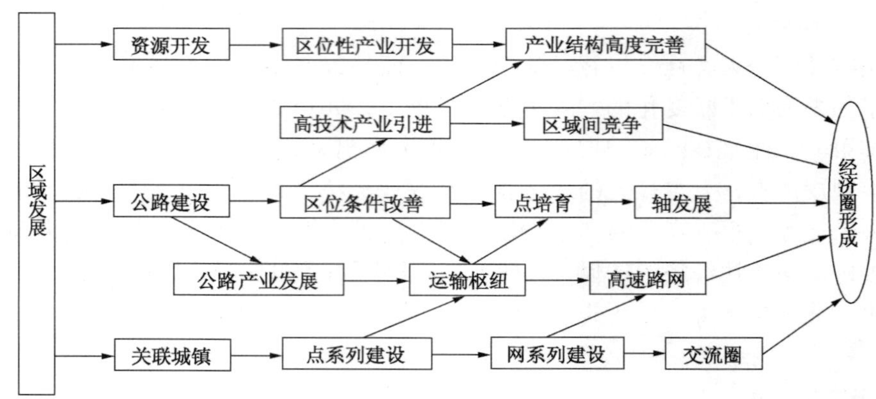

图 4-5 区域经济圈形成的逻辑过程[29]

具体而言，公路建设促进区域经济发展的表现形式主要有以下三个方面。

1. 拉动区域经济增长

公路建设对国民经济的促进作用可以分为两个阶段。

第一阶段是公路建设期间。首先是公路投资建设活动本身，公路建设项目投资额大，投资可以增加国内生产总值、直接带动经济的增长。其次是公路建筑活动过程本身会产生工资、利润、折旧和税金等增加值，且公路建设单位各种生产要素的收入或者说公路建设产生的增加值可以直接构成生产活动的最终成果。据有关专家分析计算，每亿元公路投资的人工和主要材料投入如下：沙石 15 m^3，木材 0.04 万 m^3，水泥 1.17 万 t，钢材 0.1 万 t，沥青 0.14 万 t，人工 45 万个工日(约相当于 2000 年就业岗位)。这只是公路投资直接带来的就业机会，而为公路建设直接和间接提供产品的各部门因公路投资相应带来的就业机会是公路建设的 2.4 倍。据测算 1998 年我国对公路建设投资从年初计划 1200 亿元增加到 1800 亿元，可带动 GDP 增长 700 多亿元，增长速度提高 0.31 个百分点，需使用 170 多万 t 钢材、70 多万 m^3 木材、2 亿多 t 水泥、220 多万 t 沥青，这将使大量的企业生产有一定保证，同时还可提供约 300 个就业机会[30]。

第二阶段是公路建成通车后。该阶段对经济增长的促进作用一般包括以下两个方面：一是道路条件改善带来的直接经济效益。如行驶里程缩短产生的运输效益；运输成本降低产生的节约效益；行车速度提高、时间减少产生的时间效益；拥挤状况缓解、车流增多产生增流效益；货损率下降产生的减损效益及交通事故减少。二是在上述直接经济效益的影响下派生出的间接效益。如高速公路产业带的产生作为高速公路开发“筑巢引凤”的结果，吸引了新产业、企业的聚集，对区域经济增长有很大的主导和辐射作用；公路建设后使社会对汽车需求增加，带动相关联的石化，机械、橡胶、仪表等行业的发展等。由以上可以看出，直接经济效益建立在微观经济活动基础之上，而间接经济效益则隐含在宏观经济运行之中。后者与前者比较而言，持续时间更长，对经济发展的促进作用也更大。

如前所述公路交通建设投资将产生连锁效应。对公路交通进行建设，不仅能够使所在地区增加就业人员和工资收入，还能提高人民的收入和生活水平。有人曾分析，公路交通建设的投资乘数约为 2.63(由投资增加引起的 GDP 增加的倍数为投资乘数)，公路交通建设的最终累计社会总产乘数约为 7。即如果增加 100 亿元公路投资，最终将带动社会总产出

700 亿元，可见公路交通投资对经济增长的贡献是相当高的[30]。

2. 调整与优化区域产业结构

随着全球经济的一体化和日趋激烈的各国综合实力竞争，通过结构调整和优化实现高质量增长已成为经济增长的重要手段。而公路交通可以打破地区的封闭性，尤其是高速公路产业带的出现和发展加强了地区经济结构的内部调整和对外联系，并且在很大程度上促进了地区经济结构的调整和优化。下面通过杭甬高速公路这个实例来具体说明。

杭甬高速公路连接浙江省北部的 3 个重要城市，西起杭州，经绍兴，东端终至宁波。这三个城市的区域经济是浙江省经济的重要组成部分。2000 年，三市 GDP 合计占全省 GDP 的 55.3%，三市经济的整体增长速度高于全省平均水平。1996 至 2000 年间，三市 GDP 年平均增长率达 12.7%，超过同期全省 11.4% 的增长速度。统计数据显示，三市从业人员在第一产业中的比重逐年下降，在第二产业、特别是第三产业中的比重不断上升。杭甬高速公路通车后，三市第三产业的比重从 1996 年 25.6% 增加到 2000 年的 29.1%，增加了 3.5 个百分点。三市的 GDP 产业结构也发生了类似的变化。1996 至 2000 年，三市第一产业比重从 10.9% 下降到 8.3%；第二产业比重从 55.8% 到 55.1%，略有下降；第三产业比重则持续上升，从 33.2% 增加到 36.6%，高于全省平均水平 36.3%[31]。

由以上例子可以看出，杭甬高速公路的建成不仅促进了沿线地区经济增长，最重要的是产业结构发生了变化，沿线地区的就业人口由第一产业向第二产业、第三产业转移。具体来说，即高速公路弱化了地域限制，扩大了供给和需求圈，高速公路产业带产业结构的动态调整空间扩大，生产要素如农村剩余劳动力转移到非农产业，产品如农产品转向以经济效益好的农副产品为主。因此，公路的建设和运营，将会大大促进沿线地区土地资源及农、林、牧、副、渔资源和矿产资源等的合理利用向深度和广度进军，并且可以推动本地区乃至其相关地区的劳动力由农村向城镇、由农业向工业、由第一产业向第二、第三产业转移，促使科技含量和附加值含量高的产品大幅度增加，从而影响整个地区产业结构的变化和改善；三大产业结构正由“正金字塔形”转变为“倒金字塔形”，有利于区域产业结构的调整和升级，形成更为合理的生产地域分工格局，加快工业化和现代化进程。此外，公路建设涉及大规模公共投资，政府可以运用公共投资成功地进行区域间的再分配，通过增大内需、激活区域经济，形成内需主导型的产业经济结构。

3. 加速城市化进程，促进区域范围内的社会进步

古语云：“天下商埠之兴衰，是水陆舟车为转移”。从古至今，城市的发展都是伴随着交通运输的发展而发展的。其中，古代城市大多在大道交叉点、内河或航运的起讫点和水陆交通衔接点上发展，而近代城市的发展也无不同近代交通事业的发展共生共荣。

城镇或城市是物资及人员的集散地，是社会劳动力分工与商品经济发展的产物，需要方便的交通运输条件，而良好的陆路运输条件是促进城镇发展的条件之一。公路交通干线建成后，为使其充分发挥集散功能，必然要在沿线一些条件优良的地点建设不同等级的车站及相应的服务设施，以满足旅客、沿线货物在不同地点的集散要求及增进各地点间相互联系的需要，通过改变原有城市或地点的经济地理位置，开发当地资源，促进商贸；而作为影响沿线城市形成和发展的重要因素，车站的性质、分布密度、规模、客货流量及流向连接干线方向数等，使得新城镇迅速形成，工商业活动振兴，原有城镇进

一步扩大，形成公路交通枢纽，大大加快了沿线地区的发展和城市化进程，提高了区域内的现代化程度。

此外，公路建设促进了区域经济的增长，在增长速度快于人口增长速度的情况下人均收入会增长。公路连接着发达与发展中地区，人均收入的提高则会减轻贫富两极分化，促进社会分配的良性发展；且公路产业带的出现符合经济学研究的两个终极目标，能带动社会进步和经济增长。其中，推动经济增长在前面已经讨论过，而带动社会进步主要体现在两个方面：首先，公路产业带吸收并利用外部的先进科技成果及管理经验，从而造就了一批高素质人才，为经济带乃至整个区域创造更多的人力资本，间接提高了当地教育水平；其次，经济的增长可以促进当地教育事业的发展，提供更多的教育机会，使区域内人民摆脱落后观念的束缚，获得先进的知识和理念。

古云："天下商埠之兴衰，是水陆舟车为转移"。在此让我们以百年前建设的滇越铁路交通对云南经济发展的影响阐述区域经济、城市的发展与交通事业发展的共生共荣。

1910 年 3 月 10 日滇越铁路全线竣工通车后，法国人柏顿认为："不仅云南全省商务为法人所掌握，而且云南政府也在巴黎政府掌握之中"。法国通过滇越铁路直接控制了云南对外的交通命脉，导致云南半殖民地化加深，加速了云南自然经济向商品经济转化和走向半封建、半殖民地的进程，对云南社会产生了极大影响。交通方面，昆明到香港行程从 2 个月以上缩短为 1 周，9 天可达上海。经济方面，滇越铁路把河口、蒙自、昆明三个通商口岸连在一起，沿线个旧的锡、弥勒的红糖、宜良的大米等运送到省外和国外，加速了商品经济的发展。与此同时，中国的第一座水电站——石龙坝电站的发电输电设备、云锡公司等引进的机器设备和技术人员等均通过滇越铁路运来，促进了云南近代工业的发展。人民生活、社会风俗方面，铁路通车使大量洋货涌入，昆明街头法式建筑的医院、教堂、商店、住宅林立，电灯、电话、自来水、汽车进入了一部分人的生活，看电影、穿西装、男女同校、鞠躬礼代替了跪拜礼也渐入民俗，使人民的生活和思想观念发生了转变；促使云南成为中国对外开放最早的地区之一，昆明从一个封闭的边陲都市一跃而成为与资本主义经济体系发生直接联系的前沿城市。

用作家的话来说，一个交通项目能"把这原是村姑娘面孔的山国都市，出落成一个标致的摩登小姐"。

4.3.3 公路建设与区域经济协调发展

党的十六届三中全会明确提出的科学发展观，其本质上就是一种协调发展观，是指导公路交通建设与区域经济实现协调发展的理论基础。所谓协调发展，就是促进各系统发展的均衡、协调，充分发挥各要素的潜力和优势，使每个发展要素都能满足其他发展要素的要求，发挥整体功能，实现经济社会均衡、持续、健康发展，坚持统筹兼顾，在经济发展的基础上促进社会全面进步，在合理开发利用资源中实现人与自然的和谐相处，促进经济社会可持续发展，即协调发展是可持续发展的基本前提。而可持续发展以经济发展为前提，公路交通系统作为区域经济环境大系统的一个人工环境系统，我们可以用协同学理论研究其与区域经济的关系是如何发展。

协同学理论是由德国物理学家哈肯教授于 1973 年创造出来的。它的形成进一步揭示了系统自组织演变的产生和过程，且应用范围很广，不仅适用于自然界，同样也适用于整个人类社会经济系统，主要讨论了大系统中各个子系统之间相互作用时对整个系统所做的贡献。在我国区域经济不断向前发展的过程中，各个行业部门之间的发展都存在一定的关联，且共同构成了整个区域经济的发展；反过来，区域经济整体的发展趋势也影响各个行业部门的发展。同样，公路交通作为区域经济大系统中的一个子系统，它必然与其他子系统相互关联。要使整个系统达到最优，则需要公路交通与区域经济实现协调发展。其中，公路交通与区域经济协调发展框架图如图 4-6 所示。

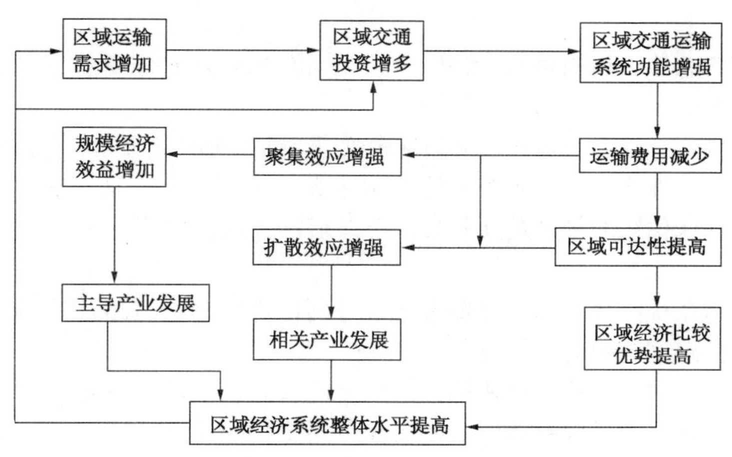

图 4-6　公路交通与区域经济协调发展[29]

由上图可看出，公路建设与区域经济之间是相互影响、相互制约和相互促进的。其中，公路建设已成为经济发展的推进器，区域经济发展离不开公路运输的强力支撑，且公路建设的建设规模和现代化水平要受到经济发展条件的制约，并最终服务于社会和经济。反过来，公路交通建设也会影响区域经济的发展，这种影响既是间接的，又是直接的。因此，公路与区域经济发展的协调性，必须把握彼此的协调发展趋势。

由于公路交通在国民经济中占先导地位，公路网的发展速度应超前于国民经济的发展速度；但是公路交通的发展速度也不是发展越快越好，而是既要与其他产业发展相适应，又要符合公路网自身的发展规律。因此，要实现公路建设本身的协调性，即公路建设本身的可持续发展。公路交通的可持续发展是公路交通发展在满足社会发展对其更高要求的同时，保证自身发展及社会大系统发展可持续性的实现，以期达到公路交通与外部环境之间的长期动态协调发展，即公路交通与经济、社会、资源和环境之间的动态协调发展。主要考虑以下五个方面的可持续发展：①公路交通与经济的可持续协调发展；②公路交通与土地利用的可持续协调发展；③公路交通与社会的可持续协调发展；④公路交通与资源利用的可持续协调发展；⑤公路交通与环境保护的可持续协调发展。公路交通与上述因素是双向关系，互为影响，且各因素之间也存在相互影响、制约关系。公路交通只有与这些外部因素协调好，才能持续发展。

公路交通与区域经济发展相协调是指公路交通系统内部的各个方面与区域经济发展的各个方面相互协调一致，提高可持续发展的能力。当前我国区域经济增长模式、经济结构及产业结构都发生了重大变化，因此公路建设也必须保持与其他行业、与整个区域经济发展同步。我们认为公路建设与区域经济协调发展的内涵包括以下几个方面：

（1）与人口规模及结构、现代化、城市化水平相协调：区域公路及其网络的建设必须与该区域的人口的分布、城镇、大型厂矿的布局和农副业产业基地、经济带的趋向相适应，还应注意与农村公路网建设相结合，促进城乡一体化发展。

（2）与区域经济发展的综合实力及区域经济结构协调：公路交通建设资金使用要合理，要保证有效地支持该地区经济的可持续发展。区域的产品结构、产业结构与公路的功能相适应。

（3）与区域的总体规划相协调：路网的建设与布局必须充分考虑与土地利用规划和城镇体系规划这两方面因素的协调。

（4）与交通区位、资源相协调：交通区位实质上是一种"交通资源"，就像建设一个矿区，其位置、规模、性质必须和矿源的情况相适应一样；一个区域公路及其网络的建设必须符合该区域交通区位线的等级及其分布，还必须符合该区域的资源（包括环境资源）分布状况。

（5）公路交通系统内部协调：还要考虑公路网内部各等级道路及其相互间的关系保持合理比例，实现公路网结构的内部协调。

（6）与区域的综合运输状况相协调：区域公路及其网络的建设必须与该区域其他交通运输方式的发展程度及布局很好地衔接和配合[31]。

此外，我们对公路建设要有一个正确的认识，一个地区的经济发展水平和实际需要才是修建公路的真正前提。只有将公路的作用最大地发挥出来，公路才能真正成为区域和谐发展的助推器。具体为：①公路的建设要以地区经济发展到一定阶段为前提，因为公路的耗资特别是高速公路的耗资及后期维护费用很高，所以要考虑当地的经济是否能够承受公路高昂的造价。②公路建设要以实际需求为前提。③高速公路建设要以便民、利民为前提。④公路的道路质量要综合考虑地方情况，在保证满足运输需求的条件下最大限度地节约建设成本。

4.4 道路建设决策原则

工程活动从头到尾需要不断地解决工程活动问题，而问题的答案具有非唯一性，因而答案选择的决策占据重要的作用。决策不是简单的取舍，而是在技术、经济、安全、环保、群体利益等方面的权衡、协调和优化。因为任何时代整合的资金、时间、材料、地理空间等资源皆有限，需要用最有效的方法来分配使用有限的资源，并且尽可能减少消极的后果，将积极最大化。

道路工程同时具有社会公共产品的属性和公益事业的特征，既区别于一般的商品经济活动和商品，又区别于公益事业活动和公共产品。由于在不同国家、社会发展的不同时期，道路工程受到经济条件的影响和国家经济政策的制约均不同，因而，道路工程的经济性与公益性之间的百分线存在两者之间移动。道路工程的构建活动过程的决策思维应该是辩证的，是一种权衡优化妥协的哲学思维。利用辩证的决策思维，并通过决策过程中的优化、协调以及构建社会满意度的原则，来提高具有公益事业和经济活动双重属性的道路工程构建活动的信价比。

4.4.1　道路建设决策的优化原则

最优化原则是决策的最主要原则，但在实际应用过程中，很多问题不存在最优解，或无法求出最优解，因此需要按照“满意优化”的基本原则，找出满意解、可行解甚至非劣解[32]。

道路建设项目的建设意味着国家巨大建设资金的投入，因此决策的核心内容是在指定的预算资金和其他资源约束下，寻求最优建设方案，使得效益目标最大化。一般而言，根据路网路线功能的层次划分和路线交通量的分配结果，就能确定道路建设项目的性质和拟建等级。但是，由于建设能力和资金投入的限制，不可能满足所有的建设需求的情况下，需要决策者对各路线（段）根据其迫切性和重要度进行排序。

道路建设项目的序列安排，主要考虑路线的地位、功能以及所承担的交通量大小，同时要兼顾所需投资大小等因素的影响，因而是一个复杂的问题。此外，项目重要性程度涉及经济、技术和环境诸多方面的复杂问题，须建立一套全面的、多方位的评价指标体系，从不同层次、不同角度反映目标的优劣[33]。

对于一个路段（或一条路线），建设与否的因素是很多的，且各因素之间存在着十分复杂的关系；所以在选择评判指标时，没有必要对每个因素都同等考虑进去，主要选择几个能反映道路建设紧迫性及经济性的指标即可。通过模糊数学原理，根据这些指标值的大小，建立整体投资决策优化模型，同时结合实际情况进行修正，来作出各规划期的道路建设项目序列安排，以防止建设决策的随意性、盲目性和低效益。具体指标为[34]：

（1）路段重要度，它反映了该路段在公路网中所处的地位。

（2）路段饱和度，它客观反映了路段的交通负荷程度；其值越大，表明该路段的建设越迫切。

（3）路段建设的易行度，反映该路段建设的经济性和难易程度。

（4）路段行政级别系数，从功能、作用反映公路建设项目的迫切性。

在排序时，虽然对紧迫度值大的路线（段）应予以优先考虑，但是受社会经济发展情况和领导人员的决策偏好影响较大，不是单靠数学模型定量计算所能完成的。因此，为了有效地利用建设资金，在实际工作中，应征求有关专家的意见，并充分重视有关方面信息的反馈，及时进行相应的跟踪调整，最后需对整个道路网建设进行投资优化，才能取得满意的结果。

4.4.2　道路建设决策的协调原则

众所周知，道路是国家重点基础设施之一。它的兴建，可以促进沿线物资、信息交流及地区的经济发展，但是道路的修建同时也会对自然界和社会带来不利影响。因此，为实现道路建设长远规划，促进与资源、环境、经济的协调发展，必须将其作为一大系统工程考虑，坚持可持续发展战略，重质量、讲效益、造福子孙后代[35]。

道路建设对社会环境和生态环境的影响主要表现在[35-38]：

（1）工程位置对环境的影响。道路路面和道路边界对自然生态环境的侵占，使得自然生态系统面积减少，植被覆盖率降低，原有土地利用方式（如林地、草地和湿地）转化成为人工裸地，破坏土壤结构和肥力。

（2）施工对环境的影响。工程施工期间，机械化施工的噪声以及气候干燥季节施工的粉尘污染严重影响周围环境；工程活动扰动了大自然原有的生态平衡，往往诱发各种环境自然灾害的发生，如崩坍、滑坡、地面沉降、水土流失、河道堵塞、泥石流等。

（3）营运对环境的影响。道路通车营运期间，环境污染集中表现为机动车废气和噪声，特别是随着机动车辆进入家庭，城市交通噪声、大气污染有增无减，带来极大的危害。

“保护环境的实质就是保护生产力”，这是江泽民同志在第四次全国环境保护会议讲话中提出的。这句话科学地揭示了保护环境与保护生产力之间的辩证统一关系，包含两层意思：首先，保护环境就是保护生产力中最活跃的因素——人；其次，保护环境就是保护生产力中另一要素——资源。在道路建设过程中，不可避免地会对社会环境和生态环境造成一定的影响，此时则要求决策者们提高认识、转变观念，从保护生产力的角度去认识和做好环境保护工作，在优化道路建设方案的同时，从促进发展和保护环境相统一的角度审视其利弊，使对立着的矛盾转化为和谐的统一，顺应自然规律，作出决策[37]，使道路建设与环境保护协调发展。

4.4.3 构建社会满意度

道路建设的目的就是为社会提供安全、快速、舒适的运输通道以及满足相应的服务交通量。为了达到这一目的，建设项目应具有良好的工程质量、精心的养护和运营管理。而道路建设的社会满意度具体反映为道路服务水平，即道路使用者从道路状况、交通条件、道路线形、景观与环境方面可得到的服务质量或服务满意程度，如可提供的行车速度、出行时间与经济、安全、舒适、方便等方面的服务程度及实际效果[39]。

随着国民经济的发展，人们对安全、快速、舒适和美观的交通服务提出了越来越高的要求。因而，道路的设计、工程质量以及运营后的养护管理也越来越重要。

其中，道路交通安全是一个世界性的问题，同时也是道路使用者最为关心的一个话题。随着我国城市化程度的提高和机动化水平的发展，交通事故不断增加。从交通事故的统计和分析来看，虽然造成交通事故的原因是多方面的，如人（驾驶员、行人）、路（道路状况、几何条件）、环境（气候条件、道路环境）等，但是道路设计的合理与否是关系到道路安全性的根本问题[40]。因此，在道路设计过程中，在我国现行的规范标准基础上，需借鉴国外先进的设计理念和技术，针对不同道路、不同路段的不同特点给出切合实际的设计方案，确保驾驶员能沿着路线以他们期望的速度行驶。

为了进一步提高道路的安全性、舒适度、美观度及服务水平，道路运营后的养护管理必不可少。在一定意义上，道路建设是积极的发展，养护管理则是永续发展。只有重视和加强道路养护管理，通过养护尽最大努力延长道路使用寿命，通过管理最大限度地增强现有道路设施的效率[41]，才能更加有效降低资源的消耗、资金的投入，同时提高道路使用者对道路服务水平的满意度。

参考文献

[1] 郗恩崇．公路经济学[M]．北京：人民交通出版社，1999.
[2] 巩莉莉．浅谈公路建设项目的投资与融资[J]．经济研究导刊，2009，(27)：64-65.
[3] 李伯聪．工程哲学引论[M]．郑州：大象出版社，2002.
[4] 袁建波．公路经济学教程[M]．北京：人民交通出版社，2002.
[5] 安维复．工程决策：一个值得关注的哲学问题[J]．自然辩证法研究，2007，23(8)：51-55.
[6] 李杰．道路工程经济分析与决策[M]．北京：人民交通出版社，1995.
[7] 史小丽，石勇民，王选仓．公路项目投资决策指标体系与评价方法[J]．长安大学学报(社会科学版)，2008，10(2)：16-21.
[8] 杨杰，张琳．工程建设项目投资决策方法分析[J]．山东省青年管理干部学院学报，2010，(3)：104-106.
[9] 张晓波，田千喜．投资决策理论综述[J]．企业家天地・理论版，2008，(4)：3-5.
[10] 鲍学英，赵延龙．基于实物期权法的项目经济评价研究[J]．兰州交通大学学报，2009，28(3)：22-24.
[11] 马晓国，李宗植，翟铁华，等．实物期权法在投资项目决策中的应用[J]．工业技术经济，2005，24(1)：120-122.
[12] 程晓慧．公路建设项目经济评价探讨[J]．贵州科学，2007，25(增刊)：304-307.
[13] 李硕，陈祥，陈明．浅谈公路建设项目经济评价分析[J]．交通与运输，2005，(Z1)：55-59.
[14] 蔡成祥．公路工程经济分析[M]．北京：人民交通出版社，1995.
[15] 毕瑞锋，刘鲁生．公路建设项目经济评价与分析[J]．黑龙江交通科技，2009，(8)：180-181.
[16] 王震宇．浅析建设项目费用控制[J]．全国商情・经济理论研究，2005，(4)：78-79.
[17] 易滨华．道路建设工程设计前期工作和费用和控制措施[J]．中国市政工程，2010，(1)：46-41，50.
[18] 林明庆．山区高速公路建设费用控制[J]．中国公路，2007，(16)：92-93.
[19] 柴志刚．工程建设项目设计阶段投资控制研究[D]．天津：天津大学，2007.
[20] 孙芸．公路建设项目的成本与效益[J]．江苏交通，2002，(11)：28-29.
[21] 杨俊刚，刘静宜．对加强施工项目成本管理基础工作与施工项目成本计划控制的思考[J]．2009，(2)：16-17.
[22] 柳兆印．深度探讨建筑施工项目成本计划管理[J]．科技资讯，2009，(32)：118.
[23] 葛岸丽．施工项目成本核算的管理[J]．企业导报，2010，(3)：98.
[24] 雷尔宁．道路工程项目成本管理浅析[J]．工程与建设，2009，23(3)：428-430.
[25] 邓慧丽，刘蕴新．浅议施工项目成本预测[J]．建筑与预算，2009，(2)：17-18.
[26] 涂石裕．浅谈工程项目施工成本与效益管理[J]．广西城镇建设，2009，(1)：122-123.
[27] 程华平．谈施工项目成本计划与成本控制是项目管理的必要手段[J]．黑龙江科技，2004，27(8).
[28] 武友德，潘玉君．区域经济学导论[M]．北京：中国社会科学出版社，2004.
[29] 孙雪花．公路交通与区域经济协调发展评价研究[D]．长沙：长沙理工大学，2009.
[30] 崔莹．公路建设与社会经济协调发展评价研究[D]．北京：北京工业大学，2004.
[31] 崔先华，任远，杨静，等．高速公路建设对区域经济发展的影响分析[J]．交通运输系统工程与信息，2005，5(5)：78-83.
[32] 喻翔．高速公路路面养护管理系统决策优化的研究[D]．成都：西南交通大学，2005.
[33] 曲大义，王炜，邓卫，等．层次分析法在公路网规划建设项目排序中的应用[J]．公路交通科技，2000，5(17)：102-106.
[34] 王秉刚，周伟．公路建设项目的模糊排序和投资决策优化[J]．中国管理科学，1997，5(2)：28-31.

[35] 张凤毛. 简述以可持续发展理论之道公路建设[J]. 华东公路, 1998, (5): 74-76.
[36] 杨柏英. 浅谈公路建设与环境的协调发展[J]. 今日科苑, 2008, (6): 30.
[37] 张凤毛. 论公路建设与环境保护的协调发展[J]. 华东公路, 1997, (4): 75-77.
[38] 王志成, 陈韬. 环境保护与公路建设协调发展浅谈[J]. 科技资讯, 2009, (3): 143.
[39] 石勇民. 公路建设项目目标持续性评价研究[J]. 中国公路学报, 2002, 15(3): 84-87.
[40] 池坤敏. 现代公路设计理念[J]. 山西建筑, 2007, 33(14): 274-275.
[41] 常久峰. 论我国公路养护技术与管理[J]. 交通世界, (19): 90-91.

第5章 道路建设与哲学思辨

社会需求是牵引工程活动的源动力，科学发展观要求道路建设必须全面协调自然、社会可持续发展，要体现社会祈望。道路建设与交通安全之间的矛盾是价值问题与伦理问题的矛盾，缓解这对矛盾的根本指导思想是坚持“以人为本”。道路建设与相关行业建设是相互联系、相互作用、相互促进发展的，要综合考虑各方面因素，使道路建设中有环境保护，在保护环境中开展道路建设活动。道路工程活动可能产生道路工程地质灾害，道路建设活动主体要积极发挥主观能动性，在整个道路建设活动中要辩证认识道路建设与地质环境条件的关系，逐步查明道路沿线地质环境条件，尽可能在源头减少和减轻道路工程地质灾害。

5.1 道路建设与社会需求

5.1.1 道路建设与社会祈望

按照科学发展观的要求，工程系统(包括道路工程系统——引者注)等任何系统的发展都必须考虑到经济社会的持续发展、协调发展和以人为本的发展，并为构建和谐社会做出贡献[1]。道路工程建设与自然的和谐友好直接关系到可持续发展，道路工程建设与社会和谐直接关系到全体社会公民的福祉，道路工程建设系统与自然系统、社会系统的协调是现代工程系统发展的必然要求，也是构建和谐社会的重要基石。安维复先生以技术主义、专业主义、精英主义的转向为基础归结到“工程应该代表最广大人民群众的根本利益”[2]。道路工程建设是造物的活动，造的是半自在物。徐匡迪院士说到“造物就是造福”。因此，按照科学发展观的基本要求，道路建设要全面协调自然、社会可持续发展，道路建设要为最广大人民群众造福，道路建设要体现社会祈望，道路建设要建人民群众想建的道路，不能建人民群众反对建设的道路。

道路建设活动是有目的性的活动，这里所指的目的不是个别主体的目的，也不是某一小撮人的目的，而是社会最广大人民群众的目的，道路建设要代表最广大人民群众的祈望。工程活动来自于人的需求[3]。在中国，古代为了抵御异族入侵而修建长城，为了促进西藏社会经济发展和保障西藏地区稳定安全而毅然克服多种困难修建青藏铁路，实现西藏社会经济健康、稳定、持续发展，是全国各族人民的祈望。

历史是检验工程价值的审判官，凡是有使用价值或文化价值的工程都会保留下来，被世人所传颂；凡是没有价值的工程必将消失，也将被人们遗忘或以反面案例写入历史，以警示后人勿重蹈覆辙。新中国成立以来，各行业工程建设取得突出成就，其中很多工程已经成为老百姓心中的丰碑；然而需求主体多样性决定其中有些工程成为政绩工程。根据其他行业工程发展历史经验和教训，告诫我们道路建设只能建设符合经济和社会发展需要的道路工程，建设民众所欢迎的具有生命力的道路工程；不能搞“面子”工程；不能随意征用农田、动迁民宅去建设违背人民意愿的道路工程，否则会劳民伤财、深积民怨，与构建和谐社会背道而驰。

需求是牵引工程活动的动力，随着经济发展和技术进步，需求也不断升级，人们都会希望按照自己的意愿构建新的或改造老的存在物——道路。但我国目前还是发展中的社会主义国家，各种资源有限，道路建设工程首先要考虑公众的实际需求，体现社会和民众的要求。

例如，随着吉林省农业经济的发展、农村环境的改善及农民收入的增加，农民的出行方式(由步行转向汽车)与出行观念发生改变(被动转为主动)[4]。这就要求农村公路在通达方面、路面质量方面和运输设施方面都有较快的发展，从而活跃农村人口、物资和信息的流动，加快农村经济发展。耕作方式和农用物资来源的转变，农村城市化进程的加快，农业产业结构的转变等，这些社会转变要求加快农村公路建设进程。

例如，云南省曲靖市位于云南省东部，素有“滇黔锁钥”、“云南咽喉”之称。曲靖市人口与昆明市人口相当，共占云南人口的1/4，但在2007年以前，由于交通运输不发达，总体投资环境较好的曲靖一直没有得到发展，GDP总额还不到昆明市GDP总额的1/2。曲靖是工业城市，经济发展的环境容量大，成长性强，若以昆明为龙头组成城市经济圈，曲靖可以作为优先启动地区，从而缓解昆明沉重的环境生态压力，充分发挥和利用产业结构、产品结构、资源结构的差异性和互补性，推动“大昆明”——滇中经济圈的资源整合、产业调整和资产战略性重组，形成一种细化分工和优势互补的区域分工协作体系，为云南省的经济发展由城市的单极式扩张、“点状拉动”转为“组团式”发展先期探路，从更高更深层次上推动云南的城市化进程。而且曲靖地处珠江源头，与“泛珠三角”首尾相衔，发展昆明至曲靖的交通运输就会使得昆明城市经济圈与珠三角经济圈能量的碰撞成为可能。从长远来看，随着行政区划色彩的淡化、经济区域功能的强化，珠三角和在中国内陆最具国际交往枢纽作用的昆明经济圈交汇融合，将成为中国—东盟自由贸易区的互补核心区域。由此，昆明至曲靖、昆明至玉溪、昆明至楚雄的交通运输得到长足发展，滇中四城(昆明、玉溪、曲靖和楚雄)从此连体，加快云南省交通运输速度，对经济发展和节能减排意义重大。综合以上分析可以看出，加快昆明至滇东、滇南、滇西方向的交通运输建设，使昆楚曲玉一体化，具有十分重要的经济战略意义。

1992年云南第一条高速公路昆曲高速公路(昆明至嵩明段四车道高速公路，嵩明至曲靖段半幅高速公路)建成通车，大大加快了昆明与曲靖一体化的进程；事隔10年启动了昆曲高速公路的提级改建，2004年12月曲嵩高速公路改扩建正式开工建设，于2007年11月正式通车，标志着昆曲高速公路正式形成，对促进昆曲一体化发挥重大作用(图5-1)。曲靖—嵩明(小铺)高速公路是《高速公路网规划》(“7918网”)中上海—瑞丽和杭州—昆明高速公路在云南的重要路段，是云南省“三纵三横、九大通道”高等级公路网的重要组成部分，是连接曲靖与昆明、云南与贵州和重庆等内陆地区的运输大通道。曲嵩高速公路东连曲胜高速公路，西接昆嵩与嵩待高速公路，途径 2 市 4 县 7 乡镇，对沿线地区经济发展发挥重要作用。2007 年 6 月昆明至曲靖间的两对城际列车也将正式开通，目前还在不断提速。

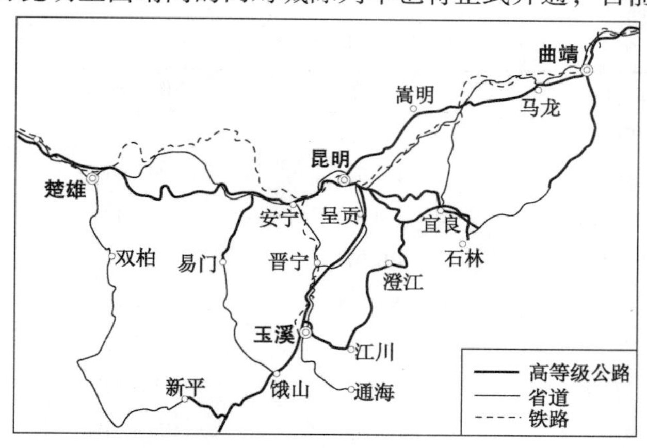

图 5-1　滇中四城主要道路网

昆曲高速公路的改扩建和两对城际列车的不断提速，以及 2013 年即将开工建设的新嵩昆六车道高速公路更加说明昆曲间的道路建设是社会所需的。道路建设提高了人们出行的便捷性，节约运输时间和成本，运输量不断增大，说明昆曲间道路建设是广大人民群众祈望的。

5.1.2　道路建设与交通安全

随着我国交通运输事业的飞速发展，道路建设规模不断增大，汽车拥有量也在逐年增加，随之而来的是汽车交通事故也在逐年攀升。但在最近几年，交通安全形势有所好转。

据统计，自汽车问世以来的一百多年中，全球因交通事故死亡的人数逐年增加，到目前为止，累计死亡人数高达 3 300 万人，并且仍保持上升的势头。据联合国统计，20 世纪全世界每年死于交通事故的人数由 70 年代的 30 万增加到 90 年代的 50 万。世界卫生组织数据显示，道路交通事故死亡人数已经从 1990 年约 99. 9 万攀升到 2002 年的 118. 3 万，上升了将近 10%。

表 5-1 给出 2001—2009 年我国交通事故起数、死亡人数、受伤人数和损失折款(直接损失)情况。自 2003 年以来，我国机动车保有量、机动车驾驶人数和道路里程数快速增长，截止 2009 年，机动车保有量达到 1. 86 亿辆，机动车驾驶人数突破 2 亿，高速公路通车里程突破 7 万 km。但自 2003 年以来，全国发生道路交通事故起数、死亡人数、受伤人数和直接损失实现了持续 6 年“四下降”：交通事故起数以年均 13. 9% 的速度下降，由 2003 年的 667 507起下降到 2009 年的 238 351 起；交通死亡人数以年均 7. 2% 下降，由 2003 年的 104 372人下降到 2009 年的 67 759 人；受伤人数以年均 7. 4% 下降，由 2003 年的 494 174 人下降到 2009 年的 275 125 人；交通事故造成的直接经济损失大幅减小，从 2003 年的 33. 6 亿下降到 2009 年的 9. 1 亿。说明在这 6 年时间，由于我国有关部门加大了道路交通安全宣传工作，加强了执法力度，人民综合素质提高是交通安全形势好转的根本原因。

综合以上分析可以看出，道路交通事故造成了我国人力和社会资源巨大浪费，交通事故经济损失高于公众卫生服务和农村义务教育的国家财政预算，给社会造成严重的不良影响。因此，交通事故成为当今社会的一大社会公害，交通安全已经成为世界各国高度关注的重大课题。

全国交通事故统计表[5] 表 5-1

年　份(年)	事故起数(起)	死亡人数(人)	受伤人数(人)	损失折款(万元)
2001	754 919	105 930	546 485	308 787. 3
2002	773 137	109 381	562 074	332 438. 1
2003	667 507	104 372	494 174	336 914. 6
2004	517 889	107 077	480 864	239 141
2005	450 254	98 738	469 911	188 401. 2
2006	378 781	89 455	431 139	148 956
2007	327 209	81 649	380 442	119 878. 3
2008	265 204	73 484	304 919	约 10. 2 亿
2009	238 351	67 759	275 125	约 9. 1 亿

从工程哲学的角度看，如果没有道路建设就不可能存在交通安全问题，但是道路建设是人类社会历史发展的必然产物，是人类社会发展到一定程度必然出现的产物，道路是交通事故发生的空间。自 1868 年 1 月 29 日德国人卜尔·本茨发明制造第一辆四冲程发动机三轮汽车以来，于 1889 年 9 月在美国纽约市一辆汽车将一名妇女撞死是历史上有记载的第一次交通事故。从此，交通安全引起人们的思考。从工程哲学的视野看，道路建设希望实现道路的社会价值、经济价值、军事价值等，但道路建设不可避免地要产生交通事故，道路建设规模增大，相应地交通事故会增多；所以道路建设与交通安全是矛盾的，它们之间的关系是价值问题与伦理问题的矛盾。

在“通常的逻辑”中，“(不)矛盾律”和“排中律”是基本的工程逻辑思维规律。可是，在道路建设活动和工程思维中，道路建设活动主体又常常不得不面对“相对矛盾的要求”。更明确和更具体地说，他们往往不得不对相互矛盾的观点或来自其他学科、其他方面的矛盾，如价值问题与伦理问题的矛盾，要求采取“兼收并蓄”的立场和态度。现代逻辑学中已经有学者提出可以也应该创立一种承认矛盾存在的“超协调逻辑”(paralogic，也有人称“次协调逻辑”或“弗协调逻辑”)。因此，在处理道路建设与交通安全的矛盾或价值问题与伦理问题矛盾时，我们往往又不承认“(不)矛盾律”和“排中律”，要用“超协调逻辑”的工程思维处理这对矛盾。对于这种矛盾，只能权衡矛盾的双边关系，人类不能因为存在交通安全问题而不进行道路建设活动。虽然目前还没有出现因交通安全问题而对道路建设活动反思或反对道路建设活动的现象出现(对于某一条道路，特别是城市道路，因交通安全度较低而改建的情况是经常出现的)，但随着道路建设规模的增大，交通安全引起世界各国的重视，要避免道路建设活动受西方后现代社会思潮的冲击，道路工程活动的主体要加强学习马克思主义辩证法原理，辩证认识道路建设活动与交通安全的矛盾。

道路建设不可避免地要产生交通安全问题，而道路建设并不是产生交通安全问题的主要原因。道路交通安全是一个复杂的系统，受到人、车、路、环境等多种因素的综合影响[6]。张金喜在《道路工程专论》中将影响道路安全的因素系统分为四个子系统：第一为驾驶员因素，第二为道路因素，第三为交通流与车辆因素，第四为环境因素[7]。白俄罗斯共和国对 1979 ~ 1980 年的交通事故进行统计分析，结果表明有 92% 的责任在驾驶员；美国 1968 年的事故统计分析指出，有 90.6% 的责任归于驾驶员。2004 年我国道路交通事故统计结果显示，87.4% 的道路交通事故是由机动车驾驶员违反行为所致[8]。从各国车均道路面积(平方米/辆)的对比结果来看(纽约为 43.2、东京 22.1、武汉 132、上海 85.6、重庆 97，国外是以小汽车的车均面积计算，笔者是以机动车车均面积计算，如果折算成小汽车，数据还会更大)，我国车辆密度还没有达到发达国家的水平[9]，而中国的道路交通安全形势远落后于美国[10]、日本[11]。表 5-1 显示，自 2003 年以来，虽然我国道路规模不断增大，汽车拥有量逐步增加，但交通事故起数、死亡人数、受伤人数和经济损失明显减小，交通安全形势明显好转。以上种种分析表明，道路因素、交通流和车辆因素、环境因素不是决定交通安全形势的主要因素，而交通行为的主体—人—才是影响交通安全的主要因素。交通行为的主体不仅包括驾驶员，还有乘客和行人。

道路建设坚持“以人为本”的原则，改善道路交通安全系统也要坚持“以人为本”的原则。为了减少交通事故发生次数，要坚持“以人为本”，健全交通法制，加强交通执法力度，加强交通安全教育，加强交通安全宣传力度，提高交通行为主体的综合素质和增强交通行为主体的交通安全意识，要从根本上控制交通事故的发生。

5.1.3　道路建设与相关行业建设

任何工程建设活动都要受到外部边界条件的影响和制约，为了提高工程建设水平，既要分析每一项工程建设活动本身的特点，也要研究与其他系统的相互联系、相互作用。因此，对工程活动也需要从更高的层次以更大的尺度(时间尺度和空间尺度——引者注)加以观察，弄清产业内各工程之间、产业与产业之间以及产业布局与大环境之间的相互联系、相互作用。应该强调的是，目前经济社会发展过程中提出许多问题，如建设节约型社会、发展循环经济等，不但需要分析工程项目本身，更要从地区甚至全国产业布局的高度观察和研究问题，也只有这样才有可能会取得事半功倍的效果[3]。道路作为带状线性建筑物，其延伸范围高达几百或几千公里，对沿线相关行业建设产生深远影响，相关行业建设也反作用刺激道路建设。

“要致富、先修路”、“大富修高速路”已成为人们的共识。在农村，只有道路通了，才能使得农村与外界的人流、物流、资金流、信息流畅通。农村道路建设提高目标市场的可达性，降低运输成本，扩大市场，吸引外来投资，发展地方特色农产品。农村道路建设促使种植业发展，使得农村旅游业——农家乐、餐饮业如雨后春笋地涌现。农村道路建设吸引越来越多的人到农村旅游、度假和休闲，刺激农村经济发展，因此农村道路建设规模又进一步提高。

高速公路作为国民经济重要的基础设施，具有社会公益性，其价值主要体现在高速公路使用者获取的经济效益和时间效益。同时高速公路建设还会对其他相关行业建设产生重要影响，这种影响在城市郊区最为明显。随着城市交通运输事业的发展，交通量逐步增大，人居面积逐步减小，越来越多的人希望到安静的郊区居住，在城市郊区高速公路两侧房地产行业发展迅速，材料制作行业也得到发展。高速公路建设还对沿线地区旅游业、矿产开发、种植业发展等有显著促进作用。

为解决我国大城市因经济文化中心和交通枢纽地位带来的城市社会经济发展、市民工作居住等方面的压力，20 世纪 90 年代初我国提出建设环城高速公路。环城高速公路建设对促进城市宏观经济发展，尤其是对产业布局的调整和优化产生了积极影响。环城高速公路建设使得交通“瓶颈”对产业发展的约束降低，环城高速公路沿线聚集效应增强，导致各类生产要素和工业企业大规模向城市边缘地区集中，使得城市产业发展空间得到扩展的同时，也促进了环城高速公路沿线环带状产业带的形成[12]。环城高速公路建设会促进城市产业层次升级和结构优化[12]。城市产业结构优化升级的过程实质就是优胜劣汰的过程，低层次产业形态经历了成熟之后逐步衰落，而高层次产业形态在新生的基础上不断成长。

中国最长的滨海公路——辽宁滨海公路于 2009 年 9 月 27 日正式通车。滨海大道全长 1 443 km，西起葫芦岛市老龙口，东至丹东市鸭绿江口，途经锦州、盘锦、营口和大连，连接沿海 6 个省辖市、7 个县级市、4 个县和 21 个市辖区，沟通大小港口 25 个，连接工业园区 228 个、旅游景点 133 个(图 5-2)，建设总投资 133 亿元。滨海公路建设为振兴辽宁老工业基地提供前所未有的有利条件，对沿线地方经济发展必然起到积极的拉动作用。公路建设对道路运输、汽修业、建材业、房地产业，水产养殖业和旅游业产生持久间接的影响。

图 5-2 辽宁省滨海大道走廊

5.2 道路建设与环境保护

5.2.1 道路建设可持续发展

20 世纪下半叶以来，生存与发展成为人类社会面临的最紧迫的任务，寻求社会、经济、资源及环境相互促进与协调发展的道路已成为全世界广泛共同关注的热点话题。面对工业化和城市化带来的日趋严重的资源短缺与环境恶化问题，1972 年 6 月 5 日，113 个国家的 130 名代表出席了在瑞典首都斯德哥尔摩召开的“联合国人类环境会议”。会议讨论了如何维护和改善世界环境、维护我们共同的家园，通过了《人类环境宣言》。《人类环境宣言》声明“人类有权享受良好的环境，也有责任为子孙后代保护和改善环境，各国有责任确保不损害其他国家的环境，环境政策应当增进发展中国家的发展潜能”。1992 年 6 月 3 日至 14 日在巴西里约热内卢举行了“联合国环境与发展大会”，183 个国家和地区的代表出席了会议。大会通过了有关环境问题的《里约热内卢宣言》和《21 世纪议程》行动计划，该议程是人类为了可持续发展而制定的行动纲要。

“可持续发展(Sustainable Development)”的概念最早是于 1972 年在斯德哥尔摩举行的“联合国人类环境会议”上提出来的，之后经过广泛研究，现有数百种界定方法。在 1987 年，由世界环境与发展委员会所发表的布伦特兰报告书中的定义为：“可持续发展是既满足当代人的需求，又不会对后代人满足其需求的能力构成危害的发展称为可持续发展。他们是一个密不可分的系统，既要达到发展经济的目的，又要保护好人类赖以生存的大气、淡水、海洋、土地和森林等自然资源和环境，使子孙后代能够永续发展和安居乐业。可持续发展与环境保护既有联系，又不等同。环境保护是可持续发展的重要方面。可持续发展的核心是发展，但要求在严格控制人口、提高人口素质和保护环境、资源永续利用的前提下进行经济和社会的发展。发展是可持续发展的前提；人是可持续发展的中心体；可持续长久的发展才是真正的发展，使子孙后代能够永续发展和安居乐业。”现在人们普遍认为“可持续发展”的定义为既满足当代人的需求，又不会对后代人满足其需求的能力构成危害的发展。

道路建设可持续发展是指道路建设在满足社会发展对其更高要求的同时(适度超前)，既能满足公路交通运输系统内部和综合运输体系的协调发展，又能使其与经济、环境、社会大系统的长期动态协调发展，同时不对后代人道路建设需求构造危害，不给后代人遗留严重的道路环境问题。所以，道路建设可持续发展作为一种全新的工程理念和发展观，其最终目的是保证道路建设的发展能力和永续的发展状态，保证自然环境系统健康、有序运行，以满足国民经济发展的需要和促进社会的全面进步。

人类发展的过程实际上是依靠自然、适应自然、认识自然和合理、适度改造自然的过程，在此基础上通过文明进步和提高生产力，逐步构建起现代人类社会。马克思很早就告诫我们：“不要过分陶醉于我们对自然的胜利，对于每一次胜利，自然界都会报复我们”[13]，而且这种报复随着改造规模和强度的增大而增大。道路建设活动作为人与自然相互作用的一种中介形式，是自然资源开发项目，对自然、环境、生态都产生了极其广泛而深远的影响。传统的片面强调征服自然的工程观念有很多弊端，不能用于指导现代大规模高速公路建设活动，否则会对自然环境产生更大的影响，造成严重经济损失。图 5-3 为云南省 1981 年至 2007 年(中间缺少 1996 年至 2003 年数据)公路水毁造成的经济损失情况。从图可以看出，随着云南省公路建设规模逐步增大，造成的经济损失越大，2007 年公路水毁经济损失高达 113 724 万元。昭待高速公路某桥梁在修建过程中，由于没有做好水土保持研究，过渡扰动环境，在建成后不久就倒塌。

道路建设项目的实施是一个复杂的技术、经济、社会活动过程，涉及众多主体和复杂的环境因素，由此引起的环境和生态问题是当今社会关注的焦点之一。Forman 教授指出，道路网和各种交通工具为人类带来巨大效益的同时，也带来了对自然景观和生态系统的分割、破坏、干扰、退化、污染等多种负面效应。有关资料研究表明，种种影响至少涉及全球陆地的 15% ~20%[15]。在《Road Ecology and Solutions》一书中，Forman 等[16]将高速公路对沿线生态系统的胁迫作了归纳，有以下几个方面：道路对生物种群和生物栖息环境的影响；道路对地质、地形、地貌、水文、土壤、小气候等物理环境的影响；道路和车辆产生的道路污染带影响。高速公路建设是一个巨大的线形工程，具有影响范围大、跨流域、跨山川、长距离穿越等特点；而且占地较多，一般高速公路用地指标 8.41km^2/km 计算，目前我国高速公路占地达 33.64 万 km^2之多[17]。因此，在建设高速公路时不可避免地对自然生态环境产生影响甚至破坏，这种现象在山区更为明显。

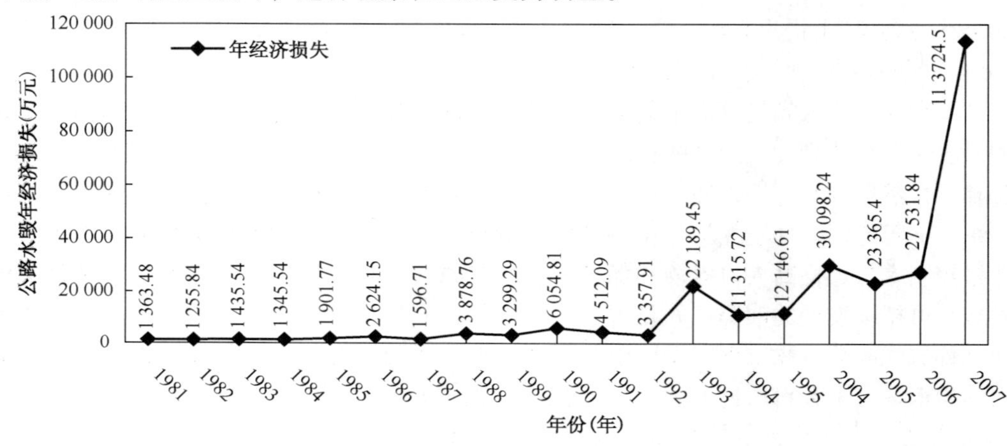

图 5-3　云南省公路水毁年经济损失[14]

随着我国高速公路规划的出台(图 5-4)，国内的高速公路建设将继续保持快速发展的势头，而后期建设的高速公路相当一部分位于山岭重丘区，地形条件十分复杂，更需要高度关注公路建设与沿线自然生态环境的和谐统一，合理开发、利用、保护和节约道路建设项目影响区域的自然资源，实现公路建设可持续发展。中国山区面积包括高原在内约占全国总面积的2/3，自然环境条件复杂。要完成国家高速公路网规划的 8.5 万 km 国家高速公路的建设，需投资约 2.2 万亿元(静态投资)，其中东部地区 4 300 亿元、中部地区 5 700 亿元、西部地区 12 000 亿元。2000 年至 2020 年，中国西部地区年均增长的高速公路通车里程 1 038km。根据《云南省公路网规划(2005 ~2020)》，截止 2020 年，云南省全省干线公路网规划建设总里程达 1.9 万 km，高速公路总里程到达 6 000km，农村公路总里程到达 18 万 km。以上数据表明，我国未来 10 年高速公路建设的重点和困难在自然环境脆弱、生态系统多样性的西部地区。在西部地区高速公路建设中必须高度关注可持续发展的道路建设观的应用，协调好公路建设与自然生态环境的关系，保持人与自然和谐共处。

道路工程建设活动要坚持可持续发展的原则，在道路规划、决策、设计、施工和养护过程中应该把是否与自然生态环境和谐作为重要条件加以考虑。我国道路建设要借鉴发达国家道路建设的经验并吸取发达国家道路建设的教训，不能走“先污染、后治理”的老路，否则，为发展经济付出的代价就太高了。道路建设环境文明，要求道路建设充分考虑环境因素和环境效益，即在道路工程活动的各个环节都要遵循环境保护的规律，保证道路建设与环境保护的协调发展，实现经济效益、社会效益和环境效益的有机统一。这既是环境保护的需要，又是道路自身发展的需要，更是人类生存和可持续发展的要求[18]。2002年党的十六大报告提出全面建设小康社会的奋斗目标，其中一个目标就是“可持续发展能力不断提高，生态环境得到改善，资源利用效率显著提高，促进人与自然的和谐，推动整个社会走上生产发展、生活富裕、生态良好的文明发展道路”[19]。道路交通发展是一个国家和地区社会经济发展的基础，是人类建造、改造自然物活动规模的基础，是人类社会进步和发展的基础。因此，道路建设活动理所应当起到带头作用，将工程建设可持续发展观融入整个工程建设系统中，将工程建设可持续发展提升和发展为一种工程文化。

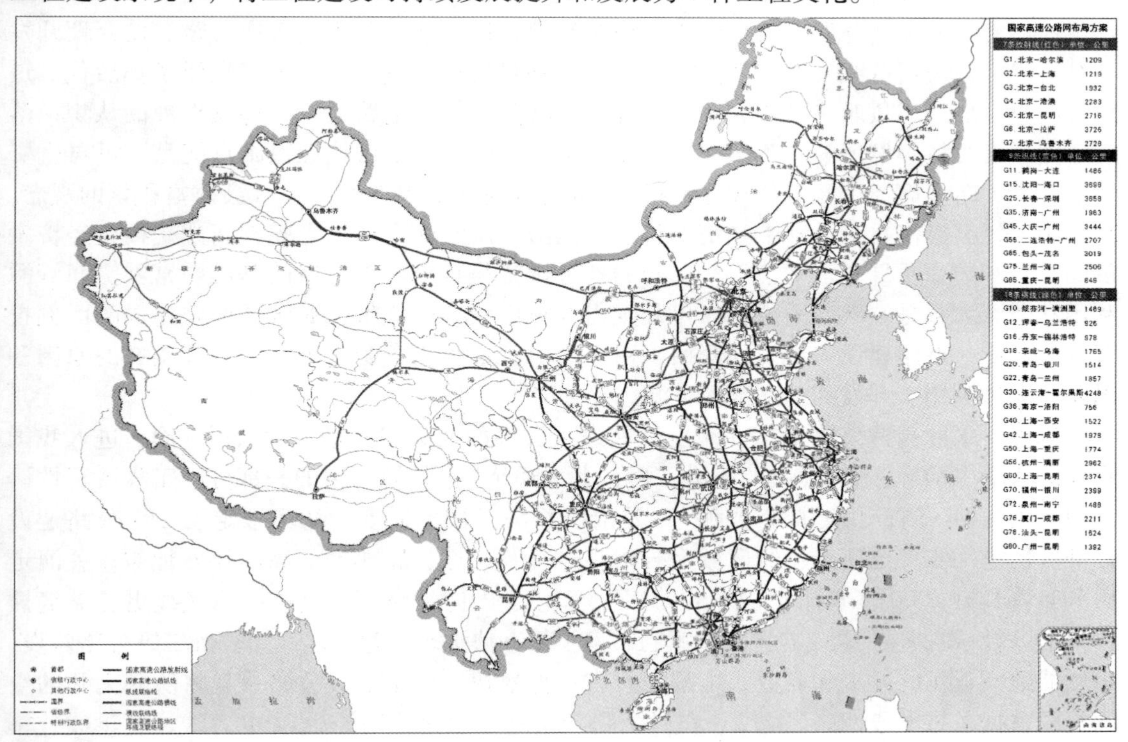

图5-4 中国国家高速公路网规划布局方案（示意图）

在我国过去大多数道路选线和方案比选中，主要考虑的还是工程的难易程度，即土石方、桥梁和隧道等工程量多少，最终落实在工程造价上，一般选择造价较低的方案；而对自然生态环境的考虑只是定性地分析占用林地多少，而不对自然生态系统的动态发展规律做研究，没有对自然生态环境恶化诱发的次生灾害深入系统分析。道路建设可持续发展要求我国道路建设必须从实际出发，在现有经济实力的基础上或适度超前发展，不能以破坏生态系统或不可再生资源为代价。在难以恢复的生态环境面前，首先应考虑自然环境的承载能力，应将带状的线性走廊视为资源，视为不可再生的资源，应尽量拟定适宜的道路技术标准，或增大工程投入、或避绕保护等以满足生态环境要求，使道路与自然环境和谐共处，融为一体，共生共荣。

美国系统哲学家拉兹洛认为，文化是我们时代的决定性力量。美国哲学家诺顿认为，所谓生态危机其实质就是表现为人类文化观念的失误。左均平认为，要实现山区高速公路建设的环境保护并进一步实现社会的可持续发展，必须以深厚的文化为依托，实现观念的转变并最终指导社会的转向，从而达到可持续发展的目的[20]。发展和弘扬生态文化是实现道路建设可持续发展的前提。生态文化对人具有激励和教化作用，生态文化一旦形成，就会影响人的思想、情感、心理、性格和行为，凝聚成精神力量，作用于人的心灵，激励人、教化人、培养人的可持续发展意识，使道路建设者在建设活动中自觉地投入到可持续发展活动中。一旦生态意识潜移默化地在人的头脑中形成，就会在建设活动中自觉地调节、消融道路建设与自然环境的矛盾，扬弃“少挖多填、纵向利用、填挖平衡、降低造价”等落后的工程理念，实现道路建设与环境保护双赢，实现道路建设可持续发展。

人们常说，关注环保，功在当代，利在千秋，只有这样，才能实现公路建设合理开发与社会经济建设可持续发展，才能真正做到道路建设可持续发展，才能惠泽子孙后代。道路工程哲学应该肩负时代赋予的历史责任感，唤醒人们对道路建设可持续发展的认识，落实道路建设可持续发展观，落实在道路建设中首先应树立带状线性走廊空间是不可再生资源的观念，落实高原山区带状线性走廊空间的承载能力，其次是树立社会财富积累的观念。高原山区社会经济具有走廊带经济的特点，是沿走廊空间发展，走廊空间就是社会经济发展的平台和约束条件，走廊空间和空间的各种设施是社会经济发展的基础财富。空间资源利用和财富大多是一次性的消耗，再开发需要付出巨大的代价，如城区地铁建设的巨额投资等。由此，道路建设应从规划开始，视高原山区走廊为资源，遵循可持续发展的原则和思路，合理利用、开发和分配空间资源。

例如，水麻高速公路是G85渝昆高速进入云南的北大门，是出省入川、渝，进入我国腹地的运输主动脉，是云南省“三纵三横，九大通道”主骨架公路的一部分。工程可行性研究中，根据OD调查和交通量预测，以及沿线经济发展的需要，初步拟定了二级公路建设标准。但进一步广泛研究所经区域为云贵高原乌蒙山区，属典型的高山峡谷地貌，关河走廊分布着具有2000多年历史的“五尺道”、G213、内昆铁路等；电力电讯光缆更是见缝插针，沿途被“高脚楼”组成的大小城镇已布满了每一块平坦的弹丸之地。若按二级公路建设，虽然能适应近年的发展和需要，工程投资省、见效快，但是二级公路一旦将所剩无几的空间资源占据，将形成四路(G213、农村公路、铁路、拟建公路)三线(电力线、电讯线、军事光缆)一水(关河)一壁(悬崖峭壁)挤满空间的局势，今后建设高速公路只有向天高架，向山体开洞开发空间投入巨大。本着视走廊空间为资源的认识，提出四车道高速公路的建设标准，虽然需增加投资40.5亿元，但最大限度地合理利用了沿水走廊资源空间，实现了走廊空间资源的可持续发展，满足了走廊空间资源的承载能力，并得到了省地和国家的认可和肯定。

例如，社会财富积累是可持续发展的需要和基础，社会财富是从无到有的积累过程，是逐渐聚集起有用的东西，使之增长和完善。积累是可持续扩大再生产的源泉，社会财富包括自然资源、劳动产品和知识技术产品等形式。一个国家社会财富的积累很大程度决定了一个国家在世界活动中的政治经济地位，决定了一个国家政治经济发展的方向，决定了一个国家在世界上的话语权。道路工程建构活动是创造社会公共交通基础设施产品，是人类为改善物质、信息和时空转移条件，实现精神自由独立的社会劳动产品，是社会、国家的财富。

那么，建构现代道路交通运输网络，是不是应该研究拟定的建设方式是否形成社会交通基础设施财富的增加，是否有利于社会交通基础设施财富的积累；拟定的标准是不是有利于社会交通基础设施财富品质的提升，还是在创造新的社会交通基础设施财富的同时毁了或者破坏了既有的社会交通基础设施财富；在拟定道路路线走廊时，是不是应该问一问，拟定走廊的自然资源这一社会财富是否得到了保护，是不是得到合理的开发与保护，因为自然资源是社会财富的一种，保护也是创造财富的一种方式。本文图5-5提供两张道路工程建设的图片供思考。

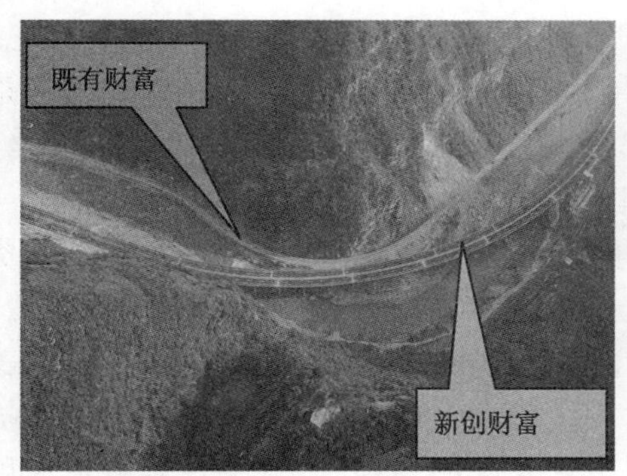

图5-5　公路工程建构财富积累示例(左：财富积累 $1+1\geqslant2$，右：财富毁灭 $1+1\leqslant1$)

5.2.2　道路建设与环境保护辩证关系

环境是指人类和生物生存的空间。《中华人民共和国环境保护法》对环境的定义是：环境是指影响人类生存和发展的各种天然的和经过人工改造的自然因素的总体，包括大气、水、土地、矿藏、森林、草原、野生动物、野生植物、水生生物、名胜古迹、风景浏览区、温泉、疗养区、自然保护区、生活居住区等。生态环境是指可以直接和间接影响人类生存和发展的一切自然形成的物质和能量的总体，是人类赖以生存和发展的物质基础[21]。公路生态环境是指公路建设中心线各200m范围内的生态环境，包括自然环境和社会环境的综合[22]。殷青英认为公路工程对沿线自然环境的破坏和生态环境的影响范围在路线两侧300m左右[23]。环境保护是我国的一项基本国策。环境保护是指人类有意识地保护自然资源并使其得到合理的利用，防治自然环境受到污染和破坏；对受到污染和破坏的环境必须做好综合治理，以创造出适合于人类生活、工作的环境。高速公路环境保护是基于生态可持续发展原则，调节与控制公路工程与路域环境对立统一关系的发生与发展[24]。

道路存在于社会，“生存”于自然。道路建设是人类对自然环境的强行介入活动，必然会给趋于平衡的生态环境造成“创伤”和负面影响，会扰乱生态系统的循环性、多样性、整体性和持续性。虽然道路建设会给生态环境造成一定程度的影响和破坏，但道路交通发展对社会经济发展、全面建设小康社会的积极作用是有目共睹的。因此，决不能因噎废食，为保护环境而不发展道路建设，使一些地区处于封闭、落后、贫困状态，而应寻找道路建设与生态环境的相容性、平衡性、共生性；在道路建设的同时，采取多种措施，尽可能地规避道路建设对生态环境造成的影响和破坏。道路建设不能不顾环境保护，环境保护不等于不开展道路建设，人类中心主义和生态中心主义等片面的、消极的态度都不能用于指导现代道路建设活动。要综合考虑各方面因素，使道路建设中有环境保护，在保护环境中开展道路建设活动，实现道路建设可持续发展。

人类社会的工程意识和观念是随着科学、技术和生产力水平的发展而不断改变的。在人类生产力水平低下的具体环境和历史条件下，出现和形成了希望征服自然的观念；在这种观念的驱使下，人们认为单纯的经济增长就等于发展，只要经济发展了，就有足够的物质手段来解决现在与未来的各种环境问题。这种单向的从人类自身短期利益出发，纯粹以人类自我为中心的观念显然在认识论上犯了相对严重的片面性错误，进而引起在改造自然的实践活动上的随意性和主观性错误。但是，我们必须客观、公正地评价"征服自然"的工程观念在当时历史环境中的地位和作用，不能持全盘否定的态度，否则我们也同样是犯了在认识论上的错误。同时，我们必须清醒地认识到，这种"征服自然"的工程观念已经造成许多弊端，我们必须加以扬弃，并树立新的工程理念[25]。

1988 年 1 月，全世界诺贝尔奖获得者在巴黎聚会后就曾郑重发表宣言："如果人类要在 21 世纪生存下去，必须回首 2500 年，去吸取孔子的智慧"。他们所说的"孔子的智慧"，其核心就是儒家"普遍和谐"的观念[20]。美国环境保护运动先驱、进步主义著名领袖、美国首任林务局长、资源保护主义者吉福德·平肖的"明智使用"原则鲜明地指出，人类保护自然资源的终极目的和价值基础是"为最大多数人谋取最长久的利益"，这一原则既形成可持续发展理论的早期思想基础。以上分析表明，现代道路建设不能以"征服自然"为工程观念，必须在道路建设中同时关注环境保护。

与"征服自然"对立的另一个极端是"生态中心主义"观念，他们只强调环境保护而否定工程活动的意义。在工程活动历史中，被"生态中心主义"批判的主要对象是水坝工程建设，目前生态中心主义批判的目光还没有对准道路建设。我国目前还是发展中国家，社会经济发展还比较落后，还需要大力发展道路建设；随着建设规模的增大，要警惕这种消极、片面的思想影响我国道路建设。生态中心主义学说的领军人物有约翰·缪尔、奥尔多·利奥波德和阿伦·奈斯。约翰·缪尔被誉为环境保护先知、"西方道家"，他崇尚"荒野的精神"并以大量多姿多彩的游记阐述他的自然主义哲学思想，反对"明智使用"的原则，认为荒野（大自然的代表）的美是独立于人而存在的价值。奥尔多·利奥波德创立的"大地伦理学"和阿伦·奈斯创立的"深层生态学"是生态中心主义学说主要代表著作，他们坚持声称自然界自身"内在的"价值和平等的权利，提出要以自然的原因而不是人类的原因保护自然，提倡人与自然万物权利平等，人类不应该也不具有权力对自然进行干预和改造。恩格斯曾经批评费尔巴哈"消极地崇拜自然，如醉如痴地膜拜自然的壮丽和万能[26]"的旧唯物主义自然观。生态中心主义信奉者泛主体的价值观是空泛和暧昧的，其脱离实际的世界观也是悲观的和消极的。他们离开人类需求的价值尺度，否定科学、技术、工程去变革自然的合理性和可行性；但试图绕开科学搜寻救世良方又使其处于严重的悖论之中：一方面不断抛出惊人的末世论预言，渲染科学技术恐惧，另一方面离开科学理性和工程实践又根本找不到破解对应之策，一些人的思想只能长久地游走于文学、宗教、神话和玄学之间[27]。我们并不全盘否定生态中心主义学说，只是生态中心主义学说走得太远了、走得太偏，但它提醒我们在进行工程建设活动过程中应尽量减少对生态环境系统的影响，以免大自然对我们的报复。

全部社会生活在本质上是实践的[28]。马克思主义唯物论“首先把存在看作是主体实践的对象和改造的对象；认为人们的实践活动不断地使周围的世界发生变化，自在的自然不断地在转化为人化的自然”[29]。说明工程活动(道路建设活动)与人类息息相关，现代社会人们不可能摆脱工程活动，特别是道路建设活动。停止道路建设活动就等于取消人类存在和文明进步的基础和价值，然而道路建设活动不可避免地干扰和影响自然生态。道路建设活动是人类最基本的实践活动，是人类的存在方式之一，是人类社会生活的本质特点之一。道路建设在引起自然环境破坏的同时，也孕育着保护环境的理念，会创造出优化环境和获得生态再造的新理念和新方法。新理念和新方法就是在道路建设中有环境保护，在保护环境中开展道路建设活动，是道路建设的可持续发展。

5.3 道路建设与工程地质灾害

5.3.1 地质哲学思辨

地质体是道路建设的载体，是道路建设的基础，因此本节首先阐述与地质科学有关的哲学思想，以方便后面小节论述道路建设与工程地质的关系。中国地质哲学研究起步较西方稍晚，特别是相对于英美国家。地学哲学是关于地球与地球科学的存在和发展的一般规律的理论，是辩证唯物主义原理在地球科学认识中的具体体现，也是关于现代人地关系的哲学思考和系统总结[30]。在 1981 年中国自然辩证法研究会成立大会既首届年会期间，在张文佑先生的倡导下，由 10 名代表共同发起组织的地学哲学专业组，并于 1982 年 4 月成立了由张文佑先生担任组长的该专业 7 人筹备小组。经过 29 年的风风雨雨，中国地学哲学取得长足的发展，有关专著和学术论文积极涌现。本文不敢奢求涉及地学哲学的全部知识，在此介绍小部分与后续文章讨论话题有关的地学哲学知识完全出于后面讨论问题方便的需要。

5.3.1.1 地质系统整体性

“万物与我同根、天地与我同体”等中国古代哲学思想表明，中国古代哲学把整个自然界看作一个相互联系的有机整体，人是自然界的一部分，是自然系统中不可缺少的因素之一。恩格斯指出：“我们所面对的整个自然界形成一个体系，即各种物体相互联系的总体，而我们在这里所说的物体，是指所有的物质存在，从星球到原子”[31]。中国古代哲学不仅把整个自然界看作一个有机整体，而且把整体里的一个具体事物也看作一个有机整体，在这种系统整体论中，整体与部分表现为非加式的关系，即整体大于部分之和；部分与部分之间是相互渗透、相互包含和相互作用的，认识整体比认识部分更重要。但是我们并不否定对部分、具体事物研究的重要性，反而要加强对具体事物的研究。在工程地质系统分析中，我们坚持从“宏观”层面到“微观”层面，又从“微观”层面到“宏观”层面相结合的系统分析方法，如现场地质调研属于“宏观”层面分析，室内扫描电镜分析属于“微观”层面分析。

中国传统系统整体论对中国现代地质学有深远影响。如李四光、张伯声、张文佑等均提出了“大小构造不分家”。在运动方式及形成机理等方面小构造可以反映大构造，对小构造的研究可以对大构造研究产生启示。张伯声的波浪镶嵌构造学说，把地壳看作一级套一级的波浪状构造交织网路，“块中有条，条中有块”，一直到显微构造[32]。如图5-6所示，左图显示的是大区域X剪体系，右图显示的则是某岩石在扫描电镜下观察到的X剪体系，这些X剪网络也说明块中有线，线中有块。这些构造网络的任一层在结构和功能上都可类比。

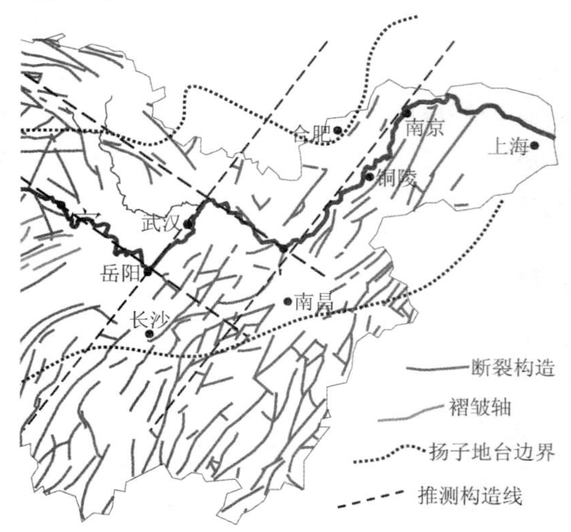

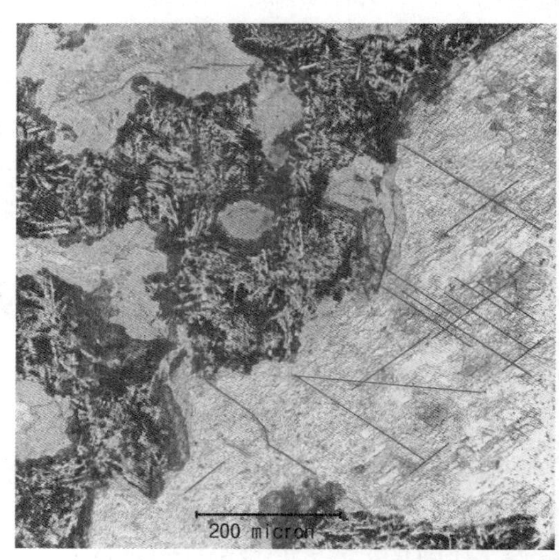

图5-6　不同尺度的X剪体系

“张先生(张文佑——引者注)教我(李继亮——引者注)，观察构造，要从上下、前后、左右3个方向观察露头和手标本的构造样式及其相互关系，判别不同构造的先后顺序[33]”，说明地质构造是一个普遍联系的系统整体。地质系统整体性还表现在滑坡变形监测网布设中。滑坡是一个多层次系统，具有整体性，因此滑坡变形监测网点不能只布设一个点，也不能将所有网点布设在一条直线上。地质系统整体性要求不能以点代线、以线代面、以线代体，所以滑坡变形监测网点只能布设成网形，如十字形、方格形、三角(放射)形、任意形和多层形等；一般还要求地表、地下位移同时监测。

地质系统整体性反映出工程地质作用具有不确定性、复杂性和非线性等特点，因此工程地质分析必须以系统分析原理为指导思想，如协同论、系统论、耗散结构论、突变论、分形理论、信息论和控制论。在这些系统分析原理基础上，提出了很多地质系统分析的方法，如黄润秋等编著的《工程地质广义系统科学分析原理及应用》，滑坡预报的灰色GM(1,1)模型、协同预测模型、动态分维跟踪预报模型、尖点突变模型、综合信息预报模型和滑坡GMD模型等。这些理论和方法都体现了地质系统整体性。

5.3.1.2　地质物质形态

1. *世界是物质的，地质物质是运动的*

世界是物质的。地球是由元素、矿物、岩石、地壳、地幔和地核构成的。不同形态的物质构成人类工程活动的场所——地质体。地质物质是运动的。地球上形形色色的地质现象都是地质物质的不同运动形态。地壳运动、岩浆活动、变质作用及地震等都是在内动力地质作用下，地球内部物质运动的不同形式。外动力地质作用下所产生的风化、剥蚀、搬运、沉积、成岩这个过程是时刻发生在我们身边的，可以随时随地观察到地质物质运动形式。

运动是地质物质的根本属性和存在方式，没有什么地质物质是不运动的。只不过有的地质物质运动较为明显，人们可以直接观察到，而有的运动是缓慢的，不能直接观察到。巍然屹立的喜马拉雅山看似从来不动，只是变化过于缓慢，人们通常不能觉察到，然而这里曾经是海洋，后来海水退出，形成陆地并缓慢上升，现在还在不停地上升。任何物质都是有能量的，有能量就要运动，只不过运动形式是多样的，布朗运动只是其中一种运动形式。放射性元素铀的原子核在不停地自发地放射出射线而逐渐衰变成另一种元素铅，在运动过程中产生大量的热能，人们利用它的衰减速率来测定岩石的年龄。地层和地质年代的关系反映了空间和时间是运动着的物质的存在形式[34]。中国古代哲学将宇宙看作一个运动不息的生命存在，是一个不断演化的有机系统，生命的“大化流行”和永恒运动构成宇宙、天地、万物最重要的本质[35]。1962 年 Hess 发表了名为“大洋盆地的历史”一文，1986 年 Le Pichon 宣布地学革命胜利。“地学革命颠覆了我们以往的地质思维模式，把一个静止不动、逐渐老化(克拉通化)的地质世界，变成了瞬息万变、气象万千、生动活泼的地质景象。地壳有新生、有消减、有消亡；岩石圈有张裂、有汇聚、有转换；软流圈对流，有上升、有下降；还有从核幔边界上升的热地幔柱和从消减带下沉到核幔边界的冷地幔柱；一幅生生不息、川流不止、有声有色的视频影像”[33]。这一生动描述说明地质物质是运动的。

物质和运动是不可分割地联系在一起的。任何地质分析的主要依据之一实际上就是所有地质体的运动必须是相对的，一个地质体可以发生向上运动、向下运动或者侧向(剪切)运动，作为这些运动都是相对于它周围的地质体或者预先选择好的参考框架[36]。并不否定世界上不存在静止，静止是存在的，不过这种静止不是绝对的，而是相对的，它只是一种特殊的运动形式。地质物质运动是一个相对静止与运动的循环过程。

2. 地质物质的联系和发展

现在，人们不再把地壳看成一个孤立的壳体，而是把它置于一个复杂的地球物理物质系统甚至宇宙系统之中，当作一个与多种因素复杂相干的子系统[37]。地质物质的联系具有客观性、普遍性和多样性，这种联系的特性不仅表现在物质之间，也表现在不同地质作用过程之间。岩石的风化作用主要有物理风化、化学风化和生物风化，三种风化作用共同作用、相互促进。徐则民在研究植被对滑坡的影响时提出：“植被对深层滑坡孕育的影响是一个复杂的动态过程。直观上看，植被是通过促进降水渗透、叶片蒸腾、枯枝落叶及动植物生命活动影响地下水渗流场及岩土体化学环境等方式来实现的；在细节上，多数环节都是彼此交织、纠缠在一起的，各个环节构成一个彼此驱动的动态演化架构”[38]。说明植被促进滑坡变形是通过各种地质作用相互交织实现的，各种地质作用是相互联系的。

地质事物的普遍联系性必然导致事物的运动、变化和发展，地质事物的发展是一种运动过程。事物的发展就是量变和质变相互转化，是否定之否定的过程。如图5-7所示的三大类岩石相互转化过程是一个量变与质变、渐变与突变、否定之否定的过程。

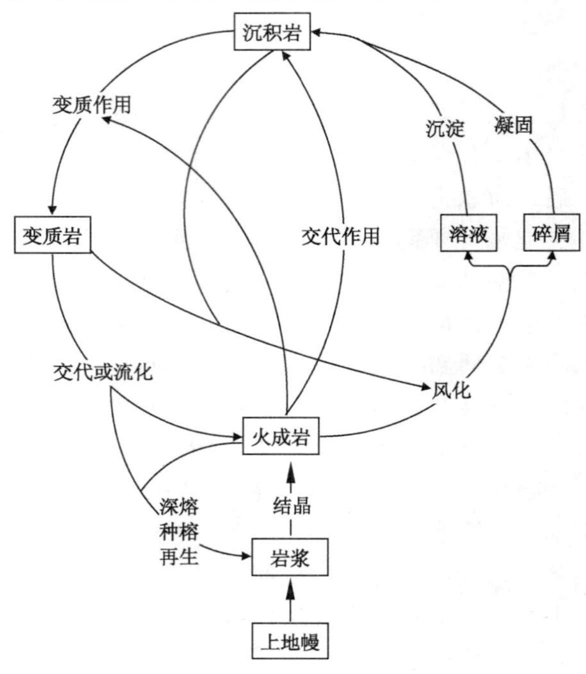

图5-7 三大类岩石相互关系图

3. 地质物质的矛盾运动律

地质事物的矛盾运动律是对立统一规律。对立是指矛盾双方相互排斥、互相对立、相互否定的性质；统一是指矛盾双方在事物内有机共存，通过相互作用联系在一起。在地质地貌演化过程中，内、外动力地质作用相互联系又相互排斥，相互依存又相互对立，这种对立统一的矛盾的运动推动着整个地质作用运行，也推动者地质地貌演化进程。

喜马拉雅山近几百万年来就在不断上升，不同时期上升速率不同，分5个上升时期[39]。喜马拉雅山上升的内动力是印度板块俯冲，在上升的同时外动力地质作用总是破坏内动力作用形成的地形和产物，总趋势是削平填低，并形成沉积岩。在孟加拉湾深海扇，沉积以浊流沉积和半远洋沉积作用为主，沉积组分主要来自喜马拉雅山系直接剥蚀的物质材料；东北印度洋东经90°海岭沉积与孟加拉湾深海扇沉积在沉积机理和物质组成有根本差别，但在聚积过程中都受到喜马拉雅隆升为代表的构造运动的显著影响[40]。以上分析说明喜马拉雅地貌形成过程中同时受到内、外力作用，两种作用性质不同的地质应力对立统一共生，共同塑造地质地貌形态。沉积岩的形成说明各种地质作用既有破坏性，又有建设性；在破坏中进行新的建造，在建造中又同时受到破坏，两者紧密联系。

5.3.2 道路建设与工程地质

我国公路建设可分为两个大的发展阶段：20世纪90年代以前，公路建设主要以路网连接，保通为主，一般道路等级较低，道路工程量不大，路线选线的研究主要集中在线形指标上，与工程地质环境的矛盾不是很突出；90 年代以后，随着社会经济的发展，交通成为制约经济发展的瓶颈，高等级公路建设进入全面发展阶段。在这一阶段公路工程标准提高，规模加大，桥隧工程的大量布设，路基工程的大挖大填使公路建设中地质灾害频频发生，不仅资金和工期上增大了投入，还对沿线环境造成了危害。因此，在现在道路建设工程活动中加强了道路建设与工程地质环境关系的认识，加强地质环境因素对道路建设的约束强度，已在整个道路建设工程活动中成为建设者的共识；地质选线已经成为道路工程建设的方法，工程地质条件已经成为道路工程方案选择的重要依据和取舍的因素。

道路建设活动是以地质系统为载体，是对地质系统的强行介入，因此道路建设活动必然打破地质系统的平衡，就存在能量、信息等释放。道路工程地质灾害的发生就是地质系统能量释放的外在表现，如路基边坡失稳、大型滑坡的危害、路基沉陷、道路翻浆等各种道路工程地质灾害。根据道路建设活动对地质系统破坏强度大小和地质系统能量释放快慢，表现出来的道路工程地质灾害不同。当道路建设活动对地质系统破坏强度大且地质系统能量释放较快时，道路工程地质灾害表现为路基边坡失稳、大型滑坡等各种突发性、群发性大型道路工程地质灾害；当破坏强度小且地质系统能量释放较慢时，道路工程地质灾害表现为路基沉陷、道路翻浆等。一般发生在深山中的地质灾害事件，没有对人类生存造成损害，只能称其为自然地质现象，而不能归属于地质灾害[41]，更不能归属于工程地质灾害；自然地质现象是地质系统自身内在组成部分矛盾运动和发展的外在表现。通过以上分析表明，以地质系统为载体的道路建设活动必然产生道路工程地质灾害。

虽然道路建设活动强行介入地质系统，难免地产生道路工程地质灾害，但道路建设不能无休止地破坏地质系统，特别是高速公路建设。在道路满足人类特定目的的前提下，道路建设活动还要终止（由于地质系统的复杂性，人类不可能完全掌握地质系统的能量、信息等传输平衡，因此人类不可能绝对终止地质灾害，这里的终止是相对于某一段时间而言的）或延缓地质灾害的发生，如道路建设活动中修建的各种路基边坡支护构造、各种排水设施，其目的都是尽可能维持地质系统的能量平衡，减轻工程地质灾害的破坏强度。道路建设与地质环境的关系不仅仅是对立的，还应该是统一的，道路建设与地质环境协调统一是人类工程所追求的，我们不能以征服地质系统为目的，而应该以道路满足社会需求且实现道路建设与地质环境和谐统一为目的。在道路建设满足社会要求的前提下，应尽可能地协调好道路建设与地质环境的关系，只有这样才能减轻道路工程地质灾害，合理的道路工程应是道路工程与地质的理想耦合。

道路是一种线形建筑物，由于空间跨度大必然遭遇多样复杂的地质环境，必须查清道路沿线地质条件，对于地质环境特殊的路段要给予高度重视。在道路工程可行性研究阶段、初步设计阶段、施工图设计阶段、施工阶段和运营阶段都应考虑地质环境条件，特别是可行性研究和初步设计阶段要做好道路区域地质构造、走廊地质环境和工地地质勘查工作，以选择区域地质构造环境相对较好的走廊，选定相对地质环境较好的线位。整个道路建设活动对地质环境条件的认识要遵循“认识—实践—再认识—再实践—……”的辩证过程，逐步查明道路沿线地质环境条件，尽可能在源头减少和减轻道路工程地质灾害。

云南大（理）保（山）高速公路是国道主干线——上海—昆明—瑞丽（CZ65），位于云南省西部的重要段落，它东连楚（雄）大（理）高速公路至昆明，西至滇西边境经济旅游区保山市，是中国云南通向南亚国际大通道、中缅陆水联运的重要路段。大保高速公路起于大理漾濞县平坡镇，止于保山大官市，全长165.84km；主要展布于澜沧江流域，靠近保山路段展布于怒江流域，途经27个横断山脉。大保高速公路比老320国道段缩短里程42km，达25.33%（图5-8）。

图5-8 大保高速公路路线走向

大保高速公路沿线经过地层有侏罗系地层（J），三叠系砂岩、泥岩、页岩夹煤层（T3），白垩系砂砾岩、砂岩和泥岩（K1），侏罗系砂岩、泥岩、页岩和泥灰岩（J2+3），泥盆系地层（D），志留系地层（OS），寒武系碳酸盐岩夹砂页岩（∈3），第四系冲积、洪积层（Q），大部分路段展布于滇西红层北部（图5-9）。经过地质工作者几十年的努力，我国各地区地质资料逐步完善，内容丰富。因此，在道路工程地质踏勘、初勘和详勘之前，要充分收集有关区域的地质资料，认真熟悉与道路建设工程活动范围有关的地质情况，这是认识论的过程。在实际踏勘、初勘和详勘过程中，不断检验已有地质资料的正确性并查明沿线影响道路建设的关键地质条件，这是实践过程。在道路施工、养护过程中，要对现有道路工程地质条件再认识、再实践，尽可能查明道路工程地质条件。

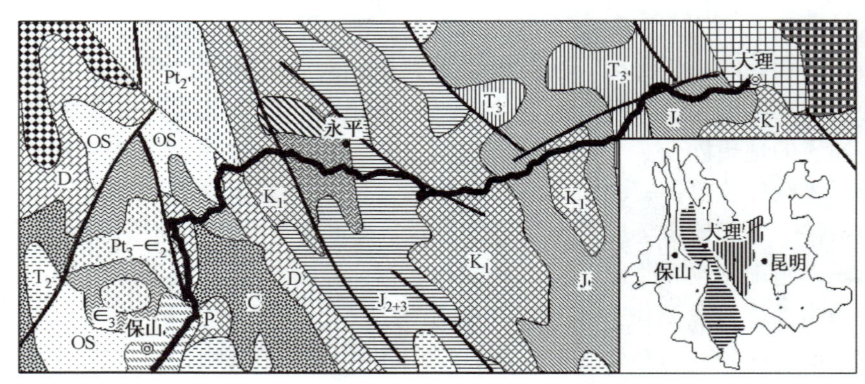

图5-9 大保高速公路沿线地质环境

滇西红层（软质岩）是大保高速公路经过特殊的地质条件，在道路建设活动中应该给予高度重视，如大保公路建设指挥部开展“云南高原山区‘滇西红层’地质与桥梁桩基承载力影响的因素综合研究”，但道路建设活动的主体很难完全查清地质系统能量、信息等平衡状态，所以道路工程地质灾害不可避免地要发生。大保高速公路K359~K448长89km的红层路段发育滑坡62个，平均1.44km就有一个滑坡，其中K359~K395长36km路段发育滑坡28个，平均1.29km就有一个滑坡，K397~K429长32km路段发育滑坡26个，平均1.23km就有一个滑坡。在这些滑坡中，大于100万m^3特大型滑坡有2个，50~100万m^3大型滑坡有8个，10~50万m^3的滑坡有36个[42]。

人类社会发展要求人类必须从事道路建设活动，而面对道路建设活动必然产生的道路工程地质灾害，人类不是无能为力的。例如，在道路建设中采取一些边坡支护、排水等工程来降低道路工程地质灾害的破坏强度和延缓道路工程地质灾害。道路工程地质灾害工作者通过对若干工程地质灾害实例认识、研究、抽象、归纳和总结，查清道路工程建设活动诱发地质灾害的机理，提出了道路工程建设活动中防止工程地质灾害发生的技术手段，这些机理和技术手段用于指导更多的道路工程建设，如徐则民等编著的《等级公路路基病害发生机理及防治对策的系统研究》。

程海断裂带使宾川—永胜(星湖段)长达60km的公路成为“病害”公路[43]；受南汀河东西两支断裂控制，临沧—云县(86km)、耿马—双江(82km)、勐永—勐撒(43km)等公路段常年受灾，尤其是羊头街—头道水(16km)每年都要多次中断交通；怒江深大断裂致使怒江洲在20世纪80年代毁害桥涵200多座，并使瓦窑—六库(90km)、六库—福贡(139km)成为有名的病害公路；小江断裂带导致巧家—会泽—东川—寻带一线的大量公路常年受灾；龙陵—瑞丽断裂带使得龙陵—芒市—瑞丽一线公路工程地质灾害严重。以上道路工程地质灾害实例表明，断裂带对云南公路地质灾害发育的约束机制是紧密的。断裂带内地质体物理力学性能较差，道路展布在这种抗灾能力很弱的地质载体上容易诱发地质灾害，而且断裂带内地下水活跃，加剧水岩作用，恶化道路地质环境，促使地质灾害发生。因此，现在道路建设必须查清断裂带等构造展布与道路展布的关系，在道路规划与设计阶段采取避让断裂带，或采取与断裂带大角度交叉，尽可能避免平行于断裂带，或在建设中采取特殊措施改善道路地质环境，以减少道路工程地质灾害发生的可能性。

岳阳市临湘县境内汽车专用线K21+500处，由于公路走向与岩层走向相近，且本处地层为泥质页岩，层理十分发育，层面光滑；施工过程中将其岩体下部挖切后，岩体失去了平衡。加之此时正为雨季，地下水顺岩层下渗，岩层层面上的泥质页岩进一步软化，起了一种润滑作用，于是发生了滑坡，使4000m^3的岩土全部滑下，堆积在已完工的路面上。通过这个工程地质灾害实例表明，在道路设计时，尽量避免道路中线与与岩层(节理)走向一致或近似一致，尽量使道路中线走向与岩层(节理)走向垂直或道路中线走向与岩层走向交角大于70°(图5-10)。如果道路走向与岩层走向必须相近时，应该通过调整路基边坡倾角与岩层(节理)倾角关系来避让地质灾害，如将路基挖方边坡的倾角减小到小于或等于岩层(节理)倾角，使挖方边坡顺着岩层面(节理面)或向边坡内部卸荷，才能保持路基边坡稳定。

以上仅从两个方面论述研究结果对现在道路建设的指导，其他方面的研究参考相关文献，在此不再叙述。20世纪90年代以后，我国道路建设飞速发展，道路工程地质灾害的损失引起人们的重视。道路地质灾害实例丰富，工程活动的主体积极发挥主观能动性，对工程实例进行分析，研究、抽象、归纳和总结出各种技术和方法防止地质灾害发生。现代道路建设活动要以这些研究结果为指导，正确认识道路地质环境条件，使得道路建设与工程地质环境和谐统一，将工程地质灾害降到最低，这是人类工程活动的共同目的，也是构建和谐社会的要求。

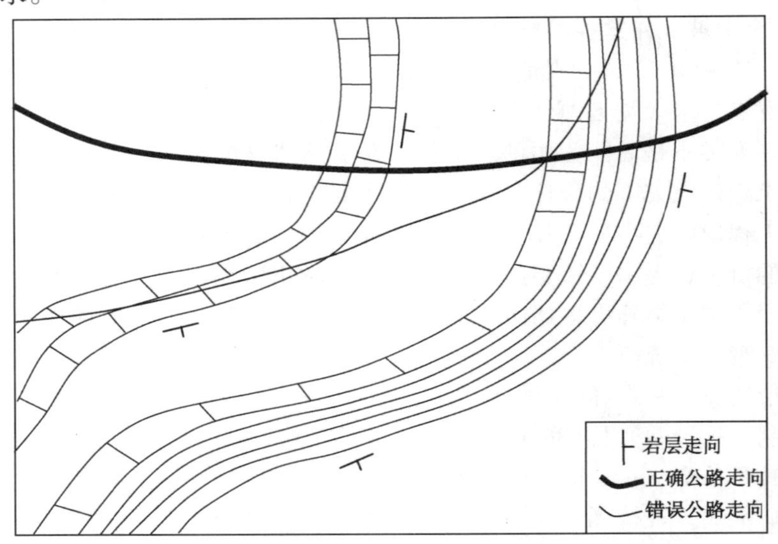

图 5-10 公路走向与岩层走向布置示意图[44]

5.4 道路建设与环境条件

5.4.1 环境条件是道路建设的阻尼边界条件

环境条件——准确地说是环境条件的状态——是在不断变化的。对于环境条件的历史状态和目前状态(现实状态)，是需要通过调查和搜集信息的方法来把握的；对于环境条件的未来状态，则需要通过预测的方法来把握[45]。边界条件本来是数学和物理学里的术语。边界条件是对一事物的空间环境状态的描述。在偏微分方程中，边界条件是指具体的物理空间的边界状态。而对于一项工程和一个具体的组织来说，其"边界"不但是指"物理空间"的边界，更是指"社会空间"的边界，而对于这个"社会空间"中的边界状态，许多人又习惯用"环境条件"这个术语进行表述的[45]。把握环境条件是一件非常复杂的事情。

环境是指影响人类生存和发展的各种天然的和经过人工改造的自然因素的总体，包括大气、水、土地、矿藏、森林、草原、野生动物、野生植物、水生生物、名胜古迹、风景浏览区、温泉、疗养区、自然保护区、生活居住区等。道路建设是人类认识自然的一部分，道路建设方案和道路通道的走向是根据当时人们对自然的认知而确定的[46]。道路建设是人类对环境条件的强行介入与改造，势必影响环境条件。

环境条件是道路建设的边界条件，道路建设与环境条件是时空动态相互作用的。道路建设将长期影响环境条件，尤其是在建设过程中及建设完成运营初期，道路显著影响其外围一定范围的环境条件。环境条件影响道路的设计、施工、养护及使用寿命、安全运营等。优秀的道路工程将最终与环境条件融为一体，成为环境条件的组成部分，与环境条件和谐地共处共生。

第一，从时间方面来看，道路规划、决策、设计、施工、运营和养护过程都决定着道路对外围环境条件的影响，环境条件也限制着道路建设诸多环节的决策、道路使用寿命和交通安全等。前文第三章已经介绍了道路规划、决策与环境条件的时空动态相互作用。道路路线设计是道路建设步入实质性阶段的第一步，也是道路建设非常关键的一步，也是决定道路建设影响环境条件的至关重要一步[47]。道路线形设计决定道路与环境条件的空间关系及道路对环境条件的扰动强度。随着我国公路建设的飞速发展，特别是高原山区的公路建设发展，以及对工程地质认识的加深，公路选线从多年的"地形选线"逐步提升为"地势选线"、"地质构造选线"、"水文地质选线"。随着对自然环境的认识以及环保意识的加强，近年来业内人士在"地势选线"、"地质构造选线"、"水文地质选线"的基础上，又提出了"环境选线"、"景观选线"、"气候选线"的理念。环境选线理念是建设可持续发展公路的出发点，从大气环境、水环境、水土流失、动植物资源等多个侧面，指导公路选线，寻求公路建设与环境保护、工程建设与经济发展、眼前利益与长远利益、局部利益与整体利益的平衡点[48]。公路环境选线应处理好人类工程活动与环境的关系。环境选线的思想主要体现在以下两个方面：一是考虑环境对公路建设的影响；二是要考虑公路建设对环境的影响[49]。此外，道路路基高程不仅直接影响工程投资，而且影响和制约道路的服务水平和沿线群众的生产生活[50]。

道路施工、运营和养护也对环境条件产生显著影响。施工设备噪声影响野生动物活动和栖息，取弃土和施工废弃物等对生态环境的破坏，施工破坏野生植物，道路运营影响动物迁移和动植物生存环境，乘客乱扔垃圾影响生态环境等。图5-11为思小高速公路上的警示牌，提示勿影响生态环境。

图5-11　思小高速公路警示牌

为了建设可持续发展、协调发展的道路工程，环境条件必然限制着道路设计展线、施工、养护计策、使用寿命和交通安全。贺国佑、刘锋民[51]分析了新疆不同地貌条件对公路等级和路线设计难度的影响，气温和水文状况对路基路面稳定性、工程防护和排水设施的影响，土壤质地对施工工艺的影响，植被对路基横断面形式、填挖高度和边坡尺寸的影响。在思小高速公路小勐养—大渡岗段路线设计时，根据区域当前生态环境状况，加强路线方案取舍权衡因素的权重，选择最低限度破坏生态环境的"历史"走廊，放弃"经济"走廊(图

5-12)。为减小填挖规模，不片面追求线形的高指标，结合地形、地势，随弯就弯，随坡就坡(图 5-13)。为减小 V 形谷两侧坡的消切及对植被的破坏，增设桥梁、隧道(图 5-14)。为减小对植被的破坏，采用分离式路基(图 5-15)。

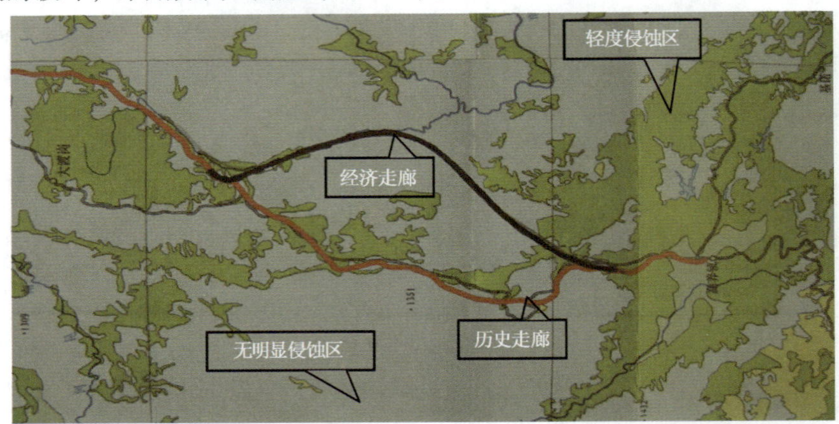

图 5-12　热带雨林高速公路路线走廊平面示意图

图 5-13　和谐的思小高速公路

图 5-14　思小高速公路某桥

道路建设与环境条件全程相互作用，优秀的道路工程最终将与环境融为一体。说明关于道路工程的环境条件的信息搜索和辨识工作是需要贯穿道路工程的全过程的。在搜集过程中要重视信息的时效性。在道路工程进行的过程中，如果不能及时发现环境条件方面的重大变化，特别是预料之外的重大变化，并作出随机应变的决策，那么就会严重影响到道路工程的顺利进展，甚至有可能导致“功败垂成”的后果。同时也要求道路工程活动主体以发展的眼光看待道路工程建设活动。

图 5-15　思小高速公路分离式路基

第二，从空间方面来看，道路工程具有线性特点，沿程自然环境千变万化，地形地质气候复杂多变(图 5-8、图 5-9)，不同环境条件与道路建设的相互关系强烈程度不同，要采取因地制宜，具体问题具体分析原则和分清主次原则，分析他们之间的相互关系。在新疆，不同区域的公路建设，应根据具体的降水量、地表径流、地下水等水文状况，确定路基的合理形式和填挖高度，使其处于干燥或中湿状态，保证强度与稳定性[51]。因地制宜，具体问题具体分析原则要求我们不同路段采用不同环境指标分析。分清主次原则要求我们选择决定性因素要时，不要过分纠缠于细节的、轻微的环境因子。

第三，从动态性来看，环境条件是道路建设的阻尼边界条件。环境条件是道路建设的边界条件，但这个边界条件并不像偏微分方程的边界条件那么严格。因为道路建设与环境条件是相互作用的，道路建设在环境条件这个边界条件下是游刃有余的，环境条件就像一个弹簧作用于道路建设，所以说环境条件是道路建设的阻尼边界条件。正因为环境条件是道路建设的阻尼边界条件，所以道路建设活动主体要综合权衡考虑各方面因素，把握好道路建设与环境条件相互作用的量变与质变的关系，建设可持续发展及和谐的道路工程，这是一个非常困难的过程。

环境因子众多，不同时间、不同空间条件下，不同环境因子与道路建设的相互作用强弱程度不同；相同时间、相同空间条件下，环境因子与道路建设的相互作用强弱程度取决于道路工程活动决策。道路建设是人类对环境条件的强行介入与改造。因此，相对来说，道路建设与环境条件相互作用最剧烈的时间段是建设过程中及建设完成运营初期，因为这个时间段道路建设与环境条件相互融合和渗透最频繁，此过程自组织和协同作用最剧烈，就像一个陌生人刚到一个陌生的环境生存，也像两种相溶的、浓度差异很大的溶液混合在一起的过程。

道路工程活动主体要采用系统分析方法等辩证分析道路建设与环境条件在时间和空间上的相互关系。例如，为了最大限度地减小道路建设与环境条件的融合时间和减小道路建设对环境条件的破坏，可以采用建设与绿化同步进行，提前发挥绿化的作用、降低施工期间水土流失，加快生态系统恢复(图 5-16)。历史证明，先污染后治理的工程理念是错误的。在空间上，综合考虑各种主控环境因子，选择路线通过生态环境自我恢复能力较强的区域。

图 5-16　思小高速公路建设与绿化同步

环境条件就像一个弹簧作用于道路工程建设，道路建设在环境条件这个边界条件下是游刃有余的，环境条件是道路建设的阻尼边界条件。因此，道路建设活动主体要把握好两者之间的相互作用的量变与质变关系。道路建设对环境条件改造或破坏严重，两者相互作用强烈，量变增大，随着量变增大发生质变，可能导致道路建设对环境条件产生不可挽救的影响，这样的道路工程是失败的。若道路建设对环境条件影响较小，势必增大工程造价和需要更多资源，但我们的社会资源是有限的。因此，道路建设活动主体要权衡考虑多方面因素，采用因地制宜和适地适时适宜，具体问题具体分析、分清主次原则、系统分析方法、对立与统一及量变与质变等辩证关系分析道路建设与环境条件之间的关系，建设可持续发展及和谐的道路工程。

5.4.2　环境条件标示道路建设

环境条件是环境系统有规律地自组织协同演化发展的结果，是环境系统的外在表现。道路建设与环境条件相互作用，所以环境条件可以标示道路建设，尤其是道路设计。

道路线形设计工程理念从“地形选线”，发展到“地势选线”、“地质构造选线”、“水文地质选线”、“景观选线”、“气候选线”的理念。环境说明环境条件可以标示道路建设。气候和植被是环境最直接的外在体现因素，工程地质环境与气候和植被有着密切的联系。良好的生态环境具有抑制或减轻自然灾害的功能，而对生态环境的破坏则会加重自然灾害。气候、植被、地质是公路建设与生态环境和谐关系的关键影响因子[49]。植被与气候、海拔、经纬度、土壤、气流通道等具有非常密切的关系，以及植被对气候的适应性和植被对气候的反馈作用。因此，通过对区域本土主要植被的调查，利用植被对气候的适应性，作为判断区域气候条件的依据，指导道路通道选择，从而避开不利的道路建设和降低服务水平[46]。道路选线尽可能选择布置在阳坡，避免阴坡[52]。以上分析说明，环境条件可以标示道路建设。

全国公路区划图就是公路建设的环境标示。全国公路区划图，将全国分为 7 个大区域、33 个小区域，交通人看了知道在中国各地怎么样修公路，怎么样养公路。地理学家看了这张图说："有什么样的环境就有什么样的路，或者倒过来，由路可以反推环境"，即在不同的环境中诞生了不同的路。让我们随着《中国国家地理》总第 590 期地理学家《奇路中国》的笔迹看看路与自然环境的关系。①藏区公路——"周边是天险，中间是坦途"：青藏高原周边是世界级的极高山，奇险无比，核心地带是平坦的盆地，由此，进藏公路路况险峻，进入核心几乎是路的天堂，地表平坦少障碍，路平直顺，但由于寒冷，降雨大于蒸发量，常年冻胀，一到夏季翻浆变形寸步难行。②横断山区公路——"万山不许一路通"：横断山山区的路弯路多、盘山路多、地质灾害多，路下临深谷，上覆雪山，紧贴陡峭崖壁，清除滑坍填补缺口永远是人与自然之间的游戏。③江南公路——"把湿漉漉的路拧干"，南船北马，江南高温、多雨、潮湿，潮湿、泥泞的红土成为修路的麻烦，再看看江南古镇巷道的青石板，再看看高高的把水分隔开的路堤。④云贵高原公路——"存不住水的地方路长久"，卡斯特地区地表水少，石多土少，路基坚固长久；戈壁滩公路"遍地皆是路"，一望无际平坦如云的戈壁滩驾车需要的不是路在哪，而是目的地的方向在哪。⑤太行山嶂石岩地貌地区公路——"挂壁公路"，青藏高原以震撼的垂直高度产生敬畏之美，太行山区域而是"百里赤壁，万丈红绫"，水平向延绵不绝，将从上到下或者从下到上的眼光改为从左到右或者从右到左，公路在这里高高悬挂于赤壁，形如栈道。

我国道路工程建设取得巨大成就，有许多成功的案例，也有一些失败的教训，工程人要充分发挥主观能动性对这些案例进行分析研究，提炼出能指导道路建设的规律，掌握这些规律并用于指导未来的道路建设。例如，张家明[53]等分析了云南多序次地形地貌、水文学条件、植被盖度、地层岩性和天气系统对公路水毁的约束机制，研究结果对未来道路建设具有重要指导意义；云南交通咨询有限公司和昆明理工大学共同完成的课题《基于植被与气候和水文与地质关系的山区公路选线研究》对云南高原山区道路建设具有实际指导意义。

学习掌握自然环境规律，研究道路建设成功和失败的案例，提炼出环境条件与道路建设的相互作用规律，用于指导未来道路建设：不仅对道路公路理论发展是重要的，对未来道路建设也是至关重要的；不仅是人类认识自然的基本规律，也是人类社会发展的基本规律；不仅是建设可持续发展道路工程的必然要求，也是构建和谐社会的必然要求。

5.4.3　环境条件标示道路建设示例

道路工程具有线性特点，沿程自然环境千变万化，地形地质气候环境复杂多变，工程人如何充分发挥主观能动性，利用表观关键现象，通过表观关键现象与环境的内在联系，对自然环境条件进行分析研究，提炼出能指导道路建设的规律，掌握这些规律并用于指导未来道路建设，并采取针对性的措施，制定适地适宜的建构方案，这就是道路建设的哲学思辨。

示例 1：林线与隧道高程。

一个地区的气温遵循垂直递减规律，每增高 100m 气温降低 0. 65℃ 的垂直梯度，当山高到一定程度将会出现森林在某一海拔戛然而止，变成丛丛矮曲林，继而矮曲林消失，呈现草地，从而形成一条明显的界线即林线。世界林线海拔最高的是西藏波密(纬度约29°)，达4 400m，在我国北纬30° ~52°，每跨一个纬度林线海拔降低约112m(图5-17)。根据垂直递减规律由山脚往山顶各气候带植被分布为：热带森林茂密、种类繁多、四季常青—温带阔叶林—寒带针叶林—林线(矮曲林、旗树)—高山草甸—石海、石河、流石滩—冰雪。形成林线的最根本的原因是平均气温和土壤温度低于树木生长季节的最基本要求(气温不低于5.5 ~7.5℃，土壤温度不低于6.7℃)。另外，降雨量是树木生长的另一自然障碍，当降雨量低于400 ㎜，树木同样在平地上戛然而止形成林线。那么，道路工程的自然边界条件选择和研究是不是可以根据这些自然环境景观特征揭示的气候条件进行分析，确定合理适宜的工程位置，特别是翻越高山和极高山的垭口、隧道高程的选择；而这些区域人类能够活动到达的机会不多，往往没有相关的气象资料可查，可询问的当地居民寥寥无几，但冰冻线对选择翻越的垭口、穿越隧道的高程至关重要。如投入几亿的资金解决云南独龙江进出道路冬季大雪封路问题，翻越高黎贡山独龙江隧道进出口位置的选择，将隧道设置于冰冻线以下至关重要，最佳选择是刚好规避冰冻影响，隧道必然最短。

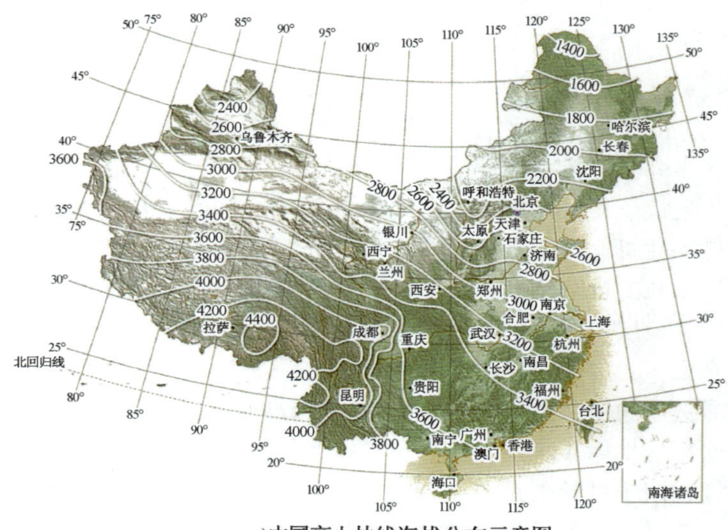

a)中国高山林线海拔分布示意图

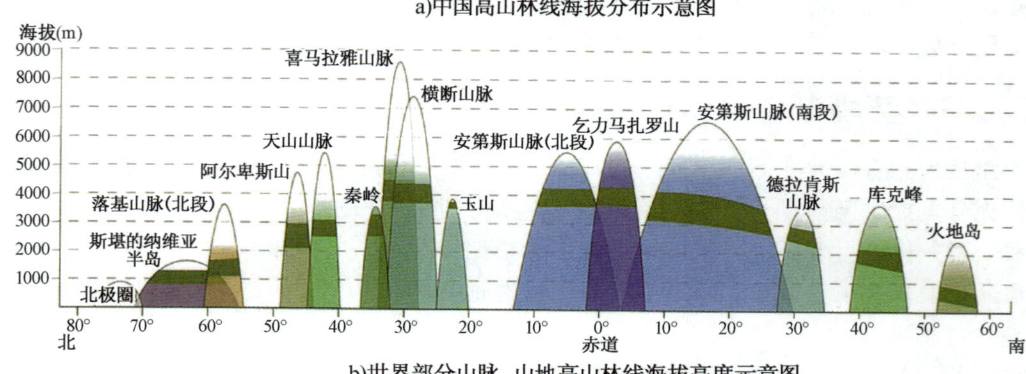

b)世界部分山脉、山地高山林线海拔高度示意图

图5-17　中国高山林线分布示意图和世界高山林线高度示意图(来自《中国国家地理》)

在没有气象资料可查，访问人员有限而模糊的情况下，为进一步验证和校正有限而模糊的信息，研究中首先根据垂直地带性定律，以怒江边贡山县城的气象资料和位置高程，按垂直地带性定律推算冰冻线的位置和高程，初步得到了冰冻的高程区段，发现与寻访问人员提供的“模糊”高程相差百米；其次，根据高黎贡山林线和流石滩的位置高程，反复寻找郁闭林、矮曲林和旗树、种树的位置高程，逐步缩小冰冻的高程区段范围，最后根据怒江气流通道和横断山具有将温带北移寒带南移的特点，以及洞口阳坡地形，选择于种树以下，矮曲林与森林交融地带的阳坡进洞，从而确定了基本规避冰冻和冬季封路的最短的隧道方案。

示例 2：地名与工程建设自然环境。

地名是人们赋予某一特定空间位置，自然或人文地理实体的专有名称。地名命名的意义通常认为是地名的字面所表达的含义，它是人们为地域命名的着眼点，或者叫命名的因由或理据。首先，地名是人们赋予的，而不是本身自有或天然的，这种赋予经历了从当地少数人使用到逐渐为众人所认知而广泛使用，从约定俗成到标准化、法定化。地名具有社会性、时代性、民族性和地域性等特性。

地名是地理空间位置的专有名称，而地球表层环境系统的圈层结构，是由岩石、大气、水、生物四个圈层相互作用而形成；地名既然具有社会性、时代性、民族性和地域性四大特性，并且逐渐为众人所认知，从约定俗成到标准化、法定化，地名从某种意义上揭示了人地关系。那么，道路工程建构中是否可以对约定俗成的、众人认知的地名中分析了解一些信息，比如地域性的环境系统信息、时代和社会的信息、区域民族的信息为道路工程建构提供分析工程边界条件的信息。如 G85 渝昆高速公路水富至麻柳湾段高速公路起于伏龙口，途经楼坝、庙口、太平、复兴、凉风凹、鹰嘴岩、普洱渡、串丝、冷水溪、观音岩、箭竹塘、中和、花雨坪、竹麻林、会同溪、豆沙关、寨脚岩、黄荆坝、滴水岩，止于麻柳湾。水麻高速公路途径的地名中首先看“豆沙关”，“关”要塞也，作为要塞就是驻军守疆土的关口；首先是必经之路，其次地形地势险峻，易守难攻，意味着走廊空间资源有限、紧缺，有限的资源被千年五尺道、内昆铁路、电力电信线、G213、古镇、古迹等工程不断地分割。是不是“豆沙关”提供了空间资源和地形地势的相关信息，根据这些信息高速公路走廊选择的关键和决策的首先权重因素是不是空间资源条件的选择，险峻的地形地势是不是意味着艰巨的工程为代价。而往东 50 多 km 的“太平”又提供了什么？“太平”是人们的愿望和与“豆沙关”相对而言的一种社会次序。分析到此，看看历史的区划，今天的太平是中原与南蛮的交界，无论是从中原到南蛮，还是从南蛮进中原，对过往的民众而言，相对“豆沙关”这里就是“太平”，太平就可以停停脚；自然其自然环境和条件要相对好一些的区域，是进退自如之地，是不是为道路工程提供了地形地势相对平坦、工程相对简单、建构条件相对较好的信息。再分析途径的伏龙口、庙口、凉风凹、普洱渡、冷水溪、箭竹塘、花雨坪、会同溪、滴水岩、麻柳湾 10 个地名，21 个途径地名有 10 个，48% 的地名与水有关，并且分布于全线。什么“花雨坪”，什么“会同溪”、“冷水溪”、“普洱渡”、“麻柳湾”，什么“滴水岩”、“箭竹塘”，是不是 10 个与水有关的地名提供了沿线雨水多，零零落落花雨不断，滴滴打打滴水无限，是不是提供了道路工程建构、施工养护受水和雨水影响严重，像江南公路一样需要“把湿漉漉的路拧干”。建构中不言材料运输的困难，就填筑路基盖雨棚，取土场地表覆盖雨布充分验证了地名提供的信息。至于“凉风凹”、“冷水溪”不仅提供了与水有关的信息；同时是不是提供了与气温有关的信息；水是影响道路工程寿命和运营安全的重要的主要因素，如果与寒冷的气温这两种不利因素组合，势必增加了交通运输安全的压力。从高速公路通车三年的情况看，冷水溪隧道不长，纵坡不大，两端平纵线形较好，可是冷水溪出省向隧道口交通事故多，隧道内隧道壁交通事故察痕密布，几乎遍体鳞伤，是不是验证了该地名提供的信息。另外像“鹰嘴岩”、“观音岩”等地名提供的地形信息非常形象，文不赘述。

示例3：名胜古迹与工程自然环境灾害。

中国名胜古迹遍布全国各地，历史悠远。无论是建构于山顶山腰的佛殿寺庙，还是规模宏大私家花园，无论是文人骚客吟诗饮酒之亭榭，还是古都古府、土司县衙等，几百年来，甚至上千年来，仍然稳稳当当地屹立于建构之地。作者在云南德宏盈江洪灾和接二连三地震救援和援建过程中曾经思考：盈江县城附近接二连三频频发生自然灾害，而相隔二三十公里的梁河县城却安然无恙。盈江坝区平坦开阔，土地肥沃，出产丰富，可是几百年前该区域的行政管理机构，为什么放弃盈江而设置于梁河，按当时的交通条件和通信条件，“遥远”艰难、舍近求远。古人不一定有地质构造、自然地理学等知识，也许是通过经验，也许是经过失败的教训，也许是沉痛的代价，这些不必去考证；但古人在选择佛殿寺庙、皇家私家花园、楼台亭榭、土司府衙门地址之际至少认真考察了自然环境条件，选择了自然灾害最少的区域，即使没有认真考察分析研究自然环境条件和自然灾害的问题，但也经过了几百年，甚至几千年来自然环境的洗礼和考验。因此，当代道路工程走廊的选择，工程措施的论证在经过具有上百年历史古迹所在的区域是不是可以反分析自然环境的条件，至少可以验证工程措施的强度是否恰当，至少可以证明区域自然灾害少而小。名胜古迹形如古滑坡体上的歪斜树木在标示着自然环境条件。

示例4：路侧民居与道路路基高程。

道路路基高程不仅直接影响工程投资，而且影响和制约道路的服务水平和沿线群众的生产生活。除全立交全封闭的高速公路外，其他公路特别是平原、盆地的道路，如何掌握适宜适地的高程，既确保道路路面处于干燥状态，确保道路使用的寿命，控制合理的投资，同时，又方便沿线群众的生产生活，提高道路的服务水平，是平原、盆地道路纵面设计的关键。怎么样做到路基高程“斤斤计较”、“分寸必争”，而道路路基高程在设计人员头脑中物化的过程中进行体验和验证，完成体验设计，避免路基高程过高过低。作者云南元谋至双柏公路楚雄至中华镇段一级公路勘察设计中，利用道路两侧的民居实现了环境条件的标示。

“天地与我并生，而万物与我为一”。道路两侧民居房基高程，特别是具有历史的房基高程，是老百姓多少代人经过反复探索总结的结果，并且代代传承。过去房基地坪皆是土基，如果房基高投入大，花钱多；如果低虽然投入少，但房基地坪潮湿，不适宜居住，对身体不利，家具粮食存储是问题。多少代人，根据当地气候、土壤和地表地下水反复探索总结，摸索出来的保证房基地坪处于干燥状态的最佳经济高程就是道路路基高程最佳的参考和物化验证的参照物，这不仅是道路路基的最佳经济高程，而且是两侧群众生产生活最为方便的相对关系。

事物之间皆具有内在的联系，而该联系就是事物的本质，科学就是发现这些本质，找出其规律，以便按规律办事。同样地球表层系统圈层之间的相互作用关系，以及自然环境遵循的纬带定理、海距规律，以及垂直递减规律等就是自然环境运行的模式和方式，那么了解了为什么草原不长树，雪线下面是乱石滩，热带河谷的森林在半山腰，丽江玉龙雪山的树不进入云杉坪等这些现象，自然就分析了解了很多自然环境信息，并且采用最简单、最容易的方法，耗费最少的时间、资金和精力成本，掌握了解道路工程建构的自然环境边界条件。通过观察事物的表观关键现象反分析事物内在的本质，指导工程建构是一种科学的方法；这种方法需要的是我们不断去实践，不断去思考，不断去分析总结。

参 考 文 献

[1] 汪应洛．工程系统观．// 殷瑞钰，王礼恒，汪应洛，等著．工程与哲学(第一卷)[M]．北京：北京理工大学出版社，2007.

[2] 方克定．关于工程创新和工程哲学．// 殷瑞钰，王礼恒，汪应洛，等著．工程与哲学(第一卷)[M]．北京：北京理工大学出版社，2007.

[3] 傅志寰．树立正确的工程理念，落实科学发展观．// 殷瑞钰，王礼恒，汪应洛，等著．工程与哲学(第一卷)[M]．北京：北京理工大学出版社，2007.

[4] 陈东，王希伟，张世祥，等．农村经济的发展对农村公路建设的要求[J]．吉林交通科技，2004，97：30-33.

[5] 中华人民共和国国家统计局．交通事故情况[R]. http：//www. stats. gov. cn/tjsj/ndsj/.

[6] 李金龙，孙晚华．高速公路交通事故成因分析及对策研究[J]．中国安全科学学报，2005，15(1)：59-62.

[7] 张金喜．道路工程专论[M]．北京：科学出版社，2010.

[8] 公安部交通管理局．中华人民共和国道路交通事故统计年报[R]. 2005.

[9] 刘清君，谭健妹，邹小梅．道路交通安全和谐管理新模式[J]．中国安全科学学报，2006，16(12)：51-54.

[10] 严新平，黄合来，马明．美国道路交通安全现状及研究热点[J]．交通信息与安全，2009，27(5)：1-9.

[11] 石京，吴照章，白云．日本交通安全对策的借鉴与启示[J]．道路交通与安全，2009，9(1)：1-6.

[12] 刘奕，贾元华，宋广辉．环城高速公路对城市产业发展的影响研究[J]．交谈运输系统工程与信息，2005，5(2)：64-68、96.

[13] 刘吉发．当代马克思主义科技观的多维透视[M]．西安：西北工业大学出版社，2002.

[14] 张家明，徐则民，刘华磊．云南省公路水毁时空分布与态势[J]．山地学报，2011，29(1)：109-115.

[15] Forman R T. Estimate of the area affected ecologically by the road system in the United States [J]. Conservation Biology，2000，14：31-35.

[16] Forman R T，Hersperger A M. Road ecology and solutions [M]. Inland：Inland Press，2002.

[17] 余海龙，顾卫，卜崇峰．环境价值在高速公路建设方案选择中的应用研究[J]．公路交通科技，2009，26(7)：153-158.

[18] 袁玉卿，董小林，陈剑宵．公路建设环境文明的思考[J]．长安大学学报(社会科学版)，2006，8(3)：26-29.

[19] 陈国照．山岭重丘高速(高等级)公路建设的可持续发展观[J]．地质灾害与环境保护，2004，15(4)：43-45.

[20] 左均平，李琦．试论交通发展中的环境保护意识与生态文化理念——以山区高速公路建设为例[J]．南京农业大学学报(社会科学版)，2006，6(1)：86-90.

[21] 罗秀兰，杨庆华，李兴华．公路建设对生态环境的影响和防治对策[J]．公路交通技术，2009，5：149-152.

[22] 刘洪兴，杨萍茹，吴进良，等．重庆云阳至湖北利川山区二级公路建设中的生态环境影响及保护措施[J]．重庆交通学院学报，2006，25(3)：138-141.

[23] 殷青英．西部公路建设应高度重视生态环境保护[J]．青海师范大学学报(哲学社会科学学报)，

2006，112(5)：24-25.
[24] 桂向东．论高速公路建设中的环境保护[J]．安徽职业技术学院学报，2009，8(4)：34-36.
[25] 徐匡迪．工程理念与和谐社会．// 殷瑞钰，王礼恒，汪应洛，等著．工程与哲学(第一卷)[M]．北京：北京理工大学出版社，2007.
[26] 马克思，恩格斯．马克思恩格斯全集：第42卷[M]．北京：人民出版社，1979.
[27] 林初学．关于水坝工程建设争议的思辨．// 殷瑞钰，王礼恒，汪应洛，等著．工程与哲学(第一卷)[M]．北京：北京理工大学出版社，2007.
[28] 马克思，恩格斯．马克思恩格斯全集：第1卷[M]．北京：人民出版社，1995.
[29] 赵曜．马克思列宁主义基本问题[M]．北京：中共中央党校出版社，2001
[30] 白屯．中国地学哲学研究15年[J]．自然辩证法研究，1996，12(8)：18-22.
[31] 赵永超，张昌民，吕炳全．地质层次律试析[J]．大自然探索，1998，17(63)：114-118.
[32] 雷援朝．从中西哲学的比较看中国地学思维的特点[J]．西北大学学报(自然科学版)，2000，30(3)：268-272.
[33] 李继亮．求索地质学50年[J]．地质科学，2010，45(1)：1-11.
[34] 黎付初．自然辩证法在工程地质现象分析中的应用[J]．交流与探讨，2004，6：2-30，38.
[35] 方同义．本体与境界[J]．哲学研究，1993，(4)：45-50.
[36] Pratsch J C，倪汉梁(译)．地质上的相对运动：一些哲学上的差异[J]．国外地质与勘测，1991，4：11-13，35.
[37] 段联合．近、现代地壳演化思想的历史回顾[J]．自然辩证法通讯，2001，23(136)：61-67.
[38] 徐则民，黄润秋，唐正光，等．植被护坡的局限性及其对深层滑坡孕育的贡献[J]．岩石力学与工程学报，2005，24(3)：438-450.
[39] Zhu Da Gang，Meng Xian Gang，Shao Zhao Gang，et al. Upwelling process of the western himalaya mountains：height and velocity estimation evidenced by formation and evolution of the zanda basin，tiber，china [J]. Acta Georgia Sinica，2010，84(2)：280-295.
[40] 万念桥，丁旋，张振国，等．东北印度洋两类主要的深水沉积序列及其对喜马拉雅隆升的响应[J]．地质科学，2009，44(4)：1181-1198.
[41] 蒙小记．论地质灾害研究中的辩证法[J]．陕西地质，2002，20(2)：97-100.
[42] 朱平生，朱春林，余其品．云南高原山区红层滑坡特征[J]．路基工程，2008，140(5)：155-157.
[43] 姜朝松．云南省地质灾害[J]．灾害学，1990，4：42-48.
[44] 沈新志．公路建设中的滑坡地质灾害的分析[J]．湖南交通科技，1993，19(4)：20-24.
[45] 李伯聪．工程哲学引论——我造物故我在[M]．郑州：大象出版社，2002.
[46] 吴华金．基于气候与植物的关系研究道路走向[J]．青海交通科技，2010，(3)：1-5.
[47] 吴华金．山区高速公路路线走廊带的选择与研究[J]．公路，2003，(5)：45-52.
[48] 唐正光，徐则民，吴华金，段翔．基于气候、植被及工程地质的公路“环境选线”[J]．武汉理工大学(交通科学与工程版)，2009，33(5)：1016-1019.
[49] 唐正光，徐则民，吴华金，段翔．公路路基地质灾害与选线设计[J]．公路交通科技(应用技术版)，2011，(7)：66-68.
[50] 吴华金．道路工程哲学思维探索(1)[J]．云南现代交通科技，2012.5，8-17.
[51] 贺国佑，刘锋民．新疆自然环境条件对公路建设的影响及其对策[J]．公路交通技术，2011，(7)：66-68.
[52] 吴华金．道路工程哲学思维探索(1)[J]．云南现代交通科技，2012.6，1-7.
[53] 张家明，王志奇，张勇，徐则民，张德成．云南省公路水毁时空分布宏观约束机制[J]．灾害学，2011，26(3)：35-40.

第6章 道路工程建设社会效益的哲学思辨

随着现代社会经济、政治和文化的快速发展，道路工程作为国家运输通道的大动脉，越来越在人与人之间的生产、生活，地区与地区之间人力、物力、资源互换共享和国家与国家之间经济贸易、政治往来、文化交流之中发挥着巨大的综合效益。利用哲学思辨的思想研究道路工程及其发展建设的社会效益将有助于解决实际建设中各个阶段中的矛盾问题，为今后的实际建设提供理论指导思想，使道路工程建设更能体现它对人们生产、生活和国家经济发展、社会稳定所作的贡献。

6.1 现代交通运输业中的道路工程建设

6.1.1 现代交通运输业

1978 年十一届三中全会，开启了我国改革开放的历史新时期，从此中国走上了改革开放的道路。到如今，我国改革开放的历程已经走过了 30 多年，同时我国的交通运输业也经过了 30 多年的辉煌发展，实现了全面、快速的发展，形成了以公路、铁路、航空、水运和管道等五大运输体系为主的综合运输网络体系，交通运输基础设施和装备水平显著提高，交通运输运量和港口吞吐量大幅度增加，交通运输网络覆盖面和通达度进一步提高，形成了具有相当规模的交通网络体系。现在我国交通运输业无论从运输里程、运输量，还是从技术装备水平、基础设施建设等各方面都实现了跨越式发展，进入了纵横交错、多种运输方式共同发展的新阶段。

自 20 世纪 90 年代以来，国家将加快交通运输发展作为优先发展的战略目标，实现了交通基础设施规模总量的快速增长。交通设施网络里程从 1978 年的 123. 51 万 km 增加到 2007 年的 456. 1 万 km，是 1978 年的 3. 7 倍，平均每年增长 4. 6%。其中公路里程从 1978 年的 89. 02 万 km 增加到 196. 2 万 km，是 1978 年的 2. 2 倍，平均每年增长 2. 8%；铁路里程从 1978 年的 5. 17 万 km 增加到 2007 年的 7. 80 万 km，是 1978 年的 1. 5 倍，平均每年增长 1. 4%；管道输油气里程从 1978 年的 0. 83 万 km 增加到 2007 年的 5. 45 万 km，是 1978 年的 6. 6 倍，平均每年增长 6. 7%；民航航线里程从 1978 年的 14. 89 万 km 增加到 2007 年的 24. 30 万 km，是 1978 年的 1. 57 倍，平均每年递增 10%，民用机场 2007 年达到 148 个，比 1978 年增加了 78 个。

1978 年我国完成的交通运输固定资产投资只有 63.6 亿元，但是到了“九五”规划期间我国完成的交通运输固定资产投资达到 1 997.1 亿元，“十五”以后达到 5 313.6 亿元，到 2007 年达到 12 278.5 亿元，再创历史新高，是 1978 年的 193 倍。结合表 6-1 可以看出，自从改革开放以来，我国的交通运输业在国家大力投资建设中迅速发展，公路、铁路、管道和民用航空的运输里程较改革开放初期都有了跨越式的发展，呈现出规模化、网络化的发展趋势。

我国五种交通运输方式线路里程（万 km）[1]　　表 6-1

年份（年）	合计	公路	铁路	管道	民用航空	内河航道
1978	123.51	89.02	5.17	0.83	14.89	13.60
1980	124.91	88.33	5.33	0.87	19.53	10.85
1985	139.56	94.24	5.52	1.17	27.72	10.91
1990	171.81	102.83	5.79	1.59	50.68	10.92
1995	247.62	115.70	6.24	1.72	112.90	11.06
2000	311.83	140.27	6.87	2.47	150.29	11.93
2005	416.62	192.5	7.54	4.40	199.85	12.33
2006	428.71	192.5	7.71	4.81	211.35	12.34
2007	456.10	196.2	7.80	5.45	234.30	12.35

从铁路建设看：2006 年 7 月建成通车的青藏铁路是我国西部大开发的标志性工程；它的完成不仅是我铁路建设史上的伟大壮举，也是世界铁路建设史上的一大奇迹；它不但打破了西藏的“封闭”，结束了广阔的西藏内陆地区不通火车的历史，也完善了我国的整个铁路运输网络体系。2007 年 4 月我国成功实施了铁路第六次大面积提速，标志着我国铁路系统掌握有线时速 200km 以上提速设计、施工、制造、实验、运营、管理和维修的成套技术，跻身世界先进行列。2008 年 8 月开通的京津城际高速铁路时速可达 350km 以上，这毫无疑问地成为了我国铁路发展史上的一个里程碑；它拉开了我国高速铁路建设和运营的序幕，对我国经济社会将会产生巨大的影响。这些标志性铁路工程的建成将为我国铁路网规模的进一步扩大、路网结构的进一步优化和经济社会的稳步发展打下坚实的基础，也为今后铁路运输业朝着更快、更稳的方向发展提供宝贵的实践经验。

从公路建设看：改革开放 30 年来，国家大力发展公路网建设，巨额的投资使公路基础设施建设和公路通车里程迅速发展，并在不断完善国道、省道干线公路的同时，加快了高速公路和农村公路建设的步伐，使整个道路运输网络功能日趋完善，整体效率不断提高。2007 年我国公路建设完成固定资产投资 6 926.6 亿元，是 1978 年 9.4 亿元的 737 倍，全国公路里程（不含村道）达 196.2 万 km（含村道为 358.37 万 km），全国公路密度达 37.3km/百 km^2，比 1978 年 9.27km/百 km^2 的公路密度提高了 28 个百分点；这使我国“五纵七横”的道路规划网络基本贯通，初步构建了我国区域和省际横连东西、纵贯南北、连接首都的国家公路网。

我国的民航业也在改革开放提供的前所未有的机遇中得到了快速的发展。最近几年国民经济持续快速增长，人民生活水平不断提高，旅游外贸加速发展，促进了航空运输需求的快速增长，使我国民航事业得到了长足的发展。截止 2007 年底，我国民航航线航班达到 1 506 条，其中国内航线 1 216 条，国际航线 290 条，国内通航城市 149 个城市，国际定期航班通航 43 个国家；整个民航运输业航线里程达 234. 3 万 km，形成了国内干线与支线结合，国外连接世界主要国家和地区的四通八达的航空运输网络。

除了上述的铁路、公路和民航业外，我国的管道运输业和内河航运、港口码头建设也得到了较大的发展。目前，我国已经形成了华东、华北、中原、东北和西北等广大地区四通八达、输送有序的石油、天然气管网体系。2002 年 7 月 4 日开工建设，2004 年 12 月 30 日建成的西起新疆轮南，经过戈壁沙漠，穿越黄河、长江，途经 9 省、自治区、直辖市，最后到达上海的全长约 4 000km 的西气东输工程。它的建成，开通了贯通我国东西的一条能源大动脉，标志着我国管道运输业建设整体水平上了一个新的台阶，对于我国今后管道运输业的发展和国家推进西部大开发都具有重大指导作用和意义。经过改革开放 30 年的不断建设和发展，我国的港口基础设施也取得了突破性进展，港口码头建设在逐步向现代深水化、大型化、专业化发展。

经过 30 多年的改革与发展，我国的交通运输业发生了巨大变化，一个综合的交通运输网络体系已初步形成。今后，经过进一步的发展和建设，我国交通运输业的基础设施将会更加完备，铁路将充分发挥其运量大、速度快的优势；公路将发挥其应用广、机动灵活、周转快、适应性强的优势；航空将发挥其速度快、运输效率高的优势；水运将发挥其运量大、成本低的优势；管道将发挥其平稳安全、运量大、连续性强的优势，使各种运输方式有效地衔接一起，充分发挥其所长。届时一个舒适、安全、方便、快捷和完善的现代化交通网络体系将会服务于我们生活中的方方面面，给我们的现代化生活带来巨大的便利。

6. 1. 2 道路工程在现代交通运输业中的地位和作用

整体和部分是一对重要的哲学辩证关系体，从黑格尔到马克思、恩格斯，再到现代系统论，都深刻论述了整体与部分的关系，强调两者之间多方面的、内在的、必然的联系。整体是部分的有机结合，并能创造出部分所不具有的新的性质和力量，整体中的部分又能发挥其作为单一个体所没有的功能效益。现代思维方式必须从整体和部分的有机统一中去理解和反映客观世界。客观事物都是一个系统，系统都是由相互联系的各个部分组成的具有特定功能的有机整体[2]。现代交通运输体系也是如此，它是由公路、铁路、民航、水运、管道等相互联系的五大部分组成的一个服务于国民经济建设各个方面的有机系统。

整体和部分的关系呈现出复杂性和多样性的特点。首先部分是构成整体的基础，没有部分就没有整体；部分又是在整体制约下的部分，离开了整体就不再是该整体的部分。部分的变化总是以整体的联系为前提，整体的变化又在变化着的部分的联系中实现。其次二者关系表现为加和性和非加和性两种情况：加和性是指整体的某些性质和量度等于部分的和，它反映了整体和部分之间量的守恒性和连续性。非加和性是指整体的质和功能不是各个部分性质和功能的简单叠加，整体具有部分不具有的新的质、新的功能和新的规律。它反映了整体性质的变化和量的非连续性、不守恒性。加和性和非加和性，在不同的物质系统中处于不同的地位，而且在一定条件下还会相互转化。当系统内部联系密切时，非加和性占主导地位；系统内部联系松散时，加和性就处于主导地位了[2]。在本节讨论的道路工程建设作为公路运输的基础，也作为现代交通运输体系的一部分。它的存在使得各种运输方式和整个交通运输业之间的非加和性特征更加明显，整个交通运输业发挥的作用效益将远大于其中各个部分的简单相加。

现代交通运输体系由公路、铁路、民航、水运、管道等相互联系的五大运输方式构成，其中公路运输又是其中最重要的一种运输方式。公路运输的基础是路，没有道路工程建设的四通八达的道路网络体系作为公路运输的依托，公路运输将无从谈起，整个交通运输体系将会失去其应有的为国家和社会服务的功能效益。由此可以看出，道路工程建设同公路运输一样作为现代交通运输体系的一部分，其发挥的作用是巨大的、不可替代的。公路运输有许多的优点。首先：由于公路运输网比铁路、水路的密度大很多，分布面广泛，能发挥其机动灵活、适应性强的特点，实现无处不到、无时不有。其次：公路运输在时间方面的机动性也比较大，车辆可实现随时调度、装运，各环节之间的衔接时间很短，这对公路客运和货运具有很强的适应性，而且为铁路运输、水路运输和航空运输提供了方便、快捷的聚散通道。最后：由于公路运输工具体积较小，除可沿分布广泛的道路网络运行外，还可离开路网深入到城市居民住宅、农村田间、工厂企业等地，即可把旅客和货物从始发地门口直接送到目的地门口，在中短途运输中实现"门到门"直达运输服务，这是其他运输方式无法比拟的。虽然，公路运输有其自身的许多优点，但它的缺点也是很明显的。如运量较小、运输成本较高，这是由于汽车载重量小，所消耗的燃料又是价格较高的汽油或柴油所造成；安全性较低，环境污染大。现在每年都有几十万人死于汽车交通事故，每天都在有人丧命于各种各样的交通事故中。汽车所排放的尾气和引起的噪声也严重威胁着人类的健康，是大城市环境污染的最大污染源之一。尽管如此，我们还是应该辩证客观地分析公路运输在我们生产、生活和国家社会发展中所起的积极作用，公路运输中的优点和缺点这对矛盾体是不可避免的。矛盾是推动事物运动和发展的源泉，有矛盾才有解决问题的争鸣，才有工程的除旧布新，才有现代公路运输业和汽车工业的发展。所以我们抓住社会经济建设这个大前提，抓住交通运输业这个国家发展的大动脉，抓住公路运输业在五大运输业中的主导地位，抓住道路工程建设的基础作用等矛盾的主要方面，我们就能很好处理公路运输中的其优缺点的取舍问题，就能很好理解作为部分的汽车运输业和道路工程建设对整体交通运输业的巨大影响。

表 6-2 和表 6-3 是改革开放至 2007 年部分年份全社会完成的客运量及客运量的构成情况和货运量及货运量构成情况表。从表中可以看出：在 1978 年到 2007 年间，整个公路运输业完成的客运量和货运量及其在整个交通运输业中所占的比重都是呈现出逐年增长的势头。公路完成的客运量从 1978 年的 149 229 万人增长到 2007 年的 2 050 680 万人，其在整个交通运输业中所占的比重由 1978 年的 58.8% 增长到 2007 年的 92.1%，增长了 33.3 个百分点；公路完成的货运量从 1978 年的 85 182 万 t 增长到 2007 年 1 639 432 万 t，其在整个交通运输业中所占的比重由 1978 年 34.2% 增长到 2007 年的 72%，增长了 37.8 个百分点。而以 2007 年为例，铁路完成的客运量 135 670 万人、货运量 314 237 万 t，占整个交通运输体系的 6.1%、13.80%；水运完成客运量 22 835 万人、货运量 281 199 万 t，占整个交通运输体系的 1%、12.40%；民航完成客运量 18 576 万人、货运量 40 552 万 t，占整个交通运输

体系的 0.8%、1.8%。这些运输方式完成的客运量和货运量都远低于公路运输业。从 2000 年以后，公路运输业完成的客运量达到了整个交通运输体系的 90% 以上，货运量达到了 72% 以上，以绝对优势处于整个交通运输体系的主导地位。由此可以看出，作为部分的公路运输业对作为整体的交通运输业的贡献是非常巨大和不可替代的。公路运输使交通运输业作为国家社会发展的大动脉得以有机、良好地运转，并不断地完善着自身系统的发展，适应今后国家社会现代化的发展需求。所以，作为公路运输基础的道路工程建设在现代交通运输业中的地位和作用也就在于此。

全社会客运量(万人)及构成表[1]　　表 6-2

年份(年)	公路		铁路		水运		民航		合计	
	客运量	比例(%)	客运量	比例(%)	客运量	比例(%)	客运量	比例(%)	客运量	比例(%)
1978	149 229	58.80	81 492	32.10	23 042	9.10	231	0.10	253 993	100
1985	476 486	76.80	112110	18.10	30 863	5.00	747	0.10	620 206	100
1990	648 085	83.90	95 712	12.40	27 225	3.50	1660	0.20	772 682	100
1995	1 040 810	88.80	102 745	8.80	23 924	2.00	5117	0.40	1 172 596	100
2000	1 347 392	91.10	105 073	7.10	19386	1.30	6722	0.50	1 478 573	100
2005	1697381	91.90	115 583	6.30	20 227	1.10	13 827	0.70	1 847 018	100
2006	1 860 487	91.90	125 656	6.20	22 047	1.10	15 968	0.80	2 024 158	100
2007	2 050 680	92.10	135 670	6.10	22 835	1.00	18 576	0.80	2 227 761	100

全社会货运量(万 t)及构成表[1]　　表 6-3

年份(年)	公路		铁路		水运		民航		合计	
	客运量	比例(%)	客运量	比例(%)	客运量	比例(%)	客运量	比例(%)	客运量	比例(%)
1978	85 182	34.20	110 119	44.30	43 292	17.40	10 347	4.20	248 946	100
1985	538 062	72.10	130 709	17.50	63 322	8.50	13650	1.60	745 763	100
1990	724 040	74.60	150 681	15.60	80 094	8.30	15 750	1.60	970 602	100
1995	940 387	76.10	165 982	13.40	113 194	9.20	15 274	1.20	1 234 937	100
2000	1 038 813	76.50	178 581	13.10	122 391	9.00	18700	1.40	1 358 682	100
2005	1 341 778	72.10	269 296	14.50	219 648	11.80	31 037	1.70	1 862 066	100
2006	1 466 347	72.00	288 223	14.10	248 703	12.20	33 436	1.60	2 037 058	100
2007	1 639 432	72.00	314 237	13.80	281 199	12.40	40 552	1.80	2 275 822	100

尽管我国的道路基础设施建设经过近年的大力建设，已经取得了较快的发展速度，并具有了一定的路网规模效益，但现今我国的道路建设与国际发达国家相比仍处于滞后阶段，主要表现在我国的道路质量、标准，路网密度和人均道路面积等均比发达国家低很多等方面。另外我国东、西部道路工程发展不平衡，东部拥有的道路里程和资金投入远大于西部，西部道路工程建设远落后于东部，这不但会影响西部地区的发展还会使西部广阔地区的丰富资源利用率大大降低，从而影响到社会全面发展的步伐。要想拉近与发达国家之间的差

距，拉近东西部的差距，要充分发挥道路工程在交通体系中的基础作用，使交通运输体系的作用效益最大化，那么对道路工程基础建设的大力投资和关注就是必不可少的了。

木桶理论又称水桶原理或短板理论，它是由美国管理学家彼得提出的。其核心内容为：一只水桶盛水的多少，并不取决于桶壁上最高的那块木块，而恰恰取决于桶壁上最短的那块。根据这一核心内容，水桶理论还有两个推论：其一，只有桶壁上的所有木板都足够高，那水桶才能盛满水；其二，只要这个水桶里有一块不够高度，水桶里的水就不可能是满的。所以组成木桶的木板如果长短不齐，那么木桶的盛水量不是取决于最长的那一块木板，而是取决于最短的那一块木板，即在一个组织结构中劣势部分往往决定整个组织的水平。

交通体系所发挥的作用效益就好比木桶里面能装的水，道路工程就好比木桶上的一块板，要使交通体系为社会发挥最大的效益，那么作为构成木桶的每一块板都是不可缺失或缺损的。所以针对我国现今道路工程发展建设的不足之处，国家已经加大了投资建设力度。以 2007 年国家完成的交通运输业固定资产投资情况看（图 6-1），整个交通运输业完成的固定资产投资额为 12 278.5 亿元，而道路运输业就占了 56%，达到了 6 926.6 亿元，远高于其他运输业的投资额。由此也说明道路工程的建设在交通运输业中的基础作用，缺少道路工程建设的支撑，交通运输业将无法完成为现代经济社会服务的功能。

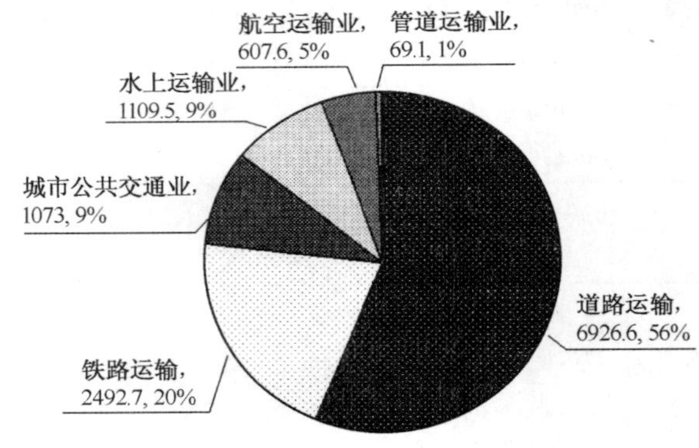

图 6-1 2007 年交通运输业固定资产投资情况[1]（单位：亿元）

6.2 道路工程建设效益的哲学思辨

6.2.1 道路工程建设效益的多元化

道路工程建设作为人类改造自然，为人类生产、生活提供基本保障和便利的物质生产活动，其对人类和人类社会发展的意义是非常重大的。道路工程建设的效益不仅体现在其创造的工程产品的价值上，而且蕴涵在道路工程建设活动的各个环节和生产要素的价值中。

价值是一个多义的概念，在不同的语境和条件中，我们至少可以区分出三种含义不完全相同的价值概念：第一、工程技术角度的使用价值；第二、经济学角度的同交换和交易问题密切联系在一起的价值问题；第三、哲学角度的价值[3]。哲学意义上把价值定义为具体事物的组成部分，是人脑把世间万物分成有用和有害两类后，从这两类具体事物中思维抽象出来的绝对抽象事物或元本体，是世界万物普遍具有的相互作用、相互联系的性质和能力，是每个具体事物都具有的普遍性规定和本质。价值所表达的是一种人与物或人与人之间需求与给予的对应关系，即事物——客体能够满足人——主体的需求。从这个意义上讲，价值是揭示主体与客体之间关系的范畴。作为主体的人为了满足人类各方面发展的需求而需要认识和改造客观世界，而被纳入人类认识实践活动范围中客观世界的事物，因为其固有的特定属性和功能又能够满足人类各方面发展的需求，这种客体对于主体需求的满足就是价值。价值具有多方面的特性：客观性——价值关系的各个环节，包括人的需要、用来满足人的需要的对象以及满足人的需要的过程和结果都是客观的；主体性——价值关系的形成是以主体的需要为主导因素的，没有主体的需要就构不成客体对主体满足的意义关系，客体对主体的意义还会因主体及其需要的不同而不同；社会历史性——由于价值关系的主体具有社会性和历史性；多维性——价值的两端：主体和客体都是多维的，主体的需要有物质的和精神的、自然的和社会的多维需要，客体具有的多维属性可以满足主体的多维需要[2]。其中哲学意义上价值的多维性特性尤为重要，它成为我们讨论道路工程建设效益多元化特点的理论依据。

从古至今，道路的发展可以大致分为四个阶段。第一阶段是仅供人和牛马等行走或托运货物的阶段。这个时期的道路是没有经过人类有意识的修建过程而产生的，而是远古祖先在艰苦环境中求生存，长期艰苦跋涉踩出来的，只能称为小路或小径。第二阶段是供蓄力车辆和行人通行的大道阶段。大约公元前4000年，出现了车轮，这是人类物质文化发展史中的大事。用车轮代替滑木，以滚动代替滑动，减少了行车阻力，提高了运输效率。随着车轮的出现，以蓄力为牵引的轮式车辆开始使用，这对道路提出了更高的要求，于是宽大和质量较好的马车道路出现了[4]。第三阶段是行驶汽车的公路阶段。现代公路是随着汽车的发明和使用兴起的。第一、第二两个阶段的道路多数是泥土路或沙石路，少数是石板路，仅供行人、马车通行。汽车的发明和大量使用后，由于汽车行驶速度快，载重量大，对道路要求标准高，所以道路工程建设也随之改革了，经过严格选线设计后构造复杂的一大批公路就此产生了。第四阶段是高速度、分流、分层行驶的高速公路阶段。它起源于20世纪30年代初的德国，与第三阶段的普通公路相比，最大的不同是高速公路为全封闭、分流、分向的，可以保证不同方向行驶的车辆互不影响、高速通行。而普通公路则是平面交叉、混合交通的。另外高速公路的行车速度可达每小时100 km以上，这对道路线形和路基路面材料提出了更高的要求，于是线形设计更加笔直，采用现代钢筋混凝土和沥青混凝土等高级路面材料的高等级公路得到了迅速的发展。

从上可以看出，道路工程建设都是随着人类物质生产活动和社会的发展而发展的。最初阶段的道路仅仅是满足人类在自给自足的经济条件下简单的住行需求。随着社会的进步和发展，人们有更多的剩余劳动成果，人与人之间的物质交换变得更为频繁，对道路的要求不再是仅仅满足住行的需求，还要满足随交换而产生的商品经济发展的需求。到了现代，道路工程已经不仅是满足人们生产生活的所需，而且还是人类社会存在的基础和发展的推动力。从价值多维性的特性来看，上述道路工程自身的发展及对人类社会效益的变化都是伴随着作为主体的人的需求的发展和作为客体的道路工程自身具有的多维物质特性而不断变化发展的。所以到了现代，人的需要不仅只有远古时候的吃住等物质需求，而且还有了精神的、社会的和自然的等多维需求，而道路工程的多元化价值就体现在它能满足人的这些多维需求上。因此，有了人们对经济和社会发展的需求，就产生了与之对应的道路工程建设的经济、社会价值；有了人们对国家政治稳定发展的需求，就有了道路工程建设的政治价值；有了人们对科技进步和人类知识体系更加完善的追求，就有了道路工程建设的创新价值；现代新的工程建设理念和新的价值观要求可持续发展，人与自然和谐相处，与之对应就产生了道路工程建设的人文价值。

6.2.2 道路工程建设的经济价值

道路工程建设的经济价值是指道路工程作为社会消费品对于其服务的主体经济需要的满足程度。根据主体构成的多维性，道路工程建设的经济价值也是多方面的。《工程哲学》一书中根据工程主体的基本组成把工程经济价值主要分为三个方面：一是工程最终价值接受主体——客户或消费者相对应，工程的经济价值表现为工程产品对客户的物质需要的满足程度；二是与工程投资和建设主体相对应，工程的经济价值表现为工程的经济效益与投资收益；三是与工程的规划和管理主体相对应，工程的经济价值表现为工程对其他经济活动和总体经济发展的直接的、潜在的与长期的影响。这三个方面的工程经济价值可能协调也可能冲突。有些工程的社会经济效益显著，但投资主体的短期经济收益却很小，如生态保护工程、公共设施工程等；有些工程短期经济价值较高，对投资主体有利，但可能对其经济活动产生长期的负面影响[5]。上述说的工程指的是广义上的工程，不仅局限在土木建筑行业，还包括生物、信息、环境、机械等行业。据此可以分为三个方面讨论道路工程建设的经济价值。

第一方面是与道路工程建设的最终价值接受主体——全体人民相对应，道路工程建设的经济价值表现为对全体人民的物质需要的满足程度。道路工程属于交通运输基础设施，是现代经济社会快速运行和人们生产生活的保障和物质前提，也是国家主要的基础结构。在经济领域，人们常常把基础结构和公共事业联系在一起，因为它们都是由政府投资建设并向全体社会公众提供服务的事业，具有很强的社会公益性。我国的道路工程建设大部分都是由政府通过税收、费收的收入提供建设资金的，道路工程的建设过程，包括立项、征地、建设等，没有政府的参与是很难顺利完成的。由于道路工程的这个性质，道路的使用者对道路的使用不具有排他性；在道路的正常通行情况下，全体公民都可以享用；所以道路工程能实现其最大的通行效益来满足人们的生产生活所需。

根据马克思的经济学理论，价值和使用价值是商品的两个最主要属性。价值是凝结在商品中的一般无差别的人类劳动，即抽象的人类劳动；使用价值是商品能够满足人们某种需要的属性，它是由人类的具体劳动创造的。价值是商品所特有的社会属性，需要通过交换来实现；使用价值是商品的自然属性，它反映的是人与自然之间的物质关系。道路工程的功能在于为人们提供交通量的通行服务，能够实现货畅其流，人便于行，实现客货的空间位移效用和及时到达目的地的时间效用，这就是道路工程的使用价值。道路工程的价值同其他商品一样凝结在无差别的人类劳动中，并且由社会必要劳动时间决定。道路工程大多属于公用物品。它的价值不像商品价值一样体现在交换过程中，而是体现在把道路工程的使用权作为交换对象的交换之中；它的实现形式通常是过路收费，即使用者通过付费获得它的使用权。道路工程的使用价值是它满足消费者(全体人民)的衣食住行等物质需要得以实现的基础。对于个体的人，道路工程满足个体需求的效益是很明显的。现代社会是一个开放的、流动性很大的社会，作为个体的人要体现自己的社会价值而异地办公、异地学习、异地开会等已经是很普遍的事，这需要的就是方便、快捷的道路工程为其提供保证。所以道路工程在满足人们基本出行条件的同时也成了人们体现自己价值的一个保障。对于国民经济的细胞企事业单位和工厂来说，道路工程作为单位和工厂连接上游物质生产原料与下游产出产品之间的纽带和运输通道；它实现的是上游物质生产原料能方便、快捷地被利用，下游产出产品能及时被消费，使单位和工厂有序地运转，国民经济良好地发展，满足国家经济稳定发展的物质需求。

第二方面是与道路工程投资和建设主体相对应，道路工程建设的经济价值表现为工程的经济效益与投资收益。我国道路工程建设经历了由政府大包大揽到投资主体多元化的转变，逐步建立了"国家投资、地方筹资、社会集资、利用外资"和"贷款修路、收费还贷、滚动发展"的投资机制。目前，我国道路工程建设项目资金来源有：政府投资、国内银行贷款、国际金融组织贷款、项目融资(包括BOT融资、ABS融资等方式)、高速公路经营权有偿转让融资和证券市场融资(包括股票融资与债券融资)等[6]。由于道路工程属于准公共物品，它不像其他投资建设一样，如房地产投资，能通过短期的投资建设，然后把建成后的房子当作商品全部出售来获取最大的价值或者利润。道路工程投资建设方式虽然有多种，但投资的经济收益只有通过出卖道路的使用权，通过收费过路的形式来实现。其中只有像BOT项目等投资方式可以在一段时间内拥有道路的所有权、收益权、经营权等来实现投资的经济收益，为投资者赚取最大的经济利润，之后道路的所有权、收益权和经营权等还是属于国家的。从这一点看，道路工程投资主体的短期经济收益很小，但是它的长期社会经济效益会随着道路的运行越来越明显。

道路工程的建设过程是人力、财力和物力相互结合、不断流动，工程产品逐步生成直到最终完成的过程，也是业主、设计、施工、监理等各方互相协作、共同进退、共同提高的过程。这个过程中道路工程建设的效益不仅体现在工程投资的经济收益上，还体现在建设过程中各生产要素的价值提高中。对于工程投资主体来说，如上一段所述，他可以通过出卖或者出让工程产品的价值或者使用价值来实现工程建设的经济收益。对于工程建设主体中的设计、施工和监理等各方来说，他们通过出卖自己的脑力和体力来获得相应的工资报酬和利润，实现道路工程建设的经济收益。现实的生产力由对象、工具和人三者结合而成。在工程建设过程中：纳入工程建设过程中的天然资源和人工资源共同构成了劳动对象，即工程建设所使用的原材料；人是劳动对象的作用者和原材料的加工者，即劳动者；人和对象是改造和被改造、加工和被加工的关系；工具是人作用于对象的中介，也是达到目的的中介。其中，劳动对象和劳动资料是"物"的因素，劳动者是"人"的因素，人是生产力中的能动因素和主导因素，也是三要素中最活跃的要素[2]。工程的根本意义就在于不断创造满足人生存和发展所需的人工自然，从而体现人的生存价值，使人成为自由和全面发展的人。道路工程建设的意义也在于此。人能掌握工具并且创造工具能动地改造天然自然成为人工自然，满足人的生存发展所需。作为人占主导作用的道路工程建设，它凝结着人类几千年的智慧和文明，体现着人区别于世间万物的价值所在，同时也在提升着人的自身价值。

人价值的提升也推动了人作用的对象和使用的工具的价值升值。工程建设中，正是有了人的参与，才有了不断更新和革新的劳动工具，才有了新材料的使用，从而使新的劳动工具和新的原材料在以后的工程建设活动中发挥最大的价值效益，推动生产力的发展，使人能够创造出更好更多的工程产品。

第三方面是与道路工程的规划和管理主体相对应，道路工程的经济价值表现为对其他经济活动和总体经济发展的直接的、潜在的与长期的影响。道路工程建设属于国民基础设施建设，它为其他经济活动提供基础的保障作用。国民基础性设施建设往往有一个特点：项目产生的外部间接效益往往远大于其产生的内部直接效益。直接效益反映了可以直接按项目归集的效益，间接效益反映了由于项目的新建而产生的项目之外的效益。道路工程建设的直接效益一般反映在提高运输生产率、运输质量等带来的效益上，间接效益反映在促进机械制造业、运输管理业、能源化工业、服务业、沿线区域经济等的发展上。道路工程在降低运输成本、缩短运输里程和节约运输时间等方面产生的内部直接经济效益一般是可以进行定量分析计算的；而其产生的外部间接经济效益尽管十分巨大，但目前只能进行定性的描述与评价。例如：山西运煤专用公路的新建所造成的煤炭供应量的增加，将引起或带动其他地区电力工业、化学工业、机械制造业、轻工业以及商业的进一步发展；另外，煤炭运输量的增加也会促进山西煤炭采掘业以及煤炭采掘地周围商业、服务行业等的进一步发展，并将导致煤炭部门对其他部门产品需求的增加[7]。这些由道路工程的投资建设引起的连锁的经济效益是非常巨大的，这在经济学中表现为乘数效应，也是道路工程建设的间接的、潜在的、长期的社会经济效益。

乘数效应是一种宏观的经济效应，是指经济活动中某一变量的增减所引起的经济总量变化的连锁反应程度。例如在道路工程建设中：国家准备投资2000万元建设道路，其中1200万元是建材原料，200万元是工资，600万元是其他费用。那么建设消耗的钢筋、水泥、沥青等建材原料刺激相应的生产厂家扩大生产规模，而这些生产厂家又拿出钱向上游原料厂商如铁矿厂等购得铁矿等更多的生产原料……这样使得一种产品的整个产业链中的各个环节都有了相应的投入和产出。另外工人得到工资报酬后的消费，也带动了食品加工业、服务业、轻工业、交通运输业、农业等相关行业的发展，最终国家2000万元的投资则带动了上亿元的GDP。借用经济学中的乘数效应，工程也具有相应的乘数价值。乘数价值是指工程集成物的溢出效应，是直接的或者间接的连带影响，是工程一定时期内对相关产业所具有的拉动意义[2]。道路工程的建设也是如此，它可以带动其他经济活动的发展。它可以拉动钢铁、水泥、机械、能源、物流、服务等相关产业的经济增长，还带动了数百万计的人员就业。任何一条道路的开工建设都会给当地的劳动力、原材料、服务市场等带来明显的生机和活力，给当地的经济发展带来明显的促进作用。

6.2.3 道路工程建设的创新价值

创新活动有各种不同的类型，例如知识创新、技术创新、经济创新、制度创新、工程创新等，不同类型的创新有不同的性质、特点和作用。从国家经济社会发展的角度看，工程创新是国家创新活动的主战场。国家创新系统是一个复杂的系统，内容很丰富，其组成部分非常复杂。如果我们把一个国家的整体性创新活动比喻为一场“国家范围”和“国家尺度”的创新之战，那么在这个“创新之战”的“总战场”上，既存在着“前哨战场”、“后勤战场”，也有其“主战场”。工程活动是人类最基本的社会活动方式。人类不但通过工程活动改变了自然的面貌，为人类的生存和发展提供了必需的物质生产生活条件和基础，而且在工程活动中还形成了一定的人与人的关系，以及人与社会的关系。工程活动和工程发展的过程，不但直接体现了人与自然的关系、促进了人类物质文化前进的步伐，而且有力地体现了人与人的关系、人与社会的关系，促进了人类非物质文化(包括制度文化、精神文化等)前进的步伐。因此根据工程活动的地位和作用分析，应该不难得出一个结论：工程建设中的创新活动是国家创新活动的“主战场”。在考察和评价一个国家的“国家创新系统”和建设“创新型国家”过程的成败得失时，关键是要看这个国家在工程创新这个“主战场”上的“战况”和成败得失如何[7]。道路工程建设活动作为整个社会工程活动中的一部分，它的创新活动也将为国家创新活动主战场的胜利奠定坚实的基础，也为党的十六大提出的走新型工业化道路、转变经济增长方式、建设小康社会和构建和谐社会提供应有的物质和技术保障。

道路工程的建设往往需要经济因素、技术因素、科学因素、生态环境因素、政治因素以及其他因素的参与和制约。综合各因素后工程的创新和其价值将贯穿于工程的规划设计、施工、运营管理等不同的环节和其中的各因素上。正是由于道路工程规划设计中的创新活动，才使得现代的道路网络除了在满足人们生产生活和社会经济发展的基本运输需求之外，有了更多的人文性、环保性和文化价值。例如：道路规划设计中的分离式路基、桥梁工程等不但使道路的线形更加合理，更利于行车，还能减少工程在施工中的大挖深填给沿线环境和自然景观带来的严重破坏和影响；植草护坡不但能固定土壤，减少水土流失，防止道路两侧由于开挖引起的滑坡灾害，还能美化道路环境，缓解司机在长途驾驶中的视觉疲劳问题；高速公路中的分流、分向、分道行驶，不但满足了交通运输快速通行的要求，还减少了对向车辆的影响和交通事故的发生；超车道、行车道和紧急停车道的设计在满足不同行驶车辆的不同需求外，也反映了规划设计中考虑了更多的以人为本的工程理念，特别是近年来体现宽容设计理念，广泛构筑的路侧净区。施工过程中，隧道的通风是保证安全、文明生产和员工身体健康所不可缺少的保障措施。由于隧道通风距离长，需要随着掌子面的延伸一段一段接力安装通风机，但由于过去通风机功率小，在长距离的隧道通风中达不到有效地通风、排尘效果。对此经过长期的工程实践，人们终于开发出了大功率的通风机，从而有效地解决了长距离隧道施工中通风和排尘的问题，保证了隧道的施工质量和员工的身体健康。隧道的开挖过程经历了手执风枪开凿，到台式自动风枪开凿，再到自动化程度极高的一次性开挖、支护成洞的大型盾构机和 TBM 机开挖的阶段。这是一个施工工具和施工技术不断创新和人的不断解放的过程。再如，就工程机械的工作装置而言，以前的挖掘机、推土机等工程机械是机械传动，用钢丝绳带动，功率小、效率低，操作的准确性也低，需要经常调整和维修。后来发明了液压传动，无论功率、效率、准确性都大大提高。到现在又采用了计算机电路板控制系统，对机械进行自动化控制，自动调节功率、速度、喷油量，自动检测故障，不仅大大提高了工程机械的施工效率，而且节能、环保。这样不断地创新就使工程的建设速度、质量、效率等得到一步步的提高[2]。所以，不管是大功率通风机、盾构机、架桥机等施工工具的发明，还是由机械代替手工，再到全自动化等施工技术的变革，都体现着道路工程建设过程中各种创新的价值。这些创新，不断解决着工程中人与人和人与自然之间的矛盾问题，推动着人们改造自然、创造价值的步伐。有了这些工程中的不断创新，现代四通八达的道路网络体系才得以实现，现代繁忙的道路运输业才可能畅通无阻，我国建设创新型国家的目标才有了实践的场所和基础。

人才作为现代社会各行各业在残酷的竞争中得以生存的法宝，也是国家经济发展、政治稳定和社会发展的决定性因素。从工程角度看人才，人才问题既是“动力”和“主体”问题，同时也是“资源”问题，它决定着工程建设的成与败问题。参与工程活动的人员主要有 4 类：投资人、企业家、工程师和工人。这四种类型的人员各有自身的特定的、不可取代的重要作用。如果把工程人才比喻为一支军队的话，工人就是士兵，企业家相当于司令员，工程师是参谋部和参谋长，投资人相当于后勤部。如果把工程活动比喻为一部坦克，那么投资人可比喻为油箱和燃料，企业家可以比喻为方向盘，工程师可比喻为发动机，工人比喻为火炮，每个部分对于整部机器的功能都是不可缺少的[8]。由此来说这四类人才都是工程建设不可缺少的。为了实现全面建设小康社会的宏伟目标，我国现在有大量的项目在规划、设计和建设中。2008 年，国家在包括道路工程建设在内的各行各业的工程建设活动中，投资了 4 万亿元人民币来拉动经济增长，推动社会发展。目前，国家每年投人工程建设的资金都在增加。为把国家投资的这些工程建设好，我国需要大批能够领导和实施工程创新的人才，如茅以升、许振庭等优秀的工程大师。而由于各种因素的影响，相对于现阶段我国浩大的工程建设而言，我国的创新型工程人才还有很大的不足。所以工程人才的培养是我国工程建设活动的又一个新目标，也是道路工程创新活动价值体现的又一个要求。

6.2.4 道路工程建设的政治价值

道路工程的建设不但是国家社会经济发展的要求，也是国家政治稳定、人民团结的要求，尤其是像我国云南、西藏和新疆等多个少数民族聚居的地区。它既有经济上的价值，也有政治上的价值，而经济和政治是相互依存和相互发展的，经济能为国家的政治稳定提供强有力的物质基础，政治的稳定又能为经济的发展提供和平、安定的社会环境和制度保障。

1950 年我国建设的川藏公路，是我国筑路史上工程最艰巨的一条公路。它始于四川成都，经雅安、康定，在新都桥分为南北两线，后在邦达两线会合，直通拉萨，北线全长 2 412km，南线全长 2 149km。整条线路穿越了无数险峻的高山峡谷和江河，其中的艰辛和危险是难于想像的，花费的人力、财力和物力也是非常巨大的。据资料统计，在整个公路建设过程中，有 3000 多名干部、战士和工人英勇捐躯，付出的生命代价是非常惨痛的。但是，这换来的是解放军成功进驻了西藏，完成了祖国大陆统一的历史性使命，结束了西藏无公路的历史，实现了国家守一保五的国防战略。川藏公路的建成通车，使西藏封闭的经济体系和内地的联系起来，两地之间有了物质和人员的流动通道，对两地都有显著的经济意义，而且还进一步增进了沿线地区各民族的团结和政治稳定，增强了我国边疆地区的国防。这就是道路工程建设的政治意义，路通则民富国强。现实中，有很多带有浓重政治色彩的“政绩工程”，但这种工程是不以国家、人们大众的利益为出发点的，而是以自己私利和名誉为出发点的，给社会带来的往往会是大量的人力和资源的浪费，因此这些工程的政治意义是歪曲的、不可取的。以此为鉴，我们的工程建设活动的政治意义应该体现在带动一方经济发展，团结一方民族，维护一方社会稳定上，进而促进国家长治久安，社会稳定、和谐发展。

6.2.5　道路工程建设的社会价值

道路工程建设具有广泛的社会价值，它的经济价值、创新价值和政治价值都属于社会价值的范畴，除此还具有生态价值、人文价值等。本节着重从道路工程的建设给人们生产生活方式和思维方式等方面的改变来说明其社会价值。

道路工程建设的社会价值体现在既包括能用货币度量的经济效益上，也包括难以用货币度量的非经济效益上，也是道路工程建设所表现出来的巨大外部效益和潜在效益，即对社会经济发展和人民生活带来的效益。这种效益道路建设本身是不会得到的，而是通过推动沿线经济发展和改变人们生产生活方式和思维方式实现的。现代社会发达的道路网络体系给人们之间的人流、物流和信息流提供了方便、快捷的运输平台，使得人们的观念有了很大的转变。观念的转变体现在时空概念上的转变、效率上的转变及思考问题节奏上的转变，也就是人们的商品意识和市场意识更强了。

方便、快捷的道路工程给人们最直接、最明显的就是生活方式的变化。例如：山东寿光农民生产的蔬菜，沿着高速公路带着露水就能到青岛；济南市民可以随意到自由市场上买回当日青岛的生猛海鲜。淄博长途汽车客运站开办的特种小快递，一早在淄博买上祝寿蛋糕，中午即可到青岛祝寿人的餐桌上；人们早出到外地做工，晚上与家人团聚已不再是什么困难的事；济南的球迷下午驱车到青岛看球，球赛结束连夜返回绝不会影响休息和第二天的工作。沿线农民进城打工、市民来乡村观光度假已相当普遍。每到夏天，青岛的海水浴场每天都要接纳很多内地游客。时空观发生的巨大变化是快捷的道路运输给人们的最直接的感受。山东省高速公路在省会及各地市之间建成贯通和高效运营，使整个山东变成了“半日生活区”，其高速快捷、安全舒适的优势，把内地与沿海的距离拉近了，山东似乎变小了。随着人们生活方式和时空观念的变化，也在无形中影响着人们的思维方式。山东高密市在刚开始修建济青公路时，许多人认为对高密没好处。但济青公路通车后，一夜之间打破了高密地处青岛和潍坊之间“两头够不着”的闭塞局面，经济意识、商品观念豁然开朗，相继建成了沿路的经济开发区和小五金市场、蔬菜批发市场、皮件批发市场，老百姓一下子富起来了[9]。由穷到富使人们明白了“要致富，先修路”的道理。

从机械生产代替手工生产、全自动化控制代替人脑控制的生产方式的转变；从人们仅满足于吃、穿、住、行等物质需求到现在追求的不仅仅是物质需求，更多的是精神文化需求的生活方式的转变，这其中体现的是社会的进步和发展。道路工程在改变人们生产生活方式和思维方式的同时，间接地也体现了我们的社会在发展、在进步。

6.3　道路工程建设对生态环境的影响分析

20 世纪 80 年代中期起，我国道路工程建设进入了高速发展的时期。至 2007 年底，全国公路总里程 196.2 万 km(不含村道)，其中高速公路 5.39 万 km。根据交通部编制的“中国公路网发展战略规划”，在全国公路网中优先建设和发展以高速公路和一级公路为主的国道主干线系统。该系统包括“五纵七横”12条干线，总里程约3.5万km。如此大规模的道路工程建设，必将会在其建设期和运营期给沿线地区的自然环境、生态环境和居住环境带来影响，并产生一系列环境问题。

6.3.1 道路工程建设期对生态环境的影响分析

道路工程建设最根本的物质条件基础就是土地，没有土地资源，道路工程建设将会成为空中楼阁，无从谈起。因此道路工程建设期对土地资源的占用和浪费，尤其是极其宝贵的自然资源——耕地，就成了这一阶段对生态环境影响的主要形式。我国虽然国土面积辽阔，拥有960万km^2的土地资源(约144亿亩)，其中耕地面积约15亿亩，只占国土面积的10.4%，占世界总耕地面积的7%。但我国是个人口大国，要以如此少的的耕地资源养活1/4的世界人口，任务相当艰巨。目前，我国各种开发区的建设、城市的不断扩大、交通运输网的建设及各种自然因素的破坏等，使我国现有的耕地面积在不断减少，土地问题已成为我国经济发展的严重制约因素。因此，现有的耕地资源是极其宝贵的。据统计，四车道高速公路及一级公路建设，每公里占用土地约75亩，一般耕地占70%～90%，六车道高速公路占用耕地更多。由此，仅“五纵七横”的12条国道主干线建设就将占用土地约263万亩，其中耕地约210万亩[10]。另外，道路工程的建设将会永久性地改变土地的地表覆盖特性和使用功能，原有的地表植被和林木会被永久清除。穿越城镇、村庄所占用的住宅用地和企业用地，重新安置又需要占用新的土地，这又会破坏新土地上的平衡。由此可以看出道路工程建设将会加剧我国土地资源与人口的矛盾，占用大量的土地资源进而影响到沿线的生态环境，特别是将土地分割的零零星星，降低或影响土地的使用和开发价值的个别道路。

道路工程的建设需要取大量的土石填筑路基，开挖山体形成路堑或是隧洞，这必然会破坏原有地面的植被和土体的自然平衡，影响动物的栖息环境。施工过程中若处置不当必然会引起水土流失、边坡失稳等环境灾害问题，严重的还会影响到道路工程的后续营运，导致路基塌方、滑坡和交通中断，甚至威胁到人们的生命财产安全。道路工程建设中的路基填筑材料一部分来源于道路挖方区的土石材料，另一部分来源于就近的取土场或是采石场。虽然在道路设计中都讲求“挖填平衡”的设计理念，但是在现阶段的工程理念或是实际中，往往追求更多的是成本与经济效益间的关系，而更少关注道路建设与生态环境间的关系。这就导致了建设中大填、大挖，整个山头都被挖掉或是挖掉几座山作为土石料或沙石料场，填掉几个山谷作为弃土场等现象的产生。深填大挖的路段和取土、弃土场地方必然会给该地区的水土流失和边坡稳定埋下隐患，这些地方在多雨的地区，有雨水的作用后更容易引发水土流失、边坡失稳、滑坡等灾害，给自然生态环境造成严重的影响。

道路工程作为连续的、空间的条带状的工程集成物，它在建设期不像一般的房屋建设一样，对周围自然景观环境的影响尺度和空间范围都较小。道路工程建设往往会穿越大片的原始森林、动植物自然保护区、湖泊河流、居民住宅区等，因此它对其所经过之处的自然景观环境的影响尺度和空间范围均比较大。为保证道路的平直，利于行车，在修建过程中往往需要开山平路，挖方段的多余土石方可用于就近铺垫路基，但当挖填不平衡，或者运距太远时就需要开凿大量的山体。开山取石不但破坏山体的表层土体、毁坏表层上的植被造成岩体裸露，而且开挖之后的山体表面植被很难恢复，从而破坏自然景观。路堑挖方处也是如此，挖方段的路堑边坡小的只有几米，大的有几十米甚至上百米，这些地方处理不当也会造成大片大片的岩体裸露在外，影响沿线的自然景观环境。根据以往经验以下现象比较普遍：一座座青山或是路旁的边坡，被挖去一块一块，要么只剩裸露的岩体，要么被铺以大片的混凝土，给人一种很不协调的感觉，严重影响道路沿线的自然景观。由于表层土石被挖去，山体只剩下坚硬的岩石，植被很难再生，而且需要很长的时间才能再生长植被。如果道路工程建设穿越原始森林或是动植物保护区，则对这些地方的自然景观环境影响更为严重。所以在道路建设的各个阶段，一些环保、生态的工程建设理念应该被广泛地用于指导人们的建设活动。如道路工程建设中的"以桥代路"、"宁隧毋填"，以及绕开动植物保护区等充分考虑人与自然和谐相处的工程建设理念。

道路在施工过程中的环境污染主要表现在大型施工机械产生的噪声、振动及排放的废水、废气、废渣污染大气、土壤、水体和周围的生态环境。特别是在一些穿越居民稠密区和生态敏感区域的路段表现较为严重。施工期的噪声污染主要是由于施工机械，如挖掘机、打桩机、夯机、平地机、摊铺机及各种运输车辆等所产生。这些机械对施工人员影响较为严重，尤其是直接操作的施工人员。另外噪声污染在城市道路建设过程中表现尤为明显，不但影响施工现场的工作人员，而且对沿街居住的居民影响也很大。施工期的大气污染主要是施工机械和运输车辆及施工现场所产生废气和扬尘。在没有铺装路面材料时，道路施工现场随时可以看到车辆过后漫天飞舞的灰尘，还有在砂石料场石料破碎过程中产生的大量粉尘和沥青熬炼过程中产生的有害气体都会对周围环境及人造成影响。土壤和水土污染还源自于施工造成的植被破坏后的水土流失、土壤侵蚀和河流湖泊的淤塞等方面。

6.3.2 道路工程运营期对生态环境的影响

道路工程运营期对生态环境的影响主要是道路通车后对原有生态区域的分割阻断、人类活动的延伸、大量汽车排放的有害气体造成的大气污染及噪声污染。

道路工程运营期对生态区域的分割阻断影响对象主要是野生动物。在过去的一个世纪内，因为人类活动的干预，地球上已经消失了大量的生物物种，随之也消失了大量的这些生物赖以生存的森林、湖泊、湿地等自然资源。人类的生产生活活动已经严重影响到这个星球上与我们共生的生物的生存。随着人们改造自然界脚步的加快，大面积的森林消失以及居民区和交通网对森林的分割，使得野生动物的活动范围日益减少，而这种日益减小的趋势恰好威胁着仅存的少量的珍惜野生动物，最终可能会导致这些动物从地球上永远的消失，这将是人类无法估计的损失。从以往的发展及历史的经验看，道路工程网对野生动物的影响也很大。道路网的建设及运营不但毁坏大量的森林，而且将野生动物生活所需的大片的森林分割成许多小区域；这些小区域使野生动物，特别是大型的野生动物，无法获得充足的食物，无法满足其生存需求，最终导致其数量急剧下降甚至灭绝。而且这些区域间的物流、能流和基因流也将会被阻断，这将对保持生态系统自身的稳定性和物种的多样性产生长远的影响。随着这些影响产生的负面问题越来越突出，人们也开始在现在的工程建设中考虑如何解决这类问题。如 2006 年 7 月建成通车的青藏铁路，其线路长，穿过许多无人区和许多具有保护价值的珍惜濒危野生动植物生存区，而且沿线高原生态系统非常脆弱，所以在其建设中充分考虑了它在建设期及运营期对沿线动植物生存及生态系统的影响。考虑到线路运营后对沿线野生生物种群分布、种群交换、栖息地及繁殖地等的影响，青藏铁路在设计中专门预留了符合藏羚羊等野生动物生活习性和迁徙繁衍的专用通道；在全线设置了桥梁下方和隧道上方等多种形式的野生动物通道，沿线路宽度达59km，最大限度地给沿线野生动物的正常活动提供基本保障，使野生动物的栖息和繁殖生物链不致因线路的运营而中断，充分体现现代社会提倡的人与自然和谐相处的理念。

随着道路网络的日益完善，地区与地区之间任意两点之间的通达度越来越高，从而使人类活动的延伸地越来越广阔。人们占用大量的土地开发道路沿线的工业、旅游业和矿产资源等，使沿线的自然环境变为人造环境，并产生大量的污染，根本上改变了原有的生态环境，对生态环境存在着很大的威胁。另外道路在运营过程中还可能发生交通事故，威胁到沿线的山林植被、水系甚至人类的生产生活及生命安全，这也成为破坏生态环境的一个重要因素。

大气污染的原因有自然原因和人为原因。自然原因主要由火山爆发和森林火灾等产生的大量有毒气体和烟尘造成。人为原因主要是人类生产生活中燃烧的大量煤和石油排放的废气。现今全球性的大气污染问题主要都是由于人为原因造成的。随着人类社会经济活动和工业化的迅速发展，人类正在以惊人的速度消耗着地球上积累了上亿年的能源，如煤炭、石油等。而这个过程产生的大量烟尘与含硫、氮、碳等有害气体是地球生态系统短时期内无法消耗的，这必将导致各种各样的生态环境污染问题。这些污染中由汽车消耗石油排除的尾气污染占了很大一部分。

现在发达国家的汽车保有量十分巨大，如美国平均每两个人就拥有一辆汽车，汽车尾气已成为主要的大气污染源。据美国、日本两国所作的研究与推测，汽车排放的污染物在空气污染物总量中所占的分担率为：一氧化碳（CO）达80% ~90%、碳氢化合物（HC）达50%以上。我国随着道路交通的不断发展，汽车保有量也迅速增加，汽车向空气中排放的一氧化碳（CO）和碳氢化合物（HC）等有害气体的排放量也逐年增加。汽车尾气已成为我国空气污染的重要来源。据统计，机动车尾气排放的分担率约占煤烟尘和工业几大污染源的40%，因为是低空排放，其危害性实际达到了60%。其中各大城市中90%以上的CO、20%的CO_2是由汽车排放的[4]。随着道路工程和汽车工业的发展，道路空气污染还将不断增加。汽车燃烧石油排放出的一氧化碳（CO）、碳氢化合物（HC）、氮氧化合物（NO_X）、二氧化硫（SO_2）及固体颗粒物等道路空气污染物成为人类健康的一大威胁。CO是一种无色、无刺激的有毒气体，它经呼吸道进入肺部被血液吸收后，能使血液失去传送氧气的功能，导致人体各组织缺氧气，严重时能使人窒息而死亡；氮氧化合物中的NO_2是一种棕色气体，有特殊的刺激性臭味，它被吸入肺部后，能与肺部水分结合生成可溶性硝酸，严重时会引起肺气肿；空气中一定浓度的碳氢化合物和氮氧化合物在阳光紫外线作用下会发生光化学反应产生一种毒性较大的浅蓝色烟雾，就是俗称的光化学污染；还有汽车尾气中的铅化物和燃烧不充分的碳烟颗粒等，会造成人的铅中毒，损害人的骨髓造血系统、神经系统和呼吸系统，所以我国现在大力推广无铅汽油。

综上所述，道路工程对生态环境的主要不利影响是施工期的占用土地、植被破坏、水土流失、景观破坏和噪声、大气污染，运营期的生态区域的分割阻断、沿线动植物受人类活动及汽车噪声、尾气的影响以及人类自身和大气环境受汽车尾气的影响和污染。其中施工期主要是不利、短期的、一次性局部的和明显的，而运营期主要是以有利和不利、明显和潜在、局部和区域、长期的及累积的等影响为特点。由于道路工程建设对生态环境的这些影响特征，所以对道路工程的建设、使用应全面、客观和辩证的去评价。

6.4　道路工程的公共产品属性和商品属性

道路工程是国民经济发展的重要基础设施，道路工程资产是国有资产的重要组成部分，其所有权属于全体人民，为全体人民所享有；其公共产品属性和社会效益是不可否认的。另外，在我国经济体制改革进到 20 世纪 80 年代中期时，为了缓解国民经济快速发展对道路工程建设事业发展的需求与道路工程建设资金相对短缺的矛盾，推出了道路工程建设融资体制的改革，实行了贷款和集资筑路架桥、收费还贷等新举措，打破了道路工程建设长期靠政府投资的传统做法，使道路工程又具有了商品的属性。

6.4.1　道路工程的公共产品属性

公共产品是私人产品的对称，是指具有消费或使用上的非竞争性和受益上的非排他性的产品。即公共产品是指具有共同消费性质的产品和服务，是一个人的消费不会影响其他人消费的产品。公共产品区别于私人产品的两个特征是：消费上的非竞争性和非排他性[15,16]。消费上的非竞争性是指只要有人提供了公共产品，则该产品消费者人数的多寡，与该产品的数量和成本变化无关。经济学对此的严格界定是，新增消费者所引起该产品的边际成本和边际拥挤成本为零。所谓“非排他性”，是指只要有人提供了公共产品，则不管提供者是否愿意，在该公共产品的有效覆盖范围之内，任何人都能消费该产品，提供者要想不让某人消费该产品，或者是技术上做不到，或者是阻止他人消费该产品的成本过于昂贵，不值得去做。现代公共经济学往往强调排他的成本过高，以至于人们不愿意去排他。公共产品，更多指的是无形产品和服务。

根据公共产品的非竞争性和非排他性，其可分为两类：纯公共产品和准公共产品。纯公共品是指那些为整个社会共同消费的产品，它在消费过程中具有非竞争性和非排他性的，是任何一个人对该产品的消费都不减少别人对它进行同样消费的物品与劳务。最典型的纯公共产品当属国防，军队保家卫国，为人们提供国防，人们因此有了和平的环境，每一个公民都能享受到国防这种公共产品带来的好处，要将某个公民排除在国防这种公共产品的受益范围之外，几乎是不可能做到的。准公共产品亦称为“混合产品”，这类产品通常只具备非竞争性和非排他性特性的一个，而另一个则表现为不充分。如教育产品具有非排他性和不充分的非竞争性，属于准公共产品。道路工程也属于准公共产品。受特定的路面宽度限制，某车在使用道路的特定路段时，就排斥其他车辆同时占有这一路段，否则会产生拥挤现象。因此，道路工程的非排他性是不充分的。但是，其又具有非竞争性。表现为：一是道路的车辆通过速度并不决定某人的出价，一旦发生堵塞，无论出价高低，都会被堵塞在那里；二是当道路未达到设计的车流量时，增加一定量的车的行驶的道路边际成本为零，但若达到或超过设计能力，变得非常拥挤时，需要成倍投入资金拓宽，它无法以单辆汽车来计算边际成本。正因为这一特性，道路工程不是纯公共产品[17,18]，是具有非竞争性，但非排他性不充分的准公共产品。

公共产品是满足社会公共利益，维护社会稳定、和谐，促进社会进步和人的全面发展的产品。显然，公益性是其本质特征。了解了道路工程的公共产品属性，就不难理解它的公益性质。道路工程建设作为国民经济的一个重要组成部分，具有鲜明的产业属性，这就是人们通常所讲的社会公益性。其主要表现：一是服务功能的基础性。道路是国民经济的命脉，是各行各业的"先行官"，是商品经济赖以生存和发展的必要条件。它对国民经济的运行具有基本承载作用。二是服务对象的公共性。道路工程不仅服务于所有的生产部门、流通部门和消费部门，服务于物质资料生产的全过程，而且服务于社会政治、军事、文化、教育和精神文明建设等各个领域。三是服务效益的社会性。政府投资修建道路，其目的不在于直接经济效益，而在于社会效益，在于为社会发展创造必要的条件。[19]

6.4.2 道路工程的商品属性

马克思主义政治经济学的基本观点是：商品是为交换而生产的劳动产品，它具有使用价值和价值两个因素或两种属性。使用价值是商品的自然属性，价值是商品的社会属性。商品价值是由生产商品所消耗的社会必要劳动时间所决定、并通过商品交换得以体现的。如果生产物品的目的是为了自身消费而不是通过交换为他人消费，那么尽管该物品具有使用价值，可以是劳动产品，但不可能是商品。因为该物品缺乏商品的社会属性——价值。物品没有价值，并非是该物品缺乏可交换性，不能通过交换来体现自身的价值，而是由人们有目的的行为所决定。只要我们承认劳动产品与商品之间的区别，就不难得出这样的结论：决定某物品是否是商品的关键，并非在于该物品的自然属性，而是取决于人们为生产该物品的有目的行为与社会经济管理的需要。[20]

从使用价值进行分析，对生产者没有使用价值，或作为非使用价值而存在的产品是其在交换关系中转化为商品的第一步。即这种产品就其自然属性看具有使用价值，也是人类劳动的凝结，但只能说它具有了商品的属性，只是观念上的商品。要把其转化为事实上的商品，它还必须经过交换转移到消费者手中，只有完成第二步的跳跃，这一观念上的商品的使用价值才能发挥对社会的有用性，它的价值才能实现，才能成为现实中的商品[21]。因此，马克思主义的商品观是指进入交换的产品才是商品，因而商品、价值和价值规律等，都是同交换相关的历史范畴。

道路工程作为国家经济发展的基础设施，它的使用价值是显而易见的。随着市场经济的发展，道路工程在促进商品流通，加快自然资源的开发和利用，促进道路沿线经济发展，满足社会公共客货运输需要，提高整个社会经济效益等方面发挥着越来越大的作用。其次，道路作为人类通过劳动所形成的有特定用途、具有一定物质形态的劳动产品，其中凝结着大量的社会必要劳动，这些社会必要劳动构成道路的使用价值。而且随着道路等级的提高，其使用价值量愈来愈大。再次，道路作为劳动产品，包括桥梁、渡口、隧道及其他附属设施，其建造者并不是为了自己使用，而是供别人、社会使用的产品。道路工程作为公共物品，使用对象的公共性是其主要特征。它不仅服务于所有的生产部门、流通部门和消费部门，服务于物质资料生产的全过程，而且服务于社会政治、军事、文化、教育等各个领域。这种使用对象的广泛性充分说明道路建造者是为了别人、为社会生产使用价值[22]。可见，道路工程是劳动产品，耗费在道路生产上的人类劳动可以计量，并且道路的建造是为了满足社会的需要，是凝结人类劳动并为他人享用的使用价值，这说明道路工程具有商品的属性。

道路工程具有商品属性并不等于说道路就是商品。道路工程是否是商品还取决于道路的使用是否需要交换，是否通过交换才可以使用。关于这个问题，要从两方面认识：不收费道路和收费道路的商品属性问题。其一，不收费道路看似为人们无偿使用的，但无偿使用实质上是计划经济体制下人们的一种误解。事实上，我国对不收费道路不可能无偿使用。生产用之于民的道路设施所需的开支，最终还是取之于民。政府以税费的形式征收各种费用，车辆拥有者作为使用道路的成本，要交纳各种税费。根据公共经济学理论，建造公益性基础设施所需的费用，应由全体使用者或受益者共同负担，并以征税或收费的形式收回，以体现"谁使用、谁负担"的征费原则。所以，无偿使用道路设施的说法并不合理的。从实践中看，国家投资道路基础设施的费用仅靠相应的费(税)收入来补偿是远远不够的，即使是维持简单再生产也不现实。这种建路者与使用消费者之间的交换关系实际上是一种政府征费(税)的行为，不属于商品交换，因而也不属于商品、价值、价值规律的范畴。其二，收费道路的出现，其背景是由于道路工程建设严重滞后经济发展，依靠政府投入和征费(税)形式筹措的道路建设资金远不能满足道路建设的需要而采取的市场经济行为的产物。收费道路的出现吸引入了大量的民间资本投入道路工程建设，其结果一方面极大地促进了道路工程建设的发展，缓解了政府对公共基础设施投入的压力，弥补了由于政府财力不足造成的资金缺口；另一方面，由于民间资本的引入，市场机制作用的发挥，使收费道路在建设、经营、管理整个过程中必须遵循市场规律，不仅要考虑投入资本的回收还必须使其增值，这是引入民间资本的必然结果。收费道路建成通车后，可使收费道路使用者降低运输成本、缩短运输里程、减少运输拥挤、节约运输时间、增加客货运周转量，从而提高生产和流通的经济效益。按照"谁受益、谁负担"的原则，道路的使用者在缴纳各种费(税)使用不收费道路的同时，还必须为使用收费道路支付车辆通行费，每使用一次收费道路交一次费用。这种一对一的关系实质上是一种市场交换关系，而交换的对象则无疑是一种商品[23-24]。

综上，道路工程在作为公共产品时，在其建设和运营过程中表现出诸多的社会公益性，但同时它又具有经济活动中商品的属性，在其规划、建设和运营各个阶段都与社会经济活动密切相关，为社会的发展和进步提供经济、政治、社会和人文等多元化的效益价值。

参 考 文 献

[1] 中国交通运输协会．中国交通统计年鉴 2008[A]．北京：中国交通年鉴社，2008.

[2] 徐长山．工程十论——关于工程的哲学探讨[M]．成都：西南交通大学出版社，2010.

[3] 李伯聪．工程哲学引论—我造物故我在[M]．郑州：大象出版社，2002.

[4] 孙家驷．道路概论[M]．北京：人民交通出版社，2008.

[5] 殷瑞钰．工程哲学[M]．北京：高等教育出版社，2007.

[6] 卢毅，刘建生，张劲文．高速公路建设项目业主管理指南[M]．北京：人民交通出版社，2005.

[7] 李伯聪．关于工程和工程创新的几个理论问题[J]．科学技术哲学思想空间，(2)：103-108.
[8] 李伯聪．工程创新和工程人才[J]．科学中国人，2006，(5)：28-30.
[9] 郗恩崇．高速公路概论[M]．北京：人民交通出版社，2001.
[10] 刘朝晖，秦仁杰．公路环境与景观设计[M]．北京：人民交通出版社，2003.
[11] 程胜高．高速公路环境评价与发展[M]．北京：中国环境科学出版社，2002.
[12] 李伯聪．工程创新是创新的主战场[J]．中国科技论坛，2006，(2)：33-37.
[13] 严春风．土木工程哲学[M]．成都：四川科学技术出版社，2008.
[14] 舒畅．公共产品的价值与使用价值浅析——基于政治经济学视角[J]．长安学刊，2011，(3)：89-91.
[15] 梁东黎．论公共产品的价值[J]．江苏社会科学，2003，(3)：1-5.
[16] 曹休宁．公共产品的市场供给方式[J]．改革，2005，(3)：125-127.
[17] 盛玉奎．从城市道路经济属性探讨交通拥挤收费[J]．长沙理工大学学报，2010，(2)：16-20.
[18] 王朝明，李西源．马克思主义公共产品理论及其建构性价值——基于中国特色公共产品理论创新与发展的视角[J]．当代经济研究，2010，(7)：1-7.
[19] 黄怀宝．论公路的二重性、两类型和双轨制：关于公路体制改革问题的探讨[J]．陕西政报，1996，(3)：32-34.
[20] 周国光．论公路的商品属性[J]．综合运输，1998，(9)：28-30.
[21] 胡仪元．论劳动怎样决定了商品的价值——马克思劳动价值论的现代阐释[J]．经济纵横，2005，(3)：38-41.
[22] 丁文彪．对当代公路经济属性的研究与思考[J]．交通运输，2010，(32)：146.
[23] 徐海成．公路商品属性的问题研究[J]．经济问题，2000，(2)：9-11.
[24] 朱伽林．有关公路商品属性的经济学分析[J]．交通企业管理，2010，(4)：36-37.

第7章 道路线形设计的哲学思辨

道路线形设计是在道路线形设计理念和工程观的指导下进行的思维和智力活动，道路线形设计作为一个系统工程，具有诸多特性，其设计过程是问题分析、概念设计和详细设计的过程。道路线形设计的工程理念就像一个无形的杠杆，在道路线形设计中发挥着根本性的、指导性的作用，是决定“自然—道路工程—社会”关系和谐与否的重要思想。道路线形设计系统是由平、纵、横组成的一个多维系统，具有系统的特性，在设计过程中必须考虑其与自然、社会系统的协同关系。道路工程是在一定的文化背景下进行的；同时道路工程活动、工程构建、工程建设本身也会形成自己的工程文化，道路线形设计要以工程文化观为指导思想。道路工程是人类对自然生态系统的强行介入活动之一，道路线形设计是决定着人类对生态系统影响的强弱，所以必须以工程生态观予以指导。工程创新是创新活动的主战场，道路线形设计创新是道路工程创新的一个主要方面，是道路工程建设之纲，也是龙头，是道路工程建设哲学思维系统的主线，道路线形设计创新充满辩证关系。

7.1 道路线形设计哲学内涵

7.1.1 道路线形设计的基本性质

道路工程活动既不是人的本能活动，也不是简单的“条件反射性”行为。道路工程活动是人类社会发展到一定阶段的社会产物，是人类有组织、有目的、有计划的社会活动。在道路工程活动中，道路线形设计工作是一个起始性、定向性、指导性的环节，具有特殊的重要性。成功的道路线形设计是道路工程顺利建设和成功运营的前提、基础和保障；平庸的道路线形设计预示着平庸的工程；拙劣、错误的道路线形设计必然导致未来道路工程的失败。这里所讲的“失败”不仅包括道路施工不能顺利开展，还包括道路运营时严重的交通安全问题。因此，道路线形设计的主体要积极发挥主观能动性，从工程哲学的角度认真研究道路线形设计工作中的哲学问题和方法论方面的问题。这有利于道路工程师们更自觉地把握和运用新的概念、工具和思维方式，努力把道路线形设计提升到一个新的更高的不断发展的水平。

马克思在《资本论》中说到：“蜘蛛的活动与织工的活动相似，蜜蜂建造蜂房的本领使人间的许多建筑师感到惭愧。但是，最蹩脚的建筑师从一开始就比最灵巧的蜜蜂高明的地方，是他在用蜂蜡建筑蜂房以前，已经在自己的头脑中把它建成了。劳动过程结束时得到的结果，在这个过程开始时就已经在劳动者的表象中存在着，即已经观念地存在着了。他不仅使自然物发生形式变化，同时他还在自然物中实现自己的目的，这个目的是他所知道的，是作为规律决定着他的活动的方式和方法，他必须使其意志服从这个目的”[1]。马克思这段话深刻揭露了设计工作的本质，但道路线形设计结果不仅观念地存在，而且道路工程师还将观念地存在的设计展现在设计图纸上，将这种观念地存在的设计与其他人分享，共同探讨和研究这个设计的合理性。

虽然道路线形设计所投入的资金、时间、人力等仅占道路工程活动的一小部分，是道路工程活动的构成性环节之一，但它对整个道路工程活动的影响是深远的。道路线形设计仍是影响到整个道路工程活动的“全过程”和“全局”的起始性、渗透性、贯穿性环节。“好”的道路工程需要有“好”的道路线形设计作为基础和前提；而“坏”的道路线形设计在设计阶段就“预先”为道路工程“埋”下“隐患”，且这些隐患将在此后的道路工程活动中暴露出来，并诱发其他问题。因此，道路线形设计工作者要本着全程负责的态度做好本职工作，不能将道路线形设计与道路工程活动的其他环节“一刀两段”地截然分开，要秉着“全寿命设计”的全新理念做好道路线形设计，并且必须具有系统、综合的统领观念，尽可能使道路工程实现系统最优。

工程设计是在工程理念的指导下进行的思维和智力活动[2]。所谓理念就是指思想的、总体性的观念。工程理念指导道路线形设计，道路线形设计时刻体现工程理念，道路线形设计是工程理念的集成和统筹，道路线形设计不能离开工程理念而自行其是。每一条道路都有自己的特色，都需要合理的适宜的工程理念来指导，不同道路线形设计体现不同工程理念，如辽宁滨海大道路线走向体现“亲海、近海、与海为邻”的工程理念；思小高速公路体现“珍惜雨林、融入雨林、潜行雨林” 的理念和“宁桥勿填、宁隧勿挖”、“常思小处”的措施；湖北省神宜公路以“适合是最好的、自然是最美的”的工程理念来指导道路线形设计。不合理的工程理念将导致工程失败，并缩短道路的使用年限。道路工程师要重视工程理念的重要性，要认真分析与道路工程活动有关的因素，提炼出适合指导某道路线形设计的工程理念，并将工程理念潜移默化地用于指导道路线形设计。

道路线形设计是道路网规划与具体某道路施工之间的一个关键环节，是技术集成和工程综合优化的过程。作为智力活动的工程设计是一个能动的充满创意的过程，是最能显示工程人(设计师)的智慧和力量，并且最能显示工程产品价值的决定性环节，也是保证建造成败与否的决定性环节[3]。道路线形设计实质上是将道路线形理论知识与生态学、美学、哲学和经济学等知识转化为现实生产力的先导过程，在某种意义上也可以说道路线形设计是对道路工程构建、运行进行先期的虚拟化的过程。

7.1.2 道路线形设计的特点

道路线形设计要求道路工程师以工程可实现的方式为 AB 两地之间的可通达性提供切实可行的、可操作的解决方案，它是道路工程师职业技能的重要组成部分，也是现代道路工程教育的基本内容之一。

道路线形设计是一种创造性的思维活动，无论是道路线形设计的思维活动，还是道路线形设计实际工作都充满工程哲学思想，它潜移默化地在道路工程师设计工作中发挥作用。

工程设计的创造性不但常常表现在它所体现出的一些“规律”可以被推广、可以被普遍运用方面，而且工程设计的创造性还常常表现在它所体现出来的“独特个性”——这些“独特个性”的某些方面往往不能机械模仿、普遍推广的[2]。道路工程建设并非在一张白纸上进行道路规划和建设，而是在现有基础设施条件和自然环境条件下进行新的基础设施建设。因此，新的道路线形设计必须充分考虑自然地形条件、现有道路网条件、土地利用等综合因素。不同地区自然地形条件等不完全相同，每条道路都有自己特殊之处。因此，道路线形设计所表现出来的可以被推广的“规律”也是要上升到一定层次的，是一种概括性的规律，如道路线形应保持连续、指标要均衡、平纵横应协调统一等。但具体道路路线的平面设计、纵断面设计、横断面设计该如何设计还要根据实际情况而定。

道路线形设计是在道路线形设计规范规定的范围内做工作，如《公路工程技术标准》(JTG B01—2003)、《城市道路设计规划》(CJJ 37—90)等。但我们不能认为道路线形设计是理论的一种机械运用，道路工程设计师更不能这么认为，否则会对道路线形设计的性质和特点产生严重误解，就不可能得到合理的设计结果、更不可能做出精品道路。道路线形设计与科学研究这两种活动在创造性的表现形式上是有重大区别的，但两者在同样需要表现创造性这一点上是没有区别的。

作为具有交通功能的道路，要求能够为道路使用者提供安全、快速、经济、舒适的交通服务，而道路线形设计质量对这“四个”交通服务功能具有决定性作用。安全的交通服务功能是现代汽车行驶基本理论所能解决的，对任意一条道路的线形设计，现代汽车行驶基本理论都能够给予相同的指导。但世界上不可能存在完全相同的两条道路，因此，快速、经济、舒适的交通服务要求就要根据道路的实际情况给予考虑，道路工程设计师要充分发挥创造性思维解决这些特殊问题，不能照葫芦画瓢。

道路线形设计不仅表现出创造性特点，还表现出其他重要特点。乔治・戴特(George E. Dieter)在《工程设计》一书中用 4 个“C”来概括工程设计的基本特点[2,4]：①创造性(Creativity)：工程设计需要创造出那些先前不存在的甚至不存在于人们观念中的新东西；②复杂性(Complexity)：工程设计总是涉及具有多变量、多参数、多目标和多重约束条件的复杂问题；③选择性(Choice)：在各个层次上，工程设计都必须在许多不同的解决方案中作出选择；④妥协性(Compromise)：工程设计者常常需要在多个相互冲突的目标及约束条件之间权衡和折中。道路线形设计是一个系统工作，具有系统性。道路线形设计要求处理好系统内部因素(平、纵、横，桥梁、隧道等构筑物)之间的关系，也要求处理好系统与外环境(交通网、城镇、工业厂矿等)之间的关系，这些工作是复杂的；道路线形设计要涉及很多大大小小的决策，因此，道路线形设计同样面临不同层次选择；道路线形设计系统内部各要素是相互影响、相互制约的，道路线形设计与经济、社会等外环境的关系也是相互作用的，为了实事求是地实现道路线形设计最优，必须权衡处理系统内部要素关系、系统与外环境关系。

如果将 AB 两地间道路线形设计看作是求解 AB 两地间道路可达性问题的解答过程，那么道路线形设计可认为是解决道路通达性而确定合理的解析框架、并提供解决的方案，或者是以不同的路线方案优化先前道路可达性问题的解。道路线形设计面对的是一个“不确定性定义”(ill-defined)或具有“不确定性结构”(ill-structured)问题，对问题的认识和表述都不具有统一性、一致性，因此解决方案也是多种多样的。如思小高速公路提供四个方案，最后确定的方案基本上沿 G213 老国道布线；根据总体布局，当大瑞铁路从保山出发到达怒江左岸(施甸县大坪子以北约 8km 处)时，怒江河谷高程仅约 650m，而横亘在怒江右岸的高黎贡山却高达 1800～2500m，因此，线路过江后需以隧道方式通过。在比较线起点南北 40km 范围内，高黎贡山的高度、宽度及地质条件均有很大差异，而这些因素直接控制着越岭隧道的长度、造价、路线标准、施工难度及运输能力。因此，路线设计提出了近 10 个备选方案，其中最主要的有 4 个，分别是 39.6km 隧道方案、21km + 16.5km 隧道方案、17km + 16.5km 隧道方案和 35‰大坡度方案(图 7-1)。对于充满不确定性问题的解答方案，不存在唯一的、客观的判断标准和程序，但不同的方案在不同方面可以有优劣之分。

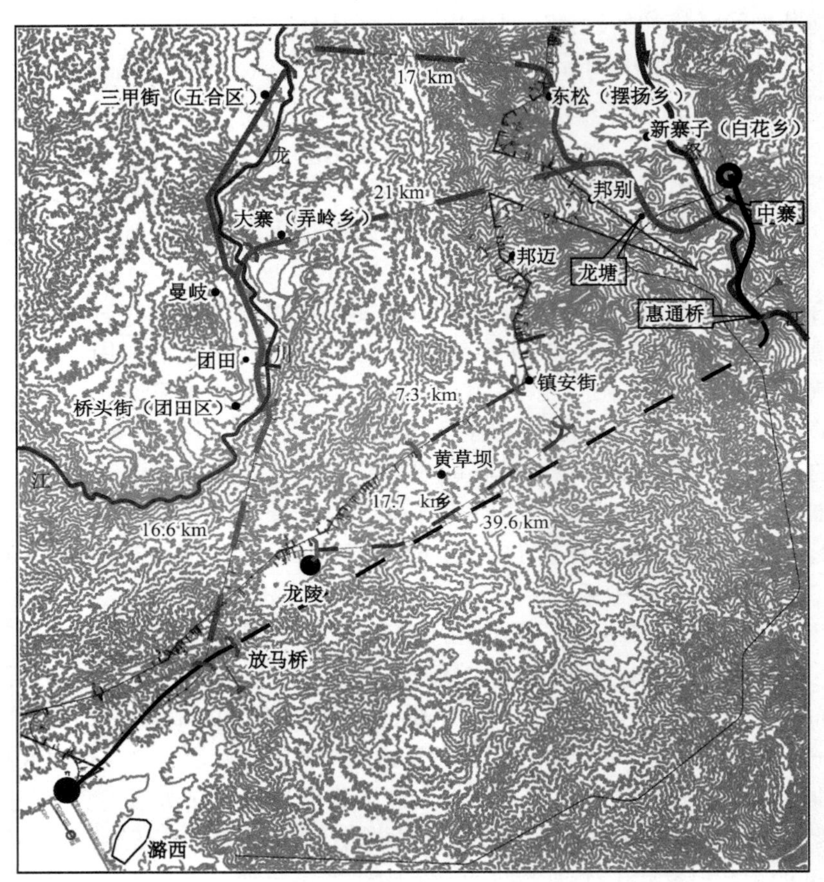

图 7-1 高黎贡山越岭隧道比选方案平面图

7.1.3 道路线形设计过程认识

恩格斯说：“世界不是既成事物的集合体，而是过程的集合体”[5]，从形式上说，过程是事物在时间上的持续性和空间上的广延性的交替；从内容上说，过程是事物在运动形式、形态、结构、功能和关系上的更新[3]。道路工程也是过程的集合体，过程大体可以分为道路网规划、设计、施工(建造)、使用(使用过程中兼养护)四个主要阶段。这四个阶段依次递进、动态衔接、相互渗透并由此构成道路工程过程性。

道路网规划是对未来的、比较宏观的、着眼于整体的谋划与决策，而道路路线设计则是道路建设决策后的具体的、微观的、现实的行为。道路路线设计不能脱离道路网规划要求，是在工程理念指导下的智力活动，是一个体现工程理念、把规划变成蓝图的过程。道路设计问题是一个不良结构，是“定义不清晰问题”；在设计开始时，其目标往往是笼统的模糊的朦胧的，非常不清晰的，然而又具有一定的约束性、相对性[6]。因此，道路线形设计的起始阶段应该是问题分析阶段，即分析解决问题的目标和约束条件。在分析问题的基础上提出解决方案，即提出概念设计，之后再概念设计的指导下进行详细设计。这些过程绝不是简单的线性推进的过程，在设计流程中，不同环节或步骤之间常常需要进行多次的反馈，在不同设计部门(如隧道处、桥梁处、造价处等)或设计要素之间常常进行反复协调和讨论，否则很难得出满意的设计结果的。

对解决问题的目标和约束条件透彻分析是道路线形设计的第一步，也是非常关键的一步。对解决问题的目标和约束条件透彻分析是得到理想道路线形设计的前提和基础；对解决问题的目标和约束条件透彻分析不一定会得到理想的道路线形设计结果，但没有透彻地分析解决问题的目标和边界条件是不可能得到合理的道路线形设计方案的。

道路工程具有多维目的性。因此，作为道路工程关键环节的道路线形设计的目标应该是安全、快速、经济、舒适和美观等多个方面，是一个多目标决策问题；而且有些方面的要求是很难发现和很难真正掌握到的，有的要求是无法定量化的。道路工程建设并非在一张白纸上进行道路规划和建设。因此，道路线形设计的设计过程是要受到各种约束条件限制的，自然界的约束条件有地形、地貌、地质、水文等；使用者的约束条件有驾驶员、汽车性能等；社会约束条件有地方规划、建筑物、财政等；线形特征的几何约束有最大纵坡坡度及最长、最短直线长度等。从约束条件方面来看，道路线形设计的实质是多个约束条件剪裁的设计空间。设计过程即是给安全、经济、社会、几何等多个方面的约束描述，求得满足设计要求的设计对象，这是一个“设计—分析—评价—再设计”的反复迭代螺旋式前进的过程[6]。虽然道路线形设计面对的是一个“定义不清晰问题”，但道路设计师要力争对设计问题的准确表达，明确道路线形设计的各种约束条件和要达到的功能性指标。优秀的道路线形设计工程师往往能够发现设计问题的真正所在和把握约束条件的轻重缓急，而不至于因对设计问题和约束条件的不当把握和理解从一开始就将潜在的新颖或优化的解决方案排除在外。对道路线形设计解决问题的目标和约束条件深入而准确的分析能够为后面的道路线形设计提供正确的方向和有益的启示。

概念设计是道路线形设计的核心所在。在概念设计中，道路工程设计师要针对解决问题目标和约束条件提出解决的思路，融会贯通地创造性地运用工程科学和社会科学、工程经验及各方面非工程类相关知识，确立解决问题的基本方案和构思，并作出关键性的决策和选择。概念设计是整个工程设计阶段最重要也是最困难的部分，它体现了设计者对设计总目标的洞察，对设计任务的驾驭，对整个工程项目的总体目标、约束条件及各种技术手段和方案的全面把握，以及综合性、创造性的工程思维的水平和风格[2]。

道路线形设计的优劣在很大程度上取决于其概念设计的品质，一个好的设计概念固然有可能在随后的详细设计中得不到很好落实，但一个糟糕的概念设计一开始就决定了出来的设计结果是不合理的。概念设计需要经过反复认识、比较和论证，而占用不少时间；但磨刀不误砍柴工，这项工作是重要且影响深远的。概念设计可细分为概念生成和概念选择两个阶段。概念生成就是根据道路线形设计所要解决问题的目标和约束条件形成各种解决方案的总体思路和概要，运用综合性、系统性和创造性的工程思维力求初步解决面临的设计问题。道路线形设计概念生成的主体要集思广议，充分调动和发挥设计团队的想像力和创造性，尽可能多地提出可达方案，筛选出可行性解决方案。概念选择是对若干概念生成模型进行综合评价、对比和选择，最终确定一个最佳概念设计方案。

道路线形设计的概念设计只是为设计提供宏观的指导和作出关键性决策与选择，还不能用于指导施工。设计团队还必须在设计流程上把概念设计具体化，即给出详细的、符合道路设计规范的、可实现的实施方案。在概念设计阶段，通常只进行初步的、总体性的功能和结构设计；它还必须在逐步具体化的过程中为概念设计的“灵魂”注入丰富的“血”与“肉”，逐步地把概念设计加以精细化和准确化，直至能够通过可行、可靠且有效的工程技术手段最终加以实现[2]。在道路线形详细设计过程中，在规范等约束条件下协调不同影响因素(系统内部因素、系统外部环境因素)成为这个过程一个突出的问题，并且这个过程仍要继续完成很多重要决策和选择，这些决策和选择决定着道路线形设计的优劣。

7.2 道路线形设计工程理念和工程观

7.2.1 道路线形设计工程理念

工程理念不仅在工程界，而且在全社会范围内都正在引起越来越多的关注。道路线形设计是决定道路工程建设对自然、社会影响程度强弱的关键环节，必须研究道路线形设计的工程理念。道路线形设计的工程理念就像一个无形的杠杆，在道路线形设计中发挥着根本性的、指导性的作用，是决定“自然—道路工程—社会”关系和谐与否的重要思想。

7.2.1.1 工程理念的内涵

哲学不能没有超越性，没有超越性就不是真正的哲学；另一方面，哲学也不能没有现实性，没有现实性也不是真正的哲学[7]。理念的问题是一个超越性的问题。李伯聪将“理念”解释为对于某事物或某工程的一种整体性的“理想的目的”[7]。哲学思想和观念是抽象的，但它们不是凭空而来的，不是无中生有的，而是来源于现实生活的实践。哲学思想和观念一旦形成和出现，它们又以多种形式、多种方式、多种途径渗透、回归到现实生活中，指导人类实践活动。

道路线形设计的工程理念是道路工程哲学研究的主要内容，工程理念是“工程”与“理念”的结合，工程理念把哲学的超越性和哲学的现实性密切地结合在一起。工程理念是一个源于客观世界而表现在主观意识中的哲学概念，它是人们在长期、丰富的工程实践的基础上，经过长期、深入的理性思考而形成的对工程的发展规律、发展方向和有关的思想信念、理想追求的集中概括和高度升华[2]。工程理念是现实与理想的辩证统一，是可能条件与奋斗精神的辩证统一。工程理念中不能没有理想的成分，否则它就不是工程理念，也不能缺少现实的成分，否则不能用于指导工程建设，也不能成为工程理念。道路作为一种人工构造物，其具有展布范围广、资金投入多、影响深远等特点。因此，道路线形设计要处理好人与自然、人与社会的关系，努力体现人与自然的和谐和人与社会的和谐是现代道路线形设计的两个基本工程理念。

道路线形设计的工程理念是不断变化、不断发展、不断前进、不断创新的工程理念。由于人类社会是不断变化发展的，人类对道路线形设计的认识和要求也是不断变化的，道路线形设计理论、经验和技术手段也是不断提高的，道路线形设计工程师的见识、思维能力和设计方法是不断增长的，道路线形设计的工程理念也就不可能固定不变的，而是随着时代、环境条件的变化而不断变化和发展。长期以来，人们公认的道路线形设计理论是基于汽车行驶动力学的一种设计理论。过去，道路线形设计仅从技术层面上考虑，而忽略用路者生理、心理特点，忽略自然环境对道路线形设计的影响，道路线形设计追求填挖平衡、深挖高填的现象明显。这时期，许多人片面强调工程是人类征服自然、改造自然的活动，而对工程活动所可能产生的长期生态效应和各种环境与社会的分析则估计不足，不重视工程活动的社会影响以及社会对工程的促进、约束和限制作用，因此，在道路线形设计中不能正确认识和处理好人与自然、人与社会的关系。这种传统的工程理念已经对道路工程活动产生了严重的负面影响，导致弊端丛生。随着道路线形设计理论、设计技术、经济、社会、历史的发展以及人类认识的发展，道路线形设计的工程理念不断在发生变化。道路线形设计开始考虑了自然环境、地理环境、社会环境因素，体现人与自然、人与社会和谐工程的工程理念。在这些工程理念指导下，打造了许多精品道路，如思小高速公路是典型的生态公路，体现人与自然和谐共处的工程理念。

7.2.1.2　道路线形设计工程理念的作用和意义

从工程哲学的角度看，真正的造物主不是上帝，世界上没有什么上帝。人民和劳动者才是真正的造物主。工程活动的本质不是单纯地认识自然，而是要充分发挥人的主观能动性进行物质创造活动[2]。工程活动是人类有目的、有组织、成规模的创造性实践活动，任何工程都是在一定的工程理念和工程观下进行的[8]。道路工程活动的理念是工程共同体在道路工程实践及工程思维中形成的，对道路工程活动和道路存在物的总体性观念、理性认识和理想性要求。

工程理念自始至终贯彻于道路工程活动，深刻影响和渗透到道路工程活动的各个阶段、各个环节，是工程活动的出发点和归宿，是道路工程活的灵魂。道路工程活动各个阶段时刻体现工程理念，道路线形设计作为道路工程活动的关键环节，更是需要工程理念给予指导。工程理念从根本上决定着道路线形设计结果的优劣和成败。

随着经济发展，我国正在进行大规模的道路建设活动。如秦岭终南山特长公路隧道，是国家高速公路网包头至茂名控制性工程，隧道穿越秦岭山脉的终南山，全长18 020m，为上下行双洞双车道，目前在世界公路隧道中列为第二长(第一长为24.51km的挪威洛达尔隧道)，总投资31.93亿元；杭州湾跨海大桥，全长36km，是目前世界上最长的跨海大桥，总投资140亿元。当代道路工程规模越来越大，复杂程度越来越高，对社会、文化、经济和环境等方面的影响越来越大。人们必须站在哲学的高度全面地认识和把握道路工程的本质和发展规律，树立新的工程理念，处理好人与自然、人与社会的关系，促进国家和地区经济发展，实现我国和谐社会的建设。

工程理念绝不是空洞的口号和抽象的思想，它必须落实到道路线形设计实际工作中。道路工程共同体应该具有强烈的社会责任感，要树立一切工程都应该造福人民的思想，要努力通过工程活动促进人与自然、人与社会双和谐。符合历史发展的、新的工程理念要求培养新型的道路工程人才，新型道路工程人才要能升华、推进、落实新的工程理念，努力实现用最新的工程理念指导道路工程建设、指导道路线形设计。

7.2.2 道路线形设计系统观

道路线形是由道路的中心线组成的三维立体形状，为便于分析和道路线形设计，将道路道路线形设计分为道路平面线形设计、道路纵断面设计和道路横断面设计。在道路线形设计中，不仅要分析平、纵、横设计的合理性，更必须考虑三者之间的相互影响和内在联系，进行三者之间的有机组合分析与设计，才能得到满足交通需要、经济合理的最优道路线形。因此，道路线形设计必须要系统观来指导。道路线形设计具有多维目的属性，设计时要考虑不同用路者的要求和各种车辆性能要求；不仅如此，道路线形设计必须与其他学科知识综合考虑，如排水工程、桥梁工程、隧道工程、路基路面工程、交通工程、自然地理学、气候学、心理学、材料学等。道路线形设计复杂特性要求设计师以系统分析方法分析和解决问题，此分析道路线形设计系统观为设计师提供工程系统思想，用于指导道路线线形设计工作。

7.2.2.1 系统哲学思想的产生与发展

1. 系统思想的历史渊源

系统概念源于人类长期的社会实践及工程实践[9]。人类社会早期的生产活动使人类不断地和自然界打交道，客观世界的系统性被逐渐反映到人的认识中来，从而自发地产生了朴素的系统思想，这种朴素的系统思想反映到哲学上主要是把世界当作统一的整体。

古希腊的唯物主义哲学家德谟克利特曾提出“宇宙大系统”的概念，并最早使用“系统”一词；辩证法奠基人之一的赫拉克利特认为“世界是包括一切的整体”；后人把亚里士多德的名言归结为“整体大于部分的总和”，这是系统思想最早的体现和系统论的基本原则之一。

在中国古代，虽然没有明确提出系统的概念，没有建立一套专门的、科学的系统方法论体系，但对客观世界系统整体性的认识已经达到了一定程度，并将这些认识运用于社会生活中和改造客观世界的工程实践。在中国古代出现了世界构成的“五行说”（金、木、水、火、土）；春秋末期的思想家老子阐述了自然界的统一性；东汉时期张衡的“浑天说”；中国古老而灿烂的文化瑰宝——《周易》[10]；大约成书于我国战国时期的医学经典——《黄帝内经》，通过对生物整体及其环境关系较为详尽、完整的论述，自始至终更是充满了精辟的系统思想。他的指导思想即“整体运动论”，他认为“天地一体”、“五脏一体”、“人与天地相对应”、“成败倚伏生乎动”。全书以古代哲学思想阴阳五行学说为理论体系，用以阐明自己的观点和认识，解释物质世界的多样性和统一性[11]；《易经》也被认为是朴素系统思想的结晶。

中国人做事善于从天时、地利、人和中进行整体分析，主张“大统一”、“和为贵”。公元前 6 世纪，中国古代著名的军事家孙武的《孙子兵法》阐明了不少朴素的系统思想和运筹方法，讲究打仗要把道（义）、天（时）、地（利）、将（才）、法（治）等五个要素结合起来考虑，可谓是一部浩大的、系统的军事思想。公元前 256 年有蜀郡太守李冰父子组织建造的都江堰工程是中国古代最具有代表性的系统工程。

古代朴素的系统思想用自发的系统概念来考察自然现象，其理论是现象的，有时是凭灵感产生的，没有形成清晰的系统思想体系，这些系统思想具有“只见森林”和比较抽象的特点。朴素的系统思想没有建立在对自然现象的具体剖析的基础上，因此，这些系统思想难以完全和用不同方式的实践来加以检验。

2. *科学系统思想的形成和发展*

15 世纪下半叶以后，力学、天文学、物理学、化学和生物学等学科相继从哲学的统一体中分离出来，形成了自然科学。从此，古代朴素的唯物主义哲学思想就逐步让位于形而上学的思想，工程科学有了最直接和最重要的认识基础。这时的系统思想具有“只见树木”和具体化的特点。

到 19 世纪，自然科学取得长足发展，尤其是能量转化、细胞学说和进化论的发现和发展，使人类对自然过程相互联系的认识有了质的飞跃，为辩证唯物主义的科学系统观奠定了哲学概括的自然科学基础。这个阶段的系统哲学思想具有“通过森林、看清树木”的特点。

辩证唯物主义认为，世界是由无数相互关联、相互依赖、相互制约和相互作用的过程所形成的统一整体。这种普遍联系和整体性的思想，就是科学系统哲学思想的实质所在[9]。

3. *系统理论和系统工程*

随着 20 世纪科学技术和工程实践的兴起和发展，系统理论和系统工程得到发展，如（一般）系统论、控制论和信息论等。一般系统论的奠基人物是奥地利理论生物学家贝塔朗菲（Ludwig von Bertalanffy），他在 1945 年《德国哲学期刊》第 18 期上发表了《关于一般系统论》这一标志着一般系统论诞生的具有划时代的论文。在这篇论文中，他阐述了创立一般系统论的目的、意义和基础，提出了一般系统论的基本思想，并着重研究了等结局性、科学同形性、非加和性等重要概念[12]。控制论是研究各类系统的控制和调节的一般规律的综合性理论，“信息”与“控制”等是其核心概念。它是继一般系统论之后，由数学家维纳（Norbert Wiener）在 20 世纪 40 年代创立的。信息论是研究信息的提取、变换、存储和流通等特点和规律的理论。这些理论成果也为系统工程学科在 20 世纪 50 年代的正式确定奠定了基础。

从 20 世纪 60 年代中后期开始，伴随着自然科学、社会科学及数学的发展，许多系统理论积极涌现。如普利高津（I. Prigogine）的耗散结构理论（dissipatine structure theory）、艾根（M. Eigen）的超循环理论（hypercycle theory）、托姆（Rene. Thom）的突变论（catastrophe theory）、赫尔曼・哈肯（Hermenn Haken）的协同学（synergetics），以及微分动力系统理论、分岔理论、卡姆定理、泛系理论、灰色系统理论等。这些系统理论经过不断的发展，被广泛用于经济学、社会学和管理学等学科领域。

我国著名科学家钱学森以其国内外的卓越研究实践为基础，对系统科学及系统理论和系统工程的发展有独到的贡献。工程控制论作为控制论的一个分支学科，是关于受控工程系统的分析、设计和运行的理论。1954 年钱学森所著的《工程控制论》一书的英文版问世，其他文体的版本相续问世(俄文版 1956 年、德文版 1957 年、中文版 1958 年)。之后，工程控制论被广泛运用到其他非技术部门的研究。1978 年。钱学森等发表了名为《组织管理的技术——系统工程》[13]的文章，开启了中国研究应用系统工程的新时代。1990 年，钱学森等发表了名为《一个科学新领域——开发的复杂巨系统及其方法论》[14]的文章，提出了复杂性系统的若干问题及从定性到定量的综合集成方法论。

进入 21 世纪，大型复杂工程的现实性问题对系统工程理论发展提出紧迫性要求。高志良等在 2004 年出版了《系统工程方法论》；汪应洛编著的《系统工程》第四版于 2008 年出版；严广乐等编著的《系统工程》也在 2008 年出版；孙东川等也在 2009 年出版了一本《系统工程引论》。系统理论起源于对自然现象的探索，系统工程最初是对工程系统进行组织管理的方法。在近一个世纪的演变和发展中，系统理论、系统工程及整个系统科学的开发、应用领域虽然有了很大的拓展(如社会系统)，但对工程系统，特别是现代大规模复杂工程系统(工程与社会等的复合系统)问题的关注和有效解决，一直是其主要面向的实践领域[9]。

7.2.2.2 道路线形设计系统特性

道路线形是由道路中心线组成的三维立体骨架，如果考虑时间季节，将是一个四维的立体骨架概念。为方便分析和设计，将空间道路线形在平面上的投影称为道路平面线形，沿道路中心线垂直剖切再展开形成的线形称为纵断面，将道路中心线上沿任意一点的法向切面称为道路的横断面。因此道路线形设计系统由道路平面线形设计、道路纵断面线形设计和道路横断面线形设计三个要素组成，当前已经广泛纳入设计的道路景观设计就是四维的设计内容。道路线形设计系统主要体现系统整体性、人本性、动态性、复杂性、多目的性和开放性。在本小节中，主要讨论道路线形设计系统的整体性、人本性和动态性。

1. 道路线形设计的整体性

整体性是系统核心的特性。道路线形几何设计系统由 3 个要素组成。这三个要素也可以认为是道路线形设计系统的三个子系统，每个子系统也都充分体现道路线形设计系统的整体性。如道路平面线形设计由直线、曲线和缓和曲线组成；道路纵断面线形设计要考虑纵坡度和坡长、地面线与设计线等；道路横断面线形设计要考虑设计线和地面线、车道宽度等。只有全面协调分析各层次系统的要素才能使系统充分发挥作用、充分体现系统的整体性。

道路平面线形的三种构成线形要素各有优缺点，只有使三者合理搭配才能实现平面线形平顺和舒畅。如我国《公路线形设计规划》(JTG D20—2006)规定：两圆曲线间以直线相连时，直线的长度不宜过短；设计速度大于或等于 60 km/h 时，同向曲线间最小直线长度(以 m 计)不小于设计速度(以 km/h 计)的 6 倍为宜，反向曲线间的最小直线长度(以 m 计)以不小于设计速度(以 km/h 计)的 2 倍为宜；设计速度小于或等于 40 km/h 时，可参照上述规定执行。同向曲线间的直线过短，形成了俗称的“断背曲线”，影响驾驶员行车视觉和操作而易造成交通事故。若在反向曲线间无直线或直线过短，车速过高而且曲线半径和长度较小时，乘坐者在很短时间内受方向相互的离心力作用会产生不舒适感。若两圆曲线半径相差过大，容易造成驾驶员反应不及时、车辆轨迹不能保持正确，也将可能导致驾驶员在曲线上行驶速度过大而带来危险。缓和曲线(transition curve)是设置在直线与圆曲线之间或半径相差较大的两个方向相同的圆曲线之间的一种曲率连续变化的曲线。从线形来看，设置缓和曲线是为了实现超高、加宽缓和；从汽车行驶来看，是为了实现行车时间、乘坐者感觉缓和舒适。从视觉效果来讲，随着平曲线半径的增大，缓和曲线还需相应增长，实现道路线形的连续顺畅。大量设计和应用试验表明，道路线形舒顺、协调和缓和曲线长度 L_s 为 $R/9 \sim R$(m)[15]。参考文献[16]讨论了直线与曲线的比例问题。以上分析表明：两个平曲线之间的直线长度是受平曲线的半径和平曲线的转向决定的，直线的设计必须考虑平曲线；缓和曲线的长度要考虑圆曲线半径。这些分析足以体现道路平面线形设计的整体性。

道路纵断面线形设计主要考虑地面线和设计线，设计线由直线和竖曲线组成。在道路纵断面线形设计中，主要权衡分析坡度与坡长、纵坡与竖曲线关系。道路纵断面地面线和设计线决定道路填挖情况，深刻影响着道路与自然、道路与社会的关系，纵断面线形设计必须处理好两者关系，实现道路与自然、社会和谐。根据汽车行驶理论，纵坡坡长应随纵坡度增大而减小，如果在纵断面设计时交替使用极限长度的最大纵坡及缓和坡长，形成“台阶式”纵断面线形。因人眼对坡度并不很敏感，但对坡度差却十分敏感[17]，这种“台阶式”纵断面就会使人产生视觉曲折现象，形成线形不连贯顺畅的感觉，不能有效保证行车安全、形成安全隐患和事故多发地段。这些分析表明，设计线的选择必须考虑地面线，纵坡坡长和竖曲线半径在一定程度上决定于纵坡坡度，纵坡坡度影响坡长和竖曲线半径的选择。这些辩证关系体现道路纵断面线形设计子系统的整体性。

道路横断面由横断面设计线与地面线所构成，从构造上看，横断面由车行道、路肩、分隔带、边沟、边坡、截水沟、护坡道、取土坑、环境保护设施等构成(图 7-2)。高速公路和一级公路横断面组成还包括变速车道、爬坡车道和紧急避险车道。道路横断面设计必须协调好这些组成要素，从系统整体性角度合理布设，在有限资源条件下实现系统最优。

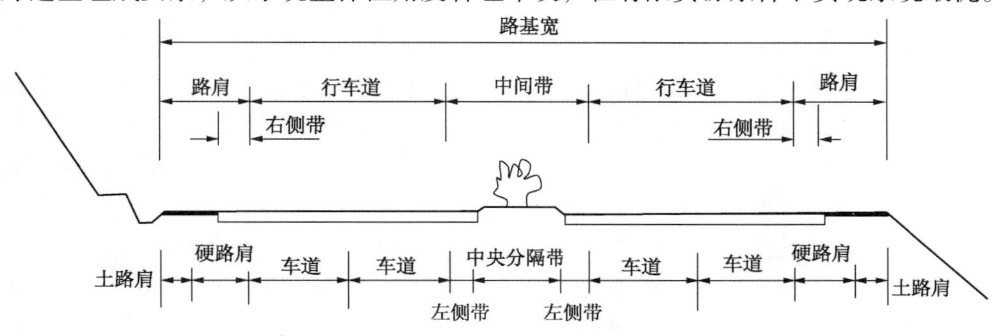

图 7-2　公路横断面

前文分析了道路线形设计系统各个子系统的整体性。道路一般是起伏不平的带状建筑物，即使在平原地区，由于桥梁、涵洞、排水等设施的建设，以及道路之间的交叉、跨越、转向等，使得平原地区的道路也是一个方向、高低、宽窄都在发生实时变化的设施。因此，道路平面线形、纵断面、横断面的组合设计不仅决定道路线形的美观、道路的使用性能，而且对道路建设费用、道路使用效率和道路交通安全等产生重大影响。公路线形设计应使汽车能够迅速、安全、舒适地行驶，这不仅要求采用与计算行车速度相应的线形指标，同时还必须保证线形的连续、均衡与协调[18]。高速公路线形设计要处理好平、纵、横三个方面的最佳配合，使线形舒畅、流畅，并与自然景观协调；优美的路线不仅是道路安全方面的需要，还会使驾驶员及乘客都觉得旅途舒适，风景美观，赏心悦目[19]。上述分析表明，道路线形设计必须坚持系统整体性分析方法，只有坚持这种分析方法才能实现道路建设以上目的和道路的最佳功效。

道路线形设计系统是有整体性的。张金喜在《道路工程专论》中分析了平纵组合设计原则、平曲线与竖曲线的组合、直线与纵断面的组合、平纵线形组合与景观的协调配合，这些分析内容无一不体现道路线形设计系统的整体性。如图 7-3 所示的平纵线形组合，从图可以看出：平曲线与竖曲线应相互重合，且平曲线应稍长于竖曲线，即“平包竖”，这种组合使道路立体线形不仅起到诱导视线的作用，而且可取得平顺而流畅的效果；平曲线与竖曲线大小应保持均衡，其中一方组合大而平缓，另一方就不应该小而陡；暗弯与凸形竖曲线及明弯与凹形竖曲线的组合是合理的、悦目的，暗弯与凹形组合及明弯与凸形组合是不合理的。这些组合分析说明了道路线形设计系统是具有整体性的。

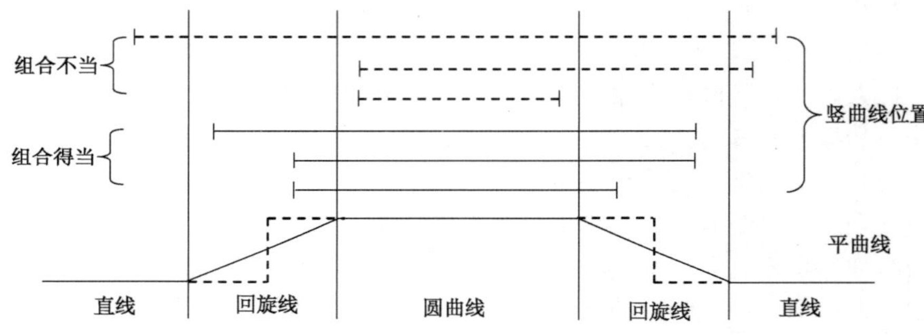

图 7-3　平曲线与竖曲线组合

在重庆忠(县)垫(江)高速公路线形设计时，不仅要考虑平纵面，还要考虑横断面[20]。如在陈家沟段，由于该段山体横坡较陡，设计时结合前后隧道连接线均为分离式路基的特点，该段路线也全部设计成分离式(图 7-4)，并将左右线平面间距缩小为约 3m，同时采用不同的设计高程，形成上下行错台的分离式路基，这样不仅节省了工程量，而且降低了挖方边坡和填方挡墙的高度，有利于路基边坡的稳定性。

以上内容分析了道路线形设计系统不同层次系统的整体性。既然分析认为道路线形设计系统具有整体性，那么道路线形设计必须秉承整体性观点或全局性观点，采用以整体性为出发点和归宿点的观点。道路线形设计系统由平、纵、横线形设计三个子系统组成，道路线形设计要达到的目的是总体最优。在道路线形设计系统中，即使不是每一个要素或子系统都达到最优，但也可能通过特定的组合方式使之协调、综合成为具有良好功效的系统；反之，即使每一个要素或子系统都是优良的，但由于整体组合不当而不具备良好的功能，也不能称之为完善的系统。在分析和设计子系统与整个系统的关系时，不能采用简单分解、简单相加的方法，只从部分着手研究必定影响全局，使我们离开辩证法，陷入形而上学，必须坚持系统整体性观点，达到“整体大于部分之和”的系统功效。

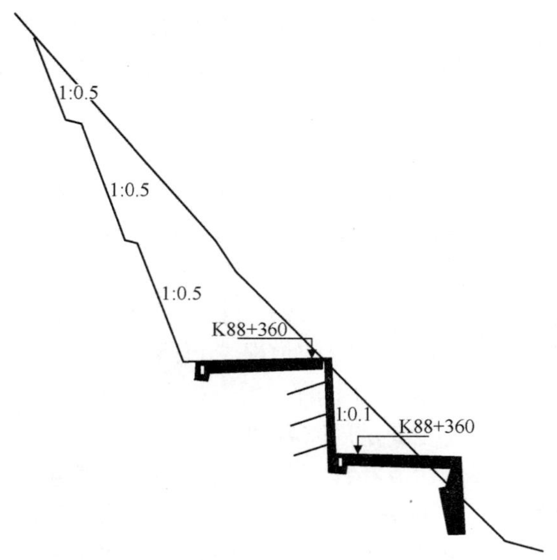

图7-4 忠垫高速公路陈家沟段分离式路基[20]

2. 道路线形设计的人本性

道路线形设计系统的人本性即道路线形设计要坚持以人为本，为人类的长远利益和大局利益服务。

道路线形设计理论的发展体现道路线形设计系统的人本性。长期以来，人们公认的道路线形设计理论是基于汽车行驶动力学的一种设计理论。在此设计理论指导下设计的道路满足汽车行驶要求，但大量的道路交通事故统计分析认为，满足汽车行驶动力学理论的道路线形还需要考虑驾驶员的生理、心理需要等[21,22]。道路线形是服务于道路使用者的，因此，提供安全、舒适行车的道路线形比对汽车行车动力学的需要更为重要。任福田、刘小明于1991发表一篇名为《道路线形设计新理论》[23]的文章，文章初步提出了道路线形设计新理论的基础，即以道路使用者的交通要求和生理、心里反应特征作为道路线形设计新理论的基础，用连续、动态的观点设计路线的各个元素，力求驾驶员驾驶行为的协调与顺适。道路线形设计应根据人的认知规律，线形各个元素组合能提供预知信息，道路线形设计工程师要将这些预知信息反映在道路线形上。除此之外，道路线形设计还要考虑道路使用者的生理和心理特点。

道路线形设计的很多选择都体现出道路线形设计系统的人本性。我国《公路线形设计规划》(JTG D20—2006)规定直线的长度不宜过长，但没有做定量规定。北京工业大学在研究直线最大长度时考虑了驾驶员对车速的滞后反应、驾驶员注意力的稳定性。参考文献[24]分析了确定缓和曲线长度的理论依据，其中有两点考虑到驾驶员要求，分别是驾驶员的行驶时间和视觉要求。20世纪70年代，美国道路工作者提出了“宽恕”设计理念。该思想产生初衷为：就道路使用者而言，在行车过程中发生驾驶过错是不可避免的，然而，其发生的驾驶过错不应以其生命作为代价，应该为驾驶员行车过错提供宽容的空间与措施，最终实现拯救用路者的生命或减轻受伤的程度[15]。

道路线形设计系统的人本性要求设计师不能仅仅认为道路线形设计是在规范规定范围

内的、技术层次上的设计，要把设计提升到以人为本的工程理念层次上。道路线形设计工程师要以汽车行驶动力学理论和以人为本的思想指导道路线形设计，前者是基础，两者不可分割。

3. 道路线形设计的动态性

道路线形设计系统动态性是指道路线形设计时道路工程师要将道路线形看作一个动态的系统，不仅要从用路者运动的角度考虑道路线形设计，还要从道路建成以后的发展的角度考虑道路线形设计。

道路，特别是高速公路，一般都是全封闭、全立交的。因此，用路者是在运动中使用道路的，用路者是以动态的视角观察前方的道路，道路线形景观是动态的景观，用路者在使用道路过程中的一切行为都是连续动态的，所以道路线形设计必须秉承系统动态性，只有这样才能与实际情况吻合，才能满足用路者的一切要求。

从道路建成以后的发展来看，道路线形设计系统的动态性主要体现在道路运营后方便提速。当今时代，科学技术日新月异，道路施工技术不断发展和运输工具性能不断完善，因此，道路线形设计必须要有超越性，以方便后期提速。图 7-5 为成昆线越西(乃托)至泸沽段铁路路线比较线图。两地之间直线距离 70km，小相岭—瓦吉木梁分水岭将两地隔开，两个控制点与分水岭的高差约为 600m。设计时共确定如图 7-5 所示的四个方案，其中以小相岭方案最靠近航空方向，线路长度最短，线形也最好，但是考虑到当时的技术的经济条件，还是选定线形最差的沙木拉达方案。该方案，从高程约 1600m 的越西车站顺普熊河河谷展线而上，线路被抬高到 2 243m 时，以 6. 379km 的沙木拉达隧道越过风水岭。然后从 2 188m 沿孙水河展线下到泸沽。尽管绕行沙木拉达已经使线路长度大幅度增加，但是从两个控制点到隧道北、南口之间的高差依然难以克服，于是采用了堪称中国铁路建设史上最复杂的展线方式(图 7-5)。在离越西不远处即采用一个螺旋展线来抬高线路，在隧道北口附近的尼波与红峰两站之间采用了套线展布方式。在分水岭南侧，沙木拉达隧道南口至两河口之间采用复杂的线套形式。这些铁路线形坡度大、半径小，线形质量差，提速改造非常

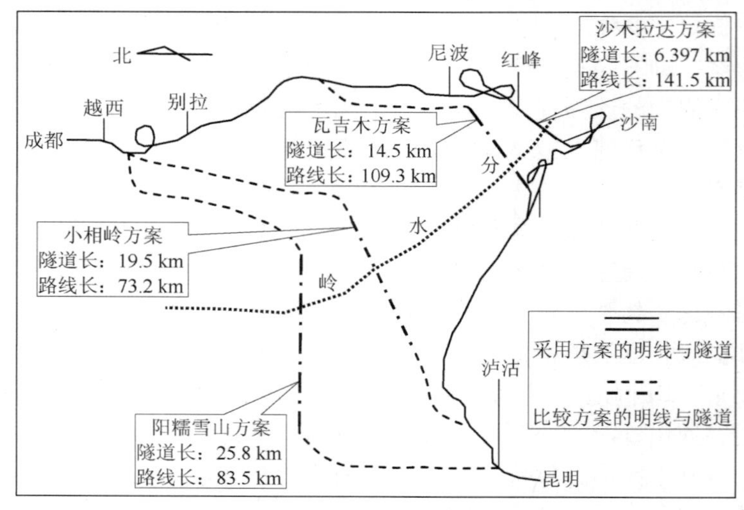

图 7-5 成昆铁路越西—泸沽段的比较线

困难。综上所述，在道路线形设计过程中，要深刻认识道路线形设计系统的动态性，在适当考虑当时当地经济、技术条件的前提下适当超前，为后期道路环境改善提供空间。

7.2.2.3　道路线形设计系统与自然、社会系统协调关系

工程系统环境是工程系统内、外影响工程化进程中各核心活动过程的各类、各种要素的集合，可简称为工程环境。工程环境有自然环境、技术环境、经济环境、社会环境、管理环境等不同类型环境要素，并体现在外环境、内环境等不同环境域中。各环境域、环境类及其组合，共同形成了实现工程系统目标、功能的必要条件，也称之为工程系统的环境条件。上一节讨论的是系统内环境要素的系统整体性、人本性和动态性。道路线形是道路的骨架，道路线形设计给出的施工图纸决定着整个道路的路基、桥涵、交叉、沿线设施等构筑物的规模和投资，同时决定着汽车行驶的安全、舒适、经济和车辆通行能力。道路建成以后，道路线形将长期存在，要想改变将会带来重大的经济损失。因此，道路线形设计是道路建设之本，道路线形设计的好坏是道路总体设计及效果的主要评价标准。道路线形设计系统具有很强的环境依存性或适应性，自始至终都要求考虑自然系统和社会系统。自然系统、社会系统等形成道路线形设计系统重要的环境超越系统，道路线形设计系统与自然系统和社会系统的关联越来越强，相互依存度日益提高，它们之间的基本关系如图7-6所示。

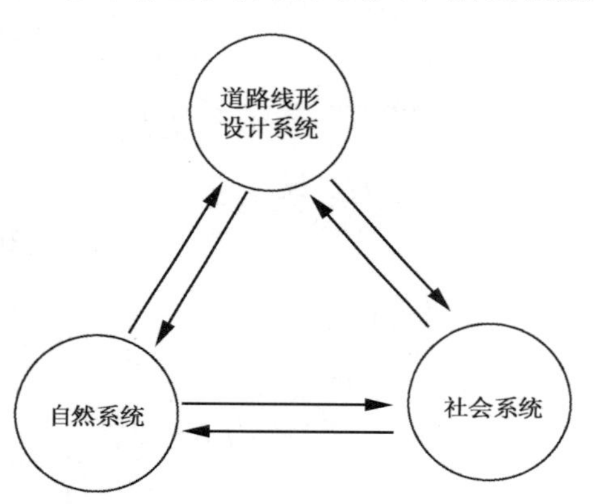

图7-6　道路线形设计系统与自然系统、社会系统关系图

按照科学发展观的要求，道路线形设计系统必须考虑到经济社会的持续发展、协调发展和以人为本的发展，并为构建和谐社会做出贡献。道路线形设计与自然等环境的和谐友好直接关系到道路工程，乃至社会的可持续发展；道路线形设计与社会的和谐友好直接关系到全体公民的福祉。道路线形设计系统与自然系统、社会系统的协调是现代道路工程发展的必要要求，也是构建和谐社会的重要基石之一。本小节在从以下方面讨论道路线形设计系统与自然系统、社会系统的协调关系时，也讨论道路线形设计系统的6个系统特性。

1. 道路路线走廊决策

道路路线决策不是任意的，不是理所当然的，而是受到区域自然环境、社会环境影响的。道路的修建是为了带动区域经济、政治发展和改善投资环境，使当地的资源流动起来，实现国家和地区总体资源合理配置。因此，道路路线走廊决策时就应该充分考虑以上诸多问题，保障道路实现以上目的，说明了道路线形设计系统的多目的性。

道路路线走廊决策还要考虑沿线工程地质、水文地质条件、地壳安全性行为、地形地貌、气候情况、地物和自然保护区等影响因素。如辽宁省盘锦至海城高速公路路线走廊方案决策考虑了沿线地形地貌、区域地质及稳定性、水文地质条件和地震安全性，对途经的油田区采取避绕的方法[25]。以塔里木沙漠公路K207.6～K209.1和K211.1～K211.8为例（图7-7），两段公路均位于垄间低地，处于相同的沙害环境背景下，前者公路走向为北偏东2°，

后者为北偏东55°，沙害调查分析认为前者为一级，后者为三级，可见公路走向对沙害程度的影响甚大，通常认为主向合成风向与公路走向夹角越大，那么公路所受风沙危害的程度也越重[26]。参考文献[27]讨论了风吹雪山区公路线形设计原则。说明道路路线走廊决策必须考虑气候条件。

道路是一种人工线形构造物，要实现的不仅仅是两地之间的综合效益，更是要实现区域综合效益。因此，道路线形走廊不能总是追求直线，从而降低工程造价，为了实现区域综合效益最佳，适当考虑其他控制点而弯曲道路路线是应该的。综合以上分析和实例，说明道路路线走廊决策与自然环境和社会环境是相互影响的，道路线形设计系统是个开放的系统，具有系统开放特性。

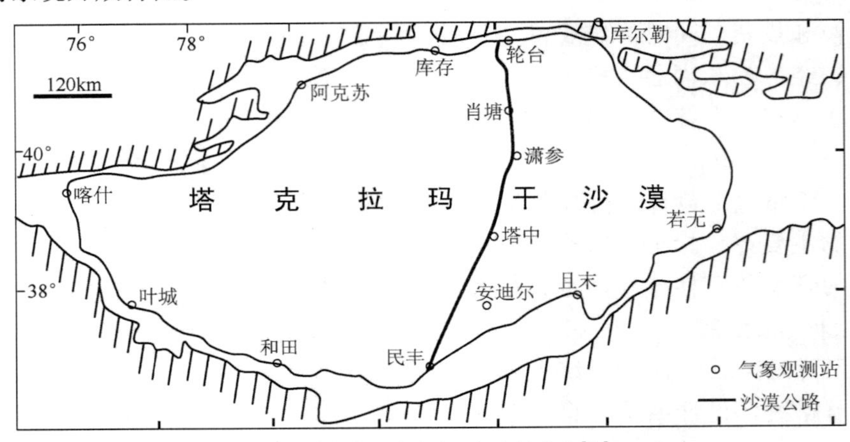

图7-7 沙漠公路走向及气象站分布[26]

以成昆铁路路线设计为例，讨论道路线形设计工程系统特性。成昆铁路勘察设计以1964年为界分两个阶段(1952.04—1962.12选择走向，复线勘测，重点开工；1964.07—1970.07全民会战，补充定测，边勘察设计边施工)，前后历时18年。铁路路线的走向和走廊带的选择是关键的第一步，是工程战略决策的关键，是工程功能寿命，特别是工程价值寿命和工程影响面和深度、广度的基础和根本，是人类与自然，政治与经济权衡的辩证科学的结晶，是技术，但并非简单的技术，是战略非战术，既体现决策群体高瞻远瞩的远见卓识，顾全大局的全局观念，远近结合，整体与局部，宏观与微观的“卒帅”关系，又显现决策融合自然的世界观和驾驭事件的综合智慧和能力。

1952年在成都—昆明长达千公里，宽200多km之间的范围内，工程师研究提出了东、中、西三大走廊路线方案(图7-8)，东线：从成都走成渝铁路自内江站起，经自贡、宜宾、盐津、彝良、威宁、宣威、曲靖，达昆明，建设里程889km；中线：从成都，经眉山、乐山、宜宾、屏山、绥江、巧家、东川、嵩明，达昆明，长810km；西线：从成都，经眉山、乐山、峨边、喜德、西昌、德昌、会理、广通，达昆明，长1 167km。

中线建设和营运里程最短，投资最省，主要指标最高，靠近云南东川铜矿开采区，故推荐中线，并进行了初步勘察设计，但考虑中线经过的政治经济带少，吸引、促进和辐射影响面小，与金沙江水利资源开发干扰大，与国家靠山、分散、隐蔽和大分散，小集中的资源开发和战略后方基地建设布局不协调。改变“长短论英雄”和“多少取舍”的习惯性决策思维，进一步深入研究东线和西线，并补充调整铁路网规划，将连接成渝和贵昆的东线定位为重要的干线，即当今的内昆线，而西线沿线农业发达，符合“以农业为基础、工业为主导”的国家发展战略方针，经过的政治经济带多，吸引、促进和辐射影响面广，与正在论证比较的西昌或攀枝花国家重要特种钢铁工业基地联系紧密，铁路路网布局合理、均衡，有利于巩固国防而决定“择长避短”采用西线(图 7-8)。

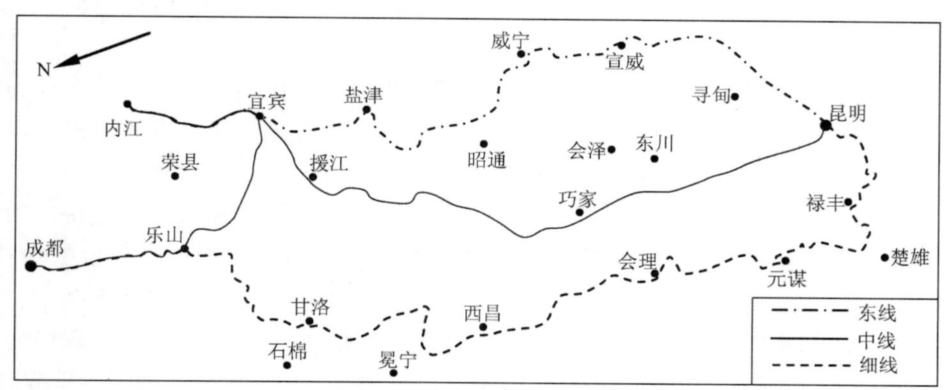

图 7-8　成昆铁路走廊带 3 个方案

成昆铁路走廊带确定之后，将路线从宽 200 km的范围内容压缩到 50 km宽的范围，将工作从宏观调整为“微观”，将选线工作从面调整为带，将广泛无边的三角形或者梯形的工作范围调整为以起终点为连接直线的无数小三角形，将无数的解答答案压缩为有限的多答案，将千公里的遥遥里程根据建构的迫切性可以灵活地分为两段或者几段，为来自五湖四海的合作团队奠定了合作的基础和可能。“朦胧”的模糊目标清晰了，多方向变成一个中心的单方向。由此，路线方案研究以确定的卫星发射基地西昌为界分南北两段(即“成昆北”、“成昆南”)进行深入研究。

北段长 555km，山高谷深，坡陡流急，起伏大，路线需要从海拔约 500m 的川西平原升坡到 2 280m 的沙木打拉隧道后，下坡到海拔约 1 000m 的金沙江边，在升坡达约 1 900 的滇中高原。在崇山峻岭间找出翻越大、小相岭的路线方案是选择路线方案的关键和主要矛盾，勘察设计阶段在近宽 100 km 的范围内，从可通方案中拟定了大大小小 10 多个方案进行同等深度的比较研究，执行“以农业为基础、工业为主导”的方针，结合城镇、工矿基地、城乡交通和农灌、泥石流综合整治等因素，力求线路顺直，设站合理，保障既有良田，便以耕地开发，支援农业的原则，同时考虑远期改建的可能确定了采用方案。

南段长 528km，该段路线进入了云贵高原区域，地势相对平坦，路线方案选择的关键和主要矛盾是如何配合和适应攀枝花钢铁基地的运输需求，根据铁路路网规划研究是否必经云南楚雄广通进入滇中高原，勘察设计阶段在宽近 130km 的范围内拟定了 4 个大方案和多个小方案进行同等深度的研究，鉴于采用的方案靠近攀枝花钢铁基地，只需建设 35km 的支线，经过广通，昆明—广通与昆明—大理按复线规划共用，路网效益好，沿线串联的政治经济点多，靠近云南、四川两省农业产区，技术指高程，运力大。

值得进一步仔细研磨的还有当年路线走廊带选择充分注意的四点：首先是全面考虑政

治、经济、国防和战略后方基地建设的要求，明确新建干线在路网规划中的作用和地位；其二是从大面积着手，由面到线、由线到段、由粗到细、由表到里、逐步接近的方法，是路线选择的有效方法；其三路线方案选择要有充分、确切的地质资料为基础，地形与地质既有内在统一的一面，又有相互矛盾的一面，地质复杂的区域对路线具有决定性的影响的往往是地质；其四是勇于革新技术，因地制宜，采取绕治措施征服“禁区”。

成昆铁路路线走廊带的研究选择充分体现了道路线形设计工程系统的整体性、动态性、多目的性和系统开放性。

另一个实例是钱塘江大桥[28]。钱塘江大桥是由我国著名桥梁专家茅以升设计和主持施工的第一座现代化的铁路和公路联合两用的双层桥。该桥为上下两层钢结构桁梁桥，全长1 453m，宽9.1m，是中国铁路史上的一座里程碑。钱塘江大桥的成功建造打破了外国桥梁专家“中国人无法在钱塘江上造桥”的断言，也结束了中国人无力建造铁路大桥的历史，展现了中华民族屹立于世界民族之林的自信和能力。中国铁路桥梁史这样评价钱塘江大桥：“20 世纪 30 年代，在自然条件比较复杂的钱塘江上，以当时尚不发达的施工技术，用不到三年的时间，由我国工程师自行设计并建造，建成了一座基础深达 47.8m 的双层公铁两用桥，这是旧中国铁路桥梁史上的一项重大成就，也是中国铁路桥梁史上的一个里程碑。”

钱塘江大桥的建设正处于全面抗战前夕，战争形势变化莫测，在当时要想由中国人自己设计和主持施工，在钱塘江上建造这样一座大型的现代化桥梁，其难度显而易见的。首先，在此之前，几乎所有我国这类桥梁都是由外国人一手包办的，国内在这类桥梁建设方面的专家和技术人才相对比较缺乏，即使是主持人茅以升也只是在 1920 年担任过修建南京下关惠民桥的工程顾问，1928 年参加过济南黄河桥的修理工程，修建大型的现代化桥梁的经验也不够丰富。其次，在钱塘江上建造这样一座大型的现代化桥梁，所需要的资金也是非常庞大的，但是正处于国家多事之秋，国内战争形势紧张，资金筹集也非常困难。再次，钱塘江是一条有名的险恶的大江，多年来杭州民间一直都有“钱塘江无底”的传说，更有谚语用“钱塘江造桥”来形容一件不可能成功的事。然而，茅以升以高超的领导艺术和卓越的工程管理思想通过网罗人才、优选施工队伍、积极筹集资金、科学选择施工方法，因地制宜，周密部署，严格要求，开展技术创新，用智慧和心血攻克了一个又一个堡垒，战胜了一个又一个陷阱，终于成功地完成了钱塘江大桥的建造。

建造钱塘江大桥，茅以升的第一步工作从建桥方案的设计开始。他以工程设计应该坚固、适用、经济、美观为前提，经多方考察和反复研究，拟定了大桥设计原则：第一，钱塘江水深，而沙滩变化无常，为顾及航行关系，桥墩以相等为宜；第二，钱塘江大桥为铁路公路联合桥，应顾及各种运输的要求，而且桥长 1km，必须同时考虑运输的畅通，以节约时间；第三，钱塘江大桥关系国防，应顾及军事上的防御；第四，设计要简洁，以最大限度节约资金为目标。

茅以升组织设计了 6 种方案：①40m 上托桁梁：共 29 孔，计长 1 160m，梁高 4.7m，优点在布置的经济，上为铁路，下位行人，两旁翅臂为公路，所有桁梁隙地均充分利用，桥墩尺寸亦大为缩小；②51m 下承桁梁：共 23 孔，计长 1 173m，桥身系双层建筑，梁高 8.3m，下位铁路，上为公路及人行道。此种样式于铁路及公路的交通为便利；③54.7m 下承桁梁：共 21 孔，计长 1 148m，梁高 6m，中为铁路，旁为公路及人行道，用翅臂梁支撑，与铁路同层并列；④61. 3m 下承桁梁：共 19 孔，计长 1 165m，梁高 9. 3 米，其布置与 2 相同；⑤73. 3m 下承桁梁：共 16 孔，计长 1 173m，梁高 11. 7m，其布置与 2 相同；⑥103. 3m 下承桁梁：共 11 孔，计长 1 137m，因径间甚长，两梁相距较阔，故改用铁路公路单层平列式，桁梁构造亦为弯悬以减重量。

这六种设计方案方案各有利弊，其中有几种尚属首创(如方案 1)。茅以升经过精密筹划，综合考虑技术的可行性和经济的有利性，最终决定选择方案 5，把钱塘江大桥的位置设在已有千年历史的名胜六和塔畔。这里风景优美，气势雄伟，且正当钱塘江江流为山脉所阻而转折的下游，其地江面较窄，而江流为北岸约束，河身稳定，不致改道。唯一的缺点是离市区较远，行人要绕行，但对铁路和公路的联络较为便利。这是铁路公路双用桥，上为双线公路，两边为人行道，中间通汽车；下层为单线铁路，大桥的正孔 16 孔，每孔跨度相等，桥梁用的是合金钢，既保证了强度，重量也轻，此外南岸引桥有一孔钢拱桥，北岸引桥有三孔钢孔拱桥。桥墩形式多种多样，使“长桥卧波”，显示了雄伟壮美。

2. 道路路线与工程投资

道路路线的选择直接影响到工程投资规模的大小，进而关系到对道路建设投资的决策。如果把道路建设成本划分为路基路面建设成本和构筑物建设成本两部分，可以看出道路总的投资额与道路里程和道路构筑物数量有关，而道路里程和构筑物的数量又存在辩证统一的关系。

要缩短道路建设的里程，就必须通过提高道路技术参数的途径获得，那么道路在通过山体和沟谷时，就应该采用穿越和跨越的方式，而不是越岭和绕进的方式，这样就造成道路中隧道、桥梁等构筑物工程数量的急剧增加；另外，随着道路技术标准的提高，道路挡土墙、边坡支护等构筑物的数量也会相应增加。反之，如果要减少隧道、桥梁、挡土墙以及边坡支护等构筑物的数量和总造价，只有使道路路线尽可能与地形地貌紧密结合，在山岭重丘区尤其是地形起伏较大的地区，道路线形与地形紧密结合，势必会使道路的技术标准严重降低，而大大增加道路通行的里程。

另外，对道路建设进行投资的决策不能仅看道路建设成本的大小，还应该考虑道路的总体收益。道路的收益主要来自道路收费站点的收费，而道路收费获得效益的多少，可以通过道路通行量来衡量，但道路里程缩短，道路设计标准高时，由于通行时间的缩短和通行的安全性提高，则会有更多的车辆选择该道路通行，同样会在很大程度上提高道路的总体收益。

因此，道路路线中各要素与道路的工程建设投资、道路收益存在相互促进、相互制约的辩证关系，在进行道路路线决策时，应充分考虑到道路路线参数的变更对道路建设成本和道路收益的影响。在实际的操作过程中，可以采用多个方案进行对比的原则，精确计算道路建设成本和尽量准确预测道路未来道路运行后所获得的收益，找出道路路线选择的最佳平衡点，以最小的道路建设成本获得最大的经济效益。

3. 道路跨越、穿越与绕行关系

在道路路线展布过程中，遇到山脉和沟谷时，需要对道路越岭与穿越和高跨与绕行进行辩证选择；当道路通过城镇时，需要对穿越与绕行辩证选择(图 7-9)。

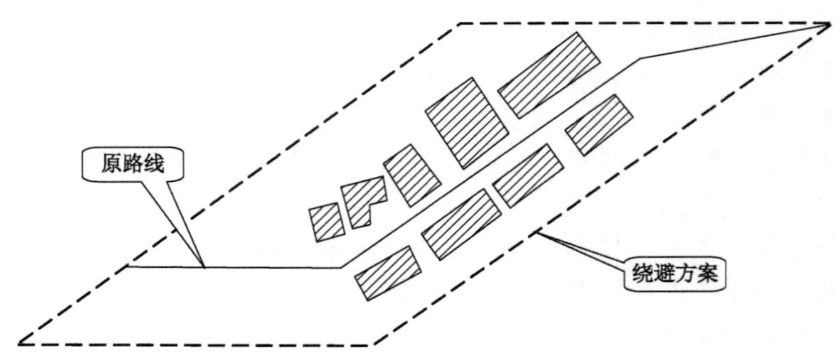

图 7-9 道路穿越与绕行的关系

从越岭与穿越的关系上看，以越岭的方式通过山脉会增加道路的里程并降低道路的线形标准；而采用开凿隧道穿越的方式，虽然缩短了道路里程并能够保持良好的道路线形提高行车的舒适性，但在很大程度上增加了道路工程建设的成本和施工的难度。从高跨沟谷与绕行的关系上看，同样存在上述矛盾：采用绕行的方式会增加道路的里程，而采用修筑桥梁高跨沟谷的方式会极大地缩短通行里程，但也会增加施工难度和工程造价。当道路通过城镇或居民点时，若采用穿越的方式通过城镇或居民点，虽然道路里程有所减短，但影响行车速度，又不安全，想要加宽行车道必须拆除临街一面的大量建筑；若采用绕行的方式从城镇或居民点左侧或右侧通过街区时，道路里程有所增加，但行车安全，改扩建容易实施。

因此，这三种路线展布方式构成三组对立的矛盾体，在进行决策的时候需要考虑道路的设计等级、技术标准及道路的综合效益。当对道路等级和技术标准要求较高时，为了尽可能地满足线形的要求并提高道路通行速度和安全性，一般采用开挖隧道穿越山体和修筑桥梁高跨沟谷的方式；若道路设计等级较低时，则主要采用越岭和绕行的方式。即高等级道路主要依据道路设计标准，而把地形地貌和工程造价作为次要的因素；低等级公路主要是考虑路线的展布与地形地貌的协调，在尽量满足道路技术标准的前提下，以工程总造价作为主要的控制要素。高等级公路经过城镇或居民点时采用绕行的方式，低等级公路则采用穿越的方式。所以，道路线形设计要充分与道路的实际情况向相吻合，合理权衡各影响因素之间的关系，对越岭和穿越、高跨与绕行、穿越与绕行进行正确的决策。

综上所述，在对道路路线走向进行决策时，应首先考虑道路在宏观路网中的位置及交通地位，其次应考虑该道路的设计技术标准和道路建设区域的地形地貌情况，在充分协调各因素相互关系的基础上，以工程建设成本为主要控制因素进行设计过程的决策。

4. 道路平纵横与交通安全

任何人工构筑物都存在安全问题。道路作为人工构筑物，是人流、物流等的纽带，与人类活动密切相关，存在严重的交通安全问题。道路交通事故其表象与驾驶员的违章或过失直接相关，而潜在因素涉及道路的线形设计。道路线形设计通过对驾驶员行为的客观干扰，降低驾驶员的行车环境质量，对驾驶员的过失行为放大等。在人、车、路、环境四个要素中，人是唯一的自主变量，与其他三个变量相比，只有人是主动的、有意识的，他接受来自道路、车辆、环境及交通流动当前状态的信息，经过判断和加工后作出决策，对车辆实施控制和操作[29]。因此，道路线形设计对道路交通安全的影响不能否定，降低我国道路交通事故率必须坚持"以人为本"的原则。

道路直线长度对交通安全的影响。若驾驶员在直线长度较长而沿线道路环境缺乏变化的道路上行驶，会导致驾驶员注意力分散、精神的抑制状态，甚至处于半睡眠状态；长直线会造成驾驶员趋驶心理，出现超速行驶；在长直线行驶会引起眩光和灯光相互干扰。以上这些原因都会引起道路交通事故。反向曲线间直线长度过短不能提供足够的时间使驾驶员调整方向，同向曲线间直线长度过短会造成线形不连续或驾驶员对直线的忽略，这些都是短直线引起交通事故的原因。

平曲线对交通安全的影响。平曲线半径过小是平曲线引起交通事故的主要原因。当汽车以高于设计速度的车速行驶在小半径平曲线上时，会导致车辆转弯时的横向力系数过高，车辆发生侧向滑移或倾覆的倾向性增大。当平曲线转角在 7°以下时，视觉上感觉曲线长度比实际长度要短，同时还会引起曲线半径过小的错觉，易导致驾驶员产生过度减速与转弯行为，危机行车安全[15]。表 7-1 是英国学者格兰维尔(Joseph Granville)通过试验调查研究的道路平曲线曲率与道路交通事故率的关系。表明平曲线曲率越大，交通事故越容易发生。除以上因素外，平曲线设置频率、超高和视距都影响着平曲线行车安全。

全国交通事故统计表[30]　　表 7-1

曲率[1/(°)]	0 ~ 1.9	2 ~ 3.9	4 ~ 5.9	6 ~ 9.9	10 ~ 14.9	>15
交通事故率(次/百万车公里)	1.62	1.86	2.17	2.36	8.45	9.26

道路纵断面线形对交通安全的影响主要有纵坡度、坡长和纵向视距。大纵坡路段道路交通事故特征分别如图 7-10 所示。从图中可以看出，事故主要分布在上坡道路的上面部分与过了坡顶后紧接的路段及纵断面的下凹部分。产生上述分布特征的原因是上坡段发生车辆追尾事故、车辆倒退现象，下坡段车辆行驶时间长、制动器失灵所致。表 7-2 和表 7-3 分别为前苏联和德国调查统计的结果。两个统计结果都说明，交通事故率随着纵坡度增大而增加。当竖曲线半径过小时，纵向视距变短，视野范围变小，导致交通事故发生。

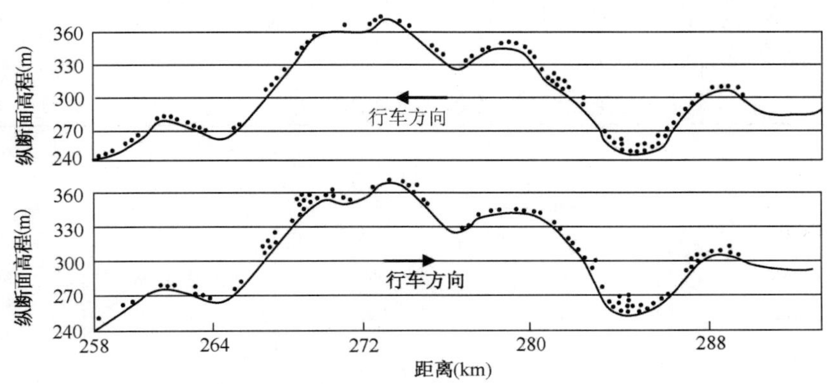

图 7-10　美国收费的汽车干道(黑点表示道路交通事故的地点)[15]

纵坡度与道路交通事故率的关系[31]　　表 7-2

坡度(%)	2	3	4	5	7	8
交通事故率(次/百万车公里)	1	1.5	1.75	2.5	3	10

高速公路纵坡度与道路交通事故率的关系[31]　　表 7-3

坡度(%)	0～1.99	2～3.99	4～5.99	6～8.0
交通事故率(次/亿车公里)	46.5	67.2	190	210.5

车道宽度、路肩、中央分隔带宽度、道路侧向净宽等横断面设计要素对行车安全有着直接或间接的影响。车道宽度、路肩宽度增加，交通事故率减小。如图 7-11 所示，中央分隔带宽度影响道路交通事故，随着分隔带宽度增加，行车相撞事故的数量显著减小；但分隔带宽度达到 15m 时，基本上不存在行车相撞事故，这是因为宽的中央分隔带为错误行驶的车辆提供纠错空间。李美芹[32]等分析认为，与无分隔带相比，使用窄的标线分隔带可减少事故 30%，使用窄的突出路面分隔带可减少事故 48%，宽的分隔带可减少事故 54%。道路侧向净宽越小，交通事故程度越严重。

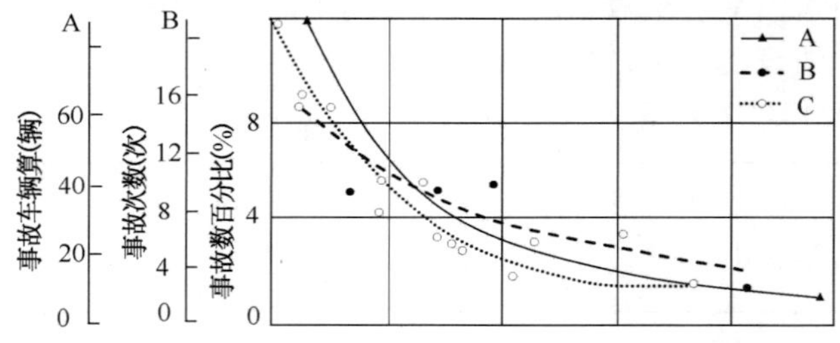

图 7-11　道路交通事故数与中央分隔带宽度的关系[15]

根据美国加利福尼亚洲公路委员会的资料：A. 驾驶到分隔带上去并发生事故的汽车数量；B. 100 万辆驶过的汽车由于横穿分隔带而发生的事故数；C. 误驶到分隔上引起的事故数占道路交通总事故树的百分比。

表 7-4 为德国高速公路事故调查资料显示的弯道与坡道相组合路段产生的交通事故率统计表。从表可以看出，交通事故率不是随着坡度增大而一直增大，也不是随着平曲线半径增大而线一直减小，而是在某一对“坐标”下其交通事故率最低。说明只有平纵横协调组合才是使得道路交通事故率降低。

弯道与坡道相组合产生的交通事故率(次/亿车公路)[30]　　表 7-4

平曲线半径(m)	坡　度(%)			
	0～1.99	2～3.99	4～5.99	6～8.0
>4000	28	20	105	132
3000～4000	42	25	130	155
2000～3000	40	20	150	170
1000～2000	50	70	185	200
400～1000	73	100	192	233

道路交通安全问题属于伦理问题。一般道路线形设计都能满足规范要求，但道路设计工程师不仅要设计出满足规范要求的道路，而且要有伦理责任感，要设计出符合用路者生理、心理特点的道路，从源头降低道路交通事故率。与此同时，与道路线形设计有关规范的规定也要考虑用路者的生理、心理特点，提高道路线形设计技术要求。

路线采取隧道、展线、换岸、集中降坡等手段，避让不良地质，确保工程安全，保证运输安全的事例较多。例如在成昆铁路的沙木拉打隧道西侧孙水河上游谷床纵坡陡（约 4.2%），中游 0.9%，下游 0.68%，中下游平均 0.72%，首先是利用沟谷和山包自然展延形成“羊角展线”。但随着工程地质勘察，发现堆积体、滑坡、顺层等不良地质病害多，较大的就达 17 段，水文地质极为复杂，放弃“羊角展线”而发动群众，走群众路线，提出了 8 个展线方案进行比较，并根据两站航距 4km，高差 215m，需展线 21km，涉及 3 个站位。首先根据地形、地质和运力研究确定站位，其次，依次由上而下研究站区间路线线位，筛选出韩都路“曲躯展线”和两河口“哑铃展线”（图 7-12），该方案隐患小、占地少、运力强。龙川江中游羊臼到黑井段河床平均纵坡 1.56%，局部最陡 2.0%，航距 21km，高差 360m，路线 1.2%。该段不良地质多（崩塌 13 处、错落 10 处、滑坡 10 处、泥石流 12 处），两岸无较大的支沟，没有条件“逢沟展线”，只能利用两岸台地展线。为避让不良地质，在 42km 范围内提出了大大小小 55 个比较方案，最终采用结合河床纵坡，考虑站位布置的分散集中展线的低线方案，避免线位高挂，降低交通运输安全风险（图 7-13）。

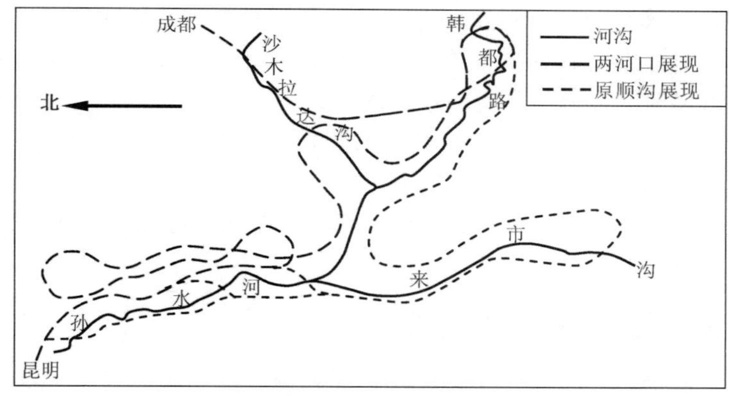

图 7-12　韩都路“曲躯展线”和两河口“哑铃展线”

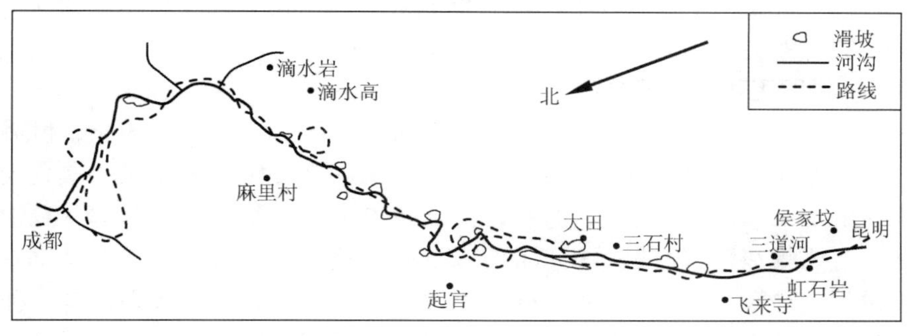

图 7-13　龙川江法拉、巴格勒“螺旋展线”和六渡“8 字展线”

5. 道路平纵横与交通舒适度

随着我国道路交通事业的发展和人民生活水平的提高，出行休闲娱乐的人越来越多，且道路运输是最普遍的出行方式。因此，现在人们对道路的要求不仅仅是安全，还要求舒适，使整个旅途轻松愉快。如广梧高速公路线设计根据地形条件，采用以曲线为主的线形，路线沿山脚或山腰布线，随势就弯，使路线自身协调与地形和谐；全线平纵指标均衡、视觉连续、平纵组合良好、与地形相协调，有利于行车舒适；并应用动态透视图、静态透视图进行检查[33]。

驾驶员的舒适性主要来自三方面：一是汽车行驶时转动角速度的变化率，路面平整程度的好坏等运动感觉；二是视觉；三是行驶时间的长短[34]。运动感觉和行驶时间虽然是影响舒适性的两个主要因素，但不是道路线形设计讨论的内容。视觉是物体的影像刺激视网膜所产生的感觉，对驾驶员舒适性的影像最为敏感。西德的研究认为驾驶员行驶方法和行驶速度的选择主要取决于行驶空间的视觉形状和驾驶员的经验。因此，用路者对道路线形的视觉效应直接影响交通舒适性。交通舒适度要求道路线形设计要充分考虑用路者心理、生理行为，要先设计圆曲线，再设计直线和缓和曲线，不仅要满足平纵良好的道路线形，而且还要考虑两者的融合立体线形。

为了避免视觉疲劳性，直线长度不能太长也不能太短；若直线长度不能满足规范要求，应该通过改善道路两侧环境缓解视觉疲劳。视觉平顺性要求道路平纵线形组合要得当，如图7-4所示。视觉连续性要求不同几何道路线形合理组合，几何线形参数搭配恰当，不会出现线形突变。道路线形要具有视觉诱导性，保证道路线形符合驾驶员行车习惯，同时也使得驾驶员有足够多时间对道路环境信息处理和决策。

孙绍鑫[35]等研究了加速度与心率增长率的关系，分析认为心率增长率与加速度呈正相关关系，加速度增加到0.889m/s^2是非常危险的。因此，缓和曲线要有足够的长度，使得加速度控制在用路者保证舒适的范围内，以保障驾驶员能从容地操纵方向盘，乘客感觉舒适，线形美观流畅。

7.2.3 道路线形设计文化观

道路是人类文明进程的产物。随着社会经济发展，人们不仅将道路看成是一种交通运输纽带，更将道路看成是某地区的文化标志。道路工程是在一定的文化背景下进行的，道路工程活动、工程构建、工程建设本身也会形成自己的工程文化。从一定意义上说，有什么的道路工程文化就会有什么样的道路工程产物。

7.2.3.1 道路工程文化的内涵

文化是一个最有歧义的概念，古今中外的学者争论不休。到目前为止，世界上关于文化的定义少说也有300多种，但概括起来可分为广义的文化定义和狭义的文化定义。本研究不再对文化的定义做阐述和讨论，直接讨论工程文化及道路、公路文化等的基本内涵。

殷瑞钰[2]院士等在《工程哲学》中这样定义工程文化：人们在从事工程活动中，关于思维、决策、设计、建筑、生产、运行、管理等过程中的理念、行为规则，是一种形式化程序。工程文化是一种亚文化，工程文化的主体是各种工程共同体，工程共同体包括工程决策者、管理者、投资者、工程师、工人等不同的社会群体。因为工程共同体以工程活动作为共同的目标行为，工程共同体遵从共同的工作活动的行为准则，所以工程文化可以单独存在。工程文化是一种拥有特质的文化集结，工程文化与工程活动共生、共存，并且对工程活动起到标志、促进或抑制的作用。

李振福[36]认为交通文化作为一种具有特殊内容和表现手段的文化形态，是人们在社会活动中依赖于以交通、交通资源、交通技术为支点的信息活动而创造的物质财富和精神财富的总和。道路文化是交通文化的重要组成部分。焦泰平[37]定义中国道路文化是一种具有特定内容和表现形式的文化形态，它是人们在从事道路规划、修筑、管理和使用过程中创造出来的物质文化、制度文化和精神文化的综合。公路文化属于工程文化的范畴，到目前为止有多种不同的定义：工程文化是劳动者在公路建设、养护、管理的实践活动中所创造的物质财富和精神财富的总和[38]；公路文化是一种行业文化，属于先进文化的分支，是一种柔性生产力，从其存在的形态上分析，一般包括表层的物质文化、浅层的行为文化、中层的制度文化和深层的精神文化[39]；公路文化是现代文化与传统文化兼顾，动态文化资源与静态文化资源的结合，是公路人所提供快捷便利的通道，与人车相融合的过程中形成的价值观念、行为方式等[40]；公路文化作为一种具有特殊内容和表现手段的文化形态，是公路职工在公路建设、养护、管理等实践活动中所创造的物质财富和精神财富的总和，是公路行业物质文化、制度文化和精神文化的总和[41]。综合以上几种“公路文化”的定义，本研究界定“道路工程文化”是关于一切道路工程活动的物质文化、行为文化、制度文化和精神文化的总和；道路工程文化的主体是道路工程共同体；道路工程文化包括与道路工程有关的技术规范、有关规定、工程经验、工程操纵流程和道路工程活动环境等。

道路工程文化具有整体性和渗透性，它能够无形地却又强有力地渗透到道路工程活动的每一个环节、渗透到道路工程肌体的每个细胞。目前，道路工程活动各个环节均有工程文化研究，但主要集中在道路景观设计[42,43]、道路美化和绿化[44,45]、道路交通安全[46]、交通标志设计[47]和道路命名[48]。某些国家级重大道路工程能够对整个国家产生深远的影响，如青藏铁路、成昆铁路等，涉及整个国家各民族的利益等，因此这些重大工程的工程文化通常鲜明地表现出民族精神。文化是历史性的概念，是在特定的时空条件以及特定的历史背景中酝酿、产生和演变而成的[37]，因此，道路工程文化具有时间性，主要表现在道路工程文化的时代性。道路工程文化的时间性要求道路工程与时俱进，彰显时代追求，追求时代潮流。

道路工程文化最显著、最直观的两个特性是审美性和地域性。美是一种由感官在接受外界信息刺激后所产生的和谐、愉快的感觉。美存在于任何事物中，任何事物都要追求美。道路景观设计体现了道路工程文化的美。道路景观设计人员必须具备哲学、美学、社会学、心理学、行为学、地理学、生态学、汽车行驶理论等丰富的理论知识，以及风景规划、道路设计、建筑设计、文学、民族学等多方面的专业知识，从形式美感、空间美感、时间美感和意境创造中去进行道路景观设计。地域文化的形成是受自然环境的地质、地形、气候等因素影响，在长期的社会发展中形成的具有区域特征的文化现象[49]。地域文化的创造实质上是在时间轴上对传统优秀文化的继承和在空间坐标上对外来优秀文化的借鉴[43]。地域文化是线形设计和景观设计的思想源泉，一条道路如果不能根植于土的地域文化，没有了延续的生命力，那么就如同无源之水，无本之木，久必枯竭。道路是地域文化的载体，是地域文化的表现形式。如深圳的深南大道大丛密植的苏铁、假槟榔、大王椰子等棕榈科植物，叶大蒲，充分体现了南亚热带地区的地域风情；上海、苏州地区的香樟，四季常青，树冠浓绿，充分体现了长江流域的地域特色；沈阳地区的油松，挺拔、耐寒，更是体现了北方地区特有的"北国风光，万里雪飘"的寒冷地域特色。

7.2.3.2 道路工程文化在道路线形设计中的作用

罗威勒(A. Lawrence Lowell)说："在这个世界上，没有别的东西比文化更难捉摸。我们不能分析它，因为它的成分无穷无尽；我们不能叙述它，因为它没有固定形状。我们想用字来范围它的意义，这正像要把空气抓在手里似的；当着我们去寻找文化时，它除了不在我们手里以外，它无所不在"[50]。这段描述说明文化无处不在、无时不有，它神秘地"游荡"在我们生活中，它潜移默化地影响着我们的思维和观念。道路工程文化在道路工程活动中发挥着广泛的、无处不在的作用，特别是对道路线形设计的影响。

道路工程文化对道路线形设计具有约束作用和导向作用。在有关道路线形设计规范中存在这样一些词：表示严格，非这样做不可的词有"必须"、"严禁"；表示严格，在正常情况下应这样做的词有"应"、"不应"和"不得"；表示允许稍有选择，在条件许可时首先应该这样做的词有"宜"、"可"和"不宜"。除规范以外，与某道路线形设计有关的地方规定都会对道路线形设计有不同程度的约束作用。不同文化约束程度不同，有硬约束和软约束，用这种差别来保障道路实现其物质功能。

道路工程文化如地域文化、精神文化等对道路线形设计有导向作用。一个优秀的道路工程不能仅仅是"硬骨头"，还必须体现出特殊文化，这样道路工程才会有灵气。一个优秀的道路线形设计工程师必须具备深厚文化底蕴和哲学素养，这些素养默化在工程师设计思维和观念中发挥导向作用，通过工程师的思想、情感、心理、性格和行为主导道路线形设计。

道路工程文化的整体性和渗透性要求道路线形设计的每一个环节和每一个细部设计都应考虑道路工程文化，特别是一些"隐形"文化。道路工程文化的时间性要求道路工程线形设计必须体现与时俱进、时代民族精神，彰显时代民族风格。道路工程文化的审美性要求道路线形设计实现道路线形自身协调，实现道路线形与自然环境协调，体现出道路工程的整体性、协调性、秩序性等有关的审美原则和审美要求。道路工程文化的空间性要求道路线形设计体现出地域文化、民族文化，要求道路工程成为地域文化的一个元素。只有充分体现道路工程文化的道路线形设计才是优秀的设计、成功的设计，才能与自然环境、社会环境和谐融洽，才能为用路者提供安全、舒适的行车环境。

道路工程设计师不仅需要熟知一般的基础性可续科学知识、技术科学知识和工程科学知识，还要有丰富经验，需要了解和掌握有关某道路工程的地方性知识、民族习俗，还需要准确把握时代特点和拥有较高的审美品位。总之，道路工程设计师要有突破旧观念的勇气、深厚的文化底蕴和哲学素养，这些都是充分发挥道路工程文化导向作用的基础和前提。

7.2.4 道路线形设计生态观

"生态"一词来源于希腊"Oikos"，意思是"家"或"住所"。德国生物学家 August haeckel 首次提出了生态学这一名词，并于 1869 年创立了这门学科。2002 年，美国景观生态学之父——哈佛大学教授 Forman 联合来自交通部门、生态环保部门的14位科学家，在经过两年多详细而耐心的全球范围内的文献检索与案例研究之后，出版了名为《道路生态学：理论与实践》的专著。工程生态观是在人类工程活动剧烈、社会经济迅猛发展和人类对工程的要求越来越高，技术手段多样，自然环境又变得脆弱的背景下理性反思的产物。工程生态观既有对工程生态环境恶化形势的担忧，更有对和谐工程的理想追求和指导建设和谐工程的思想观念。

7.2.4.1　道路工程生态观基本内涵

殷瑞钰院士等在《工程哲学》中从四个方面论述了工程生态观的基本思想，相应地，本研究也从四个方面论述道路工程生态观的基本内涵。

道路工程与生态环境相协调的思想。无论什么样的道路工程，它只能是"自然—人—社会"大系统中的一个角色，它不能超出规律的约束。道路工程活动作为人与自然相互作用的一种，对自然的影响具有最直接的效果，道路工程活动是有特定目的的，但人类不能仅考虑道路工程活动的特定目的，而忽略道路工程活动具有多重后果的特征。道路工程活动不能仅通过填挖平衡和缩短道路里程单纯追求道路造价最低、工程量最小，否则会造成大挖大填，导致生态环境问题严重，不仅影响行车安全、舒适，也极大影响和制约着经济、社会和环境的可持续发展。在生态系统日趋脆弱和国家经济快速发展的现实背景下，人们必须开始审视传统的道路工程与生态的关系，忽略人、人类活动与自然的协调共生，往往造成道路运营以后灾害频繁、养护费用高和道路沿线生态环境恶化的严重后果。

当今科学的道路工程生态观要求加强对道路工程建构的长远潜在后果和负面效果分析，并作出人类道路工程活动的约束条件。在认识的价值取向上应当将生态价值和工程价值协调起来，促进道路工程与自然界相互协调。既要使道路工程活动必须顺从和服从生态运动规律，最大限度地减少对生态环境的不良影响；又要使道路工程活动要在认识生态运动规律的基础上通过利用生态运动规律去改善和优化生态环境。总之，道路工程生态观最基本的内涵是尊重自然、承认自然存在的合理性和价值，把道路人工构筑物看作自然生态系统的一个环节、一个组成要素。

云南思小高速公路工程就是一个优秀的范例。云南思小高速公路是国家西部大开发建设的8条通道之一，是兰州—成都—昆明—磨憨公路在云南境内的重要路段，是我国规划建设的与东盟国家沟通的昆明至泰国曼谷国际大通道的重要组成部分。这条公路是我国第一条经过热带雨林的生态高速公路，思小高速公路的规划、设计、施工和养护各个环节都体现出道路工程生态观的思想。彭云[51]认为生态公路就是建立在交通发展与环境相互协调的基础上，以生态系统的良性循环为基本原则，综合考虑决策、设计、施工、运营、管理的全过程，在一定区域范围内结合环境、经济和社会发展状况而建立起来的公路系统。思小高速公路的线形不仅要满足国际大通道的技术要求，又要使原始植被遭到最小的破坏，最大限度地保护珍贵野生动物和植物，还要充分发挥热带雨林风光旅游价值，促进沿线经济发展。因此，在公路工程可行性研究阶段，先后拟定了正线、A线、B线、C线、D线5条路线走向方案，根据《建设项目环境保护管理条例》从不同角度对比分析，抛开了山区高速公路常规的"经济定乾坤、长短论英雄"的筛选取舍法，加大了生态环境保护的权重分值，选择采用最低限度破坏生态环境方案，即基本沿着213老国道布线，减轻了高速公路对生态环境的干扰，即秉承最大限度保护、最小程度破坏、最快速度恢复的理念。在平面线形布设时，师法自然，典型化线形，顺势利导，贴近自然，实现最小破坏理念。思小高速公路路线选线设计时除了考虑用路者的利益外，更加关注对环境的影响，讲究公路与环境的协调、融合。由于在热带雨量充沛的情况下会不可避免地发生水土流失，因此，在自然保护区布设公路路线时，设计人员在考虑沿线的自然环境、社会经济环境、生态环境及自然景观等的基础上，又着重从水土流失的角度考虑路线方案及路线的整体布局，提出了用自然保护区的核心区与试验区分界线上的方案，并且将公路深挖、高填的路段由路堑、路堤改为隧道、桥梁，起到预防水土流失的作用[52]。在桥梁设计时把钻孔灌注桩改为挖孔桩，方便施工和减少施工对环境的影响；对野生动物经常活动的区域，除留有足够的野生动物通道，还适当加大跨线桥跨径、加高净空，尽量做到不改变野生动物的原有迁徙路径[53]。如在K86+650~K87+000段的三岔河野象谷高架桥通道，采用6~20mT形连续梁桥作为亚洲象的通道[54]。

思小高速公路施工中做到“能不砍的树一棵不砍，能少碰的树尽量少碰，需要碰的也只是截枝断顶”。在道路绿化过程中，为了控制外来物种对本区生态系统入侵影响，采用本土特色树种，其至少占80%以上[55]，以保证与周围环境相协调。以上叙述内容充分说明了思小高速公路与生态环境相协调，思小高速公路是道路与生态系统和谐的典范，是典型的生态高速公路。

道路工程与生态环境优化的思想。道路工程活动不可避免地对环境造成后果，人们就应当对这些后果有负责的态度，充分了解生态环境系统特性形成新的工程观，去指导道路工程活动进行环境优化和环境再造。从自然生态系统自身循环来看，道路工程活动会干扰和影响自然生态自我运行。一方面，在深入研究和分析认识生态系统的运行规律和约束条件的基础上，进行符合生态循环规律的道路工程活动，将道路工程活动的负面影响控制在自然生态系统可以吸收消化的自我调节的限度之内，从而保证自然生态系统的良性循环；另一方面，在道路工程活动对自然生态产生破坏的同时，也会使人们积累起对生态的知识和利用生态规律调整与保护自然生态环境的理念、方法和途径，可以利用新的理念和技术去改善和消除道路工程活动已经造成的破坏。道路工程师要在生态观的指引下从事道路工程活动，科学、合理权衡人类需求与环境承载力、经济效益与环境成本、环境现状与环境优化，寻求解决道路工程与生态环境优化问题的出路。

道路工程与生态技术循环思想。工程是技术和非技术的集成。技术作为解决问题的方法、程序和手段，在各种外界条件约束之下会有多种实现道路工程目的的路径选择，生态循环技术要求在进行道路工程活动的技术选择过程中，考虑并吸收生态环境要素，技术路径的选择和工艺流程的开发一定要符合生态环境的要求，开发出能与生态环境相和谐的技术成果。如道路边坡生态修复主要是保护路基边坡稳定性和防止水土流失，其次是改善行车环境。而生态修复工程技术有很多种，要根据路基边坡实际情况作出选择：对于低矮的土质边坡，坡比范围为1∶1~1∶1.5以上，可直接采用液压喷播技术；对于土质边坡或坡脚稳定性较低的上边坡，优先采用蜂巢式网格植草护坡技术、浆砌石护坡技术、植生袋技术等；对于石质边坡可采用挂网液压喷播技术、刻土喷播技术、土工格挂网喷播技术、厚层基材喷播技术和喷混植生技术；对于高陡的岩石边坡，可以采用藤本植物垂直绿化；对于土石混合边坡或碎石边坡，可采用客土喷播技术、喷混植生技术和蜂巢式网格植草护坡技术。道路工程活动应该是各种绿色循环技术的集成，从要素上体现道路工程活动的生态性，真正实现道路工程活动是自然生态循环的一个环节，并符合生态环境自我运行规律。技术范式的转换是一个复杂的过程，在开发和选择技术时，对使用的技术的合理性必须进行生态化反思，考虑自然界的整体性和持续性特性，尽可能在道路工程活动技术选择和研发环节就注重和体现生态循环的价值。

道路工程与生态再造思想。道路工程活动给社会生态环境带来正面效应的同时，也不可避免地产生一些负面效应。道路工程活动改变了当地的自然生态和社会结构，进而拉动了区域经济社会的发展，同时也改变了区域的自然原本状态。面对道路工程活动带来的负面效应，人类要尽可能降低道路工程活动对生态系统的影响，优化生态环境和生态再造。思小高速公路边坡生态恢复是生态再造的典型代表[56]。生态恢复理念体现在对施工场地生态发展过程的尊重、对物质能源的循环利用、对场地自我维持和可持续发展的倡导。在美国，道路建设占用多少湿地就在占用湿地附近人工构造一个相等规模的湿地，以保持生态系统的总体平衡，这也是生态再造的典型代表。总之，不破坏才是最好的保护，道路工程活动要最大限度地降低对生态系统的影响，对产生了的破坏要采取生态环境优化、生态再造等补救措施。

综上所述，随着国家经济快速发展和道路网密度日益增加，道路工程活动对生态系统的影响越来越大。在这种形势下，道路工程生态观要求道路工程与生态环境相协调，道路工程的技术和非技术元素都要体现生态性，要求优化生态环境和生态环境再造。道路是一个与环境、资源相联系的动态开放系统。需要用辩证统一的哲学观点研究道路系统与社会经济系统及自然生态系统之间的关系，把研究对象放在地球环境、生物、资源、污染等诸要素构成的“道路—自然—经济—社会”复杂系统中进行全方位考虑，才能确保道路建设，充分维护道路自然生态系统和社会系统的和谐统一，尽量减少道路工程活动对自然生态环境的破坏和扰动，实现区域经济、生态环境和社会系统健康可持续发展。

7.2.4.2　道路工程生态观在道路线形设计中的重要作用

道路工程活动的各个环节都决定着道路工程对自然生态环境的影响程度，相比而言，道路线形设计是决定道路工程与自然生态环境相互影响的主要环节。道路工程生态观要求道路线形设计采用生态设计的理念。生态设计是实现资源节约和环境友好模式的手段之一，生态设计的定义是：任何与生态过程相协调，尽量使其对环境的破坏达到最小的设计形式都称为生态设计[57]，生态设计(ecological design)又称为环境设计(design for environment)、绿色设计(green design)。任何与生态过程相协调、使其对环境的破坏影响达到最小化的道路线形设计都可称为道路线形生态设计。道路线形生态设计要求道路既应该保证实现道路的功能、寿命和质量要求，又要满足环境目标的要求。

思小高速公路线形设计吸取了元磨、大保等公路的设计、建设经验和教训(图7-14)，改变了20世纪90年代初步设计时的“大开大挖、高边坡”的粗放型设计思路，根据思小高速公路的特点和难点，以“确保安全、保证生态”为主题，以“高速舒适、行游宜人、以人为本”为目的，突出“生态、可持续发展、服务”等设计思想，确立了山区公路“宁桥勿填、宁隧勿挖”等原则，实现了思小高速公路与自然和谐共处的目标，堪称道路线形生态设计的典范(图 7-15)。

图 7-14　十多年前高速公路建设的挖方边坡

图 7-15　思小高速公路某段路线展布与自然环境

虽然我国经济发展较快，但还是不可能实现全部道路设计都按生态设计来完成。因此，目前道路生态观对我们道路线形设计仅起到柔性约束的作用。道路对生态系统的影响仅在道路两侧一定范围之内，道路线形展布尽可能穿过生态系统单一的地区，复杂地区生态系统不容易恢复。城市道路走向在可能情况下与城市主导风向一致对南方城市夏季的通风是十分有利的。道路纵断面与横断面线形设计要考虑与地形地貌等自然环境相协调，避免造成严重的破坏。总之，道路工程生态观对道路线形设计要求道路线形设计协调好道路与自然生态环境的关系。

7.3　道路线形设计创新思维

7.3.1　道路线形设计创新内涵

创新的概念最早是由美籍奥地利经济学家约瑟夫·阿罗斯·熊彼特(Joseph Alois Schumpeter)在 1912 年出版的《经济发展理论》一书中提出的，当时，创新是一个综合性的经济学概念，是一种特殊的经济活动。Joseph Alois Schumpeter 将导致经济发生质的发展的“生产手段的新组合”界定为创新，其包括：采用一种新的产品；采用一种新的生产方式；开辟一个新的市场；开拓并利用新的材料或半成品的供给来源；采用新的组织方式[58]。可见，创新是经济发展的根本源动力。

工程作为建造集成物的社会经济活动，是创造物质财富，实现社会经济发展的基本途径。因此，工程必然是各种创新活动得以发展的重要平台。工程创新是指发生在工程中的各种创新活动，道路工程创新是工程创新的一个创新领域。道路工程具有时域性，因此世界上不存在两个完全相同的道路，每一个道路工程都有自己的特殊之处，所以道路工程需要创新。道路工程创新贯穿于道路工程全过程，从道路工程过程的四个阶段来看，有道路规划创新、道路设计创新、道路建造创新和道路使用(养护)创新。道路线形设计创新是道路工程创新的一个方面。在道路线形设计创新活动中，有设计理论创新、设计手段创新和设计理念创新等创新活动。

道路线形设计理论创新是指指导道路线形设计理论在原基础上的提高和发展，创新理论更适应于客观规律，对实践的指导作用更强。长期以来，人们公认的道路线形设计理论是基于汽车行驶动力学的一种设计理论，然而在道路交通事故统计分析中发现，满足汽车行驶动力学的道路线形还不一定满足使用者的要求。北京工业大学任福田教授于 1992 年初步提出了道路线形设计新理论——以用路者的交通需求和生理、心理反应特征作为道路线形设计的理论基础，用连续、动态的观点设计路线的各个元素，力求驾驶员驾驶行为的协调与顺适。除此之外，北京工业大学还对具体的道路线形设计方法提出创新性见解，如平面直线最大长度确定、互通式立交桥加速车道最小长度确定(图 7-16)等。

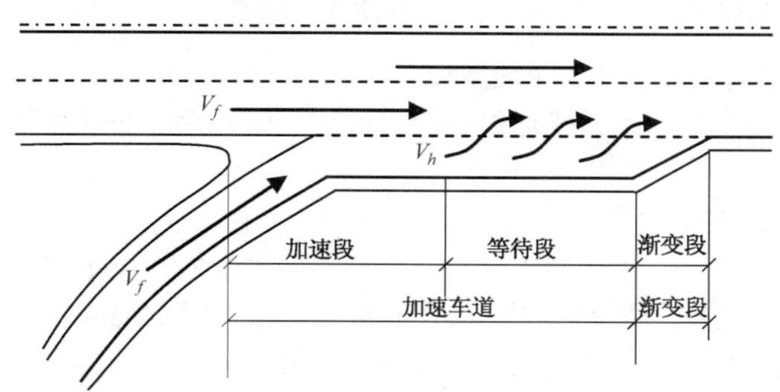

图 7-16　北京工业大学平行式加速车道的分段计算示意图

随着人们对道路的要求越来越高，道路造价昂贵，特别是高速公路。因此，道路线形设计考虑的因素越来越多，设计工作量越来越大，要积极采用新型设计手段从事道路线形设计。这样既可以减少工作量，又可以得到更好的设计结果。如黑龙江省伊春至绥化高速公路设计中，应用了各项国内领先的设计手段，如航空测量、数字化地面模型、三维动画检验等最先进的路线动态设计技术，应用了桥梁大师、桥梁博士、CARD/1 等众多国内外先进的设计软件[59]。

随着我国经济发展和社会进步，公众不仅充分认识并受益于高速公路运输系统安全、快捷、舒适的服务，也对高速公路的建设提出了更高的要求，不仅从交通功能上要求公路畅通无阻和安全可靠，还进一步关注对人类切身利益的维护、包括对自然环境的保护、对历史文化的珍视、对审美和艺术的表达等。道路设计理念是道路线形设计的精髓和灵魂，是设计人员的思维意识。道路线形设计要不断探索新的设计理念，用于指导设计出满足人们要求的设计产品。早在 2003 年，我国按照“安全、舒适、环保、示范”的方针指导公路设计。2005 年编写发行的《新理念公路设计指南》总结出“安全、环保、舒适、和谐”的设计理念。现在，我国道路线形设计以“景观选线、环保选线、地质选线、安全选线”相结合的设计理念[60]。

7.3.2 道路线形设计创新意义

道路工程创新体现的经济价值是多方面的、潜在的，如降低工程造价、缩短通行时间，还有更多的经济价值间接体现在其他社会活动中。道路线形设计创新是道路工程创新的主要内容。道路工程的地域性决定道路线形设计必须坚持创新，只有创新才能体现道路工程地域性，才能彰显民族文化，才能与自然、社会和谐。

当今，创新不再是偶然事件，而成为一种常规化的行为。从事道路设计的单位或部门越来越多，如果道路线形设计不创新，便无法在激烈的竞争中生存和发展。特别是随着我国越来越多的道路工程公司走出国门，跨国作业，面对的国际市场竞争更为激烈，对跨国作业的道路工程公司提出更高的创新要求。跨国作业道路工程公司要在道路线形设计等关键环节结合当地环境做好创新工作，才能保持在国外道路建设市场强劲竞争。应该看到创新还是发展的源动力，没有创新便不能发展，就不能有生存立足之地。

7.3.3 道路线形设计创新中的辩证关系

道路线形设计创新是一个辩证的过程，因此要从辩证关系角度分析道路线形设计创新过程。在总体上，需要理解道路线形设计的继承性与创新性、普遍性与特殊性、要素创新与集成创新。

7.3.3.1 继承性与创新性

道路线形设计具有上百年的历史，人类已经掌握大量的知识、技术和经验。现代道路线形设计要充分利用这些积累的知识、技术和经验，最大限度地降低各种风险。倘若已有道路线形设计理论基础不足，道路线形设计可行性便会大大降低。因此，道路线形设计工作中含有大量的继承性因素。如现在道路线形设计都是在汽车行驶动力学理论基础上设计的，若对汽车行驶动力学理论认识不足或违背都将使道路设计不可行。

道路线形设计具有时域性。因此，世界上不可能存在两项完全相同的道路工程，没有哪项道路工程可以完全照搬其他工程的办法，必须根据当时当地的各种环境条件进行不同程度变化，所以道路线形设计中存在创新性。

道路线形设计既有继承性，又有创新性。没有继承，道路线形设计便失去了可靠的基础，没有创新，道路线形设计便失去了成功的保障。创新是道路线形设计的内在要求，但不意味着道路线形设计中创新越多越好，创新就伴有风险，道路工程风险通常会随着创新因素的增加而增加。一味追求创新而违背基础或一味保守继承都是不可取的。在道路线形设计中，在不违背基础，如规范强制规定的条款，又要大胆、合理地进行适时域的创新。

创新存在风险，所以本小节简单分析道路线形设计风险产生的根本原因。道路线形设计风险不仅仅是指道路工程师要遭遇设计错误造成的风险，还应该考虑道路交通安全风险。深究起来，就是要分析"规律"与"规则"的区别与联系。规则是工程哲学的一个基本范畴。李伯聪在《工程哲学引论——我造物故我在》一书中系统分析了"规律"与"规则"的区别与联系。

规则的具体类型有多种多样的：有成文的规则，也有不成文的规则；有正式的规则，也有非正式的规则；有强制性较强的规则，也有强制性较弱的规则。各种法律、规章、章程、规程、规定、规范、守则、习俗、习惯等都是"规则"的具体表现。李伯聪从 7 个方面分析了"规律"与"规则"的区别与联系，本节仅选 4 个方面简单论述。第一，规律具有客观"自在性"，而规则具有"人为性"，这就是规律和规则在其内在的基本性质上的不同；第二，规律是被人发现出来的，而规则是由人制定出来的；第三，自然规律是对自然界而言的，自然规律是无需借助于人力就可以自然而然地发挥作用的；而规则是对人而言的，规则是要求有关人员遵守的，规则是只有在人执行它的时候它才发挥作用的。我们必须承认存在着还没有被发现的客观规律并且那些还没有发现的规律也是仍在客观地发挥着它们的作用的，那些还没有被发现的客观规律不会由于它们还没有被发现而不起作用；另一方面没有什么人会荒唐地说还没有制定出来的规则也在发挥它的作用，规则在没有被制定出来的时候它是不存在的。第四，从逻辑学的角度看，规律是关于存在的普遍性的陈述或判断，规则是对于行动者在所指定的环境条件下应该如何行为的"规范"、"律令"或"命令"。

用于指导道路线形设计有关的规范、规程、法律等都是规则，而不是规律。这些规则是在对规律认识的基础上制定的，然而人们对规律的认识可能存在不足或误判，因此，规则对规律的表述是会不全的或许是错误的表述。道路环境是错综复杂的，人们不可能完全认识这个错综复杂的规律，因此，制定出来的规则也是不全面的。规律是不以人的意识为转移的，人类是不可能改变规律的。因此，道路线形设计必然存在不同程度的风险，这种风险随着人们对规律认识程度的提高不断降低。

7.3.3.2　普遍性和特殊性

道路线形设计创新普遍性是存在的。道路线形设计理论的创新体现道路线形设计创新的普遍性，要求现在所有道路线形设计不仅要满足汽车行驶动力学理论，还要满足用路者的生理、心理特点，要与自然、社会环境和谐。

道路线形设计时域性要求道路线形设计创新具有特殊性。如道路线形设计文化具有地域性，因此道路线形设计创新要结合不同地区、不同民族文化。如果将体现一个民族文化的道路线形设计结果用于另一个民族区域，这不是道路线形设计创新，这就说明要求道路线形设计创新的特殊性。

7.3.3.3 要素创新与集成创新

道路线形设计是一个系统。因此，道路线形设计创新必然存在要素创新和集成创新。前文所述的护栏设计创新就属于要素创新。

道路线形设计涉及的因素和环节之间相互制约、相互支持，这决定着道路线形设计是在一定边界条件下的集成和优化。道路线形设计系统具有整体性，道路线形设计创新不等于各个要素创新之和，而要考虑各个因素之间的相互关系，综合创新实现系统优化。

参考文献

[1] 马克思．资本论(第一卷)[M]．北京：人民出版社，1972.

[2] 殷瑞钰，汪应洛，李伯聪．工程哲学[M]．北京：高等教育出版社，2007.

[3] 徐长山．工程十论——关于工程的哲学探讨[M]．成都：西南交通大学出版社，2010.

[4] George E. Dieter. Engineering Design：a materials and processing approach(3rd ed)[M]. London：McGraw-Hill，2000.

[5] 恩格斯．马克思恩格斯选集(第四卷)[M]．北京：人民出版社，1995.

[6] 杨宏志，许金良．基于约束描述的公路路线设计过程模型[J]．重庆交通学院学报，2005，24(1)：37-41.

[7] 李伯聪．工程哲学引论——我造物故我在[M]．北京：大象出版社，2002.

[8] 徐匡迪．工程理念与和谐社会．// 殷瑞钰，王礼恒，汪应洛，等著．工程与哲学(第一卷)[M]．北京：北京理工大学出版社，2007.

[9] 汪应洛．工程系统观．// 殷瑞钰，王礼恒，汪应洛，等著．工程与哲学(第一卷)[M]．北京：北京理工大学出版社，2007.

[10] 温钦虎．试论《周易》的系统思想[J]．天水行政学院学报，2003，(1)：15-18.

[11] 赵建宛．追述系统思想的医学理论渊源[J]．南都学坛(自然科学版)，2001，21(6)：121-124.

[12] 马红霞，钱兆华．20世纪系统思想发展的回顾[J]．系统辩证法学学报，2003，11(1)：56-60.

[13] 钱学森，许国志，王寿云．组织管理的技术——系统工程．// 钱学森等．论系统工程[M]．长沙：湖南科学技术出版社，1988.

[14] 钱学森，于景元，戴汝为．一个科学新领域——开放的复杂巨系统及其方法论[J]．自然杂志，1990，13(1)：53-11.

[15] 张金喜．道路工程专论[M]．北京：科学出版社，2010.

[16] 廖汉成．高等级公路线形设计有关问题的探讨[J]．中南公路工程，1996，21(2)：20-22.

[17] 辛强．高等级公路线形设计应注意的几个问题[J]．内蒙古公路与运输，2004，(4)：34-36.

[18] 苏孝同．山岭区高等级公路线形设计研究[J]．森林工程，2005，21(1)：34-36.

[19] 张海钗．高速公路线形设计原则及方法[J]．河北建筑工程学院学报，2002，20(2)：85-87.

[20] 林永胜，杨继革．忠垫高速公路线形设计[J]．公路交通技术，2005，(3)：1-2.

[21] 王楠，邵毅明，阎宏涛，等．道路交通安全中错觉现象分析[J]．公路与汽运，2010，(4)：64-67.

[22] 马明，严新平，吴超仲．影响道路交通安全的驾驶员异常行为研究[J]．武汉理工大学学报(交通科学与工程版)，2010，24(2)：228-232.

[23] 任福田，刘小明．道路线形设计新理论[J]．中国交通工程，1991，(1)：10-14.

[24] 李清波．高等级公路线形设计的几个问题[J]．中南公路工程，1996，21(2)：11-15.

[25] 庞荣高．浅谈盘海高速公路路线走向方案的确定[J]．辽宁省交通高等专科学校学报，2000，2(1)：

39-41.
[26] 王雪芹，雷加强．风沙活动区工程线路走向与风沙危害程度的关系[J]．干旱区地理，2000，23(3)：221-226.
[27] 尚云飞．山区公路风吹雪地区公路线形设计的探讨[J]．黑龙江交通科技，2010，(4)：41-42.
[28] 徐炎章，侯日．茅以升和钱塘江大桥．211-223. 在：殷瑞钰，王礼恒，汪应洛，李伯聪．工程与哲学(第一卷)[M]．北京：北京理工大学出版社，2007.
[29] 王栋．"以人为本"理念在道路设计中的应用[J]．甘肃科技，2009，25(12)：97-99.
[30] 余艳华，苏华友．公路线形设计因素对交通安全的影响分析[J]．华东公路，2006，(5)：9-11.
[31] 刘俊宝．公路设计因素对交通安全的影响研究[D]．西安：长安大学，2002.
[32] 李美芹，李远见，方淑艳．高速公路线形设计对交通安全的影响[J]．内蒙古农业大学学报，2009，30(1)：185-191.
[33] 易巍．贯彻安全、环保、舒适、和谐新理念的广梧高速公路勘查设计[J]．广东公路交通，2010，(1)：58-62.
[34] 何光，张勇．从提高驾驶员的舒适性来探讨公路设计[J]．华东公路，1991，(5)：17-20.
[35] 孙绍鑫，李云霞，任毅．基于驾驶员舒适性的山区双车道公路平面线形设计指标研究[J]．山东交通学院学报，2008，16(2)：50-53.
[36] 李振福．基于交通文化的交通安全策略[J]．中国安全科学学报，2004，14(9)：65-69.
[37] 焦泰平．中国道路文化的特征及其研究意义[J]．长安大学学报(社会科学版)，2010，12(1)：20-24.
[38] 黎华珍．以先进的公路文化推进公路事业[J]．中国公路，2003，(18)：51-53.
[39] 孙靖．用先进文化引领公路文化建设[J]．中国公路，2003，(20)：18-19.
[40] 宋文兴．凝炼新时期的公路文化促进公路事业大发展[EB/OL]．甘肃经济日报，2008. http：//www. gsjb. com/Get/jjlt/20080909084240. htm
[41] 田少波，邱观建．湖北公路文化的功能探析[J]．武汉理工大学学报(社会科学版)，2008，21(6)：867-870.
[42] 倪文峰，张艳，车生泉．城市道路景观设计中的地域文化特性——以重庆市渝北地区兰馨大道景观设计为例[J]．上海交通大学学报(农业科学版)，2008，26(4)：326-331.
[43] 吴燕燕，白鹏．地域文化在道路绿带景观设计中的应用探讨[J]．山东林业科技，2007，(5)：96-98.
[44] 李瑾．从国省干线公路美化浅谈公路文化[J]．山西交通科技，2010，(1)：84-86.
[45] 谢怀建．论绿化功能与重庆城市道路的生态与文化绿化[J]．重庆交通大学学报(社科版)，2007，7(1)：19-23.
[46] 邵祖峰．道路交通安全文化的内涵、功能与建设途径[J]．湖北警官学院学报，2006，(3)：51-55.
[47] 赵妮娜，陈建云．论公路的文化性及其对交通标志设计的要求[J]．交通标准化，2007，(11)：172-176.
[48] 万成宾，杨恩德，刀保彦，等．新农村视野下的道路名文化建设研究——以云南省德宏州盈江县平原镇道路名改造为例[J]．云南农业大学学报，2007，1(2)：122-126.
[49] 吴波．地域文化视野下的高速公路服务区设计初探[J]．四川建筑，2009，29(4)：58-61.
[50] 殷海光．中国文化的展望[M]．上海：三联书店，2009.
[51] 彭云．云南思小高速公路的生态公路文化内涵分析[J]．昆明理工大学学报(社会科学版)，2009，9(12)：45-50.
[52] 黄宝涛，周洁，赵庆娟，等．思小高速公路建设水土保持措施的研究[J]．山东交通学院学报，2004，12(3)：35-38.
[53] 龚万江，王忠武．思小高速公路桥涵设计概况[J]．交通科技，2003，(4)：11-12.

[54] 宋夫才，田伟平，赵迁乔，等. 思小高速公路建设对热带雨林地区环境研究及工程措施[J]. 公路交通科技，2005，22(9)：175-178.

[55] 张丽娟，刘玉艳，樊国盛. 思小公路植被景观的规划设计[J]. 河北科技师范学院学报，2006，20(3)：51-55.

[56] 贺岳峰，罗宁波，郑亮. 云南思小高速公路生态恢复工程研究[J]. 湖南环境生物职业技术学院学报，2009，15(1)：16-19.

[57] 车生泉. 道路景观生态设计的理论与实践—以上海市为例[J]. 上海交通大学学报(农业科学院)，2007，25(3)：180-188.

[58] 熊彼特. 经济发展理论[M]. 北京：商务印书馆，2000.

[59] 谢雄，曹晶. 在高速公路设计中创新理念、降低造价、提升质量的探讨[J]. 黑龙江交通科技，2008，(10)：117，119.

[60] 吴志强. 公路设计理念创新分析[J]. 公路与汽运，2009，(3)：61-63.

第8章 道路构造物决策哲学思辨

道路构造物以离散的形式分布在道路中，它沿道路路线布设组成一条完整的道路，它是道路的局部，同时本身也是一个整体的单元。道路工程活动要处理好道路构造物局部与局部、局部与整体的关系。道路景观属于美学范畴，需要从心理学、美学和景观生态学方面给予研究，因此，构造物可看作“公路乐章中的动人音符”。在构造物景观决策时要以道路景观理论为指导，追求和谐统一。道路构造物安全系数与建设成本是相互矛盾的，特别是在当前我国仍是发展中国家的条件下，这种矛盾更加突出，必须权衡矛盾双方。道路构造物是因交通运输功能的需求和人的交通安全需要而设，同时也给人类带来交通安全问题，这种事物两面性的哲学思想要求我们实事求是地对待问题。

8.1 构造物整体与局部关系

8.1.1 道路构造物与路线关系

道路工程的构造物有桥梁、桥涵、隧道、通道、挡土墙、护坡等。构造物是道路工程的重要组成部分，它与道路路线的关系是纲目关系。他们相互影响、相互制约，共同构成一个完整的道路工程。

目前，公路桥涵构造物所占比例越来越大，据不完全统计，仅对通道与涵洞而言，高等级公路平均3座/km。苏嘉杭高速公路北起常熟董浜，南止盛泽麻溪港，全长100 km，包括跨河、跨线及立交桥在内的各类桥梁近200座，总长30 km，通道、涵洞100余道[1]。在山岭重丘区，高速公路构造物所占比例远远高于这个数据，说明构造物决策是道路工程活动不容忽视的方面。

如上所述，道路构造物与道路路线是相互影响、相互制约的。《公路路线设计规范》(JTG D20—2006)第9.6条规定：

(1)桥头引道与桥梁线形：①桥梁及其引道的位置、线形应与路线线形相协调，使之视野开阔，视线诱导良好。各项技术指标应符合路线布设与总体设计的相关规定。②高速公路、一级公路上的桥梁线形应与路线相协调，且连续、顺畅。③桥梁、涵洞等人工构造物同路基的衔接，其平、纵线形应符合路线布设的有关规定。④桥梁、涵洞等人工构造物上设置防撞护栏时。桥(涵)路衔接处的外侧护栏在平面上应为同一直线或曲线。

(2)隧道洞口连接线与隧道线形：①隧道的位置与隧道口连续线形应与路线线形相协调，以利行车的安全与舒适。各项技术指标应符合路线布设与总体设计的相关规定。②隧道洞口外接线应与隧道洞口内线形相协调，隧道洞口外侧不小于3s设计速度行程长度与洞口内侧不小于3s设计速度行程长度范围内的平面线形不应有急骤的方向改变。③高速公路、一级公路上的隧道分为上、下行分离的双洞时，其洞口连接线的布设应与路线整体线形相协调，并就近在适宜位置联络车道。④隧道洞口同路基的衔接应符合路线布设的有关规定，隧道洞口同路基衔接处的宽度不一致时，在隧道洞口外连接线内应设置过渡段。以上说明道路构造物与道路线形是相互影响、相互制约的关系，道路设计时要综合考虑道路构造物与线形的关系，使它们相互协调、连续和顺畅。

道路在平面上的展布决定着隧道、桥梁等构造物建设的位置和数量；道路的纵断面设计决定着桥梁跨越沟谷的起始高程和跨越长度、隧道穿越的起始位置和所需建设的长度；道路横断面则决定着桥梁和隧道的横向技术标准。相反，一些大型的、重要的桥梁、隧道等构造物则作为道路路线展布的控制点，决定着道路路线走向、坡度等。桥梁和隧道单位里程造价一般比普通道路高，因此在道路平面设计中，在满足道路技术标准的前提下，应与地形地貌有机结合，尽量减少隧道、桥梁等构造物的数量，以降低道路工程建设的成本。如图8-1所示，由于隧道的作用在于穿越山体，山体多为一种倒“V”字形的地貌，当道路设计高程较高时，隧道所需穿越山体距离也相应缩短，对降低隧道建设规模是有利的；而桥梁工程则相反，由于桥梁工程用于跨越沟谷，而沟谷则为“V”字形地貌，随着设计高程的增大，桥梁所需跨越沟谷的距离增大，无疑会增大桥梁建设的规模和成本。因此，道路纵断面设计不仅受控于道路的平面设计，还应该服从于桥梁和隧道等构造物的设计高程。

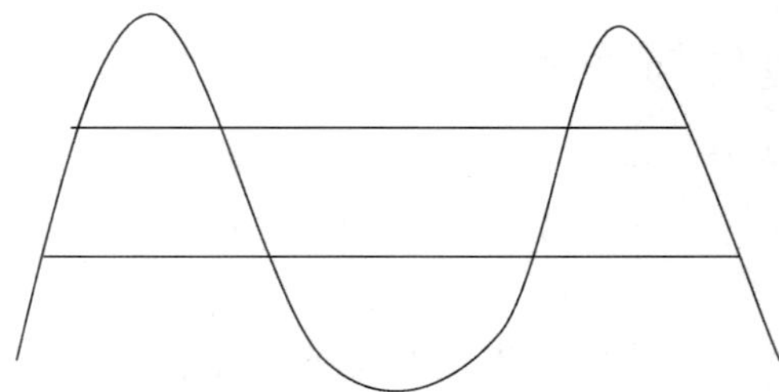

图8-1　隧道和桥梁穿越、跨越示意图

另外，桥梁、隧道的横断面应该与道路横断面设计标准相协调。如果因为这些构造物的建设成本较高而人为降低其技术标准，在道路运营过程中，就会形成交通的“瓶颈”问题，从而不利于道路的畅通。因此，桥梁、隧道构造物的技术指标应高于连接它们的道路的技术指标，这样既降低道路交通事故发生率，又方便以后道路改扩建。

平原地区高速公路设计的一个显著特点是沿线路网密集。为了尽可能减少高速公路建设给沿线居民正常生活和来往交通造成不便，公路沿线须设置大量的分离立交、通道等构造物。因此，在平原地区进行高速公路构造物设计时，应全盘考虑、合理布局，正确认识和处理构造物与相邻道路之间的关系，加强综合比较和论证[2]。而在山岭重丘区公路选线时，路线方案应尽量满足大型构造物两头接线顺畅的要求，而中、小型构造物一般服从路线走向确定即可。路基横断面对中、小型构造物的影响较大，在定测布线时，要多方面综合考虑。因此，山岭重丘区公路构造物与路线的平、纵、横关系密切，对于不同规模的构造物要区别对待，对症下药，不可一概而论[3]。

综上所述，虽然道路构造物以离散的形式分布在道路中，但它们是道路的重要组成部分，它们与连接它们的道路是纲与目的关系；它们相互影响、相互制约，共同构成一个整体。道路构造物决策要综合考虑各方面因素，使道路构造物与道路路线相协调、连续和顺畅。

8.1.2　构造物决策系统分析

上一节将道路工程构造物看作道路工程的一部分，分析道路构造物与路线的关系。本节将道路构造物看作一个整体，系统分析道路构造物整体与其组成部分之间的关系、组成部分之间的相互关系，即整体与局部的关系、局部与局部的关系。

桥梁由上部结构和下部结构组成：上部结构是指在路线中断时跨越障碍物的主要承载结构；下部结构是指支撑上部结构并将恒载和车辆等活载传至地基的建筑物(图8-2)。这里从受力环境、结构形式和建设成本三个方面分析桥梁上部结构与下部结构之间的关系。

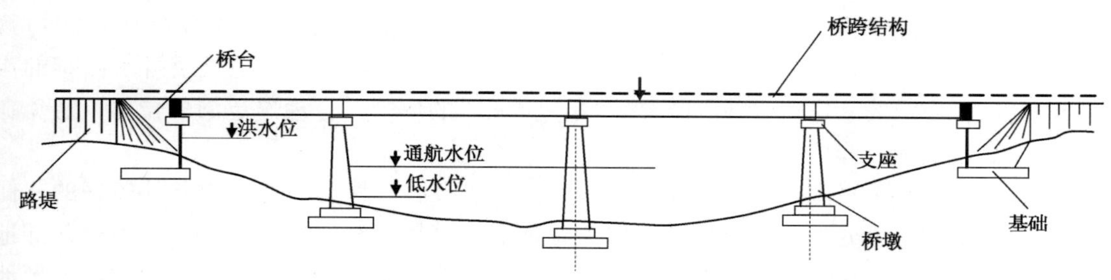

图8-2　桥梁的组成

桥梁恒载和车辆荷载等活载是通过上部结构传给下部结构，再通过下部结构传给基础。因此，桥梁上部结构与下部结构的受力环境是密切联系的。对于某一座桥梁，总跨径是确定的。当桥梁单跨跨径较小时，下部结构的桥墩和桥台的数量越多，上部结构的应力、应变、挠度和下部结构应力、应变越小，稳定性越好，说明此时桥梁的受力环境较好；若桥梁单跨跨径较大时，下部结构的桥墩和桥台的数量越少，上部结构的应力、应变、挠度和下部结构应力、应变越大，稳定性越差，说明此时桥梁的受力环境较恶劣。在桥梁分孔设计时，要充分综合考虑上部结构和下部结构，避免桥梁局部受力环境恶劣而导致整个桥梁系统失稳。

桥梁墩台下部结构是桥梁结构的重要组成部分，其结构形式的选择是否合理在整个桥梁设计方案中也显得尤为重要。对于桥梁下部结构的选择一般来说首先要考虑水文和通航条件，另外还要取决于上部结构的形式。如果河道位置经常发生变动，应使每个孔都具有通航能力。河道位置固定时，通航孔应布置在水深的河床中央；在洪水季节，河床中央水流迅速，通航风险较大，因此应在靠近河岸处设置临时通航孔。不同的通航条件对下部结构形式提出不同的要求。桥梁的基本体系有梁式桥、拱式桥、钢架桥、吊桥和组合体系桥，不同类型的基本体系，其上部结构不同，相应地下部结构也有差别。

桥梁单跨跨径越小，桥梁上、下部结构受力环境越好，桥墩和桥台的数量越多，下部结构建设成本越高，而上部结构尺寸相应减小以降低建设成本；桥梁单跨跨径越大，则反之。因此，从桥梁建设成本来看，上部结构与下部结构是一对矛盾体。但上部结构的安全性是建立在下部结构安全、稳定的基础上，桥梁设计在满足这一前提条件的情况下兼顾上部结构与下部结构的建设成本，实现桥梁建设资金最优化使用，一般情况上部结构与下部结构的造价基本相当为宜，这就是哲学思维的均衡性。

隧道洞口位置应根据地形、地质条件，同时结合环境保护、洞外展线路段的有关工程及实施条件、运营要求，通过经济、技术比较确定；特别是越岭隧道，应结合隧道两端越岭展线工程反复比较。越岭隧道洞口高程越高，虽然隧道越短，隧道工程越小，但两端越岭展线路段越长，路线克服高差、展线工程越大，运输效益越差；隧道洞口高程越低，则反之。当越岭隧道一端地形平坦，谷底高程高，另一侧地形陡峭，谷底高程低时，两端展线条件不一，更需要反反复复比较，并处理好越岭长隧道轴线与道路路线设计的从属关系。该关系是属于辩证对立统一的关系，隧道建设规模越大，在这对立统一矛盾双方的主次方面转换就越强，甚至双方主次关系将发生根本性转换，一般中长以上隧道的隧道轴线宜作为矛盾的主要方面考虑，低等级公路更是如此。《公路隧道设计规范》(JTG D70—2004)规定：隧道洞口不宜设在滑坡、崩坍、岩堆、危岩落石、泥石流等不良地质及排水困难的沟谷低洼处或不稳定的悬崖陡壁下。应遵循“早进晚出”的原则，合理选定洞口位置，避免在洞口形成高边坡和高仰坡。

隧道洞口不宜选择沟谷低洼处和汇水沟处，一般将洞口移到沟谷地质条件较好的一侧且有足够宽度的山嘴处，并且应尽可能避免隧道轴线穿越山脊的鞍部，布设于山脊鞍部地形饱满的一侧，以选择地质条件较好区位通过。常言道“十沟九断”，也就是说地表地形地貌是水文地质的标示，有着内在的必然联系，如图 8-3 中的 B 线。当洞口处是悬崖陡壁时，根据地质情况采用贴壁(图 8-4)或采用接长明洞的办法，将洞口移到塌方范围以外合适位置(图 8-5)。当隧道洞口地形平缓时，这时洞口位置选择余地较大，应结合洞外路堑、填方、弃渣场地、工期等具体确定(图 8-6)。

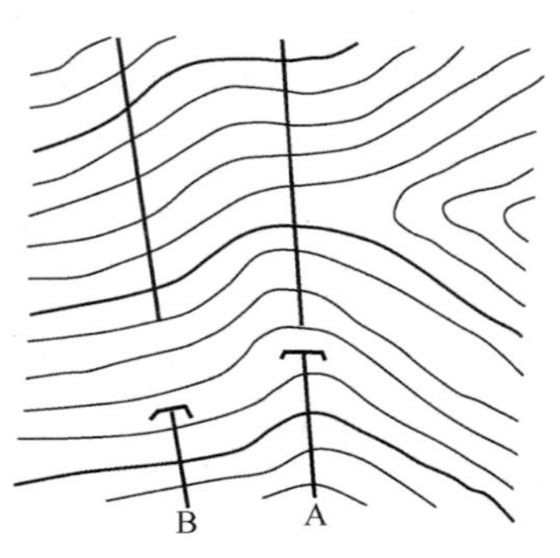

图 8-3　沟谷附近洞口平面位置示意图

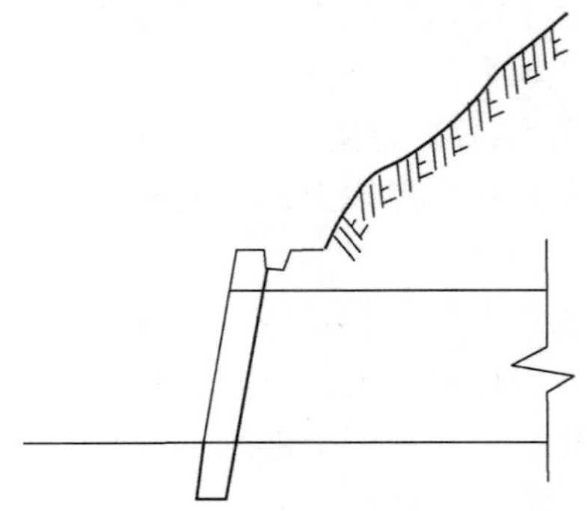

图 8-4　贴壁进洞时洞口纵断面示意图

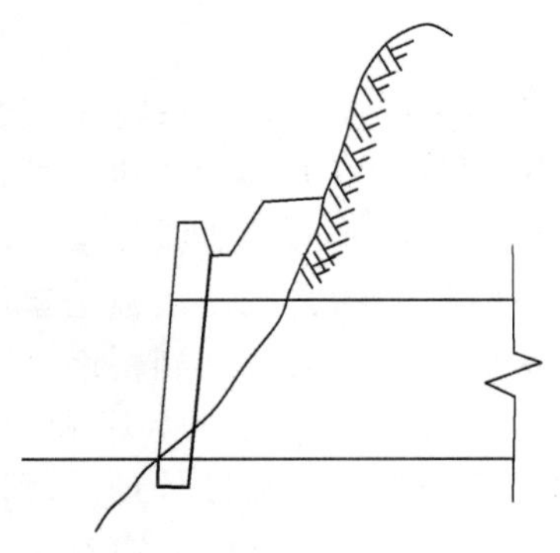

图 8-5　陡壁下接长明洞纵断面图

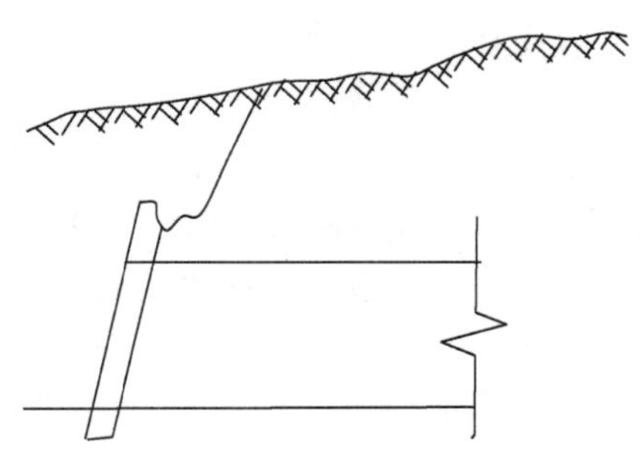

图 8-6　缓坡洞口纵断面示意图

考虑隧道洞口边仰坡不宜开挖过高和洞口衬砌结构受力安全，尽可能避免偏压，为施工隧道进洞创造条件，洞口位置宜与地形等高线大致正交[(图 8-7a)]，特别是土质松软、岩层破碎、构造不利的傍山隧道。隧道一般不宜设计斜交洞门[(图 8-7b)]，若为斜交时，应尽可能加大斜交角度(一般不小于 45°)或采取工程措施，以降低垂直等高线方向的开挖高度。随着社会经济的发展及道路建设环保理念的加强，“零开挖”进洞成为减少洞口边仰坡开挖、降低洞口边仰坡高度和减少环境破坏的环境保护措施。

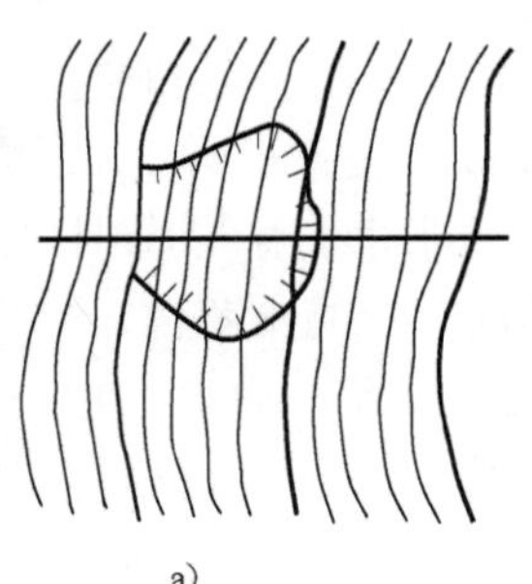

a)

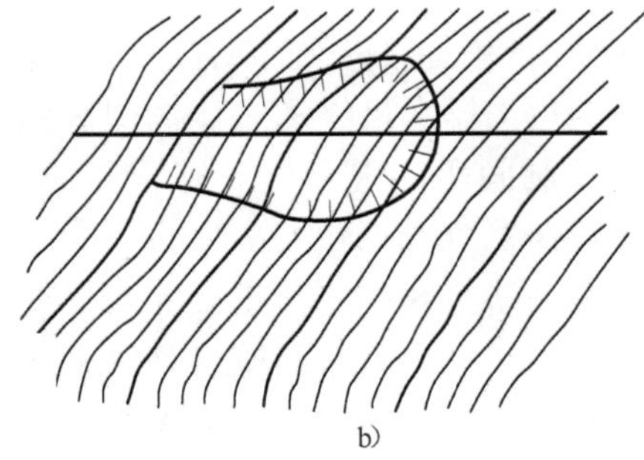

b)

图 8-7　正、斜交洞门示意图

隧道洞门与地形等高线交叉的角度关系，与洞口地层岩性、倾角和走向的关系至关重要，直接关系到隧道施工进洞是否顺利，洞门工程的安全和投资，甚至运营安全。洞口位置与地形等高线尽可能大致正交是设计遵循的原则，这是道路路线设计的重要部分。针对道路路线“外包内绕”的常规思路和方法，中短隧道轴线一般服从于路线，并不是说道路路线设计就可以不考虑道路构造物的要求；为满足和解决隧道洞口位置与地形等高线交角，与洞口地层岩性、倾角和走向的要求，将道路路线习惯上的“外包内绕”创新为“内绕穿包”，将外包路线旋转 180°设置隧道穿山包(山脊)；不仅可以减少内绕工程，实现隧道洞门垂直等高线进洞，避免偏压等问题，同时可以提高道路线形指标；山包(脊)瘦窄，连续鸡爪形地形地段效果非常明显。

隧道是由洞门、明洞、洞身和斜井、通风、照明等隧道附属设施组成。洞口或洞门是隧道的重要组成部分，在隧道设计时，不能为了缩短洞身、降低建设成本而在不良环境处布设洞门，否则隧道运营安全性较低，使用寿命大大缩短。隧道设计要遵循“早进晚出”的原则，宜长不宜短。

在地震高发区和高烈度山岭地区，从道路工程构造物的抗震投入、构造物抗震性能和抗震救灾方面考虑，隧道的抗震性能比桥梁好，且破坏小，倡导“多打隧道，少架桥，不设异型桥”的道路线形设计理念不失为适地适宜的思路。另外，在地形、地质复杂，工程艰巨，构造物集中，建设施工、材料运输设备进场困难，环境脆弱的路段，从施工建设场地布局和场地条件、构造物工程建设周期和施工工艺工序考虑，桥梁从基础到桥墩、到上部构造，每个部件的工艺不同，施工场地的条件要求高，而隧道一旦进洞，从头到尾每个环节和循环的工艺基本一致。因此，提倡“多打隧道，少架桥”的道路线形设计理念同样不失为适地适宜的思路，既减少环境破坏，又降低工程投资和施工风险。最后从道路构造物后期运营养护成本分析，初期隧道成本高，近90%的费用是隧道通风、照明费用，构造物本身的养护费用很低；而桥梁初期养护成本低，基本是日常的巡查管理。而后期隧道的养护成本抛开物价上涨因素，一般几乎基本不变；但桥梁随着使用时间的不断延长，桥梁养护成本逐步增加，并且越往后增长速度越快。例如，梁板的疲劳问题、桥梁橡胶支座的老化更换问题、路面大修问题等。因此在构造物形式选择研究中，山区高速公路适当提倡“多打隧道，少架桥”的道路线形设计适地适宜的工程寿命周期成本理念。

公路要建设，农业要发展，桥涵要配套，水利要保护，这是建设公路沿线水工构造物配置模式的基本方针[4]，体现了公路发展与农业等其他行业之间的和谐关系。涵洞是公路自身排水的主要构造物，也是沟通原有农田排灌体系的重要手段。涵洞是路基排水的主要设施，全线贯通的边沟排水最终通过涵洞引离路基，使高速公路排水自成体系。因此，布设排水涵洞时，涵洞间距、进出口底高程与边沟结合，同时注意与周围排水河沟综合考虑[5]，体现涵洞具体系统与道路大系统的关系，说明局部系统的重要性。

通道是高等级公路与乡村公路相交的立体交叉方式。因此，通道的标准、数量是路线纵坡的主要控制点，它直接关系到道路路线平均填土高度、沿线公路用地等重要经济技术指标，高速公路对沿线民众产生社区阻隔与分割影响的问题。合理的通道布设应该是间距疏密合适、功能主次分明，使纵断面线形控制点错落有致，不至于全线抬高；同时还要满足沿线居民生产、生活和出行需求，方便农田耕种和交通运输[5]。综上所述，道路工程是一个整体，道路构造物是整体的一个局部，整体和局部两者既相互区别又相互联系，整体是由局部构成的，局部是整体的中的不同“元件”。整体与局部的地位和功能不同，整体具有部分根本没有的功能，整体的功能离不开局部的功能，没有局部的功能就没有整体的功能。整体与局部的辩证关系要求我们从事道路工程活动时要树立全局观念，办事情要着眼于整体，寻求最优目标，又要搞好局部，使整体功能得到最大发挥。

离散分布于道路沿线的桥梁、隧道、枢纽构造物是整体与局部关系中最密切，相互影响最大，甚至改变与系统中道路工程设计之纲路线设计的从属关系的三部分。高速公路桥梁、隧道、枢纽平纵线形原则上服从于道路路线设计，并且满足于道路线形设计的要求，常规的道路线形设计决定构造物的位置、规模，但地理环境条件、自然环境不同的特殊路段应根据初拟的道路平纵横几何条件，权重桥梁、隧道、枢纽的建设规模、投资和建设条件，建设工艺反复调整、优化道路路线设计，这与铁路“选线布站，布站调整线路”一样反复研究要素与系统、部分与整体的关系，是道路构造物决策系统分析中的关键部分，是“整体大于部分之和”的关键。特别是山区高速公路地处制高点的隧道和最低点的桥梁建设规模。很简单的道理是，山区高速公路路线连续升降坡是最普遍的，连续升降坡的高差决定连续升降坡路段的建设规模，甚至决定项目的建设规模，甚至影响道路走廊方案的选择或路线方案的成立，而单体桥梁、隧道的建设规模在不同的项目、不同的建设标准、不同的区域环境、不同的时代分析判断的权重是不同的。

地处离最低点二三十米高的桥梁，如果是几十年以前的低等级道路桥梁，那么它是“飞”过去的概念和感觉，即使是 20 世纪末，至少也是“飘”过去，如果是高速公路的桥梁也是“跨”过去，而今天来看，无论是什么等级的道路仅仅是“渡”过去的概念和感觉。地处制高点的千米隧道，如果是几十年以前的低等级道路隧道，那么它是“潜”过去的概念和感觉，即使是 20 世纪末，至少也是“钻”过去，如果是高速公路也是“穿”过去，而今天来看，无论是什么等级道路的隧道，从建设技术水平看仅仅是“越”过去的概念和感觉。概念和感觉就是人们对事物和事件的认识，认识决定或者说制约、影响意识，意识决定行动和决策，左右道路设计之纲路线设计。技术的进步影响认识、决定意识，意识的不同决定决策的不同。由此，道路桥梁、隧道、枢纽构造物的决策过程既是道路部分工程的选择，同时也是道路设计之纲路线设计考虑的重要因素和决策的权重。重点控制性的桥梁、隧道、枢纽工程决策必须统筹道路的整体，而道路之纲的决策必须系统地统筹、兼顾离散分布于道路沿线的重点控制性工程的单体建设规模和建设条件、建设水平。“整体大于部分之和”，只有有机组成整体的部分是优良才可能，而整体的统筹组织、兼顾组成整体的部分是确保部分优良的保障和保证。

8.2　构造物结构与景观关系

8.2.1　道路景观研究基础

道路工程是大型带状建筑物，它对环境的景观影响是大范围的、永久性的；不论是航空俯视、低处仰视，还是行驶中的直观感觉、路侧的巡视，它都是极为醒目。因此不能不纳入景观设计和研究的范畴。

道路景观属于景观美学范畴，美是人对外界环境刺激的一种心理反应。因此要从心理学理论和美学理论研究道路景观。道路是一种对生态系统的强行介入的人工构造物，而生态系统是原生态的自然景观的。因此，道路景观要尽可能地体现出生态性，要从景观生态学理论研究道路景观。《道路工程专论》[6] 也从这三个理论方面研究道路景观，本节简述如下。

8.2.1.1　心理学理论

用心理学理论研究道路景观要从社会心理学和审美心理学两个方面展开讨论。社会心理学是研究个体和群体的社会心理现象的心理学分支。个体社会心理现象指受他人或群体制约的个人思想、感情和行为，如人际知觉、人际吸引、社会促进和社会抑制、顺从等。群体社会心理现象指群体本身特有的心理特征，如群体凝聚力、社会心理气氛、群体决策等。社会心理学侧重于研究群体中的个体、群体、人与人、人与群体的关系，研究直接社会情境对个人的影响及个人对这个情境的解释的作用。如前文多次提到的地域文化就是一种社会心理现象。地域文化心理是从世代相沿的社会习俗中，经过长期的潜移默化沉淀沉积在民族性格中的深层因素，主要表现为民族情感、思维、行为、习惯方面等。这些地域文化心理因素决定着地方文化气氛和审美认同，因此，道路景观设计的区域性即是地域文化不同的社会心理表征。

审美心理学是研究和阐释人类在审美过程中心理活动规律的心理学分支。审美心理反映了人的高级精神需求和人的高度认识能力，是一种最具有个体性、感知性、情感性、创造性和自养性的健全心理。审美心理活动不仅是获得愉悦和舒适的情感活动，也是发现美、创造美的认识活动，同时还是判断美丑的意志活动。因此，审美心理活动过程是审美的情况过程、认识过程和意志过程的统一体现。在审美心理过程中，情感过程溶解了认识过程和意志过程，因此，从道路景观设计心理角度讲，它以感性形式表现理性内容，追求以情达理；从道路使用者心理角度讲，则通过感动而后领悟，先通情后悟理。道路景观设计人员若能把握道路使用者的心理，则能设计出亲切宜人的环境气氛，从而为道路使用者提供心灵的愉快。

8.2.1.2 美学理论

道路景观的观赏者多处于运动状态，特别是全封闭、全立交的高速公路的景观，在这一状态下景观主体对景观客体的认识只能是整体概貌与轮廓特征。因此，道路景观应力求给道路使用者轮廓清晰、醒目、错落有致，以及色彩协调、风格统一的印象，这一点是道路景观区别与其他景观的关键和重点。

1. 多样与统一

多样与统一又称为“寓变化于整齐中”，是形式美基本法则之一，是各种艺术门类共同遵循的形式法则，多样与统一法则是事物对立统一哲学规律在人们艺术活动中的体现。只有多样变化，没有整齐统一，就会显得杂乱无章；如果只有整齐统一，没有多样变化，就会显得呆板单调。多样与统一包括两种基本类型：一是各种对立因素之间的统一，另一种是各种非对立因素相互联系的统一。无论对立与调和，都要有变化，在变化中体现出统一的美。多样与统一体现出事物内在的和谐关系，使艺术形式具有本质的整体性，又表现出鲜明的独特性。

虽然没有完全相同的两条道路，同一条道路各路段的环境自然景观和离散于道路的构造物也不同，道路的背景景观和道路景观的单元多样；但道路景观的观赏者视觉是快速移动的运态过程，景观主体对景观客体的认识只能是整体概貌与轮廓特征，观赏者视觉移动速度越快，这种认识越模糊。由此，道路景观的多样与统一更需要“寓变化于整齐中”，需要组成道路景观的整体概貌与轮廓特征更加强烈、清晰醒目、简洁明了、错落有致、色彩协调、风格统一。

2. 比例与尺度

和谐的比例与尺度是建筑形态美的必要条件。圣·奥古斯丁(Aurelius Augustinus)说：“美是各部分的适当比例，再加一种悦目的颜色”；维特鲁威斯认为美在于比例，建筑的理论是证明和说明建筑物的比例与规则的能力；法国建筑学家法兰梭亚·布龙台称：建筑上整体的美来自绝对的、简单的可以认为的数学上的比例。比例是艺术领域中诸相对面间的度量关系，是物与物的相比，是事物整体与局部、局部与局部之间的数量关系。尺度是指建筑整体或局部给人感觉上的印象与其真实大小之间的关系，是物与人间相比。一切事物都是在一定尺度内得到适宜的比例。工程建筑和谐美体现在量上是寻求比例与尺度的协调。

3. 均衡

均衡是博弈论的核心概念。美学中的均衡是指布局上的不等量、不等形的平衡，是人们对日常生活的观察，形成的与重力有联系的审美观念。在视觉艺术中，均衡中心的视觉趣味中心分量相当，则会给人以美的感觉。均衡有两种形式：对称平衡和不对称平衡。

4. 对比与和谐

对比是强化视觉刺激的有效手段，其特征是使质与量差异的两个要素在一定条件下共处于一个完整的统一体中，形成相辅相成的呼应关系，以突出被表现事物的本质特征。和谐是指事物各个组成部分之间处于矛盾统一中，相互协调的一种状态。和谐能使人在柔和、宁静的心境中获得审美享受。对比与和谐是相呼应的矛盾统一体，和谐是对比的一种表现形式，和谐就是强调表现手法的近似性、共性、具有整体感和安全感，在对比中求和谐，和谐中也可求对比。

5. 节奏与韵律

节奏和韵律是音乐中的术语。节奏的原意是指艺术作品中的可比成分连续不断交替出现而产生的美感。节奏是一种有规律的周期性变化的运动方式，在视觉艺术中，节奏主要通过线条的流动、色块的形体、光影明暗等因素反复重叠来体现。韵律是任何物体的诸元素组成系统重复的一种属性。节奏与韵律应用到设计中是反映人们对设计方法和设计作品的心理感受，是在设计中减少呆板、增加节奏感的设计表现方法，也是一种设计方法。韵律是在节奏的基础上形体具有强弱起伏变化，抑扬顿挫的变化进而形成的律动、韵味与情调，韵律是与节奏相结合的，韵律具有优雅、舒展、抒情的美感，也具有激昂、奔放，如同交响乐一般的节奏的律动，是一种深层的、内在的展示。

8.2.1.3 景观生态学

景观生态学(landscape ecology)是在1939年由德国地理学家C·特洛尔提出的。景观生态学是以整个景观为对象，通过物质流、能量流、信息流与价值流在地球表层的传输和交换，通过生物与非生物以及与人类之间的相互作用与转化，运用生态系统原理和系统方法研究景观结构和功能、景观动态变化以及相互作用机理、研究景观的美化格局、优化结构、合理利用和保护的学科。

景观生态学是研究景观单元的类型组成、空间格局及其生态学过程相互作用的综合性学科。强调空间格局、生态学过程与尺度之间的相互作用是景观生态学研究的核心所在。其研究对象和内容可概括为三个基本方面：①景观结构：即景观组成单元的类型、多样性及其空间关系；②景观功能：即景观结构与生态学过程的相互作用，或景观结构单元之间的相互作用；③景观动态：即景观在结构和功能方面随时间推移发生的变化。景观的结构、功能和动态是相互依赖、相互作用的。这正如其他生态学组织单元(如种群、群落、生态系统)的结构与功能是相辅相成的一样，结构在一定程度上决定功能，而结构的形成和发展又受到功能的影响。因此，无论是从时间和空间上，还是从组织水平上而言，景观生态学研究的尺度域(domains of scale)都比其他学科更广[7]。

景观生态学对公路更具有现实意义，因为公路是一条大尺度的线性景观廊道，同时把它放到周围广阔的背景基质中，运用廊道的思想考虑能量、物质、信息的交换，对生态保护有积极意义。公路的建设实际上是对自然生态系统的人为破坏，要使破坏的生态系统重新达到平衡并发挥作用，就要应用生态恢复学相关理论。公路本身就是一个大尺度景观，当我们追求生态恢复的同时，往往忽略了这一点。这种人工构造物在一定范围内创造了一种人工生态系统，需要人为地维持这个生态系统的各项功能正常发挥。

8.2.2 构造物景观决策思考

公路上的桥梁、隧道、护栏、声屏障和挡土墙等构造物，在造型设计时，不仅要考虑有关工程技术和经济问题，还要满足优美的结构形式和色彩要求，考虑塑造的景观特点及本地区的结构形式和建筑材料。公路构造物的特点是不断地随机出现在路途中，属于点式景观，设计重在于“形”。它们是进行景观创造的良好载体，在构造物形式和色彩等风格上的设计思路可以定位为“公路乐章中的动人音符”。

公路构造物中最常见的是桥梁，一般大中桥是公路的一部分，因此美学处理上要尽量使桥与路线相配合一致，融为一体。波特曼说：“建筑的本质是对人与人之间的内在关系的理解以及对人类如何与场所、时间、文化、功能关系的一种理解”。这一理念体现在桥梁建筑上就是为人民服务，在人身上存在着他对自然的内在感情，存在着他与自然融为一体的愿望，所以桥梁建筑要给人提供一个回归自然的空间和场所[8]。城市道路桥梁和公路桥梁所处的大环境不同，城市道路桥梁的大环境是人居建筑群和人类社会活动聚居区，而公路桥梁的大环境是自然生态系统和动物栖居区，所以在景观设计方面考虑侧重点不同。

城市桥梁建设在构成城市形象上具有重要的作用，对周围环境空间影响很大。参考文献[8]分析认为，在桥梁景观环境中，桥梁的比例、尺度与环境在构图上需要和谐一致。在处理比例、尺度协调上，设计中特别需要注意三个问题：桥梁的比例、尺度要与桥梁的体量、规模大小相适宜；桥梁的体量、规模大小要与江河的规模大小相一致；桥梁的比例、尺度应与周围建筑相配合，到达舒畅和谐，做到布局合理、空间平衡。形态是城市高架桥道路景观尺度的客体表达[9]。城市高架桥道路景观尺度体现为各景观元素的一些具体形态，从整体到局部，具体有高架道路与周围街道、建筑群之间形成的空间关系、高架桥道路自身形态、沿线建筑高度与组合、沿线建筑的界面极其组合、建筑及街道界面的材质和纹理划分等。城市高架桥大环境决定其道路景观的尺度主要有人、车和城市建筑物(高架道路及周边建筑等)(图8-8)，他们存在于高架道路所在街道的每一处。城市高架桥建设必须处理好这三者的关系，在城市高架道路景观空间设计中要体现出人与车、人与城市，以及车与城市的完美结合。城市高架桥的尺度特征会让人感到乏味、压迫和封闭，容易产生疲劳的感觉。城市生活压力本身就很大，城市高架桥的这种负面效应对司机和行人的情绪都有不利的影响。因此，高架桥设计在满足功能的同时，应从减轻高架结构的体量、缓和压迫感、减少视线障碍等方面进行考虑。梁是视觉中最引人注目的部位，因此，梁不仅要追求尺度适宜、结构造型优美、还要使得与下部结构相协调，满足高架桥景观要求。为了达到以上目的，在满足功能要求的前提下，梁高应低一些、梁宽尽可能小、梁跨尽量大、梁形最好选脊骨梁，尽量不选 T 形梁；而下部结构的桥墩高度尽可能高、体形纤细、墩距大些，桥墩墩形最好选双柱墩或单柱墩。城市桥梁景观处理的这些特点和要求，应在公路跨线桥，枢纽匝道桥，高速公路穿越人口密集、经济发达区域的桥梁景观充分考虑，道路相临的人工构造物成为相互的背景景观，比如减轻高架结构的体量、缓和压迫感、减少视线障碍等。

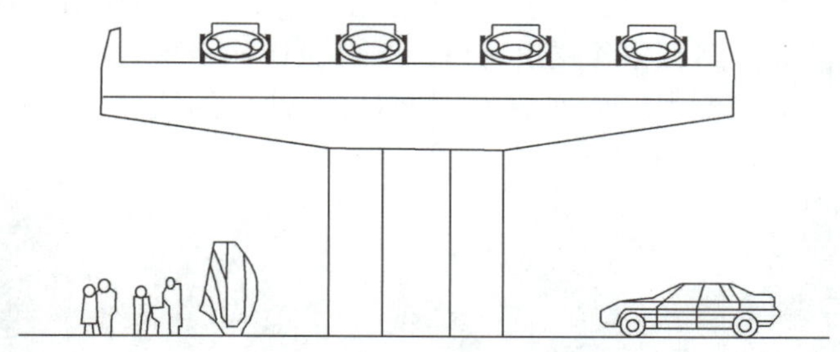

图 8-8　人、汽车和高架桥的尺度对比[9]

公路桥梁景观设计更多地从景观生态学方面考虑，要体现桥梁与自然生态系统的和谐统一，使司机在驾驶过程中始终以审美的心态驾驶，有利于缓解驾驶疲劳。图 8-9 为思小高速公路某桥梁走廊，给人一种林中有桥、桥中有林的感觉。高度较低的桥墩多采用柱式墩和 Y 形薄壁墩，其中柱式墩最常用。柱式墩分为圆柱和方柱，从景观上看，方柱有棱有角，与上部结构协调，有一定的视线诱导性，较美观。圆柱为各向同性，调整起来效果差一些。Y 形薄壁墩是独柱双支座的一种墩形，美观性较差，且施工复杂，一般很少使用。从路线走廊与桥梁的关系来看，桥梁应该是公路景观的动态音符，桥梁结构造型要遵循多样与统一、对比与协调原则。

图 8-9　思小高速某桥梁

小桥涵是公路排水构造物的主要组成部分。小桥涵应尽可能有一定的造型，并与周围的环境相协调。在达到技术要求和不过分增加工程费用的条件下，小桥涵的轮廓形状、涵洞孔径尺寸及洞口的结构形式力求达到美观、协调，拒绝粗制滥造。

隧道是山区高等级公路主要构造物。隧道是对自然生态系统破坏最强的构造物，因此在隧道洞口周围应恢复植被。进出口的中央车带和路边应强调美化设计，并宜进行明暗过渡的植被，多种植有较大树冠和枝叶茂盛的高大乔木，以缓和隧道内外反差过大的光线效果。图 8-10 为思小高速公路某隧道洞口，隧道实现“零开挖进洞”，洞口两侧植被茂盛，有利于用路者视角缓和，进而缓和心理接受。图 8-11 的隧道洞口景观为树木年轮，体现隧道与自然生态系统和谐统一，增加隧道与自然的亲和力，遵循了“虽由人作，宛如天开”的原则。图 8-12 为思小高速公路野象谷隧道洞口，洞口设计从当地自然环境及民族文化中提取具有典型代表性的符号，蕴含着西双版纳这片富饶土地上的地域风情和民族文化。这是道路构造物设计中体现出来的一种社会心理现象。

图 8-10 思小高速公路某隧道洞口景观

图 8-11 思小高速公路某隧道洞口景观

图8-12　思小高速公路野象谷隧道洞口

虽然隧道景观相对其他构造物要简单、单一，处理的范围和视觉变化要小，但鉴于隧道进出口光线变化激烈，要求构造物整体概貌与轮廓特征更加强烈、清晰醒目、简洁明了、错落有致、色彩协调、风格统一，与周边自然生态环境更加协调。图8-11与图8-10比较，图8-10在体量比例上、环境协调上略胜一筹。

路基及边坡是道路与生态自然环境的过渡载体，既是道路工程的一部分；又是自然客体的一部分；既是人工构造物，又是道路景观的背景；既是道路景观营造的主战场，又是道路与自然环境交融的判官。由此，道路路基边坡景观关系到道路景观的成败，关系到人与自然的和谐，而道路边坡的环境景观营造曾经步入绿化的误区。其实不然，道路边坡景观必须从道路设计之纲，路线平纵横设计入手，必须从道路建设理念开始，将亲近自然，人与自然和谐的理念渗透在道路路线设计，后期的边坡景观营造仅仅是路线设计理念的彰显和细节的完善罢了。后期边坡景观设计工作的关键是实现人工边坡与自然坡面交融自然。

路基边坡和挡土墙设计不好，会使人感到突兀和压抑，会使得用路者以超过设计速度的行驶速度通过该区，对行车安全是不利的。因此，挡土墙和护面墙需要把它的高程约束在绝对必要的尺寸内，有可能应尽量采用植被绿化遮盖措施，既可保护墙体，又能美化环境[10]。如图8-13所示为思小高速某处路基边坡，体现人工构造物与自然的自然过渡，和谐共处交融。图8-14为思小高速某处路基边坡挡土墙，墙面用植被遮盖，弱化人工痕迹，改善行车安全环境，增强构造物与周围环境的和谐。

道路隔离栅内侧以攀缘蔓生植物或丛生的灌木加以遮蔽和美化，兼顾隔离作用。采用连续种植、间隔段落种植等主要形式，间隔段落设计中种植和间隔的长度应有所变化，以增强道路线形景观的节奏和韵律感。

道路景观除考虑观赏者视觉是快速移动的动态过程，认识只能是整体概貌与轮廓特征外，必须以自然环境的背景景观现状、特征相结合，必须考虑任何体量的构造物与背景比较，仅仅是背景的一小部分，道路自身景观仅仅是道路区域环境自然景观的组成部分，并且是组成的一小部分。另外应研究道路环境及道路景观一年四季的变化和时间的累计发展变化，也就是说道路环境景观是一个平、纵、横、动视（视觉连续移动）和时间的五维的立体空间。

图 8-13 思小高速公路路基边坡

图 8-14 思小高速公路路基边坡挡土墙

8.3 构造物安全系数与建设成本

为保证桥梁、隧道等道路构造物在使用期限内安全运行，需要构造物具有足够大的安全系数。构造物的安全性首先要保证构造物的组成构件具有足够的强度，例如桥梁的墩台、支座、上部结构，隧道的支护结构等；其次构造物的构件还应该具有足够的刚度，刚度即指构件在荷载作用下抵抗变形的能力。构造物在荷载作用下可能发生强度破坏，但如果产生过大的变形也会影响到构造物的适用性，甚至造成构造物丧失使用功能。最后，还应保证构造物具有整体稳定性，例如桥墩受压稳定问题和斜拉桥、悬索桥等大型桥系的横向稳定问题。

构造物的安全系数是指构造物及其组成构件抵抗外力的能力与构造物及其构件荷载下作用效应的比值，即

$$K = R/S$$

式中：K——构造物的安全系数；

R——构造物或构件的抗力；

S——构造物或构件在荷载作用下产生作用效应。

一般来说，影响桥梁安全系数取值的因素很多，但总的归纳起来大概可以分为以下 8 类因素：设计水平、施工水平、材料情况、建成后的维修费用、该桥的重要性、建桥后的使用情况、过大的安全系数造成投资成本增加和该大型桥梁的期望使用寿命[11]。在这 8 类因素中，其中有 3 类与建设成本有直接关系，即材料情况、建成后的维修费用和过大的安全系数造成投资成本增加，说明道路构造物安全系数与建设成本有密切联系。

从上式可以看出，要提高道路构造物的安全系数，必须通过提高构造物或者其构成构件的抗力获得，而结构构件的抗力的提升只能通过提高材料的强度或者增大构件截面尺寸来得到。从构造物建设成本上看，更换更高强度的材料，会增加建设的成本，构件尺寸的增大会增加人工、材料和机械的工程量，同样会增加工程建设成本。道路构造物安全系数的提高必然会在很大程度增加构造物建设的成本。

以上分析表明，道路构造物安全系数与建设成本是相互矛盾的，特别是在当前我国仍是发展中国家的条件下，这种矛盾更加突出。为使构造物更加安全而投入巨大资金或为了节约资金而大大减小构造物安全系数都是不可取的。因此，道路构造物决策必须权衡处理好安全系数与建设成本之间的关系。首先应通过准确的力学计算获得与实际情况的相符合的安全系数值，然后应根据构造物或者构件的重要性来选择合理的安全系数。对于比较重要的构造物和构造物中的构件，应适当的加大其安全系数，而对于次要的构造物和构件，其安全系数的选择应保证构造物或构件在使用期限内具有足够的安全性，而不必要把其安全系数在保证安全的基础上加大。

8.4　构造物对交通安全的影响

道路构造物是一种人工合成物，是因人的目的需要而出现的，其在满足人类目的需要的同时，也给人类带来一些负面的影响，如构造物的交通安全问题。从辩证法思想来看，其属于任何事物都有两面性的哲学问题，对于好的一面应进一步做大做好，不好的一面应加强防范。

无论在平原地区还是山区，桥梁都是道路的重要构造物，其对道路交通安全的影响也是主要的。桥台与桥墩、桥梁栏杆及窄于路基的桥梁将会给驾驶员带来危险。上跨立体交叉的设计需要同时考虑结构物上面和下面的设计，最重要的是从路肩边缘到桥梁结构物之间横向与竖向的净区设置[12]。张金喜认为，如果上承式桥的车行道宽度不足时，设置在邻近车行道两边的人工构造物的栏杆与人行道就会限制道路；特别是高速行车时，就会引起驾驶员害怕触及障碍物的心理，从而保持靠近中心行驶；在绝大多数情况下，车速会显著降低，有时会导致汽车相互碰撞。同时，桥梁的宽度要比道路还要宽，不能出现路包桥的型式，否则桥会变成道路交通“瓶颈”，影响行车速度，增加道路交通事故率；道路桥梁的桥台处会出现“跳车”现象，应在设计、施工中综合采用各种技术手段减少“跳车”现象的发生，从而降低交通事故率。

隧道作为山区高速公路的主要构造物之一，在山区高速公路中占有越来越高的比例，对公路交通安全有着至关重要的影响。截止 2009 年，全国公路隧道有 6 139 处、共计 394.20 万 m，其中，特长隧道 190 处、82.11 万 m，长隧道 905 处、150.07 万 m[13]。公路隧道作为路段的特殊构造物，其长管形空间及封闭性结构使得洞内空气污染严重、环境噪声较大、洞内与洞外亮度差异悬殊、交通空间受限和发生火灾难以扑救，成为公路交通运输网络的“瓶颈”路段[14]。隧道对交通安全的影响因素有地形条件、地理位置、隧道路面状况、线形组合、视觉环境、交通设施和照明设施等，如隧道洞口的黑洞效应、黑框效应和白洞效应，所以隧道洞口是交通事故的多发地段之一。为了防范交通事故发生，如图 8-10 所示，在隧道洞口附近种植枝叶茂密的植被或改善隧道内的照明设施，缓和隧道内外视觉效果差异。

护栏是与交通安全有重要关系的道路构造物。20 世纪六七十年代人们最早使用护栏的端部是不经过任何处理的，护栏端部直接裸露，称之为“直立式”。当发生交通事故的车辆冲出路测与护栏端头相撞时，端头甚至可能会穿透汽车，造成更严重的交通事故。为了解决此问题，护栏端部设计成螺旋向下或锚固在路边，称之为“向下翻转式”，但这种设计会导致车辆翻滚等。20 世纪 80 年代又产生了将护栏端头埋入公路边坡的方法，即“埋入式”，但受地理位置限制，这种方法通常受限。向下翻转式和“解体消能式钢索处置”在美国一段时间内广泛使用。在我国，护栏端部应进行偏闪设计(图 8-15)，即在护栏端部向道路净空一侧展开，用以避免车辆碰撞护栏时被护栏端部穿透车厢造成的事故；同时外展开的角度不宜过大，否则会造成车辆和护栏正面碰撞，事故同样危险。护栏端部不宜外展开时，采用如图 8-16 所示的方式延长护栏。这些道路护栏设计都体现了“宽容”的设计理念。

图 8-15　道路护栏外展开

图 8-16　道路护栏延长

道路构造物是因人的需要而出现的，任何事物都有两面性，这就要求我们要正确认识道路构造物的功能。在构造物设计时，要具体分析构造物有利的一面，也要正确认识不利的一面，要本着“以人为本”和“宽容”的设计理念。

参考文献

[1] 沈惠荣．浅谈苏嘉杭高速公路桥涵构造物设计[J]．桥梁设计，2003，(39)：6-10.

[2] 陈亮，代征军．从构造物设计角度浅析如何贯彻低路基设计理念[J]．安徽建筑工业学院学报(自然科学版)，2007，15(5)：55-57.

[3] 谭宏伟，郑兴富，胡志鑫，等．山岭重丘区公路构造物的确定[J]．北方交通，2008，(11)：36-37.

[4] 何晓鸣，胡国祥，陈国安等．公路沿线水工构造物的配置模式研究[J]．湖北农学院学报，2003，23(5)：348-350.

[5] 庞建军．公路小型构造物分布与设计的体会[J]．路基工程，2007，(1)：122-124.

[6] 张金喜．道路工程专论[M]．北京：科学出版社，2010.

[7] 邬建国．景观生态学——概念与理论[J]．生态学杂志，2000，19(1)：42-52.

[8] 朱卫国，张松．基于环境景观桥梁构造物的设计[J]．桥梁与结构，2005，(2)：36-39.

[9] 何贤芬．城市高架道路景观的尺度研究[D]．成都：西南交通大学，2006.

[10] 苏静魏．浅谈公路景观结构造型设计[J]．道路与交通，2009，(3)：59-60.

[11] 孙璐．桥梁设计中安全系数的评定[J]．东南大学学报，1993，23(4)：138-142.

[12] 孙景宇．公路设计因素对交通安全的影响[J]．交通标准化，2007，(2)：32-35.

[13] 中华人民共和国交通运输部．2009 年公路水路交通运输行业发展统计公报[EO/OL]．http：//www. moc. gov. cn/zhuzhan/tongjixinxi/fenxigongbao/tongjigongbao/201004/t20100430_ 681272. html.

[14] 王少飞，陈建忠，涂耘．公路隧道的交通特点研究[J]．道路交通与安全，2008，9(1)：36-39.

第9章 道路工程施工的哲学思辨

工程的建设不单只是应用科学手段和技术手段，投入相应的机械设备、财力、物力等多种非人为因素建造工程集成物的过程，更是一个以人为主体，并在其中扮演重要角色的社会性的认识活动过程。系统的观点能帮助我们有效地组织建设过程中的各种要素，使我们的组织管理更具科学性、合理性。另外，认识的主体人和客体物都具有各自的自然属性，但更重要的一点是人还具有社会属性和精神属性。正是由于这点，伦理问题也就成了整个工程建设过程中不可忽视的一点。道路工程的施工过程中也包含了许多的系统观和伦理观。

9.1 道路工程施工中的系统观

用辩证唯物主义的思维看待世界上任何存在的事物，都可以把它们看成是一个系统。如学校可以看成是由老师、学生等人的因素和教学设施等物的因素组成的一个社会组织系统；我们生活的社会可以看成是一个包括政治、经济、文化等在内的社会大系统。同样道路工程建设也是一个系统，其中的施工过程又是系统中的系统。我们之所以把客观事物称为系统，是因为系统是我们认识和改造客观事物的一种方式，用系统的观点和方法能帮助我们更好地认识客观事物并处理道路工程施工过程中的管理、安全和质量等复杂的问题。

9.1.1 道路工程建设的系统概念

9.1.1.1 系统的定义及其特点

系统一词是人们日常生活中广泛使用的一个词语，如社会系统、交通系统、银行系统、金融系统、生态系统、农业系统、国防系统、建设系统等。对系统的科学定义，在不同的学科和领域中虽然有多种多样的表述，但都没有超出辩证唯物主义普遍联系和整体性的思想。工程与哲学一书中说："系统是由两个以上有机联系、相互作用的要素所组成、具有特定功能、结构和有赖于一定环境而存在的整体"[1]。关于系统的这一定义是正确的，是辩证唯物主义的定义。辩证唯物主义认为，世界是由无数相互依赖、相互制约、相互影响、相互作用的过程构成的统一整体，每一个事物和现象都是世界统一整体中的一个部分、方面和环节。世界上的一切事物都是作为系统存在的，都是由诸多要素相互联系和相互作用构成的有机整体，只不过有大小之分。小系统构成大系统，大系统构成更大的系统；大系统包含小系统，小系统包含更小的系统。整个世界就是一个无穷无尽的普遍联系的系统[2]。

由系统的定义不难看出。任何一类人造系统(指为满足人们的物质和文化生活的要求，以及人类社会进步所建立的系统)，都具有下述几个方面的共同特点：

(1) 集合性：反映了系统的组成要素或子系统的全体。

(2) 相关性：反映了系统各组成要素或子系统的各种关系，包括相互作用关系、相互制约关系、相互联系关系，以及要素或子系统之间的各种隶属关系和从属关系等。

(3) 目的性：反映了系统的设计者、开发者和使用者对所建立的系统行为提出的具体要求，表明系统的功能和效用的目标。

(4) 阶层性：反映了系统要素所具有的层次性、主从性和隶属性，是构建复杂系统结构的一种重要表达模式。

(5) 动态性：表明系统行为或状态的发展与时间进程有关的一种特性。

(6) 整体性：从系统的统一与协调方面来说明集合性、相关性、阶层性和目的性的系统特性，是对系统组织结构优化的基础。

(7) 环境适应性：所谓系统的环境是指对系统产生影响但不属于系统组成要素的那些要素的集合。系统对环境的适应性：一方面是因为系统与环境之间存在着物质、能量和信息的交换，才使系统具有一定的生命力和生存力；另一方面是因为环境对系统会产生一定的制约，存在对系统运行效果的最优化问题。因此，环境适应性表明了系统具有生命力和最优性的基本条件。[3]

9.1.1.2 道路工程施工的系统内涵

从系统的概念出发，道路工程建设作为人们改造自然的工程活动系统中的一部分，也具有以上系统的几个基本特点。除此之外，它还有自身特殊的技术和功能效用特点。施工作为道路工程建设中最重要的一个环节，其系统内涵主要表现在以下几个方面：

(1) 道路工程建设一般可分为四个建设阶段，即前期的决策规划阶段和设计阶段、中期的施工阶段、后期的使用阶段。在建设中，这四个阶段的有序进行是保证工程顺利实施，达到预期建设效益的前提。施工阶段在其中起着承上启下的桥梁作用，它使前期的设计蓝图有了成为现实的工程集成物的可能，为后期实现工程的使用价值提供了实际的实物基础。在这个阶段，需要投入大量的人力、财力和物力，需要科学理论、技术知识、经济、管理等多种生产要素的参与和集合。因此，这些生产要素需要应用系统的思维和方法来组织管理，才能使得施工过程中人尽其才、物尽其能，每一个生产要素在整个系统中都充分发挥自己的作用；比如施工组织计划和安全保障、人力资源配备等决定了项目的进展和施工产品的品质，日常中施工队伍的选择其实是施工项目经理的选择。

(2) 建设环境的复杂性和综合性是对道路施工系统性的重要支持和保证。施工环境可分为天然的自然环境和人为的人工环境。自然环境为人们改造的对象，不同的地理环境、地形地貌、水文地质、气候环境造就了不同的工程实物。有了河流，就有了桥梁；有了高山，就有了隧洞。人工环境往往是复杂多变的，如社会环境、政治环境、经济环境、政策法规环境等。人工环境是施工过程中实现物质流、信息流、经济流和劳动力流的基础，是施工过程顺利进行的保障。它的稳定与否往往能左右施工过程的进度和质量等问题，比如工程建设施工场地建设的条件和环境基本决定了施工队伍的稳定。

（3）道路工程的施工管理应以系统思想为指导，以系统方法为手段，开展建设全过程的、全面的科学管理。系统思想由来已久，是人们认识或识别复杂事物的一种锐利的思想武器，属于辩证唯物主义认识论的范畴。系统方法是以系统思想为指导，集哲学方法、自然科学方法、人文社会科学方法和工程技术方法于一体，采用系统分解协调原则和大系统整体优化原则，以定量分析与定性分析相结合的科学手段，达到循序渐进、由表及里地认识和揭露事物内在或外在的规律性的一种对系统研制和开发普遍适用的方法论[3]。管理思想和管理方法的综合性是对道路施工全过程开展系统管理的基础，是道路施工系统内涵的重要表现。

（4）道路工程施工最终完成的是一个由多个单元组成的具有多种功能和价值的复杂工程产品。不但整个施工过程是各种科学要素、技术要素和社会要素的集成，而且最终的工程产品也是这三种要素的集成。科学技术是成功地进行土木工程建设活动的基本前提[4]。要成功地创造人工自然，固然首先取决于人的目的或需要，但还远远不够，还必须取决和依赖于科学技术。人们只有基于科学技术规律，才能有效地进行建造土木工程的具体实践活动。土木工程本质上不过是通过实践活动物化了的科学技术认识，是人类科学意识的物化物[5]。由此可以看出道路工程集成的主体部分是科学要素和技术要素。科学理论虽然不直接构成工程，但它为工程的建设和技术提供了理论基础。工程技术大多是根据一定的科学理论生产出先进的机械和材料，然后改进现有的工艺和方法来实现工程技术的进步和更新。先进的技术离不开科学理论的支撑，而先进的技术又直接构成了工程。工程建设活动离不开人，有了科学理论武装的人才能在工程的管理方法、管理技能和管理程序上更为科学合理；有了先进技术武装的人才能创造出更加先进的生产工具，有效地作用于自然，创造出新的科技含量高的工程集成物。邓小平同志提出的“科学技术是第一生产力”这一符合现代社会发展特点的科学论断更是说明了科学技术的重要性。在知识经济时代，工程的发展越来越依靠科技的进步，现代道路工程建设的各个环节科技含量越来越高、越来越多，使道路工程集成显示出更强的科技特征。道路工程建设不但集成了科学要素和技术要素，还集成了许多的社会要素，如经济的、政治的、人文的等。道路工程的集成性说明它是受多种复杂因素影响的系统，它的建设包含了许多因素，由此极大地丰富了道路工程施工的系统内涵。

9.1.2　道路施工管理的系统观

道路施工过程一般由业主单位、施工单位、监理单位和设计单位共同完成。施工单位作为道路施工的实施主体，在整个施工过程中处于主体地位；而业主和监理单位主要起到生产指挥、协调和监督的作用；设计单位为施工提供详细的施工图纸，提供理论支撑和技术指导以及产品的后期服务。本节着重从施工单位在具体项目施工中的组织机构管理方面阐述道路施工管理过程中的系统观。

9.1.2.1　施工组织管理的整体性

系统最显著的特征就是整体性，整体性是施工组织机构最显著的特征。整体性观点也即全局性观点或系统性观点，也就是在处理问题时，采用以整体为出发点和归宿点的观点。施工组织机构是由各个部门和作业队伍相互关联而成的整体系统，不同的部门和作业队伍有不同的任务目标，但施工过程中成立项目部，建立组织机构的目的就是为了达到系统的整体目标。整体的目标达到的是“整体效益大于部分效益之和”的系统功能，而不是各个组成部分简单相加之和的功能；它远远超出各个部分的简单相加，产生的是一种总体的质变。“三个臭皮匠赛过诸葛亮”的寓意就是这种整体功能，即“整体大于部分之和”。一个球队个人技术再好，如果没有相互默契的配合，形成一种整体的合力，就很难在比赛中取得胜利。因此如果我们只采取简单分解、简单相加的方法，只从部分着手研究问题，就必定会影响全局，使我们远离辩证法，陷入形而上学[2]。所以常言：施工队伍的选择其实是项目经理的选择，项目经理就是实现系统的整体目标的总指挥、领导者。

项目点的施工组织机构不但是企业管理系统的一个组成部分，也是一个以人为关键微观组分，含有多种管理因素的复杂系统。组织机构图是组织系统分解结构最直观的反映；它描述了根据总体任务目标分解而组成的业务和职能部门。对于一条道路施工的组织机构如图 9-1 所示，一般包括工程技术部、施工管理部、计划合同部、质量安全部、物资设备部、财务部、综合部等职能管理部门和路基施工队、路面施工队、桥梁施工队、隧道施工队、综合施工队等施工作业队。这些部门和队伍代表了完成道路施工所必需的方方面面能力。

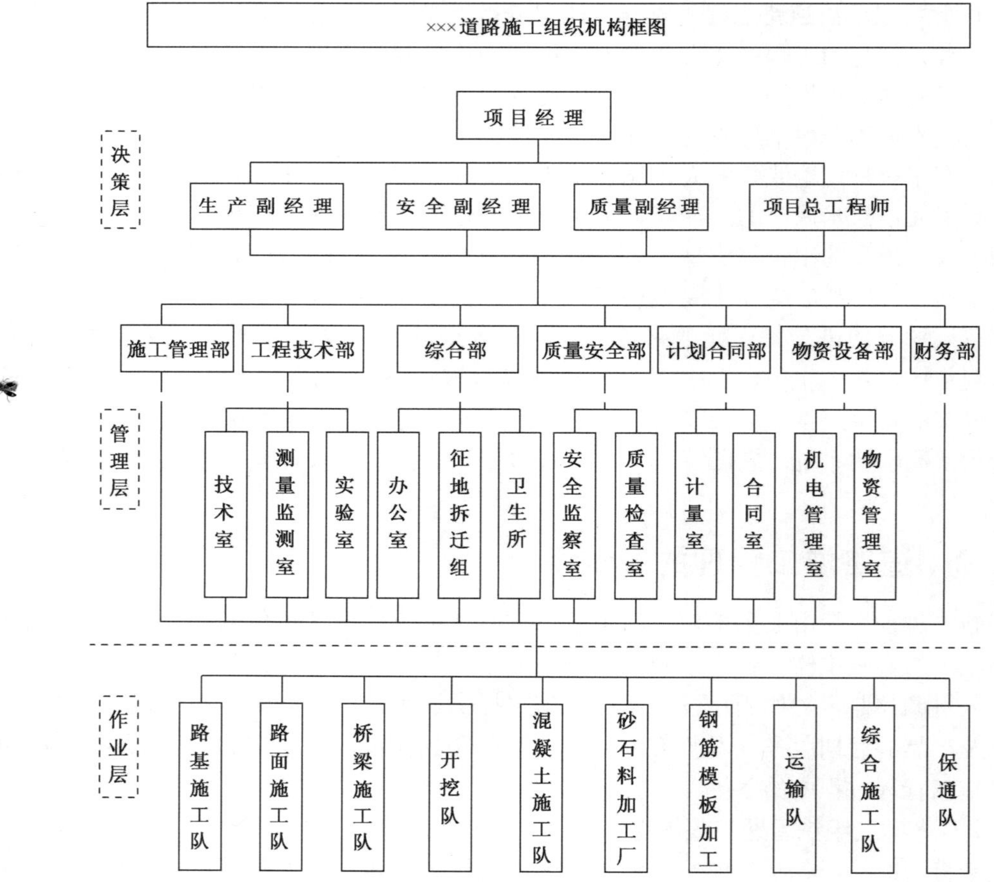

图 9-1　道路施工组织机构框图

为优质、高效地完成施工任务，承包单位都会按照现代项目施工管理模式在建设地点建立现场的项目经理部，项目经理部按照图9-1的施工组织机构框图系统的组织安排相应的部门、人员、设备、物资等来确保道路工程施工过程的顺利实施。组织机构框图按照决策层、管理层、作业层分离的原则，实行"队为基础，一级核算，两级管理"的系统运行模式，使项目经理部以整体最优的状态组织管理道路的施工。组织机构框图中的各个部分只有系统、有机地组织在一起才能发挥组织机构整体性的优点，但分析和认识每一个部门和队伍的地位和作用及所具有的能力和优势，更有助于笔者以整体的思维和观点优化实际建设中的组织机构系统，使其系统功能效益最大化。

各个部门和队伍在整个组织机构中都有自己相应的作用地位和工作职责。

处于决策层的项目经理、项目副经理及总工程师在整个项目建设过程中处于绝对的领导地位，是整个项目建设的核心。尤其是项目经理，他是企业法人在施工项目的代理人，代表企业对施工的项目全面负责。决策层的领导成员要负责主持编制项目的总体管理方案，确定项目的管理目标和方针；确定项目组织机构及人员配备，组织制订各项规章制度；负责人员任免、重大技术和财务问题、资源调配、总体工程工期进度、合同签订及变更工作；主持制定质量、安全、文明施工、环境保护目标及方针，建立健全相应的管理体系并保持其有效运行；与业主管理部门、监理单位和设计单位保持经常性的接触，协调解决施工过程中各单位之间出现的各种矛盾问题；积极处理好与项目所在地政府部门和民众的关系，为工程施工争取良好的外部环境。

施工管理部，也称生产管理部。主要执行项目部制定的生产计划，主持生产例会，解决日常生产中的问题；协助项目部对总体生产计划的执行和调整，落实生产计划；与质量安全管理部一道制订安全文明和质量保证施工计划，负责检查落实工作。

工程技术部下设技术室、测量监测室、实验室。负责组织工程图纸优化、会审；编制施工技术措施及作业指导书，及时进行技术交底工作；处理工程施工中的技术问题，做到技术与经济的高度统一；以及本合同段内的所有工程监测及测量工作，承担进出工地所有工程材料的工程特性的检验和建设过程中所有的实验工作。

综合部下辖办公室、征地拆迁组和卫生所。处理日常后勤、劳工、接待工作；做好医务卫生和保卫工作；定期组织员工和工人参加相关的职业技能培训和安全教育工作；在项目前期组织征地拆迁工作，保证后续项目的顺利开展。

质量安全管理部严格按照国家颁布的质量保证体系执行，编制质量保证计划和管理执行办法。负责日常的质量验收和管理工作，定期对工程质量情况进行评价，并对出现的质量隐患和问题采取相应处理措施；制定安全管理办法，重点跟踪重要安全对象，作好安全防范工作，杜绝发生重大安全事故；与生产管理部一道制订安全文明施工计划，负责检查落实工作。

计划合同部对项目经营成本进行预算分析工作，并对分期的计划执行情况做出综合评价；负责项目部的资金计划管理工作，每月对外结算和对内分包队伍的结算，对变更项目的单价分析和投资估算分析，对业主申报月、季、年度实际完成产值和计划完成产值。

物资设备部负责对主要物资供方的评价和选择，并征得业主的同意；负责主要物资和设备的采购、供应工作；组织对采购物资和设备的验证、贮存等工作；组织好现场的物资设备材料的调度工作；负责所有机电设备的运行、管理、维护工作。

财务部对项目资金收支进行预算分析工作，并对分期的计划执行情况做出综合评价；负责项目部对业主资金结算和对分包队伍工程款的规范性的审核、报销；负责项目部经费的调拨及经费的收、付工作。

处于作业层的各队伍是直接进行道路施工的实际操作部分。如果没有实际的操作，再好的管理也建造不出实物的道路来。根据道路工程的组成和所需要的建设条件把作业层分成了许多专业的施工队。如路基施工队：专门负责标段内路基的开挖和填筑施工；路面施工队：负责标段内路面的铺装成型；桥梁施工队：负责标段内桥梁和涵洞的施工；沙石料厂为路基施工队提供填筑材料；钢筋模板厂为路面施工队和桥梁施工队提供钢筋和模板等。这些施工队属于项目组织机构系统中的一部分，同时他们自己也是一个复杂的小系统(图9-2)，各个施工队之间相互协调、有序地完成各自的作业任务是项目组织机构系统良好运转、道路建设得以顺利进行的保证。

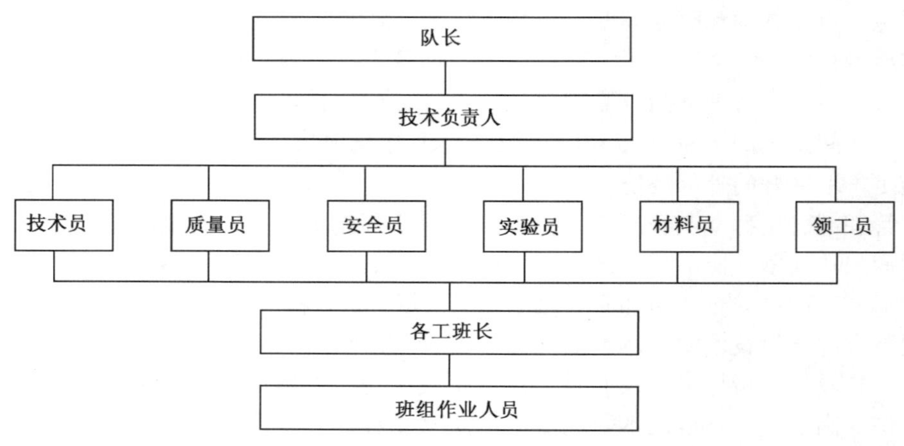

图9-2 施工队系统结构图

哲学的思维方式认为事物都是由部分构成的，整个世界是一个普遍联系的整体，客观事物又都是作为运动变化发展的过程而存在的。客观事物都有自己的系统和结构，事物的各个要素、部分不是彼此孤立毫不相干的，而是互相影响、互相制约的，是整体的一部分；事物又是变化发展的，是一个过程，有其发展的各个阶段。所以，辩证法要求我们要正确认识客观事物，就既要对事物的各个要素、各个部分和各种关系进行分析，又要在分析的基础上从整体进行综合。所以，我们承认客观世界的任何事物都是由部分构成，整体和部分之间是不可分割的，就必然在认识事物的过程中坚持分析与综合的思维方法。分析是把事物分解为各个部分、要素、属性，分别加以研究，是研究整体和过程的基础，是认识事物的必经阶段。要正确认识事物，就要对事物进行分析。综合是把事物各个部分、要素、属性按内在联系有机地统一为整体，以掌握事物的本质和规律。分析和综合是两种相反运行的思维方法，两者的思维活动方向和在认识中的作用是不同的，但两者又是相互联系、相互依赖的；分析是综合的基础，综合是分析的完成；两者在认识过程中是辩证统一的。

分析与综合，循环往复，推动了我们认识客观事物的深化和发展。

因此，上述分析和认识每一个部门与队伍的地位和作用及所具有的能力和优势是十分必要的。系统观点更认为这些部门和队伍是一个不可分割的整体。各个部门和队伍围绕着实现组织系统的整体目标——优质、高效、安全地建设好道路而发挥作用，工作必须在这个整体目标制约下协调一致地进行。单一部门的优势不等于组织系统的核心能力，也完成不了组织系统的整体目标。因此，分析和认识部门之间的关联方式是否合理，关系是否协调，信息渠道是否畅通，工作的流程和任务是否明确，这些部门能力的综合集成能否最有效地实现组织机构的整体目标，就成了系统观点最关注的环节[6]。有了对这些环节清楚地认识和分析，将更有利于集成各个部门的功能特点和优势，使单一的各个部门有机地结合在一起，形成整体的组织机构系统，发挥系统强大的群策功能特点，有效地处理工程施工过程中遇到的复杂的技术、资金、环境等问题。以图 9-1 道路施工组织机构框图中的各个部门和队伍来说，单一的技术部、生产管理部、物资设备部等，都有它们自己的优势和功能特点，但作为单一的部分它们并不能完成项目的施工计划。像生产管理部，如果没有技术部提供的技术和测量支持以及物资设备部提供的物资和机械等生产资料，那么这个部门将会成为一个空架子。所以，只有技术部提供了技术支持，施工管理部提供了实际操作，物资设备部提供了生产原材料，综合办公室提供了后勤保障服务，还有其他部门发挥各自的功能作用后，才能完成整个道路的施工建设。施工中组织机构管理的整体性也正体现于此。

道路施工组织管理系统是有层次的，组织机构图的结构只体现了宏观的部门组织形式，而对于组织系统的整体功能和特点起着决定性作用的是处于微观层次上，即以项目经理、项目总工、技术员、施工员、测量员、安全员、质量员、试验员、施工人员等人为主的若干基本要素及其相互关系。进一步认识组织系统必须深入到对基本要素的分析和研究，尤其是对人的行为方式和心理作用的分析和研究。

道路施工组织管理系统同高技术企业或者科研机构的组织系统一样，任务目标、人力资源、技术、设施、资金、物资、信息、管理方法都是该组织系统的基本要素。任务目标决定了组织机构在一定社会环境下的使命和任务；现有的技术水平和自主创新能力在激烈的竞争环境中不但是生存的条件，也是未来发展的基础；资金、物资等是组织机构运行的物质条件；信息通过各种载体在组织机构内部和社会环境之间流通，适当的信息在适当的时间到达适当的位置是实现高效率运转的保证；管理方法是通过规章制度使人力、物力和财力资源有效地组织起来实现预定目标的方法和过程。

人是施工组织系统中最关键、最复杂的要素。人的心理现象是复杂的，人的行为有不确定性。一方面，人在社会中通常是以群体的方式共同活动，集体或者社会的传统、制度、规范和法律会约束着人们的行为方式；另一方面，人在长期的社会生活中形成的不同心理特征和心理倾向性又会随着情景的不同而产生不同的情绪和情感，从而可能随着时间、地点的不同而表现出千差万别的行为方式。人与人，群体与群体，在社会中具有复杂的互动关系。如果人们之间形成积极的相互激励、相互支持、相互补充关系，就可能产生创造性的集体力量，出现“三个臭皮匠，顶个诸葛亮”的效应，甚至在某些特定环境下激发出强大的能力。相反，如果人们在某种环境下消极因素增长，力量就会涣散，成为组织衰落的关键因素[6]。所以在施工过程中，为了激励施工人员的积极性，才会有了质量奖、安全文明生产奖、进度奖、先进个人或集体奖等许多的奖励制度。因此，在看起来五彩缤纷、起伏跌宕、甚至波澜壮阔的宏观社会现象的背后，人这个复杂的系统作为动因在道路施工系统中起着不可忽视的作用，特别是组织人们之间形成积极的相互激励、相互支持、相互补充关系，达到创造性的集体力量的“项目经理”。

管理领域复杂性研究所关注的“1 +1 >2”的内在机制问题，实际上也就是实现如何发挥人的积极性、形成群体强大的创新能力问题。高度智能化的人的复杂心理现象、不确定的行为方式以及非线性的相互关系，是组织系统复杂性最重要的根源。如果把复杂性当作简单性来处理，把非线性当作线性来处理，丢掉的可能正是系统最本质的特性。例如，在“人—机”系统的研究中，人的作用可能只是一个延迟环节，是一个完全没有个性和心理过程的机器。在那里，作为组织系统复杂性根源的人的复杂心理和行为完全被忽略了。而在另一些社会系统研究中，对群体效能的分析是基于某种线性化的模型，例如，$E = \sum_{i=1}^{n} e_i$。这里假定群体力量只是个人力量的线性相加，所忽略的是系统理论关于整体大于(或不等于)部分之和的基本思想[7,8]。这就要求我们在分析施工组织管理系统中人的作用时，不能只以单纯的定量化方法来描述，要精确地描述人在组织系统中的巨大创造力，还应该结合定性化的方法来分析。

道路施工组织管理系统本身就是一个多层次的控制系统。不过这个控制系统也因为决策层、管理层和作业层等各个环节上人的因素而变得难以用精确的科学规律描述。系统观点认为，必须采用以人为中心的现代化组织管理方法，在挖掘人的潜在能力和充分发挥人的能动作用基础上，保持技术、设施、物资、信息化等要素围绕任务目标的协调发展，才能求得组织系统强大的整体创造能力。所以组织机体之间的协调是关键，而总指挥或者说项目经理就是负责及时处理并解决组织机体之间的协调问题的组织结构。

9.1.2.2 施工组织管理的关联性

道路施工项目系统组织机构建立的目的就是为了更好地实现道路建设中的合同管理、计划进度管理、质量管理、工程计量管理、费用管理、文档管理等(如图 9-3 所示道路施工管理系统的组成)。合同是确定施工单位和业主单位双方权利、义务和责任的具体规定，它是管理整个道路工程建设项目管理的依据和基础；进度管理是为了确保工程按期的完成。质量管理是为了保证工程完成其功能效用，保障人民的生命财产安全。费用管理是为了节约成本，减少浪费，实现施工单位的利润收益。这三项管理是整个道路工程建设项目管理的核心；工程计量管理、文档资料管理是进度管理、质量管理、费用管理的必要补充，使施工过程中的三大管理更加科学化、规范化。道路施工中这 7 项管理是相互联系、互为基础和条件的，它们的有效实施能方便管理者和决策者对施工全局的把握，并指导管理者和决策者作出及时、科学的判断和决策，有效地提高管理和操作的效率。

1. 施工组织管理的主要内容

道路施工合同文件主要由以下 10 个文件组成：合同协议书及附件(含评标期间和合同谈判过程中的澄清文件和补充资料)、中标通知书、投标书和投标书附录、合同专用款及数据表(含招标文件补遗书中与此有关的部分)、合同通用条款、技术规范(含招标文件补遗书中与此有关的部分)、图纸(含招标文件补遗书中与此有关的部分)；标价的工程量清单、投标书附表、在合同专用条款中可能规定的构成合同组成部分的其他文件[9]。这些文件构成了工程项目管理的基础和依据。而合同管理包括了这些文件中重要的合同基础信息、工程量清单、合同信息变更、费用索赔标准、迟付款利息标准、违约罚金标准、材料预付款、动员预付款等内容。其中基础信息管理又包括项目名称，合同起止日期，业主、施工单位、监理单位等基本信息及合同规定的人员、材料、机械设备等信息。费用索赔标准、违约罚金标准、材料预付款、动员预付款则主要为费用管理提供标准信息。

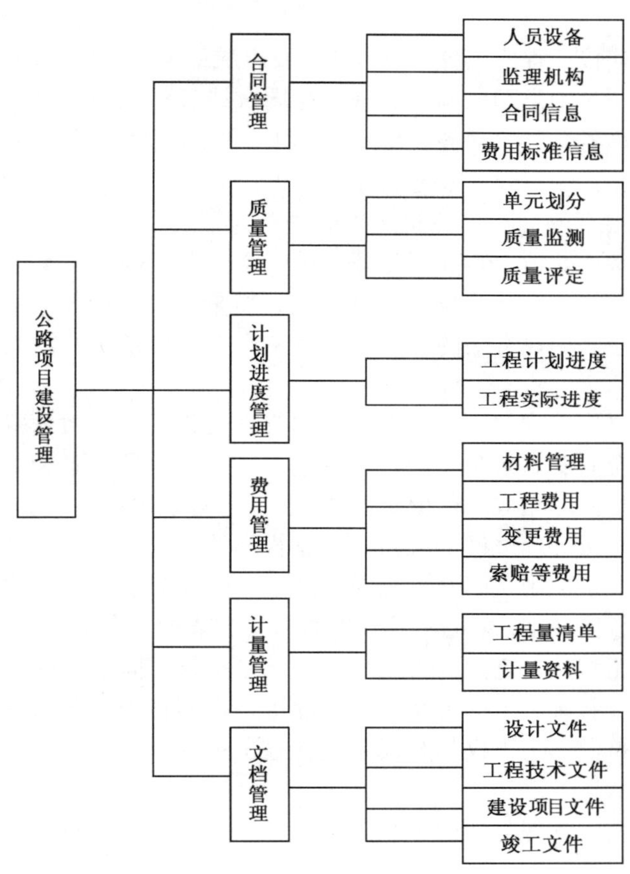

图 9-3　道路施工管理系统的组成[10]

进度管理包括工程建设项目进度计划安排管理和工程项目实际完成进度管理两部分，是整个工程项目得以按期、按计划完成的保证。

质量管理包括合同段单元层次划分、质量控制及质量评定等内容，是整个工程项目质量得以保证的关键，也是工程费用管理的一个重要参考因素。其中单元层次划分是建设项目质量管理的前提和基础，只有对整个合同段进行项目单元层次划分，质量控制及质量评定工作才能得以顺利进行。质量控制则主要依据对合同段检测项目信息进行跟踪，来监控工程建设项目的质量。

工程计量管理主要是对各合同标段的工程量清单、计量资料的编制及审核进行管理，是保证道路工程建设项目按合同条款完成和工程费用科学管理的重要环节之一。合同标段的工程量清单包括合同工程量清单、变更工程量清单。计量资料的编制及审核管理与合同的工程量清单链接，负责计量汇总统计报表和工程形象图，给费用管理提供定量的工程依据，实时地了解工程的计量情况。

费用管理包括工程量清单费用管理、工程量变更费用管理、单价变更费用管理、索赔费用管理、违约罚金费用管理、迟付款利息管理、材料预付款和动员预付款费用管理等内容。

文档资料管理是连接工程建设各个环节的重要组成部分，是以数据、电子文档为依托，经过集成与处理，通过各种类型的检索、查询与图文或者多媒体表现，能够全面、科学地管理整个道路工程建设各个层次、各个阶段的各种资料(如设计图纸、建设项目文件、工程技术文件、工程竣工文件、行政往来公文等)。[11]

2. *施工组织管理主要内容之间的相互关系*

道路施工组织管理的6项内容并不是作为单一个体存在的，从辩证唯物主义普遍联系的观点和系统工程的角度来分析合同、计划进度、质量、工程计量、费用、文档资料管理之间的关系，将有助于我们在有限的施工周期及工程费用等条件的约束下实现最优的工程施工管理和控制。

(1) 合同管理与进度管理之间的关系。合同管理是进度、质量、费用管理的基础。其中合同工程量清单、合同变更清单及项目基础信息与进度管理息息相关。在此基础上，道路工程施工进度计划、实际完成工程量及各种统计信息才能得以体现。

(2) 合同管理与质量管理之间的关系。质量管理的关键在于依据合同规定的标准，按照道路建设规范进行质量控制。因此，合同管理中的标准信息就成了质量管理的一个非常重要的依据。同时，合同基础信息也是质量数据统计报表的一个重要要素。

(3) 合同管理与工程计量之间的关系。工程计量是指合同中工程量清单的具体实施过程，它与进度、费用又有着紧密的关系。工程计量是合同管理和费用管理的枢纽，也是工程实际进度信息的数据源。它不仅是合同条款在施工过程中已经履行的表现，也是费用管理和进度管理的客观依据。

(4) 合同管理与费用管理之间的关系。费用管理是道路工程施工管理的一个重要组成部分。费用管理、支付都须在合同管理的基础上展开。在实际的道路工程施工管理过程中，合同基础信息、合同工程量清单、合同变更清单、费用索赔标准、迟付款利息标准、违约罚金标准、材料预付款、动员预付款等内容为工程费用管理提供标准和依据。

(5) 进度管理与质量管理之间的关系。在有限的资金、时间条件下，进度管理和质量管理是一对矛盾的统一体。若能统筹安排好两者之间的关系，两者可以有机地协调统一。但在实际的道路工程施工管理过程中，由于管理信息反馈速度比较慢，两者之间常常产生冲突，这就使得质量控制常常成了"马后炮"。

(6) 进度管理与费用管理之间的关系。道路工程施工进度是工程费用进行支付的重要依据，道路工程施工费用进行实际支付的主要依据即是施工进度的实际完成情况。

(7) 质量管理与费用管理之间的关系。质量管理是道路工程建设项目质量得到保证的一个重要手段，而质量控制的一个重要体现方式就是通过费用来督促施工人员严格按照道路施工质量标准进行施工。[10]

上述的施工组织管理的关联性是从项目组织机构管理的各内部要素间的关系论述的。除此之外，系统的开放性观点认为组织机构必须在社会环境中才能发挥应有的作用，同时社会的文化和价值观、相关的政策和法规、技术和物资保障是影响、制约组织机构稳定和发展的重要因素[7]。道路施工组织管理机构并不是一个封闭的系统结构，它是社会大系统中的一个组成部分，与周围的环境进行着物质、能量和信息的交流。对外要与项目直接相关的业主、监理和设计单位进行相关的信息、技术和资源的协调沟通，还要与项目间接相关的项目所在地的各个政府部门、事业单位和沿线的村庄进行相应的协调沟通，才能为项目建设营造一个良好的施工环境。施工组织管理机构只有在社会大系统中，与周围环境相联系，在适应外围环境的变化发展中才能保持组织系统的生命力和创新力。

9.2 道路工程施工中的伦理观

9.2.1 工程伦理学

人类社会经历了漫长的发展历程，创造了高度发达的物质文明。特别是工业革命以来，科学技术日新月异，社会财富日益丰富，经济持续增长。可是，当我们为能坐上高级轿车，穿上华丽服饰，吃上美味佳肴，住上高楼大厦而沾沾自喜时；为我们能够挖掉群山，填平湖泊，截断江河而感到自豪时；为我们掌握的先进科技能征服自然，无所不能而感到骄傲时，我们是否想过人类会为此付出沉重的代价？是否想过过度掠夺大自然还会伺机报复？恩格斯曾经警告说："我们不要过分地陶醉于我们对自然界的胜利，对于每一次这样的胜利，自然界都报复了我们。"

历史上最严重的水库滑坡失事灾难——瓦依昂水坝。这座大坝是意大利于1960建成的，水坝高262m，顶长190m，总库容1.69亿m^3，最大水深232m，是当时世界上最高的双曲拱坝。但在意大利水利界为之骄傲的同时，这座大坝却为后来的灾难性后果埋下了祸根。1963年9月，持续两周的大雨使大坝上游左岸的山体突然发生了高速滑坡，共约2.4亿m^3的岩石以骇人的速度冲入水库，摧毁了沿途的一切。据事后统计，约有2 500人死于这次灾难，成为震惊世界的惨痛事件。就这样，投入巨资兴建的瓦依昂水坝在一夜之间就变成了人们凭吊的遗迹、一座262m高的纪念碑，残留的只有滑坡堆积形成的巨大土丘。事后究其原因是因为大坝的修建抬高了上游的地下水水位，使滑坡体中的黏土变的松软，结果滑坡体在地下水位上升和风浪冲蚀作用下逐渐失去平衡，酿成了悲剧的发生。

负面影响最难消除的重大水利工程——阿斯旺大坝。这座大坝于1970年建成，是当时世界上最大的高坝工程，堪与法老时代金字塔并列的埃及世纪工程。在建成初期，大坝在防洪、发电、灌溉、航运、旅游等方面发挥了巨大的经济效益。然而，大坝建成后仅20多年，工程的负面作用就逐渐显现出来，并且随着时间的推移，对生态和环境的破坏也日益严重。首先：设计者按尼罗河水含沙量计算，结论是500年后泥沙才会淤满死库容，淤积问题对水库的效益影响不大。可是大坝建成后的实际情况是，泥沙并非在水库的死库容区均匀地淤积，而是在水库上游水流缓慢淤积。结果，水库上游淤积的大量泥沙在水库入口处形成了三角洲。水库建成后不久，其有效库容明显下降，使得发电用水量日益不足，水利工程效益大大降低。其次：更为严重的是，大坝工程还造成了沿河流域可耕地的土壤肥力持续下降。大坝建成前，尼罗河下游地区的农业得益于河水的季节性变化，每年雨季来临时泛滥的河水在耕地上覆盖了大量肥沃的泥沙，周期性地为土壤补充肥力和水分。可是，大坝的建成虽然通过引水灌溉保证了下游农作物不受干旱和洪水的威胁，但由于泥沙被阻于库区上游，下游的土地得不到营养补充，所以土地肥力不断下降。为此，埃及政府不得不从国外进口大量化肥，不仅增加了外汇支出和农业成本，而且使土地肥质降低，给农业产生了许多不利的影响。现在，埃及是世界上最依赖化肥的国家。具有讽刺意味的是：化肥厂正是阿斯旺水电站的最大用户之一。另外，修建大坝后沿尼罗河两岸出现了土壤盐碱化。由于河水不在泛滥，也就不再有雨季的大量河水带走土壤中的盐分，而不断的灌溉又使地下水位上升，把深层土壤内的盐分带到地表，再加上灌溉水中盐分和各种化学残留物的高含量，导致了土壤盐碱化，使得农业单位面积产量大大降低。土地肥力下降迫使农民不得不大量使用化肥，化肥的残留部分随灌溉水又回流尼罗河，使得库区及下游的水质恶化，不仅威胁到尼罗河中生物的生存，还使以河水为生活水源的居民的健康受到严重危害。与此同时，由于没有了淤泥的堆积，自大坝建成后，尼罗河三角洲正以每年约 5mm 的速度下沉。专家估计，如果以这个速度下沉，再过几十年，埃及将损失 15% 的耕地，1 000 万人口将不得不背井离乡。修建阿斯旺大坝，埃及人花了 10 年多的时间，但要从根本上解决它所带来的负面影响，恐怕 50 年的时间都不够。甚至有专家悲观地指出，要想从根本上解决大坝带来的负面影响，只有拆坝一条路。这也从一个侧面给我们一个警示：在改造自然时，千万不能违背自然规律，牺牲长远生态利益换取眼前的经济快速增长。只有经济、社会与环境的和谐发展，才是国家和民族永远繁荣的真正源泉[12]。

还有，历史是上最著名的化学污染事件之一——日本水俣湾污染事件；传播范围最大的化学品污染事件——DDT 的滥用；人类和平利用核能历史上最大的一次事故——切尔诺贝利核电站事故；影响整个地球的环境破坏问题——臭氧层空洞等。人类发展史上涉及我们生存方方面面，代价最为沉重的大事件提醒我们，当我们陶醉于征服自然的胜利，致力于物质文明的发展和科学技术的进步时，环境问题早已显现，生态危机也已来临，我们铸就的科技就是一柄双刃剑，在我们为之骄傲的同时也在严重威胁着人类自身的生存和发展。所以，在这样一个背景下，人与人、人与社会、人与自然相互关系间的许多伦理问题就成了我们必须关注和研究的对象。工程伦理就是其中之一。

9.2.1.1 工程伦理学的定义

工程伦理学的出发点就是探讨工程技术人员在职业活动中，对雇主、对公众、对环境、对社会、对未来所负有的责任，其核心的课题是当利益与责任、局部利益与全局利益、经济效益与环境效益、现实需要与长远的价值目标发生冲突时如何作出正确的判断和抉择[13]。

9.2.1.2 工程伦理学的基本原则

在现代工程中，人发挥着十分重要的作用，树立正确的科学精神和工程伦理观，不仅对发挥人的积极作用会产生良好的影响，还会使工程集成物具有更多的人文性，更符合人类长久的生存和发展。不管是工程技术人员还是工程本身，在工程的建设过程中都应遵守以下的基本原则：

第一，人道主义原则。人类社会生活丰富多彩，人们结成的社会关系也纷繁多样，而人道主义原则是人处理各种伦理关系最基本的伦理原则。社会主义人道主义就是社会主义社会一种对待人的伦理原则，是处理人与人之间新型关系的道德规范。它体现的是广大科技工作者和工程技术人员对民族整体利益的关心，对绝大多数社会成员的关爱和尊重之心。

第二，尊重生命的价值原则。从哲学的角度讲，价值是物质或精神的客体的某种属性满足人类主体的某种需求的概念。尊重生命价值意味着始终将保护人的生命摆在一切价值的首位，意味着不支持以毁灭生命为目标的项目的研制开发，不以非人道的手段对待每一个人，不从事可能破坏人的生存环境和健康的工程，并且在工程设计和实施中以对待生命高度负责的态度，充分考虑产品的安全性能和劳动保护措施，所以说为消除道路工程建设安全性评价分析的安全隐患怎么做皆不为过。

第三，人人平等原则。人人平等在现实生活中的理解有两个不同的含义：一是指每个人拥有的社会财富以及其他利益大体一致，即财富均等、结果平等；另一个是指每个社会成员都有平等的现实利益和取得财富的机会，即权利和机会的平等。人人平等在工程活动中体现，意味着尊重并保障每个个体合法的生存权、发展权、财产权、隐私权等个人权益，工程师在其职务活动中应该时时处处建立维护公众权利的意识，不任意损害个人利益，对不能避免的利益损害给予合理的补偿[14]。

9.2.2　道路施工中的伦理观

随着近几年我国经济社会的快速发展，根据国家的战略部署，为了给经济发展提供一个良好的基础保障，我国加快了交通运输基础设施的建设。在国家的大力支持下，现在的交通基础设施建设无论从规模还是数量上都有了明显增多，我国的交通基础设施建设进入了新一轮的快速发展时期。但是，伴随着大规模的道路工程建设，由于多种复杂因素的影响，在建设过程中，出现了许多缺失人文性，违背自然规律，甚至严重威胁到公众生命财产安全和社会利益的问题发生。例如我们经常听到的重大的质量、安全事故，造成多人伤亡，给人民和社会带来了巨大的损失和影响。还有建筑工地上缺失道德和良心而拖欠农民工工资的问题等。这一系列的问题都是我们在道路工程建设中所面临的、必须认真对待的伦理问题。

9.2.2.1　道路施工中质量与安全的伦理问题

2010 年 1 月 3 日，云南省昆明新机场建设工地航站区 A3 标东引桥工人在浇筑混凝土过程中，有一段支撑体系失稳造成垮塌，此次事故共造成 7 人死亡、8 人重伤、34 人轻伤。2009 年 8 月 24 日，在建的陕西省清涧县玉家河乡前张家河大桥突然坍塌，桥上作业的 12 名工人中 5 人死亡、7 人受伤；2007 年 8 月 13 日湖南省凤凰县的沱江大桥发生坍塌事故，事故共造成 64 人遇难，经鉴定，造成此次事故的主要原因是由于赶工期，拱架拆卸过早，而且存在主拱圈砌筑质量问题和地质构造缺陷，质量管理也存在分包单位多、层层分包等问题；1999 年 1 月 4 日，四川省綦江县一座连接旧城区的人行拱桥——虹桥突然整体垮塌，从河面上消失，造成 40 人死亡、14 人受伤的惨剧，同时造成直接经济损失 631 万元[15]。这些重大的道路质量安全事故是值得我们回顾与反思的，留给人们的教训也是多方面的，其中最重要的教训就是人们应该树立正确的工程技术伦理观。

据 2002 年以前的资料统计，我国每年因建筑物倒塌所造成的损失就达约 1 000 亿元[14]。类似的建筑工程事故例子举不胜举，造成事故的原因是多方面的。但是，用系统的观点从总体层面上分析，诱发这些质量、安全事故的主要原因有以下几个方面：

（1）规模因素。道路工程建设规模增大，建设规模与资源配置失衡，建设环境协调难度大，建设成本持续增加，建设条件越来越复杂，最终对工程的质量和安全问题形成不利的影响。

（2）工期因素。由于发包方的压缩工期或者承包方的组织不合理造成的赶工、抢工等，使合理的施工工期无法得到保证；施工现场的交叉作业，组织管理无序，一些道路或者桥梁存在的潜在的质量和安全隐患或者缺陷来不及返工处理；一些工程设计周期短，导致在施工中产生大量的变更，既浪费资源又影响工程的质量；一些项目为了某些特殊的需求而制定了不合理的工期，施工单位为了赶工期，违规作业、粗制滥造以迎合工期要求等问题，大大增加了工程在建设期和运营期的安全风险。

（3）市场因素。大规模的建设使从业单位技术和管理力量被稀释，分包转包现象增加，施工单位管理薄弱、对分包工程缺乏有效地管理措施，以包代管现象难以避免。在市场激烈的竞争条件，恶意压低工程标价，低价中标甚至低于成本价中标的现象时有发生，随之而来的是施工方的偷工减料、以次充好、修改设计等问题的发生，使得质量责任制度难以落实到位，为工程的质量安全埋下了无穷的后患。

（4）前期工作因素。一些工程项目前期工作准备不足，相关工作深度不够。有的项目审批不完全，前期设计工作不充分，没有重视现场调查和勘测，设计人员责任心不强导致设计文件错漏缺现象很普遍，甚至出现设计不合理、方案不完善、不切实际，使工程施工中变更频繁，出现了许多三边工程——边勘测、边设计、边施工，给工程质量安全埋下了严重的隐患。

（5）人员素质因素。建设项目的增多，管理和技术队伍不满足现阶段大规模建设的需要，高素质的施工队伍缺乏，进入建设市场的从业单位和人员素质参差不齐，施工现场的质量和安全保证体系不健全或者是落实不到位，甚至出现野蛮施工的现象，工程的质量难以保证。

（6）项目本身的原因。有的项目最初的规划就有问题，不该上马的工程或是条件还不允许的工程被强行的上马；工程所在地的地质状况复杂，施工环境恶劣，建设条件艰苦，工程施工难度增大，再加上外部许多不确定的因素，如地震、洪水、泥石流等，使得工程本身的质量和安全隐患无处不在。

在道路工程施工过程中，质量和安全是一对辩证的统一体。两者是互为前提、互相联系的，施工过程中各个施工工序和各种建筑材料、机械设备的质量既能保证所建道路或者桥梁的质量，又能为工程在施工过程中和运营过程中提供安全的技术和物质保证；施工中安全的保证体系、施工工艺和施工环境能为工程的质量建设创建良好的环境。离开工程的质量谈安全，则安全就会成为无源之水、无本之木，无法得到保证；只考虑安全而忽视质量，则工程的建设就失去了工程本身为人们服务的内在和外在的价值。

质量是产品的生命，工程产品的质量是其发挥功能、实现其内在价值和外在价值的基础[2]。道路工程的质量是保证交通运输顺利进行，保证人们出行安全的基础条件。所以，在工程的设计、施工、运营等阶段和各种工程规范中都要求把人民的生命财产安全和健康放在优先考虑的位置。道路施工过程中也不例外。保证良好的施工质量是实现这一目标的基本条件。从前面所举的例子可以看到，如果工程施工不合理，建造的工程质量有问题或者是劣质的，那么就会给国家和人民的生命财产、安全和健康带来巨大的危害。在道路工程中，轻则阻断交通，耽误人们的出行和工作，如轻微的路基塌方、边坡失稳等；重则威胁到人们的生命安全，造成重大的人员伤亡事故，给国家带来巨大的经济损失，给社会带来严重的不良影响。那么，怎样保证良好的工程质量呢？工程技术当然是一个必不可少的条件，但除此之外，还有深层次的哲学上的伦理和道德问题。假若没有伦理观，缺失道德原则，再好的技术不但建造不出优秀的工程来，反而会威胁到我们的生存。正如核技术的发明与使用，它既可以造福我们人类，建造核电站发电，也可以用来制造核武器，毁灭地球。如1945年美国在日本的广岛和长崎投放的两颗原子弹，毁灭性的灾难至今仍在警醒着人们，科学与技术这柄双刃剑，驾驭它最好的方法就是树立科学的伦理观和价值观。在我国的汶川大地震中，倒塌了许多的房屋和桥梁，但也有一些房屋和桥梁在地震后仍然屹立不倒。我国的抗震设计规范要求建筑物在地震中应该是小震不坏、中震可修、大震不倒。对于学校、公共区等建造物抗震要求更要高一级别。但是此次事故中，出现了许多学校的教学楼一瞬间坍塌的现象。从表面上看这些都是技术和质量问题，但更深层次的原因则是伦理责任的缺失，对人生命价值的漠视。

安全也是施工过程中的重中之重，是工程顺利建设的内在要求和重要保证。安全与风险是有密切联系的，两者是客观存在的。工程必然涉及风险。日益复杂的技术系统会产生意想不到的后果甚至意想不到的失败；某些过去曾经被认为是安全的产品、安全的化学物质、安全的生产过程，后来发现其实并不安全。许多出人意料的事例告诫我们，现代社会正面临着空前巨大、复杂的安全风险问题[16]。如前面所述的瓦依昂水坝和阿斯旺大坝工程，它们的修建——发电、防洪、灌溉、通航的目的都达到了，但是由此引起的沿河流域可耕地的土壤肥力下降、盐碱化及地质灾害等一系列的问题却是没能完全意料到的。还有在道路施工中隧道的塌方、流沙、涌水等问题，桥梁施工中的支撑系统问题，路堤填方和边坡开挖过程中的塌方问题等，无一不涉及到施工安全问题。消除这些安全隐患，除了建立健全安全的施工保障体系，加强管理外，更应该建立企业和工程施工人员高度的责任心和伦理观，始终把人的生命价值放在第一位，尊重生命，善待生命。这样施工中的桥梁就不会再垮塌，地震中的房屋也不会再毁坏，工程伦理中尊重生命的价值原则才不会是一句空话。

9.2.2.2　道路施工中质量与安全的哲学思辨

从哲学层面上分析道路工程建设过程中发生的诸多质量、安全事故和生态环境问题，就是没有正确处理好人、工程和自然之间的关系问题，没有把握住认识活动和实践活动中作为主体的人与纳入人的实践活动范围内的客体之间的相互关系和各自特有的属性问题，特别是在处理工程建造过程中的数量与质量的矛盾、生产与安全的矛盾问题上。

从哲学层面上分析：质是指事物区别于其他事物的内在规定性。事物的质与该事物的存在是直接同一的，事物是一定质的事物，质是一定事物的质；量是指事物存在和发展的规模、程度、速度等数量规定性，量是客观的，是事物所固有的。质与量是相互依赖的，没有质就没有量，没有量就没有质；质与量又相互渗透，质中有量，量中有质；质与量还相互转化，量可以转化质，质也可以转化为量。度是质和量的统一，是事物保持自身质的规定性的量的限度、幅度或区间；在度的范围内，质和量是相互结合、相互规定的，如超出度的界限，事物就会发生质的变化。认识事物的质是认识起点和基础，是区别不同事物、对事物进行定性分析所需要的。认识事物的量是认识的深化和精确化，要深入、细致、准确的把握事物就必须在定性的基础上对事物进行定量的分析和研究。认识事物的度关键是把握好"适度"的原则，既不能"过"也不能"不及"，要恰如其分地把质与量统一起来。

道路工程建设也是一个质、量、度的问题，建设中的数量与质量的矛盾也是因为没有认清建设过程中的质、量、度而产生的。数量和质量这两个方面既是对立的，又是统一的，没有一定的数量就没有一定的质量，反之亦然。两者都不能忽视，但要以质量为本，在保证施工过程中质量的基础上加快工程进度和实现工程数量的增长。现在的道路工程建设规模和数量都很大，但其中一些工程的施工质量问题很是令人担忧的。例如，现在的许多道路工程距设计寿命还很远的时候就严重损害了，许多公路刚建成没几年就要大修，其中不排除车辆的超载超限的影响，但最根本的还是最初的建设质量不过关。

在建设过程中我们要善于把握数量和质量之间的最佳结合点，用最佳的工程建造速度和最优的工程数量来确保工程的质量，以最佳的工程质量限制工程的建造速度和数量的增长，这就是工程建造中的度。如果把握不好建造过程中的度就会产生盲目抢工、工程数量多而质量差或者质量好、进度快而数量少两者偏差。在施工过程中，工程的质限定了工程的量的多少，如资金、材料、机械设备、劳动力、技术、管理等投入的数量；而一定的、足够的量就可以保证工程的质。如果工程投入的量少了，必然会在施工过程中产生偷工减料、以次充好、粗制滥造等质量问题，不能保证工程的质；而投入过多，又可能带来资源浪费、人力物力闲置、铺张浪费等问题，也不符合工程质的要求。

数量与质量也是相互渗透的。施工进度的每个阶段任务的完成，就是部分的质变，工程整体建设中每个部件的完成也是部分的质变，工程最终的完成正是通过阶段性的部分质变和局部性的部分质变实现的。一座大桥的建成正是通过桩基的施工、承台的浇筑、墩身的建设、桥面的完成等部分质的完成才最终建成了完整的桥梁。另一方面，工程质量的提高也是一个过程，要通过具有新质的产品数量的扩张而完成的。[2]

先贤们所说的："不积跬步，无以至千里；不积细流，无以成江海"，"九层之台，起于垒土"，"千里之行，始于足下"，"千里之堤毁于蚁穴"等名言告诉我们的正是生活中无处不在的量与质的哲学思辨思想。所以，工程建设活动中不能忽视点滴的积累和每一个细小环节的质量问题，只有有了优质的量的积累才能保证工程的质量和完整工程的竣工。上述的分析要求我们在道路工程的建设过程中一定要把定性分析和定量分析结合起来，认清工程建设中质、量、度的问题和它们之间的关系，把握好数量与质量的矛盾关系问题，才能帮助我们避免和解决建设过程中重大的质量事故，指导工程建设中伦理观的建立健全。

在道路工程施工过程中，没有处理好安全和生产之间的矛盾问题是造成许多事故发生的一个重要原因。建设中的安全事故从大的方面可以分为两种情况：一种是非人为因素的，人们无法控制，不可能完全避免的，只要进行生产就有可能出现由于不可预测的自然因素而产生的安全事故。比如雨季施工中有可能遇到的滑坡、泥石流，隧洞施工中有可能遇到的暗河和溶洞，沿海地区可能遇到的台风等。另一种就是由于人为因素的原因，本来可以通过相应的技术和安全保障措施完全避免施工中事故的发生，但结果恰是施工中安全事故的频发，在给国家和社会带来严重的经济损失的同时，也造成了许多的人员伤亡。例如施工中脚手架的倒塌，桥梁支撑系统的失稳，高空作业没有相应的防护措施，施工现场不佩戴安全帽等。现实生活中的安全问题主要是后面一种。安全与生产是相互统一的矛盾体，只讲生产不讲安全，割裂二者的关系，不仅容易造成安全事故的发生，而且最终影响的还是生产。

道路施工中的质量和安全事故问题从表面上看是由于施工过程中相应的技术保障措施缺失、组织管理不到位、人员的疏忽懒散造成的，但是从更深的层面上分析还是一个道德伦理缺失的问题。工程伦理学要求我们，不管是工程技术人员还是工程本身，在工程的建设过程中都应遵守人道主义，尊重生命的价值，人人平等的基本原则。这些原则体现的就是“以人为本”，“尊重生命”的理念。以人为本不但是以人的吃、穿、住、行、用等物质需求和精神需求为本，更重要的是以人的生存权利为本。这一权利也是法律赋予我们每个人的权利当中最重要的一条，是任何人都不可以剥夺的。皮之不存毛将焉附！没有了生命，何来的工程建设！何来的物质需求和精神需求！中国古老的哲学中的“天地之性人最为贵”也说明了这一点。现实生产当中，许多的质量和安全事故造成的人员伤亡就是一种漠视生命，以物为本的错误的、歪曲的哲学伦理观。所以在工程建设过程中，我们应以正确的工程伦理观指导工程人员和工程本身的建设，逐渐减少施工中重大的质量和安全事故的发生，使“质量为本，安全第一”不仅仅是一句口号。“以人为本，尊重生命”的理念能有效地落到实处，这样我国的社会主义事业才会在有了物质保障、精神保障和人文保障的基础上建设得更加美好。

参考文献

[1] 汪应洛．工程与哲学(第一卷)[M]．北京：北京理工大学出版社，2008.
[2] 徐长山．工程十论—关于工程的哲学探讨[M]．成都：西南交通大学出版社，2010.
[3] 肖维品，曹小琳，李兴苏．浅析建设监理的系统观[J]．重庆建筑大学学报，2000，22(2)：11-14.
[4] 杜澄，李柏聪．工程研究[M]．北京：北京理工大学出版社，2004.
[5] 严春风．土木工程哲学[M]．成都：四川科学技术出版社，2008.
[6] 郭宝柱．系统观点和系统工程方法[J]．航天工业管理，2007，(2)：4-7.
[7] 郭宝柱．大型复杂技术项目的系统观点与系统工程方法[J]．中国工程科学，2008，10(3)：25-30.
[8] 许国志．系统科学与工程研究[M]．上海：上海科技教育出版社，2000.
[9] 卢毅，刘建生，张劲文．高速公路建设项目业主管理指南[M]．北京：人民交通出版社，2005.

[10] 麦瑞浩．道路施工管理系统应用研究[J]．公路与汽运，2003，(3)：92-94.
[11] 吴波，许薛军，符锌砂．基于 Web 道路施工管理系统[J]．中外公路，2003，23(3)：5-7.
[12] 洪星范，陈博政．代价：人类发展史上最值得铭记的 20 大教训[M]．上海：上海文化出版社，2006.
[13] 肖平．工程伦理学[M]．北京：中国铁道出版社，1999.
[14] 程光旭，刘飞清．现代工程与工程伦理观[J]．西安交通大学学报(社会科学版)，2004，24(3)：26-30.
[15] 徐少锦．建筑工程伦理初探[J]．科学技术与辩证法，2002，19(1)：13-15.
[16] 殷瑞钰．工程哲学[M]．北京：高等教育出版社，2007.

第10章 道路养护的哲学思辨

近年来，我国道路建设事业取得了巨大的成就，道路的里程和等级都有了大幅的提高，随之而来的道路养护也越来越受到重视；同时随着国民经济的发展，对道路养护工作提出了更高的要求，养护工作变得日益繁重并不断遇到新的难题。如何为国民经济建设及人民生活提供快速、舒适、经济、安全的交通运输条件，如何提高道路的好路率、延长公路的使用寿命，如何达到公路“畅、洁、绿、美”的标准等，均成为道路养护所要解决的问题。在建设、养护任务繁重，国民经济相对落后的情况下，实现7分养3分建、建管养并重是当代急需思考的课题。

10.1　我国道路养护工程发展历史及现状

工程演化论研究是工程哲学研究的主要内容，也是工程哲学研究的基础内容。因此，本书第一章系统阐述了国内外道路建设活动的发展历史，第三章介绍了我国道路工程发展现状和存在的不足之处，在这一章介绍我国道路养护工程的发展历史和现状。

10.1.1　道路养护工程管理机制

道路养护工程是道路建设活动的重要组成部分，是保证道路设施发挥应有交通服务功能的必要工程活动。近年来，我国公路建设突飞猛进地发展，对道路设施的养护工程也给予了广泛的重视，并逐步建立健全了道路养护和管理体制。

按照《现代汉语词典》的解释，体制是指“国家政治经济制度和组织制度”。而机制却有很多含义，在市场机制、竞争机制中的机制是指“某个复杂的工作系统或某些现象的演变规律”，道路养护管理机制是指养护管理权限划分及管理活动赖以进行的物质存在形式（养护管理机构设置、管理人员配置）和一系列管理规则、秩序及规范所构成的制度体系[1]。从养护工程管理机制上来讲，我国主要经历了三个不同的时期：改革开放以前计划经济体制时代，公路建设实行的是管理、设计、施工和养护工作“四位一体”的建设机制；改革开放以后的摸索阶段，推行了养护管理工程的承包制度；进入市场经济体制时代后，逐渐向科学发展的轨道靠近，逐步实行道路建设的管养分离、事企分离，推行政府道路养护工程的市场化。

尽管如此，与欧美发达国家相比，我国道路养护工程大部分仍受计划经济和小生产的严重影响，存在诸多的问题和不足，主要体现在以下几个方面：①养护资金投入不足，不能保证正常养护资金的足额到位。同时，养护资金结构不合理，预防性养护资金投入比较小，修复性的养护资金所占份额较大[2]。②人的主观能动性对道路养护工程的好坏有着至关重要的作用，公路养护所有方面工作都要依靠养路人才能贯彻执行，才能搞好。在道路养护管理工程中，基层养护管理人员总体素质普遍偏低，无法接受新工艺、新技术、新材料的应用技术和新型管理模式，创新能力差，阻碍道路养护管理事业的发展[3]。③此外，在计划经济体制下，形成的人员多、素质差、人才结构不合理和养护职工的老龄化，以及设备不足等使得无法胜任大项目的养护工程。

由于我国道路建设体制的改革远没有达到国家整体改革的要求，相应地，道路养护管理机制也存在着一些深层次的矛盾和问题。首先，管理体制多样，养护权责界定不明。其次，养护机制的市场化改革尚未打破公路养护管理部门在原有管理机制下形成的思维定式，生产等计划，管理靠命令，花钱向上要，“等、靠、要”现象还是比较严重，没有形成开放的公路养护市场，管养并没有做到彻底分离。再次，人员超编、因人设岗、人浮于事的现象严重，生产人员与非生产人员的比例不协调，导致机构臃肿和效益低下。最后，机构重叠、职能交叉、关系不顺，即由于我国道路等级及投资形式的多样性，在高速公路管理、普通国省道管理和县乡道管理方面，具有多种管理机制，且由于管理机构的名称不规范形成了同样的机构、同样的职能，使得体系混乱、政事企不分、权责不清、主体不明。

10.1.2 道路养护标准规范

国有国法，行有行规，标准和规范是一个行业设计和制造产品的依据和基础，是保证产品设计和制造的理论依据，也是检验产品质量的衡量准绳，必须在标准和规范的约束和指导下设计和生产，用以保证产品质量。因此，制定道路养护标准、规范是很有必要的。另一方面，道路养护标准、规范可以反过来反映道路养护工作的标准化、规范化和科学化。

我国道路养护标准、规范的建设在改革开放以后道路养护工程取得一定成绩后受到相当的重视。并且从 1979 年开始我国交通、城建部门相继颁布了系列关于道路养护工作的主要技术标准和规范。

20 世纪，我国道路建设活动发展还比较缓慢，相应地道路养护标准规范研究也没有引起足够重视。1979 年交通部颁布《公路养护质量检查评定暂行办法》(JTJ 075—79)；1994 年 9 月 13 日交通部颁布《公路养护质量检查评定标准》(JTJ 075—94)，自 1995 年 1 月 1 日起施行；1996 年 3 月 22 日交通部颁布《公路养护技术规范》(JTJ 073—1996)，自 1996 年 10 月 1 日起实施。

进入 21 世纪，道路养护工程得到足够重视，对道路养护基础理论的迫切需要促使道路养护标准和规范的研究。2001 年 6 月 7 日交通部颁布《公路水泥混凝土路面养护技术规范》(JTJ 073. 1—2001)，自 2001 年 10 月 1 日起施行；2001 年 10 月 11 日交通部颁布《公路沥青路面养护技术规范》(JTJ 073. 2—2001)，自 2002 年 1 月 1 日起施行；2002 年 12 月 4 日交通部颁布《高速公路养护质量检评方法(试行)》(交公路发[2002]572 号)，自 2003 年 4 月 1 日起施行；2006 年 5 月 18 日建设部颁布《城镇道路养护技术规范》(CJJ 36—2006)，自 2006

年 10 月 1 日起施行；2007 年 11 月 28 交通部颁布《公路技术状况评定标准》（JTG H20—2007），自 2008 年 2 月 1 日起施行，《公路养护质量检查评定标准》（JTJ 075—94）和《高速公路养护质量检评方法（试行）》（交公路发［2002］572 号）同时废止；2009 年 10 月 30 日交通运输部颁布《公路养护技术规范》（JTG H10—2009），自 2010 年 1 月 1 日起施行，原《公路养护技术规范》（JTJ 073—1996）同时废止。

其中，制定《公路养护质量检查评定暂行办法》的目的是规定公路养护质量的检查和评定办法，是我国最早颁布的公路养护质量评价方面的技术标准。制定《公路养护质量检查评定标准》的目的是为加强公路养护技术管理，及时掌握公路养护质量和服务状况。制定《公路养护技术规范》的目的是为了加强公路养护的技术管理工作，提高公路养护技术和服务水平，最大限度地发挥公路的功能。该规范适用于设有专业养护机构和固定养护组织的国家干线、省级干线和主要的县级公路，其他公路可以参照使用。《公路沥青路面养护技术规范》是为提高公路沥青路面的养护水平，保证路面经常处于良好的技术状态，该规范适用于各等级公路沥青路面的养护。《高速公路养护质量检评方法（试行）》是为加强高速公路养护管理工作，及时掌握高速公路养护质量和服务水平，推进高速公路路况检测和养护质量评定工作的科学化、规范化和制度化。《城镇道路养护技术规范》是为加强城镇道路的养护工作，保持道路设施的功能，统一技术标准、提高城镇道路的服务水平，保证道路完好和安全运行，使城镇道路的养护管理工作进一步科学化、规范化和制度化[2]。

上述我国道路养护标准、规范建设，除了反映了我国道路养护工程的发展和变化历程、体现出道路养护工程的重要性外，还间接地反映了我国道路养护事业发展历程以及我国道路养护技术逐渐满足社会需求的过程；并且不同的规范、标准都有其针对性，标准、规范的制定越来越细化。这些为我国道路养护工程克服不足和问题，以及进一步完善和发展奠定了基础。

10.1.3　道路养护工程存在的不足

通过道路养护管理运行机制与道路养护标准规范发展历程，我们可以看到我国道路养护工作在逐步科学化、规范化和标准化，但由于我国道路养护工程还处于发展阶段，仍然存在着一些问题亟待解决。

（1）道路养护人事制度是随着道路养护管理体制的改革而改革的，但是由于改革的不彻底，仍然存在很多弊端：①“养人不养路”。公路管理机构重复设置，人员无限制扩充，且养护科发放工资的人员既包括在编养护人员也包括内退养护职工。据统计，全国每年小修保养经费中人工费和其他费用的支出约占 60%，有的仅能满足人头费，有的甚至连职工工资开支都难以保证。②用工制度存在问题。养护工作人员一般来源于正规学校毕业的专业人员、替父母任职的人员或者来自农村的农协工，造成某些职工吃大锅饭，没有形成合理、科学的用工制度，不能反映养护职工劳动数量和质量不同而形成的收入不同。③工资分配制度的弊端。目前我国大部分地区养护工人的工资与路况是脱节的，实行的是固定档案工资分配制度，而这种分配制度不是责、权、利的结合，存在不公平性，大大地挫伤了养护工人的劳动积极性。

（2）道路养护技术方面：①养护组织存在的问题。目前我国的公路养护组织形式绝大部分实行小道班的养护形式，其财务、机械、人工、计划等相对比较分散，机动能力和应变能力比较差，规模效益比较差，不利于生产管理和养护机械的配置。②养护技术存在问题。主要体现为：一是较落后的管理方法和管理手段；二是养护机械的使用效率比较低；三是产品的技术创新水平较低；四是理论研究不足。

（3）在道路养护管理工作中存在问题：①公路养护管理思想认识不适应目前公路基本建设事业的发展局势；②超载车辆的通行管理力度不够，加重养护工作量，浪费养护资金；③养护作业新技术含量少，重复投入现象严重[3]。

针对以上问题，我们除了在制度上进行改革或采取相应具体的措施来改进，还可以从思想或意识上来促使道路养护工程更顺利地进行。

就目前我国道路养护管理现状，管理者往往只注重眼前的利益，导致养护资金经常超支。而由于管理工作是协调人与自然关系的实践活动，因此在养护管理工作中，我们的管理要善于运用自然辩证法理论体系指导生产，并且做到以下几点：一是要把管理部门或机构当作一个系统，用系统的整体性、结构性、层次性和开放性原理，分析管理系统；二是在管理过程中，要用辩证的思维思考企业的各种现象，综合运用多种管理方法和管理手段；三是管理实践中要树立管理的科学观，更加重视管理决策，提高科学管理的系统思考能力[4]。

同时，要在全社会树立工程意识，不仅要全力配合道路养护工作还要爱护道路。工程意识是科学意识和技术意识发展的必然，但是树立科学意识、技术意识并不能代替工程意识。其中，科学活动是以发现为核心，技术活动是以发明为核心，工程活动是以建造为核心。科学意识强调办事情是否合乎科学道理，以减少盲目性和失误，提高效率；而树立工程意识必须在合乎科学发展观的基础上，研究工程在自然、科学、技术、工程、产业、经济、社会系统中的地位和作用，可见，树立工程意识就是要牢牢树立不能忽视工程全部要素的观念[5]。

10.2 道路养护的必要性

10.2.1 道路养护的必然性

为了使人工物能够被正常使用，一般来说是必须对其进行相应的维护、维修和保养(以下简称为维护)工作的。在许多情况下，如果没有相应的维护工作，那么人工物是不能正常地发挥其作为“为人之物”的功能的。对于工人、工程师和用物者来说，维护工作的重要性和必要性简直可以说是不言而喻的常识[6]。道路是一种典型的人工物，是因人的目的而存在的人工物，是为人之物、属人之物，属于半自在之物，即半自在又半为人之物。半自在性说它要服从自然规律和它不可避免地要表现出自然的因果性，半为人性是说它由于从属于人的目的才被创造出来和得以存在的。

道路之所以需要养护，从根本上说是由于道路的半自在之物的本性所决定的。在无人存在的纯自然世界里，是没有人工物存在的，也就没有维护的问题。而对道路这种人工物来说，他们都必须需要一定方式的养护和一定水平的养护的，否则，道路就不可能再作为人工物而存在了。换句话说，被养护乃是道路作为人工物而存在的一个必要条件。

道路是经过一个非自然的——人工活动的过程创造出来的，道路建设甚至可以说是一个反自然的人工过程。热力学和信息论中关于熵的理论告诉我们，道路建设过程是一个由人类向它输入负熵的提高有序性的过程，这样才创造出了道路这种具有高度有序性的物品。热力学和信息论中关于熵的理论又告诉我们，道路在“自然过程”中是必然要趋向于熵增方向发展的。道路在“自然过程”中向熵增方向发展就是平常所说的道路的“磨损”、“消耗”和“老化”之类的现象和过程。当道路的“磨损”、“消耗”和“老化”发展到一定程度时，道路就不再具有人工物的本性了，不再作为人工物而存在。道路养护就成了对抗和延缓这个过程的方法和手段。

因此，为了保证道路发挥其“为人之物”的功能，即为交通便利提供条件，必须要对其进行养护；同时，道路在使用过程中自然向熵增的方向发展即逐渐磨损、消耗和老化，为了保证其能够正常使用即保住作为人工物的本性，养护维修是必不可少的。

10. 2. 2　道路养护的重要性

加强道路养护工作具有与道路建设同样重要的意义。通过对现有路网的技术改造和强化管理，充分发挥路网的功效和潜力，既是国民经济和社会发展的客观需要，又是道路事业自身发展的内在要求，修而不养，不如不修。没有正常的养护工作，就不可能为国民经济建设及人民生活提供快速、舒适、经济、安全的交通运输条件，亦不能实现道路运输业的现代化。

首先，随着国民经济持续、稳定、高速的发展，为适应道路交通运输发展的需要，满足对道路通行能力的更高要求，道路养护维修在工作量和资金需求方面都将是我国交通运输工作的核心内容。

（1）工作量方面。据我国相关部门统计数据的分析，我国目前和今后一段时间高速公路新建和养护变化如图 10-1 所示。可以看出，自 1988 年建成我国第一条高速公路起，年新建高速公路里程持续增加，2003—2008 年，年新建高速公路里程达到 4 000km 以上，之后，年新建高速公路里程逐步减少。根据我国道路网规划发展战略，2020 年我国道路公路网基本建成，总里程达到 80 000km，之后新建的高速公路将非常有限。然而，自 1998 年起，我国高速公路的养护里程持续、快速增长，高速公路年养护里程在 2015 年将到达 6 000km，到 2020 年将到达 8 000km，之后我国高速公路养护里程将维持在 8 000 ~ 10 000km。

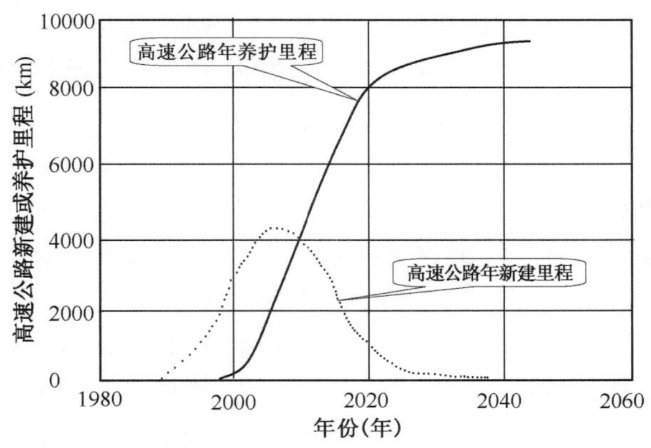

图 10-1　我国高速公路新建和养护里程变化情况[2]

（2）资金需求方面。从养护资金需求方面分析，我国公路养护资金需求在2006年为2 059亿元，2010年为3 624亿元，2020年将达到8 889亿元[2]。

公路工程技术状况的好坏，直接影响国民经济建设和人民生活。公路养护质量决定着公路技术状况，也就是说，没有养护，就没有公路的畅通，因此，公路养护是公路运输业中必要的、经常的工作，养护质量直接影响经济建设、国防建设和人民生活[7]。

近年来，交通运输部提出了“公路建设是发展，养护管理也是发展”的观点。在一定意义上，公路建设是积极的发展，养护管理同样是积极发展，加强道路养护管理将是保持交通运输可持续发展的重要途径。

（1）公路养护管理工作到位，可以延长公路的使用寿命，减少公路的投入，降低资源能源的消耗，且加强公路养护管理是建设节约型交通行业的必然选择。交通是资源占用和能源消耗较大行业，交通事业的发展面临的一个突出矛盾就是日益受资源、能源的制约，特别是资金、土地的约束尤为明显[8]。只有加强和重视公路养护管理，通过养护尽量延长现有公路的使用寿命，提高好路率，才能最大限度地提高现有公路的使用率，减少对土地的占有和其他资源的消耗，发挥公路存量资产的最大效益，保证社会交通运输的可持续发展。

（2）在公路养护管理中采取高效的养护措施和及时的养护处理可以提高公路的使用安全和经济效益。根据现阶段我国公路具有车速快、大载重、大流量的特点，在公路通车后，管理者要重视控制技术数据和养护资料；通过早期养护防止微小病害的进一步扩大，使公路经常保持原有技术状态和标准，减少或杜绝由于道路及设施维护不到位或不当给用户及使用者带来的意外损害，避免为此引发的不必要的法律纠纷[9]。

因此，作为实现道路固定资产简单再生产的必要手段，道路维修养护可以保障路况完好，提高好路率及道路交通安全水平；并且，为了实现国家交通运输的长远发展目标和适应持续改善路网结构的需要，要加强道路的养护管理。与此同时，我们要清醒地认识到，在某种意义上，养护及养护管理好一条道路与建设好一条道路同样重要，甚至更加重要。

10.2.3 道路建设与养护的关系

不同历史时期，国家社会环境和总体规划发展目标不同，道路建设与养护的关系也不尽相同。在我国道路建设初期，由于国家国防建设和经济大发展的迫切需要，道路工程以建设保通为主。随着国家国民经济持续、稳定、高速发展，道路建设得到长足发展，为适应道路交通运输发展的需要，满足对道路通行能力的更高要求，道路维修养护将是我国今后道路工程发展的核心工作。

如图10-1所示，2008年以前，我国高速公路建设呈增加趋势，2008年以后，高速公路建设逐渐减少。2011年底，全国公路总里程达410.64万km，全国公路密度为42.77km/百km^2。2011年5月26日，交通运输部正式发布了《交通运输“十二五”发展规划》（简称《规划》）。根据《规划》，“十二五”末，公路总里程将达到450万km，国家高速公路网基本建成，高速公路总里程达到10.8万km，覆盖90%以上的20万以上城镇人口城市，二级及以上公路里程达到65万km，国省道总体技术状况达到优良等水平，农村公路总里程达到390万km。说明我国公路建设取得巨大成就，公路建设达到一个饱和期，公路建设规模已能满足我国当前经济发展的要求，仅重视公路建设的时代即将拉开帷幕。

道路作为半自在又半为人之物，对道路进行维修养护具有历史必然性，又是可持续发展和科学发展观的基本要求。按照《公路沥青路面设计规范》(JTG 20—2006)设计规划，中国各级公路沥青路面设计年限分别为：高速公路、一级公路 15 年；二级公路 12 年；三级公路为 8 年，四级公路为 6 年。按照公路等级不同，中国公路的大中修周期一般约在 5～10 年，也就是说，2000 年之前及 21 世纪初建设的公路均已经进入了大中修期。随着中国经济的发展，综合国力的增强，城市化进程飞速发展，城市道路的改扩建工程也越来越多。从图 10-1 可以看出，自 1998 年起，我国高速公路的养护里程持续、快速增长。截止 2010 年底，全国公路养护里程 382.46 万 km，占公路总里程的 96.5%(图 10-2)。前瞻产业研究院数据检测中心检测数据显示，2011 年全国公路养护里程 398.04 万 km，占公路总里程的 96.9%[10]。据不完全统计，2011 年全国农村公路列养里程已占农村公路总里程的 96.01%。按照《规划》，交通运输部将以“五射六纵四横”15 条干线公路为重点，组织全国开展国省干线公路升级改造工程，并且还将以国道 108 线和国道 205 线为示范，探索干线公路改造的新思路和新方法。高速公路年养护里程在 2015 年将达到 6 000km，到 2020 年将达到 8 000km，之后我国高速公路养护里程将持续在 8 000～10 000km[2]。2006 年我国公路养护资金为 2 059 亿元，2010 年为 3 624 亿元，2020 年将达到 8 889 亿元[2]。

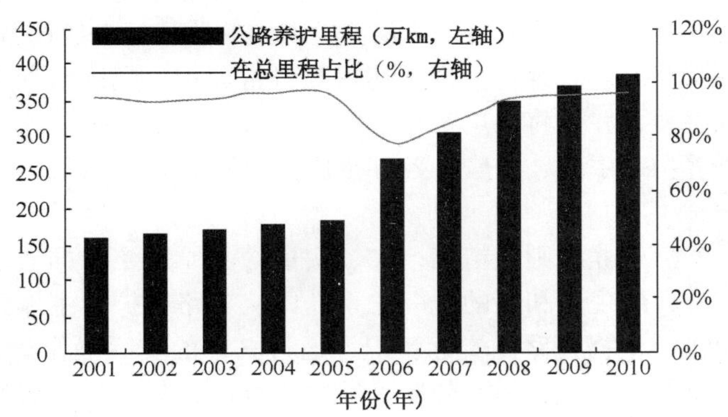

图 10-2 2001—2010 年全国公路养护里程及占比[10]

道路建设是基础，管理养护是保证。目前我国公路网基本形成，公路工程应由“重建设、轻养护”转变为“建、养、管并重”的发展模式。2011 年 9 月 15 日，交通运输部印发《“十二五”公路养护管理发展纲要》(交公路法〔2011〕505 号)，促进全国公路养护管理事业又好又快发展，更好地服务于国民经济发展，服务于新农村建设，服务于群众安全便捷出行。我国土地资源紧张，在公路网基本形成的前提下，要加强对公路的养护力度，延长公路设施的使用寿命，提高好路率，最大限度地提高现有公路的使用率，减少对土地的占有和其他资源的消耗，发挥公路存量资产的最大效益，促进社会交通运输的可持续发展。因此，在未来很长一段时期，我国道路工程建设要遵循“三分建设、七分养护”原则，使道路工程效益最大、最优化。

10.3 道路养护认识

10.3.1 道路养护指导原则

道路的维修养护工作是交通部门在道路建成通车后，保证公路畅通以及延长公路使用寿命一项工作，同时道路养护工作也是一个系统工程，是一个技术含量较高及具有社会性和群众性的工作，是一项使道路达到“畅、洁、绿、美”的标准的工作。维修养护工作包括了道路状况的调查、评价和预测，维修养护技术与材料，施工控制和管理、成本控制等多项工作内容[2]。在实际工作中，要充分认识道路维修养护工作的重要性和必要性，从养护管理、人员、资金、材料和设备方面对养护工作给予合理投入，满足更标准、更高效的工作要求。从以人为本、以路为主的角度，做好道路养护维修工作应坚持以下几个原则：

(1) 统一领导、分级管理原则。“统一领导、分级管理”的原则主要用于改革和完善公路养护管理运行机制，使公路养护管理规范化、科学化和标准化。①强化管理：强化公路路政和规费管理；②理顺关系：理顺公路养护管理的内外部关系；③转化机制：转换公路养护部门在社会主义市场经济条件下的运行机制；④提高效益：提高养护资金使用效率和劳动生产率。

(2) 系统性原则。系统性原则主要指整体性原则，要把道路维修养护工作视为一个系统，要以养护工作的最优目标为准绳，以维修养护工作的总目标来协调各项工作的小目标，从系统工程角度协调从路况调查评价、道路巡视与日常养护，到维修养护决策、维修养护工程施工之间的相互关系，并且将各项工作的特性放大到整个养护工作整体中去权衡，充分分析日常养护、预养护、中修、大修等各种措施的经济和技术效果，使养护维修工作达到最优目标。

(3) 精细严实、实事管养原则。精细严实、实事管养原则是根据实事求是，一切从实际工作出发的精神实质，体现人和路的统一关系。即从公路养护的主体公路以及从事公路养护主体人的因素出发，根据公路的实际情况，通过具体的实际操作达到养护的目的[11]。精细严实与实事管养是相辅相成，相互依附，缺一不可的，只有把二者结合起来，不断提高认识，在实际工作中充分发挥作用，才能提高公路的使用水平，延长公路的使用寿命，进而使使用者——广大群众满意，达到公路“畅、洁、绿、美”的标准，树立公路良好的社会形象。

(4) 规范性原则。为了保证养护工程能够符合道路的设计标准并维持道路的运营标准和服务水平，道路养护维修工作必须以我国的相关技术标准和规范为指导，无论小修保养，还是专项工程和大修工程，都应严格遵守国家和有关部门的相关规定，按照既定的程序进行，并且路面性能、养护水平都应达到国家标准规定的技术要求[2,12]。

(5) 技术先进性原则。道路维修养护工程不像新建公路，养护的同时还要尽量确保道路的运行，在养护作业的场地、时间方面都存在较大的限制。所以，有些常规技术和方法在养护工作中无法利用，需要应用一些科技含量高且符合道路养护维修工作特点的养护技术。因此，在道路维修养护工作中，为了尽量确保道路的运行，要总结过去成功的技术措施，开发和采用新材料、新工艺、新设备和新方法，缩短工期，提高维修养护工作效率；在路况调查方面，要求采用新技术、新设备、新方法，提高调查数据的准确性，提高道路路况数据的时效性[2]。

（6）服务性原则。道路行业本身即是服务行业，要树立"以人文本，以车为本"的观念。在道路养护工作中，要切实从道路使用者角度出发且以向道路交通使用者和参与者提供良好服务为宗旨，来对道路进行维修养护。应加强道路的调查和巡视工作，出现问题应及时、快速、高质量地完成维修和养护工作。在施工中合理组织施工，并采用科学、文明的施工方法，尽量减少对交通和附近居民的干扰。如在市政道路维护工程中，应利用双休日加班施工，避开上、下班高峰期施工和围栏现场施工等，避免施工扰民。

（7）经济性原则。道路养护工作不仅技术复杂，而且资金需求量大。资金需求不仅包括了维修养护工程本身的工程费用，还包括路况调查工作的资金需要，同时还包括维修养护中的交通导改等相关费用[2]。养护资金的有效控制涉及技术、经济、管理各个方面，并且与工程的质量和进度是相辅相成、密不可分的[13]，应对各方面的资金需求进行优化分配，对每种施工方案进行经济、技术比较，在保证质量的情况下，使维修养护工作实现最优的目标。

10.3.2　道路养护基本要求

道路养护应始终坚持"预防为主，防治结合"的原则，遵循"全面规划，建养并重，协调发展；加强养护，积极改善，科学管理；提高质量，保障畅通"的指导方针，通过对道路进行日常维护及周期性大修，逐步改善技术状况，来提高道路的使用质量和抗灾能力。

10.3.2.1　道路养护的目的和任务

道路建成投入使用后，在车辆荷载、自然因素等作用下，道路设施的功能将有所下降，影响正常使用，甚至对道路使用者造成危害。而适时地对道路进行维修养护，则是为了满足交通对道路工程的基本要求，即及时修复损坏部分，保持道路固定资产的原有形态和功能，提高道路交通运营率、延长设施使用年限，保障行车安全、舒适、畅通[2,14]。

道路养护工作的基本任务是：①经常保持道路的完好状态，及时修复损坏部分，保证行车安全、舒适、畅通，以提高运输经济效益。②采取正确的技术措施，提高养护工作质量，延长道路的使用年限，以节省资金。③防治结合，治理道路存在的病害和隐患，逐步提高道路的抗灾能力。④对原有技术标准过低的路段和构造物及沿线设施进行分期改善和增建，逐步提高道路的使用质量和服务水平。

10.3.2.2　道路养护质量要求

首先，养护质量应满足相关规范的要求。其次，其总体质量要求保持：路面整洁，横坡舒适；路肩整洁，边坡稳定，排水畅通；构造物完好；沿线设施完善；绿化协调美观。最后，在保证质量的前提下，逐步实施实施 GBM 工程（实施具有中国特色的公路标准化、美化建设工程），使道路尽量达到"畅、洁、绿、美"的标准[2]。

10.3.2.3　道路养护技术政策

我国道路养护现行的方针为"全面规划，建养并重，协调发展；加强养护，积极改善，科学管理；提高质量，保障畅通"，即根据积累的技术经济资料和科学分析，预测防范，消除导致公路损毁的因素，增强设施的耐久性，提高抵御灾害的能力。基于上述的方针，制定相应的道路养护技术政策，其主要原则可归纳为以下几个方面[16]：

（1）在制定养护技术措施时，应遵循以下原则：①认真开展路况调查，建立和完善技术档案分析道路技术状况，针对病害产生的原因和后果，采取有效、先进、经济的技术措施。②加强养护工作的前期工作、各种材料试验及施工质量检验，确保工程质量。③推广路面、桥梁管理系统，逐步建立道路数据库，实行病害监控，实现决策科学化，使现有的资金发挥最大的经济效益。④推广 GBM 工程，实施道路科学养护与规范化管理，改变现有道路面貌，提高公路的整体服务水平。⑤认真做好道路交通情况调查工作，积极开发，采用自动化观测和计算机处理技术，为道路规划、设计、养护、管理、科研及社会各方面提供全面、连续、可靠的交通情况信息资料。⑥改革养护生产组织形式，管好、用好现有的养护机具设备，积极引进、改造、研制养护机械，逐步实现养护机械装备标准化、系列化，以保障养护工程质量，提高养护生产效率，降低劳动强度，改善劳动环境。⑦加强对交通工程设施（包括标志、标线、通信、监控等）、收费设施、服务管理设施等的维护、更新工作，保障道路应有的服务水平。

（2）逐步实现养路工作机械化，以提高工作效率。

（3）逐步改善和提高公路技术标准，公路养护工程设计应符合现行《公路工程技术标准》（TGB 01—2003）和《公路养护技术规范》（JTG H10—2009）的规定。

（4）逐步改善运营状况，以提高公路服务水平。

10.3.3 道路养护方式决策

对道路进行养护以延缓道路的磨损、消耗和老化的过程是有一定限度的。无论多么精细的养护，道路不可能无限期地被使用。当道路被磨损、消耗和老化到一定程度后，道路就不可能再发挥其正常的功能。在道路使用过程中，要对道路使用质量科学评价，根据评价结果决策道路养护工程，以达到科学、合理地使用资源。因此，道路养护决策就成了道路养护工程开展的重要基础工作。

10.3.3.1 道路养护工程分类

道路养护工程的分类在各个国家均有所不同，国际道路会议常社协会于 1983 年建议，公路养护统一划分为日常养护、定期养护、特别养护和改善工程四类，而我国将公路养护工程按其工程性质、复杂程度、规模大小划分为小修保养、中修、大修和改建工程四类[15]。

（1）小修保养工程。小修保养工程主要是指为保持管养范围内的道路功能及其附属设施完好所进行的以人工消耗为主的预防性和常规性维修保养工作。一般按年度小修保养定额进行资金安排和工程计划，且在安排道路养护工程计划时，应遵循先干线后支线，先运输繁忙路线后一般路线，先小修保养后大、中修工程的原则来进行[16]。小修保养一般是根据日常检查发现的局部问题进行小规模的养护和维修。在《城镇道路养护技术规范》（CJJ 36—2006）中，规定了“小修工程的工程量不宜大于 400 m^2”。

（2）中修工程。中修工程只对管养范围的道路及其附属设施的一般磨损和局部损坏进行定期的修理加固，以恢复其原状的小型工程项目。此时，公路经过车辆的磨耗和自然侵蚀，逐渐更新换代其原有特性(使用价值)，仅靠小修保养已不能恢复其固有特性，需要通过中修、大修或改善工程来恢复、提高，如沥青路面的封层罩面，路基和人工构造物的局部修补或个别构件更换，以及对路基局部裁弯取直，增建、改建涵洞等小型构造物[1]。中修工程一般按季度进行资金安排和工程计划，资金需求可根据实际道路情况确定，也可以取日常养护经费的一定比例。在《城镇道路养护技术规范》(CJJ 36—2006)中规定：中修工程的工程量大于 400 m^2，不宜大于 8 000m^2。

(3) 大修工程。大修工程是对管养范围内的道路及其附属设施的较大损坏进行周期性、长期性、综合性的综合修理和加固，以全面恢复到原设计标准，或在原技术等级范围内进行局部改善和个别增建，以逐步提高道路通行能力的项目；此时的道路状况为随着使用年限的增加逐渐恶化，虽然经过日常养护和中修工程道路状况得到一定的改善和恢复，但道路路况总体水平处于下降趋势。大修工程的主要作业对象是路面经过使用损坏严重，必须全面翻修或补强重铺，以及路线在原有技术等级内局部发展改善线形、加宽路面，增建、改建中小桥梁及其他人工构造物[16]；且大修工程一般按年度计划执行，大修资金可以按日长养护经费的一定比例进行预算，也可以根据道路实际情况，确定当年的大修工程，作出详细的资金需求计划。《城镇道路养护技术规范》(CJJ 36—2006)中规定：大修工程的工程量大于 8 000m^2，或含基础工程的工程面积大于 5 000m^2。

(4) 改扩建工程。改扩建工程为单列工程项目，主要对道路、桥梁及沿线设施因不满足交通量、载重需要和车辆性能要求而分期、逐段提高技术等级、技术标准和服务水平，或通过改善显著提高其通行能力的较大工程项目。改扩建工程一般需要根据主管部门批准的计划和预算实施。

此外，对于当年发生的较大水毁等自然灾害的公路抢修和修复工程，可列为专项工程办理。对当年不能修复的项目，视其规模大小，列入下年度的中修、大修或改善工程计划内完成。

10.3.3.2　道路养护决策

道路养护决策是道路养护工程的重要组成，是道路养护管理部门的主要工作。传统的公路养护决策方法是经验型决策模式，主要以人工调查、主观决策为主，往往由于决策主观性大而导致应该养护的没有及时养护，不需要养护的却提前养护，同时由于决策的主观性和只考虑现状不顾长期效果的决策方法经常造成严重的资金浪费。因此，随着我国公路养护规模的迅速扩大、交通量的快速增长和社会对公路服务水平(行驶质量、运行速度、行车安全性)期望的提高，传统的养护决策模式已经不能满足目前我国的技术经济环境及公路养护的需求，且远远不能适应以快速、安全、舒适为服务宗旨的现代公路养护要求，建立一种新的养护决策模式来满足公路养护管理的实际需要已非常必要。

新的公路养护决策模式应改变现有决策方式的缺点，提升现代技术条件下的科学决策能力，使公路养护资金发挥最大效益，并且需要有广泛的可接受性。通过对国外的成功经验的分析并结合我国目前的技术能力、装备条件，我国新的养护决策模式要成为现代养护决策模式，应以提升公路检测、科学决策、长期规划、年度计划、项目管理、效益评估和制度保障技术水平为核心。

通过对国外公路管理技术发展的回顾，我们可以看到，20 世纪 70 年代以来，公路养护管理的标志技术是以路面管理系统为核心的现代养护决策技术，且目前70%以上的国家和地区正在使用不同的路面管理系统。在西方发达国家，经常采取通过开发、推广和维护路面管理系统，来完成艰巨、复杂和年复一年的公路网检测、路况评定、养护分析、规划编制、计划制定和绩效评定等工作。同样我国现代公路养护决策的主要技术也是路面管理系统。

在全面应用路面系统的同时，为了适应新的公路养护管理要求以及对公路资产实施全面有效的科学管理，英国、芬兰、南非、澳大利亚等国家还研究开发了以路面系统为核心的、包含路基与桥隧构造物和沿线设施的公路资产管理系统(Roads Assets Management System)(图10-3)。

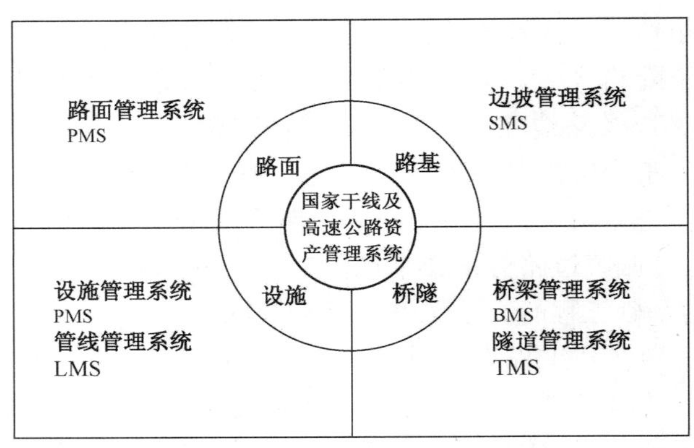

图10-3 CPMS资产管理系统[17]

目前我国仅在浙江、山东、广东、四川等省市公路管理机构和高速公路经营企业实践和完善现代公路养护决策模式，还没有形成成熟的现代公路养护决策模式。如图10-4所示，在以公路检测、科学决策、长期规划、年度计划、项目管理、效益评估和制度保障为主要内容的现代养护决策模式中，核心要素是标准、规范和制度保障下的快速检测和科学决策。

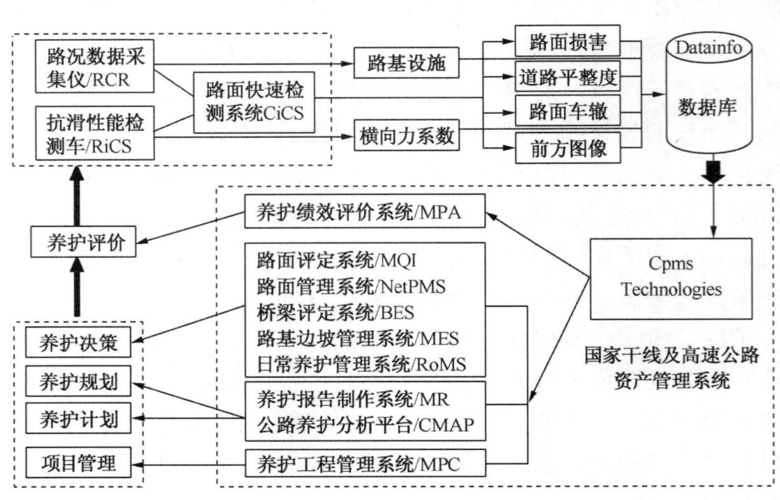

图10-4 现代养护决策模式[17]

现代公路养护决策模式需要成熟的技术支撑，我国从 1983 年通过交通部组织实施的中国与英国政府间的科技合作项目第一次接触路面管理系统。经过 20 多年的研究，引进公路快速检测技术及设备、建立以路面管理系统为核心的 CPMS 资产管理系统和对相关制度保障体系的研究，我国已经具备了现代公路养护决策的技术能力和装备条件：

（1）快速可靠的公路检测技术及设备，制定了《公路技术状况评定标准》用于检测路基、路面、桥隧构造物、沿线设施的常规技术状况，且现有的公路检测设备有路况快速检测系统（CiCS）、路面抗滑性能检测设备（RiCS）、路况数据采集仪（RCR）等。

（2）以养护决策为核心的 CPMS 资产管理系统。

此外，现代养护决策模式对相关制度保障体系方面也有要求。首先，现代养护决策模式需要通过公路管理机构实施，不同的管理机构有不同的作用；其次，为了确保现代公路养护决策模式能够有效运行以及推进公路养护管理的规范化和制度化，需要研究建立适合不同省市特点、能满足管理需要的制度和办法并加大法规体系的建设；再次，在建立相应法规体系的基础上，通过加强保障措施和技术支持的力度（如人力资源培训、定期技术交流、关键支持技术研究等），来保障现代公路养护决策模式的长期、有效和制度化运作。

参考文献

[1] 周灵芝．在公路养护中贯彻可持续发展观[D]．西安：长安大学，2005.

[2] 张金喜．道路工程专论[M]．北京：科学出版社，2010.

[3] 夏提姑丽·阿不都热依木．浅谈公路养护管理存在的问题与对策[J]．中国西部科技，2009，8(15)：47-48.

[4] 陈晓霞．现代企业管理时间的自然辩证法思考[J]．中国科技信息，2007，(22)：170，174.

[5] 邱梁辉．新世纪自然辩证法研究的两个方向——工程哲学和周易哲学[J]．自然辩证法研究，2006，22(8)：94-97.

[6] 李伯聪．工程哲学引论[M]．郑州：大象出版社，2002.

[7] 于晓坤，刘宝义，赵修臣．公路养护管理[M]．哈尔滨：哈尔滨地图出版社，2006.

[8] 张少荣．浅析我国公路养护的现状及对策[J]．中国外资．下半月，2010，(3)：229.

[9] 翟毅．论我国公路养护与管理[J]．现代商贸工业，2008，20(3)：135-136.

[10] 前瞻产能研究院．2012-2016 年中国公路养护产业投资及前景预测分析报告[R]．北京：产业经济研究院，2012.

[11] 张新松．精细严实实事管养[J]．黑龙江科技，2006，(12)：63.

[12] 赵平．浅谈高速公路的养护管理[J]．中国高新技术企业，2009，(7)：31-32.

[13] 翁小琴．浅谈加强公路养护管理的措施[J]．黑龙江交通科技，2010，(2)：144-145.

[14] 盛鸿飞．道路工程经济与管理[M]．北京：民交通出版社，2002.

[15] 张丰焰，史强，王元庆．公路养护工程分类方法[J]．长安大学学报（自然科学版），2008，28(4)：39-42.

[16] 郗恩崇．公路经济学[M]．北京：人民交通出版社，1999.

[17] 交通部公路科学研究院公路养护管理研究中心．现代公路决策养护模式[M]．http://www.rbtmm.com/Html/Download/2008/1222/20081222042255390З.html

第11章 历史工程的哲学思维分析

工程是人类历史的载体，是人类文明的象征，是科学技术进步的进程，是传承人类追求的思维，是人与自然博弈的判官，从中可以阅读自然、阅读人生价值，判断价值取向。本章从哲学的角度反复研读具有2200多年历史的都江堰工程、百年历史的滇越铁路、人字桥、半个世纪的成昆铁路和近年的云南思小雨林高速公路、螺旋隧道六项工程建构活动过程，分析其工程建构的智慧和建构活动过程的辩证思维，启迪当代道路交通工程活动。

11.1 都江堰——急流缓受，不与水为敌的态度

工程是人类与自然合作的有目的、有组织、有计划的行为活动。工程既是历史的载体，又是人类行为活动的镜子，是根据当时人类对自然的认识和理解进行的一项物化的技术和智慧的集成，是既有有限资源的智慧组合，传承了知识、经验、智慧和历史的文明。有言当代人、当代社会虽然拥有丰富而系统的知识，但古代人拥有的智慧不一定比当代人少多少，后代人拥有的智慧不一定比当代人多多少。那么，当代人在工程的历史长河中阅读工程的时间检验、历史的考验、大自然的评判、价值工程的分析，并阅读其中渗透的智慧、工程建构的思维，无疑是一件不亦乐乎的快事，无疑是知识、经验、智慧和品德的传承，使工程建构师养育总结习惯，形成习惯总结，为建设路畅人和现代道路交通与自然合作的途径。

都江堰是我国具有2200多年历史的大型水利工程，其规模巨大、布局合理、费省效宏、经久不衰。为气候环境条件优越的成都平原造就成为“禾黍连云种”、“粇稻如黄云”的粮仓和“水旱从人，不知饥馑”的天府之国注入了动力，创造了不可磨灭的贡献，为工程建构提供了宝贵的经验。为传承古代工程文化，从中吸取智慧古为今用，作者经反复研究阅读1984年由四川省水利厅、都江堰管理局组织编著，水利电力出版社出版的《都江堰》、《都江堰灌区工程》，多次实地考察，认真品研，将都江堰从工程选址、建构、运营到扩能的辩证思维进行系统的分析整理，为建构现代道路交通提供思维启示，引导道路工程建构创作、创新。

11.1.1 都江堰工程概况

11.1.1.1 工程简况

都江堰工程地处成都平原中西部边缘，四川灌县城西的岷江干流，位于岷江冲积扇顶

部。创建于战国后期，距今天 2200 多年，曾名为金堤等，至南宋改为都江堰。都江堰工程由渠首和灌区两部分组成，渠首有鱼嘴、飞沙堰、宝瓶口三大工程和百丈堤、杩脚护岸、内外金刚堤、二王庙顺堤等附属工程，以及现代增加的外江闸、沙黑河闸、工业取水口等引水工程(图 11-1)，灌区分别于成都平原和龙泉山以东丘陵区，灌区面积达 1 100 多万亩。

图 11-1　都江堰水利工程概况

11.1.1.2　自然环境条件

岷江源于岷山南麓(属松潘高原，海拔 3 000 ~ 4 000m)，至都江堰工程 340km，落差 3 009m，流域面积 2.3 万 km^2，岷江多年平均流量达 155.4 亿 m^3，泥沙多。都江堰鱼嘴将岷江分为内江和外江，内江为灌溉、漂木、工业用水而开凿的人工河，经宝瓶口后从走马河等四条河流流入成都平原，最后分别汇入岷江和沱江。成都平原是岷江和沱江及各自的支流的洪积冲积扇，总面积 8 200km^2，地势呈西北高、东南低，坡降为 3‰ ~ 6‰；都江堰位于岷江冲积扇的顶部，宝瓶口引水高程 728m，成都平原与龙泉山丘陵海拔皆在 720m 以下，为灌溉自流奠定基础，也为千百年来不断扩大灌溉区奠定了基础。岷江鱼嘴以上大部分流域主要属于亚热带湿润气候区，年降雨量为 1 100 ~ 1 232mm，雨量丰富，无霜期长，日照少；而灌溉区虽然雨量充沛，但时空分布不均，春雨偏少，易春旱，初夏大雨晚来，易夏旱，盛夏多暴雨，易涝。

11.1.2　都江堰工程建构需求分析

需求是建构工程最基本的驱动力。世界万事万物的存在必然有其存在的道理和存在的必然，工程是人类为改变生存条件而进行的一项物化的劳动过程，是人类对自然不断深入认识了解，抗争还是顺势利导的权衡与妥协，是人类智慧的集中与体现。

11.1.2.1　自然环境的客观需求

都江堰灌区，即成都平原虽然雨量充沛，但时空分布不均。常言道一年之际在于春，但由于成都平原雨量时空分布不均，春耕季节春雨偏少，易春旱；而初夏作物正处抽穗之时，大雨晚来易夏旱影响一年的收成；盛夏多暴雨，易涝一年收成容易泡汤。而成都平原又是西南山区难得的种植宝地，因此，新修水利调节农灌势在必行，是自然环境的客观需求，是人类理性改造自然转知成智的主观能动性。

11.1.2.2 战略的需要

成都平原土地肥沃富饶，又可顺水路直达长江中下游，故当年秦先取蜀，苦心经营蜀地，任李冰为蜀守，兴建都江堰，发展水利、航运，利用蜀之强兵、财物和通楚水道之便，灭楚统一全国。

11.1.2.3 生产力发展的要求

秦统一全国后，新的土地所有制和赋税制解放了生产力的同时，移秦民入蜀带来了先进的生产技术，随着城市的兴起、商贸的发达、抗水旱兴航运、发挥综合效益是生产力发展的必然要求。因此，择都江堰置于岷江洪积扇之顶，利用扇形的天然河道运岷山之木兴建成都，灌扇区之田供民之食，舟起灌县，经成都、乐山达宜宾入长江，兴建都江堰是发展生产力的必然。

总而言之，2200 多年前秦王任李冰为蜀守，兴建都江堰，发展水利、航运，不仅是都江堰灌区自然环境条件的客观需求，是天然与人工天人合一的农灌调节的需求，是将水资源发挥得淋漓尽致，最大限度弘扬积极性，最大限度消除消极因素的主观能动；而且是国家统一、巩固边疆、实现国富民强、解放生产力的客观需求，是当代社会实现走出去，并且要走上去，逐步区域一体化的潜在发展需求。也就是说都江堰工程的建构无论是当时的近与远、国家与民众、群体与个人、区内与区外皆具有强烈的愿望，这就是 2200 多年前，无论是工程选址、建设质量，以及后期历朝历代管养皆能够围绕共同的原则来呵护的本质，这能够共同围绕的原则就是都江堰的工程文化。这系统全面、上下、远近的主客观的需求必然成就都江堰工程以规模宏大、布局合理、费省效宏、经久不衰而闻名中外、举世瞩目的大型水利工程。那么，科学技术信息日新月异的当代，作为改变世界时空距，不断改善交通条件的道路工程，其道路网络、网络结构布局的客观需求是什么？各种交通方式的有机组合和整合，以及无缝连接的需求又是什么？时间需求、空间需求、环境需求、山区走廊空间资源需求、星罗棋布的山间经济带布局需求、地理地缘需求等又是什么？那么一条高速公路沿线群众几代人盼得路从身边过，只能看车水马龙的需求又是什么？长时间奔驰于高速的人、车有有什么需求？高速公路是满足长途运输为第一要务，但是否有办法通过港湾式的设施满足只能看的车水马龙的沿线群众这部分需求的同时满足奔驰的车和人的一些需求，至少是我们应该深思的问题。

11.1.3 都江堰工程规划与设计

当今要查咨都江堰工程的规划设计资料是不可能的，并且经过 2200 多年历朝历代的维修和改造、扩建，虽然细节决定成败，也不可能了解工程规划设计的很多细节，但历史的启发往往宏观更重要，工程也是如此。几千年来岷山的山势没变，岷江水的流态依旧，岷江、沱江冲积形成的洪积扇依然，灌区相对的地势和相对的自然条件基本没变；由此，分析都江堰工程 2200 多年来的工程规划设计智慧，特别是转知成智的能动性，不仅依然影响工程决策因素，并且反复研读都江堰工程的目的非效仿，是传承，取之其与自然环境合一的辩证哲理。

11.1.3.1 都江堰工程选址的科学性

水利工程建构的关键是渠首工程和渠首工程上游的水资源，渠首工程和渠首工程上游的水资源不仅决定灌区面积和受益面，决定工程的投入与产出的费用，而且决定工程的可持续发展和运营寿命。这与道路工程走廊带选择、道路平纵几何条件一样制约着道路的通行能力和服务水平，甚至工程寿命成本。

都江堰渠首工程首先非常巧妙地应用岷江洪积扇顶的有利位置，利用洪积扇自然形成的伸向成都平原的扇形河道，采用自流式蔓延灌区，最后通过沱江收集再回归主河道，实现灌排兼顾。其次，岷江丰富而"稳定"的水源为灌区提供了源源不断的天然资源，延长了工程的寿命，降低了运营成本，扩大了受益范围。其三，都江堰渠首工程设置于洪积扇顶，岷山与成都平原交接处，山脉基岩为工程的耐久性奠定了物质基础，岷江冲刷能力消弱又为工程的耐久性增加了安全系数。最后，人工开挖的内江与四六分水等巧夺天工、因势利导的系统工程的合理布局，造就了都江堰工程选址的科学性，这也是都江堰工程设置于岷江灌县而非沱江口的根本原因。都江堰渠首工程选择的位置，无论是工程建构的地形地质还是地势，无论是工程运营需要的各种资源，还是运营成本的影响因素等，皆充分发挥了积极的一面，避免了消极的一面，这就是工程决策的科学性，这就是价值工程的功能增强、成本降低的关系式(图11-2)。

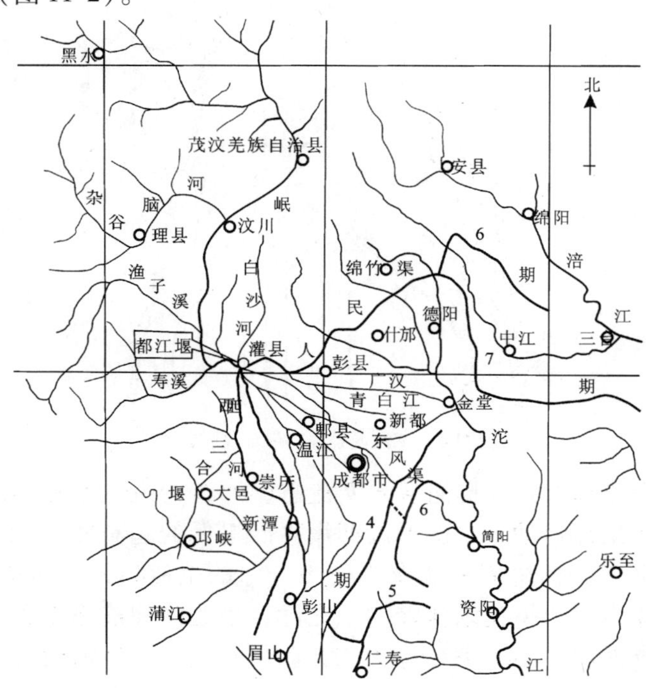

图11-2　都江堰渠首工程位置图

11.1.3.2　渠首工程布局顺应自然天人合一

都江堰渠首工程位于白沙河入岷江的汇合处。历年来河道变迁频繁，百丈堤以上盐井关附近受白沙河的冲刷，岷江首先向西南推移切蚀，河岸逐步变陡露出老君岩逐渐凸向江中将主流挑往左(东)岸，大量洪水进入内江冲蚀玉垒山山脚，遇到左岸虎头岩、伏龙岩后转向，冲开飞沙堰进入岷江外江。经多年切蚀到都江堰始建时完成了五级阶地，只一伏龙岩与玉垒山相连，李冰将伏龙岩凿离玉垒山，建构宝瓶口，作为可以控制洪水的固定的河槽引水灌溉、航运和漂木。从碑文判断鱼嘴在白沙河附近，老君岩与虎头岩间，由于老君岩与虎头岩分别挑水转向，岷江自然形成中心鱼形沙洲（利民台）将岷江分割为内外江，以中心鱼形沙洲建构鱼嘴分水、内江引水、外江分洪排沙的格局（图 11-3）。

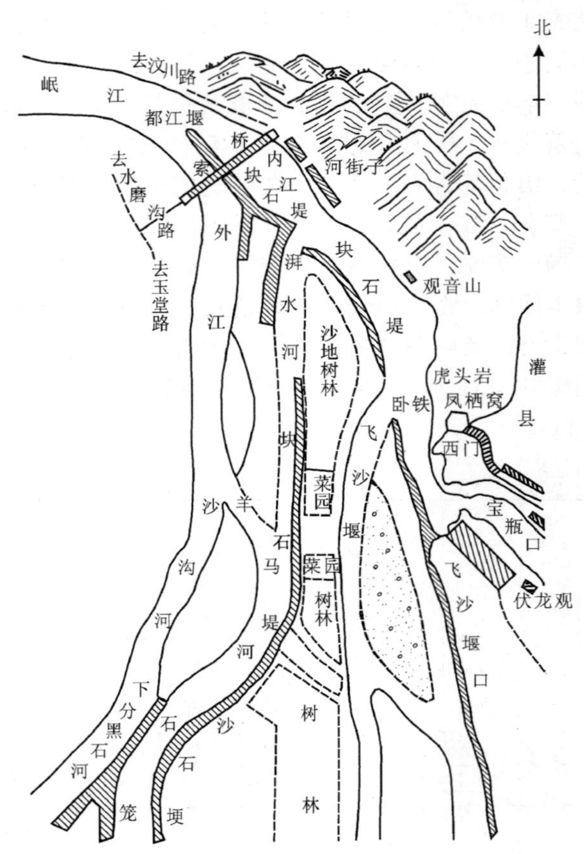

图 11-3　都江堰渠首工程布置示意图

都江堰渠首工程布局首先根据河流水文流态，河道弯道处水流由底向上，由凹岸向凸岸旋转向前，呈螺旋形运动，水面形成凹岸高凸岸低的超高面特征，合理选择在河道弯道外侧即将结束河岸岩体坚固的伏龙岩作为分水的宝瓶口，自然取之清水排之河沙。其次，合理利用西岸老君岩挑流水流转向东之际，中心沙洲前缘设置鱼嘴分水，确保内江四季水量充足；同时将中心沙洲一分为三，利用石门、飞沙堰两道口供洪峰泄洪和排沙。其三，充分利用都江堰首渠工程附近充足的优质木材和卵石作为建构的材料，就地取材。最后，都江堰首渠工程的各组成部分皆是按沙州的分布进行布局，顺势利导，与自然统一。在此，自然想起某迪斯尼乐园人行道布置到即将开园之际，设计人员皆没有拿出满意方案，总设计师提出先用草皮绿化开园，一个月后根据游人踩踏的痕迹设置人行道，结果成为世界上最以人为本方便的人行道。这与都江堰首渠工程的布局异曲同工，实现了“急流缓受，不与水敌”。好一个“不与水敌”，不与水敌就是与水为友，为友乃顺应自然也。

11.1.3.3 鱼嘴分水杠杆

鱼嘴是都江堰渠首工程之首工程，位于工程的最前沿，直接迎接洪水，抵御巨大的冲刷。其作用是分水，解决枯水时内江灌区供水，洪水时避免成都平原涝灾和排沙。历年来几乎每隔10年要对其进行大修一次，并且每次大修的位置皆在索桥上下游间反复变动，直至1936年修复后固定，这也是历代对都江堰渠首工程不断总结改造，进一步完善、进一步顺应自然，实现天人合一的验证，也是人类认识自然、循序渐进的表现。从1936年至今看，经过多次修复，反复移动位置，最终固定的鱼嘴位于岷江河床比较稳定，东岸有百丈堤导流，西岸有马脚沱护岸，河宽250m，水流平缓、内外江分流稳定；鱼嘴与岷江呈斜交指向河湾凸岸，枯水时内江多引水，洪水时，由于环流作用和外江比降大于内江大量泥沙洪水流向外江，起到排洪排沙作用，实现“分四六、平潦旱”的目标(图11-4)。另外为使鱼嘴“分四六、平潦旱”的目标做到万无一失，设置了多道保险工程，即在鱼嘴下游内江河湾末端西侧的凸岸依次设置平水漕、飞沙堰、人字堤三条溢洪道，为洪水时再反复泄洪排沙；特别是内江东侧虎头岩对面的飞沙堰，充分利用了虎头岩局部起伏的地形和坚固的基岩形成的挑流作用，加强了环流的螺旋强度，提高了排沙的效果；人字堤作为第三道保险设施，位于壅水区，以降低洪水时宝瓶口水位高度减少进入灌区洪水。当然，都江堰渠首工程的布局并非尽善尽美，存在岁修任务重和岷江水量调整的问题。因此，1974年以后，随城市建设发展的水量需求和工程建设技术水平的提高，先后在鱼嘴外江新建了闸门控制外江水量、人字堤下埋设了城市工业用水管涵多取外江水、加宽飞沙堰、降低人字堤工程减少宝瓶口进入洪水量、修建二王庙顺水堤、封闭平水槽等，减轻了岁修任务，满足了发展的水量需求(图11-3)，实现“正面取水、侧面排沙”。

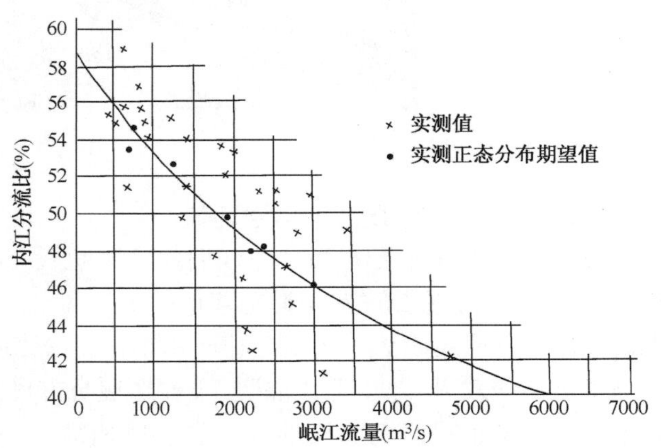

图11-4 分流比例关系图

11.1.3.4 宝瓶口取水记量

宝瓶口是人工在内江东岸基岩上开凿的引水口(图11-5)，呈梯形，2200多年来从未变。主要是引水供下游灌溉、漂木和城市工业、生活用水，同时与飞沙堰、人字堤联合限制洪水过多进入成都平原。宝瓶口、飞沙堰、人字堤三者的断面和高程是经过准确计算的，相互之间的配合可以说珠联璧合，非常巧妙。当内江水位与飞沙堰平时(标尺13划)，宝瓶口流量恰好是成都平原灌区春耕和城市用水，当高出13划时多余的水从飞沙堰溢出，当壅水再高超过14划时，人字堤开始溢流，遇到非常洪水飞沙堰将自动溃决溢出更多的洪水，避免宝瓶口流入较多的洪水，岷江流量越大宝瓶口流入的比例越小；由此实现宝瓶口流量自然控制，就像当代马桶存储水量控制一样。当然如果在宝瓶口设置闸门，那么宝瓶口流量控制将更加完美自如。

图 11-5 宝瓶口

11.1.3.5 飞沙堰泄洪排沙功效

飞沙堰位于虎头岩对面，内江西岸，距鱼嘴下游 700m，宝瓶口上游 200m，比内江河床高 2m。内江水流受虎头岩局部起伏的地形和坚固的基岩形成的挑流作用，加强了环流的螺旋强度，同时将水势一折南，扑向西岸，顺仅比内江河床高 2m 的飞沙堰流入外江，大大提高了排沙的效果，故"低作堰"。飞沙堰堰身古代是采用竹笼卵石垒砌，并设置 4 道鱼嘴，从上游往下游正对内江东岸的虎头岩、凤栖窝、卧铁、三道岩，其笼高依次 5、6、6、21 层，4 道堰身鱼嘴从上游往下游逐步增高，首先形成了在内江上从上游往下游的纵向分水鱼嘴，横向(顺飞沙堰)不同高度的八道鱼嘴压缩了飞沙堰断面，加快了飞沙堰的流速和排沙，这与法国巴黎下水道利用漂移木球防止淤积异曲同工。根据当代多年实测资料分析，岷江流量越大，飞沙堰的泄洪排沙功效越高；百年一遇的洪水时，能排泄内江流量的 75% 以上。

11.1.3.6 平水漕泄洪预备队

平水漕位于鱼嘴下游 370m，长约 200m，口宽几次变化，现为 30m。进口高比飞沙堰高 2m(H = 730.0m)，当洪水位于宝瓶口 21 划时开始溢出。由此，通过飞沙堰和平水漕两道泄洪保险设施，确保了当发生洪水时，从渠首工程鱼嘴分入内江的 40% 的洪水超过 2500m^3/s 以后，进入宝瓶口的最大流量为 700m^3/s，避免了成都平原发生涝灾(图 11-6)。

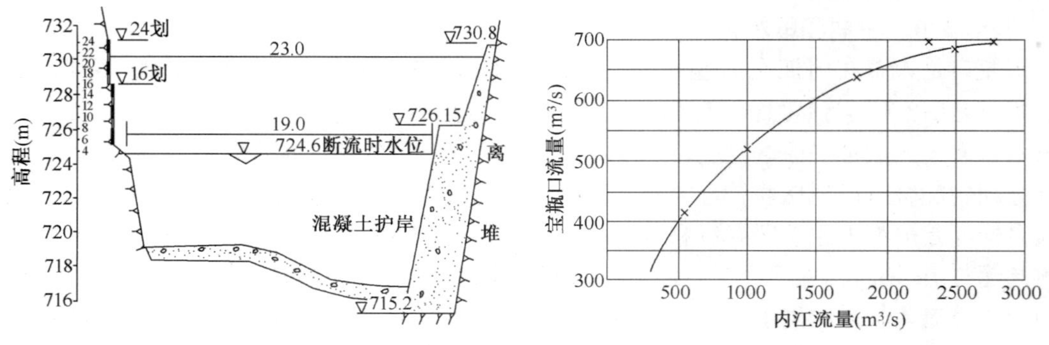

图 11-6 内江流量与宝瓶口流量关系图

11.1.4　都江堰工程的维修与发展

都江堰工程至今发展成为巨大的工程规模是历朝历代不断改建完善和维修的结果。其主要有以下几次：

东汉末建安 12 年，诸葛亮为刘备分析全国政治军事形势，后派 1200 壮丁护堰，设堰官。

唐代在四川兴修许多水利设施，主要是维修都江堰，不断延伸灌区干渠，开凿支系，建万岁池"筑堤积水灌田"，将都江堰灌区发展到西至灌县，东达成都平原边缘，实现了引、蓄结合的先驱。成都成为当时全国最富庶的地方，按诗人言"天孙纵有闲针线，难绣西川百里图"。

宋代在唐代的基础之上进一步扩建，发展到了 12 个县，成都平原呈现了"禾黍连云种"的场面，而对维修管理十分重视，制定"旱则引灌，涝则疏导"的管理维修措施，对宝瓶口流量、水位等作了更加详细而严格的规定，开创了严格意义上的岁维制度，严格了宝瓶口流量的控制和飞沙堰高程的控制，"水及六则，流始足用……准水则第四以为高下之度"。

元代主要是都江堰渠首工程的维修。由于都江堰每年渠首工程维修成本高，工作量大，民间负担重，由此，维修的重点在渠首工程的耐久性。首先通过小堰试验，经洪水考验成功后，对都江堰进行大修。最突出的工程是铸 1.6 万斤重的大铁龟作鱼嘴抗冲刷，使之近 40 年无大修，这次大修注重了科学试验，算得上是一次技术革新的尝试。

明代重视农业和水利，朝廷皆派人督查，但由于"其来也远，其居也暂"，后效山东等"设官治水利"主持都江堰工作，恢复了都江堰的管理制度。同时也掀起了堰工技术的争论和探索并持续了几百年，在竹笼与铁石之间反复争论，逐步提高和规范了两种堰工技术。竹石笼具有条条相连、参差垒筑、体重而坚、上能泄水、下能应变，整体结构"散而整"、"硬而软"，"不与水为敌"；具有费用省而方便，抗冲性较好，较好地适应基础变形的优点，但不耐久，更换频繁。由此，在财政困难之时得以进一步扩展，并逐步明确规范了竹石龙："长三丈，径一尺七，形扁而平，椒眼参差，适大小圆石"。而铁石方法则费用高，对基础变形的适应性差，抗冲性和耐久性好于竹石笼。在嘉靖 29 年以"物与水激，其重必克"为原则，按"问堰口，准牛首，问堰底，寻牛趾…水没角端诸堰丰"铸铁牛鱼嘴分水，并记水位，使用 40 年，由于基础掏空而破坏。明代对都江堰的维修是积极的，尝试寻求永久性的办法代替临时工程的方向是正确的。

明末清代初期都江堰年久失修，"三春而水不至田"，至康熙 45 年开始进行维修才使"水得复循故道"。在雍正 8 年对都江堰岁修经费和摊工进行了改革，由过去的"计块出夫、按粮派夫、照夫折银"改为按"田亩大小、得水先后、用水多少"进行征收，并将征收的费用由水利同知衙门统一保管，每年拟定修建工程的计划和预算呈报批准后组织实施，据实报销。这种多用多征、先用多征的人性化的"计亩均摊"办法和建立基金专款专用的岁修基金制度保障了维修的及时和持续发展。

清朝时期在总结多年来的经验，随着科技的发展进行了多项改进：一是在灌区开塘储水新建反调节塘库发展灌溉面积；二是"坚筑石坝子堰底"以固鱼嘴，认识到基础的重要性；三是在都江堰上游"筑堰储水"，既供春耕，又拦河沙；四是坚持遵循执行"深淘沙、低作堰”的原则，确保内江畅通，保证宝瓶口进水量，使洪水从飞沙堰泄入外江；五是拆竹石笼改为条石砌筑，条石间铸铁定连接，这项措施实施后不仅新增灌区 8 万多亩，而且洪水超 16 划工程未损坏(几千年来都江堰有一条不成文的规定，凡洪水超 16 划堤堰有损坏不追究主持者的责任)；六是重视水情通讯，专马飞递宝瓶口“水则”。通过几个朝代不断地改进，基本建立了从维修基金、维修方法，到调节水资源实现计划用水，以及讯情的下传上达信息渠道通畅等制度，保证了工程的正常运转，挖掘了工程的潜力，发挥了巨大的作用，使其灌区面积达到新中国成立前历史最高水平。

11. 1. 5 都江堰治水经验

几千年来都江堰人不断总结、探索、试验和改进，不断完善、挖掘都江堰工程的潜力，将其社会经济效益发挥极至；不仅为具有地理优势的天府之国奠定了物质基础，同时为工程建设总结积累了辩证的哲学思想，营造了工程文化，留下了宝贵的精神财富，成为工程建设维修的准则。

11. 1. 5. 1 治河“八字格言”

修建引水工程就必须整治河道，就必须固定河床，确保引水口安全运行，并尽可能减少建养费用。清代把前人治河的经验总结为“遇湾截角，逢正抽心”八字格言和“乘势利导，因时制宜”八字原则。其总结充分体现了辩证思维，具有辩证的哲理，可广泛应用于各行各业。“乘势利导，因时制宜”八字原则的辩证思维是充分掌握河流流势和自然条件，充分利用和正确引导，利用有利条件消除不利因素，并要随时间、地点、条件的变化而采取不同的措施。如图 11-7 所示充分利用东岸虎头岩选择飞沙堰位置排沙泄洪，实现乘势利导，达到“急流缓受，不与水敌”。“遇湾截角，逢正抽心”八字格言主要源于治理灌区输水排洪河道的要领，当遇到河湾截凸岸沙滩角，凹岸设挑水设施以改变河流主流；与“截弯取直”改变河槽应该投入更少，更加生态环保；当遇到顺直河道而分叉较多时，清河槽中心达到水流集中的目的，体现主次分明。

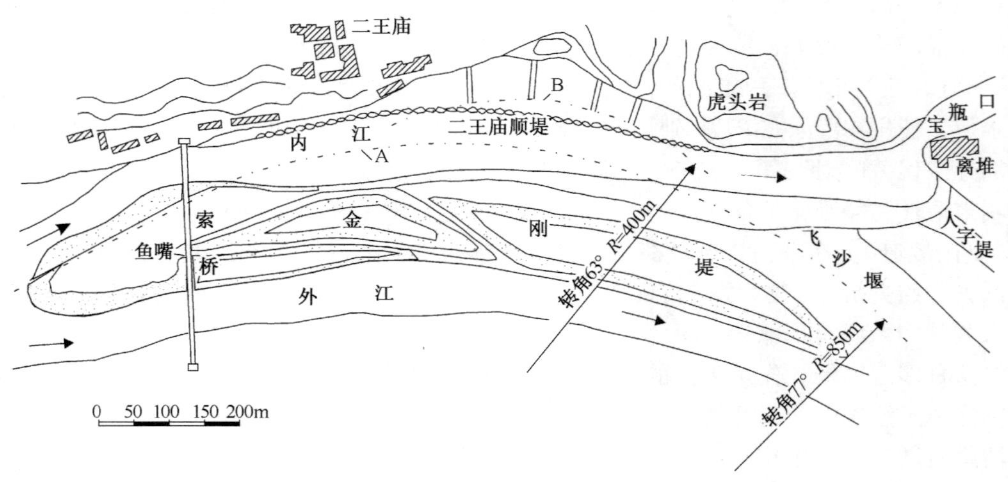

图 11-7 飞沙堰与虎头岩位置关系图

11.1.5.2　治水“三字经”

多少代都江堰堰工 2200 多年为都江堰引水防沙付出的汗水和倾注的智慧，经清代总结并经修改，至今刻于二王庙的治水三字经：“深淘沙，低作堰。六字旨，千秋鉴。挖河沙，堆堤岸。砌鱼嘴，安羊圈。立湃缺，留漏罐。笼编密，石装健。分四六，平潦旱。水画符，铁桩见。岁勤修，预防患。遵旧制，毋擅变。”治水三字经通俗易懂，简明扼要。作者认为治水三字经不仅是引水防沙经验的系统总结，而且是现代 ISO 9000 的初版。治水三字经的关键是明确了做什么？怎么做？做到什么程度？可以说制度完善(遵旧制，毋擅变)，目标明确(铁桩见：风栖窝淘沙淘至卧铁)，责任清晰(笼编密，石装健)，这也是几千年来能够认真执行，确保执行力的关键；并且历朝历代岁修结果基本一致的根本，与当代食谱中的“盐少许”而导致掌勺师傅盐少许不一产生不一样的执行力和不一样的结果的区别。要确保执行力和执行结果就必须给指令加上小数点，因为指令或者说规则从下达到接受是一个意愿的转换和复制的过程，能够快速被复制并不是意愿本身，而是指令或者说规则的准确。

11.1.5.3　岁修“六字诀”

“深淘沙，低作堰”是都江堰的岁修制度，只有深淘沙，才能低作堰，才能保证都江堰的正常运营和基本功能。宝瓶口上游内江的风栖窝淘沙淘至卧铁是低作堰的基础和前提，也是都江堰最早确定的治水治河经验，传说是都江堰的创始人李冰留下的准则。“深淘沙，低作堰”既是确保宝瓶口的取水量，又是确保飞沙堰排洪排沙的效果，是确保内江河床比飞沙堰低 2m 的保证，是排与引、泄与取矛盾的统一，是抗旱与防涝的共同体，是都江堰工程的关键技术指标，类似公路建设的设计速度。由此，要求岁修必须“遵旧制，毋擅变”。古人言“动什么别动规则”。

11.1.6　都江堰工程排沙

都江堰位于推移质多，粒径大的岷江上。李冰充分利用当地河势和地形合理布置了渠首工程实现调控“定量”取水；而调控“定量”取水能取多少年、取多少的关键就是渠首工程的排沙效果和宝瓶口上游风栖窝的“深淘沙”，是利用自然规律进行自然排沙。

11.1.6.1　渠首工程排沙

渠首工程排沙防线有 3 道：

防线一：鱼嘴布置于河湾与外江呈 45°，但由于上游白沙河的影响使右(南)岸不断受到侵蚀，加上北(左)岸堤岸不成弧形和韩家坝导漂工程，以及鱼嘴山一段顺直的江心洲，自然形成外江槽为主流，左右水面形成向外(左)的坡降压迫使近 80% 的推移至从外江自然力排出(图 11-8)。

防线二：剩余 20% 的推移质进入内江后，主流沿左岸走至凸向江心的虎头岩形成半径为 850m 的弯道，导致右岸表层水直冲虎头岩形成螺旋流，底层转向右岸的飞沙堰；同时由于飞沙堰的侧向分水产生的负压形成分水环流，加大了飞沙堰的排沙作用，实现“弯道环流”和“正面取水，侧面排沙”两种自然流态共同作用的结果(图 11-7)。

防线三：水流遇到障碍物，由于其障碍物两边受力差而产生从表层转向底层的环流，表层流速大于底层，并且受力相反，使底流反向而行而减缓较远底流速度；并随着流量增加，不仅壅水影响往上游扩大的同时底流反向而行而减缓较远底流速度也在往上游延伸，直至从飞沙堰排出。

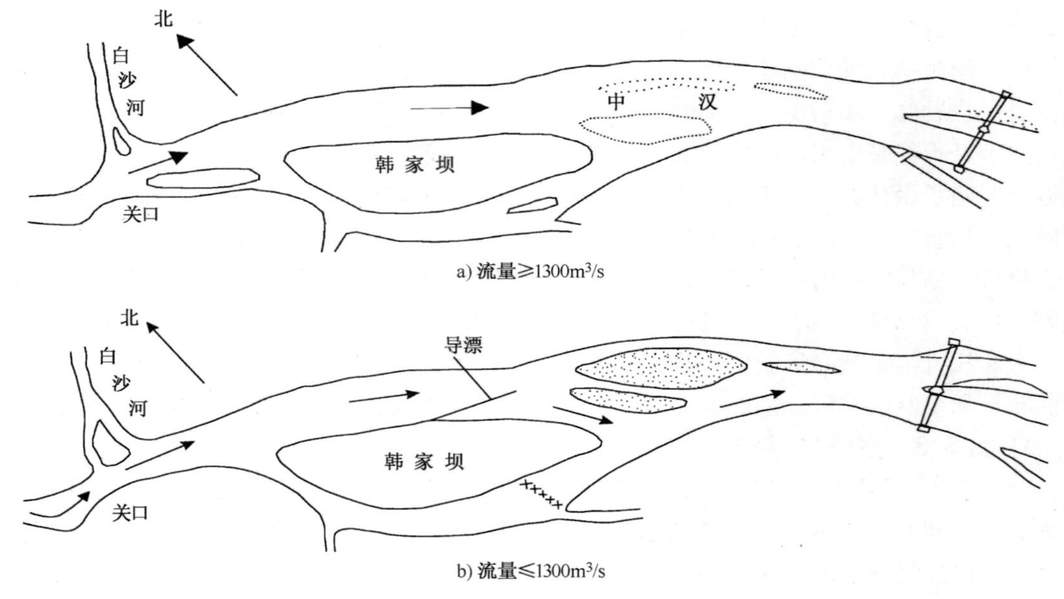

图 11-8　鱼嘴上游河势图

11.1.6.2　灌区引水防沙

（1）利用鱼嘴分水排沙。

（2）利用河湾环流，凹岸取清水。

（3）迎面建闸，侧面取水。

（4）壅水沉沙，上游取水。

（5）治理河道，光面河床防淤。

11.1.7　灌区建设

都江堰老灌区经过多年的发展有干渠 8 条，至 1949 年灌溉面积达到 288.39 万亩，1949 年以来首先对老灌区进行了一系列的改造，形成了如图 11-9 所示的引排分离的综合网络渠网。从 20 世纪 50 年代到 80 年代，为充分发挥成都平原宜耕的自然条件和因势利导的都江堰工程扩展了 819.21 万亩，达 1 107.60 万亩，实现了可持续发展，挖掘了都江堰工程的潜力，将都江堰工程价值发挥到了极致，体现了投资与产出的工程价值的价值工程。灌区建设主要有：

（1）老灌区改造。

（2）扩建灌区。

（3）灌区建库备水。

（4）上游建库建站储水。

（5）水量平衡规划，加强管理。

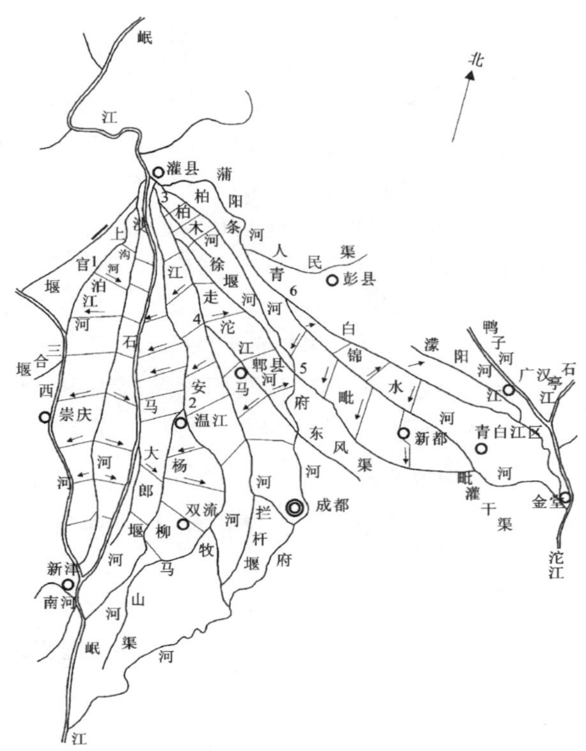

图 11-9　都江堰灌区渠网图

11.1.8　都江堰工程管理制度

俗言“三分建七分养”。都江堰工程管理实践证明，只有加强岁修，重视管理，才可能使工程完整，长期发挥效益。由此，不断完善形成了渠首工程“以水养水”的管理制度，民堰成立堰长、沟长进行岁修、水费征收、堰田、用水管理等，形成的管理制度有：岁修制度、堰工会议、水权登记、用水制度。

11.1.9　结语

“乘势利导，因时制宜”是都江堰工程渠首工程布局和灌区渠网的原则。按其原则选择了居高临下的岷江洪积扇顶，形成自流的灌溉网络。充分利用充沛的岷江水资源，为 2000 多年来将灌区面积扩大到一万万亩奠定了基础，为都江堰功效发挥极至、实现最大的价值工程提供了物质条件。这一点无论是过去、现在，还是将来，都是工程建设值得借鉴和思考的课题，比如高速公路建设如何解决道路运输的网络问题，如何自然调节分配交通流量问题等。“急流缓受，不与水敌”，不与水敌是一种态度也是一种文化，这是与自然共生和谐的准则。这种态度和准则是不是可以拓展为“激来缓受，不与激敌”。那么在高速公路走廊带选择时是不是也应首先不与自然地理、气候环境为敌，不与地质构造带为敌，道路线性不与地势为敌，长距离下坡不与能量守恒定律为敌。作者认为工程建设多思考或者反问拟定的方案和思路是不是与自然为“敌”，是不是还有更“友好”和“缓受”的方案；如果把大自然或者说建设的自然条件当成日常生活中促膝而谈的对象去与大自然“谈一谈”，那么恶劣的气候、脆弱的环境、复杂的地形、破碎的地质、有限的条件将成为都江堰的虎头岩，将成为都江堰宝瓶口的离堆。因为“垃圾”仅仅是放错位置的“材料”，不利的条件和环境是相对的，对一方不利那对对方就是有利。再比如低等级公路长距离下坡路段较小的平曲线，对运输效率是不利的因素，但对超载的车辆就是最有效地低档控速措施。“急流缓受”好一个以柔克刚的急流缓受，生活幸福的婚姻肯定是相互磨合的很好的，磨合中为避免矛盾的激化，艺术地应用了以柔克刚，应用了激来缓受；不与激为敌是和谐的生活道理，化解矛盾的最佳手段是“心小事大，心大事小”，在发生冲突时，冲突的双方只要其中一方“心大”，那么冲突必然“事小”。其实，大自然遵循的是“最小作用力原理”，通过最小的作用力实现平衡的是最稳定的，就像喷发的岩溶冷却凝固收缩成为六边形石柱。那么，处治膨胀土边坡采用膨胀土的休息角坡比不是最有效的方法吗？利用干码片石护面不是急来缓受吗？不是以柔克刚吗？钢对刚，锚对矛是不是需要代价？

11.2 滇越铁路工程活动——何时与现代交通接轨与脱离决定城市的繁荣与闲适

工程是人类历史的载体，是人类文明的象征，是科学技术进步的进程，是传承人类追求的思维。工程的历史长河，研阅历史的工程和工程，研讨、启迪和感悟，指导当代工程建设，既是传承，又是创延。

人类社会的每一个人在社会的舞台上皆有一个自己的角色，随着经历的增加将自己锻炼成为从“劳动人—单位人—社会人—资本人”逐级发展的过程中需要有 7 个人的共同帮助和人生的集成：“高人指点、贵人帮助、小人监督、爱人支持、家人理解、本人努力、众人拥护”。那么，作为一名土木工程技术人员，在科学、技术和信息日新月异的当代，在人类发明火经历了上千年，后来发明飞机，实现登月仅仅用了几十年，到今天创造一款新车仅仅用几天；如何吸收和过滤无处不闻的信息，了解实用而先进的前缘技术和核心理性思维，倡导先进而适宜的理念。作为工程技术人员技术的进步，高人、贵人、小人、爱人、家人、本人和众人在哪里？是什么？当然领导、师傅、同仁、朋友皆是，但这是“他或者她”，那么“它”又在哪里？常言道“他山之石”：历史的工程和工程的历史，以及交叉的学科。

有路就有人，就有路和人的故事。一天观看 CCTV《世界地理》关于滇越铁路建设的讲坛，被当年建设的沉重所惊叹！被百年来的贡献折服而敬畏，作者断断续续从网络等渠道查阅了一些零零星星的资料，从工程技术的角度对这些零零星星的资料进行了分析。跟随铁路迷徒步滇越铁路的步伐，感受当年“蛇行的铁路，爬行的列车，英雄的司机，不怕死的旅客”的画意，想从那沉重的建设中学习，在感悟都江堰工程中受益匪浅之际，抱着相同的目的，欲从滇越铁路的沉重中寻求工程建构的哲学思维和智慧。

11.2.1 滇越铁路简况

滇越铁路始建于 1901 年，历时 10 年，1910 年通车。滇越铁路是从中国昆明至越南海防的国际铁路，全长 859km，分为越南段(即越段)和云南段(即滇段)，总投资 1.655 亿余法郎。1958 年铁道部电令滇段改称昆河铁路，全长 468km，轨距 1m(窄轨，标准轨距为

1.435m)。滇越铁路是中国连接越南的铁路干线，跨越金沙江、珠江、红河三大水系，穿越了3大气候带，12个少数民族聚居区，近80%的路段穿行崇山峻岭，海拔高差1954m(河口海拔76m、昆明呈贡水塘2 030m)；特别是滇段的倮姑—白寨44km，高差达1 242m，平均纵坡达2%，平曲线占线路53%，最小半径80m，最大纵坡达3%。它的开通运营，将西方现代工业文明的曙光撒到了云南，促进了云南现代文明的进程。百年间，这条铁路记载着走向共和国的艰苦卓绝和中国政治体制变革、社会经济发展的历史(图11-10)。

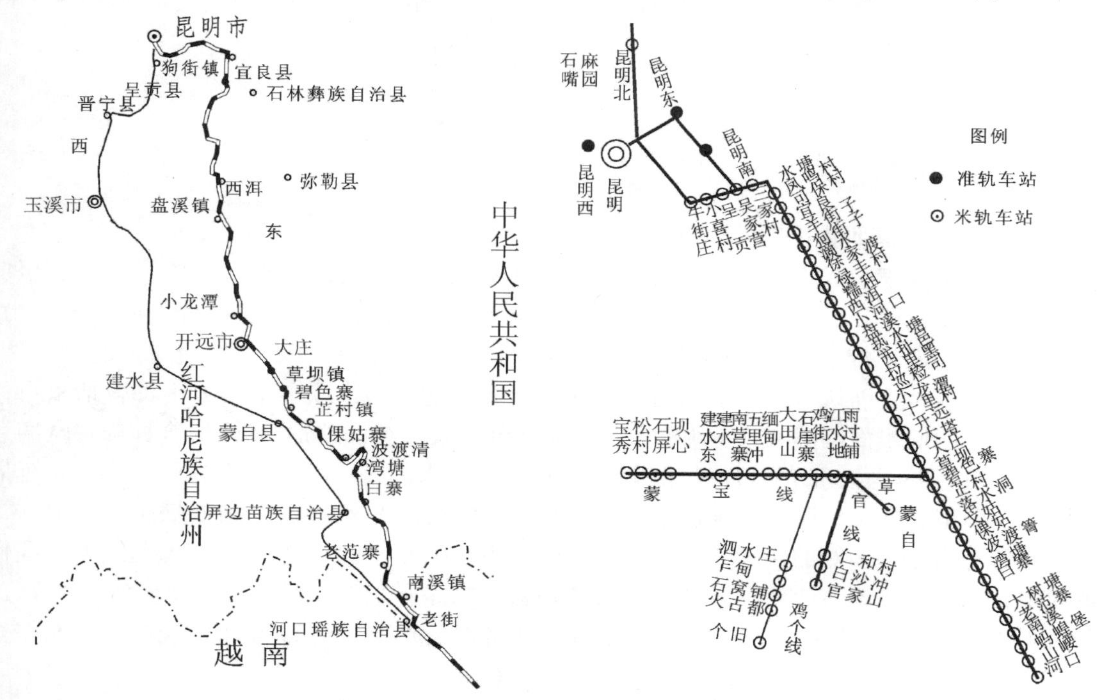

图11-10　昆河铁路路线平面及站点布置图

11.2.1.1　滇越铁路的启动

1840年鸦片战争后，1898年3月，法国借口干涉还辽有功要求"自越南边界至云南省城修筑铁路一道"，清政府"可允照办"获得了修建权。1901年启动越段(图11-11)，1903年10月，法国与清政府签订了《滇越铁路章程》34款，1904年滇段兴建。滇越铁路公司前后累计从国内招募筑路工23万人，到1910年通车时，前后惨死的工人达六七万人之多；滇越铁路的修建付出了"一颗道钉一滴血，一根枕木一条命"的沉重代价，诗人感叹"双行铁轨千家命"，也成为云南18怪之一"火车不通国内通国外"。

修路中不断激起人民的反抗，"拒修洋路"呼声不绝，迫使铁路设计改线，基本绕开重镇，走于人烟稀少、山间谷地的地区，就云南第一个设置海关、邮局的蒙自也不例外，被迫过距离蒙自12km的碧色寨。

1910年3月10日，滇越铁路全线竣工通车，营运货车体积小、运量仅约在20t，靠着蒸汽动力，仅以时速30～40km的速度蹒跚地爬行在深山高壑之中；与当时的汽车相比，显然是云南18怪之一"火车没有汽车快"。

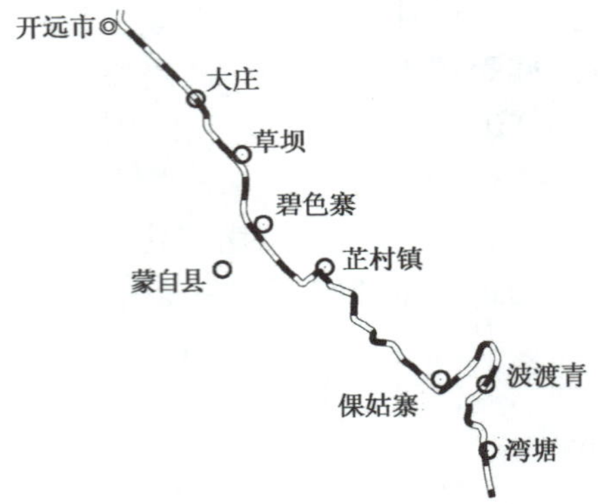

图 11-11　滇越铁路越段路线图

11.2.1.2　滇越铁路的拓展与寿命

滇越铁路通车后，法国政府还想修筑从碧色寨至个旧、建水，开远至弥勒，宜良至曲靖等 7 条支线，但由于滇越铁路通车，云南高原出现前所未有的运输速度和庞大的运力，极大地震撼当地乡绅、村民，强烈地冲击小农经济意识，彻底改变了人们对铁路的看法。大小矿主和当地乡绅认识到修筑铁路的巨大好处和前途，多次联名上书云南都督请求自修铁路，经省政府出面调解蒙自士绅和个旧绅商，并由蒙自绅商追加 40 万股金，修建从碧色寨绕道蒙自 31km 至个旧的寸轨铁路(轨距 0.6m)；建水和石屏绅商又出资要求将铁路延展到建水、石屏，此条铁路与滇越铁路在碧色寨车站接轨，故被称为“个碧石铁路”。

个碧石铁路修多宽的轨，是绅商们争论的焦点：一是不让滇越铁路的机车能驶入我们的轨道，国家资源不能让外国人染指，维护路权；二是修筑费用可比修米轨便宜 40%。此种意见占了上风(图 11-12)。1915 年，个碧石铁路正式开工，至 1936 年全线竣工通车，全长 177km 的铁路修了 21 年 5 个月，其中艰辛不言而喻。

图 11-12　米轨与寸轨

1921 年个碧石铁路竣工通车后，人们很快便发现寸轨根本不能满足运输的需要，速度慢、运力小。因此，接受了工程师萨福钧的建议，鸡街至建水、石屏段，虽线路仍按 0.6m 轨距铺设，但路基、桥梁、隧道等均按米轨标准建设，为将来接管滇越铁路做准备。这一建议可谓远见卓识，1970 年由铁道部出资 1000 万元，对鸡街至石屏的寸轨铁路进行扩轨改造，在鸡街与滇越铁路接轨。而鸡街至个旧段因先天不足，未能改造，于 1990 年停运，寸轨“小火车”就此告别了历史的舞台。

11.2.1.3　滇越铁路的影响

滇越铁路全线竣工通车后，法国人柏顿认为：“不仅云南全省商务为法人所掌握，而且云南政府也在巴黎政府掌握之中”。通车头 10 年，滇越铁路每年运输量达 64 万余 t，法国收取云南运费达数百万元。东方汇理银行沿途设立了许多分支机构，与滇越铁路公司一起操纵了云南的外汇业务。滇越铁路通车后，运量逐年攀升，1910 年运出货物(6195t)比 1909 年增加了 50 倍。法国通过滇越铁路直接控制了云南对外的交通、经济命脉，导致云南半殖民地化加深。据《建国前滇越铁路修建史料》估计，在通车后的 30 年中，法国通过该铁路共运走仅锡 23.4 万 t，价值达 2.44 亿美元。

滇越铁路加速了云南自然经济向商品经济转化和走向半封建、半殖民地的进程，对云南社会产生了极大影响。交通方面，昆明到内地香港行程从 2 个月以上缩短为 1 周，9 天可达上海。经济方面，滇越铁路把河口、蒙自、昆明三个通商口岸连在一起，沿线个旧的锡、弥勒的红糖、宜良的大米等运送到省外和国外，加速了商品经济的发展。与此同时，中国的第一座水电站——石龙坝电站的发电输电设备、云锡公司等引进的机器设备和技术人员等均通过滇越铁路运来，促进了云南近代工业的发展。人民生活、社会风俗方面，铁路通车使大量洋货涌入，昆明街头法式建筑的医院、教堂、商店、住宅林立，电灯、电话、自来水、汽车进入了一部分人的生活，看电影、穿西装、男女同校、鞠躬礼代替了跪拜礼也渐入民俗，使人民的生活和思想观念发生了一些转变，促使云南成为中国对外开放最早的地区之一。昆明从一个封闭的边陲都市一跃而成为与资本主义经济体系发生直接联系的前沿城市。

11.2.1.4　抗日运输动脉

抗日战争爆发后，上海、广州、香港等沿海重要口岸相继沦陷，滇越铁路成为与世界反法西斯同盟国相联系的国际运输线。根据《中法会订云南铁路章程》“万一中国遇有战事，该铁路悉听中国调度”的规定，大量的公私物资涌入越南海防港。迫于形势紧急，蒋介石任命宋子良亲赴河内主持工作，规定所有待运物资实行统一支配，军火物资、兵工机器、五金材料优先起运。

滇越铁路作为国际援华物资的重要交通线，日军凭借空中优势，对滇越铁路实施狂轰滥炸，仅从 1939 年 12 月至 1940 年 8 月先后派出轰炸机 625 架次，铁路工人始终坚守在各自的岗位上，积极抢运抗日物资。自抗日战争打响，滇越铁路一改夜不行车的规定，日夜加开列车抢运抗日物资，货运量增长了 3 倍，客运 15 倍。

为保护抗日国际通道，高射炮兵大队开赴防地，担负滇越铁路重要桥梁和隧道的防空任务。人字桥两端的高山顶上布置了性能更好的高射机枪。由于人字桥位于两山绝壁之间，加之防空部队配备的猛烈炮火，日机尽管先后投弹 700 余枚，将人字桥四周炸得草木尽飞，但硝烟散尽，人字桥仍奇迹般地傲立于绝壁之上。

1940 年初，日军侵入越南占领海防，使大量积压海防的物资落入日本。为阻止日军入侵云南炸断了河口大桥，第一集团军沿滇越铁路在地形险要之处构筑了 4 道防线，严阵以待，并拆除河口至碧色寨 177km 铁轨移铺昆明至曲靖段，将大量国际援华物资通过滇缅公路、驼峰航线运抵昆明后继续运至前方。1946 年 2 月，经反复交涉，法国为赔偿在停运期间和海防等处积压物资的损失，将滇段的主权和经营权作为抵偿，其主权终于回到了中国。新中国成立后立即着手修复工程，1957 年全线通车。随着社会经济和道路交通的发展，2003 年 6 月 16 日起停止了客运仅保留货运。

滇越铁路早期是蒸汽米轨机车，后改为内燃机车。东方红 21 型是高原米轨通用型内燃机车，功率 640kW，最大时速 50km/h，车长 12m，目前还在履行货运任务。

11.2.1.5 未来发展

2004 年 1 月 7 日国务院讨论通过了《中长期铁路网规划》，泛亚铁路东线铁路改建工程提上议事日程，于 2005 年 9 月 1 日开工建设玉蒙 I 级铁路(标准轨)，全长 147km。视运量增长情况争取新建蒙自至河口段，将保留下来的昆河米轨铁路申报《世界遗产名录》。2010 年扩能改造昆玉段，昆河全段设计时速 120km，营运时速可达 200km，全长约 332km，较昆河铁路短 136km，建成后昆明达河口仅需 3 个多小时。

11.2.2 工程建构、营运的启迪

11.2.2.1 事过变迁的碧色寨

碧色寨距离蒙自 12km，原本是一个几户人家的山村小寨，百年前，随轰鸣列车的到来颠覆了这里所有的一切，使这里成为中国最早的火车站之一。碧色寨逐渐繁荣起来，聚集了无数商客和营生者；特别是个石碧寸轨铁路在碧色寨平行“并轨”接站后，碧色寨成为米轨和寸轨铁路换装站，滇南进出口货物都由碧色寨中转，相距 200m 的米轨和寸轨之间，物质需要肩挑背驮转运，大大小小的中转仓库、货运公司犹如雨后春笋，仅仅来自县城蒙自的搬运工人就近千人，居住在区域政治、经济和文化中心的劳动力舍去“都市”下乡村讨生活；这里有了云南最早的网球场、咖啡厅、酒馆、电影院和旅馆，曾经被誉为“云南的小香港”。按 18 岁从贫穷偏远的山村出嫁滇越铁路职位最低的巡道工的山村女孩回忆：吃水不要钱，住房不要钱，县城吃不到的这里吃得着，县城买不着的这里买得到。但在当时生活艰难、物质匮乏、交通闭塞的环境中，一个贫穷偏远的山村女孩长到 18 岁，媒婆踩破门槛，不嫁周围山村汉，但作为滇越铁路“职位最低”的巡道工上门一说，凤凰立即飞向“有钱有势”、“有吃有喝”、“职位最低”的巡道工。不仅反应了只有几户人家的碧色寨，从滇越铁路四级火车站升级为特等火车站的“飞黄腾达”和崛起，说明了交通的重要性，而且揭示了碧色寨掘起的最大作用是改变了人的观念，改变了一个贫穷偏远的山村女孩的婚姻观和一生的命运。

1970 年国家投资 1 000 万元，将蒙自—石屏宝秀寸轨铁路改为米轨，在鸡街雨过铺与滇越铁路并轨；从此碧色寨很快衰落，碧色寨变成宁静而闲适的四等小站。如今，在这里还可以找到当年的车站、仓库及西式酒馆、海关仓库的旧址，车站墙上饱经风霜的时钟，英文“Paris”字样依然清楚。1987 年整个车站成为云南省重点文物保护单位，碧色寨成为了历史的文物。

掀开文物的历史，阅读文物的历史，感慨万千。碧色寨随着火车的轰隆隆崛起，个碧

石寸轨铁路在碧色寨“并轨”接站而“飞黄腾达”，成为农村女孩出嫁的“天堂”，县城城市人的营生天地，后又恢复成为宁静而闲适的小站，成为历史的文物。工程是人类历史的载体，是人类文明的象征，是科学技术进步的进程，是传承着人类追求的思维，是人与自然博弈的判官，从中可以阅读自然、阅读人生价值，判断价值的取向。碧色寨在“拒修洋路”的呼声中迎来了掘起的机遇，在多次联名上书请求“自修铁路”绕道 31km 的个碧石寸轨平行并轨中“腾达”，最后在个碧石寸轨升级改造中“闲适”。碧色寨的起伏皆是当地智慧群体价值取向的结果，是拒是求、是绕是连、是近是远……工程不是简单的经济活动，工程是政治经济的社会价值活动，特别是社会公益建设。道路工程是社会活动的具体，道路的走向决定沿线区域经济的今天和明天，甚至未来的崛起、腾达和闲适；特别是穿行于山区的高速公路设置的互通式立交、服务区等，位置、数量、间距和规模决定沿程山间星罗棋布的经济带、乡镇、城市发展的历程。铁路火车站如果仅仅考虑铁路的服务水平和运力，只需要建设者“选线布站、布站优化线路”；可是“选线布站、布站优化线路”与沿程经济带发展的结合，并统筹星罗棋布经济带的主次和发展联动是工程建设选择、协调、统筹和妥协的基本点。想一想，高速公路建设就互通式立交的布置考虑了什么？分析了什么？研究了什么？研究分析的广度和深度是多少？在高瞻远瞩、顾全大局进行深入研究的时候，沿程的智者反对或者不理解时，你启发了什么？交通运输沿程没有一个“碧色寨”的人民群众希望是“闭塞寨”的寨民。道路工程建设者不仅仅是一个土木工程师，而是一个工程技术和社会经济的建构师，技术永远服务于经济，经济服务于政治、服务于发展，服务于改善人们的生活条件和环境条件。

11.2.2.2　寿命短暂的碧个铁路

滇越铁路通车后，云南高原上前所未有的运输速度及庞大的运力，给当地乡绅、村民带来了极大的震撼，对小农经济意识产生了强烈的冲击，彻底改变了人们对铁路的看法。如作家艾芜挥笔：“滇越铁路这条大动脉，不断地运送来法国的货物和机器，把这原是村姑娘面孔的山国都市，出落成一个标致的摩登小姐了”。在滇越铁路通车后，法国政府还想修筑从碧色寨至个旧、建水，开远至弥勒，宜良至曲靖等 7 条支线，此时，个旧大小锡业矿主和乡绅多次联名上书云南都督蔡锷，请求自修铁路。原先坚决反对修铁路的蒙自士绅，此时又坚决要求碧色寨至个旧的铁路一定要绕道 31km 过蒙自。最后，经省政府出面调解，由蒙自县绅商追加 40 万股金绕道蒙自。后来，建水和石屏县的绅商又出资要求将铁路延展到建水、石屏，资金全由民间集资。此条铁路在碧色寨与滇越铁路“接轨”，故被称为“个碧石铁路”。

个碧石铁路轨距多宽成为绅商们争论的焦点，“寸轨”的意见占了上风。1915 年开工，历时 21 年 5 个月通车，全长 177km。但很快发现“寸轨”根本满足不了运输需求(速度慢，运力小)。过程中接受了工程师萨福钧远见卓识的建议：鸡石段路基、桥梁、隧道等均按米轨标准建设，按 0.6m 轨距铺轨，为将来接管滇越铁路做准备。1970 年进行扩轨改造，并于鸡街与滇越铁路真正意义上的接轨。而鸡个段因先天不足，未能改造，于 1990 年停运，寸轨“小火车”从此退出了历史的舞台，成为博物馆的宝物(图 11-13)，仅仅成为追忆的影子。工程是人类创造的新的存在物体，工程的寿命有工程功能寿命和工程价值寿命。功能是使用过程自然地消耗，属于正常和天然的现象，是事物发展的自然规律。功能消耗的同时其价值也随之发挥，但工程价值寿命有可能像鸡个段寸轨铁路一样，功能完好但价值寿命结束。由此，价值的寿命除与功能有关外，往往与决策有关，价值寿命长短往往与观念和理念息息相关。看看道路改扩建，看看改扩建的方式，也许会发现建了一条新路，消耗或者损失了一条老路。

图 11-13 博物馆休息的寸轨“小火车”

11.2.2.3 绕避重镇的滇越铁路

19 世纪末，法国在未获取建筑铁路权之前，曾经先后 8 次以考察云南地理为名多次派人对路线和矿产进行勘察。1901 年 8 月 10 日，滇越铁路法国公司成立，加快了铁路勘测、选线和设计。在线路比选时倾向于从昆明经玉溪、通海、建水、蒙自、屏边到河口的西线（图 11-10），但在法国人勘测线路期间，引起沿途百姓强烈反对，影响最大的是周云祥起事。无奈当地百姓强烈反抗，线路改为昆明经宜良、盘溪、开远、芷村到河口的东线，基本绕避了沿线重镇，走于荒无人烟的崇山峻岭；不仅导致工程艰巨，而且沿线设置的绝大多数站点仅仅是解决铁路运力，对沿线乡镇带动非常小，导致蒙自人远离城市到乡下碧色寨讨生计。抛开国家主权问题，仅仅从工程与社会经济发展的鱼水关系分析，作为一个工程的位和址，作为连接经济带，完成经济带、城镇之间时空转化的道路工程，途经什么乡镇，什么区域尤显重要，不仅决定道路工程的工程价值和价值寿命，而且决定沿途碧色寨是“小香港”还是“闭塞寨”，决定碧色寨的“小香港”寿命。李嘉诚总结分析地产投资因素时说：“地段、地段，还是地段”。

11.2.2.4 建构的沉重

1903 年 2 月法国印支铁路建筑公司以招标方式，将全线工程分包给意大利、希腊、比利时、德国的数十个承包商，从法国招聘技术人员和管理人员 930 人，各承包商又从德国、意大利等国引进现场管理 1200 余人。滇越铁路开工以后，从沿线和邻县征集了大批的劳工，每天劳工数万人。

据云南省档案馆史料中的记录：劳工按工作量计工，土方 1.37 ~ 2.46m^3/（天・工），石方 0.34 ~ 0.62m^3/（天・工），每工每天至少工作 10h，甚至披星戴月才能完成当天任务量。滇越铁路的修筑工程浩大，劈山架桥非常艰险，付出了沉重的代价。

案例 1：滇越铁路死亡 7 ~ 8 万人（1904—1914 年美国挖掘巴拿马运河死亡 7 万多人，

二战日本修泰缅铁路死亡 1.6 万战俘和十几万劳工）。

案例 2：1885 年法国从越南入侵中国云南，但清驻越军队、赴越滇军和桂军、黑旗军在镇南关等重大战役中重创法军，法军连连溃败，然而中法战争以“中国不败而败，法国不胜而胜”结束。这一奇怪的胜利改变了云南的命运，法国获得了在我国西南诸省通商和修筑铁路权。

案例 3：1903 年《滇越铁路章程》34 款的签订，滇越铁路成为“一条没有主权的国际大动脉”。

历史是沉重的，沉重的历史是需要辩证的、历史的、客观的、发展的、启发式的进行思考，思考只有沉重是最没有价值的思考。思考的价值不是沉重，不是愤慨，是指导明天。

11.2.2.5　协调与对接

滇越铁路改变了云南，改变了观念，冲击了小农经济意识，成为一条国际大动脉；但与动脉对接的其他的协调和匹配仍然至关重要。看看图 11-14，当年通过国际大动脉漂洋过海的货物对接的站场建设和方式，看看当年碧色寨相距 200m 米轨与寸轨的对接。上千的挑夫虽然热闹了山村，但如前所述，热闹的寿命有限。运输不是由主动脉的水平决定，而是取决于运输网络和配套设施的整体水平。日常生活中“短板效应”人人皆知，其实工程系统中的短板影响面更大，社会经济损失更大。犹如城市道路的通行能力并不是决定于交叉口之间的道路，而是取决于交叉口。当今，综合交通运输系统，各种方式之间的无缝对接，配套设施之间的协调和匹配，道路几何指标与地形、地势、环境之间的协调等，仍然是当代人需要用心思考解决的关键。

图 11-14　火车与马帮对接货物

11.2.2.6　远见卓识是工程价值潜力挖掘的基础

从反洋修路到自修铁路的工程中，掀起了个碧石铁路的建设，鸡街—石屏段过程中接受了萨福钧的建议，才有了 1970 年仅仅投资 1 000 万实现扩轨改造的可能，而鸡个段因先天不足停运。同一条铁路不同的路段、不同的区位、不同的结局、不同的寿命、不同的价值，区位较好的鸡个段最后成为寿命最短、价值最低的路段。工程是社会的财富，并非只有资本、外汇、黄金和核心技术才是国家和社会的财富，工程不仅是社会的财富，而且是创造社会财富的财富。在工程建构中和后期经营中，挖掘工程价值的潜力，挖掘价值的空间，创造价值工程，延长工程价值寿命是工程建构的内容和职责。财富只有积累才可能富有，社会财富只有不断地积累，包括经验的积累，社会才可能发展，国家才可能富强，才可能最大限度地降低资源的消耗。

11.2.3 观念碰撞中的卓越战略

法国历史学家布罗代尔指出“随便一条道路都反映着一个时代的风貌”。文明发展史的过去只是在讲到野史、流放地、夷方、蛮子的轶闻趣事时才涉及云南，正是滇越铁路打破了古代云南的封闭状态，改变了云南历史的进程，它标志着云南现代历史的开端。翻开《云南铁路》第一章：“在欧洲各国中，除了俄国以外，就只有法国在陆地上与中国毗邻”(当时越南是法国的殖民地)。早在 19 世纪中期，西方就已经注意到云南，来自英国、法国、意大利等国的传教士、探险家们悄悄地进入云南；法国人已经能够对云南的情况提出极为详尽的考察报告，以极为精确的数据描述了云南的地质、水文、降雨量、贸易、人口等方面的状况；从风景的观点看云南确实更适于一种诗人心境，适于浪漫、抒情和漫游。法国人得出：首先云南是一个矿藏极为丰富的蕴藏地，其二云南会为那些感到疲乏厌倦的欧洲人提供一个气候温和的避暑地，其三云南是能否进入富饶的四川省的前厅，其四中国是一个无可比拟的，待开发的工业产地和商品的销售市场。预见：“云南真正的出海口并不在东方，而是在通向海防和北部湾东南方。

然而，当时还乘坐骄子上班的主流认为：一通火车，神灵必受惊扰；这么长的铁路，不被偷掉才怪？中国守国自古靠的就是地形险峻，铁路一修险阻消失。只有一部分人认为中古以后把船和马车这种交通工具抛弃掉，必然事事落后于人，铁路一修军队可以到处调动，一兵抵十，兴建铁路只会提供更多就业机会。修路如遇祖坟绕之，如走良田买之。

在乘坐骄子上班争论不休的路上，法国担心英国实施把印度和云南省会连接的计划损害法国的利益。是的，在没有一条铁路将云南与北部湾和南海连接起来之前，任何人也不能梦想使云南成为有价值的地区(图 11-15)。

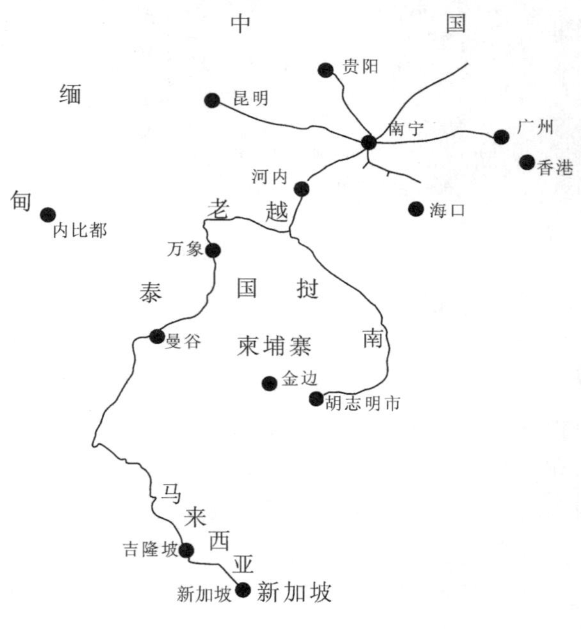

图 11-15 海陆一体区位图

对比分析不同文化背景下的争论，首先已经控制南海的法国，掌控了海洋经济的法国深入研究分析了海陆一体的必要性，持续发展的根基；这一点与当今云南提出并坚定不移的实施“昆曼国际大通道”、“江海通道”、“南北通道”、八莫“水陆联运”、绞漂“欧亚大陆桥”、“泛亚铁路”异曲同工(图 11-16)。其二观望不如行动，由此，法国人抓住一切机会 100 年前获得了滇越铁路的所有权，并付诸实施。这是战略，这是远见，是高瞻远瞩的卓越远见。自然环境学揭示：自然气候环境遵循“纬带规律”和“海距规律”，无论是气温、降雨量还是生物圈等皆遵循该规律，高山仅仅只是将纬带和海距等距线局部调整或者打乱而已。自然环境条件和地缘影响，甚至决定社会经济和政治。而交通条件又是改变时空空间和时空概念的最根本的基础设施，100 年前滇越铁路正是看到了这一点。这一点正是滇越铁路最成功和敬畏的，也是作者从 100 年历史工程和工程历史中的最大的、最深的感悟，并为此感悟感到自己的语言能力最有限、最无奈，语言与之相比太苍白。

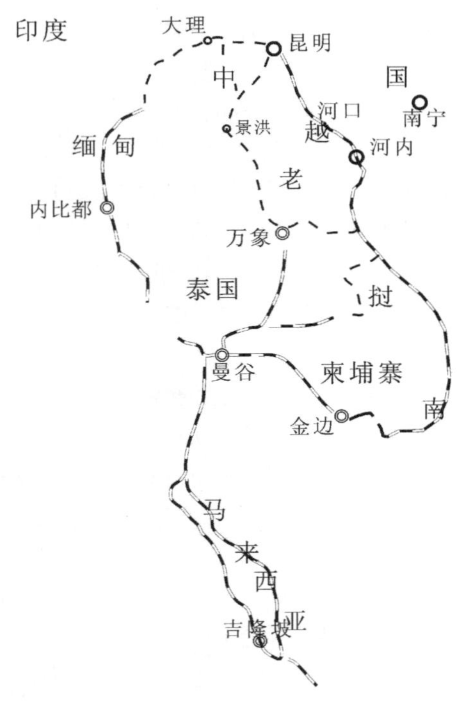

图 11-16　泛亚铁路路线图

11.2.4　结语

感悟来源于经历，经历是人生的财富，是人生成长的过程。历史的工程和工程的历史是工程技术人员的“经历”，感悟是经历的总结，是积累的途径和捷径。工程具有功能寿命和价值寿命，功能寿命遵循自然规律，工程的功能完成其寿命自然结束，但工程的价值寿命不仅与工程功能息息相关，而且与工程决策的理念和工程建构的质量等有关，与工程的定位有关。百年前的滇越铁路定位为世界进驻云南的海陆通道，定位为进入天府之国成都平原的前庭，站在云南当然是云南走向世界的出海便捷通道。任何工程从规划、定位，到建构皆存在各种观念的碰撞和争论，碰撞和争论不仅正常，而且必要；没有碰撞和争论就没有集成，工程本身就是过程的集成。一个项目能“把这原是村姑娘面孔的山国都市，出落成一个标致的摩登小姐”应该是项目的最大成功，一个项目能够允许后人不断挖掘价值的潜力，不断延长工程的价值寿命是最大的骄傲，一个项目的建构创造新的存在物的同时繁华一带、带动一线是项目最大的价值、价值的最大。

11.3　人字桥——设计与建设的紧密结合是创造工程奇迹的根本

工程是人类历史的载体，是人类文明活动的一部分。研阅 2200 年水利工程史，品岷江水之智慧，走 100 年滇越铁路沉重路，吻滇越铁路之“血泪”。沉重地慢慢地翻开滇越铁路百年历史之际，不感悟世界工程奇迹——人字桥的建设智慧和沉重的震撼而沉思是作者最大的愧疚和遗憾。

有人在人字桥前问："山与山之间靠什么接轨?"……"靠人"。

人字桥亲历和见证了近现代中国与世界的一系列重大事件：河口起义、护国起义、抗日战争、解放战争、援越抗法、援越抗美、对外开放、东盟贸易……她承载的荣辱与沧桑胜过世界上任何一条著名铁路桥梁，多元而丰富的历史文化内涵举世无双。法国巴黎大学的公共工程与文化经济博士 Park. R. R 在她的滇越铁路专论中叙述了人字桥的痛楚与辉煌，澳大利亚悉尼大学文化遗产专家 Rob. L 先生在其论文里浓墨重彩地抒写了人字桥的血泪与荣光……

架设在屏边四岔河谷峭壁上的人字桥纤细匀称，上承桁架梁与人字形桁拱架组合一体，可谓造型美观，它经历了百年风雨，如今依然坚固如初，至今未更换过一颗螺栓，从未影响过一次营运，不能不说是一个奇迹……

11.3.1　滇越铁路简况

滇越铁路经过 5 年左右的勘测、设计和准备，始建于 1901 年，1910 年通车。滇越铁路是从中国昆明至越南海防的国际铁路，全长 859km，分为越南段(即越段)和云南段(即滇段)，总投资 1.655 亿余法郎。滇越铁路是米轨铁路，是建设者智慧的结晶，铁路全程仅用水泥 9000t，其他的材料皆是就地取材，用的是高原的烧红土。滇越铁路是中国云南第一条国际铁路干线，跨越金沙江、珠江、红河三大水系，穿越三大气候带，12 个少数民族聚居区，近 80% 的路段穿行于崇山峻岭，它的开通运营，让云南人见到了西方现代工业文明的曙光，促进了云南现代文明的进程。

作家艾芜挥笔滇越铁路："滇越铁路这条大动脉，不断地运送来法国的货物和机器，把这原是村姑娘面孔的山国都市，出落成一个标致的摩登小姐。"

11.3.2　人字桥简况

人字桥与法国标志的埃菲尔铁塔是同类的制造工艺和风格，两者可以相提并论，从结构上两者属于同一基本技术思路和制造工艺，异曲同工，是当时最先进的建筑手段之一，风靡世界，影响后世。在深山峡谷里架起一座惊世骇俗的优美桥梁，不仅破解了代表当时世界铁路工程技术最高水平的工程的关键难题，也使设计者保罗·波登和他的"人字桥"名传后世(图 11-17)。人字桥为中国的"全国重点文物保护单位"，威敖桥为"法国历史遗产名录"，同一大师手笔，同一名企建造，两座世界名桥，两国保护遗产，接轨中西文化，传承人类文明。

滇越铁路人字桥位于云南省红河州屏边县境内(昆河铁路 353km 处)，是滇越铁路的"咽喉"，同时也是滇越铁路的标志性建筑(图 11-17)，代表了当时山区铁路桥梁设计、建构的世界顶尖技术水平。人字桥，因其外形似张腿站立的人而得名(肋式三铰拱钢梁桥)，由法国桥梁工程师保罗·波登设计，1907 年 3 月 10 日建设，至 1908 年 12 月 6 日完工，历时 21 个月。桥长 71.7m，宽 4.2m，跨度 67.15m，重 179.5t，桥面距谷底 102m。人字形悬撑在两座绝壁之间，以独特的设计、先进的技术、高效的功效、周密的精度、精巧的造型、精悍的工艺、科学的工序、沉重的建构文明一世，名传天下。

图 11-17　滇越铁路的标志和象征

11.3.3　人字桥建构历程

11.3.3.1　人字桥方案构思

今天，有人在人字桥前问："山与山之间靠什么接轨?"……"靠人"。

面对 60m 宽、200m 深的高山峡谷要在悬崖峭壁间架起一座桥梁从中间飘过去，今天的工程师可能仅仅是日常的作业，可选择的桥型可能太多太多，可套用的成熟的解答随手就来；但 100 多年前，无论是材料的性能、材料的生产、材料供应、材料的运输，还是构件的制作，加工的工艺、精度和水平，经济实力，以及使用的工具、安装的设备、设备的动力、拼装吊装器械的功力和吨位等皆非常受限的条件下，如若当今登月工程。常言道："材料的革命是结构革命的基础"。

在当年，要在悬崖峭壁间凌空架起一座桥梁，多少工程师站在崇山峻岭间，冥思苦想、饱受苦心……仍然不得其解。险要的地形和凌空的建设条件，以及超越现实技术工艺的要求，在法国全国范围内征集设计方案，征集的 20 多份设计方案，一次次被否定，一份份被淘汰……。方案设计工作一度停滞不前，就设计列入"法国历史遗产名录"威敖桥的设计大师保罗 · 波登和他的团队，也感到力不从心，开始怀疑自己的能力。最后保罗 · 波登以出其不意的大胆创新和凌空架设的先进工艺在竞标中胜出，利用人字形钢梁做桥梁支撑横跨悬崖峭壁(图 11-18)。当今关于设计方案有很多传说，而这些传说从侧面说明了当时的艰辛，因为出乎意料、超越现实或者不可思议的事件往往被常人"神化"或者"童话"、"寓话"。

传说 1：女工程师鲍尔 · 波丁与父亲一道到中国屏边五家寨考察，百思不得其解之时看到长途跋涉而精疲力竭的父亲在悬崖边叉开两腿，举起双手伸懒腰的姿势，激发了灵感，人字桥的雏形便在脑海中应运而生；

传说2：在做衣服的时候，无意间剪刀掉在地上，两个角正好张开插在地板上，形似“人”，这一意外灵感而形成人字桥的雏形；

传说3：设计大师保罗·波登和他的团队在百思不得其解之时，随意丢在图纸上形成交叉的两支铅笔的形状得到了灵感。常人几乎将可能组合成为形似“人”字的皆做了编排。

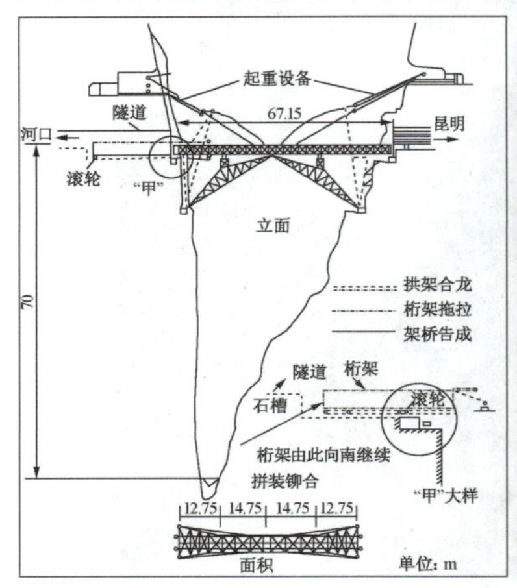

图 11-18 人字桥方案

11.3.3.2 人字桥设计与建构

设计与建设紧密结合是创造奇迹的根本。园艺是园林设计师与园艺师不断交流，不断调整布局，结合现状和现状的每一点实际情况优化设计，灵活调整的结果。比如栽一棵树的准确位置、方向，与其他物体的距离、位置关系等，皆需要设计师和园艺师结合总体规划和设计的思路进行非常详细的细部调整。同样设计任何一个构筑物是一个动态的过程，设计的主体是人，设计是设计者与使用者(包括第一使用者——建设者)进行情感交互的过程，是设计者思想、文化、观念、思维、情感、情绪、心境、个性的整合。而设计者和使用者只是时空方面的相对关系，设计者与使用者是一个相对的整体，特别是与第一使用者，第一使用者是设计团队不可缺少的一部分，谁忽视了使用者，特别是第一使用者，设计自然就脱离了现实，失去了针对性。当然设计是理念、观念和科学技术的引领者，如何实现设计与使用的相对的整体同样是设计的协调，只有设计与使用紧密的结合，特别是与建设的紧密结合才是创造奇迹的根本。

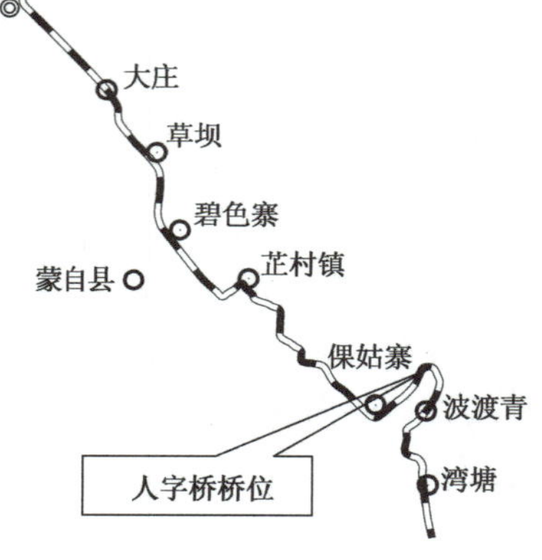

图 11-19 人字桥位置示意图

1. 人字桥设计的基本情况

人字桥位于滇越铁路地形地质最复杂、工程最艰巨、集中克服高差最大、建设条件最恶劣的倮姑—白寨段。该段路线长44km，连续克服高差达1242m，平均纵坡达2%，平曲线占路线53%，最小半径80m，最大纵坡达3%。路线几经反复迂回延展，形成“几”字形，人字桥设置于五家寨“几”字形展线的几字顶部(图11-19)。该几字顶部峡谷宽60m、悬崖峭壁高200

多米，路线需要从 200 多米高的悬崖峭壁中间(距谷底 102m)穿过。五家寨“几”字形展线路段崇山峻岭，人烟稀少，至今皆属于交通相对不便、进出困难的区域。人字桥设计的关键是如何凌空架起桥梁，如何将架设桥梁的材料和构件、设备运至现场？如何拼装桥梁结构？如何将桥梁结构构件就位？

2. 人字桥设计的经典

经典 1：凌空斜撑

著名的法国工程师保罗·波登提出的人字形钢桁梁做桥梁的凌空支撑方案解决了该诸多问题。该方案凌空横跨于两山悬崖峭壁间：像一个两脚叉开、两手排开，双脚抵在峡谷两岸峭壁上，两手排在两峭壁的隧道间的巨人，靠两条腿的力量，撑起了铁路。这两条腿设计得非常巧妙，两边峭壁上凿砌混凝土基座安装金属球形支座，两条腿的 3 个脚趾嵌于其中，并可以转动；3 个球形支点仿佛两脚的 3 个脚趾，1 个支在南岸，2 个支于北岸，形成一组三角绞支点，支撑起 179.5t 的钢桥嵌于峡谷之间。排开的钢桁梁立于叉开的两脚上，担于南北铁路隧道间，挑起铁轨和奔驰的火车(图 11-20)。

图 11-20　人字桥凌空支撑结构体系

经典 2：针对性设计

为解决滇越铁路“咽喉”，解决制约滇越铁路工程质量、工期和寿命周期成本的控制工程，其在崇山峻岭间运输桥梁构件、建筑材料和构件拼装、架设、就位等问题，桥梁构件的节段划分是关键的关键，是控制设计的控制设计；犹如当代斜拉桥、悬索桥和 T 形刚构等节段单元划分，犹如预制吊装 T 梁、I 形梁等跨径的选择，要考虑材料和构件的运输，吊装能力，构件拼装场地条件，构件制作、安装精度等，在 100 年前……能力皆是有限的。

人字桥设计的最经典之处是考虑了上百吨的钢制部件全在法国加工，从水路运到中国红河莽耗后，只能靠人背马驮一段一段地沿着曲曲折折、起起伏伏的小道(宽 1.2 ~ 1.5m)背上山，曲曲折折的小道不可能允许人、马组合和多人组合而增加运输能力。人背马驮的能力是有限的，不能进行人与人、人与马组合的能力更是有限的，而这种有限无论在什么时代皆是存在的、有限的，仅仅是有限的上限值随着科学技术的发展在提高而已。由此，设计师将桥梁化整为零，按整个人字桥桥身没有一根支撑的骨架，全用钢板、槽、角钢、铆钉连接而成，单件构件重量不超过100kg，长度不超过2.5m，大多为1.2～1.5m，均为短而轻的杆件在现场组拼铆而成。但用于牵引斜撑(双脚)拱架的两根铁链(单根长355m，总重5 000多kg)不可能再分，设计充分利用铁链的柔性特征，可以全方位变形，运输中能够适应曲曲折折、起起伏伏的小道；铁链的全方位变形满足运输过程中众人合作的磕磕碰碰，最后由200名劳工合作(25kg/人)，排成数百米队列(间距1.78m)，如千足虫蜿蜒爬行在崎岖的小道上缓缓而行，历时3天运到工地。

打开该桥建成后近几十年才慢慢兴起的“人体功效学”，近代才根据人体的结构和尺度，找出与设计物的比例关系，实现操作的方便、省力和舒适，提高工作的安全和效率，科学、合理地愉快地满足人们精神的需求的学科。翻翻研究了一百年积累的人体功效学经验和知识进行比对，一百年前，保罗·波登的设计团队无论是构件最大长度(≤2.5m)，还是最大重量(≤100kg)，非常巧合地遵循了人机功效学以人为中心的7大设计原则和人体功效学人体尺寸与设计的4大原则，以及人类功效学体力劳动过程和劳动作业能力等关系。不仅所有桥梁构件的节段划分与桥梁结构的受力结合，铆钉连接节段部位合理，安装方便，而且构件长度、重量与人体比例协调，同时适应了起起伏伏、曲曲折折的运输蜿蜒小道，满足了运输中的“磕磕碰碰”。构件节段设计既有动机，又有体验；既有协作，又有交互；既有显示，又有控制。针对性设计就是根据当时、当地的边界条件为设计的限制边界进行的设计，满足工程建构安全、高质和高效，也许是巧合，但至少经典地体现了重细节与重统筹，这是设计的最经典之一，在任何零零星星的资料中未反应由于构件的运输、拼装和安装出现问题影响桥梁建设。

经典3：架构的科学性

在两边峭壁上凿砌混凝土基座安装可以半圆弧转动的3个球形支座支于南北两岸，形成一组桥梁支撑的三角绞支点，并在支点上垂直安装2斜支撑拱架，垂直安装。好一个垂直安装，不仅斜支撑拱架靠近岩壁，方便利用隧道和施工洞进行构件传递、安装，而且加强了两斜支撑拱架安装过程的稳定性，同时利用施工洞中与铰车连接的铰链，以两斜支撑拱架自身的重量为动力，绕球形支座转动合拢实现凌空架设；不仅科学合理，而且省时省力又安全。

经典4：构件组合的科学性

将桥梁构件化整为零进行现场拼装、凌空架设，解决了跨越和凌空架设、构件运输的问题，同时也对构件加工制造和架设的精度提出了更高的要求。早在没有数控机床等加工设备的100年前，密密麻麻的铆孔布置的准确、千千万万颗铆钉加工的精度等，特别是两拱臂合拢，拱臂顶部枢轴孔的吻合，插入钢枢的瞬间，构件加工、基础制作、构件安装等所有的精度皆累计积累到这关键的“一插定音”。根据资料记载1908年7月16日上午8点至12点，仅仅4小时完成了合拢，并且准确无误。4小时与当代转体施工合拢时间差不多，可以充分证明其施工、制作的精度和水平，优异的设计有赖于精良的制造和严密的施工工艺才能得以实现。

经典 5：紧凑的工期

工程于 1907 年 3 月 10 日动工，1908 年 12 月 6 日竣工，历时 21 个月，两年不到的时间，工期的紧凑可以说紧张而有序。按当代“人机功效学”研究的成果和多年工程建设的经验，紧凑而有序的工序和工期是安全生产和保证质量的关键之一。

经典 6：旺盛的生命

100 年来，人字桥从未更换过一颗铆钉、一根构件，从未影响过一次营运；周边曾经遭受日机 700 余枚投弹轰炸，至今仍然安然屹立于深山峡谷峭壁上；一颗颗铆钉仍紧密如初，银色的防锈漆依然抵抗着风吹日晒。社会的进步不仅是创造更多更好的优质财富，改善人类生存和生活的条件，更重要的是创造财富的同时积累财富。

经典 7：沉重建构的思考

据史料记载，为修建人字桥，工人死亡达 800 多人，平均每 m 牺牲了十多人。当年法国报纸称：施工是“死亡之上的舞蹈”，人们说人字桥是用白骨堆成的桥。人字桥设计、架构等皆是当时世界最先进的技术和工艺，但材料、运输、设备等建设的总体技术仍然是“落后”的。由此，科学技术的进步是提高安全生产的重要保证，是人民群众生命的保障。

3. 人字桥建构

先将两边的峭壁从两端向几字的顶间悬崖绝壁打通铁路隧道，使两端的铁路隧道成为施工的平台，提供材料堆放、构件拼装、设备检查等工作的空间（图 11-21）；然后将人背马驮运至的钢构件和安装设备运进隧道中进行拼装，实现了无条件创造条件、无空间创造空间。既完成了铁路隧道的工程，为桥梁构件和设备安装提供了避风雨的仓库和“工厂”，同时避免了气候的影响，为保证工期和质量奠定了基础。常言道：办法总比困难多。

（1）施工原理：转体、滑移原理

抵在峡谷两岸的峭壁，安装在两边峭壁水泥基座上，可以半圆弧转动的 3 个球形空心支座构成支撑的支点，利用轨顶上方峭壁开挖的山洞（宽 4.4m，高 3.8m，深 4.0m）里安装的与铰车及滑车等起重设备连接的两根铁链，将垂直安装完毕的斜腿绕支座作半圆弧转动，将拱臂逐步向峡谷中心缓缓靠拢，实现裸拱合拢，完成主体支撑结构（图 11-22）；然后利用铰车、滑车、滑轮等牵引推送拱上建筑。

图 11-21　铁路隧道掘进示意

图 11-22　斜拱臂转体施工示意图

（2）施工步骤

准备工作：开凿河岸峭壁两端的隧道口的桥台，然后在两端洞口距轨顶面上方 19.17m 的峭壁上，开挖出宽 4.4m、高 3.8m、深 4.0m 的施工山洞以安装铰车及滑车等起重设备。之后在隧道下方的设计高度构筑钢筋混凝土的拱座承台，并在其上安置球形支座。前两项准备工作完成后，即开始安装和吊装(图 11-23)。

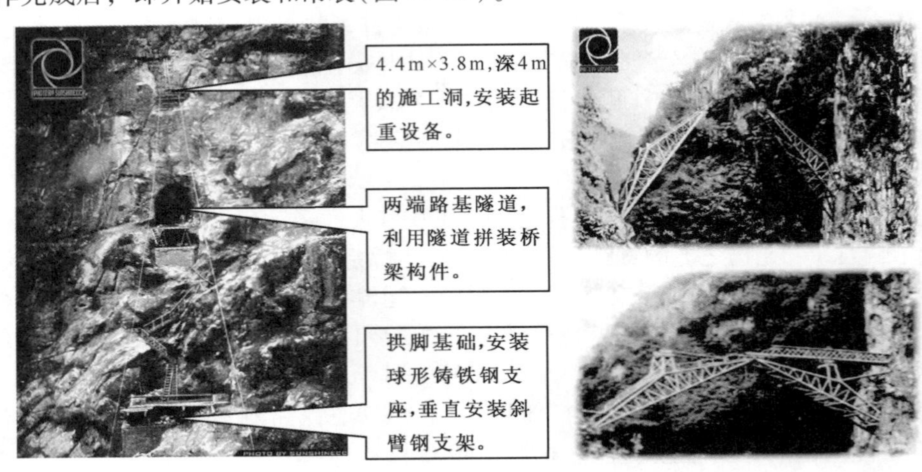

图 11-23 吊装准备工作示意图

第一步：在球型铰上垂直安装三角形钢拱支架，其拱肋的上弦、上风撑，临时用锚杆及缆绳稳定在岩壁上，自下而上拼装下弦杆、腹杆、下风撑，并用铁链将三角形拱架顶悬挂于铰车和滑车上。

第二步：拱臂钢架合拢。利用两边铰车和拱臂顶部的滑车等设备，随着铰车的徐徐放松，拱臂绕支座作半圆弧转动，两只拱臂向峡谷中心缓缓靠拢，待两架拱臂顶部的枢轴孔吻合后即穿入钢枢，并在拱脚底部安装锚固螺栓，实现两端对接。

第三步：在开凿好的铁路隧道内拼装上部简支梁，将拼装好的简支梁利用铰车、滑车、滑轮等牵引依次推送直至全部就位，最后铺设桥面及轨道。

4. 吊装合拢时间

1908 年 6 月 28 日三角拱助上弦固定，7 月 16 日 8 点绞车钢缆绳合拢，7 月 16 日 9 点 30 分三角架徐徐放松，7 月 16 日 10 点 30 分正式合拢，7 月 16 日 12 点准确合拢，桥体裸拱对接成功，人工悬空一锤一锤将桥体裸拱用铆钉铆合，历时 4 小时。7 月 30 日组装拱上钢桁架，循环牵引推送直至全部就位，1908 年 12 月 6 日人字桥建构完工。

5. 人字桥管养

据当地的老人说，当年参加人字桥设计施工的一位意大利女工程师，她在桥建成后积劳成疾，并深深地爱上了这座雕塑般的桥，就此住下，每天凝视钢桥，倾听峡谷水声，直到病故。人们为纪念她，在桥的南岸绝壁上凿了一个洞，在洞内刻了她的石像供奉。其真实性本人无法考证，但也不愿意去考证，期盼是真的，作为当代的一名工程师为之自豪而敬畏，同时折射人们对人字桥的精心呵护。

人字桥经历了百年的风风雨雨，抗日战争期间，派驻部队驻守，先后遭受日机 700 余枚投弹轰炸，四周炸得草木尽飞，至今仍然安然屹立于深山峡谷峭壁上。100 年来，人字桥从未更换过一颗铆钉、一根构件，从未影响过一次营运。想像当年凌空作业的情景，数数排列有序密密麻麻的铆钉，谁不会为从设计到施工到管养的每一个人工作的一丝不苟，制造、安装的精度……为其奇险施工、浩大工程而集美学于一身的人字桥而沉默敬畏，因为任何言语皆是苍白的。

11.3.4　人字桥方案的思考

人字桥建设，无论是针对特殊的桥位地形、地质、架设等条件确定的设计方案，还是根据构件加工、运输、安装和架构条件确定的建设方案，采用的皆是当时世界上最先进的技术。人字桥经历了百年的风风雨雨和战争的洗礼，至今安然屹立于深山峡谷峭壁上，从未更换过一颗铆钉、一根构件，从未影响过一次营运，但建设中付出了沉重的代价。科学技术是为改善和提高人们生活水平而服务的，是为更好地保障人民的财产和生命，如果一项工程必须付出沉重而悲壮的代价是需要进行反思和反省的。作者从工程技术的角度，对人字桥桥位的必然性和唯一性进行思考，是不是人字桥必须修建在其位置，是不是该桥位是必然的、唯一的。自古"华山一条路"，就抛开 100 年来科学技术的进步，仅仅按当时的建桥技术思考人字桥桥位，虽然人字桥所处的倮姑—白寨段 44km 高差达 1 242m，平均纵坡达 2%，平曲线占线路 53%，最小半径 80m，最大纵坡达 3%，采用了特殊的"几"字型展线克服特殊而复杂的地形条件(图 11-24)，但从铁路营运服务水平和通行能力分析，按铁路"选线布站，布站调整线路"的总体原则，从路线展线入手充分利用南溪河的主岔河等增加展线长度，不仅可以改善纵坡，解决滇越铁路运输的瓶颈，提高路段核滇越铁路的运输能力，而将建设的复杂的控制工程改善为采用常规技术的一般性工程，挽救近 800 多人的生命。

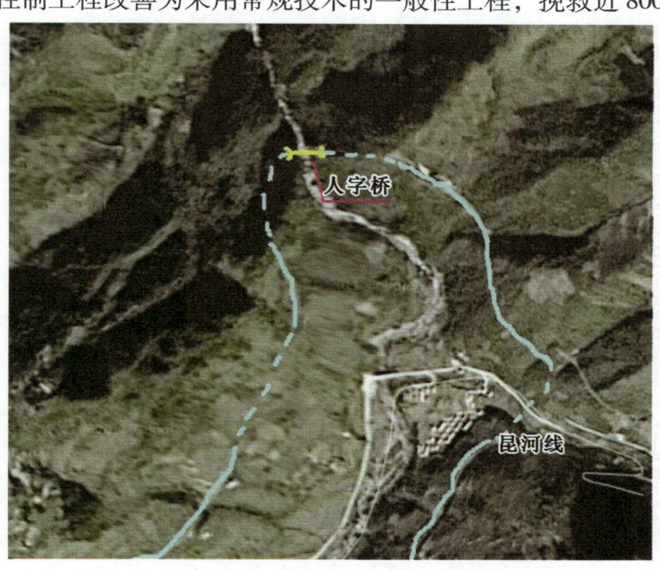

图 11-24　人字桥桥位卫星影像图

工程问题答案的非唯一性是工程的特征之一，这是工程哲学。那么不言而喻人字桥桥位非必然、非唯一，即使不改变该段路线的总体布局，仅仅在人字桥倮姑岸适当位置采用螺旋方式展线将可以解决凌空架桥的问题，降低了其建设的难度；由此，工程建设者在分析研究工程的科学性、经济性、针对性、可行性和工程的价值工程时，是不是应该反问其必然性和唯一性，特别是技术复杂的关键工程和工程的关键问题。

11.3.5 结语

工程是为改善人类的生存条件，提高人类的生活水平而建构的新的存在物，是集科学、技术和工程技术等多学科的物化的劳动过程；工程载录了社会的发展历程，反映了工程建构者的思维和智慧。作者在学习千年历史的都江堰、百年历史的滇越铁路，紧接学习50多年历史的成昆铁路，从感悟工程建构的哲学思维的过程中感悟到：首先工程建构的针对性是工程建构的第一步，工程建构的自然边界条件、社会环境的边界条件和科学技术进步的边界条件分析是关键，也是工程建构者的最基本的责任和义务，工程建构脱离了边界条件自然丧失了针对性。其次，工程建构问题答案的非唯一性是工程建构者进步和履行职责和义务的保障，是创新和发现问题，解决问题的根本和唯一的途径。其三，工程建构的相对性和适时、适地是工程哲学辩证思维的核心思维原则，工程建构的一切评判皆是建立在一定的参考之上，是相对而谈，如长与短、多与少等皆是相对于甲与乙，工程方案没有绝对的对与错误，但并没有排出工程建构者存在方案的研究和方案的反复比较，比较是工程建构决策的根本方法和基本依据。其四，细节决定整体，细节是工程建构的基础，是工程寿命的根本，人字桥千千万万颗铆钉、大大小小根构件制作与安装的细节和细部质量、精度是人字桥凌空架设，斜拱架合拢枢轴瞬间“一插定音”的关键。工程建构是从宏观到微观的螺旋循环过程，道路工程建构是由面到线到点，再从点到线到面的循环过程。

11.4 成昆铁路——统筹全局、传承文化、深入实际是工程建构的三大要素

历史是面镜子，历史的工程和工程的历史是工程的镜子，从中可以感悟过去指导未来，辩证分析感悟工程历史，从感悟中得到启迪。探索的核心是学习精神和文化，学习社会认可，众人遵循的规则和追求的境界，即文化和精神；历史的工程和工程的历史同样是工程建构者学习的最佳素材，任何时代背景下建构的工程永远离不开社会和自然环境的条件，仅仅是条件有所不同而已，“修路修人生，养路养人品”。作者在学习了解工程哲学和社会哲学的基础之上，感悟2200多年前从治国需要、人心所向、经济发展迫切而构筑的都江堰工程感悟了“三分建，七分养”，建的因地制宜、适地适宜，养的用心、明确，价值挖掘有余，价值寿命“延年益寿”的思想和建构者卓越的智慧。从中国在“胜而败”的被迫情况下，在沿线群众仇视的过程中建构的滇越铁路感悟了从反洋修路到自修铁路，从强求避绕重镇到出钱“进”城的观念碰撞，感悟了观念是工程的建设的核心，观念碰撞是社会进步的驱动力，是决定工程价值寿命长短的根本，感悟了工程价值挖掘的基本条件和决定工程拓展的空间的关键因素仍然是观念和理念。为感悟而心旷神怡的同时仍感意犹未尽之际，翻开为建设国家战略后方基地，在“备战备荒为人民，好人好马上三线”的感召下，全国人民斗志高昂，从四面八方赶赴工地，在外国专家断言不能修路的地质“禁区”建构的成昆铁路工程

感悟工程建构的智慧和文化，探讨“工程文化”——工程建构共同遵循的规则——观念和理念，以及团队力量的精髓——传承文化，毫不犹豫，坚决立即执行。

11.4.1　成昆铁路建设的基本情况

成昆铁路纵贯四川、云南，连接两省省会，由北向南贯穿彭山、眉山、西昌、绿丰等 5 个地州、24 个县、8 个民族居住区，建构里程 1 083.32km，营运里程 1 100km，北接宝成、成渝两线，南连贵昆、昆河、南昆等线，设置渡口支线连接攀枝花钢铁基地和昆昆支线通昆阳磷矿（图 11-25）。成昆铁路是西南通向北京和祖国各地的重要战略干线，是密切西南地区与首都和全国的联系通道，对加强战备、巩固国防、增进民族团结具有重大的战略意义。

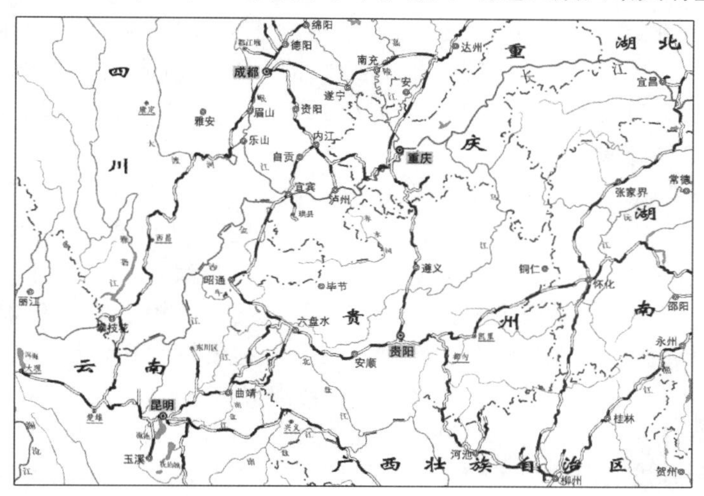

图 11-25　成昆铁路位置示意图

11.4.1.1　工程简况

成昆铁路婉转迂回于千山万水之间，穿越川西平原，潜伏乌蒙山区和滇中高原，盘绕大小凉山，横渡大渡河、金沙江和龙川河 98 次，近 2/3 的路段通过于山高谷深、坡陡流急、地质复杂、工程艰巨的山岭河谷区，设置隧道 427 座、桥梁 645 座（累计桥隧长 429.6km，占路线总长的 39.7%，局部区段达 92%），车站 122 个（2/3 的车站建于桥隧之上），全线控制坡 0.6%，加力牵引坡北段 1.3%、1.6%，南段 1.2%（占营运总长的 41.9%），总投资 31 亿元。1952 年 4 月开始路线勘察，1958 年 7 月北段开建，1970 年 7 月 1 日全线通车。

11.4.1.2　社会背景

特殊的历史背景下中央领导人发出了“成昆线要快修”的战斗号令，刚刚解放的中国一穷二白、百废待兴，全国人民改天换地建设家园的斗志高昂，热情奔放，为响应加速建设战略后方基地的战略思想，按“大分散、小集中，靠山近水扎大营”的经济战略布局，全国人民从四面八方赶来，抱着“备战备荒为人民，好人好马上三线”的情怀，掀起成昆铁路大会战的高潮。

（1）国家经济发展战略。1949 年建立了新中国，国家经济发展百废待兴，残余势力跃跃欲试，世界怀着各种各样的心态注视着新中国；中国处于一手发展经济、提高人民的生活水平，一手消除残余势力、防备外来干扰，一手团结依靠为数不多的友好联盟、发展建设新中国，制定了“以农业为基础、工业为主导”的战略方针和按“大分散、小集中”的格局布置靠山、分散、隐蔽的战略后方国防基地，坚持“抓革命，促生产”，走“独立自主，自力更生”的道路。全国经济建设你争我赶，如火如荼；

（2）异曲同工的战略布局。贯通云南、四川两省的铁路，早在19世纪末，美、英、法等国家先后皆有打算，并且有的进行了路线勘察，法国想方设法建构滇越铁路的第一步是打通进入富饶的四川前庭昆明，在没有一条铁路将云南与北部湾和南海连接起来之前，任何人也不能梦想使云南成为有价值的地区。是的，在成昆铁路没有穿越乌蒙山区和滇中高原之前，谁又真真感受它的区域价值。20世纪30年代国民政府曾经进行了勘察，但因为地势险要而未实现。

（3）成昆铁路历时6年2个月，经历了政治色彩浓厚的无产阶级政治挂帅和文化大革命运动，参建人员革命热情昂扬，发扬“一不怕苦，二不怕死”的精神，建设过程中学大庆和解放军，走自力更生的路，做力争上游的人，展开了与帝、修、反争时间和抢速度的建设战斗。

11.4.1.3 自然环境

（1）沿线经济资源。成昆铁路辐射云南、四川两省7个地区、50个所属县，13.6万km^2，影响当时875万人。串联了人烟稀少、土地肥沃的“川西粮仓”和“凉山粮仓”，为实现“以粮为纲，全面发展”的国家方针政策奠定了基础。沿线矿藏、森林、水利、旅游、民族文化资源丰富，矿藏和森林资源储量大，矿质品位高。比较重要的有盐源、永仁等地的煤矿，泸沽、西昌、渡口等地的铁矿，会理、会东等地的铅锌矿，昆阳等地的磷矿等，沿线大型工业基地兴建上马，形成旧貌变新颜的工业形势。

（2）沿线自然环境条件。成昆铁路千公里，纵贯四川盆地、横断山、云贵高原3大地理单元，路线最低海拔四川盆地500m，最高海拔2 280m，770km蜿蜒盘绕于大渡河和金沙江水系侵蚀切割，四川台向斜、滇东台凹、康滇背斜三大地构单元造就的崇山峻岭间，地形地质复杂，构造密集，活动频繁。沿线雨量充沛，气候多变，年、日温差较大，气候垂直带明显，造就了沿线地质病害多，生物多样，出产丰富而工程艰巨。前苏联专家曾断言“地质复杂，此路不通”，为修路的“禁区”。

11.4.1.4 人心气场

（1）政治与经济高度统一。随“以农业为基础、工业为主导”国家方针的提出，加速建设国家战略后方基地，毛泽东发出“成昆线要快修，川黔、贵昆路也要快修”的号令，首先中央领导非常重视，当时的中央政治局常委的所有委员皆亲临现场，坚持政治与经济的高度统一，以及政治挂帅落实到工程中的原则，克服脱离政治、脱离实际、脱离群众的倾向，以党的路线、方针、政策为工程建设的方向和出发点，倡导走又红又专的道路，树立全局观念，形成广大建构者以临战姿态，把工地当战场，人人争分夺秒、争先恐后为成昆铁路多流汗、多出力的氛围。

（2）统一领导集中指挥。1964年9月成立西南铁路建设指挥部，由西南局书记李井泉任指挥长，下设工地指挥部、技术委员会、支建委员会，实行统一领导、统一指挥、统一调度，从设计、施工到竣工正式运营，一抓到底，全面负责。

（3）统一思想意识，方针口号先行。1964年9月成立有责有权、统一领导的总指挥部，第一次党委全会提出工程建设的工作方针：一个思想（马列主义、毛泽东思想），三大任务

(建路、建章、建军)，三高一低(高速度、高质量、高标准、低造价)，八字要求(从难、从严、落实、过硬)，成为来自四面八方 30 万筑路大军的思想基础和共识，成为统一行动的共同准则和心愿，掀起了“好人好马上三线”，成为三线建设者是人生的光荣的氛围和风尚。

11.4.1.5 建构作风

(1)“下楼出院”深入实际。设计是基本建设的决定性环节，设计既要提高政治理论和政策水平，又要钻研业务，树立全局观念，正确处理好工业与农业、沿海与内地、城市与乡村、近期与远期、铁路与战略基地的关系。1966 年 2 月制定了《勘测设计工作条例》(简称设计工作 30 条)指导全国各设计部门抽调云集的工程技术人员，同心同理念协作完成繁重而艰巨的勘察设计任务，提倡理论联系实际，走群众路线，重调查研究，深入实际、深入现场，避免楼上的否定楼下的，院里的否定现场的，必须发扬民主，畅所欲言，充分讨论，设计应对设计负责到底。

(2) 又红又专服务工程。透过业务抓思想，把抓思想深入到工作中，培养提拔遵循国家路线方针政策，且懂政治、业务精的工程技术人员。

(3) 来自四面八方的“好人好马”以临战的姿态，把工地当战场，争分夺秒抢时间、争速度，形成为“三线工程”多流一滴汗、多出一把力为荣的气氛。

(4) 设计从开始提倡按唯物主义、辩证法办事，坚持全面贯彻多快好省和因地制宜，就地取材和勤俭修路的方针，强调“速决全歼、干净利索”，开展“以速度为核心，突出好和省”。施工采取“双百(月成洞百米，每米百工)，双保(保质量、保安全)，双不超(材料、风电不超耗)”，土石方采取“万方(单机月万方)，三保(保质量、安全和节约)，两高(机械完好率和使用效率高)”等群众性竞赛活动，形成紧张有序的施工场面。

(5) 重视采用新技术，发挥工程技术人员的作用，关心群众的物质、文化生活，由三省支援机构负责生活物质的供应，举全国之力支援三线建设，集中性能好的先进设备投入生产。党和国家领导人深入现场视察指导，鼓舞士气。

(6) 坚持“抓革命，促生产”，贯彻“精心设计、精心施工”和“三高一低”，避免三脱离(脱离无产阶级、脱离工农群众、脱离生产实际)，广泛开展现场科学试验，攻克“禁区”，形成了“千难万险踩脚下，穿云破雾走山川”的气场氛围.

(7) 打破常规，革新技术，立足自己力量，“从难、从严、落实、过硬”，与山斗，与水斗，破解“禁区”难题。

11.4.1.6 回顾遗憾

从 1964 年 4 月—1970 年 7 月 1 日，历时 6 年 2 个月，成昆铁路平均每年建 170 多 km，扣除延误的 2 年，达 250 多 km，总投资 30.74 亿元(283.8 万元/km)，扣除延误损失总投资 23.44 亿元(216.4 万元/km)，其建设成本和工期在与当时西南地区修建的其他干线比较，造价低、工期短(工程造价换算成当今估计不低于 6000 万元/km)。土木工程是一门“遗憾”的艺术，阅读根据中央领导人“要认真总结经验”的指示，亲身经历者们回顾总结的资料：“在会战过程中不可避免地受到左倾影响，采取不适当地强调人的觉悟和意志，无视客观规律的做法主要表现在：工期过紧(正常流程设计 48 个月，实际时间 30 个月)，对一些技术原则和重大方案研究比较不够充分，全线坡度、个别路段采用长隧道运营条件将得到较大改善，机车能力将得到充分发挥；其次，破了不该破的规章，取消基建承包和设计预算，内部核算，计划拨款，失去必要的监督和制约；最后，一些追指标、拼人力、拼设备的群众性活动和口号，致使有些工程出现质量和安全问题”（本段文字为摘录）。

土木工程是“遗憾”的艺术，但尽可能减少“遗憾”的唯一方法是科学规划、反复比较论证，确定紧张有序的工期，合理经济控制目标并不是降低标准和质量与不重视安全为前提和代价；通过降低工程的标准、取消工程的部分功能为降低工程造价、节省投资是最简单的方法，是最不科学、最不负责任、最不可取的做法。阅读50年前的总结，想想今天道路工程建设，有些教训仍然在犯，这才是最大的“遗憾”。比如有些高速公路互通式立交仅仅考虑近期收费管理成本，而忽视路网网络的构筑，沿线“闭塞寨”村民代代人追求的人生目标和代代人的心愿，而简简单单采取取消的办法。工程问题的解答具有非唯一性，难道取消就是唯一的答案，抓路线布局、走廊选择、适宜的建设标准是龙头和纲，才是节省工程投资关键的关键，研究互通式立交因地制宜的形式，简单有效的管理模式等，才是科学的方法，负责任的态度。

11.4.2 路线走廊选择与决策

成昆铁路勘察设计以1964年为界分两个阶段(1952年4月～1962年12月选择走向，复线勘测，重点开工；1964年7月～1970年7月全民会战，补充定测，边勘察设计边施工)，前后历时18年。铁路路线的走向和走廊带的选择是关键的第一步，是工程战略决策的关键，是工程功能寿命，特别是工程价值寿命和工程影响面与深度、广度的基础和根本，是人类与自然、政治与经济权衡的辩证科学的结晶，是技术，但并非简单的技术，是战略非战术；体现决策群体高瞻远瞩的远见卓识，顾全大局的全局观念，远近结合，整体与局部，宏观与微观的“卒帅”关系，有显现决策融合自然的世界观和驾驭事件的综合智慧和能力。

11.4.2.1 路线走廊带的选择

1952年在成都—昆明长达千公里，宽200多公里之间的范围内，研究提出了东、中、西3大走廊路线方案(图11-26)。东线：从成都走成渝铁路自内江站起，经自贡、宜宾、盐津、彝良、威宁、宣威、曲靖，达昆明，建设里程889km；中线：从成都，经眉山、乐山、宜宾、屏山、绥江、巧家、东川、嵩明，达昆明，长810km；西线：从成都，经眉山、乐山、峨边、喜德、西昌、德昌、会理、广通，达昆明，长1167km。

中线建设和营运里程最短，投资最省，主要指标最高，靠近云南东川铜矿开采区，故推荐中线，并进行了初步勘察设计；但考虑中线经过的政治经济带少，吸引、促进和辐射影响面小，与金沙江水利资源开发干扰大，与国家靠山、分散、隐蔽和大分散、小集中的资源开发和战略后方基地建设布局不协调；改变“长短论英雄”和“多少取舍”的习惯性决策思维，进一步深入研究东线和西线，并补充调整铁路网规划，将连接成渝和贵昆的东线定位为重要的干线，即当今的内昆线；而西线沿线农业发达，符合“以农业为基础、工业为主导”的国家发展战略方针，经过的政治经济带多，吸引、促进和辐射影响面广，与论证比较的西昌或攀枝花国家重要特种钢铁工业基地联系紧密，铁路路网布局合理均衡，有利于巩固国防而决定“择长避短”采用西线。

11.4.2.2 决策的感悟与困难

根据《中国国家地理》成昆铁路专辑地理学者的了解和介绍，成昆铁路走向走廊带的选择与确定，首先在工程技术人员的层面上开始就争论不休：极少数的专家认为“择长避短”走西线，前苏联专家视西线为“畏途”，是工程的“禁区”，大多数专家认为国家处于“囊中羞涩”应该“少花钱”坚持中线，部分专家认为三线互用成网“一举三得”建东线。专家们各持己见，相互着力举荐，工程解答答案的非唯一性决定了争论的必然，工程方案决策是一种选择的过程，是在技术、政治、经济、建构安全环保和群体利益等方面下的权衡、协调和优化，是将积极最大化、消极最小化的辩证的果断的妥协，是满意度的满意妥协与选择。东、中、西择其“谁”，曾经上国务院总理会反复讨论研究，研究研究还是“各有道理，各有利弊”，毕竟从工程技术和工程价值的层面上分析，东、中、西线，差异较大，极少数专家认为应走的西线较中线长357km，357km绝对不是个可以忽视和忽略的小数，何况西线被认为是“畏途”是铁路的“禁区”，金沙江水利规划开发的干扰和影响，站在局部的行业部门利益看，似乎可以用排队的“先来后到”堂而皇之而隐蔽和小化。利择其重，弊择其轻，利站在不同的层面、不同的角度、不同的观点、不同利益、不同的不同皆不同；弊站在不同的位置，为不同的目标就有不同的结果，其结果可以互换，甚至“本末倒置”。那么国家的长远发展战略规划和方针是什么？工程的价值工程和工程的价值寿命在哪里？需求是工程建构的起始，那么成昆铁路建构的国家的需求，社会经济国防建设的需求，人民群众生产生活的需求是什么？……是“以农业为基础、工业为主导”，是“以粮为纲、全面发展”，是建设“大分散、小集中”战略后方基地，由此，在“百家争鸣”、“百花齐放”各持己见的争论中，国家最高领导人毛泽东亲自主持研究确定，一锤定音采用闯“禁区”，走“畏途”，遥遥迂回千公里的西线（作者对其无法考证，该说法引于《中国国家地理》）。闯“禁区”，走“畏途”的决策是否远见卓识？是否高瞻远瞩？是否科学？作者水平和能力有限，同时为避免工程技术人员的惯性和惰性思维和思维习惯，本文仍然引用地理学家从高空俯视50多年来国家经济的发展和“禁区”经济建设与“闭塞寨”寨民们的生产生活判断一锤定音的西线决策：

（1）展开50年后根据国家发展战略反复调整优化的道路和铁路发展规划骨架图（图11-26、图11-27），不难看出西线提前50年实现了西南乌蒙山和滇中高原国家长途运输网网络的均衡性问题，提高和充分发挥了骨架运输网络的服务水平和效率。

图11-26 国家铁路网规划

图11-27 国家高速公路网规划

（2）如果没有成昆铁路就没有西昌卫星发射基地，没有西昌卫星发射基地，今天中国的登月计划是不是还得推迟几年？中国的航空航天事业是不是会慢一点？

（3）如果没有成昆铁路就没有特种钢材基地攀枝花，攀枝花钢铁基地的发展是不是会慢一些，如果慢一些会怎么样？社会经济建设、国防军事是不是慢一些，如果国家经济建设、国防军事等慢一些，国际地位是不是低一些？

（4）如果没有成昆铁路，50 年前没有串联“川西粮仓”和“凉山粮仓”，实现“以粮为纲，全面发展”的步伐是不是慢多了，当年人们在吃不饱的情况下，建设社会主义经济的干劲是不是要小一些，那又怎么样？

（5）如果没有成昆铁路，深居乌蒙山和滇中高原深处的“闭塞寨”寨民实现走出深山的祖祖辈辈的愿望是不是得推迟一两代人，推迟一两代人，没有耳听目染随滚滚车轮带进乌蒙山和滇中高原深处的信息、观念会怎么样？也许不怎么样？无非他们仍然刀耕火种，早出暮归。

（6）如果是走中线，金沙江今天不言一库八级的水利资源开发，至少没有向家坝、溪洛渡和白鹤滩 1.5 个高原出平湖的三峡电站，仅仅一库五级。假如金沙江一库八级要，建成的成昆铁路中线也要，只有拆一建二，就像农村拆旧盖新房，一辈子盖了两次房，也只有一栋房，这与欧洲城堡和中国的乔家大院相比，不但没有形成财富的积累，反而浪费了资源，消耗了财富。一个国家就像一个单元的团体，没有财富的积累，永远就是“猴子扳包谷”，不管怎么忙碌，最后只有一包包谷。

11.4.2.3 决策的执行力

工程解答答案具有非唯一性的特征，无数解答答案之间的关系，创新的过程和创新之中的认识等在本系列文章中前面已经进行了叙述。工程问题无数解答答案之间常常是没有绝对的对与错的势不两立，总是各有利弊，创新源于概念和构想，各持己见的争论和不理解、不赞同的概念和构思是工程建构的必然。工程建构的概念和构思如果人人赞成和认可，或者说绝大多数赞成认可，那么，该工程建构的概念和构思也就谈不上创新，谈不上远见卓识和高瞻远瞩。但在通过各持己见的反复争论之后确定的最终决策，即使是一锤定音的孤独的艰难的决策，只要工程建构的团队按毫不犹豫坚决执行，服从决定立即执行的态度，围绕确定的概念和构思目标认真执行，用心执行，即使不太完美的决定最终将是完善的“完美”。这是工程的特性和特征，是工程文化的一部分，工程文化就是工程建构者共同遵循的并用心遵循的规则，越是远见卓识和高瞻远瞩的决策，以及创新的概念和构思，当时当地理解认可的范围往往面小、范围窄，古人言“高处不胜寒”，高人孤独。当然，最终的决策必须是科学的、高瞻远瞩的、统筹全局的、适地适宜适时的。

成昆铁路在无产阶级政治挂帅的特殊背景下掀起三线建设的高潮，有志之士皆以“好人好马上三线”的高昂斗志投入工程建设，来自五湖四海的建构者没有谁在犹豫，没有人在为个性的张扬而逆气，那执行力前所未有的，执行的用心和精心，以及补缺的姿态和众人拾柴火焰高的气场成为创造奇迹的根本，成为走“畏途”，闯“禁区”的保证和保障，成为中国 50 年之后的今天的骄傲的骄傲，成为工程政治，政治工程的感悟典范。经济是政治的基础，工程是经济的工具，工程是经济的发展过程和结果。

11.4.3 路线方案研究

成昆铁路走廊带确定之后，将路线从宽 200km 的范围压缩到 50km 宽的范围，将工作从宏观调整为“微观”，将选线工作从面调整为带，将广泛无边的三角形或者梯形的工作范围调整为以起终点为连接直线的无数小三角形，将无数的解答答案压缩为有限的多答案，将千公里的遥遥里程根据建构的迫切性可以灵活地分为两段或者几段，为来自五湖四海的合作团队奠定了合作的基础和可能。“朦胧”的模糊目标清晰了，多方向变成一个中心的单方向。由此，路线方案研究以确定的卫星发射基地西昌为界分南北两段(即“成昆北”、“成昆南”)进行深入研究。

11.4.3.1　北段—成都至西昌

北段长 555km，山高谷深，坡陡流急，起伏大，路线需要从海拔约 500m 的川西平原升坡到 2 280m 的沙木打拉隧道后，下坡到海拔约 1 000m 的金沙江边，再升坡约达 1 900 的滇中高原。在崇山峻岭间找出翻越大、小相岭的路线方案是选择路线方案的关键和主要矛盾，勘察设计阶段在近宽 100km 的范围内，从可通方案中拟定了大大小小 10 多个方案进行同等深度的比较研究，执行“以农业为基础、工业为主导”的方针，结合城镇、工矿基地、城乡交通和农灌、泥石流综合整治等因素，力求线路顺直、设站合理，保障既有良田，便以耕地开发、支援农业的原则，同时考虑远期改建的可能确定了方案。

11.4.3.2　南段—西昌至昆明

南段长 528km，该段路线进入了云贵高原区域，地势相对平坦，路线方案选择的关键和主要矛盾是如何配合和适应攀枝花钢铁基地的运输需求。根据铁路路网规划研究是否必经云南楚雄广通进入滇中高原，勘察设计阶段在宽近 130km 的范围内拟定了 4 个大方案和多个小方案进行同等深度的研究。鉴于采用的方案靠近攀枝花钢铁基地，只需建设 35km 的支线，经过广通，昆明—广通与昆明—大理按复线规划共用，路网效益好，沿线串联的政治、经济点多，靠近云南、四川两省农业产区，技术指标高，运力大。

本文不是勘察设计的总结，仅仅是作者对历史工程学习、思考和探索的感悟，期望在感悟中学习决策的思维和影响要素的权重，看看当年参与路线方案选择者的体会，历史的辩证的感悟是最生态的。当年选择者们遵循的基本点是路线方向选择要为无产阶级政治服务，社会主义经济和国防需要，战略上举重若轻，战术上举轻若重，有实事求是的态度，深入调查研究的作风。按当代语言翻译是工程建构服务于政治，服务于经济，尊重客观事实，实事求是，因地制宜敢于创新，精心设计，用心创作。从辩证的历史的哲学思维分析问题，性质和实质一致，异曲同工，仅仅是时代的时髦语言差异，所以说这就是工程传承的文化——共同遵守的规则。另外，值得进一步仔细研模的还有当年充分注意的四点：首先是全面考虑政治、经济、国防和战略后方基地建设的要求，明确新建干线在路网规划中的作用和地位；其二是从大面积着手，由面到线、由线到段、由粗到细、由表到里、逐步接近的方法，是路线选择的有效方法；其三路线方案选择要有充分、确切的地质资料为基础，地形与地质既有内在统一的一面，又有相互矛盾的一面，地质复杂的区域对路线具有决定性的影响的往往是地质；其四是勇于革新技术，因地制宜，采取绕治措施征服“禁区”。好一个“绕治措施征服‘禁区’闯畏途”，工程与政治，工程与战争，战争与救国等是一样的道理；当年红军万里长征爬雪山过草地不也是“绕治措施建立新中国”，当今建构“欧亚大陆桥”不也是“绕治措施解决能源通道”，当今“借款修路，收费还贷”并不也是“绕治措施发展交通”满足社会经济需求。因此，工程技术人员不懂得工程是服务于政治能行吗？经济服务于政治，工程是经济的一种活动形式。

11.4.4 关键指标的针对性研究

勘察设计和研究的针对性是工程建构的最基本的内容。工程师创造一个新的存在物，是根据工程建构的边界条件进行的物化过程，工程的边界条件是工程建构的最基本条件，离开了边界条件的任何勘察设计皆是空中楼阁，纸上谈兵。那么，成昆铁路当年建构的特殊的边界条件是什么？新中国成立不久，经济上一穷二白、百废待兴，但任何时代和社会，工程建构的资源永远皆是有限的，仅仅是有限的上限值随着社会经济的发展而变化而已。所以说，工程建构的特殊边界条件是永远的永恒的又不得不说的"老生常谈"的话题。

11.4.4.1 限制坡和加力坡的研究与采用

铁路的限制坡度和最小曲线半径是支撑铁路除线路等级的两项主要技术标准，这与道路工程的最大纵坡和极限半径一样，影响道路路线方案和工程投资规模、服务水平，并且一经建成改动极为不易，甚至也是财富损耗和浪费的根源。

成昆铁路限制坡度、双机牵引坡度和最小曲线半径的研究和比选是最深入和透彻的。首先将自然条件和运输能力作为最基本的因素；其次，遵循立足当前，着眼长远的原则；其三根据南北两段牵引类型过渡的不同(南段按蒸汽向电气一次过渡，北段按蒸汽、内燃向电气二次过渡)，上下行运量的不同，以及邻近引入铁路的服务水平，分段根据各段的具体情况几经反复研究逐一比较，全线限制坡采用0.6%，南段双机牵引坡1.2%，北段双机牵引坡1.3%或1.6%(限制坡研究过程：南段0.6%、1.2%~0.6%，北段1.2%~1.0%~0.6%；双机坡研究过程：南段2.0%、2.2%~1.2%，北段2.0%、2.2%~1.9%~1.3%、1.6%)；并且在1959年利用成昆铁路停工期间，又对如沙湾—代湾等采用1.3%的双机加力越岭段进行多方案的研究，做到精益求精，度度必争。如乌斯河—红峰段航距110km，高差1600m河床陡缓相间，平均达1.16%，两岸不良地质发育，1.3%的双机坡路线高高悬挂，站位条件差，逢沟展线，路线长，不良地质多，工程艰巨，而1.9%的坡虽然解决了1.3%存在的问题；但下坡道运输受空气制动充风时间限制，降低了上坡的运力，增加了换重作业，又研究了1.6%的方案，基本规避了两者的问题。运营多年来的情况看，存在下坡瓦闸损耗大，上坡油、水升温快的问题(图11-28和表11-1)。而实现电气化后基本改善了上述问题，说明设计预留电气化是正确的。

沙木拉打隧道引线加力坡比较表 表11-1

序号	项目	单位	1.3%	1.6%	1.9%	1.6%方案	
						比1.3%	比1.9%
1	路线长	公里	176.1	151.8	135.0	-24.3	+16.8
2	隧道	公里/座	64.8/124	43.0/115	14.0/35	-21.8/9	+29.0/80
3	桥梁	公里/座	15.1/140	16.4/143	9.7/75	+1.3/3	+6.7/68
4	车站	座	23	22	17	-1	+5
5	建安费	亿	2.551	1.996		-0.5	
6	营运费	亿/年	2573	2448		125	
7	运力	万吨/年	655	690		+35	

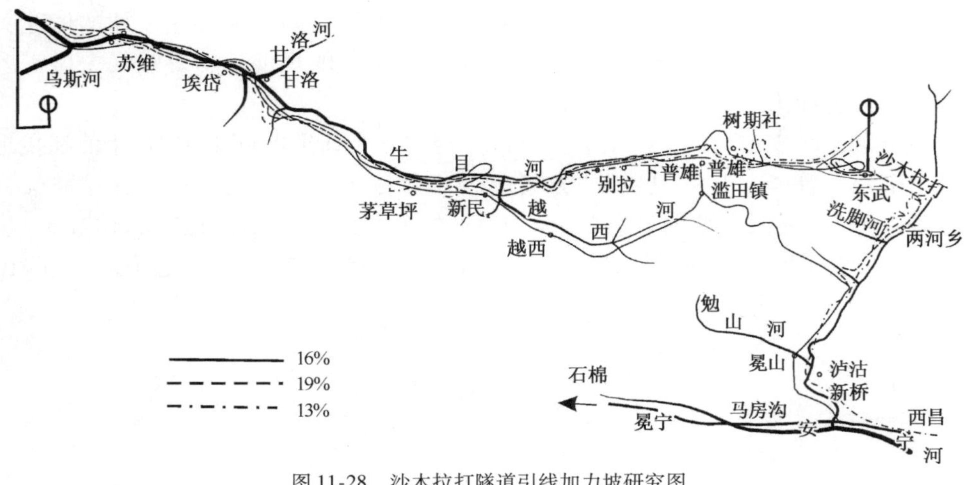

图 11-28　沙木拉打隧道引线加力坡研究图

11.4.4.2　最小半径的选择与研究

成昆铁路小半径的采用经历了多次变更，只到 1964 年复工之后，从路线的等级、干线的地位、地形地质条件、平纵配合等综合研究才确定 0.6% 路段一般为 600m，困难和双机路段为 400m，基本符合当时的实际情况。遵循了小半径慎用，避免形成“曲线限速”的咽喉和“水桶短板”。

11.4.5　路线方案研究的思路

路线是线性工程的龙头和关键，是线性工程的“牛鼻子”，是工程之纲。最佳的路线方案是节省工程投资的最佳途径和重要举措，是决定工程功能寿命和工程价值寿命的根本。面对走畏途，闯“禁区”的成昆铁路，遥遥千公里，穿越乌蒙山区和滇中高原起伏高差上千米，路线展线的思路是道路工程勘察设计最值得学习和感悟的历史工程。

11.4.5.1　越岭方案的选择与研究

成昆铁路路线纵面克服高差大(从川西平原到沙木打拉隧道升坡 1780m，下坡到金沙江降坡 1280m，升坡达滇中高原 900m)，需要翻越峨眉山、小相岭、大雀堡、鸡街四座山，如何选择越岭垭口，解决垭口、隧道高程，隧道长度和两端引线这三个既相互依存又相互制约的问题是成昆铁路选线的主要课题，是项目的难点和关键问题。越岭方案是路线走向选择的重要组成部分，与全线的限制坡、加力坡和最小半径的选定密切相关。由此，越岭方案选择与研究应充分注意：

(1) 从大面积入手选择垭口，根据不同的自然环境条件选择隧道高程，是选择越岭方案的重要方法。从成昆铁路越岭方案研究分析看，顺向垭口往往控制点间的距离短，高差大、隧道长，而偏离航线的垭口虽然平面上绕长，但往往经济。由面到线、由线到点是选择研究存在的可以翻越垭口的基本方法，而两侧引线的展线条件、展线的控制指标影响或者决定垭口的选择，特别是垭口两侧一高一低的地势，隧道受地势高的一侧控制，低的一侧的展线条件成为决定性条件。

(2) 长隧道往往是越岭方案最具有显著技术经济价值的，但其仅仅是技术经济而已；

由此，需要密切结合当时当地的施工水平，研究单体项目工期与项目总工期的依存关系和段落效益与整体效益的关系，合理确定越岭方案控制工程的规模，不要勉强去做需要工期和资金的巨大代价而为之事。

成昆铁路翻越峨眉山越岭方案的研究是最为经典。从研究时间上 1958 年前在接近航线方向研究了土地关等 3 个 1.9% 展线的方案，1964 年复工后来将路线逐步往东移又补充研究了太平等 4 个 0.6% 限制坡和 1 个 1.3% 加力坡的方案，最后采用隧道长 2 021m，垭口高程降 670m，隧道工期与当时施工水平匹配，与总工期一致，有利于大渡河水库建设的百家岭展线加力坡 1.3% 的方案(图 11-29)。

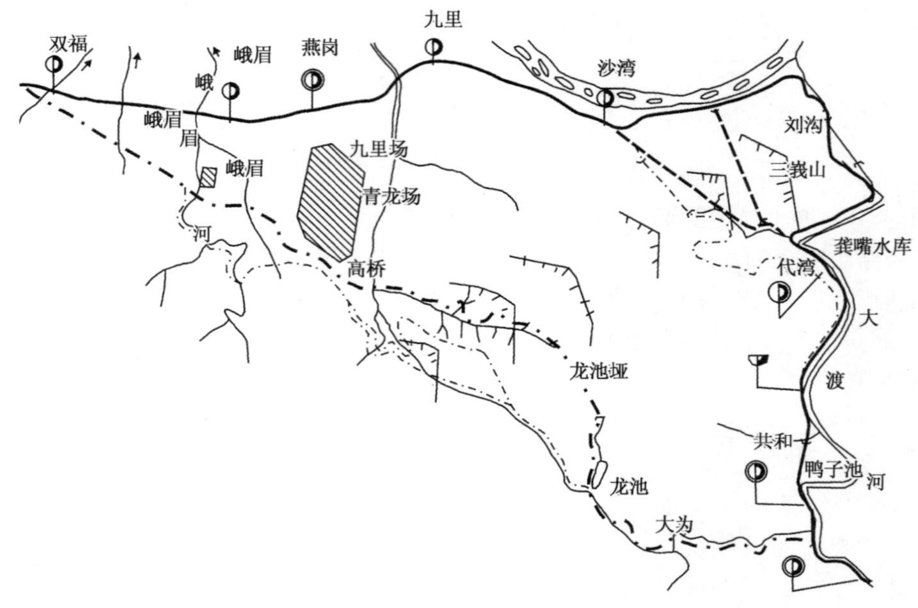

图 11-29 成昆铁路峨眉—峨边但越岭方案示意图

11.4.5.2 成昆铁路经典展线和展线经典案例

成昆铁路从四川沙湾到云南小鸡街长 860km 为沿谷线，占路线总长的 80%。860km 特殊复杂的高山峡谷造就了成昆铁路展线和线位布置的经典，面对特殊复杂的地形和地质条件，根据峡谷谷坡的情况，采用了逢沟绕线、顺山展延和集中展线、分散集中展线等方式。较大的展线有沙木拉打隧道两侧的牛日河上中游的乐武、乃托，孙水河上游的韩都路、两河口，以及龙川江中游的六渡河、巴格勒、法拉 7 段。

1. 沙木拉打隧道东侧乐武"眼镜展线"和乃托"换岸双回头展线"

牛日河乌斯河站—红峰站高差 1606m，航距 110km，经 1.9% 和 1.3%、1.6% 加力坡比较后采用 1.6% 加力坡路线长 153km。该河上游谷床纵坡 2.5% 以上，中游 2.0%，下游 1.5%。上游红峰、尼波两站之间航距 7km，高差 142m，谷床纵坡 2.1%，两站受地形条件、相临站距限制和运力需要，不宜移动；同时为减小跨河桥梁工程，将左右两岸的灯泡形展线改善为乐武东岸"眼镜展线"(图 11-30)。而中游白沙一带坍滑等不良地质严重，必须左右换岸，乃托、白果两站间航距 8km，高差 196m，两站难移，经反复研究乃托进行了两岸双回头集中展线避让不良地质，同时远期接小相岭特长隧道创造条件(图 11-31)。

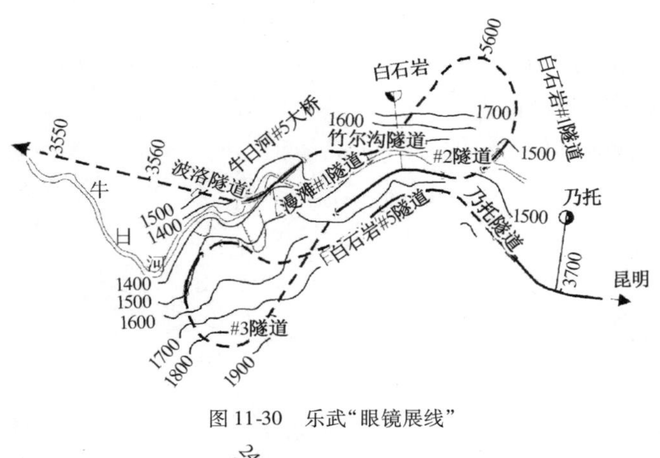

图11-30　乐武“眼镜展线”

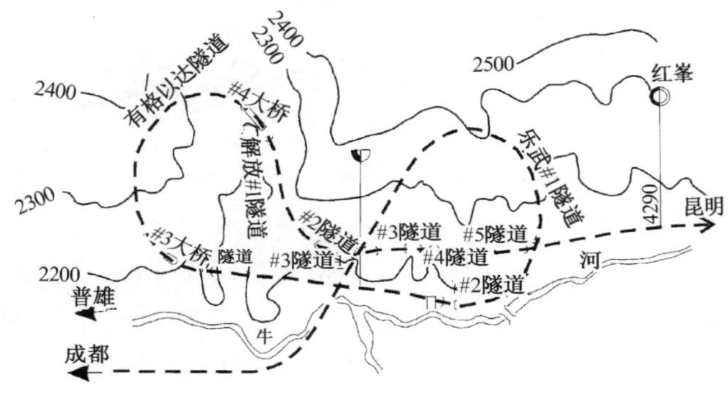

图11-31　乃托“换岸双回头展线”

2. 沙木拉打隧道西侧韩都路“曲躯展线”和两河口“哑铃展线”

沙木拉打隧道西侧孙水河上游谷床纵坡陡(约4.2%)，中游0.9%，下游0.68%，中下游平均0.72%。首先是利用沟谷和山包自然展延形成“羊角展线”，但随着工程地质勘察，发现堆积体、滑坡、顺层等不良地质病害多，较大的就达17段，水文地质极为复杂；放弃“羊角展线”而发动群众，走群众路线，提出了8个展线方案进行比较；并根据两站航距4km，高差215m，需展线21km，涉及3个站位。首先根据地形、地质和运力研究确定站位；其次，依次由上而下研究站区间路线线位，筛选出韩都路“曲躯展线”和两河口“哑铃展线”(图11-32)。该方案隐患小、占地少、运力强。

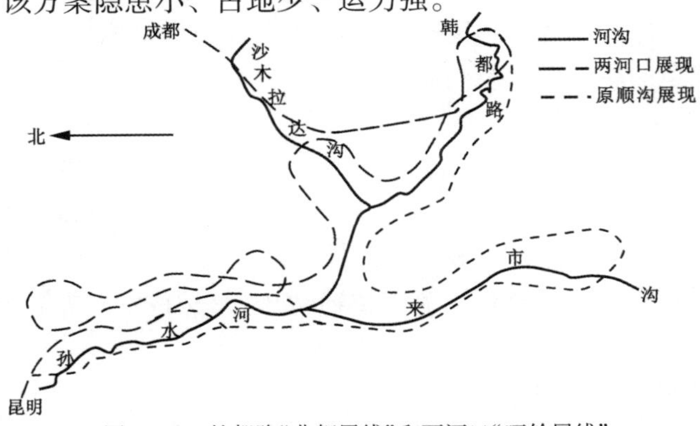

图11-32　韩都路“曲躯展线”和两河口“哑铃展线”

3. 龙川江法拉、巴格勒“螺旋展线”和六渡“8 字展线”

龙川江中游羊臼到黑井段河床平均纵坡 1.56%，局部最陡 2.0%，航距 21km，高差 360m，路线 1.2%。该段不良地质多(崩塌 13 处、错落 10 处、滑坡 10 处、泥石流 12 处)，两岸无较大的支沟，没有条件“逢沟展线”，只能利用两岸台地展线；为避让不良地质，在 42km 范围内提出了大大小小 55 个比较方案，最终采用结合河床纵坡，考虑站位布置的分散集中展线的低线方案，避免线位高挂(图 11-33)。

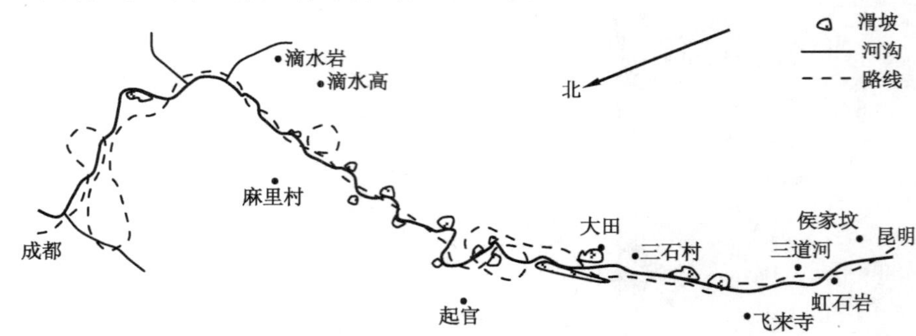

图 11-33 龙川江法拉、巴格勒“螺旋展线”和 六渡“8 字展线”

成昆铁路 7 段集中展线是成昆铁路路线布设的经典之经典，一一研读，反复思考，无论是路线展线，还是坡度的选择等，只有工程技术人员深入一线，发扬“下楼出院”的作风和集群众智慧，群策群力，反复研究，反复比较，用心研磨，才可能得出最满意的经典方案；只有根据各路段的自然条件为边界，针对性地采取针对性措施，才可能实现因地制宜，适时适地适宜；只有用心才可能完成创作，才可能实现前所未有的“眼镜展线”、“换岸双回头展线”、“曲躯展线”、“哑铃展线”、“螺旋展线”和“8 字展线”。7 段展线创造了 6 种展线形式，这是“精心设计、用情创作”的结果，是针对性的适时适地，是针对不同边界条件的因地制宜；另外，7 段特殊展线充分体现和严格遵循了“选线布站、布站调整路线”的原则，展线是克服高差，但实质的目标是运力和服务水平、安全生产。集中展线的位置选择是集中展线的关键，宜选择于河(谷)床最陡、地质条件许可的上段，以达到早展早下，可以尽早将路线落于地形条件较好的位置，避免线位高悬，节省投资。集中展线区域地质条件的勘察尤为重要，是确保集中工程安全的关键之关键。最后集中展线路段车站的布局与位置选择具有决定性，如何根据相临站位依次选择站位布线是最佳的操作方法。

铁路也好，公路也好，线性工程路线方案的研究与布设具有共同的特性，仅仅是工程服务的形式不同而权衡的主要因素不同而已罢了。

4. 裁弯取直，提高服务水平

成昆铁路采取裁弯取直的路段较多，有关坪坝等 25 处，长 83km，占路线总长的 8%；基本分布于山区河谷地带，河道较弯曲，河床纵坡平缓，布线基本为自由坡，顺河绕行，桥、隧、挡、挖相间，工程复杂，但隧道短。靠山裁直虽然隧道长，但路线短直，线形好，指标高，占地少，可以缩短线路里程，节省运输费用，绕避地质病害不留后患，保证工程和运输安全，提高服务水平。

5. 绕避病害，保证运输安全

路线采取隧道、展线、换岸、集中降坡等手段，避让不良地质，确保工程安全，保证运输安全的事例较多，如前所述的沙木拉打隧道西侧韩都路“曲躯展线”和两河口“哑铃展线”、龙川江法拉、巴格勒“螺旋展线”和 六渡“8 字展线”等等是非常经典的案例。不良地质无论规模多大，危害多深，影响多么长远，只要绕避了，它对工程而言就不存在。若工程布置于对它扰动最小的部位，那么不良地质病害的“威力”和影响将被大大削弱；如果工程布置位置与工程建构的方式配合得恰如其分的话，工程建构将是不良地质病害处治的措施工程。例如，路线在滑坡前缘以高路堤或者从后缘以路堑通过，工程本身成为滑坡处治的最简单而最有效的措施。所以说，不良地质无论它规模多大，危害多深并不可怕，可怕的是工程建构前没有勘察清楚或未引起重视，最可怕的是不知道不良地质病害的存在。常言道：世上最可怕的 3 件事是最快的、最大的和自己不知道的。

6. 结合作业，创造施工条件

成昆铁路蒲坝—永郎两站之间，短短 2km 永郎隧道两次内移(图 11-34)。该段铁路于川滇公路上方近“平行”交叉，川滇公路在铁路建设期间除完成日常运输之外，还承担铁路建设的生产设备、材料和生活物质的运输，非常繁忙，隧道出渣与公路运输矛盾非常突出；为彻底解决该矛盾，进行两次内移改线，从而全面解决永郎隧道施工与公路运输的矛盾，顺畅了公路，加速了施工进度，实现了没有条件创造条件。

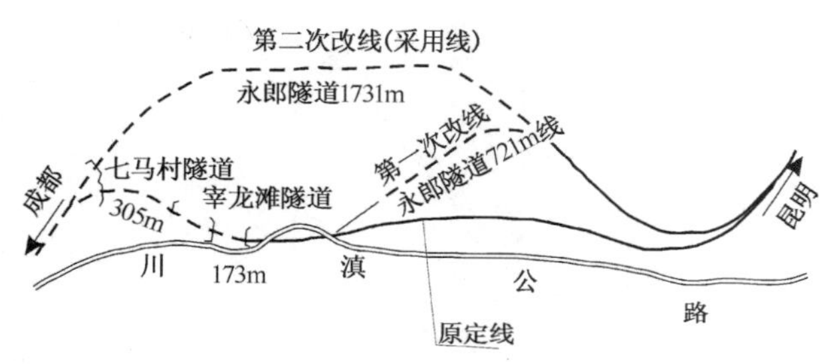

图 11-34　永郎隧道移线创造施工条件示意图

7. 兼容并顾，统筹协调发展

成昆铁路攀枝花支线接轨不仅是成昆铁路南段走向的重要的控制因素，而且是如何兼容并顾，统筹工业、城市等经济协调发展的范例。攀枝花支线运量大，影响接轨的因素多，涉及战备、工程、运输及机车交路与站位布置，选择以机车交路为重点提出了 4 个方案。将以机车交路为重点的方案“扬长避短”组合成为接线方案，到施工图设计阶段又进一步研究，从运营、国防、施工全面分析(图 11-35)，将支线合并为复线，成昆铁路采用隧道横穿青龙山，攀枝花支线从青龙山隧道两端的牛坪子、三堆子站引出两线隧道顺穿青龙山，形成了解决 3 个车流方向的地下三角区，创造了空间资源，分散了工程，有利于战备。

8. 拓宽视野，规避风险

无论是什么工程、什么时代、什么国家，工程建构范围内的影响工程建构的各种因素一般情况工程建设者们皆能够认真勘察，精心分析，严谨取舍。可以说工程建构的边界条件一般能够引起程序的高度的重视，并针对性地采取有效的对策和措施，通过系统的综合的保障措施，规避工程风险、技术风险和资金风险。而工程建构范围之外的一些影响工程稳定、运营安全的因素，特别是有些潜在的影响因素往往容易被忽视，或者说没有被顾及，如工程下方库区储水溃岸对工程基础的影响，工程上方高高的“遥远”的有可能某天某日下来的危岩落石等，作为工程建构有些范围之外的影响因素处理的“线外工程”确实处理起来很“困难”，甚至不可能；但成昆铁路的经典之一就是对悬挂在铁路上方的危岩落石路段的处理：线位内移隧道而过、棚洞……这些措施怎么样？咱们不用去评价，但可借鉴的是首先重视了“范围之外”的影响因素，并采取了措施，对风险进行了控制。面对风险，首先应认识到最大的风险不是风险本身的大小，而是没有采取任何控制措施的风险；其次是“改变不了别人，不如改变自己”的辨证思维，这是哲学道理，如上海的“楼歪歪”“改变不了”外围软基河堤的侧向约束，那为什么不改变自己的楼的基础，让楼有侧向约束的“楼正正”呢？

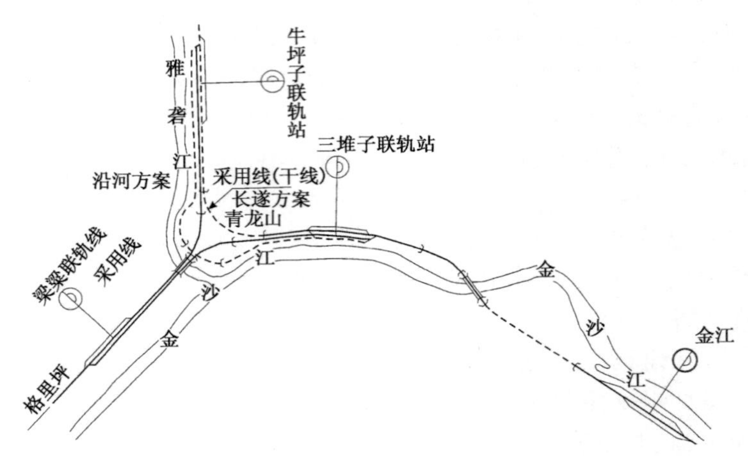

图 11-35 攀枝花支线接轨方案

9. 体验设计，保证服务品质

体验设计是提高完善工程使用功能和效能的最直接有效的方法，也就是让研究设计建构者在头脑中物化工程的过程中，以使用者的身份体验工程的效能和人性。当代要求道路路线设计师学习驾技，并有一定的驾驶经历就是体验设计的一种方式。50 多年前成昆铁路勘察设计师头脑中物化成昆铁路的过程中采取的体验设计：根据前期研究分析确定的年运输能力目标，研究影响和制约运输的关键因素有车站分布和机车性能；因此，系统开展设计能力与车站关系和设计运输能力与机车性能关系的研究，并以此为设计的中心和目标，同时是检查、校验设计的指标，采取选线布站、布站调整线路(如前乐武“眼镜展线”和乃托“换岸双回头展线”)；对特殊困难，影响运力的地段，采用双线插入和两道车站(会让站)的补强措施，从而满足设计运输能力。这些措施就是分析各路段运输能力体验设计的方法，这与四级公路设置错车带和道路交叉口设置左转等待车道、长大坡路段设置爬坡车道等异曲同工，但当今在设置错车道、爬坡车道等时是否按体验设计进行过分析，什么路段设，设置多大的规模呢？

10. 群英会战，走“畏途”闯“禁区”

如前所述，成昆铁路是工程建设的“禁区”，地形地质极其复杂，看看“一线天”、“一步苦”、“老虎嘴”、“猴子崖”等这些地名，充分说明了山形地势的险陡。翻阅成昆铁路构造体系和震中示意图，区域南北构造发育，除位于川西平原的成都—峨边段工程基本不受构造带影响外，绝大多数路段平行构造带(特别是安宁河和龙川江路段)，不良地质病害自然发育而多。为走“畏途”闯“禁区”调集了全国各地近 5000 名优秀工程技术人员和工人投入工程地质勘察，首先从区域宏观构造和自然地貌入手，摸清区域地质构造的特征和地貌特点，根据成昆铁路走向与构造带的关系和区段地貌单元，成昆铁路自然环境和地质条件分级分段进行针对性、有的放矢地勘察；在纵向分级分段的基础上，结合纵横向大面积综合手段相互印证的勘察结果，按区块风险级别形成地形、地质“风险斑块”，为选线和方案决策提供科学依据；通过路线方案的比较和调整，避让了绝大多数不良地质，但成昆铁路仍然不得不通过了较大滑坡 183 处，泥石流 200 余处，危岩落石 500 处，崩塌 100 处，岩堆 200 处。

成昆铁路工程地质非常复杂，不是“畏途”也是畏途，不是“禁区”也是禁区，从 1976 年总勘察设计单位按毛泽东“成昆铁路要总结好”组织认真完成的《成昆铁路勘察设计总结》近 3/5 的内容是工程地质。因此，作者根据该总结，询问当年参加过成昆铁路勘察设计的老前辈，经初略而不全面的统计，无论是路线方案比较，桥梁隧道位置、形式、规模的分析论证，还是路基形式、防护措施、引排水范围的研究基本上是围绕不良地质病害而展开。成昆铁路当年在经济实力弱，技术相对落后的情况下走“畏途”闯“禁区”首先靠的是高昂的斗志、饱满的激情和群英会战的“官窑效应”，这与当今特殊复杂工程成立省部专家组异曲同工；其次是认真细致大面积的综合而相互印证的勘察；作者还认为其三靠的是从构造和地貌入手，分级分段有的放矢的针对性勘察方法，特别是地质勘察结果“风险斑块”的显示方式值得工程技术人员学习和借鉴。这就是当今“遗传学选线”的前奏，当代《人机功效学》的显示设计技术。

11. 并行设计，统筹兼顾定车站

铁路车站是铁路建设运输的关键，不仅影响和决定铁路运力，成为铁路路线选择研究的重要的权重因素，而且是铁路运输与沿线经济发展、产业布局、城乡规划、资源开发和环境保护的重要互存的因素，是必然而相互转换的矛盾的两方面。为解决必然而相互转换的矛盾的两方面，成昆铁路勘察设计的初期受前苏联的影响，采用往返时分分布车站的办法，导致很多车站远离城镇，运输不便，不仅设置位置工程艰巨，地质病害多，而且设置方法显的机械理论，针对性不强；后期根据西南地区政治经济带“星罗棋布”的分布特点，全过程采用深入现场和群众，广泛争求和听取沿线群众意见，采取综合分析的手段，选线与布站结合，“选线布站”，“布站调整路线”，逐站布线，逐站研究，采用预留站场、增设车站和双线插入等方式保证成昆铁路的设计运力；并为挖掘潜力奠定基础、创造条件，兼顾了沿线政治经济带和工业基地及产业布局。“下楼出院”深入现场三结合，发动群众走群众路线，广泛听取社会群众的意见听起来似乎口号政治，实际就是近代兴起的先进的“并行设计”理念和方法，倾听非专业人士的非专业意见往往是避免专业人员走入“专业化”和“专业死胡同”的最简洁、最有效地方法。

11.4.6　集中指挥，同心协力会战“三线”

设计与建设的紧密结合是创造奇迹的根本，成昆铁路走通“畏途”，闯过“禁区”创造工程历史的奇迹和文化。国家非常重视，中央主要领导人多次亲临现场指导检查工程，建立了无产阶级政治挂帅、高度集中的建设指挥部，号召全国人民支援三线，充分发挥了政治的作用和“官窑效应”的优势；为走出“畏途”，闯过“禁区”奠定了基础，实现了经济、工程服务政治，政治指导帮助带动工程和经济的目标。

三线工程 1964 年相继开工，围绕三线工程，以工程量占 80% 的成昆铁路为中心，西南铁路建设工地指挥部本着统筹全局、力争主动、全面铺开、有所侧重、集中精力歼灭的原则，先取川黔，次取贵昆，会战成昆；既为成昆勘察和施工准备留时间，为成昆南段物质材料运输创造条件，也培养锻炼队伍。

会战—会聚集中五湖四海的力量，任何一个人、一个团队、一个部门皆有自己的习惯，自己的文化和相互合作协调的习惯方式和方法，这些是一种提高功效，行之有效的方法和大家认可的规则，但短时间聚集会战，这些行之有效的习惯往往成为会战的合作阻碍，成为内耗的起因，怎么办?《设计工作三十条》、《二十四条》将思想、原则、理念统一到新的习惯上，避免了内耗。

施工部署是工程组织的关键，三线每年需要 106 万人劳动力和几千人的技术人员、大批机械，仅仅成昆线就需要设备、材料达 4000 万吨，怎么办？全国调集，发挥“官窑效应”，以铁道兵建制招新兵新工，扩大编制，调集铁道部工程技术人员和大学毕业生充实技术力量，有计划进口机械设备，建构直属仓库，满足材料供应，并且由工地指挥部、技术委员会和支援委员会统一组织和领导形成合力。采取了全面安排，分段实施；充分准备，早开控制性工程；狠抓关键，组织快速施工，综合平衡三方面的措施完成建设。

11.4.7 政治建构工程

经济是政治的基础，服务于政治，政治是经济的上层建筑，这是马克思政治经济学。工程建构活动是社会经济的一部分，是经济建设的主战场和基础，同样服务于政治，政治统领经济发展，指导工程建设。成昆铁路是“政治工程”，难道主要的重要的领导人发出号令和关注就是“政治工程”吗？难道工程不需要政治吗？工程而工程，技术而技术不也是形而上学。不是形而上学，不就是形而下学，工程建构本来就是政治的一部分，仅仅是以工程的形式服务政治，是以创造一个新的存在物完成为政治的服务，所以辩证地分析政治与经济、政治与工程活动才是辩证的哲学思维。政治往往以要求和压力的形式指导促进发展工程，是加速工程经济活动的战斗力和源动力；至少很多困难容易得到即时而快速的解决，容易形成团结一心的活力，容易得到各方的支持和理解。在面对各种压力之际，必须冷静思考、积极努力的同时，协调处理其中违反自然规律和科学的问题，既要积极主动，又不要盲目从事，这才是科学的辩证的唯物的工作态度。

如果一定要说成昆铁路是政治工程的话，那么工程建构和建设组织的以下三大特点仍然是工程建构永远值得学习和借鉴的成昆铁路文化。

特点 1：统一领导，统一指挥，全面安排，归口负责；

特点 2：精简机构，面向现场，深入实际，解决问题，各级干部有职有权，以身作则，处理问题即时果断；

特点 3：加强指挥，健全调度，上情下达，下情上达。

11.4.8 结语

2200 多年历史的都江堰水利工程史实告诉我们人与自然“急流缓受，不与水为敌”，告诉我们工程的功能寿命与工程的价值寿命在于代代传承的“深淘沙，低作堰”(岁修制度)，建构在于因地制宜；100 多年前建构的滇越铁路的工程历史告诉我们碧色寨的繁华与闲适在于“闭塞寨”何时与现代交通并轨，何时与现代交通脱离，告诉我们创造工程奇迹的根本是设计与建设的紧密结合。不免问一问头脑中已经物化的工程与建设结合了没有，有没有水桶的短板，水桶板板是否紧密，板板稀疏比短板更糟糕，短板仅仅储水少而已，而且可以通过“斜桶效应”弥补，而水桶板间稀疏一切皆是“竹篮打水”。刚刚研读的半个世纪前走通“畏途”、闯过“禁区”的成昆铁路又告诉我们什么？告诉我们一种态度，一种激情饱满、斗志高昂的态度，态度决定出路，布局决定结局，告诉我们复杂特殊的不利条件和因素，往往又是创造经典的素材，决定的仅仅是建构者的针对性创作，矛盾双方因素的转化就是从勘察设计到建构者、经营岁修“转知成智”的主观能动。千百年来无论是什么工程，工程建于何时何地何种自然环境，何种社会环境，当今当后遵循的皆是“急流缓受，不与水为敌”的对自然环境的理性处世态度和激情饱满、斗志高昂的工作态度，以及统筹兼顾接轨“闭塞寨”的责任和深入实际“下楼出院”，慎重果断，上情下达，下情上达的建构作风。

11.5　云南思小雨林高速公路——适宜是最好的、自然是最美的、优质是最省的

云南思小高速公路是通往南亚国家的国际大通道，亚洲公路网的组成部分，是唯一一条穿越热带雨林的高速公路，是构筑中国—东盟自由贸易区，加强国际交流合作，巩固发展边疆的举措。

思小高速公路沿线秀丽叠翠宜人的自然风光，淳朴丰采，独具一格的人文景观，既是高速公路建设景观的素材，又是高速公路建构的难点。面对茫茫雨林寻求工程建构与环境保护，可持续发展的平衡点，生态景观与运输安全的接合点，将高速公路融入自然，镶嵌于茫茫雨林，默默地悄悄地穿越雨林，是建构成败的关键，是工程存在于自然，生存于社会的中心和主题。思小高速公路勘察设计应用系统论思想，以路线为纲，针对不同路段的自然环境景观采取针对性措施，保护了雨林，畅通了通道，提升了景观价值，成为社会公认的当代交通的典范。

11.5.1　“自然是最美的”工程建构理念

云南思小高速公路全长 97.7km，四车道高速公路（$v=60$km/h，路基宽 22.5m），批准概算 39.96 亿元，工期 3 年。属热带、亚热带气候，地处横断山南延地带，呈北高南低，区内峰峦叠嶂、此起彼伏，属构造剥蚀低山、低中山地形地貌。

设计是工程建构的灵魂，理念是工程设计的中心思想，是产品的精髓和灵魂，是生命线。勘察设计是集物理、力学、美学等多学科为一体的科学技术活动，既有创造，又有发明，是人类改造自然、认识自然、顺应自然的思维活动，是人类的主观能动性的彰显。

工程设计理念是一种意识行为，具有意识的基本特征和特点，感知具有从量变到质变的螺旋发展过程。我国山区高速公路建设起步晚，储备不足。云南思小高速公路在改造自然的经验和教训中觉醒，以“尽可能保留自然的一草一木一水一石，使高速公路悄悄地穿越雨林，默默地通过自然保护区，让驾乘人员静静地欣赏自然”为指导思想和设计原则。树立以“适宜是最好的，自然是最美的，优质是最省的”为主题的建构理念指导工程建构，并贯穿全过程。

11.5.1.1 系统观

系统观是站在社会经济发展和公路路网建设的战略高度，是从路网网络结构及路网的影响辐射面和网络综合运输效益及社会效益出发，分析整体与局部、远期与近期利益，分析工程寿命周期成本与工程经济，研究项目工程价值与价值工程，分析自然环境价值与社会财富等，以提高分析研究问题的高度、广度和深度，避免为工程而工程，为项目而项目，为技术而技术，重视整体和长远利益的同时兼顾局部和近期利益，追求社会基础设施的社会价值，保护自然环境社会财富。公路路网建设往往是分段分期逐步成网的过程，是人类强行介入自然的创造的新的存在物，存在于自然环境，生存于社会环境，必将存在整体与局部、近期与远期的协调和1%与100%，以及存在与生存的辩证统一。

国家高速公路网建设近20多年来，中西部地区各省的主战场皆是从各省省会往东或往南逼向邻省的区域，导致中西部地区各省省会往西或往北高速公路“空白”，形成国高网多处断头，“时宽时窄”，越往西的省份对外通道越不通，国高网仍然存在一路走来，“跑不痛快，跑不出规模，跑不出效益”，导致社会整体效益和系统效益差的局面。但仅仅从各省的经济发展分析，其20多年来的主战场是经济发展客观需要的结果，是人心和社会的愿望，然而从整个中西部地区看，存在系统性问题，各省的主战场未从属更大的系统。

云南思小高速是昆曼国际通道的6%，是国道213线的3%，是G8511的14%。基于1%与100%的辨证统一认识，思小高速公路勘察设计整体大于部分之和的思想主要体现在以下几个方面：

（1）建设思小高速公路不仅是云南干线公路的改造，而是国家与东南亚合作的陆路通道，不仅代表云南的建设水平，而且代表国家的建构水平。

（2）公路沿线雨林资源保护开发和价值提升，不仅是生态景观高速公路建设的素材和保护的中心，而且是国家，乃至全球珍稀的自然财富，不仅是对现在负责，对高速公路的可持续发展负责，而且是对未来人类的生存负责。

（3）建构思小的同时始终抓紧昆曼剩余路段的全面推进工作，早日畅通国际大通道是发展国际旅游、边贸的战略，是1%为100%的辩证统一。

（4）高速公路与沿线经济带、路网的关系形同瓜与藤、链与珠，是相互共存和促进的关系，立交是路与城的纽带和路网的节点，立交位置、形式和规模同样是项目1%与100%的辩证统一。

（5）路是延长的桥，桥是抬高的路，路是时空的隧道，是人类亲近自然的桥。

11.5.1.2 可持续发展观

可持续发展是当代的建设和发展不影响后人的生存。项目的建设不影响路网的衔接和改扩，不影响道路的辐射面、影响面及社会效益。绿色公路是可持续发展公路建设的方向，是人类从“砍树开荒才发展”、“冒黑烟才是工业革命”、“先建设再恢复”误区中走出的觉醒和觉悟。思小始终把生态看成生存，把草木看成资源，坚持“适宜是最好的，自然是最美的，优质是最省的”理念，主要体现在：

（1）勘察设计始终坚持和全面贯彻“适宜是最好的，自然是最美的，优质是最省的”理念用心设计，精心创作。

（2）始终围绕生态、自然、和谐和可持续发展开展设计创作，应用三维立体空间技术作为检查评判设计的手段，以资源保护性开发为举措，以资源的保护为方案取舍的权重指标。如以“确保边坡安全、保证边坡生态”作为填挖边坡控制指标。

（3）始终树立“最大限度保留天然的一草、一木、一泉、一石，最小限度的破坏，最大限度、最快速度的恢复”的思想，坚持“为树让路，为象留道”等“有为”举措，实现“无为”穿越雨林的保护性提升开发目标。

（4）建构中始终贯彻生态景观和可持续发展理念，坚持通过“自然的有为达到镶嵌的无为”，减少对雨林的“惊动”，实现“融入自然、享受自然、珍惜自然、回归自然”。

11.5.1.3　安全、以人为本观

安全理念是在确保工程自身安全的基础上，重视公路营运安全。树立“容错”观念倡导“绿色交通”，净化交通次序，为道路运输提供“宽容”的“兴趣”安全环境，提供全方位的安全保障和服务。以人为本理念是以人为中心，从人的自身需求和需要出发，考虑人的本能和习惯行为，以遵循共同规则为前提，方便驾乘、沿途群众为目的和目标，让驾驶行为“自由”、次序规范，让沿途群众穿越“自然”，让乘客舒心，让沿途动物来去如常，让生物依然苍翠繁衍。

（1）安全是人类第一的本能需要，安全运输是发挥公路运输效益和社会效益的法宝。为使驾驶行为轻松自如，次序规范，设计按系统论以路线为纲，从路线线形的连续性、流畅性，指标的均衡性入手，应用多年总结的经验量化指标（线形单元曲线、超高曲线、权重坡度曲线等）对道路几何线性进行安全性评价和检查。

（2）确定“地理自然（气候）环境选择走廊，区域地质构造选择路线，工程经济调整路线线位，营运安全评价优化线形，自然协调掌握线形指标”的路线设计思路；由面到带，由带到线，由线到点反复循环，实现保护生态环境资源，规避极端气候区，远离地质构造带，线形连续流畅，工程安全经济的设计创作，彰显以人为中心。

（3）结合沿途山村小寨和经济带的布局，设置了16对港湾式公共汽车停靠站和24处“停车区”，既方便群众，又规范客运，调整行程节奏，保障运营安全。

11.5.1.4　生态思小，常思小处观

设计品质是工程建构的灵魂和基础，项目设计以总工程师为总设计师，总工办主任为贯彻责任人，参与部门为责任执行人，建立了“毫不犹豫、坚决执行”的三级垂直管理体制，贯彻“适宜是最好的，自然是最美的，优质是最省的”建构理念，实施“三勤、三抓、三重视”（三勤：勤指导、勤检查、勤反馈；三抓：抓理念更新、抓技术创新、抓关键环节；三重视：重事先指导，轻秋后培训；重中间检查，轻成果否定；重细节成败）的指导式管理举措，严格执行“五精心”（精心勘察、精心设计、精心评价、精心创作），保证步步到位，环环相扣。

11.5.2　情感化设计创作

人与技术（或物化的产品）的关系向来是人们关注的话题。当初，产品好用是制造者也是使用者的第一要求，其关系是“持物品情”。随科技的进步，人的地位逐渐显示，人们开始把注意力逐渐转移到人类自身，提出了“以人为中心”（Human-centered），感受到“有魅力

的物品更好用"，开始探索和提供人性化服务，讲究"情感化设计"。设计者与使用者的关系是见物如见人，通过物品传递彼此的情感。现代交通是实现人类安全快捷时空转移和信息流通的基础设施，满足使用者文化生活需求的同时，具有舒适、意趣、优美和娱乐的特性，在重视高速公路的易用性的同时，强调高速公路对使用者的情感(affect)的影响。

11.5.2.1 情感化设计的理解和认识

在日常生活中，物品往往不只是物质的简单占有，不一定是炫耀财富和地位，而是物品赋予人类生活的意义。情绪(emotion)是情感(affect)的意识体验，具有特定的原因和对象。美国心理学家 Alice isen 的研究：快乐可以拓宽思路，有利于创造性思维，更具有创造力和想像力，更善于检验多种选择，甚至还会容忍较小问题；焦虑会使思路变窄，仅仅集中于与"问题"直接相关的方面，形成"短窄的注意广度"和思考的维度，甚至反复重复相同的错误"操作"，导致"问题"更严重而恶性循环，会很难容忍细小的"问题"。综上所述，人类的情感直接影响物品的意义，"美观的或者有魅力的物品更好用"。人类的情绪将改变解决"问题"或者说使用物品的方式。根据以色列 Noam Tractinsky 等科学家的研究，人类则是情绪最丰富的动物。

11.5.2.2 情感化设计的必要性和重要性

从脑的生物起源和进化分析，对简单的动物而言，生命是由威胁和机遇构成的连续体，脑回路是分析情景并做出反应的反应机制。从简单的逃离危险和接近尝试，发展为自下而上的知觉驱动和自上而下的思维驱动。看、听、触是反应机制感知环境的基本手段，感知环境产生的正面情感可以"拓宽"思维，负面情感则"聚焦"(focus)思维。设计技术是提供情感交互重要的社会手段，是引起情感波动的关键，因为我们都是"设计家"。设计不仅仅是一个物品、空间或者结构，它是一个动态的过程。根据驾驶行为学的研究：人是交通安全的主体，在交通环境中，人既是交通事故的制造者，又是交通事故的受害者，是交通环境中的客观对象；如果不能正确地的感知和思维，就容易出现判断失误或反应不及时，酿成交通事故。交通感知接受外界信息中视觉占 80%，听觉占 14%，味觉、触觉等仅占 2%。从反应机制感知环境和驾驶行为学的研究看，提供时空安全、快捷转移的高速公路的视觉感知环境的情感化、人性化设计日趋重要和必要。情感化、人性化设计是增添高速公路易用性和使用魅力，以及使用兴趣和规范使用行为的核心，其缺陷往往又是诱发交通事故的诱因之一。

11.5.2.3 设计与使用行为

设计是一个动态的过程，设计的主体是人。设计是设计者与使用者进行情感交互的过程，是设计者思想、文化、观念、思维、情感、情绪、心境、个性的整合，而设计者和使用者只是时空方面的相对关系，正如美国 Donalda. Norman 所言"我们都是设计家，因为我们必须是"。根据大脑的加工水平设计可分为本能设计、行为设计和反思设计三种水平设计，本能设计、行为设计是使用物品时表达现在的情感和感受，而反思设计可以通过物品回想过去和思考未来。

总而言之，设计存在多个层面，情感具有多样性，各个层面的设计并非独立，是脑回路不同加工水平的反应，与使用者的情感交互是通过视、听、触，甚至使用的经历和记忆等方式完成。重要的是设计的物品应该具有美好的视觉外形，简便容易的操作效能和提供以人为中心的人性化服务，优秀的设计必须注重设计的过程和过程的设计，充分考虑信息的不对称。情感是在过程中进行交互、调节和体验，因此，高速公路情感化设计的关键是设计者自己。

11.5.2.4　情感化设计之创作

（1）建立使用者的信任感。信任意味着一个人可以依赖一个值得信任的系统去反复、可靠、准确地完成预期的任务。信任是由经验获得，有一个培养的过程，是情感交互不可缺少的成分。思小高速公路首先端正设计的思想和态度，情感化设计的关键是设计者自己，将高速公路视为“商品”，任用户“挑剔”。拟定工程方案后本着得到各方的监督，就是得到各方的关心和呵护的态度和认识，主动恳请环保、林业、生态、人文等方面的专家点评，在倾听中改变了观念，尊重了社会，得到了社会的信任，避免了“旁观者淡漠”。

（2）建立信任团队。“信任我们的同事是人类的本性……”，设计是一个团队，为建立团队间的相互信任，创作信任的产品服务诚信的社会，首先从内部的组织和管理抓起，制定参与型、偏平型的管理机制和联动型的学习团队，使每一双手成为具有开创性的“完整的社会人”；其次，倾听建设管理的意见，了解第一使用者的情感，扩充信息源；最后借鉴商业航空“没有驾驶飞机的驾驶员”的信任训练经验——质疑是一种尊重，而泰然面对质疑，为使用者对高速公路设计的信任奠定了基础，避免信息不对称。

（3）公路是实现客货时空位移和信息传播，以及情感交流的纽带和桥梁，使用者的信任来源于使用的安全，一切从使用者的安全出发，遵循细节决定成败的原则，从“小”处做起，常思“小”处，用心设计、精心创作。

（4）要求物品美观是人类解决生存或者生计后的基本欲望。为提供“宽松”而“宽容”的规范驾乘环境，建立使用者信任基础：首先以路线线形的连续性，指标的均衡性为重点；其次以路侧轮廓的诱导性和可预知性为手段，从而消除使用者正常行驶状态下的负面情感，将“聚焦”(focus)转化为适度“拓宽”，保持中性情感。

（5）高速公路是通过移动实现情感的交互，让使用者在正常行驶状态下保持中性情感，使其清醒和精力的集中至关重要，也是高速公路情感设计的核心。同时重视非正常状态下使用者情感“聚焦”的“惊慌应急系统”细节设计，将使用者从挫折、迷惑和无助中解脱出来。思小高速公路将边沟暗埋，尽可能增加路侧净区；建立视觉屏障消除“看渊生惧”的情绪；连续下坡侧设置紧急避险自救匝道，帮助脱离失控，有惊无险；设置全程监控系统，呵护使用者；建立雾区监控系统，消除雾中忧虑等一系列一路相伴的“情感系统”。

11.5.2.5　视觉形态创作，保持情感“鲜活”

根据美国 DONALD A. NORMAN 的研究，本能设计的基本原理来自人类的本能，讲究的是即刻的情感效果，是面对面的交流。根据这一原理和高速公路瞬间即刻的视觉印象情感特点，为提高使用者行程的兴趣，保持瞬间即刻视觉印象情感的“鲜活”，设计采取：

（1）物品的形态往往是吸引情感的强大本能，是引起直接的本能反应，如鲜艳的花朵吸引昆虫。高速公路使用者对高速公路的信息 80% 来自视觉。因此，自始至终用生态景观设计原则指导土木工程设计，将高速公路镶嵌在林苑绿海之中，从而保证高速公路的整体

“视觉糖果”效应，塑造思小礼仪“仪表”，让使用者在穿越雨林过程中感受自然。

(2) 高速公路本身就是巨大的、人造的线型艺术品。通过以路线线形的连续和舒畅，技术指标的均衡为龙头，以“绿”为主旋律，按各路段区域自然景观形态，组织11节岩荡起伏的系列景观，形成潜翠游绿，闻秀听闲，或仰或俯，或放或收，或奔或迎的动态视觉印象，让使用者默默地穿梭茫茫雨林，苍翠一路欲醉，沐浴自然而笑。

(3) 面对苍翠欲滴的茫茫绿海，如笑似醉的自然环境，为让使用者在过程中欣赏自然，回归自然，享受自然而呵护自然，采取尽可能保留天然一草、一木、一泉、一石的措施；景观设计以静为题，幽为画，闲为调，翠为笔，勾画高速公路和谐画卷；既激发高速公路使用者珍惜自然的爱心，又体验回归自然的心境。

(4) “见异思迁”、“喜新厌旧”大概是生物进化过程保留在人类思维的潜意识。为使思小高速公路景观形态具有新鲜感，保持生命力，使之“鲜活”，以保持自然自身活力，遵循大自然本能设计的原理——简单再简单、自然再自然的原则，而不是简单地应用美国《A pattern language》一书归纳的253种方法中的第134种“禅宗的风景”方法(隐藏美丽，保持鲜活)指导景观设计。

(5) 为避免对景观的厌倦和“处处存在往往处处不存在”的情感分离，以及“鱼儿最后才看到水”的遗憾，使风景保持活力而情感“鲜活”，设计采用以自然为资源和素材，依附大自然的自身活力，消除行程的厌倦情绪和情感分离。

11.5.3 无障碍设计创作

无障碍物质环境是指使正常人、病人、孩子等没有任何不方便和障碍，能够共同自由地生活于活动的物质设施空间。实际环境是空间的一种延续，无障碍设计提供一种持续正常使用空间的可能。建设的环境空间是按设计进行改造的新的形式，使用空间的权利和可能性不仅被实际障碍所限制，而且受复杂的文化、社会与经济等环境限制。设计基于“设计的挑战是保留效能去掉障碍”的认识，为尽可能减少高速公路使用者正常使用状态下使用设计空间环境权利的限制进行了形体语言和文字语言的情感创作。

11.5.3.1 建筑物形体形态语言情感创作

(1) 追求道路几何条件线形的连续性，指标的均衡性，与地形、地势的协调性，为驾驶提供连续的无障碍的无“约束”的延续，具有可“预知性”的行车规范空间环境。

(2) 应用模拟仿真全面检查设计环境空间，消除“障碍”，规范“约束”环境空间。

(3) 追求建筑物造型简洁明了，从视觉上延续设计空间，提高旅程兴趣。

(4) 为边坡、桥梁等建筑物设置台阶等管理和养护辅助系统设施，消除管养障碍。

(5) 设置完善自然的交叉设施，避免社区阻隔，土地分割，消除穿越障碍。

(6) 曲化或者弧化路侧设施，体现“急来缓受，不与使用为敌”。

11.5.3.2 文字语言情感创作

(1) 语言是情感交互的直接方式，交通标志是高速公路文字语言的表达和传递，标志的造型、版面设计和支撑方式、位置，以规范、简洁、轻巧引人注目为目标引起驾乘人员关注。

(2) 道路路况预告标识，让使用者获得百分之百的“知情权”，明明白白地行驶。

(3) 充分利用可变情报板，及时通报路况、气候等即时信息，嘱托叮咛使用者。

(4) 拟人化是情感交互的最佳方式，人类先天倾向于把物品拟人化，把情感投射于物品。始终执行“依山傍水寄情”的情感化设计理念，用文字童话般记录于服务区、停车区。

11.5.3.3　情感“记忆”收藏

真实稳定的情绪感受的形成需要时间，重要的是情感交互的历史、人与物品的联系，以及其引起的记忆，其“感伤”正是某种物品具有魅力和广泛流行的源泉，是人依恋意念呵护的原因。情感设计结合景观设计刻意收藏建设者的“记忆”，将参与者的感受采用景观形态的方式进行收藏，形成思小路与建设者的情感纽带：

(1) 建设纪念碑：根据景观布局统一规划选择适当位置，以建设团队的标志设置纪念碑，展现建设者的精神，形成与建设者情感联系的纽带。

(2) 建设者纪念林：纪念是生物进化之中的情感交互。种植建设者纪念林的方式满足人性的要求。

(3) 笔者思考还可以向社会拍卖精品景观“认养权”，扩展项目呵护的群体，避免“旁观者淡漠”。

11.5.4　线形景观思想与创作

公路景观是以大自然为背景，布置一条满足交通功能，欣赏自然景观的行动路线，而不是建造一个园林，应用中国传统环境观和古代美学哲学思想，遵循中国山水园林营造绿色空间的原则，借鉴中国山水画意在笔先的创作构思和写意手法，营造思小四维景观空间。

11.5.4.1　传统环境观和美学哲学思想的整合应用

(1) 中国古意识的思维方式是万事万物相依相伏，受认识范围以外的自然力量控制，认为人类不是自然的征服者，不能从自然中掠夺太多；人类的生存由“天”、“地”共同决定，“适度”成为人们的生活态度和审判的标准，“适应性”是获取和平衡矛盾的最佳途径。线形景观创作严格遵循适度原则，贯彻人类是通过服从自然而战胜自然的思想。

(2) 中国古代人工山水建筑空间布局是以人的活动和建筑结构的逻辑为依据安排空间顺序，景物的价值不能由客观存在的物体自身孤立地体现，它只能体现在景物之间和景物与人的和谐交流之中。项目线形景观创作遵循自然、和谐、平衡的原则，体现以人为本的思想。

(3) 中国山水园林营造绿色空间注重的是植物的“习性”和“姿态”，选择的是本地易生快长，不需要特别护理保养，具有一定姿态的植物，对其色彩并不强求。项目景观种植创作遵循简单、自然本土的原则，实现悄悄穿越雨林，共生雨林。

11.5.4.2　线形景观建设标准的分析与研究

高速公路线形景观建设标准非工程技术标准。本项目以“功能为主线、安全为核心”为原则，根据当前经济实力、沿线自然环境现状、风土人情、区域景观形态等因素，通过表 11-2、表 11-3 分析确定项目和路段单元景观标准，体现针对性原则。

线形景观项目标准分析表 表 11-2

<table>
<tr><td colspan="2" rowspan="2">区域
因素</td><td colspan="2">普洱市</td><td colspan="4">景洪市</td><td rowspan="2">分析结论</td></tr>
<tr><td>普洱市</td><td>翠云区</td><td>景洪市</td><td>普文镇</td><td>大渡岗</td><td>勐养镇</td></tr>
<tr><td colspan="2">工程区位</td><td colspan="6">东经 100 度 52 分～101 度 05 分，北纬 22 度 05 分～22 度 45 分</td><td>赤道以北，适宜植物生长</td></tr>
<tr><td colspan="2">建设资金</td><td colspan="6">工可工作深度接近初设，估算准确，批准概算 39.96 亿元(4090 万元/km)，项目总工期 3 年，普洱、景洪两市生态旅游资源丰富，发展后劲强劲，潜力较强</td><td>国家支持，银行看好，民众拥护，社会理解，监督到位，需求迫切</td></tr>
<tr><td colspan="2">气候环境</td><td colspan="6">年平均气温 18～21.7℃，平均年降雨量 1212.4～1540.9mm，年平均蒸发量 1511.8～1804mm，夏秋多雨湿热，冬春少雨干燥，干旱季节明显，具有垂直特征</td><td>气候宜人多样，雨量充沛，适合植物易生快长，动物栖息繁衍</td></tr>
<tr><td rowspan="8">土地开发利用现状</td><td>耕地</td><td>8.50%</td><td>14.60%</td><td>11.43%</td><td>8.34%</td><td>4.80%</td><td>7.37%</td><td rowspan="8">思小高速公路全长 97.678km，普洱市翠云区境内 25.14km，西双版纳洲景洪市境内 72.54km，工程区域内虽然总体土地质量低，但林地多，园地开发初具规模，成为当地支柱产业，呈现依靠自然生态资源，发展生态绿色经济的格局，形成良性循环之态</td></tr>
<tr><td>园地</td><td>2.30%</td><td>7.53%</td><td>12.09%</td><td>7.63%</td><td>4.50%</td><td>7.72%</td></tr>
<tr><td>林地</td><td>79.40%</td><td>2.53%</td><td>63.77%</td><td>75.47%</td><td>86.45%</td><td>79.79%</td></tr>
<tr><td>牧草地</td><td>2.10%</td><td>0.00%</td><td>0.12%</td><td>0.00%</td><td>0.00%</td><td>0.00%</td></tr>
<tr><td>建筑地</td><td>0.96%</td><td>61.12%</td><td>0.91%</td><td>0.95%</td><td>0.38%</td><td>0.56%</td></tr>
<tr><td>水域</td><td>1.08%</td><td>11.56%</td><td>1.61%</td><td>1.66%</td><td>0.72%</td><td>1.31%</td></tr>
<tr><td>交通</td><td>0.34%</td><td>1.60%</td><td>0.38%</td><td>0.55%</td><td>0.34%</td><td>0.30%</td></tr>
<tr><td>未用地</td><td>5.23%</td><td>1.05%</td><td>9.69%</td><td>5.40%</td><td>2.81%</td><td>2.95%</td></tr>
<tr><td rowspan="4">公路用地</td><td>占地</td><td colspan="6">6531.73(亩)</td><td rowspan="4">公路穿越次森林比例小，基本在人类早期活动开发的地区，占用的土地以经济林和耕地为主</td></tr>
<tr><td>耕地</td><td colspan="6">3080.96(亩)占公路用地的 47.17%</td></tr>
<tr><td>园地</td><td colspan="6">687.78(亩)占公路用地的 10.53%</td></tr>
<tr><td>林地</td><td colspan="6">次森林 2714.73(亩)占公路用地的 41.56%</td></tr>
<tr><td rowspan="4">水土流失状况</td><td>无明显</td><td>86.03%</td><td>86.62%</td><td>83.99%</td><td>91.72%</td><td>94.16%</td><td>93.70%</td><td rowspan="4">高速公路区域内水土流失轻微，80% 以上的面积无明显的水土流失现象，林草覆盖率高</td></tr>
<tr><td>轻度</td><td>76.32%</td><td>96.25%</td><td>81.68%</td><td>86.07%</td><td>81.74%</td><td>68.59%</td></tr>
<tr><td>中度</td><td>23.68%</td><td>3.75%</td><td>10.21%</td><td>7.88%</td><td>10.42%</td><td>18.27%</td></tr>
<tr><td>强度</td><td>0.00%</td><td>0.00%</td><td>8.20%</td><td>2.78%</td><td>7.84%</td><td>13.14%</td></tr>
<tr><td colspan="2">林草覆盖率</td><td colspan="2">69.36%(其中森林 62.8%)，全国的 3.8 倍，云南的 1.4 倍</td><td colspan="4">92%(其中森林 63.68%，自然林占 45%)，全国的 5.0 倍，云南的 1.9 倍，保存完好的原始热带雨林达 70 万亩，国家级自然保护区 402.17 万亩</td><td rowspan="3">林草覆盖率高，自然林比例高，保护区多，物种丰富，生态链完好，自然自身演化能力强，被誉为“绿海明珠”、“动物王国”、“植物王国”“物种基因库”</td></tr>
<tr><td colspan="2">野生动物</td><td colspan="2">各类自然保护区 15 个，面积 220 万亩，占林地的 5.74%</td><td colspan="4">陆栖脊椎动物 539 种，占全国 1/4，鸟类 429 种，占全国 1/3，鱼类 100 多种，国家一类保护动物分别为 19 种，二类 90 种</td></tr>
<tr><td colspan="2">物种群落</td><td colspan="2">高等植物 5600 种</td><td colspan="4">植物 5000 种，占全国的 1/6，其中珍稀 341 种</td></tr>
<tr><td colspan="2">自然形态</td><td colspan="6">苍翠的绿海自然养眼，乔灌藤草交融的热带雨林本身就是风景</td><td>秀丽宜人，诱惑力强</td></tr>
<tr><td colspan="2">风土人情</td><td colspan="6">普洱市 9/10 的县为少数民族自治县，少数民族人口占 59.38%，西双版纳以傣族为主，少数民族占人口的 74.60%(2000 年)</td><td>民风简朴，热情好客，民居别具一格</td></tr>
</table>

续上表

因素＼区域	普洱市		景洪市				分析结论
	普洱市	翠云区	景洪市	普文镇	大渡岗	勐养镇	
自然生态环境及区域景观总体评价	高速公路沿线区域自然生态环境较好，林草覆盖率高，气候宜人，雨量充沛，植物易生快长，物种繁多，生态链完好，环境自然演化能力强，风光秀丽，民风简朴，热情好客，民居别具一格。高速公路线形景观建设的核心任务是保护生态，维持现状生态环境，尽可能减少人为景观，让高速公路的使用者感受自然，回归自然，享受自然						
项目景观建设标准	保护性建设						

注：(1) 水土流失状况资料：①标准：土壤容许流失量 500t/(km^2·a)；②数据根据 2002 年 8 月遥感调查报告；③水土流失程度数据为与流失面积的比值；④图 4-1 为云南思小高速公路沿程区域水土流失现状图；

(2) 土地开发利用现状数据为与其土地总面积的百分比值；

(3) 其他数据为 2000 年末的统计数据。

项目路段线形景观等级标准分析表　　表 11-3

路段名称＼影响因素	小区域林草覆盖率植被状况	小区域水土流失状况	林草地占公路用地比例（%）	地形地貌形态，土地开发状况	自然生态环境景观形态总体评价
曼夕坡（K0 ~ K6 +360）路段长 6.72km，占全线 6.87%	林草覆盖率高，次森林覆盖整个坡面，呈现欣欣向荣的发展景象	除路段首尾累计 1.5km 为轻度侵蚀外，其余均为无明显侵蚀	林草地 330.5 亩，占 54.46%，其余为耕地，路段公路用地 606.85 亩	中低山地形地貌，山体饱满圆顺，自然斜坡坡比 30° ~ 50°。保护状态	小区域自然生态环境好，林草覆盖率高，在有意识的保护下，呈现欣欣向荣的景象
分析结论（路段等级标准）	①曼夕坡(K0 ~ K6 +360)路段：长 6.72km，线形景观建设标准：呵护原始级——保持本色； ②弄岛河(K6 +630 ~ K24 +750)路段：长 18.35km，线形景观建设标准：促进演化级——休养生息，其曼夕坝(K6 +360 ~ K9 +000)，长 2.64km 为田野风光级——借景无限； ③普文坝(K24 +750 ~ K45 +400)路段：长 20.65km，线形景观建设标准：田野风光级——无限借景； ④麻地河(K45 +400 ~ K57 +800)路段：长 12.94km，线形景观建设标准：呵护原始级——保持本色； ⑤大渡岗(K57 +800 ~ K73 +060)路段：长 15.41km，线形景观建设标准：促进演化级——休养生息，其中大干坝(K59 +800 ~ K62 +800)路段长 3.00km 为田野风光级——借景无限，其中二台坡(K69 +300 ~ K73 +060)路段长 3.76km 为呵护原始级——保持本色； ⑥相塘(K73 +060 ~ K96 +600)路段：长 23.61km，线形景观建设标准：呵护原始级——保持本色，其关坪(K73 +060 ~ K77 +000)长 3.94km 为促进演化级——休养生息，其中小勐养(K90 +600 ~ K96 +600)长 6km 为促进演化级——休养生息，局部为田野风光级——借景无限				

注：(1) 分析表中的小区域指高速公路两侧 1 ~ 5km 的范围(自定义)；

(2) 表中未列举的路段分析方法类似，不重复。

11.5.4.3 线形景观空间布局

高速公路景观按使用者观赏位置分为内部景观和外部景观，按时间和视点分为景点景观、系列景观、静景观、变迁景观。景观欣赏行程中的厌倦是非常危险的，那么景观韵律和序列变化是引起兴趣，消除厌倦最好的办法。本项目为实现景观美感与运输安全的互动作用，引起使用者的兴趣，随载体的移动展开岩荡起伏的思小画卷。根据沿线自然环境景观形态，通过以下背景环境和自然、人文景观布局分析，确定本项目的景观韵律后，按表11-4布设线形景观形态空间。

（1）景观背景环境：茫茫绿海、云雾环绕、苍翠欲滴，春山含笑，秋山如醉，零星寨落、袅袅炊烟，如笑似醉的苍翠绿海和休闲的农庄环境，静是题，幽是画，闲是调，翠是笔，高速公路轻轻地、悄悄地环山绕水，依村伴寨是建设自然和谐景观的中心目标。

（2）主景景观：高速公路本身是巨大的、人造的线形艺术品，是以大自然为背景，布置的一条满足交通功能，欣赏自然景观的行动路线；因此，项目以路线为纲，将高速公路“随弯顺势”、“就势依形”地镶嵌在茫茫雨林，随连续、流畅、均衡的运行路径，展现由高速公路和自然风光组合的一个个画面就是其主景景观。

线形景观韵律构思及布局组织表　　表11-4

环境背景	景观布局的思路	场景		场景形态分析
刀光寨立交：普洱市城郊，普洱茶的发源地，地处山间盆地，四面环山，发展生态经济为战略——苍翠抱珠，养生天堂	围绕普洱市南出口——刀光寨立交占地大，临市环翠的环境，因此，以“窗口”为题：以立交四个环形岛和收费站、服务区为空间，按景点景观的规则，营造具有标志特征和休闲功能，代表普洱茶文化的建筑和园林景观	普洱刀光寨立交	距离起点一步之遥	地形地貌形态：山间盆地，四面环山； 植物：移植榕树； 建筑：收费站、办公楼等； 景观要素：地域景观； 行程：掀幕（远道而来小息，或回家）； 时间：零点； 情感：激情以待，或欲知下回，小息以待
曼夕1号隧道洞门：苍翠怀拥，刀光寨隧道，环形白带似如潜海之门——苍翠抱怀	高速公路顺山一转，迎面群山苍翠欲滴，层次清晰似挡似迎，因此，以迎为题：以路面为“水平线”，削竹式洞门面东从地而起，与怀抱的苍翠群山为“天”，环带似如彩虹，迎客自然潜入翠海	刀光寨隧道	距离起点一公里	地形地貌形态：苍翠群山； 植物：原生植物； 建筑：削竹式洞门； 景观要素：人工景观； 行程：刚掀幕，一步之遥但群山阻隔； 时间：两分钟； 情感：欲望“故”难回首，彩虹相迎，情潜翠海
曼夕坡：群山彼此起伏，形如绿波，苍翠的次森林覆盖群山，高低“整齐”，零零落落保留的原生树鹤立鸡群——居高临下，俯冲绿波，放眼青山绿水	高速公路随隧道的光带一呼而出，居高临下，放眼青山绿水，零零落落保留的原生树鹤立鸡群，高低“整齐”苍翠的次森林覆盖连绵群山，彼此起伏。因此，以“冲浪”为题：以桥隧为“冲浪”板，蜿蜒迎“浪”穿行，冲击彼此起伏的绿波，青山绿水在脚下流趟，或潜入绿海，或遨游绿波，飞速而下	曼夕坡桥隧群体	距离起点一至六公里	地形地貌形态：群山彼此起伏； 植物：高低“整齐”的次森林，零零落落鹤立鸡群的原生树； 建筑：隧道洞门、桥梁、边坡，远处村庄； 景观要素：组合景观； 行程：开窗放眼，“部队就要出发”； 时间：3～10分钟； 情感：开窗放眼—放鸟飞翔，“冲浪”绿海—刺激，欲醉其“怀”—海

续上表

环境背景	景观布局的思路	场景		场景形态分析
普文坝区：四面环山，视野开阔平坦，五颜六色，袅袅炊烟绿色丛而起，耕农把梨扬鞭——悠闲自在，是画是图，是景是家	高速公路随“水”而来，突然开阔无垠，一片“世外桃源”，把梨扬鞭，牧童牛背横笛，袅袅炊烟望归，好不悠闲自在。高速公路在画面中仅仅是一根线条，以“借景”为题：高速公路走地势较高的山脚绕田园边缘，“俯”，“露”而“借”	田园风光	离起点20公里	地形地貌形态：山间盆地； 植物：农作物，孤树； 建筑：路堤、村庄； 人的活动：耕作； 景观要素：地域自然景观； 行程：两波一伏，“牧马奔驰”； 时间：25分钟； 情感：欲醉还乡，回归自然
其他路段不赘述，思小公路线形景观“画卷”韵律构思思路是根据主旋律，根据各路段的自然景观基调和特色，按基本元素、要素和行程的长短，围绕着高速公路建筑，通过场景的变化构景，引起行程的兴趣				

（3）主景景观韵律：高速公路的主景景观就像建筑一样是凝固的音符，通过运动视觉的感受印象变化而表达其韵律，从而享受和谐的情感。景观韵律创作是根据沿程区域自然环境形态与道路组合的主景形成景观珠链，以视觉焦点或放或收、或仰或俯和视觉冲击或奔或迎的变化过程中得到视觉情感体验。

11.5.4.4　线形景观设计创作关键措施

（1）自然环境现状取舍道路走廊带：项目走廊除研究在路网中的地位、结构，辐射影响的面积、人口，连接的经济带，工程的经济性，建设条件和投资效益外，还从环境保护的角度，按环境保护优先的原则，利用最新的区域水土流失遥感图片分析取舍，选择已受轻度侵蚀的公路走廊。

（2）环境破坏指标取舍路线方案：项目路线方案除按根据地形、水文、地质、建设条件等因素，累计比选论证优化41km外，将征地数量、开挖压覆面积、边坡高度、建设污染等作为“破坏”指标进行路线方案比选，并以“破坏”指标为权重，从源头有效地控制了环境“破坏”，贯彻了“人类是通过服从自然而战胜自然的”思想。

（3）自然环境破坏指标指导专业设计：基于生态环境景观建设是在土木工程设计过程中完成。“意在笔先”的认识，以“因地制宜、宜留则保”、“适地、适时、适树”的原则检查专业设计。

11.5.5　景观再造种植设计创作

植物自古以来一直伴随人类的生活，成为人类食物的来源，同时是风景的重要要素、景观建设的重要元素。植物在自然风景和公路景观价值中具有举足轻重的作用。园林设计利用植物营造绿色空间，延展时空，达到审美的效果，创造愉悦的体验和健康的感受。在城市道路景观创作中，通过行道树栽植的选择和街道景观的修饰创造街景，将城市街道有限的空间幻化为无限的空间，为城市增色。山区公路往往以绿海林苑或峥嵘河山为背景，欣赏者在固定的运动路线移动过程中；受快速运动的影响，视野范围和方向基本被规定，或者说固定；在瞬间的视觉印象中植物仍然是重要的角色，或亲或远，或障或透，或露或罩；为满足人类的需求和生态环境需求，建设“宽带绿地”，创造公路生态景观，道旁植物闪动幻化的光影为欣赏视觉提供了欢愉的视觉印象和健康的情感。

植物种植设计是一门非常普遍的适用艺术，公路种植设计既要具有实用性，又要具有艺术性；不仅需要设计师与具有丰富经验的园艺师共同合作完成，而且需要遵循简洁、多样、重点、均衡、序列、比例等园林种植设计基本种植原则[日，土木协会编，章俊华等译，道路景观设计，“适宜是最好的”。但笔者认为宏观上更应该认识到大自然本身就是体量巨大、色彩姿态丰富、自然协调的天然园林，公路景观是以自然为背景，是在大自然这天然的园林间，选择一条观赏和欣赏自然的行动路线，而不是建造一个园林。

11.5.5.1 风景园林景观再造种植设计原则

（1）简洁：简洁孕育高雅。简单的线条、形状，满足功能的设计远比无所适从的复杂设计有趣；简洁并不意味乏味，它意味各种原则的绝妙结合，获得舒适、平和、悠然自得的感受。创造简洁设计的关键是反复，“多样”性是打破单调的规则。

（2）多样：多样打破单调，丰富趣味性。但多样性创造强烈对比，应谨慎，“重点”是避免多样性的杂乱。

（3）重点：“重点”意味强调重要特征，合理安排从属关系。“重点”需要“多样”性原则为基础，长时间吸引欣赏视线，形成主景效果。

（4）均衡：均衡平衡对比关系，寻求和谐；对称往往是严格的、规则的，不适应于自然式设计，均衡是视觉的和谐平衡。

（5）序列：序列可以认为是园林的节奏和韵律，是视觉单元焦点移动和延伸的顺序，实现视觉中心的自然转移。

（6）比例：比例可以获得空间协调的感觉和环境的安全感、舒适感，是各方的量度。

11.5.5.2 公路景观再造种植设计原则

公路沿程绿海林苑和峥嵘河山是公路景观背景。公路景观无非是欣赏者沿固定的观赏和欣赏行动路线(公路)运动过程中，体验山区公路沿程连续频繁变化的自然环境景观和人文景观产生的窗景视觉印象和瞬间视觉冲击，感受健康的欢愉的情感。由此，公路景观再造种植设计原则和方法的目的是通过景观再造种植设计，消除、淡化或减弱建构的痕迹和建筑粗硬的线条，将观赏的行动路线融入天然园林，避免影响或分割自然环境景观和人文景观，实现“宛自天成”，见表11-5。除遵循园林的六原则外还应遵循：

（1）保留。保留原则是以最大限度的保护、最小限度的破坏，最大限度和最快速度的恢复自然的一草一木一水一石，特别是公路附近姿态和位置特殊，具有主景作用的植物、山丘、建筑物等，构筑视觉焦点，产生视觉冲击。经过几千年的进化和风剥雨蚀保留或者存在的地形、地貌、植物等本身就是最自然的，生命力最强，建设养护成本最经济的景观。

（2）配置。公路的主体功能是客货时空转移和信息流通，是载体移动的支持物，具有承载作用的建筑实体。无论是路基填筑、开挖，还是隧道穿过，桥梁跨越，难免改变自然的地形、地貌形态；种植设计配置就是利用植物的形态、色彩和质感特征，或遮或挡，消除、淡化或减弱工程建构的痕迹和桥梁、隧道等建筑物粗硬的线条，或框或漏转移视觉中心，产生视觉的冲击，或屏或诱，或比或陪，淡化视觉冲击力。

（3）修饰。对感官具有强烈吸引力的元素往往能够增加景观的品位意景。种植设计修饰原则就是利用植物的视觉特征、物理特性，特殊的位置种植一些具有修饰效果的植物，提高景观的品位意景，改变景观的景深，创造视觉欢愉。

（4）共生（野趣）。自然植物系统存在并非为生存而生长，并不可能成为独立的部分，相互之间是共生关系，就像藤蔓状植物群落采取依附或盘绕的生活习性来支持它的生长，依靠其他的植物来建构其基本形态，共生是自然植物系统生存的基本法则。公路种植植物与保留植物的共生，形成相互依附的共生（野趣）关系，避免营养、空间的相互竞争，维持和延长其寿命。

景观再造种植设计分析　　表 11-5

公路景观再造种植设计一	公路景观再造种植设计二 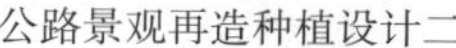

思小麻地河路段采用保留设计原则，尽可能保留沿程的热带丛林，自然地生长在道路两旁，高速公路成为丛林间的小道，亲近自然	思小大渡岗路段采用保留设计原则，道路左侧保留的几棵青松，不仅具有指示方向的地标作用，而且旺盛的生命力感染过客
公路景观再造种植设计三	公路景观再造种植设计四

思小弄岛河路段采用同一性设计原则，道路旁种植的幼竹与左侧精心保留的竹林构筑和谐风景	思小麻地河路段采用同一性和保留设计原则，大榕树伸展的枝叶不仅形成罩棚景观，前方种植的乔木与其形成共生关系

(5) 同一。同一性(协调性、自然性)原则是基于大自然本身就是天然园林，公路沿程绿海林苑和峥嵘河山是公路景观背景，植入的任何植物首先习性必须与周围的地理环境相适宜，其次形态、色彩、质感基本一致。同一性(协调性)原则是将公路融入自然的基本原则和保障。

11.5.5.3 公路景观再造种植设计分析

(1) 场地分析评估，分析公路沿线地形的多样性、地形地貌的特征和景观资源状况；

(2) 分析区域生物地理环境、乡土植物习性、坡面朝向、常年风向等；

(3) 了解用户需求和建筑功能，以及建筑设计形式；

(4) 分析土壤物理、化学特性和土层风化状况；

(5) 了解种源及规模；

(6) 分析种植物成熟期的物理特性和视觉特征，以及远近期的发展特征和时间效果；

(7) 分析种植物间的共生关系，如营养、空间的竞争等；

(8) 提交种植设计方案，听取各方意见，修改完善优化；

(9) 与园艺师协商种植计划，优化细节，实施总结。

11.5.6 雨林高速公路景观建构

设计根据区域自然环境特点，遵循自然是最美的理念，从中国山水画、山水园林设计创作吸取营养，抓住线形景观，按“谋定而动”的思维方式，执行“宁可充分准备多流汗，且勿残喘上马留遗憾”的建构程序，创作“随弯顺势而行”、“就势依形而走”、“依山傍水寄情”的自然画卷。

11.5.6.1 系列景观空间布局

行程中的厌倦是非常危险的，那么景观旋律和变化是引起兴趣，消除厌倦因素最好的办法，也是景观与运输安全的互动作用

1.“画卷”环境

茫茫绿海、云雾环绕、苍翠欲滴，春山如笑，秋山似醉，零星寨落、袅袅炊烟，如笑似醉的苍翠绿海，朝出夕归的休闲环境，“静”是主题，“幽”是画面，“闲”是格调，“翠”是笔墨；那么，高速公路轻轻地、悄悄地环山绕水，依村伴寨，抱翠戏秀而过是建构自然、和谐景观的中心和目标。

2.“画卷”轴线

高速公路本身是巨大的、人造的线形艺术品，通过以路线为纲的系列措施，高速公路“随弯顺势而行”、“就势依形而走”，默默地穿梭于茫茫雨林，其连续、流畅、均衡、和谐的线形犹如蛟龙戏水；环山绕水，依村伴寨，抱翠戏秀，一路而来苍翠欲滴、春山如笑似醉。

3.“画卷”韵律

高速公路的景观的主体是系列景观，景观形态就像建筑一样是凝固的音符，通过动视的瞬间感受印象变化而表达其旋律，从而享受和谐的情感。高速公路景观设计构思，景观形态组织的节奏是首先围绕高速公路生态景观建设标准和沿程区域自然环境形态特征，按路段生态景观建设标准和沿程局部区域自然环境形态特征组织景观珠链：起点(普洱南立

交）入门掀幕，观苍翠抱“珠”——刀光寨隧道自然潜入翠海——曼夕坡居高临下，雨林风貌奔来眼底，在车下自然流趟，悄然而入——弄岛河顺水而行，青山绿水道夹道相迎，随车挥手而去，念念不舍——普文坝区豁然开朗，“一望无际”，袅袅炊烟——进入麻地河，苍翠逼面，秀色养眼，虽然难见蓝天，但愿卧绿海——才出绿海，又游碧波，大渡岗万亩茶园彼此起伏，采茶姑娘云雾间双指弹浪——刚游碧波，急潜二台坡，绿被遮天，刚好小眠——关坪农场，瓜果飘香，整齐的橡胶战士指点滚滚车流，辨别议论自己的“孩子”——来到相塘 ，或小息漫步雨林，摸摸板根，听听鸟语，闻闻花香，伸伸懒腰，松松身躯，或继续前行，潜入隧道，光带指引，冲出“隧窗”，飘于树梢，沐浴阳光，闻亚洲象桥下唤子，群鸟车下盘旋——突见小勐养，青山环绕，错落别致，“瑶池闲仙”，刚想放心养眼，可惜情长途短。思小高速公路由以上 11 节岩荡起伏的主体景观组成系列景观，以“绿”为主旋律，或“潜”翠，或“游”绿，或“闻”醉，或“听”秀，或仰或俯，或“放”或“收”，或“奔”或“迎”的视觉情感印象。围绕着主旋律根据地域文化、视觉屏障（如曲线外侧迎面边坡）、人文建筑形态（如跨线桥、隧道洞门等）布置变迁景观和景点景观（如观景台、服务区等），丰润景观，满足不同的需求。

11.5.6.2　变迁景观设计

1. 边坡

边坡是高速公路内部景观的“景观墙”，是融入自然的桥梁。为消除建构痕迹对视觉的强烈冲击，首先边坡“圆角”淡化边坡轮廓，尽可能保留轮廓边缘的草木；其次应用类似性和同一性设计方法，根据中国山水园林绿色空间的经营思路，种植物的选择以重“习性”（易生快长、不需要特别管养护理）、求“姿态”（植物自身的形态）、轻“色彩”（不以花为色彩）的原则和草鑵藤木群交杂居，交错盘缠覆盖痕迹。

2. 桥隧建筑物

桥梁隧道等建筑物以塑造轮廓线条艺术为出发点，追求简洁、稳重，将建筑物种植于自然为原则，消除或减轻使用者心理压抑，实现“简单”而“醒目”，“简洁”而“流畅”，“自然”而“和谐”。

3. 路侧轮廓系统

路侧轮廓往往是高速公路景观无暇顾及的“牺牲品”和熟视无睹的“奢侈品”，但是诱导交通营造安全的卫士，创造信任情感的关键。高速公路路侧轮廓一般由路基边缘线、路侧护栏、中央分隔带、边沟、路面标线、指示方向植物林等组成，其景观形态最基本的要求是连续、流畅、圆滑和诱导性。路侧轮廓变迁景观设计的任务是“润色”和“圆角顺端”，是搞“活”，或者说是“画龙点睛”。

11.5.6.3　景点景观

景点景观主要是指静视觉或视点移动比较慢的情况之下观赏的景观，如高速公路服务区等，其景观视觉美和景观创作的方法与建筑学和园林相类似，文不赘述。

11.5.7　结语

道路是延长的桥，桥是抬高的路。

道路是有生命的，存在于自然，生存于社会。

道路是有性格的，自然环境和社会环境是道路的阻尼边界条件，造就性格。

道路是人类在仟佰上走来走去开始，发展于车轮在时空间跑来跑去，迈向于同一时空。

道路是人类智慧的载体，文化的传承，是人类强行介入自然创造的新的存在物，是人类主观能动思维智慧的物化活动过程，迈向于同一时空的现代交通是通过服从自然而战胜自然的集成。

云南思小高速公路建构设计的实践与探索，首先体现了亚里斯多德"整体大于部分之和"的思想。世界上任何事物都可以看成是一个系统，系统是普遍存在的。系统论的基本方法是把所研究和处理的对象当作一个系统，分析系统的结构和功能，研究系统、要素、环境三者的相互关系和变动的规律。将建构的高速公路作为强行介入区域自然环境系统的要素，并以带状线性构筑物的路线为纲，研究高速公路"强行介入"的方式和适度，将高速公路建筑物"小"系统与区域自然环境"大"系统进一步系统化，这就是系统论的辩证哲学思想。其二，根据区域环境的侵蚀现状和预测状况，利用对立统一规律矛盾双方的同一性与斗争性、普遍性与特殊性，矛盾双方既对立又统一，统一是矛盾双方相互依存、相互肯定，对立是矛盾双方相互排斥、相互否定的思维，研究区域自然环境保护与开发发展过程中的矛盾以及矛盾双方的不平衡性，提出了保护性开发，提升自然环境景观价值的思维模式，选择"历史走廊"。其三，任何事物皆是一把双刃剑，事物的双方或者说两面皆是相对的，世界充满相对性。道路交通的运输功能与建构区域环境的保护、营运驾驶的轻松自如与规范的驾驶次序和行为是一对相对的两方面，是与建构提供的不同运输环境而言，由此，研究制定的"功能为主线，生态为核心"的设计思路就是充满相对性世界的平衡。其四，分析景观项目标准和路段标准就是针对不同项目、不同路段、不同区域的自然环境景观条件采取的针对性措施，是适时适地适宜的针对性辩证思维的创作。其五，制定的保护性开发就是财富积累原则的创造财富的创作思想。

总而言之，道路工程建构是人类主观思维活动的过程，是主观能动性的彰显，道路工程建构设计是一门艺术、是一门哲学。

11.6 云南螺旋隧道——针对性是解决问题的根本思路

道路存在于自然，生存于社会，道路交通是有生命的，道路是有性格的。

自然地理环境和社会环境是道路工程的阻尼边界条件，地形、地貌，水文、地质、气候环境是决定道路工程的主要阻尼边界条件，培育了道路的性格。

针对性就是根据道路工程的阻尼边界条件，采取针对性的工程措施。针对性措施决定道路的特点，决定了世上没有完全相同的两条道路。

高原山区特殊复杂的自然地理环境条件，彼此起伏的地形地貌，纵横交错的构造带，蜿蜒曲折、坡陡水急的山脉水系，复杂多变的环境气候决定道路不同路段的布局思路和针对性措施。针对就是因地制宜，量体裁衣，适宜是针对的结果，适宜是最好的。

11.6.1 山区道路路线线形的基本特征

彼此起伏的地形地貌是山区地形的基本特征，越岭线是山区道路路线线形的基本特征线形。越岭展线克服两点之间的相对高差是道路建设最基本的任务和重点，特别是长距离连续克服较大高差路段。制高点与最低点间的高差、制高点两端和两控制点间展线的地形地质条件、可延展的里程等皆是决定路线方案的关键要素。两点间的高差和可延展的里程是矛盾对立统一的两方面。两点间的高差确定，即制高点、最低点海拔的选择，不仅与制高点和最低点的工程规模有关，同时与两点间可延展的地形、地质等自然环境条件和可展线的里程、路线的技术指标、展线路段的工程规模等息息相关，相互之间既对立又统一，相互影响，相互依存，特别是制高点一端地势高、另一端地势较低的路段。一方面，制高点和最低点工程规模与展线段工程规模是矛盾对立统一的两方面：增加两点工程规模，减少两点间高差(降低制高点海拔，即增加制高点隧道工程规模；提高最低点高程，即增加最低点桥梁规模)，自然缩短展线里程和展线工程规模，提高道路的社会运输效益，但需要付出增加制高点、最低点工程规模的巨大代价，并且制高点隧道和最低点桥梁规模并非可以无限扩大，仍然存在适地适时的适宜性问题；当然，减少两点工程规模，增加两点间高差，则反之。另一方面，两点间路线延展平纵指标与延展里程、工程规模同样是矛盾对立统一的两方面，既相互影响，又相互依存。在满足一定规定范围内，平面半径越大、纵坡越小，自然延展里程越长，工程规模越大，道路运输安全风险相对较小，服务水平相对较高；平面半径越小、纵坡越大，自然延展里程越短，工程规模越小，道路运输安全风险相对较大，服务水平相对较低，而平面的极限小半径，最大纵坡及坡长是不可超越的红线。平面半径、纵坡及坡长同样存在与地形、地势和运输工具性能，以及道路运输安全风险适地适时的适宜性。适宜性就是工程建设平衡矛盾的对立统一。

由此，根据山区自然地理环境的工程阻尼边界条件，制定适宜的越岭展线思路，是山区道路路线布设针对性原则的体现，是确定针对性适宜措施的始末。本节结合云南螺旋隧道研究的亲身经历，以螺旋隧道布设为例总结道路工程方案的针对性辩证思维。

11.6.2　山区道路展线的基本形式

11.6.2.1　自然展线

当沟谷与山脊间的坡面有较整齐的长段山坡，无较大割裂地形而地质又稳定时，路线以适当的坡度，顺着自然地形，绕山嘴、侧沟展线克服高差，叫自然展线。在越岭线的布局中，充分利用自然地形顺山延展路线是首选的方法。常见的自然展线形式有：

1. 跨沟线

沿山谷地形展线，一般从沟谷的一岸傍山逆水而下，到接近沟谷底时，跨沟谷沿另一岸依山顺水降坡。跨沟线应充分利用地形，注意平、纵、横的相互配合，选择恰当的跨沟谷桥涵位置和规模。

2. 绕山嘴展线

当路线顺沟谷而下，转入另一个沟谷时，常常要绕两沟谷之间突出的山嘴。绕山嘴一般视距较差，设置隧道时，隧道进出口与地形的斜交角往往较小，偏压严重。应尽可能避免使用过小的曲线半径，保证行车视距。

3. 鸡爪地形展线

深沟瘦山嘴所组成的地形俗称鸡爪形地形。当标准较高时，往往按前后填挖大致均衡，以直线或较大曲线穿山嘴、跨深沟。当标准较低时，应对绕进绕出和直穿直跨进行比选，择优采用。

11.6.2.2 回头展线

回头展线是在同一面坡上，作相反方向的迂回前进，以克服高差，回头曲线的转角一般接近或大于180°。当控制点间的高差较大，自然展线的距离无法克服高差，或因地形、地质条件限制，不宜采用自然展线时，利用地形设置回头曲线进行展线。回头曲线往往存在上下台相互影响和工程大、服务水平低的问题，应慎重选择。

11.6.2.3 螺旋展线

螺旋展线是当路线受到地形高差的限制，道路路线无法依靠自然展线延长距离克服高差或利用自然展线付出的经济、安全及环境代价巨大，需要在某处集中提高或降低某一高度才能充分利用前后有利地形时采用的展线方式。螺旋展线路线的上下线之间有交叉，一般多在山脊利用山包盘旋，以桥梁或隧道跨线交叉，也可在峡谷内就地迂回，采用桥梁跨线交叉。一般情况一个螺旋线至少可以代替一组(两个)回头曲线，因此较回头展线具有较好的线形，避免路线重叠的优点，但跨线交叉隧道或桥梁工程造价较高。

11.6.2.4 三种展线方式的相对性与适宜条件

自然展线走向符合路线的基本方向，线形简单，线形指标较高，纵坡均匀，行程与升降统一，路线最短，路线不重叠、不交叉，有利于行车、施工、养护，是山区越岭线首选的展线方式，也是山区道路的基本展线方法。但存在避让不良地质或艰巨工程的自由度不大，纵坡往往决定路线线位；适宜于两控制点之间高差不大，走廊内有利地形及展线距离与需要克服的高差匹配时，优先采用自然展线。

回头展线则便于利用有利地形，容易避让不良地形、地质和难点工程。但上下台相互影响，回头曲线工程大、服务水平低，严重影响线形的连续性，展线走向与路线的基本方向符合性差，至少需要设置一组回头曲线长可能纠正路线逆向等问题；仅适宜于高差很大的低等级公路。

螺旋展线是取自然展线之长，扬回头展线之慧，集自然展线和回头展线优点于盘旋，克服其两者之不足的展线方式。可以利用山包、山谷盘旋，路线走向符合基本方向，不同的盘旋角可以适应后方山体走势和有利地形等条件的选择，满足不同等级道路的要求，关键在于螺旋位置的选择和地质条件；但螺旋展线跨线交叉工程大。

自然展线、回头展线、螺旋展线三种展线形式各具特色，适宜于不同的自然环境条件。山区道路越岭展线朝着道路的基本方向实现行程与升降统一，利用有利的自然环境条件，工程经济，运营安全，服务水平高是越岭展线的中心目标。山区越岭展线制高点与最低点间的距离越长，区段内的自然环境条件的差异性越大。自然展线与回头展线和螺旋展线之间是整体与局部，宏观与微观的关系，自然展线是山区道路越岭展线的主角，回头展线和螺旋展线是自然展线局部的补充，是自然展线的有机组合，是局部的针对性措施。自然环境适宜性对策，分别是低等级公路和高等级公路自然展线针对性局部措施，是山区越岭展线根据自然环境阻尼边界条件利择其重、弊择其轻的决策，是将积极最大化、消极最小化的彰显。山区自然环境条件区段的差异性决定越岭展线不可能以某种方式一成不变；以某种方式一成不变，一竿子到底不仅是不科学的办法，且必将付出巨大而沉重的代价；根据区段自然条件有机组合，互为补充才是针对性和适宜性原则。

11.6.3　螺旋展线的特征与发展

11.6.3.1　螺旋展线的基本特征

螺旋结构是自然界最普遍的一种形状，是在一个拥挤的空间聚成一个非常长的分子的较佳方式，譬如 DNA。不仅让信息能够紧密地结合其中，而且能够形成一个表面，允许其他在拥挤的空间以一定的间隔与之相结合。螺旋线源于希腊文，原意是“旋卷”或“缠卷”，平面螺旋是以一个固定点开始向外逐圈旋绕而形成的曲线。螺旋线被广泛应用于螺杆、螺帽、螺钉等方面，被称为“世界七大奇观”之一的意大利比萨斜塔的 294 级螺旋线楼梯，美国加州设计师借鉴车前草采光原理，设计的 13 层的螺旋状排列的大楼，使每个房间都能得到充足的阳光。螺旋线是将有限空间拓展为“无限”空间的最佳方式，是空间资源潜力的挖掘，是空间、信息的“无限”链接。那么，在山区走廊空间狭窄，展线空间条件有限，需要克服的高差与自然展线里程矛盾突出之际，利用螺旋线将拥挤的有限空间拓展为无限空间和间隔无限链接的优势，是挖掘开拓道路走廊空间资源，化解矛盾的对立统一。

为了在某处集中克服高差，利用有利地形资源，总体向道路基本方向(顺时针或逆时针)连续盘旋延展距离，直至前后路线相交，以隧道或桥梁形成分离式立体交叉的展线方式称为螺旋展线。根据螺旋展线交点前后路线走向不同分为图 11-36 所示五种形态：

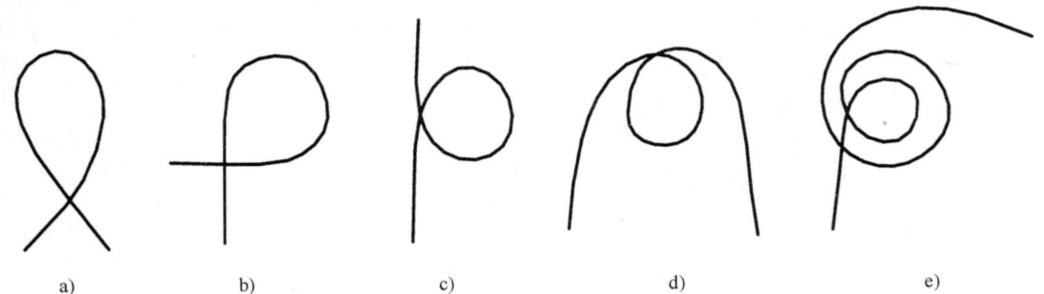

图 11-36　螺旋展线线形的基本形态和转角

a)220°；b) 270°；c) 360°；d) 540°；e) 多层螺旋展线

螺旋展线的目的是为了集中克服高差，在一小范围内向同一方向盘旋而延展距离，产生的结果是前后路线相交叉，一般采用隧道或桥梁立体交叉。螺旋展线的特征是前后路线有相交点，一般有一个交点[图 11-36a)、b)、c)、d)]，如果是多层螺旋展线可能有多个交点[图 11-36e)]。

螺旋展线是山区越岭展线的一种形式，是水平“零距离”集中克服高差，实现“垂直”盘旋上下，提供上上下下的交通服务(图 11-37)。螺旋展线使“不可能”的走廊成为可行的道路走廊，使“不经济”的走廊成为经济的适宜的工程方案，使有限的工程空间变成可作为的空间，使不利于工程的因素成为有利于工程的工程要素，是工程建构的针对性原则，是矛盾对立统一定律之彰显。

图 11-37 螺旋隧道和螺旋桥

过去受经济实力、建设水平和认识及观念等因素的影响，交叉工程制约和限制了螺旋展线的应用和发展。随社会经济的发展、建设技术水平的提高和观念的突破，螺旋展线将会发挥其自身的价值。

11.6.3.2 适宜螺旋展线的有利地形条件

螺旋展线的关键在于适应地形特征，使上、下线在交叉处有足够的高差，具有建桥或修隧道的条件，并且延展的距离与需要集中克服的高差匹配。适合螺旋展线的有利地形一般有平缓的山包、山脊和山谷。

1. 利用山包螺旋展线

直径较大、横坡较缓、相邻有较低鞍部的山包是螺旋展线的最有利的地形条件。如图 11-38 所示为上线架桥通过垭口，绕山包一圈后在桥下通过，继续展线降坡。山包螺旋展线的上、下线之间通过高架桥交叉，利用平缓而宽大的山包修筑路基，可以大大减少工程数量，避免上下线重叠。如果山包的直径较大，可相应提高线形指标。

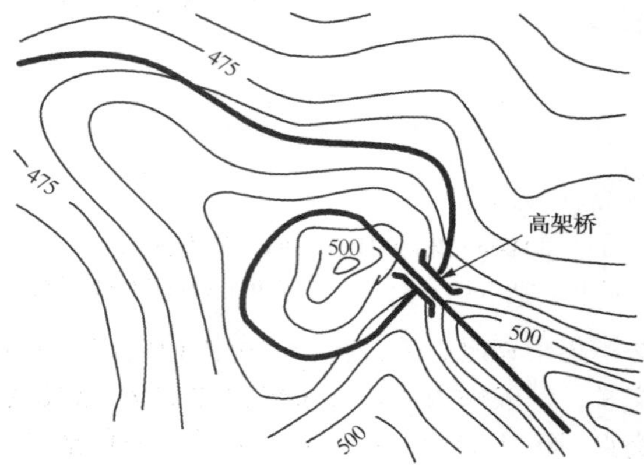

图 11-38 山包螺旋展线

2. 利用山脊螺旋展线

头部直径较大、横坡较缓、有较瘦腰部的葫芦形山脊是螺旋展线的有利地形。上线走山脊，绕过宽阔的山脊头部(葫芦肚)后，下线选择较瘦的山脊腰部以隧道穿越，继续展线降坡。山脊螺旋展线采用隧道立体交叉，从山脊葫芦腰部通过以缩短隧道长度。若山脊头部(葫芦肚)的直径较大，不仅可以提高线形指标，而且可以克服更大高差。

3. 利用山谷螺旋展线

入口较窄、腹地宽大、沟内横坡较缓的葫芦形山谷是螺旋展线的有利地形。上线从山脊降坡至狭窄的谷口后，以桥通过谷口，顺山逆水而行，至沟底后盘旋至山谷另一面山坡顺水而下，下穿谷口桥出谷口，继续展线降坡。山谷螺旋展线受山谷腹地形状的影响较大，谷口为葫芦口，腹地呈葫芦腰的地形是山谷螺旋展线的最佳地形，曲线均为明弯，视距较好。

4. 利用山体隧道展线

位于河谷河床纵坡较陡上游地质条件好的山体，山体走势符合路线基本方向，可考虑采用山体隧道进行展线。

11.6.3.3　山区高速公路螺旋展线的可行性

随着高速公路建设经验的逐步积累，对公路“安全、环保、舒适、和谐”的认识逐步深入。在山区高速公路设计中，当自然沟谷纵坡较大，陡缓不一，路线无法通过自然展线降坡，或者采用自然展线无法利用有利地形，技术指标满足不了要求，无法避让不良地质，需要集中升高或降低路线高度时，螺旋展线可结合自然环境条件，将路线布置于多个不同方向的坡面，并根据道路的基本方向采用不同的盘旋角进行技术性、安全性等方面的综合比较，择优选用。

11.6.3.3.1　螺旋展线在技术上的可行性

1. 螺旋展线平面设计

螺旋展线可以充分利用地形，将路线线位布设在不同朝向的坡面上采用不同的盘旋角不断旋转，这样就可以采用较大的圆曲线半径或多个圆曲线组合，不同线形链接，曲率同向均衡渐变的复曲线，以满足高速公路的技术指标和行车的要求，而且避免上下线的干扰。螺旋展线交叉一次相当于回头展线的一组(两个)反向回头，且曲率为同一方向，其线形的连续性、流畅性、安全性和线形指标的均衡性皆优于回头曲线。

2. 螺旋展线纵断面设计

上坡方向，在螺旋隧道前应严格最大纵坡和坡长的控制，并尽可能利用较小的纵坡，保证车辆以不低于容许速度爬坡；螺旋隧道纵坡指标主要受隧道通风控制，满足 CO 和烟雾排放等需要及卫生和可见度要求。下坡方向，主要以满足连续下坡安全行驶要求。纵坡要求可通过延展螺旋展线长度进行控制。

3. 螺旋展线横断面设计

螺旋展线线位布设于不同的坡面，路线交叉上下台平面距离远，高差较大，如云南水麻高速公路老堡山隧道，上下台高差 72m，对横断面布置影响较小，螺旋展线路段的横断面按一般路基、高架桥、隧道断面进行设计，路基分合点过渡与一般路基相同。

4. 螺旋展线交叉设计

螺旋展线路段的立体交叉有桥梁和隧道两种方式。桥梁交叉一般按高速公路分离式立体交叉原则设计；隧道交叉上台路基距隧道洞顶高差较大，一般按一般路基进行设计。

5. 弯桥、弯隧道设计

曲线梁桥在弯扭耦合作用下，具有沿某一不动点变形的趋势，单向行驶的桥梁在车辆制动力长期反复的作用下，梁体具有沿车辆行驶方向滑移的趋势。因此，山区高速公路桥梁宜采用先简支后结构连续或墩梁固结的体系，既适应平面线形，又满足桥梁受力特点。桥梁孔跨原则按径向布置为宜，隧道宜采用分离式隧道，洞轴线尽可能采用超高不大于4%的曲线半径，以不改变隧道常规建筑限界为宜。

6. 螺旋展线路段建构

螺旋展线路段一般远离现有路网，村寨稀少，交通不便，可布设永久与临时相结合的施工便道和电力线路，为确保建设工期、质量和安全创造条件。螺旋展线上下台路线平面距离远，高差大，相互干扰小。工程建构遵循的原则和要求与常规桥隧一致，工点集中有利于施工建设管理和投入。

11.6.3.3.2 螺旋展线在安全保障上的可行性

螺旋展线路段的安全保障有路线设计指标和运营安全设施两方面：

（1）设计指标方面：螺旋展线路段的曲线半径除了要满足设计规范规定的最小半径、连续转弯曲线行车视距等特殊要求外，从严线形的连续性、流畅性和指标的均衡性要求，考虑工程建筑限界和工程经济、服务水平。

（2）运营安全设施方面：除设置系统完善的交安设施外，在适当位置视需要设置避险车道、爬坡车道等设施；并结合超限超载治理，严格交通安全管理，加强宣传教育，提高民众安全意识。

11.6.3.3.3 螺旋展线在经济上的合理性

螺旋展线的经济合理性是路线方案比选的一部分，是工程寿命周期成本分析，是工程价值与价值工程的分析研究；方案取舍遵循的原则是一致的，即积极最大化、消极最小化的适宜性原则。调查了解云南G85老堡山螺旋展线、G045将军沟螺旋展线、宝天高速牛背村螺旋展线，虽略螺旋展线路线略有增长，但工程造价在各方案处于较低水平，是较有价值的比较方案。

11.6.3.3.4 螺旋展线在环保方面的可行性

螺旋展线一般位于高原山区，气候条件恶劣，生态环境脆弱，遵循不破坏自然环境就是最大的保护原则。在适宜的自然地理环境实施螺旋展线，桥隧立体交叉，避让不利地段，可以减少开挖与防护工程和对自然环境的破坏，实现最大限度保护环境。

11.6.3.4 螺旋展线的思路和原则

（1）广泛收集道路走廊和螺旋区域的地形、地貌、气候、水文、地质等基础资料，分析研究沿程自然地理环境特点和特征，有利地形、地势的路段规模，以及拟建道路等级、功能、路网结构等工程特点，分段分类确定地形特征，体现“地形选线”和“地势选线”，“地质选线”和“构造选线”，“环境选线”和“景观选线”。

（2）遵循“并行设计”理念，倾听各方（包括非专业人员）意见和建议，博采众长。

（3）认真梳理展线思路，全面分析研究可能和可行的展线方案，分层次筛选，充分论证螺旋展线的必要性、充分性、甚至“必然性”，研究其经济性、可实施性，评价运营的安全性。

（4）广泛研究螺旋的位置和形式，重视螺旋位置和规模、盘旋形式和方向等。

（5）研究螺旋建设、管理、运营，以及社会综合效益的影响。

（6）重视道路安全性评价和工程安全风险评估，从严交通安全设施的系统性和匹配性。

（7）审视螺旋线的景观效果和生态效应。

11.6.3.5　螺旋展线的步骤

（1）环境阻尼边界条件分析阶段。自然环境方面：展线走廊区域基础资料收集和分析，分析展线区地势走向、地形特征，有利地形格局，区域地质构造，工程水文地质条件和特征，谷床纵坡、自然景观特点、气候等；社会环境方面：交通路网、产业现状和规划、地面附着物等。

（2）梳理展线思路阶段。针对环境条件分层次论证展线的形式，推理螺旋展线的必要性，甚至必然性，研究工程经济性，选择螺旋位置和规模、盘旋形式和方向，把握螺旋线形和指标，反复优化完善。

（3）预评价和评估阶段。开展工程安全风险评估和道路安全评价，检查道路线形的协调性，论证可实施性等，根据评价和评估调整完善优化螺旋展线，部署附属设施。

（4）后评估阶段：收集梳理运营状况，开展后评估，研究总结经验提升后续项目。

11.6.4　云南老堡山螺旋隧道针对性对策研究

11.6.4.1　云南水麻高速公路概况

水富—麻柳湾高速道路是渝昆高速 G85 进入云南的首段，云南北大门；是云南“七出省、四出境”的重要组成，出省通川渝入腹地通江达海的运输主动脉；是服务金沙江溪洛渡、向象坝两梯级电站建设，促进乌蒙山区脱贫的举措。位于云南昭通水富、盐津、大关三县境内。起于省界水富伏龙口，向南逆关河而上经楼坝，达庙口转复兴河谷升坡经太平，达凉风凹隧道，下坡经串丝、普洱渡、中和场、豆沙关，止于麻柳湾，全长 131km。

水麻高速公路地处乌蒙山区，云贵高原北部倾斜地带，地势南高北低，沿线地形起伏，复杂陡峻，切割剧烈，悬崖陡壁危岩吊块分布广泛，属典型的高山峡谷地貌。其水富—普洱渡段路线纵面呈 A 形，制高点凉风凹北岸高差 1 217m，南岸高差 1 040m。

11.6.4.2　自然地理环境阻尼边界条件分析

1. 地形条件及谷床纵坡分析

水麻高速太平（$H=472$m）—凉风凹隧道（$H=1\ 130$m）段，相对高差 658m。复兴河谷属金沙江支流的分支，除叉河口庙口 1.5km 呈东西向外，总体平行关河呈南北向，象鼻山局部曲折外相对顺直，谷床纵坡呈两缓两陡格局（见表 11-6，图 11-39）。溪谷两岸群山连绵巍峨，属 V 形峡谷，岸坡由谷底往上 10 ~ 30m 交错分布相对平缓的狭窄“台地”，30 ~ 60m 多为松散岩堆，两岸错落分布，60 ~ 800m 多为悬崖断壁，风剥雨蚀危岩吊块发育。该段区域构造简单，地质条件总体上较好，以砂岩、灰岩为主，不良地质表现为危岩吊块和岩堆（图 11-39）。

展线走廊复兴河床纵坡　　表 11-6

地段	地名	太平	岔河	复兴北	复兴南	老店子北	老店子南	象鼻	老堡山	凉风凹
	对应里程	K26 +000	K31 +000	K36 +000	K37 +000	K38 +000	K39 +000	K40 +000	K42 +000	K43 +000
谷底高程(m)		434.3	531.6	715.5	766.7	820.98	853.2	897.2	997.2	1064.9
溪谷纵坡(%)		1.946	3.678	5.12	5.428	3.222	4.4	5.035	6.7	
河床趋势		相对平缓 (i=2.81%)			相对较陡、距离相对长 (2km)(i=5.27%)		相对平缓 (i=3.81 %)		相对较陡、距离相对短 (3km)、(i=5.59%)	
河床平均纵坡(%)		i=3.5 %								

a) 下游

b) 上游

图 11-39　复兴河河谷地形地貌

2. 区域气候环境及工程建构场地条件

复兴河是属金沙江支流的分支，地处乌蒙山核心山区，主要受顺长江气流通道逆流抬升而上的太平洋季风暖湿气流的影响和控制，从金沙江入口至复兴河中游抬升近900m，上游受东西向凉风凹山脉阻隔激剧抬升近1 200 多 m，暖湿气流迅速抬升的同时暖湿气流温度下降(海拔抬升100m，气温降低0.67℃)，形成高山冷淋系统；造就了该区域呈雨热同季、干冷同期的气候，夏秋雨雾环绕，阴雨绵绵，潮湿淋漓，春冬干燥寒冷，加速了岩石的风化剥落，是谷坡两岸悬崖断壁、危岩吊块发育和松散岩堆遍布的客观原因。雨热同季、干冷同期的气候适宜植物易生快长和岩石风化剥落及冲刷侵蚀，而植物易生快长又促进了岩石的风化，可谓岸坡上落下侵，河谷上搬深蚀下淤沉积，造就了坡陡水急，场地狭窄，人居聚集困难，交通不便的 V 形高山峡谷地貌。

11.6.4.3　自然环境条件针对性思路梳理和对策逻辑推理

针对性原则是体育学术语，是身体锻炼的基本原则之一。针对性原则是指锻炼者根据个人体质及环境、季节、条件等客观因素，合理选择确定锻炼内容，安排运动负荷，使之符合实际，符合长期坚持的需求。而建构于大自然的道路工程，道路沿线的地形地质、气候环境、建构条件、区域文化背景等不一，根据不一的自然环境和社会环境条件遵循针对性原则，研究适时、适地、适景、适宜、实用的针对性对策是工程建构和创新的出路和根本，是创作和制作的基础和源泉，是产品的特色和风格，工程的生命和性格在此。

通过系统综合分析展线段地形地貌、水文地质、环境气候等自然环境条件，可归纳为复兴河谷纵向呈两陡两缓，横向两岸岸坡谷底狭窄平缓、中部松散陡峭顶部断壁陡险，岩石风化破碎，摇摇欲坠随时剥落，复兴河谷雨热同季、干冷同期，阴雨绵绵，潮湿寒冷。工程上走悬挂、中行不稳，只有底部顺谷适宜。

思路决定出路，布局决定结局。有了针对自然地理环境客观阻尼边界条件的针对性对策思路，剩余的仅仅是劳动的实现，“找到路了就不怕路远”。

（1）自然展线思路分析与判断：溪谷河床纵坡两陡两缓，平均纵坡与高速道路越岭线平均纵坡基本相近，溪谷总体走向顺直，符合基本方向，岸坡连绵连接，无较大沟谷，具有自然展线的有利条件（图 11-39）。但按自然展线思路，分别沿两岸谷坡顺山延展布线，虽无“废坡”，里程短，但近 50% 的路段位于谷底以上 70m，悬挂山腰，穿越大量的悬崖断壁（40 多处）、危岩吊块，近 30% 的路段斜穿松散岩堆，仅 10% 的路段走于谷底以上 10 ~ 30m 的有利地形；其工程的复杂性和艰巨性不言而喻，工程的风险较大。

由此，必须采取必要措施尽早将路线布设于溪谷两岸平缓台地，是该段路线走廊地理自然环境条件决定的，是顺应该自然、尊重自然客观条件、适宜自然环境阻尼边界条件的针对性举措；不仅工程简单，总体投资省，避开大量不良地质，且施工进场方便，环境破坏小。

（2）集中资金资源，重点突破思路：两控制点间的高差与展线的条件和可展里程是山区越岭展线矛盾对立统一的两方面，两方面是一个相互影响、相互依存的对立统一关系。减少两控制点间的高差，自然需要的展线里程就短，矛盾自然化解。两控制点间的高差不变，自然需要展线里程。

集中资金资源，重点突破对策思路有两方面。一方面减小两控制点高差，对策有二：一是增加制高点隧道规模，降低制高点高程（50 ~ 70m），有利于制高点南北两岸展线；二是抬高最低点高程，很显然，最低点高程抬高越早，路线越提前悬挂山腰，穿越更多的悬崖断壁、危岩吊块和松散岩堆，背道而驰，南辕北辙。另一方面延长展线里程，自然展线完全满足克服两控制点间的高差。延长展线里程似乎荒唐，对立统一规律之所以是规律，延长展线里程似乎荒唐是荒唐在延长在什么地方的问题，进一步分析不难得知是尽早距制高点较近的适当位置挖掘局部展线空间资源，延长展线里程，提前集中克服需要将路线尽可能早降至谷底的展线里程就是集中资金资源，重点突破对策思路可行的另一方面。

首先压低制高点，将制高点高程压低 50 ~ 70m，唯一最简单直接的办法就是增长制高点隧道，扩大制高点工程规模。根据凉风凹南北两侧地形和谷底纵坡，鉴于凉风凹山脊饱满肥厚，谷底纵坡相对较小，压低制高点高程 50 ~ 70m 需要设置近 9.5km 的隧道；将隧道增长 2.5 倍，工程集中，工期长，代价巨大，凉风凹山顶受抬升影响，一年四季雨雾蒙蒙，寒冷冰冻，斜井设置困难，管养不便，综合费用周期成本高，降低制高点不经济，不适宜，得不偿失。

其次，尽早距制高点较近的适当位置集中延展路线，集中克服高差 50 ~ 70m，使路线尽早走于沟谷底部，利用有利地形等自然地理环境条件是“必然”。

总而言之，思路梳理至此，逻辑推理至此，结果成为必然，符合因果关系。清晰明了的思路需要有力的措施和对策，那么，有力的措施和对策是什么？由 11.6.3 节分析得知是螺旋展线。当然该推理是定性分析，工程决策仅仅靠定性分析是不够的，仅仅是粗略的筛选，工程的经济性是工程建构的追求目标，需要广泛、细致的定量分析，螺旋展线经济性系统分析见 11.6.5 节。

螺旋结构是在一个拥挤的空间聚成的链，螺旋线是将有限的空间拓展为“无限”空间的最佳方式，是空间资源的挖掘，是山区狭窄走廊空间“原地”集中克服高差的措施。利用螺旋线将拥挤的有限空间拓展为无限空间，是挖掘开拓走廊空间资源，化解矛盾对立统一。当然，面对该段区域自然地理环境条件，螺旋展线是适地适宜的工程建构答案非唯一性的必然，需要进一步研究分析的是螺旋的位置、盘旋形式、方向、规模等。

11.6.4.4 社会环境条件对策研究

1. 道路通行制规则

道路通行制是道路交通规则中最基本的原则，是维护道路正常交通秩序的规定。世界现存两种通行制：一是左行制，二是右行制，近 90% 的国家实行右行制，将来有可能统一采用右行制。右行制最先是源于骑士左脚上镫，右脚再上跨的习惯，自然是在路左上马，而骑士的标准战姿是右手持武器，左手持缰，方便相互刺杀，自然得靠在路左。另外，士兵两队迎面相遇时，都靠右侧行走，彼此不会发生兵器碰撞，逐步成为习惯，靠右侧行走从习惯到约定俗成到标准化、法定化。左行制源于水上航行，泰晤士河的流向是由北向南再转向东流，经伦敦入海，15 世纪，英国海军为减少进出泰晤士河的船只事故，规定进入泰晤士河的船只将太阳运行方向让给驶出船只，出泰晤士河的船只靠东，而人们观看地图的习惯是“上北下南，左西右东”，于是形成了左侧通行制，并延伸陆路交通。据《古礼》道路男子由右，妇女由左，车从中央，说明我国远在秦朝就有道路通行规则。

当人类从马背上钻进汽车，持缰改为握盘，并随着人体工程学研究的不断深入，人体工程学原理的建立与成熟，90% 以上的人习惯使用右手，为准确安全地使用排挡和刹车，设计师自然将主要驾驶操作系统设定在座位右边。随着交通的发展和交通事故的频繁发生，研究发现，若右驾右行，操作虽然符合人体工程学原理准确灵敏，但超车时会影响视线。通过反复不断的改进，不约而同地出现了左驾右行的车款；左驾右行逐步公认为最理想的驾行方式，并成为绝大多数国家的道路通行制规则。

2. 道路几何条件与交通安全

驾驶员的视线是一个独特的螺旋线，跳跃式地移动，一般从道路中心开始紧接向有高出路面侧的物体扫描，关注时间最长的是道路弯道内高大物体侧的高大物体，驾驶员视觉引导最有效的是道路的行车部分本身，在正常的行驶条件下驾驶员主要通过视觉获得道路信息(占 84%)。

根据莫斯科公路学院的调查资料，纵坡与交通安全关系是在平原地区占交通事故总数的 7%，丘陵区 18%，重丘陵区 25%，下坡要比上坡多 1/2 ~ 2 倍，下坡制动故障占交通事故总数的 40%。根据前苏联、德国等国家的研究资料统计分析，纵坡对行车安全影响系数：取纵坡 2% 系数为 1，4% 系数为 1.75，5% 时则为 2.5，3.5% ~4.5% 的纵坡是道路的经济安全坡。

平曲线半径的大小决定道路行驶的困难性和危险性，平曲线的频率与转弯的转角决定驾驶员的精神紧张程度和集中性。研究表明有 10% ~12% 的道路交通事故发生在平曲线上，半径越小交通事故越多。苏联科技博士 A. п. 维都奇里斯研究指出 600m 可以看作行车条件与直线实际上没有区别的最小半径值，当半径较小时，不仅车速降低，而且驾驶员力图改变线形轨迹切线行驶。M. 拉法进一步研究证明平曲线对交通安全的影响不取决于行车道的宽度。

根据 Y. 特埃洛尔与 T. 富迪等人的研究，转角对交通事故的影响比曲线半径的影响大，道路路线转角的极限安全值为 20°；当道路转角大于 20°道路就会超出“清晰视距矩形”，将影响驾驶员对前方道路路况的信息和判断，出现的不是简单的“信息饥饿”，而是精神紧张和惊慌。当小半径与大转角、大纵坡集中在一起行车无疑非常困难，当然这些不利因素对交通事故的影响将会相互抵消，76% 的交通事故发生在道路条件相对良好的路段的研究成果证明了这一点。

根据美国的研究和美国公路设计指南中引用的曲线半径表明，道路平曲线频率的影响只在半径小于 600m 时才显示出来，道路平曲线频率影响的关键是道路条件的复杂程度是否均匀；道路平面的曲折性(曲折度)反映的是道路的服务质量，因此，道路平面设计和交通安全设计时，应尽可能避免大转角曲线，不得已时应加强大转角曲线路段的安全设施，追求均衡的合适的转角度比半径的大小更重要。

3. *螺旋盘旋方向与道路通行制*

文化是民众和社会共同遵守的规则，规则源于行为习惯而约定俗成到公认而标准化、法定化，是社会文化的重要组成部分。规则需要长期的培养和培训直至自觉遵守，习惯成自然，自觉的行为习惯是长期的培养和培训结果，作为服务于民众的社会基础设施必须考虑和符合约定俗成而标准化、法定化的规则，更有利于民众和社会自觉遵守规则，更有利于社会行为次序的健康和正常发展。

道路左驾右行通行制是以人体工程学原理为理论依据，源自习惯和频繁的交通事故的研究和分析，约定俗成到法定化。左驾右行视线良好，操作符合人体机能特征。根据交通安全事故的统计研究分析发现下坡的事故率高于上坡，弯道特别是大角度小半径弯道交通事故高于直线。螺旋线是大角度的连续转弯，高速公路下坡向螺旋应根据左驾右行的道路通行制，为提高使用的安全，下坡向逆时针(左转)布置螺旋，螺旋平面半径宜大于 600 米，纵坡掌握在 2% ~3.5% 为最佳的经济安全螺旋，不仅为使用提供更好的行车视线，方便驾驶转向、排挡操作准确、简便、灵敏，而且下坡在外幅平纵指标相对高于内幅，道路线形几何条件相对较好，这一点好像住宅设计的朝向选择，客厅、卧室、厨房等主要功能空间位置的布置和选择，以及各功能空间排列组合。住宅朝向的选择是为充分利用太阳采光，减少使用的成本，保证居住的舒适，而客厅、卧室、厨房等主要功能空间位置的布置和选择，以及各功能空间排列组合是以人为本的进一步细化。

总之，以人为本就是工程建构的活动空间，以及空间的排列组合与人的行为和行为规则协调，这也是无障碍设计原则。

11.6.4.5 自然和社会环境条件综合性对策研究

1. 螺旋盘旋位置“必然性”研究

针对性原则往往是工程非唯一性答案取舍“必然性”答案的杀手锏和决策的科学性方法。往往是解决问题的最基本的思路和简单的方法，往往是自然环境和社会环境阻尼边界条件的必然，适地适时的适宜之结果。

前面分析研究得知尽早距制高点较近的适当位置集中延展路线，克服高差 50 ~ 70m，使路线尽早走于沟谷底部，是自然地理环境阻尼边界条件的“必然”结果。表 11-6 得知复兴河谷呈两陡两缓，凉风凹隧北岸口往下游 3km 最陡(平均谷床纵坡 5.59 %，前 1km 为 6.7%，后 2km 为 5.035%)，后段基本与高速公路的经济安全坡一致。也是关键的前 3km 使高速公路自然展线逐步悬挂山腰。针对性的科学原则明确螺旋位置必须设置于自上而下的第一段陡河床，路线纵坡跟不上悬挂之前，利用螺旋延展垂直降坡接后段平缓河谷，既实现路线尽早降至河谷的目标，解决路线顺山延展穿越大量悬崖断壁(40 多处)、危岩吊块的问题，同时又充分发挥螺旋线在拥挤空间拓展无限空间和可间隔无限链接的优势，将积极因素最大化，消极因素最小化。由此，螺旋的最佳位置自然是老堡山(K42)附近，距制高点凉风凹(K43)仅仅 1km，该段河谷纵坡 6.7%，合理的路线纵坡 2.5%，两者坡差 4.2%；路线刚刚位于河谷以上 70 多米(路基防洪高度 15 ~ 25m)，开始穿越悬崖断壁，而五六十米的高度刚好是常规桥型和桥跨的经济高度和经济跨径；也就是说螺旋的交叉工程无论是桥梁，还是隧道皆是适当适宜的经济线。即螺旋的交叉工程是经济的，工艺工序是成熟的，安全质量风险是最小的，最容易控制的，出现和面对的问题是可以接收和解决的。如果路线继续傍山延展至第二段陡河床位置老店子北(K38)，路线晚 4km 降至谷底，路线将悬挂在谷底以上近百米的悬崖断壁上；螺旋垂直降坡近百米，不仅螺旋规模大，随着螺旋工程规模的增加将面临压低制高点，增加制高点工程规模一样；螺旋交叉工程无论是隧道还是桥梁，将面临工程技术问题和解决旧问题，又出现新矛盾的思维逻辑问题，自然不可取。而且，积极因素未最大化，消极因素反而最大化，螺旋的优势被遏制。那么，距制高点凉风凹仅仅 1km 的老堡山(K42)附近东西两岸自然是问题答案非唯一性的“必然位置”(图 11-40)。

2. 螺旋盘旋规模“必然性”研究

螺旋位置“必然”性研究同时得知，螺旋盘旋需要克服约 70m 高差，盘旋规模即盘旋展线里程。考虑隧道桥梁的影响，结合 11.6.4.4 节 2“道路几何条件与交通安全”分析，600m 可以看作行车条件与直线实际上没有区别的最小半径值，下坡的交通安全事故是上坡的 1.5 ~ 2倍和转角对交通事故的影响比曲线半径的影响大等综合分析；螺旋盘旋里程约需要 2.5km，是单圆半径 400 多米($2\pi R$)之周长，刚好是高速公路设计时速的一般最小半径；故可以利用 400m 的圆曲线初略框螺旋位置，结合点位地形条件细化线形，完成规模定量必然性研究。

3. 螺旋盘旋交叉方式选择

螺旋位置和规模“必然性”的确定类似工厂规模和场址的确定，下一步的任务是根据场址区的局部自然环境阻尼边界条件进一步研究选择各功能设施的具体位置和形式及布局。同样形如生活中找到了心心相印的另一半，确定了天生一双、地造一对的伴侣，结婚时间的选择、形式的确定仅仅是根据双方的具体条件进一步选择，选择的难度和考虑的因素自然简洁明了。工程建构的形式和方式是同样的道理。

A 方案：利用河谷西岸葫芦形的老堡山山脉的葫芦肚逆时针顺山旋转展线降坡，在山脉蜂腰处设置 750m 半径隧道达河谷东岸，后顺河谷而下(图 11-40)，螺旋线长 2.5km，隧道 900m/2 座，桥梁 1 200m/3 座。

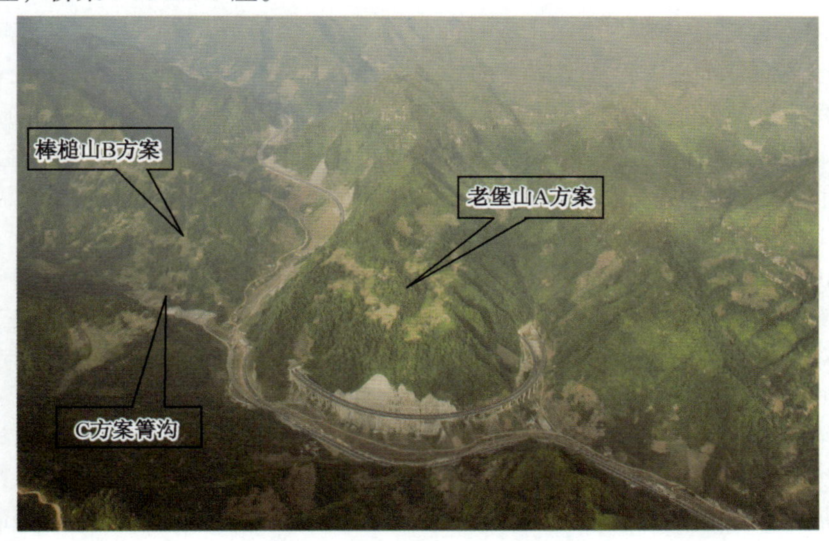

图 11-40　螺旋位置地形地貌图

B 方案：利用河谷东岸棒槌形的支脉(棒槌山)顺时针或者逆时针旋转展线降坡。顺时针只需要穿越山脊支脉一次；逆时针旋转展线降坡需要 2 次设置隧道穿越棒槌山，形成山体内部隧道立体交叉，层间高差 25 多 m，相互影响投入较大。由此，放弃东岸棒槌山支脉逆时针旋转展线降坡的方案，保留顺时针旋转方案 B。螺旋线长 2.7km，隧道长 1 000m/2 座，桥梁 1 100m/3 座。

C 方案：利用河谷东岸棒槌山北平行的另一支脉脚趾和相间的箐沟顺时针或者逆时针旋转展线降坡，采用桥梁作为螺旋交叉工程。同样逆时针旋转展线降坡需要 2 次穿越支脉脚趾，第一次可以采用路堑方式通过，但仍然存在层间高差小、相互干扰的问题，由此保留顺时针旋转方案 C。螺旋线长 3km，隧道长 500m/1 座，桥梁 1 600m/4 座。

相对性原理是力学的基本原理。对自然的研究和对自然力量的利用从一开始就是与物体个体化联系在一起。相互参照的一个物体到另一物体是不可分割的，是一个对另外一个而言。飞船内的人或者物体相对是静止的，相对于飞船外的人是飞速运动的。相对性评价是在同一个参照系内甲相对乙的比较，评价的标准和尺度是一致的，这同样是工程方案评价取舍的基本原理。

老堡山 A、B、C 三个可行螺旋方案相互比较，线性指标、工程投资、建设条件基本相当，难分上下(见 11.6.5.1 节)。但根据社会环境条件对策研究分析，产品使用者的使用安全和方便，产品使用的效率和效益看，山区道路下坡向逆时针(左转，下坡幅在外侧)，不仅外幅平面半径相对内幅大，周长相对较长，纵坡可以相对较小，使道路几何条件相对较好；若是分离式隧道将更明显，而且更加符合我国道路通行制和道路使用操作系统（左舵）以及长期学习培养形成的驾驶行为习惯，使用者操作更加简便、敏捷，更加有利于使用安全，决定了 A 方案的“必然性”。

11.6.5 针对性对策分析与评价

11.6.5.1 经济性分析

工程的经济性分析是工程方案取舍的重要工作，在任何时代和社会，无论社会经济怎么发达，工程建构的资金、材料、能源，甚至非物质资源皆是有限的，工程的经济、工程的价值，以及工程的信价比是工程建构追求的目标之一。当然，在适地适时适宜的工程建构方案确定的思路和解决问题的针对性对策和措施分析研究清楚的基础上，工程的经济性比选仅仅是工程建构设计的实现，是具体的客观的实事求是的有根有据的量化；量化原则必须客观公正、全面细致、标准统一、实事求是；与适地适时适宜的针对性对策思路的确定和矛盾及需求的分析相比仅仅是重要而不可缺少的具体工作，但具体工作是适地适时适宜的针对性对策思路的佐证；佐证理念、思路的科学性，佐证针对性对策的针对性，佐证针对性措施的适宜性。

根据区域自然地理环境和社会环境阻尼边界条件，以及该段高速公路越岭展线的需求分析，研究提出的针对性对策思路和措施，并进行定性分析初步筛选后，勘察设计拟定了顺山延展穿越大量悬崖峭壁的自然展线 E 方案。降低制高点高程，增加制高点凉风凹隧道建设规模的 9.5km 长隧道 F 方案和在复兴河老堡山附近设置螺旋的 A、B、C 三个可行方案进行客观、全面和同标准、同深度工程投资分析比较（分析比较过程文不赘述），E、F 方案虽然路线里程短两三公里，但工程投资最高，多 3 亿以上；施工困难，A、B、C 三个螺旋方案是最经济的，经济优势明显，佐证了针对性原则思路的科学性和适宜性。

经经济分析比较得知螺旋方案是相对经济的，适地适宜的。但 A、B、C 三者周期成本基本相当，经济指标取舍困难，是择西岸老堡山 A、东岸棒槌山 B，还是东岸 C 方案，民众使用的安全是关键而主要的取舍因素，甚至根据使用安全性的风险大小一票否定。按无障碍设计原则布置排列组合功能空间，尽可能减少功能空间对使用带来不便，避免诱发使用安全事故。根据我国左驾右行的通行制，以及各国交通安全统计分析的研究成果，检查 A、B、C 三者工程使用功能空间和排列顺序的方便性、协调性，以及产品使用安全性，是工程建构以人为本理念的彰显，安全为中心的佐证。通过全面系统的分析比较，西岸老堡山依山顺势，逆时针下坡旋转，山体蜂腰设置隧道的 A 方案道路功能空间排列布局最紧凑自然，使用障碍最少，与左驾右行通行制最协调；符合民众长期培养而成的驾驶习惯，符合国家普及必须进行培训的规则，与人体工程原理一致，从而选择相对安全经济的 A 方案。

11.6.5.2 工程建设可实施性分析

1. 场地及进场条件分析

水麻高速道路复兴段远离现有路网，村寨稀少，交通不便，气候复杂多变，但确定采用的螺旋隧道 A + 沿溪线方案，工程基本位于溪谷台地，满足各桥隧工程点场地布置；只需要沿复兴河布设途经螺旋隧道，直达制高点凉风凹隧道口的纵向施工进场道路，可将各工点场地串联，基本满足了该段近 25km 高速公路的施工机械、材料运输等建设要求。施工结束后作为农村道路，解决为数不多的深居深山村民的对外联系，一举两得。

纵向架设专用电力线，既满足建设需要，又作为隧道运营用电，砂、石、水等天然建材较为丰富，可就地取材，为确保建设工期、质量和安全创造了良好的环境。总之，在条件困难的情况下，从总体设计着手，采取的针对性对策的建设条件分析进一步佐证了针对性原则的科学性。

2. 螺旋隧道施工场地布置和弃渣处治

螺旋线主体工程老堡山隧道进口位于复兴河谷底，东岸棒槌山支沟交汇岸坡地势相对开阔平缓，为项目驻地建设提供了方便，支沟汇水面积小，流量小，下游谷床平缓，距隧道近，弃渣处治简单，费用低，容量大，有利于环境保护，为实施提供了“天时、地利、人和”的有利条件。

总而言之，以该段自然地理环境为工程建设阻尼边界条件采取的针对性对策和措施，降低了工程建设难度和风险，确保了工程的经济性原则，为实施提供了保障；功能空间布局遵循了无障碍设计原则，符合通行制，彰显了因地制宜，实事求是，使工程建设“绝处逢生”。

11.6.5.3　螺旋线运营安全性评价

能量既不会凭空产生，也不会凭空消失，它只能从一种形式转化为其他形式，或者从一个物体转移到另一个物体，在转化或转移的过程中，能量的总量不变。这就是能量守恒定律。能量守恒定律，是自然界最普遍、最重要的基本定律之一。从物理、化学到地质、生物，大到宇宙天体，小到原子核内部，只要有能量转化，就一定服从能量守恒的规律。道路运输车辆在运营过程的运动仍然遵循该基本定律。汽车行驶速度变化就是机械能、动能、势能、热能等之间相互转换的表现形式，由此，勘察设计利用汽车动力学原理，分析了客车、两到六轴货车从额定荷载到超载 100% 不同档位下坡制动衰减，不同速度的弯道稳定性，以及不同车型运营可能速度预测，并根据分析采取了针对性的交措施，通车后又进行了预测与实测速的比对分析总结。本文仅以综合反映各因素的运营速度指标，评价道路线形协调性为例阐述。

运营速度的大小是道路的使用者，根据驾驶的工具性能，通过主要的信息源——视觉收集道路几何条件、区段自然环境和道路安全设施等信息进行整合分析判断的最终结果，是道路几何条件等基础设施的综合反应。

(1) 运营速度预测与实测比对。

螺旋展线毕竟是一种不常见的针对性展线方式(图 11-41)。本文通过对老堡山螺旋隧道运行速度预测与实测进行比对分析，佐证针对性对策的使用情况：

由下坡图 11-42 分析可知，预测结果与实测结果非常吻合，如果将隧道进洞段的预测减速突变转换为减速渐变，则预测结果与实测结果更加吻合。由此可见，佐证了根据通行制、人体工程原理，以及大量的交通事故统计分析结果，下坡向按逆时针旋转布置螺旋的针对性思路的科学性。

图 11-41　云南老堡山螺旋线线形平面图

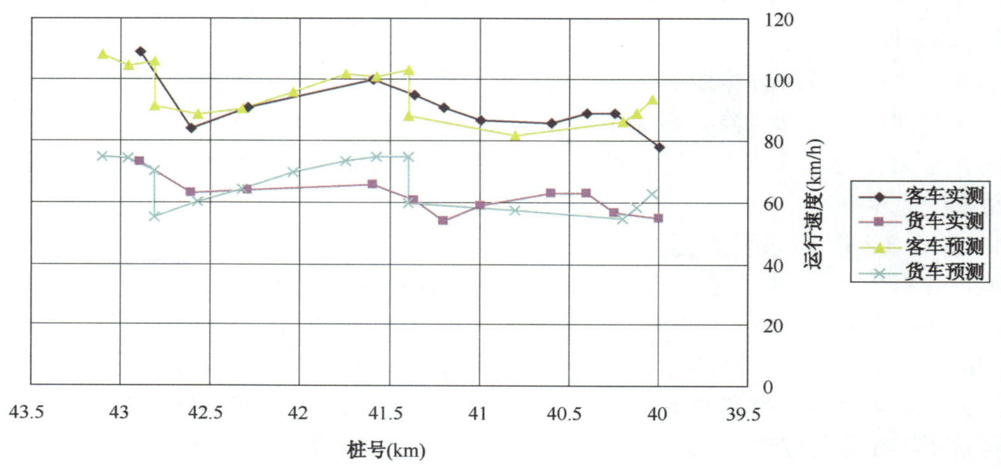

图 11-42　下坡运行速度比对图

由上坡图 11-43 分析可知，预测结果与实测结果总体上一致。小客车在第一个隧道(分离式长隧道)入洞前，有较大幅度的减速，进入后速度快速提高，在隧道出口再次减速，大货车运行规律与小客车基本相同，只是减速幅度小于小客车；而在第二个隧道(连拱短隧道)却没有这个规律。说明隧道入口和出口处及隧道内车辆的运行速度不仅与光线变化有关，还与隧道平面半径、纵坡、隧道长度等因素有关，车辆在长隧道中部有欲尽快通过而加速度的规律，佐证了心理学的研究成果。

(2) 道路线形连续性和均衡性分析。

道路是由平、纵、横和时间、空间动态变化组成的四维功能空间，而道路线形几何空间的连续性和其指标的均衡性是道路几何条件的基本，运行速度速差是线形连续性和均衡性直接表现结果。通过分析(过程略)无论是上坡还是下坡，无论是客车还是货车，无论是隧道和桥梁路基，无论是预测还是实测，线形速差 $\Delta v85$ 均小于 10km/h，速度梯度 $dv85$ 均小于 6 (km/h)/100m，满足道路安全评价指南的要求；说明道路的几何线形式连续的，指标是均衡渐变的。

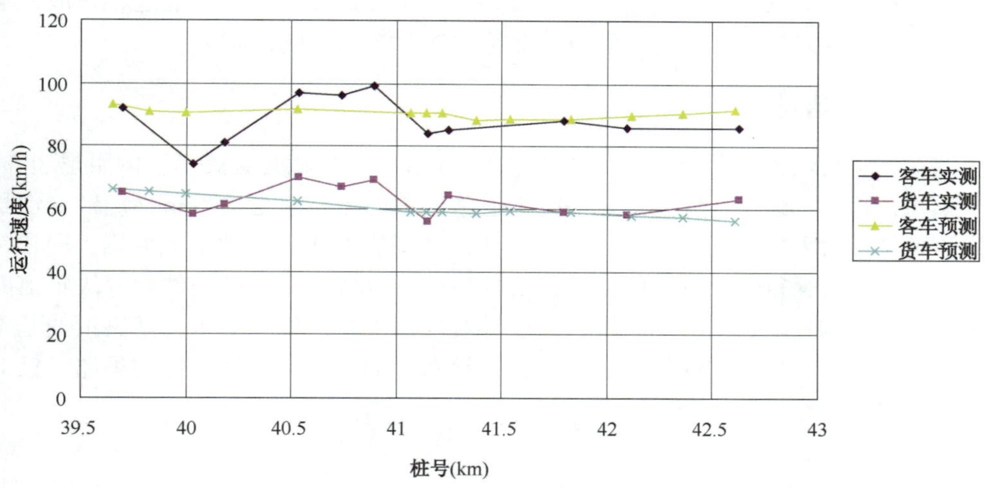

图 11-43　上坡运行速度比对图

（3）运行速度与设计速度的协调性。

从图 11-42、图 11-43 可见，货车的运行速度皆围绕设计速度约为 60km/h，与设计速度的差值上坡最为 12km/h、下坡最大 10km/h，说明路线的设计速度和运行速度协调性好，采用的技术指标是与地形协调适地适宜的经济指标。

（4）安全性指标分析。

按设计速度为 60km/h，满足汽车安全行驶的线形指标，与老堡山螺旋展线采用的极限指标比较见表 11-7。老堡山螺旋线除部分路段不满足"考虑汽车前灯水平散射角的最小圆曲线半径"外，其他指标均符要求，符合性较好。

满足汽车安全行驶的线形指标　　表 11-7

项　　目	要　　求	老堡山螺旋展线采用的极限值
考虑汽车前灯水平散射角的最小圆曲线半径(m)	290	280，253.977，282.4
考虑汽车前灯高度的凸形竖曲线最小半径(m)	2000	10 000
考虑汽车前灯仰角的凹形竖曲线最小半径(m)	1400	5 300
隧道内考虑视距和横坡的圆曲线最小半径(m)	250	253.977
单向下坡的最大纵坡及坡长(%/m)	5/800	4.5/761
隧道长度为 100～2000m 最大纵坡推荐值(%)	5	3

以上四方面的比对分析结果佐证了根据自然环境阻尼边界条件，按最不利下坡向确定逆时针旋转方向，符合通行制和人体工程学及人机功效学原理，满足驾驶行为习惯的全方位针对性对策是科学的，恰当而适宜的。根据 2008 年 7 月 1 日通车以来该高速公路交通事

故的统计分析看，老堡山螺旋隧道展线区段是交通事故最少，仅发生几起小事故，从而进一步佐证了针对性对策的科学性和国内外交通安全研究成果的正确性。

11.6.6 结语

道路存在于自然，生存于社会。自然地理环境和社会环境是道路工程的阻尼边界条件，地形、地貌，水文、地质，气候环境是决定道路工程的主要阻尼边界条件。针对性虽然是体育术语，是针对人的个人体质和环境针对性选择锻炼方式和运动量的原则；同样，交通是有生命的，人类强行介入自然的道路是有性格的，自然地理环境条件培育决定道路的性格。道路工程建构针对阻尼边界条件，采取针对性的工程措施和对策，是决策的基本思路和出发点。针对是因地制宜的出发点，适宜是针对性的结果、是针对性的思路，针对性是解决问题的根本思路。

参考文献

[1] 于光远．自然辩证法百科全书[M]．北京：中国大百科全书出版社，1995.
[2] 钱学森．论系统工程[M]．长沙：湖南科学技术出版社，1982.
[3] 杨建昊，金立顺．广义价值工程[M]．北京：国防工业出版社，2009.
[4] 袁贵仁．价值学引论[M]．北京：北京师范大学出版社，1991.
[5] 乔治．戴特．工程设计[M]．北京：北京师范大学出版社，2000
[6] 熊彼特．经济发展理论[M]．北京：商务印书馆，2000.
[7] 杜澄，李佰聪．工程研究[M]．北京：北京理工大学出版社，2006.
[8] 歇普．工程师应知：经济决策分析[M]．北京：机械工业出版社，1978.
[9] 卡逊．寂寞的春天[M]．长春：吉林人民出版社，1997.
[10] 四川省水利电力厅、都江堰管理局．都江堰[M]．北京：水利电力出版社，1984.
[11] 理查德．卡斯威尔著．周虹，张瑞译．全球大趋势[M]．北京：中华工商联合出版社，2012.
[12] 中国国家地理杂志．中国国家地理[J]．中国国家地理杂志，2009，6.
[13] 西南指挥部．成昆铁路[M]．北京：人民交通出版社，1976.
[14] 铁道部第二设计院．成昆铁路勘察设计总结[M]．成都：铁道部第二设计院，1976.
[15] 吴家骅．景观形态学[M]．北京：中国建筑工业出版社，1999
[16] 吴华金．云南山区公路生态环境及景观建设[J]．云南现代交通，2005，2(1)：1-6.
[17] 诺曼著．付秋芳，程进三译．情感化设计[M]．北京：电子工业出版社，2005.
[18] 龙文元．以人为本[M]．北京：机械工业出版社，2004.
[19] DONALD A. NORMAN 著．海琼译．设计心理学[M]．北京：电子工业出版社，2004.
[20] 刘连新、蒋宁山．无障碍设计概论[M]．北京：中国建筑工业出版社，2004.
[21] 奥斯丁著．罗爱军译．植物景观设计元素[M]．北京：中国建筑工业出版社，2005.
[22] 汉尼鲍姆著．宋力译．园林景观设计实践方法[M]．沈阳：辽宁科学技术出版社，2004.
[23] 土木协会编(日本)．章俊华，陆伟，雷芸译．道路景观设计[M]．北京：中国建筑工业出版社，2003.
[24] 赵永平，杨少伟，吴华金，赵一飞，潘兵宏．山区高速公路螺旋展线隧道内平曲线最小半径[J]．长安大学学报(自然科学版)，2007，(6)72～75.

[25] 张雨化主编．公路勘测设计(第二版)[M]．北京：人民交通出版社，1980.
[26] 陶久选．车速图分析道路线形的技术探讨[J]．华东公路，1999，(2)，26～28.
[27] B. ф. 巴布可夫著．景天然译．道路条件与交通安全[M]．上海：同济大学出版社，1990.
[28] 周荣贵．公路连续下坡路段的纵断面控制指标研究[J]．公路．2004，6，46～51.
[29] 吴华金．螺旋展线在高原山区高速公路中的应用[J]．公路，2005，4，86～90.

第12章 道路工程未来与人才

道路工程是不断变化和发展的。从历史走向现在，从现在又要走向未来。人们不断研究道路工程历史，研究历史是反思过去，吸取教训，认识规律以便指导现在道路工程建设活动，研究现在是为规划未来做好充分准备。在谈到未来的时候，人们总是有许多美好的希望，可是，人们应该清醒地认识到希望和风险常常是共存的。道路工程建设活动现在正在塑造美好的未来，由于道路工程活动固有的不确定性以及其他一些原因，人类在享受道路工程为人类提供的便捷性的同时，也面临许多由道路工程建设活动带来的风险。人类生存与发展过程中遭遇到的这种切实现实，强烈呼唤着新的道路工程理念和工程观，呼唤着新型道路工程人才的诞生和道路工程教育的创新。只有用新的道路工程理念和道路工程观培养优秀道路工程人才，促进公众理解道路工程、关注道路工程，人类才能通过道路工程塑造出更加美好的未来。

12.1 未来道路工程的发展方向

道路工程建设活动作为人类工程活动的主要活动领域，同其他工程活动一样，道路工程建设活动和道路工程职业历来受制于外部环境的变化。在当今经济全球化、知识经济和风险社会的大背景下，道路工程活动必须考虑解决人类面临的重大问题，为构建和谐社会和促进可持续发展服务。在当前这种大环境下，道路工程活动真正发生以下转变：

1. 道路工程理念正在发生重大变革

道路工程理念渗透并影响着道路工程发展战略、道路网规划、道路设计、道路施工、道路养护和营运，以及道路工程价值评价等各个阶段、各个环节。道路工程建设活动在“征服自然”的原始工程理念指引下已经造成很多重大的负面影响，如水土流失、耕地面积减少、生态环境破坏严重等。作为新时期未来道路工程发展的根本出路，“和谐工程”的道路工程理念开始逐渐被人们认可和接受。换句话说，未来道路工程建设活动要建立在自然规律和社会规律的基础上，遵循社会道德、社会伦理及社会公正、公平的准则，以促进人与自然、人与社会、道路工程与自然、道路工程与社会的协调发展为依归。在这种新的道路工程理念的指引下，未来的道路工程建设活动将会有助于人与自然的和谐共处、人与社会的和谐发展，并在道路工程系统的决策、规划、设计、施工、养护和营运中充分体现人性化的思想。

2. 工程系统观将成为道路工程活动的主导原则

道路工程建设活动是一个系统工程。从工程过程来看，道路工程是由路网规划、设计、施工和养护构成的系统；从知识构成来看，是技术要素和非技术要素构成的系统。因此，当代道路工程活动需要一种系统视角，以便寻求在多元素间的系统集成与和谐运行。道路工程系统规模和复杂性日益增加，要求跨越多个领域的工程人之间协同工作。这些团队能够在系统观的指引下，与其他工程人及公众进行有效沟通，理解与全球市场及社会背景相关的复杂性，并能够据此集成建构功能良好道路人工构筑物。

3. 道路工程的国际化程度越来越高

随着信息技术设施的成熟和经济全球化程度越来越高，世界各国为了促进本国经济发展而对外开放程度也越来越高。在这种形势下，诸如应用研究、设计、法律、金融、技术咨询等高端服务已经蔓延到发展程度不同的国家，世界各地的研究者组成的高度集成的全球虚拟工作团队逐渐形成，这些环境无疑促进了道路工程的国际化。另外，当前世界大部分国家国内道路工程都有了长足发展，随着经济全球化趋势的到来，加强国家之间的联系和来往是必然的。因此，国际大道建设是现在国家道路工程发展的主要方向，这也促进了道路工程的国际化。未来道路工程问题的解决将更多地在国家之间协同进行，参与主体包括不同国家的科研团队、工程技术人员、工人、公共官员等。这些道路工程主体跨时区、跨文化、跨多种语言协同工作，在这种情况下，只有充分尊重民族文化的多样性，才能使道路工程建设活动符合建设和谐世界的需要。

4. 道路工程逐渐步入环境友好型绿色工程

资源匮乏、环境污染和生态平衡已经对人类提出了严峻的挑战，也给未来的道路工程建设活动提出了新的课题。随着生态问题的不断凸现，人类的生态意识不断增强，生态平衡和生态健康开始成为道路工程建设的一个硬指标，生态价值也成为道路工程建设活动的内在价值追求。在未来道路工程建设活动中，人类在展现自己依靠自然、认识自然、适应自然以及合理改造自然的智慧和力量的同时，也将更加关注人类与其他生物、人类与环境的友好相处。在道路工程建设活动中，道路发展战略规划、道路设计、道路施工、道路养护和道路工程的价值评价都要渗透生态保护的思想，渗透人与自然和谐共处的道路工程理念，实现资源节约、环境友好的社会发展目标。

5. 道路工程创新是道路工程建设活动的主要内容

道路是一种大尺度人工构筑物，具有特殊的地域性。随着社会发展，人们对道路工程的要求越来越高，不再把道路仅仅看成是一种交通运输纽带，而把道路看成是地域文化的一种标志，要体现出民族时代风范。所以，道路工程需要创新，道路网规划、道路设计、道路施工和道路养护等各个环节都需要工程创新。没有创新的道路是不具有活力的人工构筑物，是失败的人工构筑物，是与社会格格不入的人工构筑物，是与构建和谐社会背道而驰的人工构筑物。

6. 道路工程建设民主化

道路工程建设与发展直接关系到社会大众的利益和社会的福祉，道路工程决策不是也决不能成为一个被政府和专家垄断的领域，社会公众作为重大工程创新的利益相关者，有权参与道路工程创新的决策和实施工程。道路工程建设活动必须得到公众的理解和支持，也必须有公众的参与。社会应鼓励社会大众真正作为有资质的行动者，介入重大道路发展战略规划、道路设计、道路施工、道路养护和道路价值评价过程，从而促进道路工程建设活动的科学决策和民主决策，从源头上将道路未来可能发生的利益冲突尽量解决在道路建设活动实施之前，或消灭在萌芽状态，为构建和谐社会做出积极贡献。

12.2 面向未来的道路工程人才

面对一系列重大挑战和问题，人类最终还要靠自己，包括依靠高素质的工程人才。但是，问题在于，今天的工程教育还不能提供未来工程发展所需要的足够的新型工程人才。因此，需要在经济全球化、知识经济和风险社会的大背景下思考工程教育问题，根据未来工程发展的需要对工程教育的内容、方法、模式进行创新[1]。道路工程建设活动是人类工程活动的主要活动领域，人类正在通过该项工程活动塑造人类当前和未来的存在状况。诸如，道路工程建设活动促使新型产业的出现；使经济增长方式发生根本变革，经济增长质量和劳动生产率得到空前提高；使城市化进程速度加快；使区域产业结构、经济结构和劳动就业结构发生显著变化；使人们的劳动、工作、生活和休闲方式等发生巨大变化，进而改变人们的思维和观念。道路工程活动与其他工程活动一样，充满了风险和不确定性。人类社会面临的诸多问题都与道路工程活动有着不同程度的联系。

以上分析表明，道路工程建设活动是对人类未来的一种谋划，也是对人类生存状况的一种重建。那么那些直接参与道路工程建设活动的工程人才担负着通过道路工程来营造人类未来的重大使命。鉴于道路工程塑造未来的作用越来越显著，道路工程活动的风险问题越来越严峻，未来道路工程对工程人才的要求远比过去严格。为了应对未来道路工程发展的实际需要，为了更好地建构自己的未来，未来的道路工程人才仍然要像过去一样需要拥有强大的分析问题和解决问题的技能，需要拥有很好的实践才能和沟通能力。在经济全球化、知识经济和风险社会的挑战的背景下，未来道路工程人才还应该强化如下几个方面的能力：

第一，未来道路工程人才不仅需要知识，更需要智慧，需要有开放的头脑和灵活的整体思维能力。为此，需要用道路工程哲学思维武装未来道路工程人才的头脑，使他们能够在“自然科学—社会科学—人文学科”的关联中认识道路工程科学的位置和作用，能够在“自然—人—社会”三元互动系统中认识道路工程的地位和价值，能够从不同视角辨证认识道路工程的经济价值和非经济价值；并努力找到协调这些价值目标的可能途径，使道路工程活动真正服务于可持续发展与和谐社会的建设目标。

第二，未来的道路工程人才还要具备比较强的组织领导才能。道路工程建设影响范围广、意义深远。因此，道路工程建设活动与科学、技术、其他工程、社会之间的互动性越来越强，要求未来道路工程人才能够扮演多重角色，处理好与道路工程活动有关的科学、技术、工程和社会问题。

第三，未来的道路工程人才需要深明自己肩负的伦理责任。道路工程活动内在地与伦理相关，或者说，伦理诉求是道路工程活动的一个内在规定。道路工程是一个汇聚科学、技术、经济、政治、法律、文化、环境等要素的系统，必然涉及利益、风险和责任的分配，伦理在其中起到重要的定向和调节作用。未来的道路工程师需要有更高的伦理标准和很好的职业操守，谨慎应对未来道路工程可能包含的风险、严格履行自己肩负的社会责任。

第四，在经济全球化时代，未来道路工程人才需要具备开阔的国家视野，具有很强的跨文化沟通能力，拥有良好的人际交往技能和合作精神。道路公司跨国作业和国际大道建设是当今道路发展的主要方向。因此，道路与桥梁专业人才培养规格的定位必须面向社会、面向世界、面向未来[2]。未来道路工程人才只有具备开阔的国际视野和很强的跨文化沟通能力，才能适应经济全球化和道路工程国际化带来的挑战。

第五，未来的道路工程人才需要具备更强的知识更新能力。当今社会快速发展，信息传播速度快，知识爆炸所带来的知识老化速度加快，而且未来道路工程复杂性越来越强。因此，未来道路工程人才要不断提高知识更新能力，不断学习新知识以便应用知识快速解决新问题。未来道路工程人才只能这样才能够在知识爆炸和快速发展的社会环境中立足，并取得成就、做出贡献。

第六，未来的道路工程人才需要更频繁地介入公共政策的讨论和咨询过程。道路建设是社会公益项目，因此，道路工程人才参与公共政策议题的讨论与决策是道路工程人才自身的责任，这对提升道路工程职业的整体形象也是十分必要的。只有道路工程人才注意认识道路工程与公共政策的互动关系，才能降低工程的风险，增加工程对社会的满意度。

综上所述，当代社会科学技术日益加速进步，经济全球化程度越来越高，道路工程国际化越来越明显。未来优秀的道路工程人才不仅要有完备的科学技术知识，更应该强化以上六个方面的能力，以应对未来道路工程发展需要。

12.3　未来道路工程人才基本素质与行为准则

道路交通建构活动过程中，从规划到运营养护无时无刻需要进行各种决策，工程建构决策的过程就是思维活动的过程。从哲学看决策是人主观能动性的集中体现，从社会实践看是决定各种活动成败的关键，是行动的前提和指南。决策，是一种选择，是几个方案中选择其一，因为我们的资金、时间、材料有限，需要我们用最有效地的方法来最好的分配使用我们有限的资源，并且尽可能减少消极的后果，将积极最大化。决策不是简单取舍问题，而是在技术、经济、构建安全、环护、群体利益等方面的要求进行权衡、协调和优化。因此，工程决策执行的方法应该是权衡、协调和优化各方的要求和利益，将积极最大化、消极最小化，以达到各方基本满意；并以满意度为原则，而满意度具有时限性。未来道路工程人才应该具备以下基本素质，并遵循以下行为准则，科学开展道路工程活动。

12.3.1　相对性辩证思维

任何事物皆是一把双刃剑，事物的双方或者说两面皆是相对的，世界的相对性：今天不知将面对什么事？一转身不知将发生什么事件？今天不知认识什么人？一转身不知将失去什么人？世界充满相对性，工程建构问题答案的非唯一性决定方案选择的相对性，比如路线方案之间的里程的长与短，工程投资的多与少，规划的远与近，风险的大与小等，而决策就是在充满相对性的方案间选择相对的之一。

渝昆高速公路水麻线复兴—凉风凹段路线方案研究中结合该走廊地形地貌，水文地质条件拟定了逢沟内绕、逢脊外包的顺坡展线的傍山线B方案和逆时针360°绕老堡山进行集中降坡螺旋线A方案。两方案相比(表12-1)，顺坡延展的B方案位于谷底60m以上，路线穿越大量悬崖断壁，工程复杂而艰巨，但路线展线符合习惯，无“废坡”，路线里程短，投资大，可实施性强，风险小，而A方案则反之。总而言之，两者相比是两者之间的相对关系，是A相对于B而言，或者说是B相对于A而言，非A或B、A和B与C或者其他而言。

复兴—凉风凹段路线方案经济分析比较表 表12-1

序号	主要项目	单位	A方案	B方案	备注
1	路线里程	km	26.7865	24.05	
2	最大纵坡	%/m/处	6/3360/6	6/4920/9	
3	平曲线最小半径	m/处	197.456/1	251/2	
4	土石方数量	万 m^3	385.38	581.49	
5	防护工程	万 m^3	17.73	19.81	
6	排水工程	万 m^3	3.73	4.79	
7	特大桥	m/座	1168.5/2	1208/4	单幅计
	大桥	m/座	9443.5/45	11435/53	
	中桥	m/座	2644/36	2133/30	
8	隧道	m/座	4220/8	2660/10	
9	横向进场便道	km	22.50	35.50	
10	概算(建安费)	万元	116308.10	227689.93	

12.3.2 对立统一规律

对立统一规律是唯物辩证法的根本规律，是方法论，是揭示出自然界、社会和思想领域中的任何事物以及事物之间包含的矛盾性。其内涵体现在：矛盾双方的同一性与斗争性、普遍性与特殊性。事物矛盾双方既对立又统一，是矛盾双方所固有的两种相反的属性，统一是矛盾双方相互依存、相互肯定的属性，对立是矛盾双方相互排斥、相互否定的属性，事物发展过程中的矛盾以及矛盾双方发展的不平衡性，推动事物的运动、变化和发展。如中国古代儒家经典《易经》用阴和阳两种对立力量的相互作用解释事物的发展变化。矛盾有主要矛盾和非主要矛盾、矛盾的主要方面和非主要方面，道路工程建构活动决策的权衡、协调和优化就是在抓主要矛盾和矛盾的主要方面进行的利择其重、弊择其轻。

思小高速公路是穿越热带雨林，连接思茅、景洪两个美丽城市的国际大通道，思小高速公路建构是畅通国际大通道，是加强与东盟各方的紧密联系，发展社会经济的政治、经济需要，同时是保护热带雨林自然资源，提升热带雨林自然风光旅游等价值的需要。建设与保护本身就是矛盾的两方面，为建设而建设、为保护而保护皆不是马克思主义思想，皆不是辩证唯物主义。但如何寻求两对立面的统一，寻求对立而统一的结合点就是工程建构抉择的思维。由此，工程建设发展经济，增强经济实力是为了更好地保护热带雨林，而保护热带雨林，提升热带雨林的价值是为了更好地建设，寻求与自然友好、和谐共生的高速公路建构方案就是建设与保护矛盾双方的对立统一。根据该思路，首先申请推迟工程建设的开工时间；其次，扩大纵横研究范围，在宁洱—景洪南北纵长 170km，东西两侧各 100km 的区域内拟定了 A、B、C 三个走廊进行同等深度的比较分析；最后抛弃"经济定乾坤、长短论英雄"的传统抉择思维，从道路的路网结构、辐射影响面、建设条件、区域地质构造、控制工程、气候环境、生态环境保护等 11 个方面量化指标进行权重，并加大主要矛盾和矛盾的主要方面——生态环境保护的权重分值，组织开展行业讨论和非行业调研，应用并行设计理念，选择采用最低限度破坏生态环境的"历史"走廊，放弃了"经济"走廊（图 5-12）；为最大限度的保护，最小限度的破坏，最大限度、最快速度的恢复，尽可能保留天然的一草、一木、一泉、一石的思想奠定了基础。

12.3.3　系统方法论

系统一词源于古希腊语，是有组织的和被组织化的全体，具有要素与要素、要素与系统、系统与环境三方面的关系。其整体性、关联性、等级结构性、动态平衡性、时序性是所有系统的基本特征。核心思想是系统的整体观念，用亚里士多德的名言就是"整体大于部分之和"。

系统论是研究各种系统的共同特征的一般模式，是结构和规律的学问。采用数学方法定量地描述其功能，寻求并确立适用于一切系统的原理、原则和数学模型，是具有逻辑和数学性质的一门科学。宇宙、自然、人类，一切都在一个统一的运转的系统之中，一切进步皆以系统论为出发点及归属处。系统论的基本方法是把所研究和处理的对象当作一个系统，分析系统的结构和功能，研究系统、要素、环境三者的相互关系和变动的规律性，并优化系统观点看问题。世界上任何事物都可以看成是一个系统，系统是普遍存在的，大至渺茫的宇宙，小至微观的原子，都是系统，整个世界就是系统的集合。同样道路工程建构是一个系统工程，钱学森言"系统工程是组织管理的技术"，是由相互作用和相互依赖的若干组成部分结合成具有特定功能的有机整体，而且这个系统本身又是从属于一个更大的系统，系统工程则是组织管理这种系统的规划、研究、设计、制造、试验和使用的科学方法。

道路工程勘察设计是由路线、路基、路面、防护、排水、桥梁、隧道等多个专业组成，是道路工程系统勘察设计的组成要素，而这些专业之间具有等级结构性和时序性。常言道路线是各个专业的龙头，是纲，而又从属于总体设计；总体设计就是系统工程的整体性的体现。作为组织管理的一门技术，组织管理的核心是具有系统的整体观念，也就是说各个专业必须按总体设计的思路去筹划各专业的设计，各专业内部各部件的勘察设计又必须服从于各专业的总体设计思路。如人字桥各构件的精度决定合龙的"一锤定音"，决定一百年来，人字桥从未更换过一颗铆钉、一根构件，从未影响过一次营运。道路工程系统同时又从属于更大的道路工程建构的区域自然环境系统，道路工程系统建构的自然环境系统是道路工程系统的边界制约条件，决定和影响道路工程建构、运营的功能寿命和价值寿命。

杭瑞高速公路保龙段路线走廊研究开始应用系统方法论，抓住系统的整体性这条纲为主线，认真分析保龙段高速公路建构系统从属的自然环境系统的自然环境边界条件，分析研究影响高速公路建构和运营效率的 10 大要素分析，并按系统的整体性、关联性、等级结构性、动态平衡性、时序性五大基本特征进行权重要素(表12-2)，抛弃了单要素或者几个要素取舍抉择的传统。

保龙公路路线走廊对比表 表12-2

<table>
<tr><td colspan="2" rowspan="2">项目(指标)名称</td><td colspan="4">路线走廊带</td><td colspan="2" rowspan="2">排序
(优→差)</td></tr>
<tr><td>南线</td><td>中线</td><td>北线</td><td>老路</td></tr>
<tr><td rowspan="4">路网结构</td><td>(通道)地位</td><td>主动脉</td><td>主动脉</td><td>主动脉</td><td>主动脉</td><td colspan="2" rowspan="4">南—北—中—老</td></tr>
<tr><td>路网布局</td><td>优</td><td>合理</td><td>良</td><td>差</td></tr>
<tr><td>连接国、省道(条)</td><td>3</td><td>5</td><td>3</td><td>5</td></tr>
<tr><td>连接县乡道(条)</td><td>5</td><td>8</td><td>7</td><td>7</td></tr>
<tr><td>评价</td><td colspan="7">从路网布局看，南线与东西向G320、滇缅公路间距密度适中，分布均匀，其他道路的衔接性差，路网整体运输效益低</td></tr>
<tr><td rowspan="5">辐射影响</td><td>串联经济带(处)</td><td>12</td><td>25</td><td>21</td><td>24</td><td colspan="2" rowspan="5">北—中—老—南
“串联”、“影响”计算见4.3.2“规定”</td></tr>
<tr><td>串联县、乡(镇)、村(个)</td><td>71</td><td>96</td><td>103</td><td>94</td></tr>
<tr><td>影响面积(km^2)</td><td>6413</td><td>9167</td><td>9768</td><td>8250</td></tr>
<tr><td>影响人口(万人)</td><td>35</td><td>57</td><td>58</td><td>52</td></tr>
<tr><td>扶贫面</td><td>优</td><td>一般</td><td>良</td><td>差</td></tr>
<tr><td>评价</td><td colspan="7">从串联经济带、行政乡镇看，中线、北线影响面较广，促进和带动面更大。从扶贫看，南线多布于贫困山区，有利于贫困山区脱贫</td></tr>
<tr><td rowspan="5">特征路段</td><td>路线(运输)里程(km)</td><td>145.80</td><td>125.10</td><td>154.30</td><td>136.10</td><td colspan="2" rowspan="5">中—老—北—南
单元造价高～低路段顺序为：
A—B—C—D</td></tr>
<tr><td>A越岭线(km/段)%</td><td>(65/4)/44.6</td><td>(54/4)43.2</td><td>(56/4)/36.3</td><td>(45/4)33.1</td></tr>
<tr><td>B沿河线(km/段)%</td><td>(47/2)/32.2</td><td></td><td>(14/1)/9.1</td><td>(10/2)/7.3</td></tr>
<tr><td>C丘陵线(km/段)%</td><td>(11/2)/7.5</td><td>(21/3)/24.7</td><td>(24/3)/15.6</td><td>(30.1/3)22.1</td></tr>
<tr><td>D平原线(km/段)%</td><td>(22.8/3)/15.6</td><td>(40.1/4)/32.1</td><td>(63.3/3)/39.1</td><td>(51/5)/37.5</td></tr>
<tr><td>评价</td><td colspan="7">从统计的路段特征看，南线、北线单元造价较高，路段长，“废坡”路段多，运输里程长，直观总造价高</td></tr>
<tr><td rowspan="11">综合评分</td><td>路网结构</td><td>5</td><td>5</td><td>3</td><td>4</td><td>2</td><td rowspan="11">南线 中线 北线 老线
积分
100 75 50 25 0
走廊</td></tr>
<tr><td>辐射影响</td><td>5</td><td>2</td><td>4</td><td>5</td><td>3</td></tr>
<tr><td>特征路段</td><td>10</td><td>5</td><td>8</td><td>6</td><td>7</td></tr>
<tr><td>路线增长系数</td><td>5</td><td>3</td><td>5</td><td>2</td><td>4</td></tr>
<tr><td>地貌单元</td><td>10</td><td>4</td><td>7</td><td>8</td><td>6</td></tr>
<tr><td>构造体系</td><td>30</td><td>10</td><td>28</td><td>15</td><td>17</td></tr>
<tr><td>建设条件</td><td>5</td><td>3</td><td>5</td><td>4</td><td>1</td></tr>
<tr><td>环境保护</td><td>15</td><td>6</td><td>12</td><td>9</td><td>8</td></tr>
<tr><td>气候环境</td><td>10</td><td>5</td><td>8</td><td>7</td><td>7</td></tr>
<tr><td>控制工程</td><td>5</td><td>3</td><td>1</td><td>5</td><td>4</td></tr>
<tr><td>合计</td><td>100</td><td>46</td><td>81</td><td>65</td><td>59</td></tr>
<tr><td>综合评价</td><td colspan="7">综合多方面的因素分析论证，在突出“地质选线”、“环境保护优先”，考虑运营养护成本和安全的原则下，其中线跃居其首，遥遥领先，当然也应针对中线重点工程多等因素，进一步加强局部路段方案比选</td></tr>
</table>

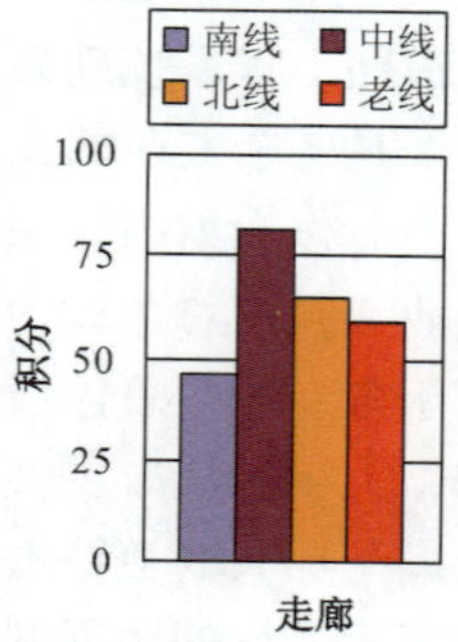

12.3.4　矛盾分析法

矛盾分析法包括一分为二看问题、普遍性与特殊性相结合、具体问题具体分析、坚持两点论和重点论的统一，矛盾分析法是我们认识事物、解决矛盾的根本方法。首先是把社会现象看成是运动中多层次、多方面的矛盾统一体，考察影响现象存在的诸多矛盾；其次，找出决定现象的本质的主要矛盾和矛盾的主要方面，分析矛盾发生变化的内部条件和外部条件。同时注意矛盾发展量变到质变的临界点，即主要矛盾发展转化的条件与时机。矛盾分析法与对立统一规律如出一辙，但两者的侧重点不一，对立统一规律侧重于对立面的统一，寻求的是对立统一的平衡点；矛盾分析法侧重于一分为二和普遍性与特殊性的结合，侧重于针对性。

矛盾分析法是"两点论"与"重点论"相结合的辩证的思维方法。既要研究主要矛盾，又要研究次要矛盾，既要研究矛盾的主要方面，又要研究矛盾的次要方面，两者不可偏废。既要在诸多矛盾关系的对立中把握它们的统一、渗透、转化，又要在复杂的矛盾群中把握两者的差异、排斥甚至对立，全面地研究矛盾双方的复杂关系。同时，唯物辩证法的两点论不是均衡的两点论，而是有重点的两点论。它要求把握矛盾的不平衡性，并把它贯穿于矛盾的分析之中，不能主次不分、轻重不分，采取折中的、中庸的态度。重点论与两点论是相统一的。

公益是为了公众的利益，实质是社会财富的再次分配，内容包括社区服务，环境保护，知识传播，公共福利，帮助他人，社会援助等。而商品的本质属性是价值，是为交换而生产的对他人或社会有用的劳动产品，是一种使用价值与另一种使用价值相交换的量的关系或比例，体现了商品生产者之间互相交换劳动的社会生产关系。任何社会经济形态中的商品都是使用价值和价值的矛盾统一体，商品只有具有社会使用价值，才能实现其价值。

道路工程活动是一项特殊的产品，不同的时期、不同的项目，甚至同一项目的不同时期，产品的属性将会发生一定的变化。道路工程是整合各种社会和自然环境资源，将各种要素(技术要素和非技术要素)进行集成，建构一个新的存在物的工程。这一新的存在物是人类为实现人流、物流、信息流时空快捷安全转移畅通的社会公共交通基础设施，这一基础设施是社会公益事业，是社会公共产品，追求的是社会的效益。工程建构又是一项经济活动，是直接的生产力，又具有商品的属性和特征。作为商品追求的是经济效益和回报，产出比是衡量活动的指标，是通过交换而实现其价值。

因此，道路工程建构过程必须结合矛盾分析法的"两点论"与"重点论"的辩证的思维方法思考其活动，针对不同的项目、不同的自然和社会环境分析。其活动首先是社会公益活动，是一种公共产品；当然并不是可以忽视活动的经济性。经济是任何活动追求的目标之一，任何形态的社会，社会经济资源皆是有限的，为经济而采用降低产品的功能或者项目的标准，实现降低经济的投入是道路工程建构最不负责责任的方法。通过反反复复的比较，研究工程建构的合适的解答方案，既保证产品的标准和安全的使用功能，又减少建构的投入是现代交通人的责任和追求。例如渝昆高速公路水麻线复兴—凉风凹段路线方案，如果简单地针对该段的地形地质和气候环境的特殊性，采用适当加大纵坡和延长纵坡坡长，将传统的逢沟内绕、逢脊外包的顺坡展线的傍山线 B 方案尽早降至溪谷台地，同样可以降低造价，但道路的安全使用功能将受到影响。

12.3.5 价值工程分析法

道路工程是一项特殊的产品，其活动是社会公益和商品经济活动的社会经济统一体。经济是任何活动追求的目标之一，仅仅是不同的时期、不同环境，不同的项目追求的目标主次不一而已。那么道路工程的价值工程是任何活动追求的永恒的主题。

价值工程(Value Engineering，VE)又称为价值分析(Value Analysis，VA)是一门新兴的管理技术，是降低成本提高经济效益的有效方法，是将技术与经济价值结合起来研究生产和管理的其他问题，是通过集体智慧和有组织的活动对产品或服务进行功能分析，以最低的寿命周期成本，可靠地实现产品或服务的必要功能，从而提高产品或服务的价值。

美国麦尔斯在长期实践过程中，总结了一套开展价值工作的原则：①分析问题要避免一般化、概念化，要作具体分析；②收集一切可用的成本资料；③使用最好、最可靠的情报；④打破现有框框，进行创新和提高；⑤发挥真正的独创性；⑥找出障碍，克服障碍；⑦充分利用有关专家，扩大专业知识面；⑧对于重要的公差，要换算成加工费用来认真考虑；⑨尽量采用专业化工厂的现成产品；⑩利用和购买专业化工厂的生产技术；⑪采用专门生产工艺；⑫尽量采用标准；⑬以“我是否这样花自己的钱”作为判断标准。其中第1~5条是思想方法和精神状态的要求，第6~12条是组织方法和技术方法的要求，第13条则提出了价值分析的判断标准。分析的过程通常是围绕着“(1)这是什么？(2)这是干什么用的？(3)它的成本多少？(4)它的价值多少？(5)有其他方法能实现这个功能吗？(6)新的方案成本多少？功能如何？(7)新的方案能满足程序和步骤的要求吗？”

价值工程虽然起源于材料和代用品的研究，但很快扩展到工程建设和生产发展方面及组织经营管理方面。价值工程不仅是一种提高工程和产品价值的技术方法，是一项指导决策、有效管理的科学方法，体现了现代经营的思想。实践应该遵守顾客优先、价值提升、机能思考、经济性思考、创造性思考、情报活用和团队设计的七大原则。

12.3.6 针对性原则

体育学术语，身体锻炼(体育锻炼)的基本原则之一。针对性原则是指在身体锻炼过程中，根据锻炼者的个人特点和差异以及复杂多变的环境季节、地域等客观条件，在广泛的项目中合理地确定锻炼内容，选择方法手段和安排运动负荷，使之符合实际需要，符合长期坚持的需求。坚持锻炼身体是日常生活的一部分，在不同季节、不同地点、不同时间走入广场或者公园，满眼皆是不同年龄、不同性别、不同职业的人们的多种运动方式，或跳舞，或激情唱歌，或慢走快跑，或伸臂压腿。日常生活中人们锻炼身体自觉不自觉遵循了针对性原则，可以说大家选择的运动方式适人适地适时。而建构于大自然的道路线性工程，沿线的地形地质、气候环境不一，一条公路没有相同的一道涵洞，各个区域各个路段工程建构的条件不一，区域文化背景不一，现代交通建构如何遵循针对性原则，研究分析每一个项目的社会环境和背景，每一个区段的气候环境条件和地质构造，每一个区块的地势和岩性，每一个坡体的地形和地质特征，每一项工程当时当地的资金资源和建筑水平，每一项构筑物建构风险的控制范围、水平和能力等进行用心创作和制作，实现将人工构造物镶嵌于自然环境间，雕刻于地面，成为人们喜欢的，长期安全使用的基础设施，这就是道路工程建构的针对性原则。道路工程建构不是标新立异，而是适时适地适景实用，有所不同，针对性是创新的基础和根本，是创作和制作的基础和源泉，就是特色，就是创新。

在山区选择一块建基立业的住房，复杂的地形条件带来了不少困难。但让我们看一看红河的元阳梯田，看看华夏经纬网登载的山区的农耕种植图和自然而成的山村小寨(图12-1)，没有谁规划设计过，是几十年来，甚至上百年来，当地群众为了生存，为了精心呵护代代种植的可怜的可耕种和居住的那一点点土地用心地在 1∶1 的比例图上针对性地制作。什么是针对性？这就是针对客观的自然环境条件和社会条件针对的采取对应的措施，创造适地适时适宜的镶嵌于自然环境中，与自然环境共生的构筑物就是针对性创作原则。

图 12-1 山区农耕和山村小寨图

12.3.7 标准化原则

标准化是指在各方社会实践中，对重复性的事物和概念，为在一定的范围内获得最佳秩序和社会效益，对实际或潜在的重复使用的问题制定共同的活动规则；过程有制定、发布及实施三步，其重要意义在于改进产品、过程和服务的适用性，防止贸易壁垒，促进技术合作。常言道：“得标准者得天下”，这已成为世界经济竞争的法则。标准化具有抽象性、技术性、经济性、连续性、约束性、政策性的基本特性，是一个领域达到的统一的需要和要求。

标准化具有统一原理、简化原理、协调原理和最优化四大基本原理。统一原理是为了保证事物发展所必须的秩序和效率，对事物的形成、功能或其他特性，确定适合于一定时期和一定条件的一致，并在功能上达到等效；简化原理是为有效地满足需要，对标准化对象的结构、型式、规格或其他性能进行筛选提炼，剔除多余、低效、可替环节，精炼确定满足整体需要所必要的环节，保持整体构成精简合理，功效最高；协调原理是为了标准的整体功效达到最佳，协调系统内外相关因素保持一致，适应或平衡必备的条件。标准化与针对性原则，与科技创新并不矛盾，相互间对立统一。“得标准者得天下”，标准化是文化的传承，是传承的创新，是创新的传承，是探索创新的激励，是激励的探索创新。早在 20 世纪 70 年代，钱学森就提出要加强标准化工作及其科学研究以应对现代化、国际化的发展环境。标准化是一个不断演进的动态过程，通过标准化以及相关技术政策的实施，可以整合和引导社会资源，激活科技要素，推动协调可持续发展。

构筑于自然环境的道路工程是没有完全相同的两道涵洞，没有两座完全相同的桥梁，各路段、各区域没有相同的自然环境边界条件，这些不相同的环境边界条件是创作的素材和基础，是工程建构的边界条件，是遵循针对性原则的必须；但每一道涵洞、每一座桥梁建构皆遵循基本的工艺和工序，是像堆积木一样由基本的构件有机组合而成，各个构件皆遵守最基本的技术法则，遵循最基本的原理，比如简支梁板的受力体系等。由此，为统一保证事物发展所必须的秩序和效率，对实际或潜在的重复使用的问题制定活动的共同规则，那么将常规的技术成熟而先进的道路桥梁梁板按荷载、结构形式、跨径相同的梁板构件分类统一成为标准化，实现工厂化生产是标准化施工、标准化管理的发展需要，是人类工程文化的传承和创新，是保证生产质量、提高功效、减少安全事故、有效控制风险的最佳办法和举措。当然标准化是一个不断演进的动态过程，是将标准化不断“标准化”的发展过程。同样将常规的技术成熟而先进的重复工作进行标准化是将工程创作者从繁重的重复基础劳动中解放出来，解脱重复繁重“单调”的“无味”体力工作，让工程创作和制作者在轻松愉快的状态下根据工程建构的具体的环境条件去针对性地创作、创新。建构工程特色和特色工程的管理举措，解放生产力必须先解放生产者。

12.3.8 积累性原则

名言“天才在于积累，聪明在于勤奋”。积累是动词，是名词，积累是为了将来的发展需要，逐渐聚集起有用的东西，使之增长和完善。积累是扩大再生产的源泉，虽然不同的社会形态社会财富积累的方式不一，但积累为所共有。

社会财富是劳动者在生产过程中创造的、对人和人类具有使用价值的劳动产品，是进入社会生产、生活领域具有使用价值和价值的物质，包括自然资源、劳动产品和知识技术产品等形式。道路工程建构活动具有社会公共交通基础设施，社会公共产品和商品的双重属性和特征，是人类为改善物质、信息和人类时空转移条件，实现精神自由的社会劳动产品，是社会和国家的财富。财富是从无到有的积累过程，国家的经济实力是逐步积累增强的发展过程，而社会国家财富积累的过程中积累的方式、积累的时间很大程度决定了一个国家在世界活动中的政治经济地位，决定了一个国家政治经济发展的方向和速度，决定了一个国家在世界上的话语权。社会的发展、国家的建设是同样的道理，完成的基础设施财富不断积累，是不是可以将更多的创造价值用于其他财富的创造和社会的发展，以及社会财富的维养，社会财富的品质是不是更好。

道路工程是社会的财富，是需要不断地积累，也只有不断地积累才可能满足社会经济发展的需要，适应人类不断增长的期望；只有不断地积累才可能建构网络的现代交通运输网，才可能四通八达。那么，作为现代交通人在研究道路工程建设方式之际是不是应该研究拟定的建设方式是否会形成社会财富的增加，是否有利于社会财富的积累，拟定的标准是不是有利于社会财富品质的提升，还是在创造新的社会财富的同时毁了或者破坏了既有的社会财富，在拟定了道路路线走廊时是不是应该问一问，拟定走廊的自然资源社会财富是否得到了保护，自然资源是社会财富的一种，保护也是创造社会财富的一种方式……

社会财富积累不是简单的储存和仓储，特别是应用技术为理论指导的集各种资源、多学科知识交融的工程技术活动的道路工程建设。道路工程社会财富积累的基本是建构者首先应该具有社会财富积累的意识形态和责任感；基本的基础应该不断积累自身的经验和知识，形成不断总结的习惯，养成总结的习惯。社会财富积累的方式和途径多种多样，思考总结是积累的最佳方式，善于思考、勤奋总结是进步和发展之路；面对多学科交融，集技术、知识、经验为一体的道路工程建构活动，借鉴其他行业、其他学科的知识，了解其他行业、学科的思维特征是积累的途径。常言道："它山之石可以攻玉"，保护传承是积累的办法。道路工程建构是需要消耗社会资源和自然资源，寻求建设与保护的平衡点同样是积累社会财富的最有效的方法，而工程建构质量是社会财富积累的根本，工程的寿命是决定社会财富能否积累的根本基石。"百年大计，质量第一"，同样从规划设计创作开始针对不同的自然环境和社会环境条件，采取针对性的措施，创作适宜的产品是社会财富积累的保障。

12.3.9　规范性原则

法律法规是指中华人民共和国现行有效的法律、行政法规、司法解释、地方法规、地方规章、部门规章及其他规范性文件以及行业的标准、规范。它是维护社会正常次序和公民思维的准则、行为的规范：①具有明示作用：明确告知公民，什么是可以做的，什么是不可以做的，什么行为是合法的、非法的；②具有预防作用：使公民明辨是非，自觉地调节和控制自己的思想和行为，从而来达到有效避免违法和犯罪现象发生的目的；③具有校正(规范)作用和扭转社会风气、净化心灵、净化社会环境的社会性效益，理顺、改善和稳定人们之间的社会关系，提高整个社会运行的效率和文明程度。

道路工程建构包括理念、设计、建设、运营管养的全过程，道路工程的使用者是社会的各个群体，从道路工程的勘察设计标准、各专业规范、规程到运营管理的《公路法》、《运输管理条例》等皆是道路工程建构的思维准则和行为规范，皆是明示、校正分析问题和解决问题的准绳，特别是强制性条款。道路工程建构次序是社会次序的一部分，需要一个正常而健康有序的次序，国家法律法规和行业标准、规范和规程等是维持一个行业正常而健康有序的思维和行为准则。由此，面对自然环境复杂、区域特点明显的线性道路工程建构活动，严格执行行业规范，科学合理因地制宜灵活执行工程技术指标，针对性采取对应措施，对立统一系统的分析问题，利用价值工程分析方法和积累社会财富的思维研究工程问题的答案，确定安全、经济、实用、耐久、美观的，与自然环境友好的公共产品是道路工程建构的根本，相为起终的责任和追求的永恒主题。

参考文献

[1] 殷瑞钰，汪应洛，李伯聪．工程哲学[M]．北京：高等教育出版社，2007.

[2] 刘欣楠，许能生．高职院校道路与桥梁工程专业的人才培养规格[J]．徐州建设职业技术学院学报，2004，4(4)：59-61.

[3] 邹珊刚等编著．系统科学[M]．上海：上海人民出版社，1987.

致谢

本人从事道路工程实践和研究工作 20 多年，一直试图用通俗易懂的语言系统地阐述、总结道路工程活动中的哲学辩证思想和在工程决策中的应用，探索适时适地适宜的工程活动方法，希望与交通人一起在“云岭山川中开拓出一条辩证思维之路”。本书是笔者近 10 余年来从历史的工程和工程的历史感悟工程哲学和社会哲学的辩证思维，学习掌握了解自然地理学、气候环境学等交叉相邻学科知识，不断应用于道路工程实践，在探索总结的基础上，结合道路工程建设物化活动实践的深思和哲学思辨的系统总结。

初稿完成后，张长生、郭大进、李国锋、陈加洪、段翔、唐承浩、向金莲审阅了全文，同时提出了若干宝贵的修改意见，在此表示衷心的感谢！

道路工程哲学研究得到云南省科技厅学术技术带头人后备人才培养计划和云南交通咨询有限公司、云岭交通绿化养护公司的支持，在此深表谢意。

感谢云南省交通规划设计研究院丁华、李红卫、方德春、龚万江，云南交通咨询有限公司刘剑涛在案例资料收集方面给以笔者的帮助，在此表示感谢。

从专著起草，反复多次修改到最终定稿得到昆明理工大学徐则民教授的学术指导，在图件处理方面得到张家明、吴坤霞的帮助，在此表示衷心感谢。

在 20 年工作期间和本书撰写过程中得到云南省交通规划设计研究院、云南交通咨询有限公司和交通运输厅机关全体工作人员和同事的多方面关照，得到了云岭交通人的支持和帮助，在此向他们表示衷心感谢。

路是延长的桥，桥是抬高的路。

思考、探索和总结是转知成智的路，学习、交流和感悟是转知成智的桥。